Lernbücher Jura
Strafrecht – Besonderer Teil I
Hohmann/Sander

Strafrecht
Besonderer Teil I

Vermögensdelikte

von

Dr. Olaf Hohmann

Rechtsanwalt in Stuttgart
Lehrbeauftragter an der Universität Greifswald

und

Dr. Günther M. Sander

Richter am Bundesgerichtshof
Honorarprofessor an der Humboldt-Universität zu Berlin

unter Mitarbeit von Gabriele Cirener
Vorsitzende Richterin am Landgericht Berlin

3. Auflage

Verlag C. H. Beck München 2011

Verlag C.H.Beck im Internet:
beck.de

ISBN 978 3 406 59494 6

© 2011 Verlag C.H.Beck oHG
Wilhelmstraße 9, 80801 München

Druck und Bindung: Nomos Verlagsgesellschaft
In den Lissen 12, 76547 Sinzheim

Satz und Graphik: ottomedien, Birkenweg 12, 64295 Darmstadt

Gedruckt auf säurefreiem, alterungsbeständigem Papier
(hergestellt aus chlorfrei gebleichtem Zellstoff)

Unseren Eltern

Vorwort

Das Buch wendet sich vor allem an Studierende und Referendare und will bei der Vorbereitung auf die Staatsexamina helfen. Daher wird die Darstellung des Besonderen Teils auf die examensrelevanten Vorschriften und innerhalb derer auf die Fragen beschränkt, die erfahrungsgemäß zum Gegenstand von Prüfungsaufgaben gemacht werden. Es geht nicht um das Anleiten zum Auswendiglernen einer Vielzahl immer wieder leicht variierter Fälle, sondern um das Vermitteln der elementaren Grundzüge, deren Kenntnis das Lösen jeder Aufgabe ermöglicht.

Da im zweiten Staatsexamen – mit Ausnahme Baden-Württembergs – Kommentare als Hilfsmittel bei der Lösung von Klausuraufgaben verwendet werden dürfen (in Bayern, Berlin, Brandenburg, Bremen, Hamburg, Hessen, Mecklenburg-Vorpommern, Niedersachsen, Nordrhein-Westfalen, Saarland, Sachsen, Schleswig-Holstein und Thüringen *Fischer*, in Rheinland-Pfalz und Sachsen-Anhalt alternativ dazu *Lackner/Kühl*), wird aus diesen bevorzugt zitiert, um bereits während des Studiums bzw. des Referendariats einen schnellen und sicheren Umgang mit diesen Werken zu fördern. Das setzt freilich ein selbständiges Nacharbeiten dieser – und anderer – Quellen voraus.

Besonders wichtig ist die Lektüre gerichtlicher Entscheidungen, da sich häufig erst dabei und in Kenntnis des konkret zugrundeliegenden Sachverhalts deren Tragweite verstehen lässt. Soweit Entscheidungen des BGH nur mit Datum und Aktenzeichen zitiert werden, sind diese auf der CD-ROM „BGH-*Nack*" abrufbar, die seit 1. Januar 2000 ergangenen Judikate zudem auf der Internetseite www.bundesgerichtshof.de. Die Lektüre sollte ergänzt werden durch die Beantwortung der am Ende jedes Kapitels gestellten Kontrollfragen, um den eigenen Lernerfolg zu überprüfen.

Gabriele Cirener, der wir für die hervorragende Mitarbeit vielmals danken, hat die §§ 5 bis 7 und 13 bis 15 bearbeitet, *Olaf Hohmann* die §§ 10, 11 sowie § 18 und *Günther M. Sander* die §§ 1 bis 4, 8, 9, 12, 16, 17, 20 sowie 21. § 19 wurde von *Olaf Hohmann* und *Günther M. Sander* zusammen verfasst. Allem lagen jedoch wie bei den Vorauflagen immer konstruktive und weiterführende Gespräche zugrunde, die das Buch zu einem gemeinsamen Werk machten. Dabei wurden alle seit der Vorauflage erfolgten Gesetzesänderungen eingearbeitet. Dasselbe gilt für die im genannten Zeitraum getroffenen höchstrichterlichen Entscheidungen sowie die veröffentlichte Literatur.

Wir bedanken uns sehr bei unserem Lektor, Herrn *Philipp Mützel*, für die stets kompetente, freundliche und geduldige Betreuung.

Auch für Hinweise, Verbesserungsvorschläge und Kritik wären wir dankbar. Sie könnten gerichtet werden an die E-Mail-Anschrift HohmannSander@gmx.de.

Berlin und Stuttgart, im Oktober 2010

Olaf Hohmann
Günther M. Sander

Inhaltsverzeichnis

Abkürzungsverzeichnis	XVII
Verzeichnis abgekürzt zitierter Literatur	XXI
Einleitung	1

Kapitel 1. Diebstahl, Unterschlagung und unbefugter Gebrauch eines Fahrzeugs

§ 1. **Diebstahl (§§ 242, 243)**	2
A. Grundlagen	2
B. Tatbestand	2
I. Objektiver Tatbestand	3
1. Tatobjekt	3
2. Tathandlung	6
II. Subjektiver Tatbestand	18
1. Vorsatz	18
2. Absicht der rechtswidrigen Zueignung	18
III. Versuchsstrafbarkeit	30
IV. Besonders schwerer Fall des Diebstahls (§ 243)	31
1. Dogmatische Einordnung	31
2. Benannte Regelbeispiele im einzelnen	32
3. Subjektive Komponente	39
4. „Versuch" des § 243 I?	39
5. Ausschlussklausel des § 243 II	43
C. Täterschaft und Teilnahme, Konkurrenzen sowie Verfolgbarkeit	44
D. Kontrollfragen	46
§ 2. **Diebstahl mit Waffen, (schwerer) Bandendiebstahl und Wohnungseinbruchdiebstahl (§§ 244 und 244a)**	48
A. Grundlagen	48
B. Tatbestände	48
I. Diebstahl mit Waffen, Bandendiebstahl und Wohnungseinbruchdiebstahl (§ 244)	48
1. Objektive Tatbestände	48
2. Subjektiver Tatbestand	56
II. Schwerer Bandendiebstahl (§ 244a)	56
1. Objektiver Tatbestand	56
2. Subjektiver Tatbestand	56

C. Täterschaft und Teilnahme, Versuch, Konkurrenzen sowie
      Verfolgbarkeit 57
   D. Kontrollfragen 57
§ 3. **Unterschlagung und veruntreuende Unterschlagung
      (§ 246)** 59
   A. Grundlagen 59
   B. Tatbestände 60
      I. Unterschlagung (§ 246 I) 60
         1. Objektiver Tatbestand 60
         2. Subjektiver Tatbestand 66
      II. Veruntreuende Unterschlagung (§ 246 II) 66
         1. Objektiver Tatbestand 66
         2. Subjektiver Tatbestand 66
   C. Täterschaft und Teilnahme, Versuch, Konkurrenzen sowie
      Verfolgbarkeit 67
   D. Kontrollfragen 68
§ 4. **Unbefugter Gebrauch eines Fahrzeugs (§ 248b)** 69
   A. Grundlagen 69
   B. Tatbestand 70
      I. Objektiver Tatbestand 70
         1. Tatobjekt 70
         2. Tathandlung 70
      II. Subjektiver Tatbestand 72
   C. Täterschaft und Teilnahme, Versuch, Konkurrenzen sowie
      Verfolgbarkeit 72
   D. Kontrollfragen 73

Kapitel 2. Raub

§ 5. **Raub (§ 249)** 74
   A. Grundlagen 74
   B. Tatbestand 75
      I. Objektiver Tatbestand 75
         1. Diebstahlselement 75
         2. Raubmittel 76
         3. Finalität der Raubmittel in Bezug auf den
            Gewahrsamsbruch 79
      II. Subjektiver Tatbestand 82
   C. Täterschaft und Teilnahme, Versuch, Konkurrenzen sowie
      Verfolgbarkeit 83
   D. Kontrollfragen 84
§ 6. **Schwerer Raub und Raub mit Todesfolge
      (§§ 250 und 251)** 85

	A. Grundlagen...	85
	B. Tatbestände..	86
	I. Schwerer Raub (§ 250 I und II)	86
	1. Objektive Tatbestände des § 250 I	86
	2. Objektive Tatbestände des § 250 II	94
	3. Subjektiver Tatbestand	96
	3. Minder schwerer Fall (§ 250 III)	97
	4. Täterschaft und Teilnahme, Versuch sowie Konkurrenzen	97
	II. Raub mit Todesfolge (§ 251)	98
	1. Tatbestand.................................	98
	2. Täterschaft und Teilnahme, Versuch sowie Konkurrenzen...............................	99
	C. Kontrollfragen	100
§ 7.	**Räuberischer Diebstahl (§ 252)**.............................	102
	A. Grundlagen...	102
	B. Tatbestand...	103
	I. Objektiver Tatbestand	103
	1. Diebstahl als Vortat	103
	2. Betroffensein auf frischer Tat	104
	3. Nötigungsmittel.............................	106
	II. Subjektiver Tatbestand	106
	C. Täterschaft und Teilnahme, Versuch, Konkurrenzen sowie Verfolgbarkeit..	107
	D. Kontrollfragen	109

Kapitel 3. Strafbarer Eigennutz (Kerntatbestände)

§ 8.	**Vereiteln der Zwangsvollstreckung und Pfandkehr (§§ 288 und 289)**	111
	A. Grundlagen...	111
	B. Tatbestände..	111
	I. Vereiteln der Zwangsvollstreckung (§ 288 I)	111
	1. Objektiver Tatbestand	111
	2. Subjektiver Tatbestand	113
	II. Pfandkehr (§ 289 I)	113
	1. Objektiver Tatbestand	113
	2. Subjektiver Tatbestand	114
	C. Täterschaft und Teilnahme, Versuch, Konkurrenzen sowie Verfolgbarkeit..	115
	D. Kontrollfragen	115
§ 9.	**Jagd- und Fischwilderei (§§ 292 und 293)**	117
	A. Grundlagen...	117

    B. Tatbestände 117
        I. Jagdwilderei (§ 292) 118
            1. Objektiver Tatbestand (§ 292 I) 118
            2. Subjektiver Tatbestand 118
            3. Besonders schwere Fälle (§ 292 II) 119
       II. Fischwilderei (§ 293) 119
    C. Täterschaft und Teilnahme, Versuch, Konkurrenzen sowie
       Verfolgbarkeit 119
    D. Kontrollfragen 120

Kapitel 4. Sachbeschädigung

§ 10. Sachbeschädigung (§§ 303 und 304) 122
    A. Grundlagen 122
    B. Tatbestände 123
        I. Sachbeschädigung 123
            1. Objektiver Tatbestand des § 303 I 123
            2. Objektiver Tatbestand des § 303 II 126
            3. Subjektiver Tatbestand 128
            4. Täterschaft und Teilnahme, Versuch, Konkurrenzen
               sowie Verfolgbarkeit 128
       II. Gemeinschädliche Sachbeschädigung (§ 304 I) 129
            1. Objektiver Tatbestand des § 304 I 129
            2. Objektiver Tatbestand des § 304 II 129
            3. Subjektiver Tatbestand 129
            4. Täterschaft und Teilnahme, Versuch, Konkurrenzen
               sowie Verfolgbarkeit 130
    C. Kontrollfragen 130

Kapitel 5. Betrug und Erschleichen von Leistungen

§ 11. Betrug (§ 263) 132
    A. Grundlagen 132
    B. Tatbestand 132
        I. Objektiver Tatbestand 133
            1. Täuschung über Tatsachen (Täuschungshandlung) 133
            2. Irrtum 143
            3. Vermögensverfügung 146
            4. Vermögensschaden 163
       II. Subjektiver Tatbestand 173
            1. Vorsatz 173
            2. Absicht der rechtswidrigen Bereicherung 173
      III. Besonders schwerer Fall (§ 263 III) 176

Inhaltsverzeichnis

      1. Gewerbsmäßiger und bandenmäßiger Betrug
        (§ 263 III 2 Nr. 1) 177
      2. Vermögensverlust großen Ausmaßes und Absicht, eine
        große Zahl von Menschen in die Gefahr des Verlusts
        von Vermögenswerten zu bringen (§ 263 III 2 Nr. 2). . 177
      3. Eine andere Person in wirtschaftliche Not bringen
        (§ 263 III 2 Nr. 3) 178
      4. Befugnis- oder Stellungsmissbrauch durch Amtsträger
        (§ 263 III 2 Nr. 4) 178
      5. Versicherungsbetrug (§ 263 III 2 Nr. 5) 179
      6. Subjektive Komponente, „Versuch" und Ausschluss-
        klausel. 179
    IV. Gewerbsmäßiger Bandenbetrug (§ 263 V) 180
  C. Täterschaft und Teilnahme, Versuch, Konkurrenzen sowie
    Verfolgbarkeit 180
  D. Kontrollfragen 181
§ 12. Erschleichen von Leistungen (§ 265a) 184
  A. Grundlagen 184
  B. Tatbestand 184
    I. Objektiver Tatbestand 184
      1. Leistung 184
      2. Tathandlung 185
    II. Subjektiver Tatbestand 188
  C. Täterschaft und Teilnahme, Versuch, Konkurrenzen sowie
    Verfolgbarkeit 188
  D. Kontrollfragen 189

**Kapitel 6. Erpressung, erpresserischer Menschenraub,
Geiselnahme und räuberischer Angriff auf Kraftfahrer**

§ 13. Erpressung und räuberische Erpressung (§§ 253 und 255). 191
  A. Grundlagen 191
  B. Tatbestände 191
    I. Erpressung (§ 253 I) 195
      1. Objektiver Tatbestand 195
      2. Subjektiver Tatbestand 200
      3. Rechtswidrigkeit (§ 253 II) 201
      4. Besonders schwerer Fall (§ 253 IV) 202
    II. Räuberische Erpressung (§ 255) 202
  C. Täterschaft und Teilnahme, Versuch sowie Konkurrenzen ... 203
  D. Kontrollfragen 205
**§ 14. Erpresserischer Menschenraub und Geiselnahme
(§§ 239a und 239b)** 207

A. Grundlagen................................... 207
B. Tatbestände.................................. 207
    I. Erpresserischer Menschenraub (§ 239a I)............. 207
        1. Entführungstatbestand (§ 239a I 1. Alt.) 207
        2. Ausnutzungstatbestand (§ 239a I 2. Alt.) 212
        3. Minder schwerer Fall und Erfolgsqualifikation
          (§ 239a II und III)............................ 212
    II. Geiselnahme (§ 239b I 1. und 2. Alt.) 212
C. Täterschaft und Teilnahme, Versuch, tätige Reue sowie
    Konkurrenzen................................ 213
D. Kontrollfragen 214

§ 15. Räuberischer Angriff auf Kraftfahrer (§ 316a) 216
A. Grundlagen................................... 216
B. Tatbestand 216
    I. Objektiver Tatbestand 216
        1. Angriff verüben 217
        2. Objekt des Angriffs 217
        3. Ausnutzung der besonderen Verhältnisse des
          Straßenverkehrs............................ 219
    II. Subjektiver Tatbestand 221
        1. Vorsatz 221
        2. Räuberische Absicht 221
    III. Minder schwerer Fall und Erfolgsqualifikation
        (§ 316a II und III) 222
C. Täterschaft und Teilnahme, Versuch sowie Konkurrenzen.... 222
D. Kontrollfragen 223

Kapitel 7. Untreue und Missbrauch von Scheck- und Kreditkarten

§ 16. Untreue (§ 266) 225
A. Grundlagen................................... 225
B. Tatbestände.................................. 226
    I. Gemeinsame Voraussetzungen beider Untreuetat-
       bestände 226
        1. Vermögensbetreuungspflicht 226
        2. Nachteilszufügung.......................... 228
    II. Missbrauchstatbestand (§ 266 I 1. Alt.) 229
        1. Verfügungs- oder Verpflichtungsbefugnis 229
        2. Befugnismissbrauch 231
    III. Treubruchstatbestand (§ 266 I 2. Alt.) 233
        1. Zugrundeliegendes Treueverhältnis............... 233
        2. Verletzung der Vermögensbetreuungspflicht 234

IV. Subjektiver Tatbestand 235
　　　V. Besonders schwerer Fall (§ 266 II i. V. m. § 263 III) 236
　C. Täterschaft und Teilnahme, Begehung durch Unterlassen,
　　Versuch, Konkurrenzen sowie Verfolgbarkeit 236
　D. Kontrollfragen 237
§ 17. Missbrauch von Scheck- und Kreditkarten (§ 266b) 239
　A. Grundlagen 239
　B. Tatbestand 239
　　I. Objektiver Tatbestand 239
　　　1. Scheck- oder Kreditkartenüberlassung 239
　　　2. Missbrauch der eingeräumten Möglichkeit 242
　　　3. Vermögensschaden 242
　　II. Subjektiver Tatbestand 243
　C. Täterschaft und Teilnahme, Versuch, Konkurrenzen sowie
　　Verfolgbarkeit 243
　D. Kontrollfragen 244

Kapitel 8. Begünstigung und Hehlerei

§ 18. Begünstigung (§ 257) 246
　A. Grundlagen 246
　B. Tatbestand 247
　　I. Objektiver Tatbestand 247
　　　1. Tatobjekt 247
　　　2. Tathandlung 249
　　II. Subjektiver Tatbestand 251
　　　1. Vorsatz 251
　　　2. Vorteilssicherungsabsicht 251
　C. Täterschaft und Teilnahme, Versuch, Konkurrenzen sowie
　　Verfolgbarkeit 252
　D. Kontrollfragen 254
§ 19. Hehlerei (§§ 259, 260 und 260a) 255
　A. Grundlagen 255
　B. Tatbestand 255
　　I. Objektiver Tatbestand 256
　　　1. Tatobjekt 256
　　　2. Tathandlungen 261
　　II. Subjektiver Tatbestand 269
　　　1. Vorsatz 269
　　　2. Bereicherungsabsicht 270
　　III. Qualifikationen 273
　　　1. Gewerbsmäßige Hehlerei und Bandenhehlerei (§ 260) . 273
　　　2. Gewerbsmäßige Bandenhehlerei (§ 260a) 273

C. Täterschaft und Teilnahme, Versuch, Konkurrenzen sowie Verfolgbarkeit 274
D. Kontrollfragen 275

Kapitel 9. Unerlaubtes Entfernen vom Unfallort

§ 20. Unerlaubtes Entfernen vom Unfallort (§ 142) 277
    A. Grundlagen 277
    B. Tatbestand 277
        I. Objektiver Tatbestand 278
            1. Gemeinsame Voraussetzungen aller Begehungsvarianten 278
            2. Die zwei Varianten des § 142 I 281
            3. Die zwei Varianten des § 142 II 284
        II. Subjektiver Tatbestand 287
    C. Täterschaft und Teilnahme, Versuch, Konkurrenzen sowie Rechtsfolgen 287
    D. Kontrollfragen 290

Kapitel 10. Besondere Strafverfolgungsvoraussetzungen

§ 21. Strafantrag und besonderes öffentliches Interesse an der Strafverfolgung 292
    A. Grundlagen 292
    B. Besondere Strafverfolgungsvoraussetzungen 293
        I. Absolute Antragsdelikte 293
        II. Relative Antragsdelikte 294
    C. Kontrollfragen 295

Anhang: Musterklausuren mit Lösung 296
    Klausur 1: Gefährlicher Ketchup 296
    Klausur 2: Die Pistole im Briefkasten 301

Sachverzeichnis 311

Abkürzungsverzeichnis

a.A.	anderer Ansicht
abl.	ablehnend
Abs.	Absatz
a.E.	am Ende
AG	Amtsgericht oder Aktiengesellschaft
Alt.	Alternative
Anm.	Anmerkung
AO	Abgabenordnung
Art.	Artikel
AT	Allgemeiner Teil
BayObLG	Bayerisches Oberstes Landesgericht
Bespr.	Besprechung
BGB	Bürgerliches Gesetzbuch
BGH	Bundesgerichtshof
BGHR	BGH-Rechtsprechung Strafsachen (zitiert entsprechend der Systematik der Sammlung)
BGHSt	Entscheidungen des Bundesgerichtshofs in Strafsachen (zitiert nach Band und Seite; Entscheidungen des Großen Senats für Strafsachen sind mit dem Zusatz „– GS –" gekennzeichnet
BJagdG	Bundesjagdgesetz
BT	Besonderer Teil
BT-Drs.	Drucksache des Bundestags (zitiert nach Wahlperiode und Nummer)
BVerfG	Bundesverfassungsgericht
BVerfGE	Entscheidungen des Bundesverfassungsgerichts (zitiert nach Band und Seite)
bzgl.	bezüglich
BZRG	Gesetz über das Zentralregister und das Erziehungsregister (Bundeszentralregistergesetz)
bzw.	beziehungsweise
DAR	Deutsches Autorecht (zitiert nach Jahr und Seite)
d.h.	das heißt
DRiZ	Deutsche Richterzeitung (zitiert nach Jahr und Seite)
EGStGB	Einführungsgesetz zum Strafgesetzbuch
Einf. v.	Einführung vor
f., ff.	folgende
Fn.	Fußnote
FS	Festschrift
GA	Goltdammer's Archiv für Strafrecht (zitiert nach Jahr und Seite)
GG	Grundgesetz für die Bundesrepublik Deutschland
ggf.	gegebenenfalls
GmbH	Gesellschaft mit beschränkter Haftung

grds.	grundsätzlich
GS	Großer Senat
GWB	Gesetz gegen Wettbewerbsbeschränkungen
HGB	Handelsgesetzbuch
h.L.	herrschende Lehre
h.M.	herrschende Meinung
HRR	Höchstrichterliche Rechtsprechung (zitiert nach Jahr und Nummer)
Hrsg.	Herausgeber
Hs.	Halbsatz
i.d.S.	in diesem Sinne
i.e.S.	im engeren Sinne
i.S.	im Sinne
i.V.m.	in Verbindung mit
i.w.S.	im weiteren Sinne
JA	Juristische Arbeitsblätter für Ausbildung und Examen (zitiert nach Jahr und Seite)
JR	Juristische Rundschau (zitiert nach Jahr und Seite)
Jura	Juristische Ausbildung (zitiert nach Jahr und Seite)
JuS	Juristische Schulung (zitiert nach Jahr und Seite)
JZ	Juristenzeitung (zitiert nach Jahr und Seite)
KG	Kammergericht oder Kommanditgesellschaft
krit.	kritisch
KWKG	Ausführungsgesetz zu Art. 26 Abs. 2 des Grundgesetzes (Gesetz über die Kontrolle von Kriegswaffen)
LG	Landgericht
LH	Lehrheft
LK	Strafgesetzbuch. Leipziger Kommentar
m.	mit
m.a.W.	mit anderen Worten
MDR	Monatsschrift des Deutschen Rechts (zitiert nach Jahr und Seite)
MDR/D	Rechtsprechung des BGH bei Dallinger in MDR
MDR/H	Rechtsprechung des BGH bei Holtz in MDR
Nachw.	Nachweise
Nds.RPfl.	Niedersächsische Rechtspflege (zitiert nach Jahr und Seite)
Nds.VBl.	Niedersächsische Verwaltungsblätter (zitiert nach Jahr und Seite)
n.F.	Neue Fassung
NJ	Neue Justiz (zitiert nach Jahr und Seite)
NJW	Neue Juristische Wochenschrift (zitiert nach Jahr und Seite)
Nr.	Nummer
NStE	Neue Entscheidungssammlung für Strafrecht (zitiert nach Gesetz, §§ und innerhalb der §§ nach laufender Nummer)
NStZ	Neue Zeitschrift für Strafrecht (zitiert nach Jahr und Seite)
NStZ/J	Rechtsprechung des BGH bei Janiszewski in NStZ
NStZ-RR	NStZ-Rechtsprechungs-Report Strafrecht (zitiert nach Jahr und Seite)
NuR	Natur + Recht, Zeitschrift für das gesamte Recht zum Schutze der natürlichen Lebensgrundlagen und der Umwelt (zitiert nach Jahr und Seite)

NZV	Neue Zeitschrift für Verkehrsrecht (zitiert nach Jahr und Seite)
o.ä.	oder ähnlichem
OLG	Oberlandesgericht
OLGSt	Entscheidungen der Oberlandesgerichte in Strafsachen und über Ordnungswidrigkeiten (zitiert nach Gesetz, §§ und innerhalb der §§ nach Nummern)
RG	Reichsgericht
RGSt	Entscheidungen des Reichsgerichts in Strafsachen (zitiert nach Band und Seite)
Rn.	Randnummer
S.	Satz oder Seite
s.	siehe
SGB I	Sozialgesetzbuch (SGB) – Allgemeiner Teil –
SK	Systematischer Kommentar zum Strafgesetzbuch
sog.	so genannte(r)
SprengG	Gesetz über explosionsgefährliche Stoffe (Sprengstoffgesetz)
StGB	Strafgesetzbuch
StPO	Strafprozessordnung
str.	streitig oder strittig
StrRG	Gesetz zur Reform des Strafrechts
StV	Strafverteidiger (zitiert nach Jahr und Seite)
StVG	Straßenverkehrsgesetz
StVO	Straßenverkehrs-Ordnung
u.a.	und andere oder unter anderem
usw.	und so weiter
u.U.	unter Umständen
Var.	Variante
vgl.	vergleiche
VRS	Verkehrsrechtssammlung (zitiert nach Jahr und Seite)
VVG	Versicherungsvertragsgesetz
WaffG	Waffengesetz
WEG	Wohnungseigentumsgesetz
WiKG	Gesetz zur Bekämpfung der Wirtschaftskriminalität
wistra	Zeitschrift für Wirtschafts- und Steuerstrafrecht (zitiert nach Jahr und Seite)
WM	Wertpapier-Mitteilungen
z.B.	zum Beispiel
ZPO	Zivilprozessordnung
z.T.	zum Teil
zust.	zustimmend
z.Zt.	zur Zeit

Paragraphen ohne Gesetzesbezeichnung sind solche des StGB.

Verzeichnis abgekürzt zitierter Literatur

Arzt/Weber/Bearbeiter	*Arzt/Weber/Heinrich/Hilgendorf*, Strafrecht – Besonderer Teil, 2. Aufl., 2009
Blei II	*Blei*, Strafrecht II – Besonderer Teil, 12. Aufl., 1983
Dencker u.a.	*Dencker u.a.* (Hrsg.), Einführung in das 6. Strafrechtsreformgesetz 1998, 1998
Fischer	*Fischer*, Strafgesetzbuch und Nebengesetze, 57. Aufl., 2010
Haft/Hilgendorf, BT 1	Strafrecht, Besonderer Teil I. Vermögensdelikte, 9. Aufl., 2009
Hentschel/König/Dauer	*Hentschel/König/Dauer*, Straßenverkehrsrecht, 40. Aufl., 2009
Hohmann/Sander, BT 2	*Hohmann/Sander*, Strafrecht – Besonderer Teil II: Delikte gegen die Person und die Allgemeinheit, 2000
Joecks	*Joecks*, Strafgesetzbuch, Studienkommentar, 8. Aufl., 2009
Kaiser	*Kaiser* Kriminologie, 3. Aufl.,1996
Krey/Heinrich	*Krey/Heinrich*, Strafrecht – Besonderer Teil, Bd. 1: Besonderer Teil ohne Vermögensdelikte, 14. Aufl., 2008
Krey/Hellmann	*Krey/Hellmann*, Strafrecht – Besonderer Teil, Bd 2: Vermögensdelikte, 15. Aufl., 2008
Kühl.	*Kühl*, Strafrecht – Allgemeiner Teil, 6. Aufl., 2008
Lackner/Kühl	*Lackner/Kühl*, Strafgesetzbuch mit Erläuterungen, 26. Aufl., 2007
LK/*Bearbeiter*	Leipziger Kommentar zum Strafgesetzbuch, 10. Aufl., 1978 ff.; 11. Aufl., 1992 ff.; 12. Aufl., 2006 ff.
Maurach/Schroeder/Maiwald, BT 1	*Maurach/Schroeder/Maiwald*, Strafrecht – Besonderer Teil, Teilbd. 1: Straftaten gegen Persönlichkeits- und Vermögenswerte, 10. Aufl., 2009
Maurach/Schroeder/Maiwald, BT 2	*Maurach/Schroeder/Maiwald*, Strafrecht – Besonderer Teil, Teilbd. 2: Straftaten gegen Gemeinschaftswerte, 9. Aufl., 2005
Meyer-Goßner	*Meyer-Goßner*, Strafprozeßordnung, 53. Aufl., 2010
Mitsch	*Mitsch*, Strafrecht – Besonderer Teil 2: Vermögensdelikte (Kernbereich), Teilbd. 1, 2. Aufl., 2003
Müller-Gugenberger/Bieneck/*Bearbeiter*	*Müller-Gugenberger/Bieneck* (Hrsg.), Wirtschaftsstrafrecht, 4. Aufl., 2006
MünchKomm/*Bearbeiter*	Münchener Kommentar zum Strafgesetzbuch, 2003 ff.
Naucke	*Naucke,* Zur Lehre vom strafbaren Betrug, 1964
NK/*Bearbeiter*	Nomos-Kommentar zum Strafgesetzbuch, 2. Aufl., 2003

Otto	Otto, Grundkurs Strafrecht – Die einzelnen Delikte, 7. Aufl., 2005
Palandt/*Bearbeiter*	*Palandt*, Bürgerliches Gesetzbuch, 69. Aufl., 2010
Rengier	*Rengier*, Strafrecht – Besonderer Teil I: Vermögensdelikte, 12. Aufl., 2010
Roxin	*Roxin,* Täterschaft und Tatherrschaft, 8. Aufl., 2006
Schäfer/Sander/van Gemmeren	*Schäfer/Sander/van Gemmeren,* Praxis der Strafzumessung, 4. Aufl., 2008
Schönke/Schröder/*Bearbeiter*	*Schönke/Schröder*, Strafgesetzbuch, Kommentar, 28. Aufl., 2010
SK/*Bearbeiter*	Systematischer Kommentar zum Strafgesetzbuch (Loseblatt), Stand: 118. Lieferung, 2009
Welzel	*Welzel*, Das Deutsche Strafrecht, 11. Aufl., 1969
Wessels/Beulke	*Wessels/Beulke*, Strafrecht – Allgemeiner Teil, 39. Aufl., 2009
Wessels/Hettinger	*Wessels/Hettinger*, Strafrecht – Besonderer Teil 1: Straftaten gegen Persönlichkeits- und Gemeinschaftswerte, 33. Aufl., 2009
Wessels/Hillenkamp	*Wessels/Hillenkamp*, Strafrecht – Besonderer Teil 2: Straftaten gegen Vermögenswerte, 32. Aufl., 2009

Einleitung

Im Besonderen Teil des StGB unterscheidet die h.M. zwischen Tatbeständen, die den Schutz von Individualrechtsgütern bezwecken, und solchen, die Rechtsgüter der Allgemeinheit schützen sollen.

Die Individualrechtsgüter schützenden Vorschriften unterteilt die h.M. wiederum in Delikte gegen die Person einerseits und Eigentums- sowie Vermögensdelikte andererseits. Allein die letzteren sind Gegenstand dieses Bandes, soweit sie examensrelevant sind. Die übrigen werden im zweiten Band dieses Studienbuchs behandelt.

Die in diesem Band dargestellten Strafvorschriften lassen sich am besten nach dem von ihnen jeweils geschützten Rechtsgut systematisieren. Eine große Gruppe dient dem Schutz des Vermögens vor Gefährdung oder gar Schädigung (sog. **Vermögensdelikte**). Die meisten Tatbestände dieser Kategorie erfassen das Vermögen insgesamt, z.B. Erpressung (§ 253), Hehlerei (§ 259), Betrug (§ 263) und Untreue (§ 266). Daneben gibt es aber auch sich nur auf bestimmte Vermögensrechte beziehende Delikte, etwa Vereitelung der Zwangsvollstreckung (§ 288), Pfandkehr (§ 289) sowie Jagd- und Fischwilderei (§§ 292 und 293).

Eine andere Gruppe schützt dagegen das Rechtsgut Eigentum (sog. **Eigentumsdelikte**). Dazu zählen vor allem Diebstahl (§ 242), Unterschlagung (§ 246), Raub (§ 249) und Sachbeschädigung (§ 303).

Kapitel 1. Diebstahl, Unterschlagung und unbefugter Gebrauch eines Fahrzeugs

§ 1. Diebstahl (§§ 242, 243)

A. Grundlagen

1   Nur wenige Delikte sind so examensrelevant wie der Diebstahl. Allgemein anerkanntes Ziel des § 242 ist der Schutz des Rechtsguts **Eigentum**. Da Eigentum aber durch einen Diebstahl und in dessen Folge sachenrechtlich regelmäßig nicht verlorengehen kann (§§ 935 I, 985 BGB; Ausnahmen z.B.: §§ 935 II BGB, 367 I und II HGB), ist es präziser, auf die Verletzung der nach § 903 BGB grundsätzlich uneingeschränkten Verfügungsmöglichkeit des Eigentümers abzustellen (Schönke/Schröder/*Eser/Bosch*, § 242 Rn. 1/2). Darüber hinaus wird nach zutreffender h.M. auch der **Gewahrsam** an einer Sache als weiteres Rechtsgut der Vorschrift angesehen (BGHSt 10, 400, 401; BGHSt 29, 319, 323; *Lackner/Kühl*, § 242 Rn. 1; a.A. *Fischer*, § 242 Rn. 2; *Otto*, Jura 1989, 137, 138; vgl. § 21 Rn. 4).

B. Tatbestand

2   Der objektive Tatbestand des § 242 I verlangt, dass der Täter „einem anderen eine fremde bewegliche Sache wegnimmt". Subjektiv muss er vorsätzlich in bezug auf die Merkmale des objektiven Tatbestands und zudem in der Absicht handeln, sich oder einem Dritten die weggenommene Sache rechtswidrig zuzueignen.

Grundstruktur des Diebstahlstatbestands			
Objektiver Tatbestand		Subjektiver Tatbestand	
Tatobjekt	Tathandlung	Vorsatz	Absicht rechtswidriger Zueignung
(Rn. 3 ff.)	(Rn. 16 ff.)	(Rn. 69 f.)	(Rn. 71 ff.)

I. Objektiver Tatbestand

1. Tatobjekt

Das Gesetz beschreibt das Tatobjekt des Diebstahls als Sache, die beweglich **3** und für den Täter fremd sein muss.

a) Sache

(1) Gestohlen werden kann ausschließlich eine Sache, d.h. ein **körperlicher** **4** **Gegenstand** i.S. des § 90 BGB (zu Tieren vgl. Rn. 8). Daher sind etwa Forderungen und sonstige Rechte keine tauglichen Objekte eines Diebstahls, wohl aber die sie verkörpernden Urkunden. Hierfür ist es ohne Bedeutung, ob – wie bei Inhaber- und Orderpapieren – das Recht aus dem Papier dem Recht am Papier folgt oder lediglich ein Wertpapier i.w.S. – Rekta- und qualifizierte Legitimationspapiere – vorliegt, bei dem das Recht am Papier dem Recht aus dem Papier folgt (§ 952 I BGB).

Beispiel: A entwendet Schecks, Wechsel, Aktien und Sparbücher des B, um sie für sich nutzbar zu machen. – Nur die Papiere selbst sind Sachen und somit von A gestohlen, nicht aber die in ihnen verkörperten Rechte (*Wessels/Hillenkamp*, Rn. 63).

Der Wert eines Gegenstands ist für die Verwirklichung des Grundtatbe- **5** stands irrelevant, da dieser die formale Eigentumsposition schützt (SK/*Hoyer*, § 242 Rn. 7), es können m.a.W. auch völlig wertlose Sachen Tatobjekt sein (a.A. Schönke/Schröder/*Eser/Bosch*, § 242 Rn. 7).

(2) Schon aus den Art. 1 und 2 GG folgt zwingend, dass der lebende **6** Mensch selbständiges Rechtssubjekt und damit keine Sache ist. Gleiches gilt für seine einzelnen organischen Teile und nach h.M. außerdem für mit dem Körper fest verbundene medizinisch-therapeutische Hilfsmittel (*Wessels/Hillenkamp*, Rn. 65). Als derartige Implantate sind insbesondere künstliche Hüftgelenke, Plomben, Zahnbrücken und Herzschrittmacher anzusehen (differenzierend nach der Funktion des Implantats Schönke/Schröder/*Eser/Bosch*, § 242 Rn. 10).

Werden natürliche oder künstliche Bestandteile vom Körper getrennt, er- **7** langen sie – letztere wieder – Sachqualität und stehen im Eigentum des Menschen, zu dessen Körper sie zuvor gehörten (LK/*Ruß*, § 242 Rn. 4; *Wessels/Hillenkamp*, Rn. 65). Auch Leichen und von ihnen abgetrennte Teile werden zu Recht als Sachen eingestuft (*Otto*, § 40 Rn. 5; a.A. *Maurach/Schroeder/Maiwald*, BT 1, § 32 Rn. 19: „Rückstand der Persönlichkeit").

Tiere sind im strafrechtlichen Sinne ebenfalls Sachen (*Fischer*, § 242 Rn. 3; **8** *Graul*, JuS 2000, 215, 218). Wer dagegen mit dem strafrechtlichen Sachbegriff unmittelbar an die Regelungen des BGB anknüpft, gelangt zu keinem anderen Ergebnis. Denn § 90a BGB hebt lediglich die Eigenschaft der Tiere als Lebewesen hervor, erklärt aber dann in Satz 3 die für Sachen geltenden Vorschriften für entsprechend anwendbar (*Lackner/Kühl*, § 242 Rn. 2). Eine längere Auseinandersetzung mit dieser Frage bei der Lösung einer Prüfungsaufgabe ist somit entbehrlich (*Britz/Brück*, JuS 1996, 229, 230 Fn. 1; *Graul*, JuS 2000, 215, 219 f. m. Formulierungsvorschlag).

9 **(3)** Ebenso unerheblich wie der wirtschaftliche Wert ist der Aggregatzustand einer Sache. Es können daher nach einhelliger Auffassung nicht nur feste Körper, sondern auch Flüssigkeiten, Dämpfe und Gase gestohlen werden. Nicht erfasst wird dagegen die elektrische Energie, der die Sachqualität abgesprochen wird (RGSt 32, 165, 181 ff., nach dem *damaligen* naturwissenschaftlichen Kenntnisstand; *Fischer*, § 242 Rn. 3).

> **Merke:** Wer fremde elektrische Energie entzieht, kann sich daher nicht wegen Diebstahls, sondern lediglich nach § 248c strafbar machen (*OLG Düsseldorf* NStE, § 248c Nr. 1).

10 Computerprogramme und -dateien sind ebenfalls keine körperlichen Gegenstände, denn sie bestehen allein aus elektromagnetischen Signalen (*Otto*, § 40 Rn. 3). Wer sich derartige Daten unbefugt verschafft, stiehlt sie daher nicht. Insoweit kann jedoch unter bestimmten Umständen ein nach § 202a strafbares Ausspähen von Daten gegeben sein (*Hilgendorf*, JuS 1996, 509 [511 ff.] und 702 ff.; zum „systematischen Leerspielen" von Glücksspielautomaten *Arloth*, Jura 1996, 354, 358; *Neumann*, JuS 1990, 535, 539). Möglich ist aber ein Diebstahl der Datenträger (CD-ROM, USB-Stick, Festplatte).

b) Beweglichkeit der Sache

11 Die Sache muss beweglich sein, d.h. tatsächlich fortbewegt werden können. Anders als bei der Hehlerei (vgl. § 19 Rn. 4) kann folglich ein Grundstück nicht Tatobjekt sein. Allerdings genügt es für dieses Merkmal, dass eine Sache vom Täter erst beweglich gemacht wird (*Fischer*, § 242 Rn. 4).

> **Beispiel:** A muss in stundenlanger Arbeit einen Tresor aus dem Mauerwerk herausschlagen, bevor er ihn abtransportieren kann. Außerdem entwendet er mehrere Fenster und Türen, die er zuvor ausgehängt hat.

> **Beachte:** Die Beweglichkeit einer Sache ist meist zweifelsfrei zu bejahen. Sie kann dann im strafrechtlichen Gutachten in einem Satz festgestellt werden.

c) Fremdheit der Sache

12 Schließlich ist der Diebstahl einer Sache nur dann möglich, wenn sie für den Täter fremd ist. Ausschlaggebend dafür ist nicht eine wirtschaftliche Betrachtungsweise, sondern allein die **zivilrechtliche Eigentumslage** (BGHSt 6, 377, 378; *Wessels/Hillenkamp*, Rn. 69). Maßgeblich ist nach h.M. insoweit

der Zeitpunkt der Wegnahme, so dass es auf ggf. relevante zivilrechtliche Rückwirkungsfiktionen, etwa die Wirkung der Ausschlagung einer Erbschaft (§ 1953 I und II BGB), nicht ankommt (*Kudlich/Roy*, JA 2001, 771, 772).

> **Merke:** Für den Täter fremd ist eine Sache, die weder in seinem Alleineigentum steht noch herrenlos ist.

Verkürzt ist es demnach zu sagen, eine Sache sei für den Täter fremd, weil **13** sie ihm nicht gehört. Um eine fremde Sache handelt es sich etwa, wenn der Täter sie zur Sicherheit übereignet hat oder er lediglich Miteigentümer (§ 1008 BGB) oder Gesamthandseigentümer (insbesondere gemäß den §§ 718 I, 2032 I BGB) ist (*BGH* NJW 1992, 250; Schönke/Schröder/*Eser/Bosch*, § 242 Rn. 13).

> **Beispiele:** Unter Eigentumsvorbehalt gelieferte Pelze sind bis zu ihrer vollständigen Bezahlung für den Vorbehaltskäufer fremd (*OLG Düsseldorf* NJW 1984, 810, 811). Ein zum Entwickeln gegebener Film bleibt trotz der Ausführung des Auftrags im Eigentum des Kunden, weil der Wert der von der Firma geleisteten Arbeit i.S. des § 950 I BGB erheblich geringer ist als derjenige des Films (*OLG Düsseldorf* NJW 1989, 115). Das im Rahmen einer Sammlung auf die Straße gestellte Altpapier ist nicht herrenlos, weil dessen Eigentümer auf ihr Eigentum regelmäßig nicht „ungezielt" verzichten, sondern es auf die sammelnde Organisation übertragen wollen (*BayObLG* MDR 1987, 75; weitere Beispiele gibt *Otto*, § 40 Rn. 12).

Herrenlos sind etwa nach § 960 I 1 BGB wilde Tiere in der Freiheit (im **14** Einzelnen *Fischer*, § 242 Rn. 6) und gemäß § 959 BGB Sachen, auf deren Eigentum der Berechtigte unter Besitzaufgabe verzichtet hat (Dereliktion), z.B. der herausgestellte Müll.

Nach h.M. erlangt nach dem Tod eines Menschen niemand Eigentum an **15** der Leiche (LK/*Ruß*, § 242 Rn. 10), so dass diese ebenfalls herrenlos ist und de lege lata vor einer „Verwertung" allenfalls – unzureichend – durch § 168 geschützt ist (dazu *KG* NStZ 1990, 185). Anders ist es nur dann, wenn ein Leichnam der Bestattung in rechtlich zulässiger Weise wenigstens vorübergehend entzogen und z.B. einer wissenschaftlichen Einrichtung (anatomisches Institut) oder einem Museum überlassen wird; diese wird dadurch Eigentümerin der Leiche (*Krey/Hellmann*, Rn. 7). Das Eigentum eines Menschen geht jedenfalls mit seinem Tod im Wege der Gesamtrechtsnachfolge (§ 1922 I BGB) auf die Erben über, sei es kraft Verfügung von Todes wegen, sei es kraft gesetzlicher Erbfolge.

> **Vertiefungshinweis:** Einen instruktiven Überblick über die – speziell zur Eigentumslage vertretenen – Meinungen zu den Fällen, in denen der Täter an einer SB-Tankstelle Benzin tankt und davonfährt, ohne zu bezahlen, gibt *Otto*, JZ 1985, 21, 22.

Hauptprobleme des Tatobjekts		
Fremde ...	... bewegliche ...	... Sache
• Weder tätereigen noch herrenlos (Rn. 12 f.) • Zivilrecht maßgeblich (Rn. 12)	• Tatsächlich transportabel (Rn. 11) • Beweglichkeit kann herbeigeführt werden (Rn. 11)	• Körperlicher Gegenstand (Rn. 4) • Keine Forderungen und Rechte (Rn. 4) • Wert irrelevant (Rn. 5)

2. Tathandlung

16 Die fremde bewegliche Sache muss gemäß § 242 I weggenommen werden. Dies geschieht nach ganz h.M. dadurch, dass der Täter das im Gewahrsam eines anderen befindliche Tatobjekt in seinen – oder eines Dritten – Gewahrsam bringt, und zwar ohne den Willen des bisherigen Gewahrsamsinhabers, d.h. durch einen sog. **Gewahrsamsbruch** (*Wessels/Hillenkamp*, Rn. 71).

a) Gewahrsam (eines anderen)

17 Somit erweist sich der Gewahrsam als der zentrale Begriff bei der Prüfung der Diebstahlshandlung.

> **Merke:** Gewahrsam ist das tatsächliche, von einem entsprechenden Willen getragene Herrschaftsverhältnis eines Menschen über eine Sache. Die Reichweite dieses Verhältnisses wird wesentlich durch die Verkehrsauffassung bestimmt. Daher kommt es entscheidend auf die Anschauungen des täglichen Lebens an (BGHSt 16, 271, 273 – „Selbstbedienungsladenfall"; *Lackner/Kühl*, § 242 Rn. 8a, 9).

18 (1) Danach kann nur eine natürliche, nicht aber eine juristische Person **Inhaber des Gewahrsams** sein. Für letztere können jedoch natürliche Personen (z.B. der Geschäftsführer) den Gewahrsam ausüben (*Otto*, § 40 Rn. 25). Wie sich aus dem Merksatz weiter ergibt, kommt es bei der Beurteilung der Gewahrsamslage nicht auf rechtliche, sondern auf tatsächliche Gesichtspunkte an.

19 Der Begriff des Gewahrsams ist mithin nahe verwandt, aber nicht identisch mit dem zivilrechtlichen Besitz. Während der Besitz z.B. bei einem Todesfall gemäß § 857 BGB ohne weiteres auf die Erben übergeht, erlangen diese den Gewahrsam an den geerbten Gegenständen nach den obigen Grundsätzen erst mit Begründung der tatsächlichen Sachherrschaft (*Maurach/Schroeder/Maiwald*, BT 1, § 33 Rn. 12). Auch ein mittelbarer Besitzer (§ 868 BGB) hat nicht zwingend Gewahrsam, während umgekehrt ein bloßer Besitzdiener i.S. des § 855 BGB zumindest Mitgewahrsamsinhaber sein kann (*Krey/Hellmann*, Rn. 12).

Völlig unabhängig ist das tatsächlich geprägte Gewahrsamsverhältnis vom zivilrechtlichen Eigentum. Deshalb kann etwa ein Dieb zwar durch seine Tat nicht Eigentümer der entwendeten Sache werden, wohl aber daran Gewahrsam erlangen bzw. einem anderen verschaffen. **20**

Ein Mensch hat vor allem Gewahrsam an Sachen, die er in Händen hält oder in der Kleidung bei sich trägt, denn diese werden nach den Anschauungen des täglichen Lebens und unter Berücksichtigung der Verkehrsanschauung ihm zugeordnet und bleiben durch Dritte grundsätzlich unangetastet (sog. **Tabusphäre**). Dieser enge Bereich wird anerkanntermaßen erweitert durch sonstige einer Person zustehende Gewahrsamssphären, in denen ihr üblicherweise die Sachherrschaft über die darin befindlichen Gegenstände zugeordnet wird (*Wessels/Hillenkamp*, Rn. 78 f.). **21**

Beispiele: Dazu zählen primär Haus bzw. Wohnung. Der Gewahrsam des Inhabers erstreckt sich über die bewohnten Räume im engeren Sinne hinaus auch auf die Sachen im Keller und auf dem Dachboden, selbst auf zwar vorhandene, aber aktuell „verlegte" Gegenstände (LK/*Ruß*, § 242 Rn. 20). Er erfasst im Hinblick auf den generellen Herrschaftswillen über den eigenen Wohnbereich sogar Post im Briefkasten, von deren Eintreffen der Empfänger noch nichts weiß (*Krey/Hellmann*, Rn. 17). Ein Ladeninhaber hat Gewahrsam an seinen Waren, auch wenn diese vom Geschäft räumlich getrennt gelagert werden (*Maurach/Schroeder/Maiwald*, BT 1, § 33 Rn. 15) oder wenn die Schaufensterscheiben zertrümmert worden sind (*BGH* GA 1962, 77, 78: nur Gewahrsamslockerung, nicht -verlust).

(2) Letztlich kann die **Reichweite des Gewahrsams** – von eindeutigen Konstellationen abgesehen – nur aufgrund einer sorgfältigen Beurteilung des jeweiligen Sachverhalts bestimmt werden. Es handelt sich dabei um einen normativen Vorgang (*Kargl*, JuS 1996, 971, 972), an dessen Ende nicht selten verschiedene Ansichten vertretbar sind. Dies gilt bei sauberer Subsumtion und Argumentation auch im Examen. **22**

Es gibt allerdings vier immer wiederkehrende Fallgestaltungen, die ganz überwiegend bestimmten Lösungen zugeführt werden. Von diesen kann in der Prüfung – bei eigener Wertung – selbstverständlich abgewichen werden, man sollte dies aber nicht ohne Not tun. **23**

■ Zunächst kann es unklar sein, wie weit die Gewahrsamssphäre eines Menschen im Einzelfall reicht, d.h. welches Ausmaß der ihm zugebilligte **generelle Herrschaftsraum** haben soll. Als Bewertungskriterium wird die Frage verwandt, ob der Verwirklichung des Willens zur unmittelbaren Einwirkung auf eine Sache Hindernisse entgegenstehen. Dies wird von der h.M. trotz räumlicher Trennung von der Sache verneint, wenn die Distanz sich im Rahmen des sozial Üblichen hält und die Sachherrschaft zumindest nach einer gewissen Zeit ausgeübt werden kann (*BGH* GA 1969, 25; *Lackner/Kühl*, § 242 Rn. 9). **24**

Unter Anwendung dieser Grundsätze bleibt richtigerweise ein – ggf. auch wochenlang – Verreister Inhaber des Gewahrsams an den in seiner Wohnung **25** befindlichen Sachen (BGHSt 16, 271, 273 – „Selbstbedienungsladenfall"). Gleiches gilt bei einem Krankenhausaufenthalt (*Wessels/Hillenkamp*, Rn. 80) sowie für einen außerhalb der eigenen Räume vergessenen Gegenstand jedenfalls dann, wenn der Verlierer ihn nach dem Bemerken seines Fehlens lokalisieren und dementsprechend wiedererlangen kann (OLG *Hamm* NJW 1969, 620). Ist ihm der Verbleib einer Sache dagegen nicht erinnerlich oder zumindest rekonstruierbar, so ist sein Gewahrsam in der Regel beendet (LK/ *Ruß*, § 242 Rn. 20; *Krey/Hellmann*, Rn. 20; vgl. *Rn. 30*).

Beispiele: Dementsprechend ist die tatsächliche Sachherrschaft aufgehoben, wenn Fahrzeugpapiere vom Fahrer unbemerkt aus dem Auto fallen (*BGH* GA 1969, 25). Ein Autobesitzer hat dagegen ebenso Gewahrsam an seinem nahe seiner Wohnung geparkten Fahrzeug (*BGH* GA 1962, 78 f.) wie der Inhaber eines Geschäfts an ihm gelieferten Waren, die morgens noch vor Beginn der Öffnungszeiten vor der Ladentür abgestellt werden (*BGH* NJW 1968, 662).

26 ■ Weiterhin ist es anerkannt, dass der erforderliche Herrschaftswille (vgl. *Rn. 17*) nicht stets konkret und aktuell, sondern den sozialen Anschauungen entsprechend nur generell und potentiell vorhanden sein muss (kritisch SK/ *Hoyer*, § 242 Rn. 25 f.). Insofern kommt es erneut auf rechtliche Kategorien nicht an. Notwendig ist lediglich ein quasi „natürlicher" Beherrschungswille, den insbesondere auch schon kleine Kinder oder an einer geistigen Erkrankung leidende Menschen haben können (*Fischer*, § 242 Rn. 13).

27 Danach ist auch der einhellig eingenommene Standpunkt konsequent, Schlafenden und Bewusstlosen trotz ihrer momentanen Unfähigkeit, willensgesteuert auf ihre Sachen einzuwirken, den genügenden potentiellen Herrschaftswillen zuzubilligen. Denn der einmal begründete Gewahrsam bleibt solange bestehen, bis dessen tatsächliche Einwirkungsmöglichkeit völlig verlorengeht (BGHSt 4, 210, 211; BGHSt 20, 32, 33).

Beispiel: A nimmt aus der Jackentasche des infolge Volltrunkenheit bewusstlos auf dem Bürgersteig liegenden B in Zueignungsabsicht dessen Geldbörse. – Trotz seiner Bewusstlosigkeit war B zu diesem Zeitpunkt Gewahrsamsinhaber der Börse und konnte daher bestohlen werden (*BGH* GA 1962, 78 f.).

28 Bedenken an dieser Lösung werden für den Fall geäußert, dass der Bewusstlose nicht mehr „erwacht", sondern die Bewusstlosigkeit direkt in den Tod mündet, weil dann die Unfähigkeit, einen konkreten Willen zu haben, nicht nur vorübergehend, sondern bereits mit dem Verlust des Bewusstseins endgültig war (*BayObLG* JR 1961, 188 m. abl. Anm. *Schröder*). Ebenso müsste entschieden werden, wenn etwa ein Schlafender von einem tödlichen Herzinfarkt überrascht wird (inkonsequent insoweit *BayObLG* JR 1961, 188, 189).

29 Diese Ansicht wird jedoch von der h.M. zu Recht abgelehnt. Sie ist weder theoretisch überzeugend noch praxisnah. Denn danach steht es zum Zeitpunkt der Tatvollendung nicht endgültig fest, ob das Opfer noch Gewahrsam

§ 1. Diebstahl

hatte (dann: Diebstahl) oder nicht (dann: Unterschlagung gemäß § 246). Dies würde sich erst zu einem – ggf. wesentlich – späteren Zeitpunkt entscheiden, wenn nämlich das Opfer erwacht oder verstirbt; hierin liegt ein systematischer Bruch (ebenso *BGH* JR 1986, 294, der einen Schwerverletzten trotz nachfolgenden Todes als Inhaber des Gewahrsams über die neben ihm liegenden Sachen ansieht; *Krey/Hellmann*, Rn. 15; *Otto*, Jura 1989, 137, 140). Dauert im Übrigen am Ende der den Fall betreffenden Hauptverhandlung die Bewusstlosigkeit noch an (mehrjähriges Koma), ist unklar, wie das Gericht entscheiden soll.

■ Wer außerhalb der ihm zugeordneten Sphäre eine Sache verliert und ihren Verbleib nicht alsbald rekonstruieren kann, hat keinen Gewahrsam mehr (vgl. Rn. 25). Die Sache ist grundsätzlich gewahrsamslos (nicht herrenlos). 30

Unter bestimmten Voraussetzungen ist dies anders, nämlich wenn sich der Verlust der Sache im (generellen) Herrschaftsbereich eines anderen ereignet hat. Dann wird deren berechtigter Nutzer neuer Gewahrsamsinhaber (LK/ *Ruß*, § 242 Rn. 20: sofort beginnender „Hilfsgewahrsam"). 31

Beispiele: An Sachen, die in fremden Wohnungen, Läden, Geschäftsräumen, Gaststätten, Theatern, Kinos usw. verblieben sind, steht deren Inhabern bzw. Betreibern der Gewahrsam zu. Entsprechendes gilt für auf Bahnsteigen, in Wartesälen und Dienstgebäuden von Behörden verlorene Gegenstände (*BGH* GA 1969, 25) sowie insbesondere für in Münztelefonen etwa der Deutschen Telekom AG verbliebene, aber „unverbrauchte" Geldstücke (*OLG Düsseldorf* NJW 1988, 1335, 1336 – „Münztelefonfall"). – Kein Gewahrsam entsteht dagegen im Treppenhaus eines Mietshauses oder eines von mehreren Firmen genutzten Bürogebäudes, weil dort ein konkreter Inhaber regelmäßig nicht feststellbar ist (*BGH* GA 1969, 25, 26; *Krey/Hellmann*, Rn. 22).

■ Besonders problematisch ist die Gewahrsamsfrage, wenn mehrere Personen als Inhaber der Sachherrschaft in Betracht kommen. Dann kann sog. **Mitgewahrsam** bestehen. Dessen Träger können einander gleich- oder aber über- bzw. untergeordnet sein. Für die Annahme des i.S. des § 242 zunächst erforderlichen täterfremden Gewahrsams genügt anerkanntermaßen bereits gleichgeordneter Mitgewahrsam eines anderen. Ein Diebstahl scheidet m.a.W. aus, wenn der Täter selbst übergeordneten Mit- oder gar Alleingewahrsam hat (*Fischer*, § 242 Rn. 14a; ausführlich LK/*Ruß*, § 242 Rn. 25 f.). 32

> **Merke:** Eine Sache kann vom Täter nur weggenommen werden, wenn sie sich im Alleingewahrsam, übergeordneten oder wenigstens gleichgeordneten Mitgewahrsam eines anderen befindet.

Schwierige Konstellationen treten insoweit vor allem, aber nicht nur in Arbeits-, Auftrags- und Dienstverhältnissen auf. Sie sind stets nach den allgemeinen Grundsätzen (vgl. Rn. 17) zu beurteilen, also nach den Anschauungen des täglichen Lebens unter Berücksichtigung der Verkehrsauffassung: 33

34 Danach wird beispielsweise die Sachherrschaft über Waren, die durch einen Arbeitnehmer außerhalb des Firmengeländes transportiert werden, zu Recht differenziert beurteilt. Als entscheidendes Kriterium dient die Frage, ob der Geschäftsherr eine hinreichende Kontroll- und Einwirkungsmöglichkeit innehat (*Wessels/Hillenkamp*, Rn. 91). Da diese Möglichkeit aktuell und nicht nur nachträglich vorhanden sein muss, spielt insoweit die Existenz eines im Lkw eingebauten Fahrtenschreibers keine Rolle (*Fischer*, § 242 Rn. 14). Dagegen kann der Umstand bedeutsam sein, dass der Geschäftsherr beispielsweise über ein Mobiltelefon (Handy) oder den Sprechfunk jederzeit mit dem Fahrer Kontakt aufnehmen kann (für den Regelfall a.A. *Schramm*, JuS 2008, 678, 682).

Beispiele: Werden Waren außerhalb des Firmensitzes ausgeliefert und kann der Transportfahrer die Fahrstrecke selbst bestimmen, so hat er Alleingewahrsam, da der Unternehmer bzw. Vorgesetzte während der Fahrt keine Gelegenheit hat, seinen Herrschaftswillen auszuüben (BGHSt 2, 317, 318; *BGH* StV 2001, 13). Ist die Route dagegen fest vorgegeben und befinden sich die Belieferten in der Nähe des Firmenstandorts, so dass der Geschäftsherr weiß oder zumindest jederzeit ermitteln kann, wo sich die Ware befindet, so hat er wenigstens gleichrangigen Mitgewahrsam.

35 Beim Speditions- bzw. Frachtvertrag sind regelmäßig der Spediteur bzw. der Frachtführer Alleingewahrsamsinhaber. Gleiches gilt für die Verantwortlichen der Deutschen Bahn AG in bezug auf aufgegebenes Gepäck (*Maurach/Schroeder/Maiwald*, BT 1, § 33 Rn. 24).

36 In ähnlicher Weise ist der Gewahrsam an Waren in einem Geschäft oder Kaufhaus zu bestimmen. Dieser ist in einem kleinen Laden tendenziell eher dem – zumal mitarbeitenden – Inhaber allein zuzuordnen, während in einem Kaufhaus die tatsächliche Sachherrschaft je nach firmeninternen Zuständigkeitsverteilungen jedenfalls auch beim Abteilungsleiter oder sogar bei den einzelnen Verkäufern liegen kann (vgl. *Wessels/Hillenkamp*, Rn. 88 f.).

37 Besondere Grundsätze sind für **Kassierer** bei Banken, Warenhäusern, Einkaufszentren usw. entwickelt worden. Diese haben, wenn sie die Kasse eigenverantwortlich verwalten und ihren Inhalt am Ende ihrer Arbeitszeit abzurechnen haben, bis zur Durchführung dieser Abrechnung Alleingewahrsam (*BGH* NStZ-RR 2003, 186, 187). Denn bei einer derartigen Verantwortungsverteilung dürfen Geschäftsinhaber und Vorgesetzte den Kassierer zwar unter bestimmten Umständen zur Geldentnahme anweisen, eine unmittelbare Zugriffsmöglichkeit gegen dessen Willen steht ihnen aber gerade nicht zu. Daher begründet das Weisungsrecht noch nicht einmal Mitgewahrsam, besonders wenn allein der Kassierer den Kassenschlüssel hat (BGHSt 8, 273, 275; *BGH* NStZ-RR 1996, 131, 132).

38 Anders liegt es, wenn dem Kassierer eine derartige Eigenverantwortung nicht eingeräumt ist. Dann hat er im Verhältnis zum Geschäftsinhaber bzw. Vorgesetzten allenfalls untergeordneten Mitgewahrsam (*Krey/Hellmann*,

§ 1. Diebstahl

Rn. 27). Über den Inhalt eines Tresors, der nur unter gleichzeitigem Einsatz zweier verschiedener Schlüssel geöffnet werden kann, haben zwei Kassierer gleichrangig die tatsächliche Sachherrschaft, wenn sie jeweils im Besitz eines dieser Schlüssel sind (SK/*Hoyer*, § 242 Rn. 41).

An der Einrichtung einer von mehreren Personen ohne Einschränkung gemeinsam genutzten Wohnung steht diesen Mitgewahrsam gleichen Ranges zu. Anders ist es, wenn einzelne Räume, wie etwa in einer Wohngemeinschaft, eindeutig verschiedenen Benutzern zugeordnet sind; dann liegt insoweit jeweils Alleingewahrsam vor. **39**

In einem Hotel bzw. einer Pension behält der Betreiber an den Einrichtungsgegenständen vermieteter Zimmer Mitgewahrsam, weil ihm diese zugänglich sind und von ihm – etwa zur Reinigung – sogar betreten werden sollen (*Fischer*, § 242 Rn. 14 a.E.). Ob dies bei der Miete (sonstiger) möblierter Zimmer, z.B. einer Studentenbude, ebenso ist, hängt von den konkreten Vertragsvereinbarungen ab. Jedenfalls bleibt der Mieter Inhaber des Alleingewahrsams an den eigenen Sachen (Schönke/Schröder/*Eser*/*Bosch*, § 242 Rn. 33). **40**

Wer von einem anderen eine Sache in Verwahrung nimmt, erlangt daran in der Regel Alleingewahrsam (LK/*Ruß*, § 242 Rn. 31). Jedoch gibt es auch Konstellationen, in denen lediglich Mitgewahrsam des Verwahrers begründet wird. **41**

Beispiel: A gibt seinen Mantel zu Beginn des Opernbesuchs bei der Garderobiere B zur Aufbewahrung ab. – Da A nicht nur weiß, wo der Mantel ist, sondern ihn auch jederzeit und kurzfristig wiedererlangen kann, hat er selbst während der Aufführung Mitgewahrsam (*Maurach/Schroeder/Maiwald*, BT 1, § 33 Rn. 24).

b) Begründung neuen Gewahrsams

Zweiter Bestandteil des Wegnahmebegriffs ist es, dass der Täter den Gewahrsam des anderen an der Sache beendet und neuer Gewahrsam daran entsteht. Die beiden Komponenten können unter Umständen zeitlich auseinanderfallen. **42**

Merke: Nicht notwendig ist die Begründung tätereigenen Gewahrsams. Dies wird zwar der Regelfall sein. Es genügt aber, dass ein Dritter die Sachherrschaft erlangt (*Lackner/Kühl*, § 242 Rn. 15).

Ob bereits neuer Gewahrsam begründet worden ist, ist ebenso wie die Beurteilung der bisherigen Sachherrschaft Wertungsfrage. Zu deren Beantwortung sind die allgemeinen Grundsätze (vgl. Rn. 17) heranzuziehen. Entscheidend ist es also, ob der Täter die Herrschaft über die Sache nach den Anschauungen des täglichen Lebens derart erlangt hat, dass er sie ohne Behinderung durch den alten Gewahrsamsinhaber ausüben kann (*BGH* NStZ **43**

1988, 270, 271). Dafür genügt zumeist das Ergreifen des Gegenstands, soweit dieser handlich und leicht transportabel (*BGH* NStZ 2008, 624, 625: Laptop) und nicht groß und sperrig ist (*Maurach/Schroeder/Maiwald*, BT 1, § 33 Rn. 25 f.). Dagegen kommt es nicht darauf an, ob der Täter die Sache schon endgültig „in Sicherheit gebracht hat".

> **Beispiele:** A und B haben einen 300 kg schweren und unhandlichen Tresor nur unter großen Schwierigkeiten von seinem Standort bis fünf Meter vor das Gebäude gebracht und dort erst mit dem Verladen begonnen. – Sie sind noch nicht Inhaber der Sachherrschaft geworden (*BGH* NStZ 1981, 435), so dass nur ein Versuch (§§ 242 II, 22) vorliegt.
>
> C hat in einem zum Abriss bestimmten, unbewohnten Haus Rohre und Leitungen demontiert und diese zum Abtransport in einem Nebenraum einer Wohnung versteckt. – C hat bereits eigenen Gewahrsam erlangt (*KG* JR 1966, 308).

44 Ein Verkäufer bleibt Gewahrsamsinhaber an Waren, die er auf Wunsch eines Kunden zur Ansicht auf den Ladentisch legt (etwa Uhren, Schmuck). Denn dadurch soll nur eine kurze kontrollierte Begutachtung durch den Kunden ermöglicht werden. Nach der Verkehrsanschauung handelt es sich daher lediglich um eine **Lockerung des Gewahrsams**, den ein Täter ggf. erst durch eine eigene Handlung aufheben muss. War dies von vornherein geplant, liegt ein „Trickdiebstahl" vor (LK/*Ruß*, § 242 Rn. 37; *Krey/Hellmann*, Rn. 18).

> **Vertiefungshinweis:** Zur „Wechselgeldfalle" – der Täter legt eigenes Geld mit der Bitte auf den Ladentisch, es in andere Stückelung zu wechseln, nimmt es jedoch infolge eines Ablenkungsmanövers vom Gegenüber unbemerkt zusammen mit dem ihm herausgegebenen Geld wieder an sich – vgl. § 11 Rn. 97.

> **Beachte:** Bei der Lösung von Prüfungsaufgaben ist regelmäßig ein Gutachten zu erstellen. Daher ist der Zeitpunkt der Begründung neuen Gewahrsams nicht nur dann genau zu bestimmen, wenn er für Qualifikationen und die Strafbarkeit von Beteiligten Bedeutung hat. Formulierungen wie „jedenfalls ab diesem Zeitpunkt hatte A Gewahrsam" sind tunlichst zu vermeiden.

45 Drei Konstellationen verdienen an dieser Stelle gesteigerte Aufmerksamkeit:

46 **(1)** Die Entstehung neuen Gewahrsams ist zunächst problematisch, wenn der Täter nach den allgemeinen Grundsätzen zwar die Herrschaft über eine Sache erlangt hätte, sich aber noch im **räumlichen Einflussbereich des ursprünglichen Gewahrsamsinhabers** befindet. Denn dann gerät der „Körpergewahrsam" des Täters in Konkurrenz zum generellen Raumgewahrsam des Opfers (vgl. Rn. 21; BGHSt 23, 254, 255; *Britz/Brück*, JuS 1996, 229, 231 f.). Dies ist besonders häufig in Warenhäusern und Supermärkten der Fall (vertiefend *Ling*, ZStW 110 [1998], 919).

Steckt dort ein Kunde Waren in der Absicht rechtswidriger Zueignung in 47
seine Kleidung oder mitgeführte Taschen, so begründet er nach h.M. allein
dadurch, d.h. noch vor Passieren des Kassenbereichs bzw. Verlassen des Kaufhauses eigenen Gewahrsam. Dies gilt zumindest für relativ leicht bewegliche
Gegenstände geringeren Umfangs, „weil eine intensivere Herrschaftsbeziehung zur Sache kaum denkbar ist, vor allem der Ausschluss anderer besonders
deutlich zum Ausdruck kommt" (BGHSt 16, 271, 274 – „Selbstbedienungsladenfall"; *Fischer*, § 242 Rn. 18 sowie 20) und der Wegschaffung unter normalen Umständen kein Hindernis mehr entgegensteht (*OLG Köln* NJW
1984, 810).

Beispiele: A nimmt eine DVD aus den Auslagen und lässt sie in seine Aktentasche gleiten. Anschließend zieht er in der Herrenabteilung ein neues Jackett unter seinen Mantel.
Dann verlässt er plangemäß ohne Bezahlung das Warenhaus. – A hat bereits durch das
Einstecken der DVD bzw. das Anziehen des Jacketts jeweils Gewahrsam erlangt.

Anders ist es zu beurteilen, wenn ein Täter eine Sache zwar in den Einkaufswagen legt, dort aber mit Werbeprospekten, Getränkekisten o.ä. so abdeckt, dass sie vom Kassierer, bei dem er andere Waren ordnungsgemäß bezahlt, nicht bemerkt wird. Denn im geschlossenen Einkaufsbereich vor der 48
Kasse stehen alle im Einkaufswagen befindlichen Waren den sozialen Konventionen entsprechend – in vielen Supermärkten besteht sogar das „Gebot",
nur mit einem solchen Wagen einzukaufen – im Gewahrsam des Geschäftsinhabers (*OLG Düsseldorf* NStZ 1993, 286; *OLG Zweibrücken* NStZ 1995,
448, 449; *Lackner/Kühl*, § 242 Rn. 16; *Krey/Hellmann*, Rn. 45a). Dieser hat
gewissermaßen „noch vollen Zugriff"; bei einem Streit, wer Eigentümer der
Ware im Einkaufswagen ist, trifft die „Beweislast" den Kunden (*Fahl*, JA 1996,
40, 41; *Scheffler*, JR 1996, 342, 343; a.A. *Kargl*, JuS 1996, 971, 975).

Diese Bewertung kehrt sich um, wenn der Kunde den Kassenbereich 49
durchschritten hat. Jetzt ordnet die Verkehrsauffassung ihm den gesamten Inhalt des Wagens zu, so dass er in der Regel zu diesem Zeitpunkt eigenen Gewahrsam begründet (*OLG Köln* NJW 1984, 810; *OLG Zweibrücken* NStZ
1995, 448, 449; *Zopfs*, NStZ 1996, 190; differenzierend *Krey/Hellmann*,
Rn. 45a).

(2) In Kaufhäusern und Selbstbedienungsläden sind viele Waren mit einem 50
elektromagnetischen **Sicherungsetikett** versehen, das, falls es nicht entfernt
oder deaktiviert wird, beim Erreichen bestimmter Kontrollbereiche (akustischen und/oder optischen) Alarm auslöst. Wird eine solche Ware vom Täter
eingesteckt, so könnte infolge ihrer besonderen Sicherung abweichend von
den allgemeinen Grundsätzen der Gewahrsam des Geschäftsinhabers noch
andauern (vgl. Rn. 47 und 152).

Die h.M. verneint dies jedoch zu Recht. Denn das Auslösen des Alarms 51
folgt dem Verbringen der Ware in die körpernahe Herrschaftssphäre des Täters zeitlich nach. Es kann somit in der Regel die Vollendung der Gewahr-

samsbegründung nicht verhindern, sondern soll lediglich zur Aufdeckung begangener Diebstähle und der Wiedererlangung (!) der Beute durch das Eingreifen des Berechtigten bzw. seiner Hilfspersonen dienen (*OLG Frankfurt a. M.* MDR 1993, 671, 672; *BayObLG* NJW 1995, 3000, 3001 m. Bespr. *Heintschel-Heinegg*, JA 1995, 833 ff.; a.A. Schönke/Schröder/*Eser/Bosch*, § 242 Rn. 40).

52 (3) Eine ähnliche Problematik stellt sich, wenn der Täter beim Ansichbringen der Beute **beobachtet** wird, im Kaufhaus etwa – direkt oder mittels Videokamera – von einem dort arbeitenden Detektiv. Auch dies steht jedoch nach überwiegender Auffassung jedenfalls bei kleineren und leicht transportablen Gegenständen einem Gewahrsamswechsel zugunsten des Täters grundsätzlich nicht entgegen.

53 Denn ein Diebstahl mag zwar tatsächlich zumeist unbemerkt begangen werden. Dogmatisch ist dies aber nicht notwendig, denn § 242 I verlangt keine heimliche Tatausführung. Eine – sei es zufällige, sei es planmäßige – Beobachtung der Wegnahme hindert deshalb deren Vollendung nicht, sondern gibt nur die Möglichkeit, den bereits entzogenen Gewahrsam wiederzuerlangen (BGHSt 16, 271, 274 – „Selbstbedienungsladenfall"; BGHSt 17, 205, 208 f.; *BGH* NStZ 2008, 624, 625; *OLG Düsseldorf* NJW 1988, 1335, 1336 – „Münztelefonfall"; *Lackner/Kühl*, § 242 Rn. 16; *Thoss*, Jura 2002, 351; a.A. Schönke/Schröder/*Eser/Bosch*, § 242 Rn. 40: noch keine Gewahrsamsbegründung durch den Täter).

54 Anders kann man ausnahmsweise dann entscheiden, wenn ein Täter infolge der Beobachtung „nicht die geringste Möglichkeit gehabt hat, mit der Beute zu entkommen" (*BGH* StV 1985, 323; offengelassen jedoch von BGHSt 26, 24, 26; *BGH* NStZ 1987, 71).

Beispiel: A bricht auf einem Parkplatz ein Auto auf und nimmt eine im Handschuhfach liegende Geldbörse an sich. Dabei wird er von zahlreichen Polizisten beobachtet, die aufgrund ähnlicher Vorkommnisse in der Vergangenheit den Parkplatz umstellt haben und A unverzüglich festnehmen. – Da hier offensichtlich von vornherein keine Erfolgschance des A bestand, kommt nur versuchter Diebstahl (§§ 242 II, 22) in Betracht.

55 In Prüfungen ist hier – neben dem Bilden der Obersätze – vor allem das Herausarbeiten der entscheidenden Umstände des zu lösenden Falls wichtig. Wesentlich können z.B. sein die Nähe des Berechtigten oder seines Beauftragten zum Täter, die Schnelligkeit des Eingreifens, Umfang und Gewicht der Beute, ggf. in Verbindung mit besonderen Alarmeinrichtungen (*BGH* StV 1985, 323), aber auch die bauliche Gestaltung des Kaufhauses, das Ausmaß des Publikumsverkehrs sowie Schnelligkeit und Gewandtheit von Täter und Verfolgern (*BGH* NStZ 1988, 270; kritisch bezüglich einer differenzierten Feststellung des „Kräfteverhältnisses" der Beteiligten aus Gründen der Praktikabilität *Scheffler*, JR 1996, 342, 343).

c) Bruch des bisherigen Gewahrsams

(1) Nur ein Gewahrsamswechsel **gegen bzw. ohne den Willen** des ursprünglichen Inhabers der Sachherrschaft stellt eine Wegnahme dar, d.h. der bisherige Gewahrsam muss vom Täter gebrochen worden sein. Billigt es dagegen der Gewahrsamsinhaber, dass ein anderer eine Sache an sich nimmt, so fehlt es am für die Verwirklichung des Tatbestands erforderlichen Gewahrsamsbruch. Dogmatisch handelt es sich bei dieser Billigung somit um ein tatbestandsausschließendes Einverständnis (*Fischer*, § 242 Rn. 22), das demzufolge schon bei der Tat vorliegen muss und nicht erst nachträglich erklärt werden kann (Schönke/Schröder/*Eser/Bosch*, § 242 Rn. 36).

Beispiel: A lässt sein Auto durch B nach Osteuropa „verschieben", um es dann seiner Versicherung als gestohlen melden zu können. – Da B das Fahrzeug aufgrund der Absprache mit A an sich gebracht hat, liegt keine Wegnahme vor (*BGH* NStZ-RR 2005, 351, 352).

Ebenso wie für die Ausübung der Sachherrschaft selbst genügt auch für deren freiwillige Aufgabe der sog. natürliche Wille (vgl. Rn. 26). Das Einverständnis mit dem Gewahrsamswechsel kann im Übrigen an Bedingungen geknüpft werden. Erfüllt diese der Täter nicht, nimmt er die Sache i.S. des § 242 I weg (LK/*Ruß*, § 242 Rn. 36).

Beispiel: A wirft wertlose Metallstücke in einen Zigarettenautomaten, deren Größe und Gewicht regulärem Geld entsprechen. Dadurch gelingt es ihm, eine Packung Zigaretten zu ziehen. – Da der Automatenbetreiber mit der Entnahme der Zigaretten nur für den Fall des Einwurfs echten Geldes in der vorgesehenen Höhe einverstanden ist, hat A dessen Gewahrsam gebrochen (*Wessels/Hillenkamp*, Rn. 108).

Das gilt entsprechend für sonstige Manipulationen an einem Automaten, z.B. für das Einführen eines Drahts zum „Angeln" von Münzen oder zum Verursachen eines Kurzschlusses mit dem Ziel der Auslösung der Geldrückgabefunktion (*OLG Stuttgart* NJW 1982, 1659; *OLG Koblenz* NJW 1984, 2424, 2425).

Umgekehrt fehlt es an einer Wegnahme, wenn ein Täter durch funktionsgerechte Bedienung eines Geldautomaten mittels codierter Scheckkarte und Eingabe der Geheimnummer Geld erhält. Insoweit spielt es insbesondere keine Rolle, ob der tatsächlich Berechtigte vertragswidrig sein Konto überzieht oder ein anderer Karte und Geheimnummer unberechtigt verwendet (*BGHSt* 35, 152, 158 ff.). Für Fälle ordnungsgemäßer Inbetriebnahme des Gerätemechanismus kommen aber die zur Vermeidung von Strafbarkeitslücken in einem als wirtschaftlich wesentlich eingestuften Bereich eingefügten §§ 263 a, 266 b in Frage (vgl. vor § 11 und § 17).

Exkurs: Scheidet eine Wegnahme aus, weil der Gewahrsamswechsel einverständlich erfolgt ist, so kann unter Umständen ein sog. Sachbetrug vorliegen

56

57

58

59

60

(§ 263). Das ist der Fall, wenn der bisherige Inhaber des Gewahrsams diesen aufgrund einer Täuschung des Täters irrtumsbedingt überträgt. Denn die freiwillige, wenn auch durch Täuschung erschlichene Weggabe einer Sache stellt in der Regel eine Vermögensverfügung i.S. des § 263 I dar (vgl. § 11 Rn. 52 ff.).

61 Während es also für den Diebstahl charakteristisch ist, dass der Schaden durch eine eigenmächtige Handlung des Täters herbeigeführt wird, geschieht dies beim Betrug unmittelbar infolge einer Verfügung des Verletzten selbst. Diebstahl wird daher als fremd-, Betrug als selbstschädigendes Delikt angesehen. Dieser grundlegende Gegensatz beider Tatbestände macht ein gleichzeitiges Vorliegen bei einem einheitlichen tatsächlichen Geschehen logisch unmöglich (BGHSt 41, 198, 201 – „Einkaufswagenfall"; *Biletzki*, JA 1995, 857, 858 und 862). Wer eine Sache freiwillig weggibt, ist stets mit einem Gewahrsamswechsel einverstanden. Ein Dieb kann nicht dadurch zusätzlich einen Betrug begehen, dass er den Berechtigten über die begangene Tat täuscht, um vor dem sonst zu erwartenden Zugriff geschützt zu sein (BGHSt 17, 205, 209; zum sog. Sicherungsbetrug vgl. § 11 Rn. 187).

Beachte: Bei einem einheitlichen Geschehen kann immer nur Diebstahl oder Betrug vorliegen, da sich die Tatbestandsmerkmale Wegnahme einerseits und Vermögensverfügung andererseits ohne Überschneidung ausschließen.

Aufbauhinweis: Die ggf. erforderliche Abgrenzung darf nicht abstrakt vorgenommen oder „vor die Klammer gezogen" werden. Vielmehr muss die Problematik – wie auch sonst – beim relevanten Merkmal, d.h. also der Wegnahme oder der Vermögensverfügung besprochen werden (*Proppe*, JA 1996, 321, 330). Von den beiden Tatbeständen sollte derjenige zuerst geprüft werden, der im Ergebnis bejaht wird oder dessen Annahme nach dem Sachverhalt zumindest näherliegt. Daran schließt sich eine knappe Darstellung der anderen Norm an. Auf diese Weise wird nicht nur vorhandenes Wissen umfassend gezeigt, sondern auch der Fall stringent (und im zweiten Examen praxisgerecht) gelöst.

62 An im Einkaufswagen liegenden Waren ordnet die Verkehrsauffassung den Gewahrsam nach dem Passieren des Kassenbereichs nicht mehr dem Geschäftsinhaber, sondern dem Kunden zu (vgl. Rn. 49). Dieser Gewahrsamswechsel beruht (jedenfalls) für versteckte Sachen nicht auf einer Vermögensverfügung des Kassierers. Denn wenn dieser die Ware überhaupt nicht wahrnimmt, kann er insoweit nicht verfügen wollen. Die Annahme aber eines generellen Verfügungswillens des Kassierers in bezug auf den gesamten Inhalt des Einkaufswagens ist lebensfremd und bloße Fiktion (BGHSt 41, 198, 202 f. – „Einkaufswagenfall" m. Anm. *Zopfs*, NStZ 1996, 190; *Proppe*, JA 1996, 321, 326 f.; *Thoss*, Jura 2002, 351; a.A. *OLG Düsseldorf* NStZ 1993, 286, 287; vgl. § 11 Rn. 102).

(2) Zwei Fallgruppen bedürfen an dieser Stelle noch besonderer Erörterung: **63**

▪ Wird dem mutmaßlichen Täter von Diebstählen bewusst die Gelegenheit **64** für eine (neuerliche) Tatbegehung verschafft, so scheidet aufgrund des Einverständnisses ein Gewahrsamsbruch und damit eine vollendete Wegnahme aus (*Fischer*, § 242 Rn. 23; zum Versuch vgl. Rn. 124). Denn sog. **Diebesfallen** sind regelmäßig so angelegt, dass der Täter die bereitgelegte Sache in seinen Gewahrsam bringen soll, damit sie später bei ihm gefunden und er überführt werden kann (*Krey/Hellmann*, Rn. 34; *Wessels/Hillenkamp*, Rn. 106; *Gropp*, JuS 1999, 1041, 1042).

Beispiel: Der Leiter eines Krankenhauses legt – mit Hilfe der Polizei – präpariertes Geld in einem Zimmer ab, für das eine diverser Diebstähle verdächtige Krankenschwester zuständig ist. Nachdem diese der Vorstellung des Leiters entsprechend das Geld an sich gebracht hat, wird sie festgenommen. Eine vollendete Wegnahme liegt wegen des fehlenden Gewahrsamsbruchs nicht vor (*BayObLG* JR 1979, 296, 297).

Jedoch kommt es wesentlich auf die konkreten Umstände des Einzelfalls **65** an. Soll nämlich ein Täter nach dem Plan des Gewahrsamsinhabers bereits während der Wegnahme gestellt werden, d.h. bevor er neuen Gewahrsam begründet hat, so ist eine Billigung des Gewahrsamswechsels nicht anzunehmen. Gelingt dieser dem Täter gleichwohl, so hat er die Tathandlung vollendet (*Otto*, JZ 1985, 21, 22 Fn. 14).

An einem tatbestandsausschließenden Einverständnis fehlt es auch dann, **66** wenn eine „Diebesfalle" ohne Mitwirkung bzw. Wissen des Berechtigten gestellt wird (LK/*Ruß*, § 242 Rn. 35; *Janssen*, NStZ 1992, 237; *Paeffgen*, JR 1979, 297, 298 f.). Warten wie im obigen Beispiel (vgl. Rn. 54) die einen Parkplatz observierenden Polizisten mit der Festnahme des Täters bewusst ab, bis dieser Gegenstände aus dem von ihm aufgebrochenen Auto an sich genommen hat, so hindert dies einen Gewahrsamsbruch nicht, weil sich die Beamten als Nichtberechtigte nicht wirksam mit dem Wechsel der Sachherrschaft einverstanden erklären können.

▪ Für die im Einzelfall schwierige Abgrenzung, ob der Täter die Sachherr- **67** schaft durch Verfügung des getäuschten Gewahrsamsinhabers oder durch Wegnahme erlangt hat, kommt es zwar auch auf das äußere Tatbild, maßgebend aber auf die innere Willensrichtung des Getäuschten an (BGHSt 18, 221, 223; 41, 198, 201 – „Einkaufswagenfall" m. Bespr. *Heintschel-Heinegg*, JA 1996, 97, 98; *Hauf*, JA 1995, 458, 462).

Duldet es der Gewahrsamsinhaber, dass der Täter eine Sache an sich nimmt, **68** oder übergibt er diesem den Gegenstand gar selbst, so bejaht die h.M. trotzdem einen unfreiwilligen Gewahrsamswechsel, sofern der Geschädigte infolge von Täuschung oder Drohung glaubt, eine Mitnahme der Sache auf jeden Fall hinnehmen zu müssen (BGHSt 18, 221, 223; Schönke/Schröder/ *Eser/Bosch*, § 242 Rn. 35; *Biletzki*, JA 1995, 857, 860; a.A. *Maurach/Schroeder/*

Maiwald, BT 1, § 33 Rn. 31). Denn dann fehlt es in Wahrheit an einem einverständlichen Gewahrsamsübergang (vgl. § 11 Rn. 104 f.).

Beispiel: A duldet die Mitnahme seines Computers durch B, weil dieser sich als Kriminalbeamter oder Gerichtsvollzieher ausgegeben und den Computer für „beschlagnahmt" bzw. „gepfändet" erklärt hat.

Hauptprobleme der Tathandlung		
Fremder Gewahrsam	Neuer Gewahrsam	Gewahrsamsbruch
• Tatsächliche Sachherrschaft eines anderen (Rn. 17) • Zumindest gleichrangiger Mitgewahrsam (Rn. 32) • Schlaf/Bewusstlosigkeit des Opfers unerheblich (Rn. 27)	• Nicht notwendig tätereigen (Rn. 42) • Beutesicherung nicht erforderlich (Rn. 43) • Durch Einstecken trotz Beobachtung (Rn. 52 f.)	• Nicht bei Einverständnis des Gewahrsamsinhabers (Rn. 56) • Nicht bei selbstschädigendem Opferverhalten (Rn. 61)

II. Subjektiver Tatbestand

1. Vorsatz

69 Subjektiv ist mindestens bedingter Vorsatz erforderlich (SK/*Hoyer*, § 242 Rn. 65). Der Täter muss daher gewollt handeln, obwohl er weiß oder es jedenfalls für möglich hält, dass es sich beim Tatobjekt um eine fremde bewegliche Sache handelt und er den daran bestehenden Gewahrsam eines anderen bricht (*Otto*, § 40 Rn. 40). Hält er dagegen sein Opfer für tot, handelt er nicht vorsätzlich (vgl. *BGH* StraFo 2010, 122).

70 Es bleibt auch dann ein einheitlicher Vorsatz, wenn der Täter ihn während der Tat hinsichtlich der Diebstahlsobjekte verengt oder erweitert (BGHSt 22, 350, 351). Ohne Vorsatz handelt nach § 16 I derjenige, der sich irrigerweise für den Eigentümer einer Sache oder den Inhaber zumindest übergeordneten Mitgewahrsams hält (Schönke/Schröder/*Eser*/*Bosch*, § 242 Rn. 45).

2. Absicht der rechtswidrigen Zueignung

71 Der Täter muss weiterhin die Absicht haben, sich (vgl. Rn. 72 ff.) oder einem Dritten (vgl. Rn. 104 ff.) die weggenommene Sache zuzueignen. Die angestrebte Zueignung muss rechtswidrig sein. Unerheblich ist es dagegen, ob sie im Ergebnis tatsächlich erfolgt (*Fischer*, § 242 Rn. 32). Die Zueignungsabsicht muss schon bei der Wegnahme bestehen, nicht erst zu einem späteren Zeitpunkt (BGHSt 16, 190, 191).

a) Selbstzueignungsabsicht

Unter Zueignung wird die Begründung von Eigenbesitz verstanden, und zwar unter Ausschluss des Berechtigten mit dem Willen, wie ein Eigentümer über die Sache zu verfügen (se ut dominum gerere; *Fischer*, § 242 Rn. 33). Sie besteht demnach aus zwei Komponenten, nämlich der Enteignung des Berechtigten – der rechtlich Eigentümer bleibt (vgl. Rn. 1) – und der Aneignung, d.h. der Anmaßung einer eigentümerähnlichen Herrschaftsmacht über die Sache durch den Täter (*Krey/Hellmann*, Rn. 50 und 55 ff.). 72

Merke: Zueignung einer Sache verlangt sowohl die Enteignung des Berechtigten als auch die Aneignung durch den Täter.

Beispielsfall 1 – Bummel über den Flohmarkt: A schlendert über den Flohmarkt. Dort werden u.a. militärische Sammlerstücke angeboten. Um deren Verbreitung zu verhindern, nimmt er unbemerkt einige Orden an sich. Diese zerbricht er und wirft sie – wie geplant – auf dem Heimweg in einen Papierkorb. An einem anderen Stand findet A eine gebrauchte CD, die ihn interessiert. Da ihm jedoch der Preis zu hoch erscheint, steckt er die CD ohne Bezahlung in seine Jacke, um sie zu Hause auf eine CD-ROM zu brennen. Nachdem er dies getan hat, begibt er sich noch am selben Tag erneut zum Flohmarkt und legt die unbeschädigte CD heimlich wieder am Verkaufsstand ab. Dies hatte er von Anfang an vor. Strafbarkeit des A? 73

Lösung:

Orden und CD waren für A fremde bewegliche Sachen. Diese hat er weggenommen, da er den Gewahrsam der Standinhaber ohne deren Einverständnis beendet und eigenen Gewahrsam begründet hat. Den objektiven Tatbestand hat A vorsätzlich erfüllt. Entscheidend ist es somit, ob er bei der Wegnahme auch mit Zueignungsabsicht gehandelt hat. 74

(1) Dafür ist es zunächst erforderlich, dass A den Berechtigten die Sachen **auf Dauer**, zumindest für einen unabsehbaren Zeitraum **entziehen** wollte (*Maurach/Schroeder/Maiwald*, BT 1, § 33 Rn. 39). 75

Für die Komponente der Enteignung bedarf es nach ganz h.M. keiner Absicht im technischen Sinn (dolus directus 1. Grades), sondern lediglich des bedingten Vorsatzes. Es genügt schon, dass es der Täter bei der Wegnahme für möglich hält, dass der Berechtigte die Sache nicht zurückerhalten wird (*Lackner/Kühl*, § 242 Rn. 25; LK/*Ruß*, § 242 Rn. 51). Die Entwendung von Sachen, die nur unter einer Bedingung zurückgegeben werden sollen, ist daher ausreichend, wenn der Eintritt der Bedingung nach der Vorstellung des Täters nicht zweifelsfrei ist (*BGH* NJW 1985, 812: erhoffte Rückkehr der Freundin; s. aber auch *OLG Köln* NJW 1977, 2611). 76

Bringt der Täter dagegen eine Sache mit dem Willen an sich, diese im Anschluss an ihre Nutzung auf jeden Fall zurückzugeben, so liegt ein Enteig- 77

20 Kapitel 1. Diebstahl, Unterschlagung und unbefugter Gebrauch

nungsvorsatz nicht vor, wenn er sicher davon ausgeht, die Rückgabe werde ohne Substanzveränderung und wesentliche Wertminderung erfolgen können (*Ulsenheimer*, Jura 1979, 169, 172). Aus diesem Grund stiehlt nicht, wer einem Hehler die Diebesbeute entwendet, um sie dem Eigentümer zukommen zu lassen (*BGH* JZ 1985, 198; vgl. zur Hehlerei § 19 Rn. 44 ff.).

78 Die genannte Abgrenzung ist deshalb von praktischer Bedeutung, weil die bloße Gebrauchsanmaßung (**furtum usus**) bzw. Sachentziehung grundsätzlich straflos ist. Ausnahmen sind nur in § 290 sowie für den unbefugten Gebrauch eines Fahrzeugs in § 248b (vgl. § 4) vorgesehen.

79 Kriterien für den sog. **Rückführungswillen** sind zwar primär in bezug auf die Benutzung eines fremden Kraftfahrzeugs entwickelt worden (kritisch *Lackner/Kühl*, § 242 Rn. 24). Sie können aber auch für andere Tatobjekte als Maßstab dienen.

80 Danach spricht gegen einen Enteignungsvorsatz, wenn der Täter im Anschluss an die Fahrt den Berechtigten in eine Lage versetzen will, die diesem die Wiederausübung der ursprünglichen Verfügungsgewalt ohne besondere Mühe erlaubt, z.B. durch Abstellen des Autos nahe dem Entwendungsort oder einem Polizeirevier (*BGH* NStZ 1996, 38 m. Bespr. *Heintschel-Heinegg*, JA 1996, 271, 272; s. auch *BGH* NStZ-RR 1999, 103). Umgekehrt fehlt ein Rückführungswille, wenn der Wagen nach dem Gebrauch an einer Stelle stehengelassen werden soll, „an der er dem Zugriff Dritter preisgegeben ist" (*BGH* NJW 1987, 266), etwa im Wald oder auf freier Strecke (weitere Beispiele bei *Ulsenheimer*, Jura 1979, 169, 172 f.).

> **Merke:** Bei den genannten Kriterien handelt es sich nur um sog. Beweisanzeichen (Indizien), die eine umfassende Prüfung des Täterwillens nicht entbehrlich machen (*Fischer*, § 242 Rn. 40). In Prüfungsaufgaben kommt ihnen allerdings regelmäßig hohe indizielle Bedeutung zu.

81 Auch ein vorhandener Rückführungswille hindert die Annahme des Enteignungsvorsatzes nach h.M. nicht, wenn die Sache nach der Vorstellung des Täters nur mit vermindertem Wert (gemeint: Materialwert) zum Berechtigten zurückgelangen soll oder ihm ein derartiger Wertverlust zum Zeitpunkt der Wegnahme zumindest möglich erscheint (*Ulsenheimer*, Jura 1979, 169, 172).

82 Die Wertminderung darf allerdings nicht völlig unerheblich sein. Eine exakte Grenzziehung ist zwar insoweit nicht möglich. Die Nutzung der Sache durch den Täter muss aber wenigstens eine spürbare dauernde Nachteilswirkung beim Berechtigten nach sich ziehen (*Fischer*, § 242 Rn. 38; s. auch *Lackner/Kühl*, § 242 Rn. 24).

Beispiel: A will ein entwendetes Auto für eine mehrwöchige Reise nutzen und mit entsprechend abgefahrenen Reifen, defekten Stoßdämpfern usw. zurückgeben (*Ulsenheimer*, Jura 1979, 169, 173).

§ 1. Diebstahl   21

Ebenso ist es zu entscheiden, wenn der Gebrauch der Sache unangemessen 83
lange erfolgen soll, etwa bei Wegnahme von Campingzubehör für den Zeitraum von Mai bis September (*Wessels/Hillenkamp*, Rn. 148).

Ein relevanter Wertverlust ist dagegen zu verneinen, wenn jemand Akten 84
wegnimmt, um sie zu kopieren und im Anschluss unversehrt zurückzugeben (Schönke/Schröder/*Eser/Bosch*, § 242 Rn. 53). Gleiches gilt für das Entwenden und sachgemäße Kopieren von Computerdisketten (*BayObLG* NJW 1992, 1777, 1778), Musik- und Videokassetten sowie anderen Datenträgern wie etwa DVDs. Ebenso führt das bloße Lesen gebrauchter und bei pfleglicher Behandlung auch neuer Bücher nicht zu einer spürbaren Minderung ihres Werts (Schönke/Schröder/*Eser/Bosch*, § 242 Rn. 53; differenzierend *Otto*, § 40 Rn. 62; a.A. *OLG Celle* NJW 1967, 1921, 1922).

Zwischenergebnis: Nach den obigen Grundsätzen hatte A keinen Enteig- 85
nungsvorsatz bezüglich der CD, so dass er sie nicht gestohlen hat. Denn die CD hat er plangemäß unbeschädigt und ohne Wertverlust kurzfristig zurückgegeben. Im Unterschied dazu wollte A dem anderen Standinhaber die Orden auf Dauer entziehen, handelte also insoweit mit Enteignungsvorsatz.

(2) Fraglich ist es, ob für die Orden auch die **Aneignungskomponente** zu 86
bejahen ist. Für diesen Teil der Zueignung ist die Anmaßung einer eigentümerähnlichen Herrschaftsmacht („Quasi-Eigentümerstellung") nötig, indem der Täter die Sache dem eigenen Vermögen einverleibt. Auf diese Aneignung muss es dem Täter ankommen, d.h. er muss sie mit dolus directus 1. Grades erstreben (*Wessels/Hillenkamp*, Rn. 150). Motiv und alleiniges Ziel der Tat braucht die Aneignung nicht zu sein. Es genügt, wenn sie ein sog. denknotwendiges Zwischenziel darstellt.

> **Merke:** Nur für die Aneignung der Sache ist Absicht im technischen Sinn (dolus directus 1. Grades) erforderlich. Für alle anderen Tatbestandsmerkmale ist bereits bedingter Vorsatz ausreichend.

Unerheblich für die Aneignungsabsicht ist es, ob der Täter eine Sache weg- 87
nimmt, um sie dauerhaft für sich zu behalten. Denn anders als bei der Enteignung spielt der Zeitfaktor hier keine Rolle. Vielmehr ist es hinreichend, wenn der Täter eine nur vorübergehende, ggf. sehr kurzfristige Nutzung der Sache im Auge hat (*Ulsenheimer*, Jura 1979, 169, 173). Daraus muss ihm im Übrigen kein wirtschaftlicher Vorteil erwachsen, denn Diebstahl ist kein Bereicherungsdelikt. Der Bejahung der Aneignungskomponente steht somit nicht entgegen, dass – im Einzelfall – eine wertlose Sache weggenommen wird (*Lackner/Kühl*, § 242 Rn. 21; LK/*Ruß*, § 242 Rn. 50).

▪ Selbstaneignungsabsicht scheidet dagegen aus, sofern der Täter nach außen 88
nicht als Eigentümer auftritt. Dieser Gesichtspunkt erscheint formal (vgl. Schönke/Schröder/*Eser/Bosch,* § 242 Rn. 47), ist aber der Sache nach zutref-

fend. Denn wer an einer Sache keinen Eigenbesitz begründet, sondern sie als Fremdbesitzer behandelt, sieht sie gerade nicht als „eigene" an (BGHSt – GS – 14, 38, 43; 16, 280, 281; *Ulsenheimer,* Jura 1979, 169, 170). Folgerichtig wird in Fällen der eigenmächtigen *„Inpfandnahme",* in denen der Täter eine fremde Sache nur an sich bringt, um dadurch den Berechtigten unter Druck zu setzen und zu einem bestimmten Verhalten zu bewegen oder um eine Sicherheit für eine Forderung zu bekommen, eine beabsichtigte Aneignung verneint (*BGH* StV 1999, 315; *Otto,* JZ 1985, 21, 23; weitere Beispiele bei Schönke/Schröder/*Eser/Bosch,* § 242 Rn. 55).

89 ▪ Eine Aneignung wird nach ganz überwiegender Auffassung ebenfalls nicht erstrebt, wenn ein Täter eine Sache ausschließlich wegnimmt, um sie – sei es noch am Tatort, sei es später an einem sichereren Platz (*Krey/Hellmann,* Rn. 59) – **wegzuwerfen oder zu zerstören**. Zwar liegt darin durchaus die Anmaßung einer typischen Eigentümerbefugnis i.S. des § 903 BGB. Ein Aneignungsakt ist aber zu verneinen, weil ein solches Verhalten auf den Vermögensbestand des Täters auch nach seiner Vorstellung ersichtlich ohne jeden Einfluss bleiben soll (*BGH* NJW 1977, 1460; ferner LK/*Ruß,* § 242 Rn. 56).

90 Regelmäßig kommt bei dieser Konstellation lediglich eine Bestrafung wegen Sachbeschädigung gemäß § 303 (vgl. § 10) in Betracht. Anders ist es ausnahmsweise, wenn der Gegenstand gerade durch seinen **bestimmungsgemäßen Verbrauch** vernichtet werden soll. Dies ist beispielsweise beim Verzehren von Lebensmitteln oder beim Heizen mit Kohlen zu bejahen, weil der Täter dadurch den wirtschaftlichen Wert der Sachen erlangen will (Schönke/Schröder/*Eser/Bosch,* § 242 Rn. 55; *Krey/Hellmann,* Rn. 61; *Ulsenheimer,* Jura 1979, 169, 173).

91 ▪ Differenziert ist ggf. die **Entwendung eines Behältnisses**, z.B. einer Handtasche, zu beurteilen. Kommt es dem Täter dabei nämlich ausschließlich auf das darin vermutete Geld an und will er die für ihn uninteressante Tasche schnellstmöglich wegwerfen und nicht wenigstens noch als Transportmittel benutzen (vgl. BGHR StGB § 242 Abs. 1 Zueignungsabsicht 7), so besteht nur hinsichtlich des Geldes Aneignungsabsicht. Dies hat zur Konsequenz, dass trotz des gelungenen Wechsels des Gewahrsams an der Handtasche lediglich ein Diebstahlsversuch vorliegt, wenn sich darin kein Geld, sondern nur für den Täter wertlose Gegenstände befinden (*BGH* NJW 1990, 2569; StV 2010, 22; Beschluss vom 2. 6. 2005, Az. 3 StR 141/05; Beschluss vom 5. 5. 2010, Az. 4 StR 72/10; *Michel,* JuS 1992, 513, 514; *Otto,* JZ 1985, 21, 23; kritisch LK/*Ruß,* § 242 Rn. 59).

92 **Ergebnis:** A hat auch keinen Diebstahl der Orden begangen, weil er diese nur zerstören und wegwerfen wollte, so dass die Aneignungskomponente fehlt. Er hat sich insoweit jedoch der Sachbeschädigung (§ 303) schuldig gemacht.

(3) Nach dem bisher Ausgeführten scheidet eine beabsichtigte Zueignung 93
aus, wenn der Täter bei der Wegnahme plant, die Sache dem Berechtigten
ohne wesentliche Wertminderung in absehbarer Zeit wieder zukommen zu
lassen (vgl. Rn. 77). Da insoweit allein auf das Sachmaterial (= Substanz) abgestellt wird, nennt man diesen Ansatz **Substanztheorie**. Deren Grundsätze
sind bei jeder Diebstahlsprüfung als Ausgangspunkt uneingeschränkt anzuwenden. Nur bei bestimmten Fallgestaltungen bedürfen sie nach h.M. einer
Ergänzung.

Beispiel: A entwendet das Sparbuch des B, hebt das Guthaben ab und legt das Sparbuch anschließend wie geplant wieder an den ursprünglichen Platz zurück. Entsprechend verfährt er mit einer Theaterkarte des C, die er nach dem Besuch der Aufführung unversehrt an diesen zurückschickt. – Ein Enteignungsvorsatz ist nach der Substanztheorie zu verneinen, da Sparbuch und Eintrittskarte in Material und Beschaffenheit völlig unangetastet zurückgegeben werden sollten (BGHSt 35, 152, 156 ff.; LK/*Ruß*, § 242 Rn. 60).

Dieses nach der Substanztheorie zwingende Ergebnis befremdet. Denn es 94
liegt auf der Hand, dass es einem Berechtigten nicht primär auf die einwandfreie äußere Beschaffenheit von Sparbuch, Theaterkarte o.ä. ankommt. Stattdessen wird er deren eigentliche Bedeutung in den durch sie ermöglichten
Nutzungen sehen, deren Wert gewöhnlich deutlich über den jeweils geringen Materialwert hinausgeht. Die h.M. hält daher die Annahme für geboten,
dass ein Täter auch dann mit Zueignungsabsicht handelt, wenn er sich zwar
nicht die Sache selbst, aber den in ihr verkörperten Sachwert einverleiben
will (*Fischer*, § 242 Rn. 34 f.: sog. **Sachwerttheorie**).

Diese Erweiterung ist grundsätzlich zu befürworten. Sie hilft, abstruse 95
Ergebnisse zu vermeiden (*Krey/Hellmann*, Rn. 53), und ist zwanglos mit
dem Gesetzeswortlaut zu vereinbaren. Denn der Wert ist wie die Substanz
auch ein wesentlicher Teilaspekt des Tatobjekts Sache (*Wessels/Hillenkamp*,
Rn. 134).

> **Beachte:** Sowohl Substanz- als auch Sachwerttheorie sind heute von der herrschenden **Vereinigungslehre** anerkannt (*Lackner/Kühl*, § 242 Rn. 22). Deshalb nimmt ein Täter auch dann mit Enteignungsvorsatz – und insgesamt mit Zueignungsabsicht – weg, wenn er den Berechtigten nicht von der Herrschaft über die Sache selbst, wohl aber von der Nutzung des in ihr verkörperten Werts ausschließen will.

Innerhalb der Vereinigungslehre sind etliche Facetten umstritten. Die Diskussionen sind allerdings eher akademischer Natur, weil die verschiedenen 96
Meinungen trotz dogmatischer Unterschiede meist nicht zu unterschiedlichen Ergebnissen gelangen. Schon im Hinblick darauf ist die Kenntnis aller
z.T. nur minimal divergierenden Ansichten im Examen weder möglich noch
nötig. Wichtig sind jedoch die folgenden zwei Gesichtspunkte:

97 ■ Niemals darf das Verhältnis von Substanz- und Sachwerttheorie zueinander aus den Augen verloren werden. Letztere ist lediglich als Ergänzung für die Fälle entwickelt worden, die nach den Grundsätzen der Substanztheorie nicht sinnvoll gelöst werden können. Es handelt sich um Konstellationen, in denen dem Berechtigten zwar nicht die Sache selbst oder Teile ihres Materials bzw. ihrer Körperlichkeit auf Dauer entzogen werden sollen, wohl aber vom Täter eine gänzliche oder wenigstens teilweise Aushöhlung des in ihr verkörperten wirtschaftlichen Werts gewollt ist.

> **Merke:** Nur wenn die konkrete Prüfung der Enteignung der Sachsubstanz negativ endet, ist hilfsweise auf die Voraussetzungen der subsidiären Sachwerttheorie einzugehen (*Fischer*, § 242 Rn. 35; *Krey/Hellmann*, Rn. 51 a.E.; *Ulsenheimer*, Jura 1979, 169, 176 ff.).

98 ■ Die Frage, welche Werte als „in einer Sache verkörpert" anzusehen sind, ist restriktiv zu beantworten. Andernfalls würde entgegen der gesetzgeberischen Konzeption die Grenzlinie zwischen den sachbezogenen Eigentumsdelikten und den strukturell andersartigen Bereicherungsdelikten unscharf (LK/*Ruß*, § 242 Rn. 49; *Krey/Hellmann*, Rn. 54; *Wessels/Hillenkamp*, Rn. 135).

99 Zur Abgrenzung hat sich die Formel herausgebildet, dass eine Sache nur solche Werte verkörpert, die für sie spezifisch sowie nach Art und Funktion mit ihr verknüpft sind. Es muss sich um eine unmittelbare Verkörperung handeln (lucrum ex re; Schönke/Schröder/*Eser*/*Bosch*, § 242 Rn. 49). Bloße Gebrauchsmöglichkeiten, die erst durch einen – insbesondere geschäftsmäßigen – Einsatz der Sache mittelbar zu einem Gewinn führen können, zählen daher nicht dazu (lucrum ex negotio cum re; LK/*Ruß*, § 242 Rn. 49; *Ulsenheimer*, Jura 1979, 169, 177).

Daraus folgt für die obigen Beipiele (vgl. Rn. 93), dass A in bezug auf den jeweiligen Sachwert mit Enteignungsvorsatz gehandelt hat. Dieses Ergebnis entspricht für Sparbücher der ganz h.M., da diese gerade als Beweisurkunden für die darin verbriefte Forderung dienen (BGHSt 35, 152, 157; *Fischer*, § 242 Rn. 37; *Wessels/Hillenkamp*, Rn. 160; a.A. *Otto*, § 40 Rn. 64). Nichts anderes kann jedoch für Theaterkarten, Telefon- und Geldkarten (*Schnabel*, NStZ 2005, 18, 19) oder sonstige Urkunden gelten, die als „Verstofflichung" eines Werts, besonders des Anspruchs auf eine bestimmte Leistung bezeichnet werden können (z.B. Gutscheine, Fahr- und Badekarten, Garderoben-, Getränke- und Rabattmarken; LK/*Ruß*, § 242 Rn. 60; Schönke/Schröder/*Eser*/*Bosch*, § 242 Rn. 50).

100 Nicht vergleichbar sind dagegen Sachen, aus denen sich lediglich Erwerbsaussichten ergeben, die jedoch keinen bestimmten Wert darstellen. Zu dieser Gruppe gehören nach h.M. sog. codierte Scheckkarten (Codekarten). Sie ermöglichen in Verbindung mit einer dem Kontoinhaber zugeteilten Geheimnummer zwar – einem Schlüssel ähnlich – das Abheben bestimmter Summen an Geldautomaten. Die Codekarten hindern aber zum Einen eine Verfügung über das jeweilige Konto ohne ihre Vorlage nicht, zum Anderen lassen sich ihnen keine Angaben über den Guthabenstand des Kontos entnehmen. Daher handelt ohne Enteignungsvorsatz, wer eine derartige Karte an sich bringt, um mit ihrer Hilfe Geld abzuheben und sie danach zurückzugeben (BGHSt 35, 152, 157 f. m. Anm. *Schmitt/Ehrlicher*, JZ 1988, 364; *Lackner/Kühl*, § 242 Rn. 23; vgl. auch § 17).

Ebenso ist beim Kopieren von beispielsweise auf einer entwendeten Diskette gespeicherten Daten zu entscheiden, wenn der Datenträger im Anschluss ohne Beeinträchtigung zum Berechtigten zurückgelangen soll (*BayObLG* NJW 1992, 1777, 1778). **101**

Beispiele: Die Belohnung, die der Täter bei Abgabe einer zuvor von ihm selbst entwendeten Sache als vermeintlich ehrlicher Finder erhalten will, ist kein spezifischer Sachwert (*Krey/Hellmann*, Rn. 69; *Wessels/Hillenkamp*, Rn. 174 a.E.). Dasselbe gilt, wenn ein Täter einem Kollegen eine Sache wegnimmt, um diese statt einer von ihm verlorenen dem Dienstherrn zur Vermeidung eines Regressanspruchs zurückzugeben (BGHSt 19, 387, 388; *Otto*, JZ 1985, 21, 23).

Mit Enteignungsvorsatz handelt im Unterschied dazu ein Täter, der eine **102** Sache mit dem Ziel wegnimmt, sie zu verkaufen. Nach den Grundsätzen der Sachwerttheorie ist dies auch dann anzunehmen, wenn der Verkauf an den eigentlich Berechtigten erfolgen soll, sofern der Täter dabei als vermeintlicher Eigentümer auftritt. Zwar soll so die Sache selbst nicht auf Dauer entzogen werden. Der Veräußerungserlös lässt sich aber zwanglos gerade als der in ihr verkörperte Wert ansehen (BGHSt 4, 236, 238; BGHSt – GS – 41, 187, 194; *Krey/Hellmann*, Rn. 74; *Wessels/Hillenkamp*, Rn. 158 f.; *Otto*, JZ 1996, 582, 583; a.A. *Stoffers*, Jura 1995, 113, 117).

Wer zur Auslieferung bestimmte Ware an sich bringt, um sie – anschei- **103** nend als Bote des Geschäftsinhabers – dem Kunden „ordnungsgemäß" zu übergeben und sich den Kaufpreis auszahlen zu lassen, hat es dementsprechend zwar auch auf den eigentlichen Wert der Sache abgesehen. Die Bejahung der Zueignungsabsicht scheitert aber daran, dass der Täter sich zu keiner Zeit als Eigentümer geriert (*Krey/Hellmann*, Rn. 76; *Thoss*, JuS 1996, 816, 817; a.A. *BayObLG* MDR 1964, 776, 777; LK/*Ruß*, § 242 Rn. 61: es genügt, dass der Täter dem Berechtigten den Sachwert entziehen will).

b) Drittzueignungsabsicht

Einen Diebstahl begeht ebenfalls, wer die fremde bewegliche Sache weg- **104** nimmt, um sie **einem Dritten** rechtswidrig zuzueignen. Die Tatbegehung in Drittzueignungsabsicht ist derjenigen in Selbstzueignungsabsicht gleichgestellt (*Dencker*, in: Dencker u.a., 1. Teil Rn. 40). Auch die Drittzueignungsabsicht setzt sich aus einer Enteignungs- und einer Aneignungskomponente zusammen (vgl. Rn. 72).

(1) Hinsichtlich der erforderlichen Enteignung des Berechtigten gibt es **105** gegenüber der Selbstzueignungsabsicht keine Besonderheiten. Es genügt daher, dass der Täter insoweit wenigstens bedingt vorsätzlich handelt, es also für möglich hält, dass die Sache durch die Wegnahme dem Berechtigten auf Dauer entzogen wird (*Krey/Hellmann*, Rn. 83). Ist er sich dagegen sicher, dass der Berechtigte die Sache ohne Substanzveränderung und wesentliche Wertminderung wiedererlangen, insbesondere der Dritte sie nach vorübergehendem Gebrauch an den Berechtigten zurückgeben wird, ist die Enteignungskomponente zu verneinen (vgl. Rn. 76 f.; *Wessels/Hillenkamp*, Rn. 153).

106 (2) Für die Aneignungskomponente bedarf es der Absicht im technischen Sinn (dolus directus 1. Grades). Diese muss sich jedoch wegen des Zueignungsziels auf einen Dritten beziehen. Deshalb muss es dem Täter – im Unterschied zur Selbstzueignungsabsicht – darauf ankommen, einem Dritten die Anmaßung einer eigentümerähnlichen Herrschaftsmacht über die entwendete Sache zu verschaffen. Sein Ziel muss es sein, die Sache selbst oder zumindest deren spezifischen Sachwert (vgl. Rn. 98 f.) in das Vermögen eines Dritten einzuverleiben (*Krey/Hellmann*, Rn. 84).

Beispiel: A entwendet aus dem Supermarkt eine Kiste Schokolade, die er in der Nacht zum 6. Dezember heimlich vor dem Eingang einer Kindertagesstätte abstellt, um den Kindern eine Freude zu machen.

107 Die angestrebte Herrschaftsmacht des Dritten muss im Übrigen von einer solchen Qualität sein, die die Aneignungskomponente auch dann erfüllen würde, wenn der Täter zu seinen eigenen Gunsten gehandelt hätte (SK/*Hoyer*, § 242 Rn. 92). Entsprechend den für die Selbstzueignungsabsicht geltenden Grundsätzen (vgl. Rn. 88 f.) genügt es daher nicht, wenn der Täter beispielsweise eine Sache nur zu dem Zweck entwendet, dass ein Dritter sie verwahren, fortwerfen oder zerstören kann (*Lackner/Kühl*, § 242 Rn. 26a; *Wessels/Hillenkamp*, Rn. 153).

Beachte: Der Gesetzeswortlaut knüpft an die subjektive Vorstellung des Täters an. Entscheidend ist es daher allein, ob es *ihm* darauf ankommt, die Sache einem Dritten zuzueignen (*Dencker*, in: Dencker u.a., 1. Teil Rn. 42).

108 Daraus folgt zum Einen, dass es zu einer tatsächlichen Zueignung im Ergebnis nicht zu kommen braucht (vgl. Rn. 71). Ohne Bedeutung ist es zum Anderen, ob der vom Täter in Betracht gezogene Dritte bezüglich der Sache gut- oder bösgläubig ist oder überhaupt etwas von der Tat erfährt (SK/*Hoyer*, § 242 Rn. 93; *Gropp*, JuS 1999, 1041, 1044).

109 (3) Die Abgrenzung zwischen Selbst- und Drittzueignungsabsicht kann im Einzelfall schwierig sein, etwa wenn der Täter vorhat, die Sache an einen Dritten unentgeltlich weiterzugeben (vgl. Rn. 111 f.). Sie wird erleichtert, wenn man von dem Grundsatz ausgeht, dass von der Alternative der Drittzueignung jedenfalls Konstellationen erfasst werden, in denen der Täter ausschließlich **altruistisch** handelt, also ohne sich selbst (ebenfalls) eine eigentümerähnliche Stellung anzumaßen.

Diese Voraussetzung ist zunächst nicht erfüllt, wenn der Täter die entwendete Sache selbst behalten oder verbrauchen will. Gleiches gilt, wenn er die Sache mit dem Ziel des Verkaufs an sich bringt (vgl. Rn. 102), da in der angestrebten Veräußerung gerade die Anmaßung einer eigentümerähnlichen Stellung liegt (*Wessels/Hillenkamp*, Rn. 155). **110**

Schwieriger sind die Fälle zu beurteilen, in denen der Täter die Sache unmittelbar nach der Wegnahme unentgeltlich weitergeben will. Denn eine vorherige eigene Nutzung stellt ihrerseits bereits ein Sichzueignen dar. Ist eine Übergabe ohne jegliche Verwendung durch den Täter geplant, will dieser sich die Sache nur dann selbst zueignen, wenn er dabei als Schenkender, Spender oder sonst Quasiberechtigter auftreten will. Eine solche Fallgestaltung ist dem Verkauf der Sache vergleichbar, denn der Täter verhält sich auch hier wie ein Eigentümer (BGHSt 4, 236, 238; *Mitsch*, ZStW 111 [1999], 65, 67; s. auch *Gropp*, JuS 1999, 1041, 1045). **111**

Zum bis 31. 3. 1998 geltenden § 242 I a.F., der nur die Wegnahme in Selbstzueignungsabsicht unter Strafe stellte, hatte die h.M. die Absicht des Täters, sich die Sache zuzueignen, weitergehend dann bejaht, wenn dieser zwar in keiner Weise als Verfügungsberechtigter über den weggenommenen Gegenstand erscheinen, aber infolge der unentgeltlichen Zuwendung eine mit der Nutzung der Sache wenigstens mittelbar zusammenhängende wirtschaftliche, nicht nur ideelle oder immaterielle Vergünstigung „im weitesten Sinne" für sich erreichen wollte (vgl. BGHSt – GS – 41, 187, 194). Für diese ohnehin bedenklich weite – und die Grundsätze der Sachwerttheorie unzutreffend anwendende (vgl. 1. Auflage, § 1 Rn. 111 f.) – Auffassung besteht nach der Änderung des Diebstahlstatbestands kein Bedürfnis mehr. Denn Fälle dieser Art lassen sich nunmehr zwanglos der Drittzueignungsabsicht subsumieren (ebenso *Lackner/Kühl*, § 242 Rn. 26a; *Dencker*, in: Dencker u.a., 1. Teil Rn. 40; *Jäger*, JuS 2000, 651 m. Bsp.). **112**

(4) Selbst- und Drittzueignungsabsicht schließen sich nicht zwingend gegenseitig aus. In Betracht kommt daher im Einzelfall auch ihr gleichzeitiges Vorliegen (*Krey/Hellmann*, Rn. 80b a.E.; *Dencker*, in: Dencker u.a., 1. Teil Rn. 42; a.A. *Wessels/Hillenkamp*, Rn. 154). **113**

Beispiel: A entwendet einen Fernseher, den er sich und seiner Ehefrau zur gemeinsamen Nutzung „schenken" will.

c) Rechtswidrigkeit der Zueignung

Die beabsichtigte Zueignung muss rechtswidrig sein. Diese allein auf die Zueignung bezogene Rechtswidrigkeit ist ein Tatbestandsmerkmal und somit streng von dem allgemeinen Verbrechensmerkmal der Rechtswidrigkeit zu **114** unterscheiden (*Krey/Hellmann*, Rn. 92). Denn letztere wird erst durch die vollständige Verwirklichung des Tatbestands indiziert.

> **Merke:** Einhellig wird die Zueignung als rechtswidrig angesehen, wenn sie in Widerspruch zur zivilrechtlichen Eigentumsordnung steht. Obwohl sich die Rechtswidrigkeit also nach der objektiven Rechtslage bestimmt, ist sie im Rahmen des subjektiven Tatbestands zu prüfen.

115   (1) An ihr fehlt es, wenn der Täter hinsichtlich der weggenommenen Sache ein gesetzliches **Aneignungsrecht** hat, etwa gemäß den §§ 910, 954 ff. BGB (LK/*Ruß*, § 242 Rn. 71; *Maurach/Schroeder/Maiwald*, BT 1, § 33 Rn. 53).

116   (2) Die Rechtswidrigkeit ist auch zu verneinen, wenn der Berechtigte in die Zueignung einwilligt (Schönke/Schröder/*Eser/Bosch*, § 242 Rn. 59). Bei dieser Sachlage bedarf es keines strafrechtlichen Schutzes. Die **Einwilligung** muss jedoch bereits zum Zeitpunkt der Wegnahme vorliegen. Eine nachträgliche Zustimmung (Genehmigung) kann die eingetretene Strafbarkeit nicht rückwirkend wieder beseitigen.

117   Liegt ein auf den Wechsel des Gewahrsams an der Sache bezogenes Einverständnis vor (vgl. Rn. 56), so folgt daraus nicht zwingend, dass gleichzeitig auch eine Einwilligung in die Zueignung gegeben ist (LK/*Ruß*, § 242 Rn. 70). Denn beide haben unterschiedliche Voraussetzungen. Anders als das Einverständnis erfordert die Einwilligung über den natürlichen Willen hinaus insbesondere Geschäftsfähigkeit (Schönke/Schröder/*Lenckner/Sternberg-Lieben*, Vorbem §§ 32 ff. Rn. 40).

118   (3) Ebenfalls rechtmäßig ist die angestrebte Zueignung, wenn dem Täter ein fälliger einredefreier **Anspruch auf Übereignung** der entwendeten Sache zusteht (BGHSt 17, 87, 89 – „Moos-raus-Fall"; *BGH* GA 1968, 121), etwa aufgrund eines Vermächtnisses (§ 2174 BGB; *Kudlich/Roy*, JA 2001, 771, 774). Dies gilt auch bei einem Handeln in Drittzueignungsabsicht. Jedoch ist in einem solchen Fall die beabsichtigte Zueignung auch dann nicht rechtswidrig, wenn zwar nicht der Täter selbst, aber der Dritte einen fälligen einredefreien Übereignungsanspruch hat (*Lackner/Kühl*, § 242 Rn. 27; *Krey/Hellmann*, Rn. 95; *Dencker*, in: Dencker u.a., 1. Teil, Rn. 44 ff.). Hat er dagegen nur einen Anspruch auf Leistung Zug um Zug und kommt er bei der Wegnahme der eigenen Verpflichtung nicht nach, so ist die Zueignung rechtswidrig, weil der Täter auf diese Weise eine Vorleistung erzwingt (Schönke/Schröder/*Eser/Bosch*, § 242 Rn. 59).

119   Vorsicht ist geboten, wenn sich der Anspruch des Täters auf eine Gattungsschuld bezieht. Zwar kann er dann die ihm zustehende Menge von Sachen der entsprechenden Gattung verlangen. Die Befugnis, aus der Gattung die zur Erfüllung der Schuld bestimmten Sachen auszuwählen, steht aber grundsätz-

lich dem Schuldner zu (§ 243 I BGB; *Gropp*, JuS 1999, 1041, 1044). Der Täter verletzt somit nach h.M. die Eigentumsordnung, wenn er vor Ausübung dieses Auswahlrechts Gattungssachen eigenmächtig an sich bringt (BGHSt 17, 87, 89 – „Moos-raus-Fall"; *Fischer*, § 242 Rn. 50; differenzierend LK/*Ruß*, § 242 Rn. 69; SK/*Hoyer*, § 242 Rn. 103).

Im Unterschied dazu verneint der überwiegende Teil der Literatur zutreffend die Rechtswidrigkeit der Zueignung, wenn der Täter Geld in Höhe einer ihm gegenüber bestehenden Schuld dem zur Zahlung Verpflichteten wegnimmt. Denn bei Geld wirkt es gekünstelt, dem – an sich auch insoweit bestehenden – Auswahlrecht gemäß § 243 BGB Bedeutung beizumessen. Da dieses im täglichen Leben unwesentlich ist, fehlt es jedenfalls in der Regel an einer bedeutsamen Verletzung der Interessen des Schuldners. Für die Rechtswidrigkeit kommt es vielmehr nur auf das Einhalten des dem Täter zustehenden Gesamtbetrags an (Palandt/*Heinrichs*, § 245 Rn. 12; *Wessels/Hillenkamp*, Rn. 189; einschränkend LK/*Ruß*, § 242 Rn. 69; a.A. BGHSt 17, 87, 89 – „Moos-raus-Fall"; zur sog. Wertsummentheorie vgl. Rn. 122). **120**

(4) Wie für sämtliche Tatbestandsmerkmale – mit Ausnahme der Aneignungsabsicht – genügt auch hinsichtlich der Rechtswidrigkeit der Zueignung bedingter Vorsatz (vgl. Rn. 69; Schönke/Schröder/*Eser/Bosch*, § 242 Rn. 65; ähnlich *Fischer*, § 242 Rn. 49). **121**

Der Vorsatz ist gemäß § 16 I zu verneinen, wenn der Täter irrtümlich vom Bestehen eines fälligen einredefreien Anspruchs auf Übereignung des entwendeten Gegenstands ausgeht (*Krey/Hellmann*, Rn. 96). Irrt er sich dagegen rechtlich, z.B. darüber, dass er auch bei einer vom Schuldner noch nicht konkretisierten Gattungsschuld eigenmächtig vorgehen darf, handelt es sich im Grunde um einen Verbotsirrtum nach § 17 (*Wessels/Hillenkamp*, Rn. 190). Diesen stellt jedoch die Rechtsprechung bei – nach ihrer Ansicht objektiv rechtswidrig eingetriebenen (vgl. Rn. 119 f.) – Geldschulden ausgesprochen großzügig de facto einem Tatbestandsirrtum gleich (BGHSt 17, 87, 90 f. – „Moos-raus-Fall"; *BGH* StV 2000, 78; LK/*Ruß*, § 242 Rn. 74). **122**

> **Vertiefungshinweis:** Nach einem Ansatz in der Literatur soll eigenmächtiges Geldwechseln bereits aus dem Schutzbereich der Norm ausscheiden, weil bei Münzen und Geldscheinen nicht die Sache selbst, sondern nur der von ihnen verkörperte Wert maßgeblich sei (sog. **Wertsummentheorie**; Schönke/Schröder/*Eser/Bosch*, § 242 Rn. 6). Fälle dieser Art sind in der Praxis ohne jede Bedeutung (zu Recht ironisierend *Maurach/Schroeder/Maiwald*, BT 1, § 33 Rn. 52). Entsprechende Verfahren würden im Übrigen in aller Regel gemäß den §§ 153, 153a StPO eingestellt werden.

Hauptprobleme der Zueignungsabsicht		
Zueignung bedeutet, eine Sache …		
… sich oder einem Dritten …	… unter Enteignung des Berechtigten …	… anzueignen
• Abgrenzung von Selbst- und Drittzueignungsabsicht (Rn. 109 ff.) • entgeltliche Weitergabe genügt bei Selbstzueignungsabsicht (Rn. 102 und 110) • unentgeltliche Weitergabe reicht für Selbstzueignungsabsicht bei Anmaßung eigentümerähnlicher Stellung (Rn. 111)	• dauerhafter Ausschluss des Berechtigten (Rn. 75 und 105) • bei Rückgabe der Sache nur bei Entzug ihres Wertes (Rn. 81) • bedingter Vorsatz reicht aus (Rn. 76 und 105)	• zumindest vorübergehende Anmaßung eigentümerähnlicher Stellung (Rn. 87 und 106) • fehlt bei geplantem Wegwerfen/Zerstören der Sache (Rn. 89 und 107) • dolus directus 1. Grades erforderlich (Rn. 86 und 106)

III. Versuchsstrafbarkeit

123 Gemäß § 242 II ist auch der bloß versuchte Diebstahl strafbar. Nach den allgemeinen Regeln beginnt der Versuch mit dem unmittelbaren Ansetzen zur Wegnahme (§ 22). Die Grenzziehung zur straflosen Vorbereitungshandlung kann im Einzelfall schwierig sein. Während der Griff in die Manteltasche des Opfers bereits ausreicht, genügt es noch nicht, wenn der Täter dessen Kleidung von außen abtastet, um nach geeigneter Beute zu suchen (a.A. *BGH* MDR/D 1958, 12), oder wenn er an den Vorderrädern eines Autos rüttelt, um festzustellen, ob das Lenkradschloss versperrt ist (a.A. BGHSt 22, 80, 82; weitere Beispiele bei LK/*Ruß*, § 242 Rn. 78; Schönke/Schröder/*Eser/Bosch*, § 242 Rn. 68).

124 Jedenfalls liegt speziell ein (untauglicher) Versuch vor, wenn ein tatbestandsausschließendes Einverständnis des ursprünglichen Gewahrsamsinhabers besteht, der Täter davon aber nichts weiß (BGHSt 4, 199, 200; vgl. Rn. 64). Gleiches gilt, wenn der Täter versehentlich eine ihm selbst gehörende Sache „stiehlt" (*Lackner/Kühl*, § 242 Rn. 29) oder die beabsichtigte Zueignung irrtümlich für rechtswidrig hält (*Fischer*, § 242 Rn. 53).

IV. Besonders schwerer Fall des Diebstahls (§ 243)

1. Dogmatische Einordnung

Beim § 243 handelt es sich entgegen dem ersten Anschein nach ganz h.M. **125** nicht um einen eigenständigen – den „einfachen" Diebstahl qualifizierenden – Tatbestand (*BGH* NJW 1970, 1196, 1197; *Lackner/Kühl*, § 243 Rn. 1). Dafür müsste er eine abschließende und zwingende Strafrahmenanordnung enthalten (*Küper*, JZ 1986, 518, 519 f.). Daran aber fehlt es gerade. Denn der Gesetzgeber hat sich für die sog. Regelbeispielsmethode entschieden, um flexiblere Lösungen zu ermöglichen.

a) Indizwirkung der Regelbeispiele

Danach kommt den im § 243 I 2 Nr. 1 bis 7 aufgeführten Begehungsvarianten indizielle Bedeutung für eine Steigerung von Unrecht und Schuld des **126** Täters im Vergleich zum § 242 zu. Aus der Verwirklichung auch nur eines der sieben Beispiele folgt daher regelmäßig die Anwendung des vom § 243 I vorgesehenen verschärften Strafrahmens als Grundlage der konkreten Strafzumessung (sog. **Strafzumessungsregel**; zur Formulierung in der Prüfung vgl. *Kudlich*, JuS 1999, L 89, 90).

Das ist aber nicht zwingend. Trotz Vorliegens eines Regelbeispiels kann ein **127** besonders schwerer Fall ausnahmsweise auch verneint werden. Umgekehrt kann ggf. ohne Erfüllung der Nummern 1 bis 7 gemäß § 243 I 1 ein unbenannter besonders schwerer Fall angenommen werden. Ob eine derartige Ausnahme gegeben ist, muss jeweils aufgrund einer Gesamtbewertung der wesentlichen tat- und täterbezogenen Umstände unter Berücksichtigung der erfahrungsgemäß gewöhnlich vorkommenden Fälle entschieden werden (*BGHSt* 23, 254, 257; *BGH* NJW 1993, 2252, 2253; *OLG Köln* NStZ 1991, 585; vertiefend *Schäfer/Sander/van Gemmeren*, Rn. 595 ff.).

Beispiel: A nimmt als in der Hauptkasse der Deutschen Bundesbank tätiger Beamter über 2 Millionen DM (= etwa 1 Million €) in der Absicht rechtswidriger Zueignung an sich. – Dass A Sachen von besonders hohem Wert gestohlen hat und diese ihm gerade in seiner Eigenschaft als Amtsträger zugänglich waren, spricht für die Anwendung des § 243 I 1 (*BGHSt* 29, 319, 322; vgl. etwa die §§ 240 IV 2 Nr. 3 und 263 III 2 Nr. 4).

b) Sonstige Auswirkungen der Regelbeispielsmethode

Als bloße Strafzumessungsregel gehört § 243 lediglich in die Liste der angewendeten Vorschriften (§ 260 V StPO) eines Urteils, seine gesetzliche Be- **128** nennung aber nicht in den Tenor (*BGHSt* 23, 254, 257; *BGH* NJW 1970, 1196, 1197; NStZ 1999, 205; *Otto*, § 41 Rn. 40; a.A. *Maurach/Schroeder/Maiwald*, BT 1, § 33 Rn. 69: „überflüssig, allerdings zulässig").

> **Beachte:** Für die Prüfung des § 243 hat dessen dogmatische Einordnung erhebliche Auswirkungen.

129 (1) Wegen seiner allgemein anerkannten Ansiedlung auf der **Ebene der Strafzumessung** sind die Voraussetzungen des § 243 unmittelbar im Anschluss an die zu § 242 erfolgte Bejahung von Tatbestand, Rechtswidrigkeit und Schuld zu diskutieren (*Graul*, JuS 1999, 852, 853; *Tausch*, JuS 1995, 614, 615 Fn. 18; *Zopfs*, Jura 2007, 421).

130 (2) Es ist unerheblich, ob dies noch im Rahmen des § 242 – dort vom Aufbau her also hinter der Schuld – oder aber als völlig neuer Gliederungspunkt erfolgt. Wichtig ist es jedoch, dass bei keiner der beiden Darstellungsvarianten **Rechtswidrigkeit und Schuld** (erneut) geprüft werden dürfen. Dies wäre ein schwerer (durchaus nicht seltener) Fehler, weil § 243 eben kein Tatbestand ist.

131 (3) Wegen der immerhin erheblichen Indizwirkung der Regelbeispiele hat die Subsumtion so sauber zu erfolgen, als wäre § 243 ein „echter" Tatbestand.

132 (4) Bei Annahme zumindest einer Nummer des § 243 I 2 Nr. 1 bis 6 muss im Examen zwar ggf. auf die **Ausschlussklausel** des § 243 II (vgl. Rn. 181 ff.), gängigerweise aber nicht auf sonstige Ausnahmen eingegangen werden. Wird kein Regelbeispiel bejaht, genügt die knappe Feststellung, dass auch kein unbenannter besonders schwerer Fall vorliegt, sofern es sich nicht um eine Ausnahmekonstellation handelt.

2. Benannte Regelbeispiele im Einzelnen

a) Einbrechen, Einsteigen, Eindringen und Sichverborgenhalten (§ 243 I 2 Nr. 1)

133 Nach § 243 I 2 Nr. 1 muss der Täter zur Ausführung der Tat in eine geschützte Räumlichkeit gelangt sein, und zwar durch eine von vier Handlungsvarianten.

134 (1) Oberbegriff der in Betracht kommenden Örtlichkeiten ist der **umschlossene Raum**.

> **Merke:** Darunter wird einhellig jedes Raumgebilde verstanden, das mindestens auch dazu bestimmt ist, von Menschen betreten zu werden, und das mit (wenigstens teilweise künstlichen) Vorrichtungen umgeben ist, die das Eindringen von Unbefugten abwehren sollen (BGHSt – GS – 1, 158, 164).

135 Eine Verbindung mit dem Erdboden ist ebensowenig notwendig wie eine Überdachung. Umschlossen bedeutet auch nicht verschlossen (*Wessels/Hillenkamp*, Rn. 213; *Zopfs*, Jura 2007, 421, 423). Erforderlich ist jedoch eine Be-

grenzung – etwa durch Wände, Hecken oder Zäune –, die zwar nicht unüberwindlich zu sein braucht, aber ein Hindernis darstellen muss, das das Eindringen Unbefugter nicht unerheblich erschwert (*BGH* NStZ 1983, 168; LK/*Ruß*, § 243 Rn. 7).

Beispiele: Umschlossene Räume sind danach umzäunte Grundstücke und – außerhalb der Öffnungszeiten – Friedhöfe (*BGH* NJW 1954, 1897, 1898), eingehegte Obstgärten, Wohnwagen und Schiffe (BGHSt – GS – 1, 158, 166 und 168), Bauwagen (BGHSt 2, 214, 215), Eisenbahnwagen (Schönke/Schröder/*Eser/Bosch*, § 243 Rn. 9) und Autos, allerdings nur deren Innen-, nicht der Kofferraum (BGHSt 13, 81). Dagegen werden öffentlich zugängliche Parkanlagen, Telefonzellen und Toiletten nicht erfasst (*Wessels*/Hillenkamp, Rn. 213).

Die übrigen Raumgebilde sind vom Gesetzgeber vorgegebene Konkretisierungen des Oberbegriffs (zum Wohnungseinbruchdiebstahl vgl. § 2 Rn. 26). Ein Gebäude ist ein durch Wände und Dach begrenztes, mit dem Erdboden – wenn auch nur durch eigene Schwere – fest verbundenes Bauwerk, das den Eintritt von Menschen gestattet und Unbefugte abhalten soll (BGHSt – GS – 1, 158, 163). Dass ein Wohnhaus zum Abriss bestimmt ist, spielt keine Rolle (*KG* JR 1966, 308). **136**

Beispiele: Darüber hinaus sind etwa Ausstellungshallen, Hütten, Scheunen, Baracken, Bahnhofshallen und Zirkuszelte Gebäude i.S. der Nummer 1.

Geschäfts- und Diensträume dienen der beruflichen Tätigkeit von Menschen (*Otto*, § 41 Rn. 8). Zu letzteren zählen auch von den Verkaufsräumen abgetrennte begehbare Schaufenster (LK/*Ruß*, § 243 Rn. 7). **137**

(2) Als erste Handlungsvariante nennt § 243 I 2 Nr. 1 das **Einbrechen**. **138**

Merke: Darunter ist das gewaltsame Öffnen einer den Zutritt verwehrenden Umschließung von außen zu verstehen. Einer dadurch verursachten Substanzverletzung bedarf es nicht, wohl aber einer nicht völlig unerheblichen Kraftanstrengung (*BGH* NStZ 2000, 143; *Krey/Hellmann*, Rn. 103).

Dafür reicht das bloße Aufdrücken des unverriegelten Lüftungsfensters eines Autos in der Regel nicht aus (*Lackner/Kühl*, § 243 Rn. 10; Schönke/Schröder/*Eser/Bosch*, § 243 Rn. 11; differenzierend *Wessels*/Hillenkamp, Rn. 215; a.A. *BGH* NJW 1956, 389). Zur Vollendung dieser Variante ist das Betreten des aufgebrochenen Raums nicht erforderlich, sofern allein durch das gewaltsame Öffnen der Zugriff auf darin befindliche Gegenstände ermöglicht wird (*BGH* NStZ 1985, 217, 218), etwa durch „Herausangeln". **139**

Beispiele: Danach bricht ein, wer ein Vorhängeschloss an einer Tür aufbricht (*BGH* NStZ 1985, 217, 218), ein Gitter aus dem Mauerwerk reißt oder mit einem Glasschneider eine Scheibe ausschneidet (*OLG Düsseldorf* JZ 1984, 684), nicht dagegen, wer lediglich

Türen oder Fenster aushängt (a.A. Schönke/Schröder/*Eser/Bosch*, § 243 Rn. 11) oder gar lediglich die Terrassentür mit einem im Schloss steckenden Hausschlüssel öffnet (*BGH*, Beschluss vom 28. 5. 2009, Az.: 4 StR 101/09).

> **Merke:** Im Unterschied dazu ist es für das **Einsteigen** nötig, dass der Täter tatsächlich in den umschlossenen Raum hineingelangt, und zwar durch eine zum ordnungsgemäßen Eintritt nicht vorgesehene Öffnung (*BGH*, Beschluss vom 27.7.2010, Az.: 1 StR 319/10: Terrassentür).

140 Dies muss unter Überwindung von Hindernissen bzw. Schwierigkeiten erfolgen, die sich aus der Eigenart des Gebäudes oder der Umfriedung des Raums ergeben (BGHSt 10, 132, 133; *BGH* StV 1984, 204). Ausreichend ist bereits das Begründen eines Stützpunkts innerhalb des Raums (*Krey/Hellmann*, Rn. 105).

Beispiele: Wer durch eine Lücke in der Hecke oder über einen besonders niedrigen Zaun problemlos in einen Garten gelangt, steigt nicht ein (*BGH* MDR/H 1982, 810; NJW 1993, 2252, 2253; *Tausch*, JuS 1995, 614, 616). Diese Handlungsvariante verwirklicht dagegen, wer durch Kamin, Lüftungsschacht oder Fenster in einen Raum klettert (*Otto*, § 41 Rn. 10).

141 Gelangt ein Täter auf sonstige Weise in einen umschlossenen Raum, so handelt es sich nur dann um ein **Eindringen**, wenn er dazu einen falschen Schlüssel oder ein anderes nicht zur ordnungsgemäßen Öffnung bestimmtes Werkzeug benutzt hat (*BGH* NJW 1993, 2252, 2253).

142 Ein Schlüssel ist i.S. der Vorschrift falsch, wenn er vom Berechtigten nicht, nicht mehr oder noch nicht zur Öffnung des Schlosses bestimmt ist (*Fischer*, § 243 Rn. 8; *Lackner/Kühl*, § 243 Rn. 12). Entscheidend ist somit der diesbezügliche Wille des über den betreffenden Raum Verfügungsberechtigten (*BGH* MDR 1960, 689). Danach sind von früheren Mietern oder Hausangestellten nicht zurückgegebene Schlüssel in der Regel als falsch anzusehen (Schönke/Schröder/*Eser/Bosch*, § 243 Rn. 14). Gleiches gilt für unberechtigt nachgemachte Schlüssel (*Wessels/Hillenkamp*, Rn. 218).

Beispiel: A sieht, wie dem sein Grundstück soeben verlassenden B von diesem unbemerkt der Schlüssel aus der Tasche fällt. A nimmt diesen an sich, öffnet damit ohne Zögern das Haus des B und entwendet wertvollen Schmuck. – A hat keinen falschen Schlüssel verwendet. Denn ein abhanden gekommener, ja selbst ein gestohlener Schlüssel wird erst durch Entwidmung seitens des Berechtigten falsch. Eine solche kann erst vorliegen, wenn der Berechtigte den Verlust bemerkt hat (BGHSt 21, 189, 190; *BGH* StV 1993, 422; Beschluss vom 20. 4. 2005, Az.: 1 StR 123/05). Daran fehlt es offenbar noch.

143 Sonstige nicht zur ordnungsgemäßen Öffnung bestimmte Werkzeuge sind etwa sog. Dietriche, Haken und Drähte, sofern damit wie mit einem Schlüssel auf den Schließmechanismus eingewirkt wird (*BGH* NJW 1956, 271; *Fischer*,

§ 1. Diebstahl 35

§ 243 Rn. 9). Erfasst werden ebenso die namentlich in Hotels als Ersatz für Schlüssel verwendeten Magnetkarten (a.A. Schönke/Schröder/*Eser*/*Bosch*, § 243 Rn. 14: „echte" Schlüssel; s. ferner *BayObLG* NJW 1987, 663, 664). Wird dagegen ein Schloss mit einem Hilfsmittel – Stemmeisen, sog. Kuhfuß, Schraubenschlüssel – gewaltsam geöffnet, so liegt ein Einbruch vor (SK/ *Hoyer*, § 243 Rn. 19).

Die vierte Handlungsvariante erfüllt, wer **sich** in einem umschlossenen 144 Raum zur Ausführung der Tat **verborgen hält**. Ob sich der Täter darin ursprünglich berechtigt aufhielt, ist unerheblich. Daher genügt es z.B., wenn sich ein Kunde oder ein Angestellter eines Kaufhauses dort nach Ladenschluss einschließen lässt (*Fischer*, § 243 Rn. 10; *Otto*, § 41 Rn. 13).

b) Verschlossenes Behältnis und andere Schutzvorrichtung (§ 243 I 2 Nr. 2)

§ 243 I 2 Nr. 2 verlangt das Stehlen einer durch ein verschlossenes Behält- 145 nis oder eine andere Schutzvorrichtung gegen Wegnahme besonders gesicherten Sache.

(1) Ein Behältnis ist ein zur Aufnahme von Sachen dienendes und sie umschließendes Raumgebilde, das – im Unterschied zu den Räumlichkeiten i.S.d. Nummer 1 – nicht dazu bestimmt ist, von Menschen betreten zu werden (BGHSt – GS – 1, 158, 163).

Beispiele: Bei Schränken, Schreibtischen, Tresoren, Kassetten, Koffern, Truhen u.ä. handelt es sich um derartige Behältnisse, auch beim Motor- und Kofferraum eines Autos, nicht aber bei Briefumschlägen und – zugeknöpften – Hosentaschen (*Fischer*, § 243 Rn. 14 und 16; SK/*Hoyer*, § 243 Rn. 30).

Das Behältnis muss zum Tatzeitpunkt verschlossen sein. Ob dies mittels 146 einer technischen Vorrichtung (elektronisches oder mechanisches Schloss) oder auf andere Weise erreicht wird, ist unerheblich (Schönke/Schröder/ *Eser*/*Bosch*, § 243 Rn. 22). Allerdings muss daraus eine tatsächliche Erschwernis für den Täter erwachsen. Daran fehlt es, wenn ein Behältnis zwar abgeschlossen ist, aber mit einem steckenden oder daneben liegenden Schlüssel mühelos geöffnet werden kann (*BGH* Beschluss vom 20. 4. 2005, Az.: 1 StR 123/05; *Maurach*/*Schroeder*/*Maiwald*, BT 1, § 33 Rn. 89; *Otto*, § 41 Rn. 19; s. aber auch *BGH*, Beschluss vom 5. 8. 2010, Az.: 2 StR 385/10), oder der Täter einen Schlüssel verwendet, den er befugtermaßen in Besitz hat (*OLG Hamm* NJW 1982, 777; s. auch *BGH*, Beschluss vom 5. 8. 2010, Az.: 2 StR 385/10).

Dementsprechend ist auch eine geschlossene, jedoch mit einer Drehkurbel 147 leicht, insbesondere ohne Klingelzeichen zu öffnende Registrierkasse nicht verschlossen (*BGH* NJW 1974, 567). Anders verhält es sich bei einer mit einer derartigen Klingel ausgestatteten Kasse selbst dann, wenn das Signal mit einem versteckt angebrachten Notöffnungshebel (*OLG Frankfurt a. M.* NJW 1988, 3028, 3029; *Fischer*, § 243 Rn. 14; a.A. *Lackner*/*Kühl*, § 243 Rn. 15) oder einer nicht offensichtlich erkennbaren Schnellöffnungstaste umgangen werden kann (*AG Freiburg* NJW 1994, 400; Schönke/Schröder/*Eser/Bosch*, § 243 Rn. 24 a.E.; a.A. *Murmann*, NJW 1995, 935, sofern der Täter die Taste kennt).

148 Im Übrigen ist es nicht erforderlich, dass der Täter das Behältnis schon am Tatort öffnet; dies kann auch im Anschluss an die Wegnahme an einem anderen (sichereren) Ort erfolgen (BGHSt 24, 248; differenzierend Schönke/ Schröder/*Eser/Bosch*, § 243 Rn. 25; a.A. SK/*Hoyer*, § 243 Rn. 31).

> **Vertiefungshinweis:** Auch Geldspielautomaten sind Behältnisse i.S. der Nummer 2. Jedoch ist bei zur Gelderlangung führenden Manipulationen danach zu unterscheiden, ob durch diese gerade die Sicherungsmechanismen des Automaten umgangen werden (vgl. *BayObLG* JR 1982, 291 m. Anm. *Meurer*; OLG Stuttgart NJW 1982, 1659; *Wessels/Hillenkamp*, Rn. 229).

149 (2) Als Oberbegriff des Behältnisses dient die (andere) **Schutzvorrichtung**. Darunter ist jede von Menschenhand geschaffene Einrichtung zu verstehen, die geeignet und dazu bestimmt ist, die Wegnahme einer Sache wenigstens erheblich zu erschweren, ohne sie wie ein Behältnis zu umhüllen (*BayObLG* JR 1982, 291, 292; SK/*Hoyer*, § 243 Rn. 27).

Beispiele: Schutzvorrichtungen i.d.S. sind Fahrradschlösser und -ketten, auch Zündschlösser (*Otto*, § 41 Rn. 17) und elektronische oder mechanische Wegfahrsperren (*Fischer*, § 242 Rn. 15), nicht dagegen der ein Grundstück insgesamt sichernde Zaun (*BayObLG* NJW 1973, 1205).

150 Dabei bedarf der Aspekt, dass es sich nicht nur wie bei § 243 I 2 Nr. 1 um eine allgemeine, sondern um eine besondere Sicherung der Sache gegen Wegnahme handeln muss (*BGH* NJW 1974, 567), zweifacher Präzisierung:

151 ▪ Einerseits muss diese Sicherung ein Hauptzweck der Vorrichtung und nicht nur gewissermaßen Nebenprodukt sein. Deshalb ist das Festbinden eines Gegenstands am Gepäckträger eines Fahrrads in der Regel nicht ausreichend, weil damit nur das Herunterfallen vermieden werden soll (*Wessels/ Hillenkamp*, Rn. 227). Entsprechend soll die Verriegelung der Tür eines Hasenstalls primär das Entweichen der Tiere verhindern (*Britz/Brück*, JuS 1996, 229, 231).

152 ▪ Andererseits hat die Sicherung unmittelbar gegen die Wegnahme selbst wirksam zu sein. Das ist bei einem an Ware befestigten **Sicherungsetikett** gerade nicht der Fall, da es nur das Bemerken einer bereits erfolgten Entwendung erleichtert (*OLG Stuttgart* NStZ 1985, 76; *OLG Frankfurt a. M.* MDR 1993, 671, 672; ferner *LG Stuttgart* NJW 1985, 2489; *Fischer*, § 243 Rn. 15; *Lackner/Kühl*, § 243 Rn. 16).

153 Auch ein an der Abfüllanlage eines Tankwagens montiertes Zählwerk verhindert nicht die Entnahme selbst, sondern zieht wegen der bestehenden Kontrollmöglichkeit allenfalls mittelbar einen Schutzeffekt nach sich (*OLG Zweibrücken* NStZ 1986, 411; LK/*Ruß*, § 243 Rn. 19).

§ 1. Diebstahl

c) Gewerbsmäßigkeit (§ 243 I 2 Nr. 3)

Gewerbsmäßig nach § 243 I 2 Nr. 3 handelt, wer in der Absicht wegnimmt, sich eine fortlaufende Einnahmequelle von einigem Umfang und einiger Dauer zu erschließen (*OLG Köln* NStZ 1991, 585; *Fischer*, § 243 Rn. 18). Nicht erforderlich ist es, dass der Täter beabsichtigt, seinen Lebensunterhalt allein oder auch nur überwiegend durch Diebstähle zu bestreiten (*BGH* NStZ 2004, 265, 266 zum § 263 III 2 Nr. 1). Die Gewerbsmäßigkeit kann ggf. schon bei der ersten Tat bejaht werden, selbst wenn es entgegen der ursprünglichen Intention des Täters zu weiteren Diebstählen nicht kommt (*BGHSt* 49, 177, 181 zum § 263 III 2 Nr. 1), wird jedoch bei dieser Konstellation in der Praxis nur schwer nachweisbar sein. Ihrer Annahme steht nicht entgegen, dass der Täter mit Hilfe der Tatbeute Schulden abtragen will (*BGH* NJW 1998, 2913, 2014). Dagegen handelt nicht gewerbsmäßig, wer lediglich einen Diebstahl begehen, die dabei erzielte Beute aber in mehreren Akten verwerten will (ebenso *BGH* NStZ 2010, 148 zu § 146 I Nr. 2, II).

154

d) Kirchendiebstahl (§ 243 I 2 Nr. 4)

§ 243 I 2 Nr. 4 erfasst den Diebstahl aus zur Religionsausübung bestimmten Räumen (z.B. Kirchen, Moscheen und Synagogen). Dem Gottesdienst gewidmet sind generell alle Sachen, die unmittelbar dazu dienen, dass an oder mit ihnen gottesdienstliche Handlungen vorgenommen werden, so dass etwa Gesangbücher, allgemeine Einrichtungsgegenstände und auch die Einnahmen aus einer Kollekte nicht geschützt werden (*Dietmeier*, JuS 2007, 824, 826). Gegenstand dieses Regelbeispiels sind aber beispielsweise Kruzifixe, Monstranzen, Altäre und Kelche (*BGHSt* 21, 64; *Maurach/Schroeder/Maiwald*, BT 1, § 33 Rn. 94).

155

e) Für Wissenschaft, Kunst, Geschichte oder technische Entwicklung bedeutsame Sache (§ 243 I 2 Nr. 5)

Gemäß § 243 I 2 Nr. 5 liegt ein besonders schwerer Fall vor, wenn Sachen von Bedeutung für Wissenschaft, Kunst, Geschichte oder technische Entwicklung aus allgemein zugänglichen Sammlungen oder Ausstellungen entwendet werden. Darunter fällt bei – ggf. an das Zahlen von Eintritt oder sonstige Bedingungen geknüpfter, aber grundsätzlich genereller – Öffnung für Publikum auch eine private Sammlung (*Otto*, § 41 Rn. 23). Wegen des eng begrenzten Benutzerkreises scheiden zwar Gerichtsbüchereien in der Regel aus, nicht aber Staats- und Universitätsbibliotheken (*BGHSt* 10, 285; *Fischer*, § 243 Rn. 20).

156

f) Hilflosigkeit, Unglücksfall und gemeine Gefahr (§ 243 I 2 Nr. 6)

§ 243 I 2 Nr. 6 verlangt, dass der Täter stiehlt, indem er die Hilflosigkeit eines anderen, einen Unglücksfall oder eine gemeine Gefahr ausnutzt.

157

38 Kapitel 1. Diebstahl, Unterschlagung und unbefugter Gebrauch

158 **(1) Hilflosigkeit** liegt vor, wenn jemand sich aus eigener Kraft nicht gegen die seiner Sachherrschaft konkret drohenden Gefahren schützen kann (*Lackner/Kühl*, § 243 Rn. 21). Es ist grundsätzlich unerheblich, worauf die Hilflosigkeit beruht. Sie kann – aus diebstahlsfremden Gründen – durch den Täter herbeigeführt worden (*BGH* NStZ-RR 2003, 186, 188) oder nach h.L. auch durch das Opfer selbstverschuldet sein (*Otto*, § 41 Rn. 27; a.A. *Maurach/Schroeder/Maiwald*, BT-1, § 33 Rn. 99).

Beispiele: Hilflosigkeit kann daher nicht nur auf schwerer Krankheit oder Verletzung, Lähmung und Bewusstlosigkeit, sondern auch auf Trunkenheit beruhen (*Fischer*, § 243 Rn. 21). Gleiches gilt für Blindheit (*BayObLG* JZ 1973, 384), für Schlaf dagegen nur dann, wenn dieser mit einer krankhaften Störung zusammenhängt (*BGH* NJW 1990, 2569). Hilflos ist auch, wer sich gegen eine Wegnahme nicht wehren kann, weil seine Kräfte durch eine körperliche Auseinandersetzung mit einem Dritten gebunden sind (*BGH* Urteil vom 20. 3. 2003, Az.: 4 StR 527/02). Hingegen genügt ein hohes Lebensalter des Opfers für sich allein insofern noch nicht (*BGH* NStZ 2001, 532, 533).

159 Der Täter muss gerade die Hilflosigkeit zum Diebstahl ausnutzen, d.h. die durch diese entstandene Lockerung des Eigentumsschutzes zur Tatbegehung wahrnehmen (*BGH* NStZ 1985, 215; *Lackner/Kühl*, § 243 Rn. 22). Es genügt deshalb nicht, wenn er Sachen aus einer verschlossenen Wohnung wegnimmt, während der Inhaber z.B. infolge eines Selbsttötungsversuchs im Krankenhaus liegt (*BGH* NStZ 1985, 215; Schönke/Schröder/*Eser/Bosch*, § 243 Rn. 40).

160 **(2) Unglücksfall** ist ein plötzliches Ereignis, das eine erhebliche Gefährdung für Leib und Leben mit sich bringt oder zu bringen droht (*Otto*, § 41 Rn. 26; abweichend LK/*Ruß*, § 243 Rn. 33). Dabei kann es sich beispielsweise um einen Brand, ein Bergwerksunglück oder einen Unfall im Betrieb, Haushalt oder Straßen- und Schienenverkehr handeln (BGHSt 11, 135, 136).

161 (3) Ausgenutzt werden kann auch das Bestehen einer **gemeinen**, d.h. konkreten **Gefahr** für eine unbestimmte Zahl von Menschen oder Sachen von insgesamt erheblichem Wert. Diese kann etwa verursacht sein durch Überschwemmung, Waldbrand, radioaktive Verseuchung oder Wolken giftiger Gase (*Fischer*, § 243 Rn. 21). Erforderlich ist weder hier noch beim Unglücksfall, dass der Bestohlene selbst dadurch betroffen bzw. gefährdet ist (*Wessels/Hillenkamp*, Rn. 233).

g) Sprengstoff- und Waffendiebstahl (§ 243 I 2 Nr. 7)

162 In § 243 I 2 Nr. 7 wird schließlich der Schusswaffen- und Sprengstoffdiebstahl geregelt. Danach werden neben Maschinengewehren und -pistolen sowie voll- oder halbautomatischen Gewehren auch Handfeuerwaffen erfasst, sofern ihr Erwerb gemäß § 2 II WaffG der Erlaubnis bedarf. Beispiele für Kriegswaffen i.S. des Regelbeispiels sind Panzerfäuste, Handgranaten und Mi-

nen (Schönke/Schröder/*Eser/Bosch*, § 243 Rn. 41a). Das Regelbeispiel ist jedoch nur bei Waffen erfüllt, die nicht dauerhaft funktionsuntüchtig sind (*Zopfs*, Jura 2007, 421, 426). Nach § 1 SprengG ist Sprengstoff eine explosionsgefährliche Substanz, die Druckenergien von ungewöhnlicher Beschleunigung nach außen freizusetzen geeignet ist, etwa Dynamit und Nitroglyzerin (*Lackner/Kühl*, § 243 Rn. 23).

3. Subjektive Komponente

Zwar ist § 243 kein eigenständiger Tatbestand (vgl. Rn. 125). Liegt er vor, führt er aber in der Regel zur Anwendung eines höheren Strafrahmens. Dies ist nach den Grundsätzen des Schuldstrafrechts nur berechtigt, wenn dem Täter die den besonders schweren Fall begründenden Umstände auch subjektiv zugerechnet werden können. **163**

> **Merke:** Dafür muss er insoweit nach ganz h.M. mit zumindest bedingtem Vorsatz gehandelt haben (*Fischer*, § 243 Rn. 27). Nur die Nummer 3 erfordert für die Gewerbsmäßigkeit Absicht (vgl. Rn. 154). Bei fehlendem Vorsatz bezüglich der Regelbeispiele ist § 16 I analog anzuwenden, so dass eine Bestrafung nur nach § 242 in Betracht kommt (*Krey/Hellmann*, Rn. 123).

4. „Versuch" des § 243 I?

Einen Versuch des § 243 I im technischen Sinn gibt es nach einhelliger Ansicht nicht. Denn versucht werden kann gemäß § 22 nur ein Tatbestand, nicht eine bloße Strafzumessungsnorm (*Otto*, § 41 Rn. 35). Gleichwohl ist es im Streit, ob § 243 I auch dann anwendbar ist, wenn der Täter ein Regelbeispiel erfüllen wollte, dies aber nicht gelungen ist, ob m.a.W. das bloße unmittelbare Ansetzen zu einem Regelfall dessen vollständiger Verwirklichung gleichsteht. **164**

> **Beispielsfall 2 – Zug um die Häuser – „dumm gelaufen":** Gegen Mitternacht verschafft sich A Zugang zur Lagerhalle des B, indem er das Türschloss aufbricht. Die Halle ist infolge der einige Tage zuvor erfolgten Verlegung des Lagers völlig leer, so dass A seinen Plan, Waren wegzunehmen, nicht umsetzen kann. Deshalb versucht es A bei der Lagerhalle des C noch einmal. Als er sein Brecheisen am Türschloss ansetzt, merkt er überrascht, dass dieses nicht abgeschlossen ist, so dass er ohne „Arbeitseinsatz" die Halle betreten kann. Als er gerade ihn interessierende Waren gefunden hat und einen mitgeführten Koffer öffnet, um diese einzupacken, wird er von der Polizei festgenommen.
> Strafbarkeit des A? **165**

Lösung:

In beiden Fällen hat A keinen vollendeten Diebstahl begangen. Denn auch in der Halle des C hat er eigenen Gewahrsam an den Waren noch nicht be- **166** gründet (vgl. Rn. 43). A wollte aber jeweils fremde bewegliche Sachen in der Absicht rechtswidriger Selbstzueignung an sich bringen, so dass sein Tatentschluss hinsichtlich zweier Diebstähle zu bejahen ist. Zu deren Verwirklichung hat er i.S. des § 22 bereits unmittelbar angesetzt und damit zwei nach § 242 II strafbare Diebstahlsversuche begangen.

> **Beachte:** Das erforderliche unmittelbare Ansetzen zur Wegnahme folgt dogmatisch nicht zwingend, aber tatsächlich zumeist aus der vorgelagerten Verwirklichung eines Regelbeispiels des § 243 I 2 oder deren Beginn. Das ist insbesondere anzunehmen, wenn die Ausführung des Regelfalls nach der Vorstellung des Täters – wie hier – unmittelbar anschließend in die eigentliche Wegnahmehandlung einmünden soll (LK/*Ruß*, § 243 Rn. 37; Schönke/Schröder/*Eser/Bosch*, § 243 Rn. 45; a.A. *OLG Hamm* MDR 1976, 155).

167 Fraglich ist es, ob es sich bei den versuchten Diebstählen um besonders schwere Fälle handelt, weil A zu ihrer Begehung gemäß § 243 I 2 Nr. 1 eingebrochen ist (Halle des B) bzw. dies vorhatte (Halle des C). Für die erste Konstellation, in der das Regelbeispiel vollständig erfüllt ist, wird dies in Rechtsprechung und Literatur übereinstimmend bejaht (*BGH* NStZ 1985, 217, 218; *Fischer*, § 46 Rn. 103; Schönke/Schröder/*Eser/Bosch*, § 243 Rn. 44; *Maurach/Schroeder/Maiwald*, BT 1, § 33 Rn. 105). Dagegen ist es umstritten, ob dasselbe auch gilt, wenn es zur Verwirklichung des Regelfalls nicht gekommen ist, sondern (auch) dieser nur „versucht" wurde.

a) Anwendbarkeit eines nur „versuchten" Regelbeispiels

168 Nach Auffassung vor allem des BGH setzt die Anwendung des Regelbeispiels dessen Vollendung nicht voraus (BGHSt – 3. Strafsenat – 33, 370; ebenso *Maurach/Schroeder/Maiwald*, BT 1, § 33 Rn. 107; *Schäfer*, JR 1986, 522, 523). Danach hat sich A durch sein Vorgehen an der Halle des C ebenfalls des versuchten Diebstahls im besonders schweren Fall schuldig gemacht (§§ 242 II, 243 I 2 Nr. 1, 22). Für diese Ansicht werden folgende **Argumente** vorgetragen:

169 • Die Regelbeispiele unterscheiden sich in ihrer Bedeutung nicht tiefgreifend von einem selbständigen Qualifikationstatbestand, d.h. sie sind tatbestandsähnlich. Daher liegt es nahe, sie im Ergebnis wie Tatbestandsmerkmale zu behandeln, deren Erfüllung versucht werden kann (BGHSt 33, 370, 374; *BayObLG* NStZ 1997, 442 m. abl. Anm. *Sander/Malkowski*, NStZ 1999, 36).

170 • Die Ausgestaltung einer Vorschrift ist mehr eine Frage der formalen Gesetzestechnik. Es ist daher ohne Bedeutung, dass der Gesetzgeber den § 243, der ursprünglich ein selbständiger Tatbestand war, dessen Versuch strafbar war, zu einer Strafzumessungsregel umgeformt hat (BGHSt 33, 370, 373 f.).

- Dies steht nicht in Widerspruch zu Grundsätzen des Strafzumessungs- 171
rechts, sondern entspricht dem Ziel des Gesetzgebers, durch die Gestaltung
des § 243 nach der flexibleren Regelbeispielsmethode das Finden schuld-
angemessener Strafen zu erleichtern (BGHSt 33, 370, 374 f.).
- Durch diese Interpretation werden zudem eher willkürlich anmutende Er- 172
gebnisse im Rahmen des § 243 I 2 vermieden, die sich andernfalls aus der
unterschiedlichen Fassung der Regelbeispiele ergeben. Denn während es
z.B. für die Anwendbarkeit der Nummern 2, 4, 5 und 7 auch bei einem
Diebstahlsversuch genügt, dass der Täter seinen Tatentschluss auf die dort
genannten Tatobjekte gerichtet hat, wäre dafür bei der Nummer 1 jedenfalls für die Varianten Einbrechen, Einsteigen und Eindringen ein quasi zusätzlicher Erfolg in Form von deren Vollendung notwendig (BGHSt 33,
370, 375 f.).

> **Vertiefungshinweis:** Für die Annahme des Regelbeispiels des § 263 III 2 Nr. 2
> 1. Alt. verlangt auch der BGH, dass tatsächlich ein „Vermögensverlust großen Aus-
> maßes herbeigeführt" worden ist (*BGH* StV 2007, 132). Dafür waren jedoch nicht
> die nachfolgend skizzierten Argumente (vgl. Rn. 173 ff.) maßgeblich, sondern es
> sollte ein Wertungswiderspruch zu der Ansicht, für das Regelbeispiel sei selbst eine
> eingetretene Vermögensgefährdung nicht ausreichend (BGHSt 48, 354), vermieden
> werden.

b) Keine Anwendbarkeit eines nur „versuchten" Regelbeispiels

Dieser Meinung widersprechen die h.L. und Teile der Rechtsprechung. Sie 173
halten für die Anwendung des § 243 I 2 die tatsächliche Verwirklichung eines
Regelbeispiels für notwendig. Somit hat A an der Halle des C nur einen versuchten „einfachen" Diebstahl begangen (§§ 242 II, 22). Dafür werden folgende **Argumente** vorgebracht:
- § 243 ist lediglich eine Strafzumessungsnorm. Die Regelbeispiele haben 174
nicht die Qualität von Tatbestandsmerkmalen. Deren Begehung kann demzufolge nicht versucht werden (*OLG Stuttgart* NStZ 1981, 222; LK/*Ruß*,
§ 243 Rn. 36; *Zopfs*, Jura 2007, 421, 423). Die §§ 22 und 23 aber entsprechend anzuwenden, verstößt gegen das Analogieverbot des Art. 103 II GG
(*Krey/Hellmann*, Rn. 125 f.; *Graul*, JuS 1999, 852, 854; *Küper*, JZ 1986, 518,
524 f.; *Laubenthal*, JZ 1987, 1065, 1070).
- Die behauptete Tatbestandsähnlichkeit des § 243 I 2 besteht in Wahrheit 175
nicht. Denn dogmatisch ist kaum ein größerer Unterschied als zwischen
einem Tatbestand und einer Strafzumessungsvorschrift denkbar (*Otto*, JZ
1985, 21, 24; *Zopfs*, Jura 2007, 421, 423).
- Die Ansicht des BGH, die Ungereimtheiten innerhalb des § 243 I vermei- 176
den will, führt ihrerseits zu Wertungsbrüchen. Denn danach wäre ein vollendeter „einfacher" Diebstahl nach § 242 I mit niedrigerer Strafe bedroht
als ein nur versuchter Diebstahl, zu dessen Ausführung der Täter die Bege-

hung eines Regelbeispiels ebenfalls nur versucht hat, und zwar selbst dann, wenn die Nutzung der durch § 23 II eröffneten Milderungsmöglichkeit auch in bezug auf § 243 I für zulässig gehalten wird (vgl. Rn. 174 und 180; ähnlich wertende Argumentation bei *BayObLG* NJW 1980, 2207; vgl. auch *Tausch*, JuS 1995, 614, 616).

c) Stellungnahme

177 Maßgebend für die Strafzumessung ist die Schuld des Täters. Insoweit erscheint es als durchaus plausibel, diese im Vergleich zu einem „einfachen" Diebstahl auch dann als erhöht anzusehen, wenn der Täter, um eine Sache zu stehlen, ein Regelbeispiel verwirklichen wollte (*Schäfer*, JR 1986, 522, 523).

178 Diesem gesteigerten Unrechts- und Schuldgehalt kann aber nicht durch die Anwendung des § 243, sondern nur innerhalb des von § 242 zur Verfügung gestellten Strafrahmens durch eine nach den Grundsätzen des § 46 konkret höher bemessene Strafe Rechnung getragen werden. Denn entgegen der Ansicht des BGH vermögen Wertungs- und Plausibilitätsgesichtspunkte nichts an der dogmatischen Vorgabe zu ändern, dass § 243 I als Strafzumessungsnorm nach den §§ 22 und 23 nicht versucht werden kann und eine entsprechende Anwendung dieser Vorschriften vor dem Hintergrund des Analogieverbots unzulässig ist.

179 **Ergebnis:** A ist wegen versuchten Diebstahls im besonders schweren Fall in Tatmehrheit mit versuchtem Diebstahl zu bestrafen (§§ 242 II, 243 I 2 Nr. 1, 22, 53).

180 Dieselbe Problematik stellt sich im Übrigen, wenn der Täter trotz lediglich „versuchten" Regelbeispiels den Diebstahl vollenden kann. Insoweit sollte, wer der Auffassung des BGH für die Konstellation eines nur versuchten Diebstahls folgt, im Ergebnis konsequent einen Diebstahl im besonders schweren Fall bejahen. Denn die Argumente (vgl. Rn. 174 ff.) werden durch die Vollendung des § 242 nicht berührt und gelten bei dieser Fallgestaltung daher in gleicher Weise (*Graul*, JuS 1999, 852, 856; *Zopfs*, GA 1995, 320, 324; a.A. *Maurach/Schroeder/Maiwald*, BT 1, § 33 Rn. 107; vom BGH ausdrücklich nicht entschieden, BGHSt 33, 370, 376 f.). Allerdings hat der BGH den nur angestrebten erzwungenen Geschlechtsverkehr zur Bejahung des § 177 II 2 Nr. 1 in einem Fall des vollendeten Grunddelikts, d.h. einer sexuellen Nötigung (§ 177 I), nicht als hinreichend angesehen (*BGH* NStZ 2003, 602).

§ 1. Diebstahl 43

Mögliche Fälle der Nichtvollendung bei den §§ 242, 243	
Konstellation	Lösung
Diebstahlversuch mit verwirklichtem Regelbeispiel	BGH und h.L.: Versuchter Diebstahl in einem besonders schweren Fall (§§ 242 II, 243 I 2, 22)
Diebstahlversuch mit „versuchtem" Regelbeispiel	BGH: Versuchter Diebstahl in einem besonders schweren Fall (§§ 242 II, 243 I 2, 22) H. L.: Versuchter Diebstahl (§ 242 II)
Vollendeter Diebstahl mit „versuchtem" Regelbeispiel	BGH (nicht entschieden, aber konsequent): Diebstahl in einem besonders schweren Fall (§§ 242 I, 243 I 2) H. L.: Diebstahl (§ 242 I)

Vertiefungshinweis: Dem Lösungsweg des BGH folgend, erscheint es als konsequent, die Milderungsmöglichkeit des § 23 II auf den „versuchten" § 243 – bei vollendetem Diebstahl entsprechend – anzuwenden (*BayObLG* NJW 1980, 2207; SK/*Hoyer*, § 243 Rn. 54).

Nach der Ansicht, die unvollendete Regelbeispiele für nicht anwendbar hält, kann jedoch aufgrund einer Gesamtbewertung der Tat ggf. ein unbenannter schwerer Fall nach § 243 I 1 bejaht werden (*BayObLG* NJW 1980, 2207; *Fischer*, § 46 Rn. 97; Schönke/Schröder/*Eser/Bosch*, § 243 Rn. 44; so auch der *BGH* – *5. Strafsenat* – NStZ-RR 1997, 293 zu dem mit § 243 I gesetzestechnisch vergleichbaren § 176 III a.F.; dazu instruktiv *Graul*, JuS 1999, 852).

5. Ausschlussklausel des § 243 II

Gemäß § 243 II ist ein besonders schwerer Fall ausgeschlossen, wenn sich **181** die Tat auf eine geringwertige Sache bezieht. Dies gilt jedoch nur in den Fällen des Absatzes 1 Satz 2 Nummern 1 bis 6.

Beachte: Ungeachtet des wissenschaftlichen Streits über seine dogmatische Einordnung (dazu Schönke/Schröder/*Eser/Bosch*, § 243 Rn. 49; SK/*Hoyer*, § 243 Rn. 41; *Buttel/Rotsch*, JuS 1996, 713, 714 Fn. 4) ist § 243 II – dem Aufbau der Norm folgend – nach § 243 I zu erörtern. Denn die Prüfung des § 243 II kann erst im Anschluss an eine Würdigung des gesamten Diebstahlsgeschehens umfassend erfolgen (a.A. *Zopfs*, Jura 2007, 421, 422).

a) Objektive Geringwertigkeit

(1) Die Geringwertigkeit einer Sache richtet sich nach ihrem **Verkehrs- 182 wert**. Bei mehreren Sachen kommt es auf ihren Gesamtwert an (*Wessels/Hillenkamp*, Rn. 242 a.E.). Die Grenze ist z.Zt. noch bei 25,– € zu ziehen (BGHR StGB § 248a Geringwertig 1; *Fischer*, § 248a Rn. 3: „30,– € erscheint noch vertretbar"; a.A. *OLG Hamm* NJW 2003, 3145; *Lackner/Kühl*, § 248a Rn. 3: „etwa bei 50,– €"). Liegt der Wert einer Sache darunter, ist es unerheblich, ob der Täter sie nach dem Diebstahl so verändert, dass er aus ihrer Verwertung größeren Gewinn ziehen kann (*BGH* GA 1981, 263; *Otto*, JZ 1985, 21, 24; a.A. *BayObLG* NJW 1979, 2218). Auch sonstige durch die Tat verursachte Schäden sind irrelevant (LK/*Ruß*, § 243 Rn. 40a; SK/*Hoyer*, § 243 Rn. 45).

183 (2) Der Einstufung einer Sache als i.S. des § 243 II geringwertig steht nicht entgegen, dass sie für das Opfer persönlich einen besonderen Wert (**Affektionsinteresse**) hat. Denn dieser ist zumeist objektiv nicht zu bestimmen (*Krey/Hellmann*, Rn. 127; a.A. *Maurach/Schroeder/Maiwald*, BT 1, § 33 Rn. 101) und zudem für den Täter regelmäßig nicht erkennbar.

184 § 243 II findet im Übrigen keine Anwendung auf Sachen ohne messbaren Verkehrswert, beispielsweise Strafakten (*BGH* NJW 1977, 1460, 1461; *Fischer*, § 243 Rn. 24).

b) Vorsatz

185 Auf den objektiv geringen Verkehrswert der Sache muss sich die Tat auch beziehen, d.h. nach h.M. muss sich der Vorsatz des Täters auf die Erlangung eines geringwertigen Gegenstandes richten (*Krey/Hellmann*, Rn. 115; *Otto*, § 41 Rn. 44).

186 Deshalb ist § 243 II einerseits dann unanwendbar, wenn die gestohlene Sache – unabhängig von der Vorstellung des Täters – objektiv nicht geringwertig ist. Er greift andererseits jedoch auch bei bestehender Geringwertigkeit nicht ein, wenn der Täter die Sache entweder für höherwertig hält oder zwar ihren tatsächlichen Wert erkennt, aber ursprünglich einen wertvolleren Gegenstand entwenden wollte (*BGH* NStZ 1987, 71; *OLG Karlsruhe* MDR 1976, 335; *Lackner/Kühl*, § 243 Rn. 4; *Wessels/Hillenkamp*, BT-2, Rn. 241; *Zopfs*, Jura 2007, 421).

C. Täterschaft und Teilnahme, Konkurrenzen sowie Verfolgbarkeit

187 Für Täterschaft und Teilnahme gelten die allgemeinen Grundsätze (§§ 25 ff.). Somit kann bei Mittäterschaft die Tat auch arbeitsteilig ausgeführt werden (LK/*Ruß*, § 242 Rn. 79). Gehilfe (§ 27) kann insbesondere sein, wer während der Tat „Schmiere steht" (*BGH*, Beschluss vom 28. 4. 2005, Az.: 2 StR 161/05).

Merke: Mittäter kann allerdings nur sein, wer selbst mit der Absicht handelt, die weggenommene Sache (auch) sich oder einem Dritten zuzueignen (*BGH* NJW 1985, 812, 813; *OLG Hamm* NJW 1973, 1809, 1811; *Maurach/Schroeder/Maiwald*, BT-1, § 33 Rn. 61).

§ 1. Diebstahl

188 Die Bejahung des § 243 I für den Täter führt nicht zwangsläufig auch beim Teilnehmer zur Annahme eines besonders schweren Falls. Da die Vorschrift nur Regeln für die Bemessung der Strafe aufstellt, müssen ihre Voraussetzungen für jeden Beteiligten grundsätzlich gesondert geprüft werden (*BGH* StV 1994, 240; *Fischer*, § 243 Rn. 29; *Schäfer/Sander/van Gemmeren*, Rn. 560). Im strafrechtlichen Gutachten wird jedoch eine differenzierende Bewertung regelmäßig weder möglich noch angezeigt sein.

> **Vertiefungshinweis:** Nimmt der Täter im Auftrag eines anderen ausschließlich für diesen eine Sache weg, so ist er Täter eines Diebstahls, sofern er mit Drittzueignungsabsicht handelt (vgl. Rn. 104 ff.). Kommt es ihm dagegen auf die Zueignung der Sache an den Dritten nicht an, so handelt er als sog. **absichtslos doloses Werkzeug**. Die Problematik der Anwendung dieser Rechtsfigur ist daher durch das 6. StrRG nicht beseitigt worden (*Lackner/Kühl*, § 242 Rn. 26a; *Dencker*, in: Dencker u.a., 1. Teil Rn. 38; *Gropp*, JuS 1999, 1041, 1044 f.; *Mitsch*, ZStW 111 [1999], 65, 67 f.; zum absichtslos *undolosen* Werkzeug *Jäger*, JuS 2000, 651, 652 f.). Nach h.M. macht sich der „Täter" selbst der Beihilfe schuldig, während der Auftraggeber wegen Diebstahls in mittelbarer Täterschaft bestraft wird (*Schönke/Schröder/Eser/Bosch*, § 242 Rn. 72; a.A. *I. Sternberg-Lieben*, Jura 1996, 544, 546: keine Tatherrschaft des Hintermanns).

189 Entwendet ein Täter seinem Plan entsprechend mehrere Sachen, so liegt dennoch nur ein Diebstahl vor (BGHSt 22, 350). So verhält es sich beispielsweise, wenn er zunächst einen Autoschlüssel an sich bringt und unmittelbar danach mit dem dazu gehörigen Fahrzeug wegfährt (*BGH* NStZ-RR 2009, 279). In Tateinheit kann Diebstahl z.B. stehen mit Verwahrungs- und Verstrickungsbruch (§§ 133, 136 I; *BGH* NJW 1992, 250, 252), Sachbeschädigung (§ 303; *BayObLG* NJW 1991, 3292, 3293), Trunkenheit im Verkehr (§ 316; *BGH* Beschluss vom 8. 8. 2006, Az.: 4 StR 263/06) sowie mit vorsätzlicher Körperverletzung (§ 223) dann, wenn der Wegnahmevorsatz erst nach der Gewaltausübung gefasst wird (*BGH* NStZ 1983, 365, 366; vgl. § 5 Rn. 13).

190 Die Beschädigung oder Zerstörung einer *zuvor* entwendeten Sache stellt dagegen eine mitbestrafte Nachtat dar (*BGH* NStZ-RR 1998, 294). Auch die Abhebung von einem gestohlenen Sparbuch ist in der Regel als mitbestrafte Nachtat anzusehen, weil es dadurch zu keiner Erweiterung oder Vertiefung des bereits verursachten Schadens kommt (*BGH* StV 1992, 272; wistra 1999, 108; vgl. Rn. 93 f.). Anders ist es jedoch, wenn eine im Anschluss an den Diebstahl erfolgte Sperrung des Kontos durch Täuschung i.S. des § 263 beseitigt (*BGH* NStZ 1993, 591) oder eine gestohlene Scheckkarte zur Begehung eines Computerbetruges (§ 263a) verwendet wird (*BGH* NStZ 2001, 316), so dass Tatmehrheit (§ 53) zu bejahen ist.

191 Hat der Täter Straftatbestände verwirklicht, in denen Diebstahl als Bestandteil enthalten ist (§§ 244, 244a und 249 ff.), so gehen diese als spezieller vor (*Schönke/Schröder/Eser/Bosch*, § 242 Rn. 76). Hausfriedensbruch sowie

Sachbeschädigung (§§ 123 und 303) werden als typische Begleittaten von § 243 I Nr. 1 bzw. 2 (i.V.m. § 242) im Rahmen der Gesetzeseinheit konsumiert, weil die Regelbeispiele Tatbestandsmerkmalen ähneln (*KG* JR 1979, 249, 250; *Lackner/Kühl*, § 243 Rn. 24; *Krey/Hellmann*, Rn. 106). Tateinheit (§ 52) mit einer Sachbeschädigung besteht aber dann, wenn diese wegen eines eigenen erheblichen Unrechtsgehalts keine typische Begleittat darstellt, etwa weil der durch sie verursachte Schaden denjenigen des Diebstahls deutlich übersteigt (*BGH* NStZ 2001, 642 m. Anm. *Kargl/Rüdiger*, NStZ 2002, 202; a.A. *Dietmeier*, JuS 2007, 824, 828).

192 Handelt es sich um einen Haus- und Familiendiebstahl oder einen Diebstahl geringwertiger Sachen, so wird dieser gemäß den §§ 247 und 248a nur auf Antrag verfolgt. § 248a lässt es aber bei fehlendem Strafantrag für die Zulässigkeit der Strafverfolgung genügen, dass die Staatsanwaltschaft das besondere öffentliche Interesse daran bejaht (vgl. § 21 Rn. 15).

D. Kontrollfragen

1. Wann ist eine Sache i.S. des § 242 fremd? → Rn. 12
2. Nach welchen Grundsätzen wird der Gewahrsamsbegriff bestimmt? → Rn. 17
3. Wieweit reicht die generelle Gewahrsamssphäre eines Menschen in der Regel? → Rn. 21
4. Was versteht man unter „Hilfsgewahrsam"? → Rn. 31
5. Kann ein Inhaber von Mitgewahrsam an einer Sache diese wegnehmen, und wenn ja, bei welcher Konstellation? → Rn. 32
6. Wie werden die konkurrierenden Gewahrsame abgegrenzt, wenn sich der Täter noch im Herrschaftsbereich des Opfers befindet? → Rn. 46 ff.
7. Wie wirkt es sich aus, wenn der ursprüngliche Inhaber der Sachherrschaft den Gewahrsamswechsel bei der Tat oder danach billigt? → Rn. 56
8. Aus welchen objektiven und subjektiven Bestandteilen setzt sich die Selbstzueignungsabsicht zusammen? → Rn. 72, 75 f. und 86
9. Wie lauten die Grundsätze der Sachwerttheorie? → Rn. 94 f.
10. Welche Anforderungen sind an die Drittzueignungsabsicht zu stellen? → Rn. 104 ff.
11. Gibt es einen Versuch des § 243 I? → Rn. 164 ff.
12. Welche Voraussetzungen hat die Anwendung des § 243 II? → Rn. 182 ff.

§ 1. Diebstahl 47

> **Aufbauschema (§§ 242, 243)**
>
> 1. Tatbestand
>   a) Objektiver Tatbestand
>   (1) Fremde bewegliche Sache
>   (2) Wegnahme
>   b) Subjektiver Tatbestand
>   (1) Vorsatz
>   (2) Absicht rechtswidriger Selbst- oder Drittzueignung
> 2. Rechtswidrigkeit
> 3. Schuld
> 4. Besonders schwerer Fall
>   a) Regelbeispiele des § 243 I 2 Nr. 1 bis 7
>   b) ggf. unbenannter besonders schwerer Fall (§ 243 I 1)
>   c) Vorsatz
>   d) ggf. § 243 II
> 5. Besondere Strafverfolgungsvoraussetzungen (§§ 247 und 248a; vgl. § 21 Rn. 1 ff.)

Empfehlungen zur vertiefenden Lektüre:
Leitentscheidungen: BGHSt 16, 271 – „Selbstbedienungsladenfall"; BGHSt 17, 87 – „Moos-raus-Fall"; BGHSt 41, 198 – „Einkaufswagenfall"; *OLG Düsseldorf* NJW 1988, 1335 – „Münztelefonfall".

Aufsätze: *Biletzki*, Die Abgrenzung von Diebstahl und Betrug, JA 1995, 857; *Graul*, „Versuch eines Regelbeispiels" – BayObLG, NStZ 1997, 442; BGH, NStZ-RR, 1997, 293, JuS 1999, 852; *Gropp*, Der Diebstahlstatbestand unter besonderer Berücksichtigung der Regelbeispiele, JuS 1999, 1041; *Jäger*, Diebstahl nach dem 6. Strafrechtsreformgesetz – Ein Leitfaden für Studium und Praxis, JuS 2000, 651; *Mitsch*, Die Vermögensdelikte im Strafgesetzbuch nach dem 6. Strafrechtsreformgesetz, ZStW 111 (1999), 65; *Otto*, Die neuere Rechtsprechung zu den Vermögensdelikten – Teil 1, JZ 1985, 21; *Otto*, Strafrechtliche Aspekte des Eigentumsschutzes (I), Jura 1989, 137; *Schnabel*, Telefon-, Geld-, Prepaid-Karte und Sparcard, NStZ 2005, 18; *Ulsenheimer*, Der Zueignungsbegriff im Strafrecht, Jura 1979, 169; *Zopfs*, Der besonders schwere Fall des Diebstahls (§ 243 StGB), Jura 2007, 421.

Übungsfälle: *Britz/Brück*, Der praktische Fall – Strafrecht: Neid und Leid eines Hasenzüchters, JuS 1996, 229; *Buttel/Rotsch*, Der praktische Fall – Strafrecht: Der eifersüchtige Jurastudent, JuS 1996, 713; *Dietmeier*, Übungsklausur Strafrecht: „Tätige Reue" oder Der Blick der Bibiana, JuS 2007, 824; *Fahl*, Klausur Strafrecht: Krumme Tour mit Tante Emma, JA 1996, 40; *Kudlich/Roy*, Klausur Strafrecht: Ein findiger Erbe, JA 2001, 771; *Marquardt/von Danwitz*, Der praktische Fall – Strafrecht: Geordneter Rückzug, JuS 1998, 814; *Proppe*, Aktenvortrag Strafrecht: Die unbezahlte CD, JA 1996, 321; *Schramm*, Grundfälle zum Diebstahl, JuS 2008, 678 und 773; *I. Sternberg-Lieben*, Examensklausur Strafrecht: Der gefälschte Caspar David Friedrich, Jura 1996, 544; *Stoffers*, Die entgeltliche Rückveräußerung einer gestohlenen Sache an deren Eigentümer, Jura 1995, 113; *Thoss*, Examensklausur Strafrecht: Ladendiebstahl und Folgen, Jura 2002, 351.

§ 2. Diebstahl mit Waffen, (schwerer) Bandendiebstahl und Wohnungseinbruchdiebstahl (§§ 244 und 244a)

A. Grundlagen

1   Diebstahl mit Waffen (§ 244 I Nr. 1), Bandendiebstahl (§ 244 I Nr. 2) und Wohnungseinbruchdiebstahl (§ 244 I Nr. 3) sind Qualifikationstatbestände des § 242. Neben dem Eigentum (und Gewahrsam; vgl. § 1 Rn. 1) schützen zumindest die Nummern 1 und 2 des § 244 I nach h.M. ergänzend die Rechtsgüter Leib und Leben. Denn sie sollen jedenfalls auch das konkrete Gefährdungspotential erfassen, das sich aus der im Unterschied zum § 249 zwar nicht zwingenden, aber möglichen Konfrontation mit dem Tatopfer ergibt (a.A. BGHSt 46, 321, 334 – „Dreierbandenfall"). § 244a wiederum qualifiziert den Bandendiebstahl zum Verbrechen (§ 12 I), so dass ein die eigentliche Tat vorbereitendes Verhalten unter den Voraussetzungen des § 30 strafbar ist.

B. Tatbestände

I. Diebstahl mit Waffen, Bandendiebstahl und Wohnungseinbruchdiebstahl (§ 244)

1. Objektive Tatbestände

2   a) Ein **Diebstahl mit Waffen** setzt voraus, dass der Täter (oder ein anderer Beteiligter; vgl. Rn. 16) bei Begehung des Diebstahls eine Waffe oder ein anderes gefährliches Werkzeug (§ 244 I Nr. 1a) oder aber sonst ein Werkzeug oder Mittel (§ 244 I Nr. 1b) bei sich führt.

3   (1) Waffen i.S. des **§ 244 I Nr. 1a** sind nach einhelliger Meinung solche im technischen Sinne, d.h. Gegenstände, die zum Einsatz als Angriffs- oder Verteidigungsmittel bestimmt sind (BGHSt 52, 257, 261 f. – „Taschenmesserfall"; *Zopfs*, Jura 2007, 510, 517). Diese Auslegung entspricht dem allgemeinen Sprachgebrauch und ist daher verfassungsgemäß (*BVerfG* – Kammerentscheidung – NJW 2008, 3627, 3628; ähnlich BGHSt – GS – 48, 197, 203: Begriffsbestimmungen des Waffengesetzes bieten „gewisse Orientierung"). Hierunter können unter Umständen auch Gas- und Schreckschusswaffen fallen (*BGH* NStZ 2001, 532). Eine Waffe muss jedenfalls bei der Tatbegehung objektiv gefährlich sein (vgl. zu den Einzelheiten § 6 Rn. 3). Dagegen ist es umstritten, was unter dem **Oberbegriff** (BGHSt 52, 257, 261 – „Taschenmesserfall") des anderen gefährlichen Werkzeugs zu verstehen ist. Da die insoweit

vertretenen Lösungsvorschläge vor allem beim schweren Raub (§ 250) praxis- und examensrelevant sind, werden sie im dortigen Zusammenhang dargestellt (vgl. § 6 Rn. 4 ff.).

> **Merke:** Nach dem eindeutigen Wortlaut des Gesetzes darf allein auf die Gefährlichkeit des mitgeführten Werkzeugs abgestellt werden, die sich evident und typischerweise aus sich selbst heraus ergeben muss (ähnlich *Dencker*, in: Dencker u.a., 1. Teil Rn. 20; *Kargl*, StraFo 2000, 7, 10; *Schroth*, NJW 1998, 2861, 2864: „nach allgemeiner Anschauung"; *Zieschang*, JuS 1999, 49, 52).

Deshalb sind Gegenstände, vor deren Benutzung generell gewarnt (z.B. 4 Salzsäure, Quecksilber) oder auf deren vorsichtige Verwendung üblicherweise hingewirkt wird (z.B. Rasierklingen, Beile, Messer nicht völlig unerheblicher Größe; BGHSt 52, 257, 270 – „Taschenmesserfall"; BGH NStZ-RR 2003, 186, 188), als gefährliche Werkzeuge einzustufen. Anderes gilt für nach üblicher Einschätzung an sich harmlose Gegenstände, etwa Plastiktüten, Schnürsenkel, Gürtel, Krawatten und Kugelschreiber. Dass die Abgrenzung mitunter schwierig und eine wertende Betrachtung erforderlich sein mag, spricht nicht gegen diesen Ansatz. Denn derartige normative Vorgänge sind (auch) dem Strafrecht nicht fremd, wie die Beispiele der niedrigen Beweggründe i.S. des § 211 (vgl. *Hohmann/Sander*, BT 2, § 2 Rn. 69 ff.) und der Verwerflichkeit der Tat gemäß § 240 II (vgl. *Hohmann/Sander*, BT 2, § 12 Rn. 30 ff.) belegen.

Bei der Bewertung ist zu berücksichtigen, dass die Gefährlichkeit des 5 Werkzeugs derjenigen einer Waffe im technischen Sinne entsprechen muss (*Seier*, JA 1999, 666, 669; insoweit ebenso *Mitsch*, ZStW 111 [1999], 65, 79). Hingegen ist es für die Beurteilung der Gefährlichkeit eines Gegenstands ohne Bedeutung, dass sich für ihn auch Möglichkeiten zweckwidrigen und unter bestimmten Umständen für das Opfer gefährlichen Einsatzes *denken* lassen, was fast immer der Fall sein wird. Denn eine solche (hypothetische) Verwendung ist im Rahmen des § 244 I Nr. 1a, bei dessen Begehung es zu einer Begegnung zwischen Täter und Opfer überhaupt nicht kommen muss, offensichtlich kein taugliches Abgrenzungskriterium. Die Vorschrift qualifiziert den Diebstahl allein wegen der Gefährlichkeit des mitgeführten Werkzeugs selbst. Wird dieses tatsächlich verwendet, ist regelmäßig der Anwendungsberich des § 250 eröffnet.

Ohne jede Relevanz für § 244 I Nr. 1a ist es auch, dass der Täter den Ein- 6 satz eines bestimmten Gegenstands vorhat. Denn dann greift § 244 I Nr. 1b ein. Da nur dort eine derartige subjektive Komponente vorgesehen ist, scheidet im Umkehrschluss deren Berücksichtigung – insbesondere eines „inneren Verwendungsvorbehalts" – bei § 244 I Nr. 1a aus (BGHSt 52, 257, 267 ff. – „Taschenmesserfall"; *Jäger*, JuS 2000, 651, 654; *Schlothauer/Sättele*, StV 1998, 505, 508; *Schroth*, NJW 1998, 2861, 2864; a.A. *Wessels/Hillenkamp*, Rn. 262b und c; *Küper*, JZ 1999, 187, 193 f.; *Zopfs*, Jura 2007, 510, 519 f.).

7 (2) **§ 244 I Nr. 1b** erfasst als **Auffangtatbestand** das Beisichführen sonst eines Werkzeugs oder Mittels, d.h. eines solchen, das in Abgrenzung zur Nummer 1a gerade ungefährlich ist (vgl. zu Einzelheiten § 6 Rn. 14 ff.). Um diese Qualifizierung des „einfachen" Diebstahls trotz der objektiven Ungefährlichkeit des Mittels zu rechtfertigen, muss jedoch subjektiv eine Gebrauchsabsicht hinzutreten (*Mitsch*, ZStW 111 [1999], 65, 80; vgl. Rn. 28).

8 (3) Ein Tatmittel i.S. der Nummern 1a und b **führt** der Täter **bei sich**, wenn er es in irgendeinem Stadium des Tatgeschehens zur Verfügung hat. Dafür ist es in räumlicher Hinsicht nicht erforderlich, dass er den Gegenstand am Körper trägt oder gar in der Hand hält. Er muss nur dergestalt griffbereit sein, dass der Täter sich seiner ohne nennenswerten Zeitaufwand und ohne besondere Schwierigkeiten bedienen kann (BGHSt 31, 105 – „Fluchtfall"; *Fischer*, § 244 Rn. 27).

Beispiel: A lässt seine Pistole im 200 m vom Tatort entfernt abgestellten Auto zurück. – Die Distanz ist so erheblich, dass sie die für das Beisichführen erforderliche räumliche Zuordnung zu A nicht mehr erlaubt (BGHSt 31, 105, 108 – „Fluchtfall").

9 Für die zeitliche Komponente ist eine permanente Zugriffsmöglichkeit während der Tatbegehung nicht notwendig. Insbesondere braucht der Täter das Tatmittel nicht schon zum Tatort mitgebracht zu haben (*BGH* NStZ 1985, 547). Es reicht aus, dass er es dort erst vorfindet (vgl. *Hillenkamp*, JuS 1990, 454, 456).

Beispiel: Der bis zu diesem Zeitpunkt unbewaffnete A findet im Keller des Hauses, in das er eingestiegen ist, eine leere Bierflasche, die er für den Fall einer Begegnung mit Bewohnern „sicherheitshalber" einsteckt (BGHSt 13, 259 f.).

10 Einigkeit besteht darüber, dass eine „Bewaffnung" nur während der Tatvorbereitung – etwa bei der Fahrt zum Tatort – für § 244 nicht hinreichend ist, sondern diese irgendwann nach dem Versuchsbeginn bestehen muss (BGHSt 31, 105, 106 f. – „Fluchtfall"; *Fischer*, § 244 Rn. 29; *Hillenkamp*, JuS 1990, 454, 456).

11 Umstritten ist es dagegen, ob dem Besitz einer Waffe oder eines sonstigen Tatmittels i.S. der Nummern 1a und b nur bis zur Vollendung der Tat oder darüber hinaus bis zu ihrer Beendigung qualifizierende Wirkung zukommt. Die wohl h.M. nimmt an, dass ein Beisichführen i.S. des § 244 bis zur endgültigen Sicherung der Beute möglich ist, verlangt allerdings einschränkend, dass noch ein unmittelbarer Zusammenhang mit der Wegnahme besteht. Sie beruft sich für diese Ansicht auf die aus der schwierigen Abgrenzung von Vollendung und Beendigung resultierenden Unsicherheiten sowie auf die gerade in diesem Stadium – auf der Flucht – von einem bewaffneten Täter erfahrungsgemäß ausgehende Gefahr (*BGH* StV 1988, 429; *Geppert*, Jura 1992, 496, 497).

Diese Auffassung vermag aus dogmatischen Gründen selbst dann nicht zu überzeugen, wenn die These einer spezifischen Gefährlichkeit eines Täters nach der Tatvollendung empirisch abgesichert wäre. Sie begegnet bereits im Hinblick auf das Bestimmtheitsgebot des Art. 103 II GG Bedenken, weil sie nicht an den von den §§ 242 und 244 vorgegebenen Vollendungszeitpunkt, den Abschluss der Wegnahme, sondern an den diffusen Begriff materieller Beendigung anknüpft. Vor allem aber spricht gegen die h.M. die Existenz des § 252 (vgl. § 7 Rn. 4 f.). In dieser Vorschrift hat der Gesetzgeber *abschließend* die Voraussetzungen geregelt, unter denen Täterverhalten noch nach einem vollendeten Diebstahl zu dessen Qualifizierung führen kann (*Lackner/Kühl*, § 244 Rn. 2; *Geppert*, Jura 1992, 496, 497; *Otto*, JZ 1985, 21, 25; *Scholderer*, StV 1988, 429; *Zopfs*, Jura 2007, 510, 517). **12**

> **Beachte:** Diese Problematik stellt sich bei einem fehlgeschlagenen Diebstahl nicht. Denn mit dem Scheitern der Tat ist diese bereits beendet und eine Qualifizierung gemäß § 244 nach keiner Meinung mehr möglich (BGHSt 31, 105, 107 – „Fluchtfall").

Nur wer der h.M. folgt, hat im Übrigen zu entscheiden, ob ein – zuvor unbewaffneter – Täter § 244 erfüllt, der eine Waffe i.S. der Norm stiehlt. Dies ist zu verneinen. Denn die andernfalls z.T. erfolgende begriffliche Gleichstellung eines Diebstahls von Waffen und eines Diebstahls mit Waffen befremdet. Entscheidend aber ist es, dass es der im Jahr 1989 erfolgten Einfügung des § 243 I 2 Nr. 7 nicht bedurft hätte, wenn der Diebstahl (vor allem) der darin genannten Waffen bereits von § 244 erfasst würde (*Maurach/Schroeder/Maiwald*, BT 1, § 33 Rn. 121; anders auch hier die überwiegende Ansicht: BGHSt 29, 184, 185; *Fischer*, § 244 Rn. 29; *Geppert*, Jura 1992, 496, 498). **13**

Einen Diebstahl mit Waffen begeht dagegen, wer zum Tatzeitpunkt eine Schuss- oder sonstige Waffe trägt, weil er aus beruflichen Gründen dazu verpflichtet ist. **14**

Beispiel: Ein mit einer gebrauchsbereiten Pistole ausgestatteter Polizist nutzt von ihm wegen angezeigter Ladendiebstähle durchzuführende Ermittlungen, um seinerseits verschiedene Waren zu entwenden (BGHSt 30, 44).

Das Gesetz hat selbst insoweit keine Ausnahme vorgesehen. Es besteht auch kein Anlass, derartige Fälle – im Wege teleologischer Reduktion – aus dem Anwendungsbereich der Vorschrift auszuscheiden. Denn Grund der durch § 244 I Nr. 1a vorgenommenen Qualifizierung ist die von einer – gebrauchsbereiten – Waffe ausgehende Gefährlichkeit. Diese ist aber bei berufsbedingten Waffenträgern in der konkreten Tatsituation nicht geringer, sondern kann sogar wegen der bei Aufdeckung der Tat zumeist drohenden dienst- bzw. beamtenrechtlichen Konsequenzen höher sein (BGHSt 30, 44, **15**

45 f.; *Wessels/Hillenkamp*, Rn. 257 f.; *Jäger*, JuS 2000, 651, 655; *Zopfs*, Jura 2007, 510, 517; a.A. *Scholderer*, StV 1988, 429, 432; *Seier*, JA 1999, 666, 672).

16 (4) Gemäß § 244 I Nr. 1a und b genügt es, wenn statt des Täters mit dessen Wissen ein anderer Beteiligter (Mittäter, Teilnehmer) eine Waffe bei sich führt. Dieser muss allerdings im Hinblick auf die qualifizierende Gefährlichkeit der Bewaffnung am Tatort oder in dessen unmittelbarer Nähe anwesend sein (BGHSt 3, 229, 233 f.; 27, 56, 57; *Geppert*, Jura 1992, 496, 498).

17 b) Den Tatbestand des § 244 I Nr. 2 verwirklicht, wer als Mitglied einer Bande unter Mitwirkung eines anderen Bandenmitglieds stiehlt.

18 (1) Eine **Bande** i.S. der Vorschrift setzt voraus, dass sich Personen mit dem Willen zusammenschließen, für eine gewisse Dauer mehrere selbständige Diebstähle oder Raubtaten zu begehen (BGHSt – GS – 46, 321, 325 – „Dreierbandenfall"). Die Verbindung kann auf ausdrücklicher oder stillschweigender Vereinbarung beruhen.

> **Vertiefungshinweis:** Anders als bei den §§ 260 I Nr. 2 und 260a I genügt somit der Zusammenschluss mit einem Hehler nicht (sog. gemischte Bande; *BGH* NJW 2000, 2034; vgl. *§ 19 Rn. 88 f.*).

19 Während früher überwiegend der Zusammenschluss zweier Gleichgesinnter als ausreichend angesehen wurde (sog. Zweierbande; so beispielsweise noch *BGH* NJW 1998, 2913 m. Bespr. *Baier*, JA 1999, 184), verlangt die inzwischen h.M. zu Recht die Verbindung von drei Personen (sog. **Dreierbande**; BGHSt – GS – 46, 321, 328 f. – „Dreierbandenfall" unter ausdrücklicher Aufgabe der früheren Rechtsprechung).

20 Diese Ansicht wird nicht nur dem herkömmlichen Wortsinn eher gerecht (vgl. *BGH* NStZ 2000, 474, 476), sondern auch dem gewichtigen Umstand, dass § 244 I Nr. 2 nicht nur eine auf die Ausführung der konkreten Tat bezogene (vgl. Rn. 1), sondern auch eine abstrakte Gefährdungskomponente enthält, die für die erhöhte Strafandrohung mitursächlich ist. Diese abstrakte Gefährlichkeit erwächst aus der Existenz der Bande, die eine gewisse Selbstbindung der Mitglieder bedeutet, zu einer Gruppendynamik führen und damit zusätzliche Anreize zu Diebstählen geben kann (NK/*Kindhäuser*, § 244 Rn. 29; SK/*Hoyer*, § 244 Rn. 31; vgl. auch BGHSt 47, 214, 216 f.: „Ausführungsgefahr"). Die Annahme derart begründeter Anreize ist jedoch erst für einen Zusammenschluss wenigstens dreier Personen psychologisch plausibel, zumal nur dann der Bestand der Bande nicht von dem Ausscheiden lediglich eines Mitglieds abhängig ist (*BGH* NStZ 2000, 474, 476 f.; LK/*Ruß*, § 244 Rn. 11; *Otto*, JZ 1985, 21, 25; aus kriminologischer Sicht *Kaiser*, § 45 Rn. 13 a.E.; kritisch *Wessels/Hillenkamp*, Rn. 271 a f.; *Schild*, GA 1982, 59, 67 f., 72 und 79).

Das beabsichtigte Zusammenwirken der Beteiligten muss jedenfalls auf **21** geraume Zeit angelegt und auf die Begehung **mehrerer** selbständiger Straftaten des im Gesetz genannten Deliktstyps gerichtet sein. Hierdurch unterscheidet sich die Bande von der bloßen Mittäterschaft (BGHSt – GS – 46, 321, 325, 329 – „Dreierbandenfall"; *Lackner/Kühl*, § 244 Rn. 6; *Otto*, JZ 1985, 21, 25). Die Straftaten können in ihren Einzelheiten noch unbestimmt sein. Anders als eine kriminelle Vereinigung muss eine Bande keine Organisationsstruktur aufweisen, innerhalb derer den einzelnen Mitgliedern ganz bestimmte Rollen zugewiesen worden sind (BGHSt – GS – 46, 321, 329 – „Dreierbandenfall"; BGHSt 38, 26, 31). Eine gleichrangige Stellung aller Mitglieder ist ebenfalls nicht erforderlich (*BGH* wistra 2004, 105, 108). Daher kann auch Bandenmitglied sein, wem nach der Abrede lediglich Aufgaben eines Gehilfen zufallen sollen (BGHSt 47, 214, 216: „Schmiere stehen"; differenzierend *Zopfs*, Jura 2007, 510, 513). Zudem bedarf es keines verbindlichen, einheitlichen Willens der Bande, vielmehr können die einzelnen Mitglieder in deren Rahmen durchaus ihre eigenen Interessen verfolgen, etwa an einer risikolosen, effektiven Tatausführung und Beuteerzielung (BGHSt – GS – 46, 321, 329 f. – „Dreierbandenfall"; zur aufgegebenen früheren Rechtsprechung s. etwa BGHSt 42, 255, 259; *BGH* NJW 1998, 2913 m. Anm. *Erb*, NStZ 1999, 187; a.A. *Lackner/Kühl*, § 244 Rn. 6).

(2) Ein Bandenmitglied kann nur dann nach § 244 I Nr. 2 bestraft werden, **22** wenn es unter **Mitwirkung eines anderen Mitglieds** der Bande stiehlt. Eine gemeinsam mit einem nicht zur Bande gehörenden Mittäter verübte Wegnahme ist folglich ebensowenig ein Bandendiebstahl wie eine außerhalb der Bandenabrede „auf eigene Rechnung" der Beteiligten begangene Tat (*BGH* NStZ 2006, 342). Es fehlt jeweils an der besonderen konkreten Gefährdung des Rechtsguts Eigentum, die sich gerade aus der gesteigerten Effizienz des Zusammenwirkens von Mitgliedern einer Bande ergibt (*Zopfs*, GA 1995, 320, 327). Im Übrigen ist es umstritten, was unter Mitwirkung zu verstehen ist und ob diese am Tatort erfolgen muss:

Unter einem „Mitwirker" wird umgangssprachlich jeder Mithelfer, auch **23** „Beförderer" verstanden (Deutsches Wörterbuch von *Jacob* und *Wilhelm Grimm*, Stichwort: Mitwirker). Das StGB verwendet den Begriff der Mitwirkung im entsprechenden Sinn in den §§ 84 IV, 129 V und 129a VI. Diese Vorschriften sehen die Möglichkeit einer Strafmilderung oder eines Absehens von Strafe für den Fall vor, dass die Mitwirkung eines *Beteiligten* von untergeordneter Bedeutung war. Das Gesetz bringt durch die Verwendung dieses legaldefinierten Terminus (§ 28 II) selbst zum Ausdruck, dass sowohl ein Mittäter als auch ein Teilnehmer mitwirken kann (vgl. ergänzend *Meyer*, JuS 1986, 189, 191, zu dem den § 244 I Nr. 3 a.F. betreffenden Gesetzgebungsverfahren).

> **Merke:** Die Mitwirkung eines Bandenmitglieds i.S.d. § 244 I Nr. 2 kann daher grundsätzlich auch in einer Anstiftung oder Beihilfe bestehen (§§ 26 und 27; BGHSt – GS – 46, 321, 338 – „Dreierbandenfall"; *Fischer*, § 244 Rn. 39; LK/*Ruß*, § 244 Rn. 13; NK/*Kindhäuser*, § 244 Rn. 35).

24 Davon zu trennen ist die Frage, ob es einer Mitwirkung unmittelbar **am Tatort** bedarf. Dies ist jedenfalls für einen Teilnehmer zu verneinen. Aber auch die Annahme von Mittäterschaft setzt eine Beteiligung am Tatort nicht zwingend voraus. Denn anderenfalls würde man Grund- und Qualifikationstatbestand unterschiedlich behandeln, ohne dass es hierfür einen tragfähigen Grund gibt. Eine solche Differenzierung kann insbesondere nicht aus dem Merkmal „unter Mitwirkung eines anderen Bandenmitglieds" hergeleitet werden. Denn es handelt sich dabei – im Unterschied zur Bandenmitgliedschaft (vgl. Rn. 31) – nicht um ein besonderes persönliches (§ 28 II), sondern um ein tatbezogenes Merkmal (BGHSt 46, 120, 129). Daraus folgt, dass insofern die allgemeinen Grundsätze zur Abgrenzung von Täterschaft und Teilnahme (§§ 25 ff.) anwendbar sind, so dass auch ein tatortabwesendes Bandenmitglied § 244 I Nr. 2 mittäterschaftlich verwirklichen kann, wenn es die anerkannten Voraussetzungen für täterschaftliches Verhalten erfüllt (NK/ *Kindhäuser*, § 244 Rn. 35; Schönke/Schröder/*Eser*/*Bosch*, § 244 Rn. 27), insbesondere wenn es die Durchführung der Tat durch andere leitet oder absichert (speziell zum Bandenchef LK/*Schünemann*, § 25 Rn. 184; *Roxin*, S. 298 ff.).

25 Voraussetzung ist allerdings entgegen der Ansicht des Bundesgerichtshofs (BGHSt – GS – 46, 321, 332 ff. – „Dreierbandenfall"; *BGH* NStZ 2001, 35, 36), dass sich zumindest zwei Bandenmitglieder am Tatort oder in dessen Nähe befinden (so noch *BGH* StV 1995, 586). Nur eine solche Auslegung des § 244 I Nr. 2 wird der konkreten Gefährdungskomponente in Bezug auf *persönliche* Rechtsgüter des Tatopfers gerecht (vgl. Rn. 1). Diesem gegenüber erhöht eine Tatbegehung durch mindestens zwei Bandenmitglieder „vor Ort" die Durchsetzungsmacht, da sich infolge der Übermacht die Abwehrkraft des Opfers gewissermaßen teilen muss (SK/*Hoyer*, § 244 Rn. 31; *Wessels*/*Hillenkamp*, Rn. 270; *Otto*, JZ 1985, 21, 25). In dieser besonderen **Aktionsgefahr**, die die Verteidigung der bedrohten Rechtsgüter erschwert (*Zopfs*, Jura 2007, 510, 511, 515 f.; ebenso noch BGH – 1. Strafsenat –, NJW 2000, 2907, 2909; a.A. BGH – 3. Strafsenat –, NStZ 2001, 33, 34; BGH – 4. Strafsenat –, NStZ 2001, 35, 36), liegt der strukturelle Unterschied zwischen Bandentatbeständen, die das Mitwirkungserfordernis enthalten (§§ 244 I Nr. 2, 244a I, 250 I Nr. 2; 52 V 2 WaffG [dort Regelbeispiel]; 19 II Nr. 1, 22a II 2 [dort Regelbeispiel] KWKG), und solchen, bei denen dies nicht der Fall ist (§§ 30 I Nr. 1, 30a I BtMG; 370 III 2 Nr. 5 [dort Regelbeispiel], 370a Nr. 2, 373 II Nr. 3, 374 II AO).

§ 2. Diebstahl mit Waffen   55

Merke: § 244 I Nr. 2 ist nur erfüllt, wenn wenigstens zwei Bandenmitglieder am Tatort zusammenwirken. Nach vorzugswürdiger Ansicht genügt es, dass eines von ihnen stiehlt und das andere als Teilnehmer mitwirkt. Ist dies der Fall, kann auch ein tatortabwesendes Bandenmitglied i.S.d. § 244 I Nr. 2 mitwirken. Ob es insoweit Mittäter oder Teilnehmer ist, ist nach den §§ 25 ff. zu beurteilen.

c) Der **Wohnungseinbruchdiebstahl** ist seit 1. 4. 1998 in § 244 I Nr. 3 unter Strafe gestellt. Zuvor wurde er vom Regelbeispiel des § 243 I 2 Nr. 1 erfasst. Durch die – eine im Vergleich hierzu höhere Mindeststrafe vorsehende – Qualifizierung wollte der Gesetzgeber der Erkenntnis entsprechen, dass ein Einbruch in eine Wohnung regelmäßig einen tiefen Eingriff in die Intimsphäre des Opfers bedeutet (*BGH* NStZ 2001, 533). Grundsätzlich ist als **Wohnung** der Inbegriff derjenigen abgeschlossenen und überdachten Räume, die wenigstens einem Menschen zur zumindest vorübergehenden Unterkunft dienen oder zur Benutzung freistehen, zu verstehen (*Fischer*, § 244 Rn. 46; *Dencker*, in: Dencker u.a., 1. Teil Rn. 6). Mit Blick auf die gesetzgeberische Intention, die heraufgesetzte Mindeststrafe und das Fehlen einer § 243 II vergleichbaren Geringwertigkeitsklausel ist der Begriff hier jedoch enger zu fassen als im Rahmen des § 123 (vgl. *Hohmann/Sander*, BT 2, § 13 Rn. 3 ff.). Nach h.M. ist er – namentlich bei sog. **Mischgebäuden** (hierzu *BGH* NStZ 2008, 514) – auf die Räumlichkeiten zu begrenzen, die als Mittelpunkt privaten Lebens Selbstentfaltung und vertrauliche Kommunikation gewährleisten sollen (*Wessels/Hillenkamp*, Rn. 267; *Behm*, GA 2002, 153, 156; *Zopfs*, Jura 2007, 510, 520 f.). Im Vergleich hierzu präziser und daher vorzugswürdig erscheint jedoch der Vorschlag, unter Wohnung den Bereich zu verstehen, der sich innerhalb des durch die Haus- oder Wohnungstür markierten Territoriums befindet (*Rengier*, § 4 Rn. 84; *Bachmann*, NStZ 2009, 667, 668 f.), wenngleich beide Auffassungen in der Praxis zumeist zum selben Ergebnis führen dürften.

26

Beispiele: Zur Wohnung gehören daher Nebenräume wie ein Badezimmer (*BGH* NStZ 2001, 533, 534), mit einem Einfamilienhaus unmittelbar verbundene Kellerräume sowie der Dachboden (*BGH* NStZ 2008, 514, 515), ebenso ein in einem Hotel gemietetes Zimmer (a.A. *Behm*, GA 2002, 153, 163 f.), nicht hingegen ein dort allgemein zugänglicher „Gastraum" (*BGH* StV 2001, 624), das Foyer eines Senioren- und Pflegeheims (*BGH* NStZ 2005, 631), Boden- und Kellerverschläge in einem Wohnblock sowie Garagen (*OLG Schleswig* NStZ 2000, 479; s. auch *BGH*, Beschluss vom 25. 7. 2002, Az.: 4 StR 242/02) sowie generell Arbeits-, Laden- und Geschäftsräume, z.B. eines Antiquitätengeschäfts (*BGH*, Beschluss vom 3. 5. 2001 Az.: 4 StR 59/01), eines Sportvereins (*BGH*, Beschluss vom 5. 3. 2002 Az.: 3 StR 21/02) oder eines vom Wohnbereich getrennten Schank- und Brauereibetriebs (*BGH* NStZ 2008, 514, 515).

Vertiefungshinweis: Zählt ein Raum nicht zur Wohnung i.S.d. § 244 I Nr. 3, ist zu prüfen, ob er den in § 243 I 2 Nr. 1 genannten Räumlichkeiten subsumiert werden kann (ebenso *Behm*, GA 2002, 153, 161).

27 Hinsichtlich der übrigen Voraussetzungen des objektiven *Tatbestands* wird uneingeschränkt auf die im Rahmen des § 243 I 2 Nr. 1 zu den dortigen *Regelbeispielen* gemachten Ausführungen (vgl. § 1 Rn. 137 ff.) verwiesen.

2. Subjektiver Tatbestand

28 Subjektiv ist bedingter Vorsatz hinreichend. Insofern kann es im Einzelfall in Bezug auf mitgeführte Gegenstände, die im täglichen Leben üblicherweise verwendet werden, während der Tatbegehung an dem Bewusstsein ihrer Gefährlichkeit fehlen (*BGH* NStZ-RR 2005, 340). Bei § 244 I Nr. 1b muss der Täter das Werkzeug oder Mittel zudem bei sich führen, um den Widerstand einer anderen Person durch Gewalt oder Drohung mit Gewalt zu verhindern oder zu überwinden. Es bedarf diesbezüglich daher der Absicht (LK/*Ruß*, § 244 Rn. 14). Diese kann jedoch dergestalt bedingt sein, dass die mitgeführte Waffe nur „im Bedarfs- bzw. Notfall" eingesetzt werden soll (*BGH* NStZ-RR 1996, 3; *Lackner/Kühl*, § 244 Rn. 5).

II. Schwerer Bandendiebstahl (§ 244a)

1. Objektiver Tatbestand

29 Der „einfache" Bandendiebstahl wird dadurch qualifiziert, dass neben seinen Voraussetzungen zusätzlich die eines Diebstahls mit Waffen (§ 244 I Nr. 1), eines Wohnungseinbruchdiebstahls (§ 244 I Nr. 3) oder die eines Diebstahls in einem – benannten – besonders schweren Fall (§ 243 I 2) erfüllt sein müssen. Die Bezugnahme auf § 243 I 2 betrifft nicht dessen Teil „in der Regel", weil die in den Nummern 1 bis 7 enthaltenen Fälle im Rahmen des § 244a nach dem Willen des Gesetzgebers „echte" Tatbestandsmerkmale sind (*Lackner/Kühl*, § 244a Rn. 2, 3; *Zopfs*, GA 1995, 320, 325). § 244a gilt auch für sog. Jugendbanden (*BGH* NStZ-RR 2000, 343).

> **Aufbauhinweis:** § 244a umfasst § 244 I Nr. 2. Da er sich zusätzlich bausteinartig aus § 243 I 2 Nr. 1 bis 7 bzw. § 244 I Nr. 1 oder 3 zusammensetzt, empfiehlt sich seine Prüfung erst im Anschluss an die der anderen Vorschriften.

2. Subjektiver Tatbestand

30 Hinsichtlich des objektiven Tatbestands ist wenigstens bedingter Vorsatz notwendig (Schönke/Schröder/*Eser/Bosch*, § 244a Rn. 7).

C. Täterschaft und Teilnahme, Versuch, Konkurrenzen sowie Verfolgbarkeit

Für die Abgrenzung von Täterschaft und Teilnahme gelten grundsätzlich die allgemeinen Regeln (§§ 25 ff.). Lediglich bei § 244 I Nr. 2 – und damit ggf. auch bei § 244a – besteht folgende Besonderheit. **31**

> **Beachte:** Wer nicht Mitglied der Bande ist, kann nicht selbst Täter sein (vgl. Rn. 17 und 22). Da die Mitgliedschaft nach h.M. ein besonderes persönliches Merkmal ist, gilt § 28 II, so dass auch Teilnehmer der §§ 244 I Nr. 2 und 244a nur Bandenmitglieder sein können (BGHSt 46, 120, 128; BGH NStZ 1996, 128, 129; *Fischer*, § 244 Rn. 44; *Zopfs*, Jura 2007, 510, 514; a.A. Schönke/Schröder/*Eser/Bosch*, § 244 Rn. 28 und 32).

Der Versuch beider Vorschriften ist strafbar. Dies folgt für Diebstahl mit Waffen, Banden- und Wohnungseinbruchdiebstahl aus § 244 II, für den schweren Bandendiebstahl aus dessen Verbrechensqualität (§§ 12 I, 23 I). Der Versuch beginnt auch hier mit dem unmittelbaren Ansetzen zur Wegnahme und wird durch das vorherige Beisichführen einer Waffe bzw. den Bandenzusammenschluss nicht vorverlegt (BGHSt 31, 105, 107 – „Fluchtfall"). **32**

§ 242 – ggf. i.V.m. § 243 – wird vom spezielleren § 244 verdrängt (vgl. zum Wohnungseinbruchdiebstahl *Seier*, JA 1999, 666, 667). Dieser tritt wiederum hinter § 244a zurück (LK/*Ruß*, § 244 Rn. 18). Tateinheit ist dagegen möglich zwischen den nur versuchten §§ 244, 244a bzw. nach h.M. Teilnahme daran einerseits und vollendetem § 242 andererseits (BGHSt 33, 50, 53 f.; *Lackner/Kühl*, § 244 Rn. 13), ferner zwischen einem – außerhalb der Bandenabrede begangenen – Wohnungseinbruchdiebstahl und versuchtem schwerem Bandendiebstahl (BGH NStZ-RR 2010, 170). **33**

Sind die Voraussetzungen des § 247 erfüllt, so können Diebstahl mit Waffen, Banden- und Wohnungseinbruchdiebstahl sowie sogar schwerer Bandendiebstahl nur auf Antrag verfolgt werden (LK/*Ruß*, § 244 Rn. 18 und § 244a Rn. 6). Dagegen gilt das Antragserfordernis des § 248a für keinen der Tatbestände der §§ 244 und 244a. **34**

D. Kontrollfragen

1. Wie ist der Begriff des gefährlichen Werkzeugs i.S. des § 244 I Nr. 1a zu verstehen? → Rn. 3 ff.
2. Genügt für § 244 I Nr. 1a und b ein Beisichführen der Waffe allein nach Vollendung des Diebstahls? → Rn. 8 f.
3. Wann liegt eine Bande i.S. des § 244 I Nr. 2 vor? → Rn. 18 ff.

4. Wie ist das Merkmal „unter Mitwirkung eines anderen Bandenmitglieds" zu verstehen? → Rn. 22 ff.
5. Auf welche Weise qualifiziert § 244a den „einfachen" Bandendiebstahl? → Rn. 29

Aufbauschema (§ 244 I)

1. Tatbestand
   a) Objektiver Tatbestand
   – Begehen eines Diebstahls (bzw. Stehlen) *und*
   – Beisichführen einer Waffe oder eines anderen gefährlichen Werkzeugs durch Täter oder anderen Beteiligten (§ 244 I Nr. 1a) *oder*
   – Beisichführen sonst eines Werkzeugs oder Mittels durch Täter oder anderen Beteiligten (§ 244 I Nr. 1b) *oder*
   – als Mitglied einer Bande, die sich zur fortgesetzten Begehung von Raub oder Diebstahl verbunden hat, sowie unter Mitwirkung eines anderen Bandenmitglieds (§ 244 I Nr. 2) *oder*
   – Zur Ausführung der Tat in eine Wohnung einbrechen, einsteigen, mit einem falschen Schlüssel oder einem anderen nicht zur ordnungsgemäßen Öffnung bestimmten Werkzeug eindringen oder sich in der Wohnung verborgen halten (§ 244 I Nr. 3)
   b) Subjektiver Tatbestand
   – Vorsatz
   – bei § 244 I Nr. 1b zudem Gebrauchsabsicht
2. Rechtswidrigkeit
3. Schuld
4. Besondere Strafverfolgungsvoraussetzungen (§ 247; vgl. § 21 Rn. 1 ff.)

Aufbauschema (§ 244a I)

1. Tatbestand
   a) Objektiver Tatbestand
   – Bandendiebstahl (§ 244 I Nr. 2) *und*
   – Diebstahl mit Waffen (§ 244 I Nr. 1) *oder*
   – Wohnungseinbruchdiebstahl (§ 244 I Nr. 3) *oder*
   – Diebstahl im besonders schweren Fall (§ 243 I 2 Nr. 1 bis 7 – alternativ)
   b) Subjektiver Tatbestand: Vorsatz
2. Rechtswidrigkeit

3. Schuld
4. Besondere Strafverfolgungsvoraussetzungen (§ 247; vgl. § 21 Rn. 1 ff.)

Empfehlungen zur vertiefenden Lektüre:
Leitentscheidungen: BGHSt 31, 105 – „Fluchtfall"; BGHSt – GS – 46, 321 – „Dreierbandenfall"; BGHSt 52, 257 – „Taschenmesserfall".

Aufsätze: *Bachmann*, Zur Problematik des gemischt genutzten Gebäudes bei §§ 244 I Nr. 3 und 306a I StGB, NStZ 2009, 667; *Behm*, Zur Auslegung des Merkmals „Wohnung" im Tatbestand des § 123 und § 244 Abs. 1 Nr. 3 StGB, GA 2002, 153; *Geppert*, Zur „Scheinwaffe" und anderen Streitfragen zum „Bei-Sich-Führen" einer Waffe im Rahmen der §§ 244 und 250 StGB, Jura 1992, 496; *Jäger*, Diebstahl nach dem 6. Strafrechtsreformgesetz – Ein Leitfaden für Studium und Praxis, JuS 2000, 651; *Kargl*, Verwenden einer Waffe als gefährliches Werkzeug nach dem 6. StrRG, StraFo 2000, 7; *Mitsch*, Die Vermögensdelikte im Strafgesetzbuch nach dem 6. Strafrechtsreformgesetz, ZStW 111 (1999), 65; *Otto*, Die neuere Rechtsprechung zu den Vermögensdelikten – Teil 1, JZ 1985, 21; *Schlothauer/Sättele*, Zum Begriff des „gefährlichen Werkzeugs" in den §§ 177 Abs. 3 Nr. 1, 244 Abs. 1 Nr. 1a, 250 Abs. 1 Nr. 1a StGB i.d.F. des 6. StrRG, StV 1998, 505; *Zopfs*, Der schwere Bandendiebstahl nach § 244a StGB, GA 1995, 320; *Zopfs*, Examinatorium zu den Qualifikationstatbeständen des Diebstahls (§§ 244, 244a StGB), Jura 2007, 510.

Übungsfälle: *Hillenkamp*, Schwerer Raub durch Fesselung und Knebelung? – BGH NJW 1989, 2549, JuS 1990, 454; *Seier*, Klausur Strafrecht: „Diebstahl im Doppelpack", JA 1999, 666; *Zieschang*, Der praktische Fall – Strafrecht: „Der rachsüchtige Hundeliebhaber", JuS 1999, 49.

§ 3. Unterschlagung und veruntreuende Unterschlagung (§ 246)

A. Grundlagen

§ 246 schützt das Rechtsgut Eigentum. Er ist durch das 6. StrRG als ein **1 Auffangtatbestand** ausgestaltet worden, der grundsätzlich alle Akte rechtswidriger Zueignung erfassen soll (BT-Drs. 13/8587, S. 43; *Fischer*, § 246 Rn. 2; MünchKomm/*Hohmann*, § 246 Rn. 6), und stellt damit eine Ergänzung vor allem der Diebstahlsvorschriften dar. In seinen Voraussetzungen unterscheidet er sich von den §§ 242 ff. allerdings erheblich. Denn anders als diese verlangt die Unterschlagung keinen Gewahrsamswechsel bezüglich des Tatobjekts, stattdessen aber eine vollendete Zueignung.

B. Tatbestände

2 § 246 I ist der Grundtatbestand der Unterschlagung. Dieser wird in Absatz 2 qualifiziert (sog. veruntreuende Unterschlagung; vgl. Rn. 27 ff.).

I. Unterschlagung (§ 246 I)

1. Objektiver Tatbestand

3 Den Grundtatbestand erfüllt, wer eine fremde bewegliche Sache sich oder einem Dritten rechtswidrig zueignet.

4 **a)** Die **Tatobjekte** von Unterschlagung und Diebstahl sind mithin identisch. Hinsichtlich der Voraussetzungen einer fremden beweglichen Sache wird daher auf die Darstellung beim § 242 verwiesen (vgl. § 1 Rn. 3 ff.). Maßgebend für die Fremdheit ist auch im Rahmen des § 246 allein die dingliche Rechtslage. Beispielsweise ist somit die Unterschlagung einer Sache möglich, die der Täter einem anderen als Sicherheit übereignet oder die er selbst unter Eigentumsvorbehalt erworben, aber noch nicht vollständig bezahlt hat (BGHSt 16, 280, 281; BGHSt 34, 309, 311 – „Baggerfall"; LK/*Ruß*, § 246 Rn. 6).

> **Merke:** Im Unterschied zum § 246 I a.F. ist es nicht erforderlich, dass der Täter die fremde Sache zu irgendeinem Zeitpunkt, insbesondere bei Begehung der Tat, in Gewahrsam hat (SK/*Hoyer*, § 246 Rn. 7).

> **Vertiefungshinweis:** Soweit daraus geschlossen wird, durch das 6. StrRG sei die sog. große berichtigende Auslegung Gesetz geworden (*Bussmann*, StV 1999, 613, 615), ist dies verkürzt. Denn nach dieser wurde die Unterschlagung als Zueignung *ohne* Gewahrsamsbruch definiert (vgl. BGHSt 2, 317, 318 f.), während § 246 nunmehr sogar die Zueignung *mit* Gewahrsamsbruch tatbestandlich erfasst (*Wessels/Hillenkamp*, Rn. 277 und 291; *Dencker*, in: Dencker u.a. 1. Teil, Rn. 49; zu den Konkurrenzen vgl. Rn. 33 ff.).

5 **b)** Die **Tathandlung** beschreibt § 246 I als rechtswidrige Zueignung des Tatobjekts an sich oder einen Dritten.

6 **(1)** Das Merkmal der Zueignung setzt sich aus denselben Bestandteilen zusammen wie beim Diebstahl, d.h. aus der dauernden Enteignung des Berechtigten und der zumindest vorübergehenden Aneignung der Sache durch den Täter (MünchKomm/*Hohmann*, § 246 Rn. 15; SK/*Hoyer*, § 246 Rn. 22). Daher wird auch an dieser Stelle zunächst auf die entsprechenden Ausführungen beim § 242 Bezug genommen (vgl. § 1 Rn. 72). Eine Prüfung der Enteignungskomponente hat somit ggf. auch bei der Unterschlagung hilfsweise die

Grundsätze der Sachwerttheorie heranzuziehen (vgl. § 1 Rn. 94 ff.). Das Merkmal der Rechtswidrigkeit der Zueignung bedeutet in beiden Normen ebenfalls dasselbe (vgl. § 1 Rn. 114 ff.; LK/*Ruß*, § 246 Rn. 21). Die Rechtswidrigkeit ist beispielsweise zu verneinen, wenn der Sicherungsnehmer in die Verfügung über eine ihm zur Sicherheit übereignete Sache eingewilligt hat (*BGH* NStZ 2005, 566, 567; MünchKomm/*Hohmann*, § 246 Rn. 47).

Allerdings besteht hinsichtlich der Zueignung ein wesentlicher Unterschied zwischen § 242 und § 246. Denn diese muss beim Diebstahl zum Zeitpunkt der Wegnahme nur angestrebt werden, so dass ein vollendetes Delikt auch dann zu bejahen ist, wenn sie im Ergebnis misslingt. 7

Merke: Eine vollendete Unterschlagung liegt dagegen nur bei einer tatsächlich geglückten Zueignung vor (vgl. SK/*Hoyer*, § 246 Rn. 1). Scheitert diese, kommt lediglich eine versuchte Unterschlagung in Betracht (§§ 246 III, 22; vgl. Rn. 32).

Aufbauhinweise: Die Zueignungsabsicht ist beim § 242 als Teil des subjektiven Tatbestands, die die Tathandlung darstellende erfolgreiche Zueignung beim § 246 dagegen im objektiven Tatbestand zu prüfen. Es empfiehlt sich, dort mit der Selbstzueignung zu beginnen, da der Drittzueignung nach dem gesetzgeberischen Willen lediglich Lücken schließende Funktion zukommen soll (*Jäger*, JuS 2000, 1167).

(2) Im Unterschied zur hier vertretenen Auffassung lässt die h.M. unabhängig vom Eintritt des Zueignungserfolgs bereits eine sog. Manifestation des Zueignungs*willens* genügen (vgl. *Otto*, Jura 1996, 383, 384). Insofern wird vor allem von der Rechtsprechung jedes vom Zueignungsvorsatz getragene Verhalten des Täters als ausreichend angesehen, sofern nur der Zueignungswille für einen mit den Gesamtumständen vertrauten objektiven Beobachter deutlich wird bzw. im Falle einer gedachten Beobachtung erkennbar wäre (BGHSt 34, 309, 312 – „Baggerfall"; *Küper*, Jura 1996, 205, 206 f.). Von einem Teil der Literatur wird dagegen eine Handlung für erforderlich gehalten, die aufgrund der äußeren Umstände eindeutig als Betätigung des Zueignungswillens zu verstehen ist (*Lackner/Kühl*, § 246 Rn. 4; *Wessels/Hillenkamp*, Rn. 280). 8

Beispiel: A verkauft im eigenen Namen eine von ihm gemietete Digitalkamera (BGHSt – GS – 14, 38, 41 – „Inkassofall": Verkaufsofferte genügt bereits).

(3) Diese Ansicht verdient angesichts der ultima-ratio-Funktion des Strafrechts für den § 246 n.F. keine Zustimmung. Denn bei diesem bildet eine enge Auslegung der Tathandlung die einzige Möglichkeit, den außergewöhnlich weit gefassten Tatbestand zu begrenzen und das strafbare Unrecht hinreichend präzise zu bestimmen (vgl. *Basak*, in: Irrwege der Strafgesetzgebung, 1999, S. 176; *Bussmann*, StV 1999, 613, 616 f.). 9

10 Dieser Notwendigkeit werden die von der h.M. vertretenen Manifestationsansätze (vgl. Rn. 8) nicht gerecht. Ihnen liegt allerdings die zutreffende Überlegung zugrunde, dass die fehlende Wegnahmehandlung des Diebstahls beim § 246 durch ein anderes Verhalten mit vergleichbarem Unrechtsgehalt ersetzt werden muss (*Lackner/Kühl*, § 246 Rn. 4). Richtig ist es ebenfalls, dass die Zueignung nach außen ersichtlich werden muss, und zwar nicht nur aus Gründen der Beweisbarkeit, sondern vor allem auch, um lediglich innere (gedankliche) Zueignungen aus dem Anwendungsbereich des § 246 auszuscheiden.

11 Diese durch das Erfordernis der Manifestation des Zueignungswillens bewirkte Einschränkung reicht jedoch nicht aus. Denn die Manifestationsansätze lassen es zu, eine vollendete Unterschlagung zu bejahen, obwohl das den Zueignungswillen manifestierende Verhalten des Täters das geschützte Rechtsgut Eigentum, namentlich die uneingeschränkte Verfügungsmöglichkeit darüber, nicht einmal gefährdet hat oder auch nur gefährden konnte (vgl. *Dencker*, in: Dencker u.a., 1. Teil Rn. 52). Dies folgt daraus, dass nach § 246 I n.F. Unterschlagung auch an Sachen möglich ist, auf die der Täter zu keinem Zeitpunkt unmittelbar Zugriff hat (vgl. Rn. 4; *Duttge/Fahnenschmidt*, ZStW 110 [1998], 884, 907).

Beispiel: A und B halten sich in Kronberg i.Ts. auf. In einem Telefonat schenkt A der B das Fahrrad des C, das sich in dessen verschlossener Garage in Berlin befindet. – Weder das Eigentum des C noch auch nur seine nach § 903 BGB grundsätzlich uneingeschränkte Verfügungsgewalt (vgl. § 1 Rn. 1) über das Fahrrad sind tangiert.

12 Die h.M. steht somit in einem **Wertungswiderspruch** zu allgemeinen strafrechtlichen Grundsätzen. Denn während die Strafbarkeit wegen eines versuchten Delikts anerkanntermaßen voraussetzt, dass das durch die betreffende Vorschrift geschützte Rechtsgut auf der Grundlage des Tatplans bereits unmittelbar gefährdet wird (vgl. BGHSt 43, 177, 180; *Fischer*, § 22 Rn. 10; *Duttge/Fahnenschmidt*, ZStW 110 [1998], 884, 909: „Eintritt in die strafrechtliche Relevanz"), wäre trotz Fehlens einer solchen Gefährdung eine Bestrafung sogar wegen vollendeter Unterschlagung möglich. Dies ist umso ungereimter, als in § 246 III die versuchte Unterschlagung unter Strafe gestellt ist.

13 Dieser Wertungswiderspruch lässt sich vermeiden, wenn der **Wortlaut** des § 246 I ernst genommen wird. Die Vorschrift ist als Erfolgsdelikt ausgestaltet und damit strukturell beispielsweise dem § 212 I vergleichbar. Dessen Tathandlung aber ist unzweifelhaft erst mit dem Tod des Opfers vollendet, nicht schon durch ein den Tötungswillen des Täters manifestierendes Verhalten (vgl. *Hohmann/Sander*, BT 2, § 1 Rn. 10).

§ 3. Unterschlagung 63

Merke: Daher ist es für die Zueignung i.S.d. § 246 erforderlich, dass diese tatsächlich erfolgt, der Berechtigte also auf Dauer von seinen Nutzungsmöglichkeiten ausgeschlossen und die Sache wenigstens vorübergehend in das Vermögen des Täters einverleibt wird (*Joecks*, § 246 Rn. 19; MünchKomm/*Hohmann*, § 246 Rn. 30 ff.; SK/*Hoyer*, § 246 Rn. 19 und 22; ähnlich *Basak*, in: Irrwege der Strafgesetzgebung, 1999, S. 193 f., der für die Enteignungskomponente eine konkrete Gefährdung genügen lassen will; *Jäger*, JuS 2000, 1167, 1169 verlangt Handlungsherrschaft über das Tatobjekt).

(4) An der danach erforderlichen Aneignungskomponente fehlt es regelmäßig, wenn der Täter eine fremde Sache nur beschädigt, zerstört oder wegwirft (vgl. § 1 Rn. 89; SK/*Hoyer*, § 246 Rn. 28). Begründet er dagegen Eigenbesitz an der Sache, liegt darin deren Aneignung (*Graul*, JuS 1999, 562, 566 f.). **14**

Auch der Verbrauch und die Verarbeitung (§ 950 BGB) einer Sache können Zueignungsakte darstellen (*Wessels/Hillenkamp*, Rn. 281). Dasselbe gilt für einen Verkauf, sofern sich der Täter hinsichtlich der Sache die Stellung eines Eigentümers anmaßt und sein Verhalten zu einer Enteignung des Berechtigten führt. **15**

Durch das Verpfänden einer fremden Sache kann u.U. ebenfalls eine Unterschlagung begangen werden. Dafür ist es nach h.M. erforderlich, dass der Täter es zu diesem Zeitpunkt zumindest für möglich hält, dass ihm aufgrund seiner Vermögensverhältnisse eine Wiedereinlösung des Pfands nicht oder jedenfalls nicht rechtzeitig gelingt. Als i.d.S. verspätet ist die Einlösung anzusehen, wenn sie nicht sofort erfolgen kann, sobald der Eigentümer die verpfändete Sache benötigt (BGHSt 9, 90, 91; 12, 299, 302). Liegen diese Voraussetzungen nicht vor, handelt es sich lediglich um eine straflose Gebrauchsanmaßung (Schönke/Schröder/*Eser/Bosch*, § 246 Rn. 17). **16**

Besondere Bedeutung kommt der Fallgestaltung zu, bei der ein Gegenstand nach **Ablauf einer vereinbarten Besitzzeit** nicht an den Berechtigten zurückgegeben wird. **17**

Beispiel: A mietet sich für ein Wochenende ein Auto. Am Montagmorgen bringt er das Fahrzeug nicht zum Vermieter zurück.

Eine solche Nichterfüllung einer vertraglichen Verpflichtung genügt für die Tathandlung des § 246 in der Regel nicht. Denn die Verletzung der Rechtspflicht zur Rückgabe einer Sache ist weder gleichbedeutend mit deren Einverleibung in das Vermögen des Täters noch wird dadurch der Berechtigte dauernd enteignet. Es fehlt somit schon an der erforderlichen tatsächlichen Zueignung (vgl. Rn. 7 und 13). Dies gilt beispielsweise dann, wenn der Täter ein Auto trotz gegen ihn ergangenen rechtskräftigen Urteils nicht an den Eigentümer herausgibt, weil er anderenfalls die Durchsetzung eigener Ansprüche als gefährdet ansieht (*BGH* StraFo 2007, 251). Darüber hinaus ist **18** bei derartigen Konstellationen bloßen Unterlassens zur Vermeidung allein gedanklicher Zueignungen (vgl. Rn. 10) ergänzend – und insofern in Übereinstimmung mit der h.M. – das Hinzutreten weiterer Umstände zu verlangen, aus denen sich nach außen ergibt, dass die Nichtrückgabe der Sache gerade Ausdruck der Zueignung ist. Dafür kann es beispielsweise genügen, wenn der Täter die Sache versteckt oder deren Besitz ableugnet (vgl. *OLG Hamm* StraFo 1999, 65, 66; *Duttge/Fahnenschmidt*, ZStW 110, 1998, 884, 901; zum § 246 a.F. BGHSt 34, 309, 312 – „Baggerfall"; *BayObLG* NJW 1992, 1777).

Beispiel: A nutzt den für das Wochenende gemieteten Wagen mehrere Wochen lang intensiv und stellt ihn dann in einer anderen Stadt ab (*KG* VRS 37, 438; ferner *KG* GA 1972, 277; *OLG Düsseldorf* StV 1990, 164).

19 Problematisch sind auch die Fälle der sog. **Fundunterschlagung**. Zwar erscheint es insoweit als möglich, dass der Täter den Berechtigten auf Dauer enteignet und sich eine Sache zueignet, indem er diese an sich nimmt und einsteckt. Dieses Verhalten liegt aber noch unterhalb der Schwelle zum strafwürdigen Unrecht. Denn ebenso würde sich ein ehrlicher Finder verhalten, der sich im Anschluss zum Fundbüro bzw. zur Polizei begeben will. Es ist daher in diesen Fällen zusätzlich ein markantes Verhalten des Täters zu verlangen. Dieses kann z.B. darin bestehen, dass er sich auffällig sichernd umschaut, bevor er das Tatobjekt ergreift (*Krey/Hellmann*, Rn. 162; zur Nichtanzeige eines Fundes *Wessels/Hillenkamp*, Rn. 281).

20 (5) Umstritten ist es, ob ein Täter sich dieselbe Sache **wiederholt zueignen** kann. Dies ist zunächst für Fälle abzulehnen, in denen die Zueignung durch die Begründung von Eigenbesitz erfolgt (vgl. § 1 Rn. 72). Denn diese ist – sofern der Eigenbesitz zwischendurch nicht wieder verlorengeht – begrifflich nur einmal möglich. Nachfolgendes Tun kann somit nur der Aufrechterhaltung des Eigenbesitzes dienen (vgl. BGHSt – GS – 14, 38, 43 ff. – „Inkassofall").

21 Ebenso verhält es sich aber dann, wenn ein Täter sich eine fremde Sache auf andere Weise in sein Vermögen einverleibt hat, wie dies nach § 246 I n.F. möglich ist. Denn auch ein derartiges Aneignen kann vom Begriff her nur einmal erfolgen (im Ergebnis ebenso *Lackner/Kühl*, § 246 Rn. 7; *Otto*, § 42 Rn. 23; *Jäger*, JuS 2000, 1167, 1170; a.A. *Wessels/Hillenkamp*, Rn. 303; *Mitsch*, ZStW 111 [1999], 65, 92f.). Dies steht im Einklang mit der Einordnung des § 246 I als Erfolgsdelikt (vgl. Rn. 7). Ist der Erfolg eingetreten, kann er in bezug auf dieselbe Sache grundsätzlich nicht erneut herbeigeführt werden (MünchKomm/*Hohmann*, § 246 Rn. 40f.; SK/*Hoyer*, § 246 Rn. 32).

22 Anderes gilt auch nicht für ein Verhalten, durch das der Täter eine von ihm verursachte Rechtsgutsverletzung noch vertieft (nur insofern a.A. SK/*Hoyer*, § 246 Rn. 32). Andernfalls käme es im Übrigen zu einer faktischen Umgehung der Verjährungsfristen (§§ 78 ff.), da diese durch erneute „Zueignun-

§ 3. Unterschlagung

gen" quasi immer wieder von neuem in Lauf gesetzt würden (zu weiteren Ungereimtheiten der sog. Konkurrenzlösung *Krey/Hellmann*, Rn. 174).

> **Beachte:** An dieser Beurteilung ändert sich nichts dadurch, dass durch die erste Zueignungshandlung zugleich ein anderes Delikt verwirklicht wurde (z.B. die §§ 242 und 263), hinter dem die Unterschlagung infolge der Subsidiaritätsklausel des § 246 I zurücktritt (vgl. Rn. 33; BGHSt – GS – 14, 38, 43 ff. – „Inkassofall"; *Otto*, § 42 Rn. 23).

(6) Das 6. StrRG hat in Entsprechung zum Diebstahl in § 246 I die **Dritt-** **23** **zueignung** unter Strafe gestellt. Auf die diesbezügliche Darstellung beim § 242 wird daher zunächst verwiesen (vgl. § 1 Rn. 104ff.). Die Drittzueignung unterscheidet sich von der Selbstzueignung durch den Täter lediglich hinsichtlich der Aneignungskomponente. Die Tathandlung muss zu einer Stellung des Dritten bezüglich der Sache führen, die derjenigen einer Selbstzueignung durch den Täter entspricht (*BGH* StV 2007, 30).

> **Merke:** Es ist insofern erforderlich, dass der Täter einem Dritten eine eigentümerähnliche Herrschaftsmacht über die fremde Sache tatsächlich verschafft (vgl. § 1 Rn. 106 f.; SK/*Hoyer*, § 246 Rn. 25 a.E.; ähnlich *Jäger*, JuS 2000, 1167, 1168).

Eines zumindest mittelbaren wirtschaftlichen Vorteils beim Täter bedarf es **24** insofern nicht (vgl. *Duttge/Fahnenschmidt*, ZStW 110 [1998], 884, 899). Auch Einverständnis und Mitwirkung des Dritten sind nicht notwendig, wenn sie auch in der Regel vorliegen werden (vgl. § 1 Rn. 108; MünchKomm/*Hohmann*, § 246 Rn. 44; *Wessels/Hillenkamp*, Rn. 281).

Hat ein Täter sich eine Sache selbst zugeeignet, scheidet die Möglichkeit **25** einer nachfolgenden Drittzueignung aus (MünchKomm/*Hohmann*, § 246 Rn. 42; a.A. *Mitsch*, ZStW 111 [1999], 65, 92; unentschieden *Lackner/Kühl*, § 246 Rn. 7). Diese ist zwar nicht schon begrifflich ausgeschlossen, wie dies für eine Wiederholung der Selbstzueignung der Fall ist (vgl. Rn. 20 ff.). Der Tatbestand des § 246 I ist aber insofern teleologisch zu reduzieren. Denn ein derartiges Verhalten des Täters führt zu keiner eigenständigen Beeinträchtigung des geschützten Rechtsguts mehr, sondern lediglich zu einer Perpetuierung der bereits eingetretenen rechtswidrigen Lage. Für die Erfassung solchen Geschehens ist § 259 einschlägig, der vom Vortäter selbst jedoch gerade nicht verwirklicht werden kann. Diese gesetzliche Wertung würde umgangen, wenn man im Rahmen des § 246 eine der Selbstzueignung nachfolgende Drittzueignung zulassen würde (vgl. *Murmann*, NStZ 1999, 14, 15).

2. Subjektiver Tatbestand

26 Subjektiv genügt es, wenn der Täter hinsichtlich aller Tatbestandsmerkmale mit bedingtem Vorsatz handelt. Insbesondere einer auf die Zueignung bezogenen Absicht bedarf es nicht (SK/*Hoyer*, § 246 Rn. 40).

II. Veruntreuende Unterschlagung (§ 246 II)

1. Objektiver Tatbestand

27 Unterschlägt ein Täter eine Sache, die ihm anvertraut ist, so verwirklicht er den **Qualifikationstatbestand** des § 246 II. Anders als bei der Untreue (§ 266; vgl. § 16 Rn. 3 ff.) ist bei der davon streng zu unterscheidenden veruntreuenden Unterschlagung kein besonderes Treueverhältnis erforderlich (*Lackner/ Kühl*, § 246 Rn. 13).

> **Merke:** Anvertraut sind Sachen, über die der Täter **Gewahrsam** vom Eigentümer oder von einem Dritten mit der Verpflichtung erlangt hat, sie zu einem bestimmten Zweck zu verwenden oder später zurückzugeben (BGHSt 9, 90, 91 f.).

28 Im Unterschied zum Absatz 1 muss der Täter somit zwingend eine tatsächliche Verfügungsgewalt über die Sache haben, wenn er sie unterschlägt (*Otto*, § 42 Rn. 27; *Wessels/Hillenkamp*, Rn. 295; a.A. *Mitsch*, ZStW 111 [1999], 65, 94: kein Gewahrsam erforderlich). Hierin liegt jedenfalls auch die Rechtfertigung für die Qualifizierung mit der deutlichen Anhebung der Strafrahmenobergrenze (a.A. SK/*Hoyer*, § 246 Rn. 47; *Friedl*, wistra 1999, 206, 208: besonderer Vertrauensbruch).

Beispiele: Anvertraut i.S. des § 246 II können gemietete, geleaste, geliehene, im Gewahrsam des Sicherungsgebers verbliebene sicherungsübereignete sowie unter Eigentumsvorbehalt gelieferte Sachen sein (BGHSt 16, 280, 282; *BGH* wistra 2009, 236, 237; LK/*Ruß*, § 246 Rn. 25).

29 Unerheblich ist es nach h.M., ob die ggf. zugrundeliegende vertragliche Vereinbarung wirksam oder etwa wegen Sittenwidrigkeit nichtig ist (*Krey/ Hellmann*, Rn. 169; *Wessels/Hillenkamp*, Rn. 296; a.A. Schönke/Schröder/*Eser/ Bosch*, § 246 Rn. 30). Kein Anvertrauen liegt jedoch bei einer den Interessen des Eigentümers zuwiderlaufenden Übergabe durch einen Dritten vor – wenn z.B. ein Dieb die entwendete Sache bei einem Bekannten in Verwahrung gibt –, weil dieser kein berechtigtes Interesse an einem bestimmten Umgang mit der Sache haben kann (*Fischer*, § 246 Rn. 17; *Freund*, JA 1995, 660, 668).

2. Subjektiver Tatbestand

30 Auf die das qualifizierende Merkmal ausfüllenden Umstände muss sich der Vorsatz des Täters beziehen. Bereits bedingter Vorsatz reicht aus, d.h. der Täter muss es wenigstens für möglich halten, dass ihm die Sache anvertraut ist. Soweit insofern direkter Vorsatz als notwendig angesehen wird (*Fischer*, § 246 Rn. 19: Wissen; LK/*Ruß*, § 246 Rn. 27), findet dies im Gesetz keine Stütze (MünchKomm/*Hohmann*, § 246 Rn. 55).

C. Täterschaft und Teilnahme, Versuch, Konkurrenzen sowie Verfolgbarkeit

Bezüglich Täterschaft und Teilnahme sind die allgemeinen Regeln anwendbar. Daher ist etwa Mittäter einer Unterschlagung auch derjenige, der die Tathandlung nicht selbst begeht, sofern die Voraussetzungen des § 25 II vorliegen. 31

> **Merke:** Allerdings ist das Anvertrautsein (§ 246 II) ein besonderes persönliches Merkmal. Gemäß § 28 II können daher Beteiligte ohne diese besondere Vertrauensposition nur nach dem Grundtatbestand des § 246 I bestraft werden (*BGH* StV 1995, 84; *Fischer*, § 246 Rn. 19; *Lackner/Kühl*, § 246 Rn. 13).

Der Versuch von Unterschlagung und veruntreuender Unterschlagung ist gemäß den §§ 246 III, 22 strafbar. Ein untauglicher Versuch liegt z.B. vor, wenn der Täter sich eine ihm gehörende Sache in der Annahme zueignet, sie sei fremd (LK/*Ruß*, § 246 Rn. 23). 32

Wegen Unterschlagung wird nicht bestraft, wenn die Tat in anderen Vorschriften mit schwererer Strafe bedroht ist, d.h. ein anderer Tatbestand mit einer höheren Strafandrohung tatsächlich angewendet werden kann (vgl. *Mitsch*, ZStW 111 [1999], 65, 96 f.). Diese **Subsidiaritätsklausel** gilt trotz der systematisch unsauberen Einfügung in § 246 I auch für die veruntreuende Unterschlagung (*Lackner/Kühl*, § 246 Rn. 14; *Jäger*, JuS 2000, 1167, 1171). 33

Soweit befürwortet wird, die Subsidiaritätsklausel auf das Verhältnis zu Tatbeständen mit gleicher oder ähnlicher Schutzrichtung zu beschränken (*Fischer*, § 246 Rn. 23a; *Mitsch*, ZStW 111 [1999], 65, 95; *Jäger*, JuS 2000, 1167, 1171), verstößt dies gegen Art. 103 II GG. Denn der mögliche Wortsinn des Gesetzes stellt die äußerste Grenze der Auslegung strafrechtlicher Bestimmungen zum Nachteil des Täters dar, so dass eine eingeschränkte Anwendung der Subsidiaritätsklausel nicht zulässig ist (BGHSt 47, 243, 244 m. Bspr. *Duttge/Sotelsek*, NJW 2002, 3756 und m. Anm. *Küpper*, JZ 2002, 1115; ebenso zur identischen Klausel bei § 125 I BGHSt 43, 237, 238 f. m. Anm. *Martin*, JuS 1998, 375, und *Sander*, JuS 1999, 207). Für dieses Verständnis spricht zudem ein Vergleich mit den §§ 145 II, 145d I, 202 I, 218c I, 265 I sowie 316 I, in denen ihre Subsidiarität lediglich gegenüber jeweils speziell genannten Tatbe- 34 ständen geregelt wird (BGHSt 47, 243, 244). Die Subsidiaritätsklausel bezieht sich jedoch ausschließlich auf Vorschriften, gegen die zugleich mit der Unterschlagung verstoßen wird (sog. Gleichzeitigkeitsfälle; MünchKomm/*Hohmann*, § 246 Rn. 61 a.E.; *Murmann*, NStZ 1999, 14, 16). Liegen dagegen verschiedene Handlungen vor, bleibt Tatmehrheit (§ 53) möglich. Allerdings wird § 246 dann auf der Konkurrenzebene häufig als mitbestrafte Nachtat zurücktreten (*Murmann*, NStZ 1999, 14, 17).

> **Vertiefungshinweis:** Die zu § 246 a.F. vertretene Ansicht, bereits der Tatbestand der Unterschlagung sei nicht erfüllt, wenn die Zueignung ein anderes Eigentums- oder Vermögensdelikt verwirklicht (sog. Tatbestandslösung; BGHSt 14, 38, 46 f. – „Inkassofall"), ist durch die erst auf der Konkurrenzebene eingreifende Subsidiaritätsklausel überholt. Diese liefe anderenfalls leer (*Dencker*, in: Dencker u.a., 1. Teil Rn. 49; *Graul*, JuS 1999, 562, 567; a.A. *Krey/Hellmann*, Rn. 173a).

35 Danach kann Unterschlagung z.B. in Tateinheit (§ 52) stehen mit Verwahrungsbruch (§ 133), Verstrickungsbruch (§ 136 I) sowie mit der Verletzung des Briefgeheimnisses (§ 202; MünchKomm/*Graf*, § 202 Rn. 40; Schönke/Schröder/*Eser/Bosch*, § 246 Rn. 32).

36 Die §§ 247 und 248a gelten sowohl für den Grund- als auch für den Qualifikationstatbestand der Unterschlagung. Es wird insoweit auf die entsprechenden Ausführungen beim Diebstahl verwiesen (vgl. § 1 Rn. 192 sowie § 21 Rn. 9, 13 und 15).

D. Kontrollfragen

1. Welche Anforderungen sind an die Zueignung i.S. des § 246 zu stellen? → Rn. 7 ff.
2. Kann sich ein Täter eine Sache wiederholt zueignen? → Rn. 20 ff.
3. Wann ist eine Sache i.S. des § 246 II anvertraut? → Rn. 27
4. Welchen Anwendungsbereich hat die Subsidiaritätsklausel des § 246 I? → Rn. 33 f.

Aufbauschema (§ 246 I)

1. Tatbestand
    a) Objektiver Tatbestand
       – fremde bewegliche Sache
       – sich oder einem Dritten rechtswidrig zueignen
    b) Subjektiver Tatbestand: Vorsatz
2. Rechtswidrigkeit

3. Schuld
4. Besondere Strafverfolgungsvoraussetzungen (§§ 247 und 248a; vgl. § 21 Rn. 1 ff.)

Aufbauschema (§ 246 II)

1. Tatbestand
   a) Objektiver Tatbestand
      – fremde bewegliche Sache
      – dem Täter anvertraut
      – sich oder einem Dritten rechtswidrig zueignen
   b) Subjektiver Tatbestand: Vorsatz
2. Rechtswidrigkeit
3. Schuld
4. Besondere Strafverfolgungsvoraussetzungen (§§ 247 und 248a; vgl. § 21 Rn. 1 ff.)

Empfehlungen zur vertiefenden Lektüre:
Leitentscheidungen: BGHSt – GS – 14, 38 – „Inkassofall"; BGHSt 34, 309 – „Baggerfall".
Aufsätze: *Duttge/Fahnenschmidt*, § 246 StGB nach der Reform des Strafrechts: Unterschlagungstatbestand oder unterschlagener Tatbestand?, ZStW 110 (1998), 884; *Jäger*, Unterschlagung nach dem 6. Strafrechtsreformgesetz – Ein Leitfaden für Studium und Praxis, JuS 2000, 1167; *Mitsch*, Die Vermögensdelikte im Strafgesetzbuch nach dem 6. Strafrechtsreformgesetz, ZStW 111 (1999), 65; *Murmann*, Ungelöste Probleme des § 246 StGB nach dem 6. Gesetz zur Reform des Strafrechts (6. StrRG), NStZ 1999, 14; *Otto*, Die neuere Rechtsprechung zu den Vermögensdelikten – Teil 1, JZ 1985, 21; *Otto*, Unterschlagung: Manifestation des Zueignungswillens oder der Zueignung?, Jura 1996, 383; *Otto*, Die Erweiterung der Zueignungsmöglichkeiten in den §§ 242, 246 StGB durch das 6. StrRG, Jura 1998, 550.
Übungsfälle: *Freund*, Klausur Strafrecht: Der Sohn des Weingutsbesitzers, JA 1995, 660; *Küper*, Examensklausur Strafrecht: Der ungetreue Verwalter, Jura 1996, 205.

§ 4. Unbefugter Gebrauch eines Fahrzeugs (§ 248b)

A. Grundlagen

Während die bloße Nutzung einer Sache grundsätzlich nicht strafbar ist, **1** erfasst § 248b – rechtspolitisch bedenklich – ausnahmsweise den unbefugten Gebrauch eines Fahrzeugs. In Abgrenzung zu § 242, bei dem der Täter mit

Enteignungsvorsatz handeln muss, muss er hier den Willen zur Rückführung des Fahrzeugs in den Herrschaftsbereich des Berechtigten haben (*BGH* NStZ 1996, 38).

2 Wie sich aus der systematischen Stellung ergibt, schützt § 248b primär das Rechtsgut Eigentum, die Verkehrssicherheit dagegen allenfalls mittelbar (Schönke/Schröder/*Eser/Bosch*, § 248b Rn. 1; *Maurach/Schroeder/Maiwald*, BT 1, § 37 Rn. 8; a.A. *Fischer*, § 248b Rn. 2). In den Schutz einbezogen ist jedoch die aus dem Eigentum abgeleitete berechtigte Nutzung eines Fahrzeugs durch einen anderen, so dass ggf. auch der Eigentümer selbst Täter sein kann (*Fischer*, § 248b Rn. 2; *Maurach/Schroeder/Maiwald*, BT-1, § 37 Rn. 5; *Wessels/Hillenkamp*, Rn. 396; a.A. SK/*Hoyer*, § 248b Rn. 16).

B. Tatbestand

I. Objektiver Tatbestand

3 Erforderlich ist es, dass der Täter ein Kraftfahrzeug oder Fahrrad gegen den Willen des Berechtigten in Gebrauch nimmt.

1. Tatobjekt

4 Entsprechend der Legaldefinition des § 248b IV können maschinenbetriebene Fahrzeuge zu Land (z.B. Autos, Motorräder), zu Wasser (etwa Motorboote) und in der Luft (z.B. Flugzeuge) Tatobjekte sein, nicht aber an Bahngleise gebundene Kraftfahrzeuge wie etwa Straßenbahnen (*Lackner/Kühl*, § 248b Rn. 2; LK/*Ruß*, § 248b Rn. 2). Als Antriebsquelle kommen beispielsweise Verbrennungs- und Elektromotoren sowie Gasturbinen in Betracht (SK/*Hoyer*, § 248b Rn. 5).

5 Unbefugt gebraucht werden können zudem Fahrräder jeglicher Art, d.h. durch menschliche Kraft bewegte Landfahrzeuge (LK/*Ruß*, § 248b Rn. 2; Schönke/Schröder/*Eser/Bosch*, § 248b Rn. 3), z.B. auch sog. Rikschas und Dreiräder (MünchKomm/*Hohmann*, § 248b Rn. 9).

2. Tathandlung

a) Eine Ingebrauchnahme liegt vor, wenn der Täter sich des Fahrzeugs unter Einwirkenlassen der zur Ingangsetzung geeigneten Kräfte als Fortbewegungsmittel bedient (BGHSt 11, 47, 50 – „Paulfall").

6 Ob dies mit einer Wegnahme einhergeht, ist ohne Belang (Schönke/Schröder/*Eser/Bosch*, § 248b Rn. 5; *Maurach/Schroeder/Maiwald*, BT 1, § 37 Rn. 9; a.A. *Schmidhäuser*, NStZ 1986, 460, 461).

7 **(1)** Daraus folgt, dass die Tathandlung nur in der bestimmungsgemäßen Verwendung des Fahrzeugs als Beförderungsmittel bestehen kann. Eine andersartige Benutzung – beispielsweise als Schlafplatz – genügt nicht (*Fischer*,

§ 248b Rn. 5; *Wessels/Hillenkamp*, Rn. 397). Bei einem Kraftfahrzeug ist es nicht erforderlich, dass es mit Motorkraft in Bewegung gesetzt wird. Auch andere Kräfte können verwendet werden, so dass etwa das Rollen im Leerlauf auf abschüssiger Strecke ausreicht (BGHSt 11, 44, 46 f. – „Leerlauffall"; Schönke/Schröder/*Eser/Bosch*, § 248b Rn. 4). § 248b ist ein **Dauerdelikt**, das nicht schon mit dem Starten des Motors, sondern erst mit dem Ingangsetzen des Fahrzeugs, d.h. dem Beginn der Fortbewegung vollendet und mit dem Abschluss der Fahrt beendet ist (*OLG Düsseldorf* NStZ 1985, 413; *Fischer*, § 248b Rn. 9; *Wessels/Hillenkamp*, Rn. 401).

(2) Umstritten ist die Problematik des sog. unbefugten Weitergebrauchs. **8** Bei deren Lösung werden bestehende Unterschiede der relevanten Fälle häufig verwischt.

Beispiele: A gibt ein gemietetes Auto nicht zum vereinbarten Zeitpunkt zurück, sondern unternimmt danach noch eine Fahrt.
B bemerkt erst während der Fahrt, dass er das von ihm benutzte Fahrzeug gegen den Willen des Berechtigten verwendet. Trotzdem fährt er weiter.

Diese Beispiele werden nicht selten einheitlich diskutiert. Das ist unzutref- **9** fend, da es sich bei näherem Hinsehen um verschiedene Konstellationen handelt. Denn im ersten Fall kann es nicht zweifelhaft sein, dass A den Wagen zu Beginn seiner Fahrt – erneut – in Gebrauch genommen hat, so dass sich die Frage nach der Tatbestandsmäßigkeit eines unbefugten „Inganghaltens" nicht stellt.

Die h.M. sieht dies anders und gelangt je nach Standpunkt zu unterschied- **10** lichen Antworten (Tatbestandsmäßigkeit bejahen *OLG Schleswig* NStZ 1990, 340 m. abl. Anm. *Schmidhäuser*; *Lackner/Kühl*, § 248b Rn. 3; LK/*Ruß*, § 248b Rn. 4; verneinend *Otto*, § 48 Rn. 5 f.). Richtigerweise kann jedoch nur erörtert werden, ob trotz Vorliegens einer Ingebrauchnahme der Schutzbereich des § 248b überhaupt verletzt ist (AG München, NStZ 1986, 458, 459 f.; *Maurach/Schroeder/Maiwald*, BT 1, § 37 Rn. 9; *Otto*, § 48 Rn. 6).

Dagegen stellt sich die Problematik des unbefugten Weitergebrauchs im **11** zweiten Beispiel (vgl. Rn. 8) tatsächlich. Denn B kann für das Ingangsetzen des Fahrzeugs nicht bestraft werden, weil er sich dazu berechtigt glaubte (§ 16 I). Die h.M. bejaht dennoch § 248b, weil sie das Ingebrauchhalten der Ingebrauchnahme gleichsetzt (BGHSt 11, 47, 50 ff. – „Paulfall"; *Fischer*, § 248b Rn. 4). Dies überschreitet aber bereits die Wortlautgrenze und ist daher im Hinblick auf Art. 103 II GG abzulehnen (*AG München* NStZ 1986, 458, 459; MünchKomm/*Hohmann*, § 248b Rn. 17; *Krey/Hellmann*, Rn. 149; *Franke*, NJW 1974, 1803, 1804 f.).

b) Das Ingebrauchnehmen muss gegen den Willen des Berechtigten erfol- **12** gen. Andernfalls ist bereits der Tatbestand nicht erfüllt. Berechtigt ist in der Regel der Eigentümer. Dazu kommen die im Einzelfall zur Nutzung des

Fahrzeugs Befugten, z.B. ein Mieter (vgl. Rn. 2; *Fischer*, § 248b Rn. 6; *Lackner/Kühl*, § 248b Rn. 4; *Wessels/Hillenkamp*, Rn. 396).

II. Subjektiver Tatbestand

13 Es ist hinreichend, dass der Täter mit bedingtem Vorsatz handelt, und zwar auch in bezug auf den entgegenstehenden Willen des Berechtigten. Geht er zu Unrecht von dessen Einverständnis aus, liegt ein Tatbestandsirrtum gemäß § 16 I vor (*Lackner/Kühl*, § 248b Rn. 5).

C. Täterschaft und Teilnahme, Versuch, Konkurrenzen sowie Verfolgbarkeit

14 Die allgemeinen Vorschriften (§§ 25 ff.) gelten auch für den unbefugten Gebrauch eines Fahrzeugs. Da § 248b kein eigenhändiges Delikt ist, kann bei Vorliegen der entsprechenden Voraussetzungen auch Mittäter oder mittelbarer Täter sein, wer das Fahrzeug nicht selbst lenkt (MünchKomm/*Hohmann*, § 248b Rn. 20; *Wessels/Hillenkamp*, Rn. 399).

15 § 248b II stellt den Versuch unter Strafe. Ein solcher liegt z.B. beim Hineinstecken des Zündschlüssels zum Starten des Wagens vor, nicht dagegen schon, wenn der Täter an das Fahrzeug herantritt (LK/*Ruß*, § 248b Rn. 10).

16 Gemäß § 248b I tritt ein unbefugter Gebrauch eines Fahrzeugs auf der Konkurrenzebene hinter mit schwererer Strafe bedrohten Vorschriften als subsidiär zurück. Nach h.M., die jedoch nicht zu überzeugen vermag (vgl. § 3 Rn. 34), sind damit aber nur Delikte mit gleicher oder ähnlicher Schutzrichtung gemeint, etwa § 242 (*Fischer*, § 248b Rn. 11). Tateinheit (§ 52) kann danach beispielsweise mit fahrlässiger Tötung bestehen (§ 222; Schönke/Schröder/*Eser/Bosch*, § 248b Rn. 14). Dieser Ansicht kann nicht gefolgt werden.

> **Merke:** Der bei Nutzung eines Kraftfahrzeugs erfolgte Verbrauch von Treibstoff wird nicht von § 242 erfasst, da sonst § 248b infolge seiner Subsidiaritätsklausel kaum einmal anwendbar wäre (BGHSt 14, 386, 388; *Otto*, S 48 Rn. 13).

17 Die Tat wird nur auf Antrag verfolgt (§ 248b III). Der Lauf der Antragsfrist gemäß § 77b beginnt frühestens mit der Beendigung des Dauerdelikts (Schönke/Schröder/*Eser/Bosch*, § 248b Rn. 11/12).

§ 4. Unbefugter Gebrauch eines Fahrzeugs   73

D. Kontrollfragen

1. Welche Fahrzeuge werden von § 248b erfasst? → Rn. 4 f.
2. Genügt für § 248b ein Inganghalten des Fahrzeugs? → Rn. 8 ff.
3. Wer ist Berechtigter i.S. der Vorschrift? → Rn. 2 und 12

Aufbauschema (§ 248b)

1. Tatbestand
   a) Objektiver Tatbestand
      (1) Kraftfahrzeug (§ 248b IV) oder Fahrrad
      (2) in Gebrauch nehmen
      (3) gegen den Willen des Berechtigten
   b) Subjektiver Tatbestand
      – Vorsatz
2. Rechtswidrigkeit
3. Schuld
4. Besondere Strafverfolgungsvoraussetzungen (§ 248b III; vgl. § 21 Rn. 1 ff.)
5. Subsidiaritätsklausel (§ 248b I letzter Hs.)

Empfehlungen zur vertiefenden Lektüre:
Leitentscheidungen: BGHSt 11, 44 – „Leerlauffall"; BGHSt 11, 47 – „Paulfall".

Aufsatz: *Franke*, Zur unberechtigten Ingebrauchnahme eines Fahrzeuges (§ 248b StGB), NJW 1974, 1803.

Kapitel 2. Raub

Die Raubdelikte sind im 20. Abschnitt des StGB geregelt. Zu diesen zählt auch der räuberische Angriff auf Kraftfahrer (§ 316a; vgl. § 15 Rn. 1), der einen eigenständigen Sonderfall des Raubs (§ 249 I), der räuberischen Erpressung (§ 255) und des räuberischen Diebstahls (§ 252) darstellt.

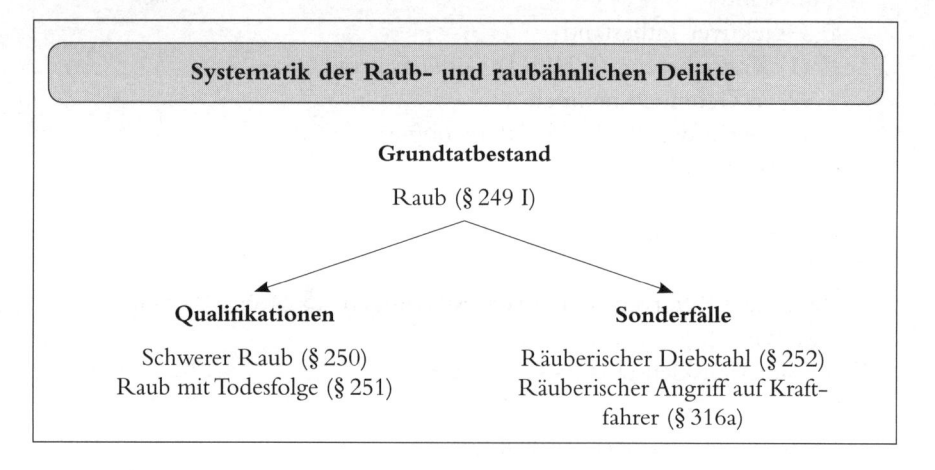

Systematik der Raub- und raubähnlichen Delikte

Grundtatbestand
Raub (§ 249 I)

Qualifikationen	**Sonderfälle**
Schwerer Raub (§ 250)	Räuberischer Diebstahl (§ 252)
Raub mit Todesfolge (§ 251)	Räuberischer Angriff auf Kraftfahrer (§ 316a)

---

§ 5. Raub (§ 249)

A. Grundlagen

1 Der Tatbestand des Raubs ist aus denjenigen des Diebstahls (§ 242 I) und der Nötigung (§ 240 I) zusammengesetzt: Der Täter nimmt eine fremde bewegliche Sache weg, indem er einen anderen mit bestimmten Mitteln nötigt, die Wegnahme zu dulden. Geschützte Rechtsgüter sind in erster Linie das Eigentum i.S. einer uneingeschränkten Verfügungsmöglichkeit des Eigentümers (vgl. § 1 Rn. 1) sowie der Gewahrsam, daneben aber auch die Freiheit zur Willensbetätigung und -entschließung (MünchKomm/*Sander*, § 249 Rn. 1 f.; *Wessels/Hillenkamp*, Rn. 316). Im Verhältnis zu den §§ 242 I und 240 I ist der Raub ein selbständiges Delikt und geht als lex specialis vor (BGHSt 20, 235, 237 f.; vgl. Rn. 24).

§ 5. Raub

Beachte: Wegen seiner Eigenständigkeit ist die Prüfung stets mit § 249 I zu beginnen. Wird § 249 I bejaht, genügt in der Regel der kurze Hinweis auf die dann ebenfalls verwirklichten, aber auf der Konkurrenzebene zurücktretenden §§ 242 I und 240 I.

B. Tatbestand

§ 249 I erfordert zunächst das Vorliegen aller Tatbestandsmerkmale des Diebstahls (§ 242 I). Es muss hinzukommen, dass die Wegnahme unter Einsatz bestimmter Nötigungsmittel erfolgt, nämlich entweder durch Gewalt gegen eine Person oder unter Anwendung von Drohungen mit gegenwärtiger Gefahr für Leib oder Leben. Diese Raubmittel muss der Täter final, d.h. gerade zur Ermöglichung der Wegnahme einsetzen (BGHSt 48, 365, 366 – „Jagdhüttenfall"; *BGH* NStZ 2009, 325; NStZ-RR 2001, 41).

2

Grundstruktur des Raubtatbestands

Objektiver Tatbestand		Subjektiver Tatbestand	
Tatobjekt: Fremde bewegliche Sache (§ 1 Rn. 3 ff.)	Tathandlung: Wegnahme (§ 1 Rn. 16 ff.) mit final eingesetzter (Rn. 12 f.) Gewalt (Rn. 4 ff.) oder Drohung (Rn. 10 f.)	Vorsatz (Rn. 20)	Absicht rechtswidriger Zueignung (Rn. 20)

I. Objektiver Tatbestand

1. Diebstahlselement

Hinsichtlich des Diebstahlselements im objektiven Tatbestand des § 249 I wird auf die Ausführungen zum § 242 I (vgl. § 1 Rn. 3 ff. *und* 16 ff.) verwiesen. Freilich ist zu beachten, dass es bei der Abgrenzung zwischen Raub und räuberischer Erpressung (vgl. § 13 Rn. 2 ff.) umstritten ist, wann eine Wegnahme und wann eine einverständliche – wenn auch abgenötigte – Gewahrsamsübertragung vorliegt. Während die h.M. im Schrifttum insoweit zu Recht die zum § 242 entwickelten Regeln anwendet (vgl. § 1 Rn. 60 f.), ist nach Auffassung der Rechtsprechung nicht die innere Willensrichtung, sondern das äußere Erscheinungsbild des Tatgeschehens maßgeblich (vgl. zu den Einzelheiten § 13 Rn. 28).

3

2. Raubmittel

4 **a) Gewalt gegen eine Person** ist der durch eine nicht ganz unerhebliche unmittelbare oder mittelbare Einwirkung auf einen anderen ausgeübte körperlich wirkende Zwang, der nach der Vorstellung des Täters dazu geeignet ist, einen tatsächlich geleisteten oder erwarteten Widerstand gegen die von ihm beabsichtigte Wegnahme zu überwinden oder von vornherein unmöglich zu machen. Ein rein psychischer Zwang genügt nicht (BGHSt 23, 126, 127 – „Pistolenfall"; *BGH* NStZ 2003, 89; Schönke/Schröder/*Eser/Bosch*, § 249 Rn. 4; *Wessels/Hillenkamp*, Rn. 319 f.), da sich Gewalt körperlich auswirken muss.

Beispiele: A schlägt B mit einem kräftigen Faustschlag nieder – Gewalt.

C bedroht D mit einer durchgeladenen und entsicherten Pistole, die er D an die Schläfe hält, um ihm die Brieftasche zu entwenden – keine Gewalt (*Geilen*, JZ 1970, 521 ff.; a.A. BGHSt 23, 126 ff. – „Pistolenfall"; es ist aber eine qualifizierte Drohung zu prüfen, vgl. Rn. 10 ff.).

5 **Merke:** Entscheidend ist der auf das Opfer wirkende physische Zwang, nicht die vom Täter entwickelte körperliche Kraft. Ganz unwesentliche Beeinträchtigungen der körperlichen Unversehrtheit genügen nicht (BGHSt 7, 252, 254). Jedoch muss die Gewalt auch keine gegenwärtige Leibes- oder Lebensgefahr bewirken (BGHSt 18, 75, 76), vielmehr genügt eine vom Opferwillen unabhängige physische Reaktion, die seine Widerstandsmöglichkeiten beeinflusst (*BGH* NStZ 2003, 83).

Beispiele: A bringt dem mit ihm im Schlafwagenabteil reisenden B heimlich ein Betäubungsmittel bei, um ihm die Geldbörse zu entwenden – Gewalt (BGHSt 1, 145 ff.; vgl. auch *BGH* NStZ 1992, 490).

C greift überraschend nach der Handtasche der D, die – durch die Schnelligkeit überrumpelt – dem Zugriff nichts entgegensetzt und nur ein kurzes Ziehen in ihrer Hand spürt – keine Gewalt (vgl. *Wessels/Hillenkamp*, Rn. 320).

C zieht weiter und greift nun nach der Handtasche der E, diese hält die Handtasche aber fest. Um dennoch an die Beute zu gelangen, zieht C jetzt so heftig, dass der Riemen der Handtasche reißt und C mit der Handtasche fliehen kann, E stürzt durch das Entreißen der Handtasche zu Boden (*BGH* NJW 2002, 2043; ausführlich hierzu Rn. 9).

F sprüht G Deospray in die Augen – Gewalt (*BGH* NStZ 2003, 89; a.A. *Wessels/Hillenkamp*, Rn. 320).

6 Die **körperliche Zwangswirkung** muss vom Opfer nicht als solche empfunden werden (BGHSt 4, 210, 212; MünchKomm/*Sander*, § 249 Rn. 14). Es reicht aus, dass diese objektiv vorliegt (diesen Aspekt vernachlässigend BGHSt 23, 126, 127 – „Pistolenfall"). Daher kommt Gewalt auch dann in Betracht, wenn der körperliche Zwang gegen Bewusstlose oder Schlafende wirkt oder den sofortigen Tod des Opfers zur Folge hat (BGHSt 25, 237, 238; *Wessels/Hillenkamp*, Rn. 321).

§ 5. Raub   77

Beispiel: A trägt den betrunken auf der Straße liegenden B in ein Gebüsch, um ihn ungestört auszuplündern – Gewalt (BGHSt 4, 210 ff. – „Bewusstlosigkeitsfall"; a.A. *Wessels/Hillenkamp*, Rn. 320: keine erhebliche physische Zwangswirkung).

Die Gewalt muss darauf gerichtet sein, das Verhalten des Opfers oder eines 7 zu dessen Schutz bereiten Dritten (vgl. Rn. 12) zu beeinflussen, d.h. die Wegnahme durch Ausschaltung eines erwarteten oder geleisteten Widerstands zu ermöglichen. Adressat der Nötigung muss nicht notwendig der Eigentümer oder Gewahrsamsinhaber sein. Es reicht aus, wenn sich die Gewalt gegen eine Person richtet, die nach der Vorstellung des Täters zum Schutz des fremden Gewahrsams verpflichtet oder bereit ist (BGHSt 3, 297, 299). Entscheidend ist also allein die subjektive Zwecksetzung des Täters, wonach die Gewalt die Wegnahme ermöglichen soll (= **finale Verknüpfung**). Nicht notwendig ist es dagegen, dass die Zwangswirkung für das Gelingen der Wegnahme objektiv erforderlich ist (BGHSt 30, 375, 377; BGH NStZ 1993, 79; vgl. Rn. 12).

Eine **Einwirkung auf eine Sache** genügt für sich allein dem Gewaltbegriff 8 des Raubs nicht. Jedoch liegt eine Gewaltanwendung i.S. des § 249 I dann vor, wenn von einer unmittelbaren Einwirkung auf eine Sache zugleich eine zumindest mittelbare Zwangswirkung auf den Körper des Opfers ausgeht (BGHSt 20, 194, 195 – „Bauernkellerfall"; *Fischer*, § 249 Rn. 4a). Dabei kann entgegen der h.M. in der Literatur Gewalt auch durch Unterlassen verwirklicht werden. Unterlassen und Finalität schließen sich nicht aus, da der Unterlassungstäter die Aufrechterhaltung des rechtswidrigen Zustands wollen kann, um die so begründete Wehrlosigkeit des Opfers zur Wegnahme auszunutzen (BGHSt 48, 365, 370 – „Jagdhüttenfall"; a.A. *Wessels/Hillenkamp*, Rn. 333; vgl. Rn. 19).

Beispiele: A dringt in die Wohnung des B ein und verschließt die Tür des Schlafzimmers, in dem B sich aufhält, um ungestört dessen Münzsammlung aus dem Wohnzimmer zu tragen.
C sperrt D in dessen Schlafzimmer ein und entschließt sich erst unmittelbar nach dem Schließen der Tür dazu, die Situation auszunutzen und die auf dem Wohnzimmertisch liegende wertvolle Uhr des D mitzunehmen – Gewalt (vgl. BGHSt 48, 365, 371 – „Jagdhüttenfall"; enger BGHSt 32, 88)

Eine körperliche Zwangswirkung setzt zudem voraus, dass die vom Täter 9 entfaltete Kraft wesentlicher Bestandteil der Wegnahme, also erheblich genug ist, einen erwarteten oder geleisteten Widerstand des Opfers zu überwinden (*BGH* NStZ 1986, 218; StV 1990, 262). Das Kriterium der **Erheblichkeit** ermöglicht die Abgrenzung zwischen Diebstahl (§ 242 I) und Raub (§ 249 I), wenn beispielsweise der Täter dem Opfer überraschend eine Sache entreißt oder aus der Hand schlägt. Wegnahme mittels Gewalt und mithin Raub liegt vor, wenn das Opfer die Absicht des Täters erkennt und die Sache derart festhält, dass sie vom Täter nur mittels erheblicher Kraftentfaltung entrissen werden kann (BGHR StGB § 249 Gewalt 1, 2 und 4; *BGH* NJW 1955, 1404 f.; 2002, 2043; *Krey/Hellmann*, Rn. 189). Hingegen ist keine Wegnahme mittels

Gewalt und damit lediglich Diebstahl gegeben, wenn bei dem überraschenden Wegreißen kein Widerstand geleistet wird (*Fischer*, § 249 Rn. 4b) und der Täter keine erhebliche Kraft einsetzen muss. Das Tatbild wird dann nicht durch Gewalt gegen eine Person, sondern durch List und Schnelligkeit geprägt (*BGH* StV 1990, 262; Beschluss vom 27. 7. 1999, Az.: 4 StR 328/99). Diese Abgrenzung steht auch nicht im Widerspruch zur These (a.A. Vorauflage), dass für das Vorliegen von Gewalt allein die subjektive Zwecksetzung des Täters, nicht aber die objektive Erforderlichkeit der Zwangswirkung entscheidend ist (vgl. Rn. 7), denn für die Einordnung bleibt ausschlaggebend, ob der Täter den tatsächlich erfolgten Einsatz von Gewalt zur Ermöglichung der Wegnahme bezweckte.

Beispiele: A geht von vorn auf B zu, um ihr die Umhängetasche zu entreißen. Da B den A bemerkt und dessen Vorhaben erkennt, umklammert sie ihre Tasche mit beiden Händen. Unter Einsatz erheblicher Kraft gelingt es A dennoch, B die Tasche zu entreißen. – § 249 liegt vor.

C fährt mit seinem Pkw von hinten an D heran und entreißt dieser ruckartig durch das geöffnete Seitenfenster die mitgeführte Einkaufstasche. – Das Erscheinungsbild der Tat ist durch List und Schnelligkeit geprägt, so dass lediglich § 242 erfüllt ist (*BGH* Beschluss vom 27. 7. 1999, Az.: 4 StR 328/99; vgl. auch *BGH* NJW 2002, 2043).

10   **b)** § 249 I stellt der Gewalt gegen eine Person als Nötigungsmittel die **Drohung mit einer gegenwärtigen Gefahr für Leib oder Leben** gleich. Drohung ist das Inaussichtstellen eines Übels, dessen Eintritt der Drohende als von seinem Willen abhängig darstellt (BGHSt 7, 197, 198; *Hohmann/Sander*, BT 2, § 12 Rn. 9). Eine solche Drohung braucht nicht ausdrücklich ausgesprochen zu werden. Sie kann sich auch aus der Art des Vorgehens des Täters oder den sonstigen Umständen ergeben. Sie kann versteckt oder durch schlüssige Handlungen erfolgen (*BGH* NStZ 2008, 687). Erforderlich ist lediglich, dass der Täter die Gefahr für Leib oder Leben deutlich in Aussicht stellt; es genügt nicht, wenn der andere nur erwartet, der Täter werde ihn an Leib oder Leben gefährden (BGHSt 7, 252, 253; *BGH* wistra 1994, 225). Es kommt nicht darauf an, ob der Täter die Drohung tatsächlich wahr machen will oder kann (BGHSt 23, 294, 295). Maßgeblich ist allein, dass die Drohung objektiv ernstlich erscheint und vom Bedrohten ernstgenommen werden soll (MünchKomm/*Sander*, § 249 Rn. 20). Ob das Opfer die Drohung tatsächlich ernst nimmt, ist hingegen nicht von Belang, da es auch hier (vgl. Rn. 7, 12) nicht auf die Kausalität der Drohung für die Wegnahme ankommt (*Wessels/Hillenkamp*, Rn. 325).

> **Merke:** Die Drohung kann sich auch gegen einen nach Vorstellung des Täters schutzbereiten Dritten richten, so dass das Opfer der Eigentumsverletzung und der Willensbeeinträchtigung nicht personengleich sein müssen.

§ 5. Raub

Jedoch genügt nicht jedes in Aussicht gestellte Übel. Vielmehr bedarf es **11** einer qualifizierten Drohung, um die Gleichwertigkeit zum Raubmittel Gewalt herzustellen und die erhöhte Strafdrohung des Tatbestandes zu rechtfertigen. Erforderlich ist, dass mit einer **gegenwärtigen Gefahr für Leib oder Leben** gedroht wird. Gegenwärtig ist eine Gefahr, wenn der Genötigte die Drohung dahin verstehen soll, dass der Eintritt des in Aussicht gestellten Schadens jederzeit – zu einem ungewissen Zeitpunkt, alsbald oder später – sicher oder wahrscheinlich ist, falls nicht der Forderung des Drohenden genügt wird bzw. Abwehrmaßnahmen ergriffen werden (*BGH* NStZ 1996, 494; NJW 1997, 265 f.; *Otto*, Jura 1999, 552 f.). Eine Gefahr für Leib oder Leben liegt vor, wenn als Schaden der Eintritt des Todes oder einer nicht ganz unerheblichen Körperverletzung droht (MünchKomm/*Sander*, § 249 Rn. 21). Auch das Androhen einer solchen Gefahr für einen Dritten kann ausreichen. Es muss sich nicht um eine dem Opfer nahestehende Person handeln, das Opfer muss das Angedrohte nur für sich selbst als Übel empfinden (MünchKomm/*Sander*, § 249 Rn. 23; Schönke/Schröder/*Eser/Bosch*, § 249 Rn. 5; a.A. *Mitsch*, NStZ 1999, 617).

Beispiel: A droht der hinter schusssicherem Glas stehenden Schalterbediensteten B damit, den Kunden C zu erschießen, falls sie nicht die Wegnahme von Geld dulde – qualifizierte Drohung.

3. Finalität der Raubmittel in Bezug auf den Gewahrsamsbruch

Die Raubmittel müssen nach der subjektiven Zweckrichtung des Täters zur Erzwingung der Wegnahme eingesetzt werden, d.h. final mit ihr verknüpft sein (BGHSt 18, 329, 331 – „Handtaschenfall"; *BGH* NStZ-RR 2001, 41; NStZ 2003, 431; 2009, 325). Maßstab hierfür sind allein der Wille und die Vorstellung des Täters.

a) Nach h.M. ist ein Kausalzusammenhang zwischen Nötigung und Weg- **12** nahme nicht erforderlich (*Lackner/Kühl*, § 249 Rn. 4; *Krey/Hellmann*, Rn. 192; a.A. *Joecks*, § 249 Rn. 22; SK/*Sinn*, § 249 Rn. 36: § 249 ist hinsichtlich der Verknüpfung von Nötigung und Diebstahl kein Delikt mit überschießender Innentendenz). Unerheblich ist es auch, ob der Täter mit der Gewaltanwendung oder der Drohung noch ein weiteres Ziel verfolgt (*BGH* NStZ 1993, 79). Adressat der Nötigung muss nicht notwendig der Eigentümer oder Gewahrsamsinhaber sein. Es reicht aus, wenn sich Gewalt oder Drohung gegen eine Person richtet, die nach der Vorstellung des Täters zum Schutz des fremden Gewahrsams verpflichtet oder bereit ist (BGHSt 3, 297, 299) und deren Wille gebeugt werden soll (MünchKomm/*Sander*, § 249 Rn. 17).

Da die Nötigungsmittel **zum Zwecke der Wegnahme**, also final einge- **13** setzt werden müssen, scheidet Raub aus, wenn der Täter den Entschluss zur Wegnahme erst nach der Gewaltanwendung bzw. Drohung fasst oder die

Nötigungsmittel erst nach Vollendung der Wegnahme anwendet (*BGH* NStZ-RR 2001, 41; NStZ 2009, 325; Schönke/Schröder/*Eser/Bosch*, § 249 Rn. 7). Handelt der Täter im letzten Fall, um seine Beute zu sichern, kommt allerdings räuberischer Diebstahl (§ 252; vgl. § 7 Rn. 4; vgl. auch BGHSt 52, 376) in Betracht. An dem vorausgesetzten finalen Zusammenhang fehlt es, wenn der Täter die von einem Dritten angewendete Gewalt lediglich zur Wegnahme ausnutzt (*BGH* StV 1990, 159 f.).

14 **b)** Hinsichtlich der finalen Verknüpfung von Nötigung und Wegnahme ergeben sich bei einem **Motivwechsel** des Täters schwierige und prüfungsrelevante Abgrenzungsprobleme.

> **Beachte:** Eine klare und sachgerechte Lösung der unterschiedlichen Fallgruppen ist dann möglich, wenn streng zwischen der fortdauernden Nötigungswirkung und der Fortdauer des Einsatzes des Nötigungsmittels unterschieden wird (*Otto*, § 46 Rn. 13).

15 **(1)** Entschließt sich der Täter noch während des Einsatzes des Nötigungsmittels zur Wegnahme (sog. **fortdauernder Einsatz des Nötigungsmittels**), liegt die für den Raubtatbestand erforderliche finale Verknüpfung vor (BGHSt 20, 32, 33 – „Kussfall"; *BGH* NStZ 1999, 618; *Lackner/Kühl*, § 249 Rn. 4).

> **Beispiel:** A wendet gegen B Gewalt an, um sie an sich zu ziehen und zu küssen. Als A bemerkt, dass B eine Armbanduhr trägt, streift er ihr die Uhr während des Handgemenges vom Arm und steckt sie ein (BGHSt 20, 32 ff. – „Kussfall").

16 **(2)** Problematisch ist die Abgrenzung dagegen, wenn das Opfer nach dem Einsatz des Nötigungsmittels (insbesondere von Gewalt) Widerstand für sinnlos hält, weil es sich dem Täter ausgeliefert sieht, und der Täter diese Lage ausnutzt (sog. **fortdauernde Nötigungswirkung**). In diesen Fällen ist zu differenzieren:

17 ■ Wirkt die abgeschlossene Gewalthandlung, z.B. aufgrund der Verängstigung des Opfers fort und fasst der Täter erst in diesem Zeitpunkt den Entschluss, die Situation zur Wegnahme auszunutzen, scheidet Gewalt gegen eine Person aus. Als Raubmittel kommt dann jedoch die **konkludente Drohung** (vgl. Rn. 10) mit einer gegenwärtigen Gefahr für Leib oder Leben in Betracht. Notwendig hierfür ist, dass der Täter in irgendeiner Form schlüssig erklärt, er werde einen eventuell geleisteten Widerstand mit Gewalt gegen Leib oder Leben brechen (BGHSt 41, 123, 124; BGHSt 48, 365 – „Jagdhüttenfall"; *Jahn*, JuS 2008, 741; *Krack*, JuS 1996, 493, 494).

> **Beispiel:** A und B überfallen den Gastwirt C. Hierbei schlagen sie den deutlich schwächeren C zusammen und entwenden die Tageskasse. Später suchen A und B wieder die Gaststätte des C auf, schließen die Tür, stellen sich C in den Weg und leeren erneut die

Kasse. Beide gehen davon aus, dass C aus Angst vor neuer Gewalt keinen Widerstand leisten wird (*BGH* MDR/H 1987, 281).

▪ Nutzt der Täter hingegen das Fortwirken der aufgrund des abgeschlosse- **18** nen Einsatzes des Raubmittels entstandenen psychischen Zwangslage des Opfers bloß aus, ohne sie durch eine Drohung zu aktualisieren, fehlt es an der erforderlichen Finalität (*BGH* NStZ-RR 2002, 304, 305; NStZ 2006, 508; 2009, 325; *Wessels/Hillenkamp*, Rn. 336).

Beispiel: A und B überfallen den Gastwirt C, schlagen ihn zusammen und entwenden die Tageskasse. Nach drei Tagen betreten A und B erneut die Gaststätte, gehen ohne jede Drohgebärde auf die Kasse zu und entnehmen die Tageseinnahmen.

(3) Eine Sonderstellung bei den Fällen des Motivwechsels kommt dem **19** Ausnutzen des **Fortwirkens einer Freiheitsberaubung** zu, weil es sich dabei um ein Dauerdelikt handelt. Das Einschließen oder Fesseln des Opfers wirkt mit vis absoluta und nicht allein als psychische Zwangslage für das Opfer fort. Beendet ist die Gewalt erst mit der Freilassung. Zu Recht ist es daher als unbefriedigend empfunden worden, dass ein Täter, der eine zuvor selbst geschaffene Nötigungslage mit andauernder Gewalt ausnutzt, nicht ebenso bestraft wird wie der Täter, der die Nötigung final zur Wegnahme einsetzt. Es wird daher vertreten, das Fortdauernlassen der Zwangswirkung als pflichtwidrige Aufrechterhaltung der Zwangslage anzusehen und dem aktiven Einsatz der Nötigungsmittel gleichzustellen (*Lackner/Kühl*, § 249 Rn. 4; Schönke/Schröder/*Eser/Bosch*, § 249 Rn. 6a). Die Rechtsprechung ist dem im Ergebnis gefolgt, indem sie das Ausnutzen der durch Freiheitsberaubung geschaffenen Zwangslage als final zur Wegnahme eingesetzte Gewalt angesehen hat. Jedoch hat sie offengelassen, ob hierin Gewaltanwendung durch positives Tun oder Unterlassen liegt (BGHSt 48, 365, 370 – „Jagdhüttenfall"; vgl. auch *Fischer*, § 249 Rn. 4a). Da aber das aktive Tun des Täters noch ohne Wegnahmevorsatz und damit nicht final erfolgt, kann Anknüpfungspunkt nur ein **Unterlassen** sein. Es sind daher die zur Strafbarkeit erforderlichen Voraussetzungen des § 13 zu prüfen. Danach muss der Täter eine Garantenpflicht – hier aus Ingerenz – haben und das Unterlassen muss der Verwirklichung durch aktives Tun entsprechen. Dem wird entgegengehalten, dass final eingesetzte Gewalt kein Unterlassen beschreiben könne (*Joerden*, JuS 1985, 20; *Walter*, NStZ 2005, 240, 241) oder das Unterlassen jedenfalls nicht der Gewaltanwendung durch positives Tun i.S. des § 13 entspreche (SK/*Sinn*, § 249 Rn. 26; *Wessels/Hillenkamp*, Rn. 333). Diese Einwände greifen aber zu kurz, da sich Unterlassen und Finalität nicht ausschließen. Vielmehr kann auch der Unterlassungstäter die geschaffene Wehrlosigkeit des Opfers durch weiter wirkenden körperlichen Zwang zur Wegnahme ausnutzen (LK/*Vogel*, § 249 Rn. 25; *Gössel*, JR 2004, 254). Die Entsprechensklausel des § 13 I wird dann noch zu bejahen sein, wenn der Täter sich in dichtem zeitlichen und räumlichen Zu-

sammenhang zur Freiheitsberaubung zur Wegnahme unter Ausnutzung der Wehrlosigkeit entschließt (BGHSt 48, 365 – „Jagdhüttenfall"; vgl. auch *BGH* NStZ 1999, 83 zu § 177; anders noch BGHSt 32, 88). Dem ggf. geringeren Unwertgehalt kann durch die fakultative Strafmilderung des § 13 II Rechnung getragen werden.

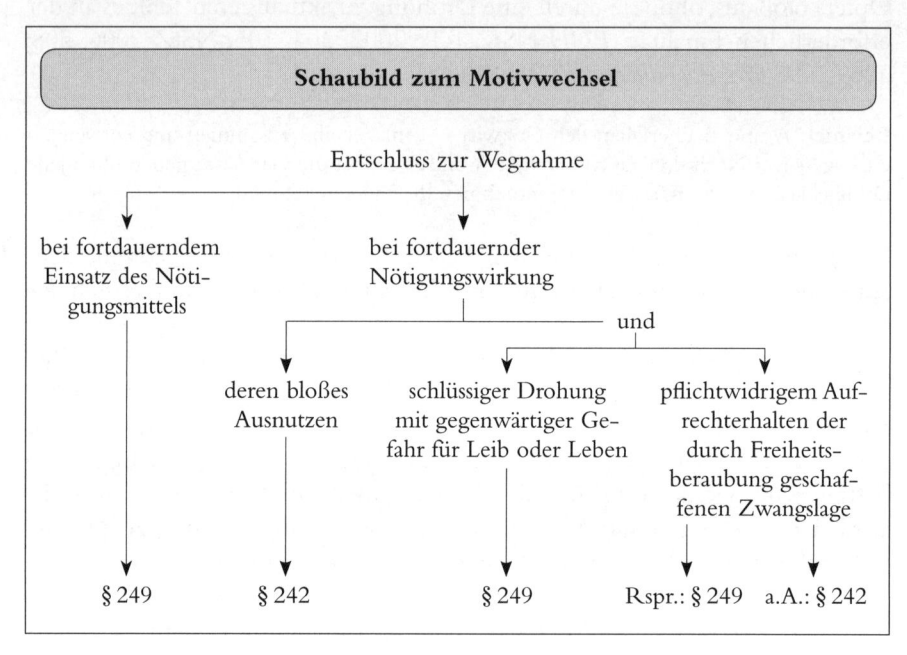

```
┌─────────────────────────────────────────────────────────────────────┐
│                    Schaubild zum Motivwechsel                        │
│                                                                      │
│                       Entschluss zur Wegnahme                        │
│                    ┌──────────────┴──────────────┐                   │
│          bei fortdauerndem              bei fortdauernder            │
│           Einsatz des Nöti-              Nötigungswirkung            │
│            gungsmittels                                              │
│                              ┌─────────────┬──────── und ─────────┐  │
│                              ▼             ▼                      ▼  │
│                      deren bloßes    schlüssiger Drohung   pflichtwidrigem Auf-│
│                       Ausnutzen      mit gegenwärtiger Ge-  rechterhalten der  │
│                                      fahr für Leib oder Leben  durch Freiheits-│
│                                                             beraubung geschaf- │
│                                                              fenen Zwangslage  │
│                                                                      │
│       § 249          § 242           § 249         Rspr.: § 249  a.A.: § 242 │
└─────────────────────────────────────────────────────────────────────┘
```

II. Subjektiver Tatbestand

20 Der subjektive Tatbestand erfordert **Vorsatz**. Der zumindest bedingte Vorsatz muss dem des Diebstahls entsprechen (vgl. § 1 Rn. 69 f.) und zudem auf die Wegnahme mit Gewalt gegen eine Person oder unter Drohung mit gegenwärtiger Gefahr für Leib oder Leben gerichtet sein (*Lackner/Kühl*, § 249 Rn. 5). Darüber hinaus ist wie beim Diebstahl die **Absicht rechtswidriger Zueignung** erforderlich (vgl. § 1 Rn. 71 ff. und zur Drittzueignungsabsicht § 1 Rn. 104 ff.). Handelt der Täter in der unzutreffenden Annahme, eine bestehende fällige Forderung durchzusetzen, liegt bezüglich der Rechtswidrigkeit der Zueignung ein vorsatzausschließender Tatbestandsirrtum vor (*BGH* StV 2000, 78; NStZ-RR 2002, 481). Dabei ist aber maßgeblich, ob sich der Täter vorstellt, dass sein Anspruch von der Rechtsordnung anerkannt wird und er seine Forderung in einem Zivilprozess erfolgreich geltend machen könnte; auf die Anschauungen in den einschlägigen kriminellen Kreisen kommt es hingegen nicht an (BGHSt 48, 322; *BGH* JA 2009, 70; *Bosch*, JA 2009, 70). Die gewaltsame Besitzerlangung einer Sache mit dem Vorsatz, diese lediglich unbefugt zu gebrauchen, ist kein Raub (*BGH* NStZ-RR 1999, 103;

vgl. aber § 13 Rn. 2 ff.). Zueignungsabsicht liegt ebenfalls nicht vor, wenn der Täter eine Sache wegnimmt, um sie als Druckmittel zur Durchsetzung einer Forderung zu benutzen (*BGH* StV 1999, 315, 316; NStZ-RR 2007, 15). Nimmt der Täter unter Anwendung der Raubmittel mehr oder anderes weg als geplant, berührt dies den subjektiven Tatbestand des § 249 I nicht (*BGH* StV 1990, 408; zur entsprechenden Problematik beim § 242 I vgl. § 1 Rn. 70).

C. Täterschaft und Teilnahme, Versuch, Konkurrenzen sowie Verfolgbarkeit

Bezüglich **Täterschaft und Teilnahme** bestehen keine Besonderheiten, 21 so dass die §§ 25 ff. ohne jede Einschränkung Anwendung finden. Es ist aber zu beachten, dass Mittäter nur sein kann, wer die wegzunehmende Sache sich selbst oder einem Dritten zueignen will. Nicht ausreichend ist es, dass nur ein anderer Tatbeteiligter von einer entsprechenden Absicht geleitet wird (*BGH* StV 1996, 482; NStZ 1999, 510; zur entsprechenden Problematik beim § 242 I vgl. § 1 Rn. 187).

Ein **versuchter Raub** liegt vor, wenn der Täter zum Zwecke der Weg- 22 nahme zur Gewaltanwendung gegen eine Person oder zur Drohung mit einer gegenwärtigen Gefahr für Leib oder Leben unmittelbar i.S. des § 22 ansetzt (*Lackner/Kühl*, § 249 Rn. 7). Wird zuvor lediglich zur Wegnahme unmittelbar angesetzt, liegt nur ein versuchter Diebstahl (§§ 242 II, 22) vor.

Erstrecken sich der Vorsatz und die Zueignungsabsicht vor der mit Nöti- 23 gungsmitteln erzwungenen Wegnahme nur auf bestimmte Gegenstände, die nicht vorgefunden werden, und werden sie nachträglich auf andere erweitert, liegt in Bezug auf die nicht vorgefundenen Sachen nur versuchter Raub (§§ 249, 22) und im übrigen Diebstahl (§ 242 I) der vorgefundenen Gegenstände vor (*BGH* StV 1990, 408). Erstrecken sich der Vorsatz und die Zueignungsabsicht des Täters nur auf den Inhalt eines Behältnisses, enthält das weggenommene Behältnis das Gewünschte aber nicht, ist grundsätzlich nur versuchter Raub (§§ 249, 22) gegeben (*BGH* NStZ 2004, 333; NStZ 2006, 686; NStZ-RR 2010, 75; vgl. § 1 Rn. 91). Hingegen ist der Raub (§ 249 I) vollendet, wenn der Täter das Opfer „um sein Geld" berauben will, die weggenommene Geldbörse lediglich Münzen enthält und der Täter später mit der Geldbörse auch die Geldmünzen wegwirft (*BGH* NStZ 1996, 599).

Raub (§ 249) ist **Spezialvorschrift** gegenüber den Tatbeständen der Nö- 24 tigung (§ 240; *BGH* NStZ-RR 2000, 106) und des Diebstahls (§ 242; vgl. Rn. 1), auch soweit ein – ohnehin keinen selbständigen Tatbestand darstellender – besonders schwerer Fall des Diebstahls (§ 243) gegeben ist. Raub geht auch gegenüber dem Diebstahl mit Waffen, dem (schweren) Bandendiebstahl und dem Wohnungseinbruchdiebstahl als lex specialis vor (§§ 244 und 244a; *BGH* NStZ-RR 2005, 202; *Fischer*, § 249 Rn. 23).

25 **Tateinheit** (§ 52) ist möglich mit erpresserischem Menschenraub (§ 239a), Geiselnahme (§ 239b) sowie räuberischem Angriff auf Kraftfahrer (§ 316a; Schönke/Schröder/*Eser/Bosch*, § 249 Rn. 13). Zwischen vorsätzlicher Körperverletzung (§ 223) und Raub (§ 249) besteht auch dann Tateinheit, wenn die Körperverletzung zwar die Gewaltanwendung darstellt, aber über das Mindestmaß an Gewalt hinaus geht, das bereits den Tatbestand des Raubs begründet (*BGH* NStZ-RR 1999, 173, 174; NStZ 2006, 686). Hinsichtlich des Verhältnisses zur Erpressung und räuberischen Erpressung (§§ 253 und 255) gelten die dortigen Ausführungen (vgl. § 13 Rn. 44).

26 Die §§ 247 und 248a sind nicht anwendbar. Die Strafverfolgung wegen Raubs ist daher nicht von einem Strafantrag abhängig (*Fischer*, § 249 Rn. 2).

D. Kontrollfragen

1. Was erfordert Gewalt gegen eine Person? → Rn. 4 ff.
2. Unter welchen Voraussetzungen unterfällt eine Einwirkung auf Sachen dem § 249 I? → Rn. 8
3. Unter welchen Voraussetzungen ist eine Drohung taugliches Raubmittel? → Rn. 10 f.
4. Welche Verknüpfung zwischen den Raubmitteln und der Wegnahme ist erforderlich? → Rn. 12 f.
5. Liegt Raub vor, wenn der Täter bei fortdauernder Wirkung des eingesetzten Raubmittels eine Sache wegnimmt? → Rn. 16 ff.
6. Macht sich der Täter wegen Raubs strafbar, wenn sich seine Zueignungsabsicht nur auf den Inhalt eines Behältnisses erstreckt, das weggenommene Behältnis das Gewünschte aber nicht enthält? → Rn. 23
7. Welchen Folgen hat es, wenn der Täter davon ausgeht, er habe einen Anspruch auf die Beute? → Rn. 20

Aufbauschema (§ 249)

1. Tatbestand
   a) Objektiver Tatbestand
      (1) fremde bewegliche Sache
      (2) Wegnahme
      (3) mit Gewalt gegen eine Person oder
          unter Anwendung von Drohung mit gegenwärtiger Gefahr für Leib oder Leben
      (4) finale Verknüpfung von (2) und (3)

b) Subjektiver Tatbestand
   (1) Vorsatz
   (2) Absicht rechtswidriger Selbst- oder Drittzueignung
2. Rechtswidrigkeit
3. Schuld

Empfehlungen zur vertiefenden Lektüre:
Leitentscheidungen: BGHSt 4, 210 – „Bewusstlosigkeitsfall"; BGHSt 18, 329 – „Handtaschenfall"; BGHSt 20, 32 – „Kussfall"; BGHSt 20, 194 – „Bauernkellerfall"; BGHSt 23, 126 – „Pistolenfall"; BGHSt 48, 365 – „Jagdhüttenfall".

Aufsätze: *Bosch*, Zur Frage des Irrtums über den Zahlungsanspruch aus einem Drogengeschäft, JA 2009, 70; *Joerden*, Mieterrücken im Hotel – BGHSt 32, 88, JuS 1985, 20; *Maier/Percic*, Aus der Rechtsprechung des BGH zu den Raubdelikten – 1. Teil, NStZ-RR 2010, 129; *Seelmann*, Grundfälle zu den Eigentumsdelikten, JuS 1986, 201; *Walter*, Raubgewalt durch Unterlassen, NStZ 2005, 240.

Übungsfälle: *Böse/Keiser*, Referendarexamensklausur – Strafrecht: Ein Handtaschenraub und seine Folgen, JuS 2005, 440; *Graul*, Die kriminelle Auswertung eines Gemäldes – Lösungshinweise mit Punkteverteilung, JuS 1999, 562; *Hölck/Hohn*, Referendarexamensklausur – Strafrecht: Untreue und Betrug, JuS 2005, 245; *O. Hohmann*, Der praktische Fall – Strafrecht: Ein Banküberfall mit Hindernissen, JuS 1994, 860; *Mitsch*, Referendarexamensklausur – Strafrecht: Eigentums- und Vermögensdelikte, JuS 2007, 555; *Rosenau/Zimmermann*, (Original-) Referendarexamensklausur – Strafrecht: Die Falsche im Schnee, JuS 2009, 541.

§ 6. Schwerer Raub und Raub mit Todesfolge (§§ 250 und 251)

A. Grundlagen

Die Tatbestände des schweren Raubs (§ 250 I und § 250 II) qualifizieren 1 den einfachen Raub (§ 249 I). Für die Qualifikationen des § 250 I sieht das Gesetz eine gegenüber § 249 erhöhte Mindeststrafe von drei Jahren, für die des § 250 II eine solche von fünf Jahren vor. § 250 findet aufgrund ausdrücklicher Verweisung („gleich einem Räuber") zudem Anwendung auf die räuberische Erpressung (§ 255) und den räuberischen Diebstahl (§ 252; *Lackner/Kühl*, § 250 Rn. 1). Dies gilt entsprechend für den Raub mit Todesfolge (§ 251), der ein erfolgsqualifiziertes Delikt (§ 18) ist. Für Raub mit Todesfolge sieht das Gesetz Freiheitsstrafe nicht unter zehn Jahren vor.

B. Tatbestände

I. Schwerer Raub

1. Objektive Tatbestände des § 250 I

2 a) Nach § 250 I Nr. 1a ist der Raub qualifiziert, wenn der Täter oder ein anderer Beteiligter am Raub eine Waffe oder ein anderes gefährliches Werkzeug bei sich führt.

3 (1) Vom Begriff des gefährlichen Werkzeuges mitumfasste **Waffen** sind solche im technischen Sinne, d.h. sie müssen nach ihrer objektiven Beschaffenheit und dem Zustand zur Zeit der Tat bei bestimmungsgemäßer Verwendung geeignet sein, erhebliche Verletzungen zuzufügen (*BVerfG* NJW 2008, 3627, 3628; BGHSt 45, 92, 93). Daraus ergibt sich, dass sie einsatzbereit sein müssen, etwa als Schusswaffe geladen oder ohne weiteres funktionsbereit gemacht werden können (BGHSt 44, 103, 105; *BGH* NStZ-RR 2004, 169; LK/*Hörnle* § 177 Rn. 164). Jedoch soll nach dem BGH auch eine geladene Schreckschusswaffe eine Waffe im Sinne des § 250 I Nr. 1a 1. Alt. sein (BGHSt 48, 197 – „Schreckschusswaffenfall" unter Bezugnahme auf die Wertungen des Waffengesetzes; a.A. *Erb*, JuS 2004, 653; *Sander*, NStZ 2002, 596). Dies stellt einen Bruch mit dem Kriterium der Verletzungsbestimmtheit dar, denn mit einer Schreckschusswaffe können keine festen Geschosse verschossen werden. Der Große Senat des BGH hat sich aber vor dem Hintergrund der Gefährlichkeit für die Einordnung als Waffe entschieden (zu Recht abl. *Fischer*, § 250 Rn. 5 ff.: anderes gefährliches Werkzeug; vgl. auch *BGH* NJW 2002, 2889). Der Begriff der Waffe erfährt nach der Rechtsprechung keine Einschränkung dadurch, dass die Gefährlichkeit aufgrund anderer Umstände für den konkreten Einzelfall ausnahmsweise ausgeschlossen werden kann, z.B. wenn sich die mit der Waffe bedrohte Bankangestellte hinter schusssicherem Glas befindet (BGHSt 45, 92) oder die Schreckschusswaffe aus „sicherer Distanz" auf das Opfer gerichtet wird (BGHSt 48, 197, 200 – „Schreckschusswaffenfall").

Beispiele: Geladene Schusswaffe (BGHSt 44, 103, 105 – „Tankwartfall"), geladene, nach vorn schießende Gaspistole (BGHSt 45, 92, 93), Eierhandgranaten (*BGH* StV 2000, 78), Gummiknüppel als Schlagstock (*BGH* StV 2002, 80).

4 (2) Den Begriff des „**anderen gefährlichen Werkzeugs**" hat der Gesetzgeber – wie sich aus den Materialien ergibt (vgl. BT-Drs. 13/9064, S. 18) – bewusst dem Tatbestand der gefährlichen Körperverletzung (§ 224 I Nr. 2) entnommen und die Ansicht geäußert, dass nach seiner Vorstellung auf die zu dessen Auslegung in Rechtsprechung und Lehre entwickelten Grundsätze zurückgegriffen werden kann. Dort wird ein anderes gefährliches Werkzeug als ein Gegenstand definiert, der nach seiner objektiven Beschaffenheit oder

§ 6. Schwerer Raub und Raub mit Todesfall   87

der Art seiner Benutzung im Einzelfall geeignet ist, erhebliche Körperverletzungen zuzufügen (*Hohmann/Sander*, BT 2, § 7 Rn. 18). Er unterscheidet sich von Waffen dadurch, dass diese zum Einsatz als Angriffs- oder Verteidigungsmittel bestimmt sind, was bei anderen gefährlichen Werkzeugen nicht der Fall ist (BGHSt 52, 257, 262 – „Taschenmesserfall").

Beispiele: Abgesägter Besenstiel (*BGH* NStZ 1999, 355), Baseballschläger (*BGH* NStZ 2008, 687), Pfefferspray (*BGH* NStZ-RR 2007, 375; *Jesse*, NStZ 2009, 364), sog. Kampfhund (*BGH* NStZ-RR 1999, 174), Messer (*BGH* NStZ-RR 2007, 375), Pfefferspray (*BGH* NStZ-RR 2007, 375).

Nachdem zunächst der BGH eine derartige Auslegung des Merkmals „gefährliches Werkzeug" befürwortet hatte (vgl. nur *BGH* NJW 1998, 2915; 1998, 2916; 1998, 3130; NStZ 1999, 135, 136), besteht nunmehr in Rechtsprechung und Literatur Einigkeit darüber, dass für die Auslegung des Begriffs „anderes gefährliches Werkzeug" die vom Gesetzgeber angeregte Orientierung an der genannten Definition dogmatisch verfehlt bzw. systemwidrig ist (vgl. BGHSt 52, 257, 262 – „Taschenmesserfall"; *BGH* NStZ 1999, 301, 302; NJW 2002, 2889, 2890; *Kindhäuser*, § 4 Rn. 11; *Otto*, § 41 Rn. 52; *Fischer*, NStZ 2003, 569; *C. Jäger* JuS 2000, 651, 653). Denn im Rahmen des § 250 I Nr. 1a kann es auf die besondere Gefährlichkeit eines Gegenstands, die sich gerade aus dessen konkreter Verwendung ergibt, nicht ankommen, weil der Täter den Gegenstand weder benutzen noch sich auch nur konkrete Gedanken über seine Anwendung gemacht haben muss (BGHSt 52, 257, 263 – „Taschenmesserfall"; *BGH* NStZ 1999, 301, 302; NJW 2002, 2889; MünchKomm/*Sander*, § 250 Rn. 18; *Joecks*, § 244 Rn. 10; *Boetticher/Sander*, NStZ 1999, 292; *Graul*, Jura 2000, 204, 205), so dass anders als bei § 224 I Nr. 2 auf die Art der Benutzung im konkreten Einzelfall nicht abgestellt werden kann. 5

Noch nicht abschließend geklärt ist es, wie diese gesetzgeberische Fehlleistung aufzulösen ist. Nachdem jedenfalls insoweit Einigkeit besteht, dass ein anderes gefährliches Werkzeug nach seiner konkreten Beschaffenheit geeignet sein muss, als Mittel zur Gewaltanwendung oder -drohung eingesetzt zu werden (BGHSt 52, 257, 263 – „Taschenmesserfall"; MünchKomm/*Sander*, § 250 Rn. 16), werden in Rechtsprechung und Schrifttum unterschiedliche Ansätze dazu vertreten, ob und wenn ja, welche zusätzlichen Kriterien für die Annahme eines anderen gefährlichen Werkzeugs im Sinne des § 250 I Nr. 1a erfüllt sein müssen. Es geht vor allem darum, eine plausible Beurteilung solcher Gegenstände zu ermöglichen, die ein Täter aus beruflichen oder sonstigen, insbesondere sog. sozialadäquaten Gründen bei sich haben kann. 6

Beispiele: Baseballschläger, Schere, Fahrradkette, Kugelschreiber, medizinisches Gerät (etwa Spritze und Skalpell), Tapetenmesser, Taschenmesser.

7 ■ Nach einer Auffassung bedarf der Tatbestand des § 250 I Nr. 1a einer teleologischen Reduktion. Danach soll neben der objektiven Beschaffenheit des fraglichen Gegenstands vorausgesetzt sein, dass der Täter den Willen hatte, diesen „notfalls" bzw. generell als Mittel der Beeinträchtigung der körperlichen Integrität eines anderen oder zum Zwecke einer realisierbaren gefährlichen Drohung einzusetzen. Freilich darf der nämliche Wille des Täters noch nicht den Grad der konkreten Verwendungsabsicht i.S. des § 250 I Nr. 1b haben (*BGH* NStZ 1999, 301, 302; *Wessels/Hillenkamp*, Rn. 262b f.: im Sinne eines „**inneren Verwendungsvorbehalts**"; *Erb*, JR 2001, 206, 207; *Geppert*, Jura 1999, 599, 602; *Küper*, JZ 1999, 187, 192; einschränkend *Rengier*, § 4 Rn. 34: kein gefährliches Werkzeug, wenn die Verwendungsabsicht des Täters darauf beschränkt ist, den Einsatz des Objekts bloß anzudrohen).

8 Ein derartiges subjektives Erfordernis steht aber im Widerspruch zum insoweit eindeutigen Wortlaut und der Systematik des § 250 I Nr. 1, der nur für die unter dem Buchstaben b genannten Objekte eine Gebrauchsabsicht voraussetzt. Der Gesetzgeber wollte der latenten Gefahr des Gebrauchs der gegenüber § 250 I Nr. 1b gefährlicheren Gegenstände durch die erhöhte Strafdrohung Rechnung tragen, ohne dass es auf eine subjektive Beziehung des Täters zur Verwendung ankommen soll (BGHSt 52, 257, 267 ff. – „Taschenmesserfall"; *Kargl*, StraFo 2000, 7, 11; *Schroth*, NJW 1998, 2861, 2864). Hinzu kommt, dass die Unterscheidung zwischen Verwendungsabsicht und „innerem Verwendungsvorbehalt" schon theoretisch kaum möglich und in der Praxis nicht umzusetzen ist. Die Gefährlichkeit des Werkzeugs ist daher ohne Rückgriff auf eine vom Wortlaut des § 250 I Nr. 1a gerade nicht geforderte Verwendungsabsicht objektiv und abstrakt zu bestimmen (BGHSt 52, 257, 269 – „Taschenmesserfall"; *Dencker*, JR 1999, 33, 36). Welche Kriterien hierfür maßgeblich sein sollen, ist jedoch ebenfalls umstritten.

9 ■ Zum Teil wird allein auf die objektive Beschaffenheit des betreffenden Gegenstands und seine daraus resultierende **generelle Eignung** abgestellt, erhebliche Verletzungen herbeizuführen (*Hörnle*, Jura 1999, 169, 173 i.V.m. 172; teilweise übereinstimmend SK/*Sinn*, § 250 Rn. 11, der jedoch „im Übrigen" die Absicht der konkreten Verwendung für maßgeblich erklärt). Nach diesem Ansatz kommt als gefährlicher Gegenstand jeder Alltagsgegenstand in Betracht, der in irgendeiner denkbaren Form seiner Anwendung die geforderte Eignung aufweist. Dies führt freilich zu einer uferlosen Erfassung von Alltagsgegenständen. Jeder, der nicht gerade nackt zum Raub schreitet (Formulierung nach *Lesch*, JA 1999, 30, 36), erfüllt den Qualifikationstatbestand des § 250 I Nr. 1a. Dies wird dem erhöhten Unrechtsgehalt dieser Norm jedoch nicht gerecht und ist daher abzulehnen.

Beispiele: Neben den im obigen Beispiel (vgl. Rn. 6) genannten Gegenständen angespitzte Bleistifte, Taschenmesser auch mit kurzer Klinge, Damenstrümpfe und Schals sowie

§ 6. Schwerer Raub und Raub mit Todesfall 89

feste Schuhe, da sie zu Stichen in die Augen, zum Würgen bzw. beim Treten in den Unterleib Verwendung finden könnten.

▪ Dies vermeidend soll nach einer anderen Auffassung nur ein solcher Gegenstand ein anderes gefährliches Werkzeug darstellen, der „nach dem Gesetz nicht jedermann frei verfügbar ist, dessen Mitführen einem **Verbot** oder einem Verbot mit Erlaubnisvorbehalt unterliegt", aber keine Waffe i.S. der Waffengesetze ist (*Lesch*, JA 1999, 30, 36, 38). Hierdurch wird freilich die Zahl der denkbaren gefährlichen Werkzeuge derart eingeschränkt, dass die praktische Bedeutung des § 250 I Nr. 1a entgegen seinem Wortlaut im Grunde auf Waffen im nichttechnischen Sinne begrenzt ist. Sie führt zudem zu Ergebnissen, die der gesetzgeberischen Intention widerstreiten, Schusswaffen und andere, ebenso bzw. ähnlich gefährliche Gegenstände im Hinblick auf die Strafdrohung gleich zu behandeln (vgl. BT-Drs. 13/9046, S. 18). 10

Beispiele: Sprengstoff, Kraftfahrzeug sowie sog. Kampfhund, soweit dessen Haltung im Einzelfall von einer behördlichen Genehmigung abhängig ist.

▪ Schließlich wird danach differenziert, ob der fragliche Gegenstand in der konkreten Situation keinen anderen Sinn haben kann als den Einsatz zur Herbeiführung einer Leibes- oder Lebensgefahr (sog. single-use-Gegenstand) oder ob er trotz entsprechender Eignung in der Regel einem **anderen Verwendungszweck** dienen kann und daher nicht aus sich heraus gefährlich ist (sog. dual-use-Gegenstand). Nur bei einem „single-use-Gegenstand" handelt es sich nach dieser Auffassung um ein gefährliches Werkzeug i.S. des § 250 I Nr. 1a (*Joecks*, § 244 Rn. 13; *Schlothauer/Sättele*, StV 1998, 505, 507 f.; ähnlich *Otto*, § 41 Rn. 52: Art des Werkzeugs muss gefährlichen Einsatz nahelegen). Maßgeblich sollen jeweils die Umstände des Einzelfalls sein. Auch diese Ansicht vermag im Ergebnis nicht zu überzeugen, weil hiernach die Gefährlichkeit eines Gegenstands nur unter Rückgriff auf die konkrete Tatsituation und mithin den potentiellen Verwendungskontext bestimmt werden kann. Dies wird aber dem Erfordernis einer abstrakten, also insbesondere von der konkreten Verwendung – sei eine solche nur geplant oder tatsächlich erfolgt – unabhängigen (vgl. Rn. 8) Definition des gefährlichen Werkzeugs nicht gerecht. 11

Beispiele: A, der nachts an einer Straßenecke seinem Opfer auflauert, um es zu berauben, hat einen als Totschläger geeigneten Stromkabelabschnitt bei sich – gefährliches Werkzeug, weil in der konkreten Situation das Stromkabel zu nichts anderem verwendbar wäre als zum Schlagen.
Punk B ist bei einem Raub mit Fahrradketten geschmückt – kein gefährliches Werkzeug, weil es sich bei den Fahrradketten auch um modische Accessoires handeln kann.

Vorzug verdient daher eine Begriffsbestimmung, die allein auf die **generelle Gefährlichkeit** des Werkzeugs und nicht auf die Möglichkeit von ge- 12 fährlichen Verletzungen mit irgendwelchen Mitteln abstellt. Maßgeblich ist daher die waffenvertretende Funktion des Werkzeugs (*Fischer*, § 250 Rn. 8a), bzw. ein mit **Waffen vergleichbares Gefährdungspotential** (Münch-Komm/*Sander*, § 250 Rn. 29; *Mitsch*, NJW 2008, 2865).

Beispiele: Abgebrochener Flaschenhals, sog. Kampfhund, Motorsäge, Rasierklinge und Sprengstoff; nicht aber Fahrradkette. Auch Messer fallen hierunter, sofern sie nicht schon Waffen im technischen Sinne sind, wie ein Springmesser; dies gilt auch für Taschenmesser, jedenfalls für solche mit einer längeren Klinge (BGHSt 52, 257, 270 – „Taschenmesserfall": offen gelassen für Taschenmesser mit kurzer Klinge).

> **Merke:** Ein Gegenstand i.S.d. § 250 I Nr. 1a ist „gefährlich", wenn ihm evident im Hinblick auf das Leben und die körperliche Integrität ein solch erhebliches Gefährdungspotential innewohnt, dass vor seiner Benutzung generell gewarnt oder üblicherweise auf Vorsicht im Umgang mit ihm hingewirkt wird (MünchKomm/*Sander*, § 250 Rn. 29; *Kargl*, StraFo 2000, 7, 10; *Schroth*, NJW 1998, 2861, 2864: „nach allgemeiner Anschauung").

13 Allein diese, ausschließlich auf das **Werkzeug selbst bezogene Auslegung** nimmt einerseits das Tatbestandsmerkmal „gefährlich" ernst und wird andererseits der gebotenen Restriktion des Tatbestands gerecht, ohne einen Widerspruch zum Wortlaut und zur Systematik des § 250 I Nr. 1 zu begründen. Dass diese Definition stets eine wertende Betrachtung erforderlich macht und für eine Reihe von Gegenständen, wie etwa einen Baseballschläger, gegensätzliche Bewertungen möglich erscheinen, ist zwar misslich, aber wegen des Gesetzeswortlauts nicht vermeidbar und zudem dem Strafrecht nicht fremd (vgl. § 2 Rn. 4). Auf die hohe abstrakte Gefahr, ihre Bestimmung zum Schneiden und Stechen sowie ihre Eignung zum Zufügen schwerster Verletzungen hat auch der BGH für die Einordnung von Taschenmessern abgestellt. Er hat betont, dass eine allgemeingültige Definition mit sachgerechten Lösungen für alle denkbaren Einzelfälle nicht möglich erscheine (BGHSt 52, 257, 266 – „Taschenmesserfall"). Hingegen erweisen sich die anderen Ansätze überwiegend nicht mehr als zulässige Auslegung, sondern als strafbarkeitsausdehnende und damit unzulässige Änderungen des Wortlauts (vgl. Art. 103 II GG). Eine solche Korrektur ist indes allein Aufgabe des Gesetzgebers (BGHSt 52, 257, 269 – „Taschenmesserfall"; *Dencker*, JR 1999, 33, 36).

14 (3) Die Waffe oder das andere gefährliche Werkzeug muss der Täter **bei sich führen**, d.h. nach zutreffender Auffassung zu irgendeinem Zeitpunkt zwischen Versuchsbeginn und Vollendung bei sich haben (vgl. § 2 Rn. 8 ff.; LK/*Vogel*, § 244 Rn. 33; a.A. BGHSt 31, 105, 106 – „Gasrevolverfall"; *BGH* NStZ 2007, 332 – „Metallgegenstandfall"; NStZ-RR 2008, 342: auch Phase zwischen Vollendung und Beendigung erfasst, sofern Beutesicherungsabsicht besteht; vgl. auch Rn. 27 f.,30, 34 f.). Hierfür genügt es, wenn der Täter den

§ 6. Schwerer Raub und Raub mit Todesfall   91

Gegenstand erst am Tatort ergreift (*BGH* NStZ 1999, 618, 619). Es muss sich aber um bewegliche Waffen handeln (*BGH* NJW 2008, 386: ortsfeste Selbstschussanlage wird nicht mitgeführt; *Magnus,* JR 2008, 410).

b) Als sonst ein Werkzeug oder Mittel i.S. des **§ 250 I Nr. 1b** kommen darüber hinaus alle körperlichen Gegenstände in Betracht, die nicht i.S. des § 250 I Nr. 1a gefährlich sind. Mithin hat dieser Qualifikationstatbestand eine Auffangfunktion inne (*Fischer,* § 250 Rn. 9). Nach der h.M. sind auch sog. **Scheinwaffen** erfasst, d.h. solche Gegenstände, die objektiv ungefährlich sind und deren Verletzungstauglichkeit lediglich vorgetäuscht wird (*BGH* NStZ 2007, 332 – „Metallgegenstandfall"; *Fischer,* § 250 Rn. 10; LK/*Vogel* § 250 Rn. 10; *Wessels/Hillenkamp,* Rn. 343). Der vor der Gesetzesänderung im Jahr 1998 hierüber bestehende Streit ist insoweit obsolet geworden (*Kühl/Schramm,* JuS 2003, 681). 15

Beispiele: Wasserpistole, aus Seife geformte und schwarz gefärbte Pistolenattrappe, mit Batterie und Drähten versehener Suppenbrühwürfel, aber auch die nicht funktionsfähige Schusswaffe (*BGH* NStZ-RR 2001, 215), die jeweils den Anschein einer gebrauchsfähigen und einsatzbereiten Faustfeuerwaffe bzw. eines Sprengsatzes hervorrufen sollen.

Beispielsfall 3 – Labellofall: A betritt ein Geschäft. Als ihr Verkäuferin B den Rücken zuwendet, nimmt A einen Lippenpflegestift aus ihrer Handtasche, tritt hinter B und drückt ihr die Ecke des Stifts in den Rücken. Wie beabsichtigt, ruft sie bei B den Eindruck hervor, mit der Spitze einer Schere oder eines Messers bedroht zu werden. B widersetzt sich nicht, als A Geld aus der Ladenkasse nimmt (*BGH* NStZ 1997, 184f. – „Labellofall").
Strafbarkeit der A wegen schweren Raubs? 16

Lösung:
A könnte sich wegen schweren Raubs (§§ 249 I, 250 I Nr. 1a oder b) strafbar gemacht haben. 17

Sie hat, wie vom objektiven Tatbestand des § 249 I zunächst gefordert, eine fremde bewegliche Sache weggenommen. Auch ist die – schlüssige – Drohung mit einer gegenwärtigen Gefahr für Leib oder Leben der B das Mittel der Wegnahme. Unerheblich ist die fehlende Realisierbarkeit der Drohung, da es lediglich darauf ankommt, dass die Bedrohte die Ausführung der Drohung für möglich halten soll (vgl. § 5 Rn. 10). 18

Fraglich ist, ob der verwendete Lippenpflegestift als sonstiges Werkzeug i.S. des § 250 I Nr. 1b zu qualifizieren ist. 19

Während § 250 I Nr. 1a die Strafschärfung gegenüber dem einfachen Raub allein an die objektive Gefährlichkeit des mitgeführten Tatmittels knüpft, macht § 250 I Nr. 1b dagegen die höhere Bestrafung davon abhängig, dass der Täter sich mit einem sonstigen Werkzeug oder Mittel ausrüstet, **um** den Widerstand einer anderen Person zu verhindern oder zu überwinden. Wegen der mithin vom subjektiven Tatbestand geforderten **Verwen-** 20

dungsabsicht (vgl. Rn. 37) ist für den objektiven Tatbestand allein die Tauglichkeit des betreffenden Gegenstands oder Mittels zur Verhinderung oder Überwindung eines Widerstands ausreichend. Darauf, ob das Mittel (auch) objektiv gefährlich ist, kommt es nicht an (*BGH* StV 1998, 487; *Joecks*, § 250 Rn. 13).

Beispiele: Ungeladene Gaspistole (*BGH* StV 1998, 487), funktionsunfähige Schusswaffe (*BGH* NStZ 1999, 448, 449), Spielzeugpistolen und Schusswaffenattrappen (*BGH* NJW 1998, 2914 f.), insbesondere sog. Dekorationswaffen (*BGH* StV 1999, 92), Schlafmittel, dessen Dosierung nicht geeignet ist, erhebliche Körperverletzungen zuzufügen (*BGH* StV 1998, 660), Plastikklebeband, das ausschließlich zur Fesselung des Opfers an einen Stuhl gebraucht wird (*BGH* NStZ 2007, 332 – „Metallgegenstandfall"; StV 1999, 91, 92)

21 Erforderlich ist, dass das Opfer durch Ansehen oder andere sinnliche Wahrnehmung des Gegenstands selbst den Eindruck gewinnen kann und soll, das Werkzeug oder Mittel könne gefährlich sein. Bedarf es hierzu aber maßgeblich einer zusätzlichen **Täuschung** des Täters, er verfüge über einen gefährlichen Gegenstand, genügt dies nicht, da dann die Täuschung und nicht die Drohung im Vordergrund der Anwendung steht (BGHSt 38, 116 ff. – „Plastikrohrfall"; *BGH* NStZ 2007, 332, 333 – „Metallgegenstandfall"; NStZ-RR 2008, 311; NStZ 2009, 95; *Kudlich*, JR 2007, 381: Anschein einer Waffe muss erweckt werden).

Beispiel: A und seine Mittäter überfallen eine Spielhalle und drücken dem an einem Spielautomaten stehenden B von hinten einen zu diesem Zweck mitgeführten Metallgegenstand an den Hals. Dem ebenfalls anwesenden C ziehen die Täter ein Hemd über den Kopf, halten ihm dann einen metallenen Gegenstand an den Kopf und drohen damit, „ihm das Licht auszuknipsen". B und C gewinnen hierdurch den Eindruck, A und seine Mittäter seien bewaffnet (*BGH* NStZ 2007, 332 – „Metallgegenstandfall") – kein § 250 I Nr. 1b.

22 Da B im Beispielsfall allein aufgrund der sinnlichen Wahrnehmung des Lippenpflegestifts den Eindruck gewinnt, mit einem gefährlichen Gegenstand bedroht zu sein, könnte der verwendete Lippenpflegestift als sonstiges Werkzeug i.S. des § 250 I Nr. 1b qualifiziert werden.

23 Schon vor der Gesetzesänderung galt nach der Rechtsprechung, dass ein solches Tatmittel ausscheidet, das – wie ein Lippenpflegestift – „offensichtlich ungefährlich und deshalb nicht geeignet ist, mit ihm (etwa durch Schlagen, Stoßen, Stechen oder in ähnlicher Weise) auf den Körper eines anderen einzuwirken". Denn einen solchen ersichtlich ungefährlichen Gegenstand kann der Täter nur unter Täuschung über dessen wahre Eigenschaft bei der Tat einsetzen (*BGH* NStZ-RR 1996, 356 f.; NStZ 1997, 184 f. – „Labellofall" m. krit. Anm. *O. Hohmann*; 1998, 38). Der Gesetzgeber ist ausdrücklich davon ausgegangen, dass dies auch nach der Gesetzesänderung weiterhin beachtlich sein soll (BT-Drs. 13/9064, S. 18). Dem ist die Rechtsprechung gefolgt (*BGH*

NStZ 1999, 188; 2007, 332 – „Metallgegenstandfall"). Der Lippenpflegestift ist seinem **äußeren Anschein** nach ungefährlich. Nur durch die Gesamtumstände wird der B vorgetäuscht, sie werde mit einem gefährlichen Werkzeug bedroht. Danach ist der von A verwendete Lippenpflegestift nicht dem Tatbestand des § 250 I Nr. 1b zu subsumieren.

Ergebnis: A hat vorsätzlich und mit der Absicht rechtswidriger Zueignung gehandelt. Sie ist mithin wegen Raubs (§ 249 I) strafbar. 24

> **Merke:** Solche Gegenstände, die bereits ihrem äußeren Erscheinungsbild nach offensichtlich ungefährlich sind, sind vom Anwendungsbereich des Qualifikationstatbestands des § 250 I Nr. 1b auszunehmen. Dies ist aus der Sicht eines objektiven Beobachters, nicht des Tatopfers zu beurteilen (*BGH* NStZ 2007, 332 – „Metallgegenstandfall"; MünchKomm/*Sander*, § 250 Rn. 44 f.).

Hinsichtlich des **Beisichführens** im Rahmen des § 250 I Nr. 1b wird uneingeschränkt auf die Ausführungen zum § 250 I Nr. 1a (vgl. Rn. 14) verwiesen. 25

c) § 250 I Nr. 1c setzt voraus, dass durch die Tat eine andere Person in die konkrete **Gefahr einer schweren Gesundheitsschädigung** (vgl. *Hohmann/Sander*, BT 2, § 5 Rn. 14) gebracht wird. Einbezogen sind nicht nur die Gefahren, die der konkreten Raubhandlung für jedermann als Opfer innewohnen, sondern auch die Gefahren, denen das konkrete Opfer allein wegen seiner individuellen, besonderen Schadensdisposition ausgesetzt ist (*BGH* NJW 2002, 2043; NStZ 2003, 662; vgl. auch *Hellmann*, JuS 2003, 17). Dies verschafft der Vorschrift Praxisrelevanz vor allem beim Straßenraub zu Lasten älterer oder gebrechlicher Menschen. 26

> **Merke:** Das Opfer muss in eine Situation versetzt werden, in der bereits der Eintritt einer schweren Gesundheitsschädigung naheliegt, der Erfolgseintritt also nur noch vom Zufall abhängt (*BGH* NStZ-RR 1999, 173; MünchKomm/*Sander*, § 250 Rn. 50).

Handlungen, die dem Versuch der Raubtat vorgelagert sind, scheiden aus (*BGH* StV 2006, 418). Umstritten ist es, ob eine entsprechende Gefährdung auch dann „**durch die Tat**" verursacht ist, wenn sie auf einer Handlung im Stadium zwischen Vollendung und Beendigung des Raubs beruht. Nach h.M. kann der Täter die qualifizierenden Merkmale des § 250 I und II auch noch in der sog. Beendigungsphase verwirklichen (vgl. grundlegend BGHSt 20, 194 ff. – „Bauernkellerfall"; *Fischer*, § 250 Rn. 14; Schönke/Schröder/*Eser/Bosch*, § 250 Rn. 10 f. und 23), jedenfalls soweit der Täter mit Beutesicherungsabsicht bzw. zur weiteren Verwirklichung der Bereicherungsabsicht 27 handelte (BGHSt 52, 376, 378; BGHSt 53, 234, 236 – „Spätkauffall"; hierzu Rn. 14, 30, 34f.).

28 Gegen diese Auslegung des Merkmals „durch die *Tat*" sprechen gewichtige Argumente. Zunächst steht der h.M. eine am Wortlaut der Vorschrift orientierte Auslegung entgegen. Das Tatgeschehen des Raubs ist mit der Vollendung der Wegnahme abgeschlossen. Daher ist nur die final zur Wegnahme eingesetzte Gewalt oder Drohung, die einen anderen in die konkrete Gefahr einer schweren Gesundheitsschädigung bringt, vom § 250 I Nr. 1c erfasst (*O. Hohmann*, JuS 1994, 860, 863; *Rengier*, JuS 1993, 460, 462). Ob dies mit Beutesicherungsabsicht erfolgte, ist demgegenüber nur für die Anwendung von § 252 von Bedeutung (hierzu *Kraatz*, Jura 2009, 852; *Kudlich*, JR 2007, 381). Diese Auffassung findet eine Stütze im Verhältnis vom § 249 zum § 252. Die Vollendung der Wegnahme markiert die Grenze zwischen § 249 und § 252 (§ 7 Rn. 4). Die beutesichernde Nötigung nach vollendeter Wegnahme fällt nur unter § 252 (*BGH* NJW 2002, 2043; *Kühl*, JuS 2002, 729, 733; *Rengier*, JuS 1993, 460, 462). Die Auslegung der h.M. ist daher im Hinblick auf das Analogieverbot (Art. 103 II GG) abzulehnen (LK/*Vogel*, § 244, Rn. 34; *O. Hohmann*, JuS 1994, 860, 863.

> **Merke:** Das Merkmal „durch die Tat" beschränkt den Anwendungsbereich des § 250 I Nr. 1c nach der zutreffenden Meinung auf die Folgen der final zur Wegnahme eingesetzten Gewalt oder Drohung sowie u.U. der Wegnahme (vgl. Rn. 42).

29 d) Die Voraussetzungen des Bandenraubs (**§ 250 I Nr. 2**) entsprechen denjenigen des Bandendiebstahls (§ 244 I Nr. 2). Auf die diesbezüglichen Ausführungen (vgl. § 2 Rn. 17 ff.) wird daher verwiesen. Für die Annahme eines Bandenraubs genügt es dementsprechend, wenn sich zumindest zwei Mitglieder einer dreiköpfigen Diebesbande (vgl. BGHSt 46, 138) am Tatort eines Diebstahls spontan entschließen, zum Raub überzugehen (*BGH* NStZ 1999, 454).

2. Objektive Tatbestände des § 250 II

30 a) Ein Raub ist nach **§ 250 II Nr. 1** qualifiziert, wenn der Täter oder ein anderer Beteiligter am Raub bei der Tat (vgl. § 2 Rn. 8 ff.) eine Waffe oder ein anderes gefährliches Werkzeug (vgl. Rn. 3 ff.) nicht nur bei sich führt, sondern auch verwendet. Nach zutreffender Ansicht muss das qualifizierende Tatmittel bis zur Vollendung eingesetzt werden (Rn. 14, 27 f., 34 f.). Der BGH hat sich dem angenähert, indem er eine Verwendung in der Phase zwischen Vollendung und Beendigung nur dann ausreichen lassen will, wenn diese in Beutesicherungsabsicht erfolgte (BGHSt 52, 376; vgl. aber BGHSt 38, 295), was freilich mit dem Verhältnis von § 249 zu § 252 nicht im Einklang steht (*Käßner/Seibert*, JuS 2006, 810, 813; vgl. *Kraatz*, Jura 2009, 852; § 7 Rn. 4).

§ 6. Schwerer Raub und Raub mit Todesfall

Merke: Der Begriff des Verwendens umfasst jeden zweckgerichteten Gebrauch (*BGH* NStZ 1999, 301; NStZ-RR 1999, 7; *BGH* Beschluss vom 3. 2. 1999, Az.: 1 ARs 1/99) eines unter Berücksichtigung sämtlicher Umstände der Benutzung im Einzelfall gefährlichen Werkzeugs (MünchKomm/*Sander*, § 250 Rn. 60, 63).

Das **Verwenden** i.S. des § 250 II Nr. 1 stellt keine eigenständige Tathandlung dar, sondern bezieht sich nach der gesetzgeberischen Konzeption der Raubdelikte auf den Einsatz der Tatmittel im Grundtatbestand (§ 249). Ein die Tat qualifizierendes Verwenden liegt daher immer dann vor, wenn der Täter zur Wegnahme einer fremden beweglichen Sache eine Waffe oder ein anderes gefährliches Werkzeug gerade als Mittel der „Gewalt gegen eine Person" oder der „Anwendung von Drohungen mit gegenwärtiger Gefahr für Leib oder Leben" gebraucht (BGHSt 45, 92, 94; 52, 376; *BGH* Beschluss vom 18. 2. 2010, Az.: 3 StR 556/09; *Boetticher/Sander*, NStZ 1999, 292, 296). 31

Demzufolge wird eine Waffe schon dann bei der Tat verwendet, wenn der Täter sie zur Drohung mit Gewalt einsetzt. Jedoch muss das Opfer die Drohung bemerken (*BGH* NStZ 2009, 505; *Gössel*, JR 2005, 159); tut es das nicht, ist § 250 I Nr. 1a zu prüfen. Allein das Mitsichführen – auch wenn es offen erfolgt – ist grundsätzlich kein Verwenden (*BGH* NStZ-RR 2004, 169; Beschluss vom 18. 2. 2010, Az.: 3 StR 556/09), es ist aber zu prüfen, ob hierin eine konkludente Drohung liegt (*BGH* NStZ 2008, 687: Baseballschläger vor dem Oberkörper gehalten; a.A. *Baumanns*, JuS 2005, 405). Nicht erforderlich ist es, dass der Täter das Tatmittel seiner Zweckbestimmung entsprechend einsetzt, also beispielsweise mit einer Schusswaffe einen Schuss auf das Opfer abgibt oder mit einem Stilett auf dieses einsticht (*BGH* StV 1998, 487; vgl. auch BGHSt 45, 249, 252). 32

Beispiele: A droht beim Raub seinem Opfer B mit einer ungeladenen Pistole und führt das zugehörige, aufmunitionierte Magazin in seiner Jackentasche bei sich – keine Verwendung eines objektiv gefährlichen Tatmittels im Sinne des § 250 Abs. 2 Nr. 1 StGB (BGHSt 45, 249; *BGH* NStZ 2004, 263; NStZ-RR 2008, 342; krit. *Kudlich/Hannich*, NJW 2000, 3475); anderes soll für die nur noch zu entsichernde Schusswaffe (BGHSt 45, 249, 251) bzw. ein lediglich noch auszufahrendes Teppichmesser gelten (*BGH* NStZ-RR 2001, 41; krit. MünchKomm/*Sander*, § 250 Rn. 63), da es nur eines kurzen Handgriffs bedarf, um erhebliche Verletzungen zuzufügen.

C verabreicht D sog. KO-Tropfen in einer Dosierung, in der sie zu einer folgenlosen Bewusstlosigkeit führen und beraubt ihn dann (*BGH* NStZ 2009, 505) – kein gefährliches Mittel, da es nicht geeignet ist, erhebliche Verletzungen herbeizuführen.

Beachte: Erweist sich ein Werkzeug nicht als gefährlich, so ist danach stets § 250 I Nr. 1b zu prüfen.

33 **b) Gemäß § 250 II Nr. 2** wird für den Bandenraub (§ 250 I Nr. 2; vgl. Rn. 29) die Mindeststrafe von drei auf fünf Jahre angehoben, wenn ein am Raub Beteiligter eine Waffe (vgl. Rn. 3) bei sich führt (vgl. Rn. 14). Nicht erfasst ist das Beisichführen eines anderen gefährlichen Werkzeugs.

34 **c)** Nach **§ 250 II Nr. 3a** ist der Raub qualifiziert, wenn eine andere Person bei der Tat (vgl. Rn. 28) körperlich schwer misshandelt wird. Dies erfordert eine schwere Beeinträchtigung der körperlichen Integrität des Opfers, die mit erheblichen Folgen für dessen Gesundheit oder erheblichen Schmerzen verbunden ist (*BGH* NStZ 1998, 461; NStZ-RR 2007, 175; *Joecks*, § 250 Rn. 25). Folgen die massiven Verletzungshandlungen erst in der Phase zwischen Vollendung und Beendigung des Raubs, genügt dies für die Annahme des Tatbestandsmerkmals **„bei der Tat"** nicht. Dem hat sich der BGH jedenfalls für die Konstellation angeschlossen, dass die Verletzung nicht mit Zueignungs- oder Beutesicherungsabsicht erfolgte (BGHSt 53, 234 – „Spätkauffall"; a.A. *Bott*, JR 2010, 100). Dies steht freilich in einem gewissen Spannungsverhältnis zur bisherigen Rechtsprechung zur Qualifikationsverwirklichung in der Beendigungsphase (vgl. Rn. 14, 27 f., 31).

Beispiele: A schlägt B mehrfach gegen den Kopf. Infolgedessen erleidet B eine Siebbeinfraktur, eine Gesichtsschädelprellung und eine Trommelfellperforation (*BGH* NStZ 1998, 461) – körperlich schwere Misshandlung.

C entwendet D mit Raubmitteln dessen Geldbörse, entnimmt daraus einen Fünf-Euro-Schein und wirft die Börse weg. D, der inzwischen weglaufen wollte, wird von den Mittätern des C brutal zu Boden geschlagen. Dieser beteiligt sich nun daran, indem er mehrfach heftig in das Gesicht des am Boden Liegenden tritt – Gewalt erfolgte nicht mehr bei der Tat (BGHSt 53, 234 – „Spätkauffall").

35 **d) § 250 II Nr. 3b** gelangt zur Anwendung, wenn die Tat sogar die konkrete Gefahr des Todes begründet. Auch hier soll nun nach der Rechtsprechung eine im Stadium zwischen Vollendung und Beendigung erfolgte konkrete Lebensgefährdung nur dann qualifizierende Wirkung haben, wenn diese mit der Motivation der Beutesicherung vorgenommen wird (*BGH* NJW 2010, 1892).

3. Subjektiver Tatbestand

36 **a)** Der subjektive Tatbestand erfordert für alle Varianten zumindest **bedingten Vorsatz**. Dies gilt insbesondere auch hinsichtlich des § 250 I Nr. 1c (LK/*Vogel*, § 250 Rn. 25) und des 250 II Nr. 3b (*BGH* NStZ 2005, 156, 157), der keine Erfolgsqualifikation beschreibt, so dass § 18 nicht zur Anwendung gelangt.

37 **b)** Für **§ 250 I Nr. 1b** ist darüber hinaus die Absicht erforderlich, das sonstige Werkzeug oder Mittel bei der Begehung des Raubs zu gebrauchen, um einen erwarteten oder geleisteten Widerstand des Betroffenen mit Gewalt oder Drohung mit Gewalt zu verhindern oder zu überwinden.

§ 6. Schwerer Raub und Raub mit Todesfall

4. Minder schwerer Fall (§ 250 III)

§ 250 III sieht für minder schwere Fälle der Absätze 1 und 2 – ohne diesbezügliche Differenzierung – einen gemilderten Strafrahmen vor. Ein minder schwerer Fall kommt etwa in Betracht, wenn das Opfer die vom Täter verwendete Scheinwaffe als solche erkennt (*Boetticher/Sander*, NStZ 1999, 292, 297). 38

> **Vertiefungshinweis:** Es handelt sich aber um eine Strafzumessungsfrage, zu der in einer Prüfungssituation ohnehin kaum abschließend Stellung genommen werden kann.

5. Täterschaft und Teilnahme, Versuch sowie Konkurrenzen

Bezüglich Täterschaft und Teilnahme bestehen keine Besonderheiten. Die §§ 25 ff. finden ohne jede Einschränkung Anwendung. Zu beachten ist, dass wegen schweren Raubs nur derjenige Tatbeteiligte bestraft wird, der vom qualifizierenden Merkmal Kenntnis hat (BGHSt 3, 229, 233; *BGH* NStZ 2004, 263; LK/*Vogel*, § 250 Rn. 16 und 23). Beihilfe zum Raub scheidet aus, wenn der Täter den Gewahrsam an der Beute bereits gefestigt und gesichert hat (*BGH* NStZ 2000, 31). 39

Zum Versuch gelten die Ausführungen zum § 249 (vgl. § 5 Rn. 22 f.) entsprechend. 40

> **Vertiefungshinweis:** Für § 250 I Nr. 1 a.F. war es umstritten, ob ein strafbefreiender Rücktritt (§ 24) in Betracht kommt, wenn der Täter zunächst eine Schusswaffe bei sich führt, die er nach Versuchsbeginn, aber vor Vollendung der Wegnahme freiwillig wegwirft, und schließlich die Wegnahme als solche unbewaffnet vornimmt. Während der BGH einen strafbefreienden Rücktritt mit der Erwägung ablehnte, dass der Handlungsunwert des Mitführens einer Schusswaffe bereits (teil-)verwirklicht ist (*BGH* NJW 1984, 216, 217), billigte das Schrifttum dem Täter überwiegend zu Recht einen strafbefreienden Rücktritt vom § 250 I Nr. 1, nicht aber vom vollendeten Grundtatbestand des Raubs (§ 249 I) zu. Denn das Qualifikationsmerkmal ist erst dann vollendet und damit ein Rücktritt ausgeschlossen, wenn die in der Schusswaffe liegende Gefahr wenigstens real werden konnte, d.h. die Schusswaffe mit der Sphäre des Opfers in Berührung kommt (*Streng*, JZ 1984, 652 ff.). Dieser Streit ist im Rahmen des § 250 I Nr. 1a weiterhin beachtlich.

Bei gleichzeitiger Verwirklichung ist § 250 I Nr. 1a gegenüber Absatz 2 Nummer 1 und Absatz 1 Nummer 2 gegenüber Absatz 2 Nummer 2 subsidiär (*Lackner/Kühl*, § 250 Rn. 7). Liegt nur eine versuchte Verwendung als Drohmittel nach § 250 II Nr. 1 vor, tritt diese hinter dem vollendeten § 250 I Nr. 1a zurück (*BGH* NJW 2004, 3437; a.A. *Gössel*, JR 2005, 159, 161). Zwischen schwerem Raub (§ 250) und Tötungsdelikten (§§ 211 und 212), Körperverletzungsdelikten (§§ 223 ff.) sowie Freiheitsberaubung (§ 239) ist Tat- 41 einheit (§ 52) möglich (*BGH* NJW 1992, 2103; NStZ-RR 2000, 360 und 367).

II. Raub mit Todesfolge (§ 251)

1. Tatbestand

42 a) Für § 251 muss der Täter durch den Raub (§§ 249 und 250) leichtfertig den Tod eines anderen verursacht haben. Dafür genügt es nicht, dass der Raub conditio sine qua non für den Tod ist, vielmehr muss sich darüber hinaus die dem Raub eigentümliche Gefahr in dem Todeserfolg niedergeschlagen haben (sog. **Unmittelbarkeitszusammenhang**). Dabei kann sich der Todeserfolg unmittelbar aus der Raubhandlung, d.h. der tatbestandsmäßigen Gewalt oder Drohung, aber auch aus der Wegnahme und ihrer spezifischen Gefährlichkeit entwickelt haben (vgl. LK/*Vogel*, § 250 Rn. 6; *Hohmann/Sander*, BT 2, § 8 Rn. 30 ff.; *Herzberg*, JZ 2007, 615, 616; a.A. Schönke/Schröder/*Eser/Bosch*, § 251 Rn. 4; *Wessels/Hillenkamp*, Rn. 355; *Wolters*, GA 2007, 65, 72: nur unmittelbare Folgen der Nötigungsmittel).

Beispiele: A erleidet bei der Fesselung durch B einen tödlichen Herzschlag (*BGH* NStZ-RR 1997, 269) – Unmittelbarkeitszusammenhang liegt vor.

C raubt in einer Winternacht D dessen Kleidung, D wird in einsamer Gegend zurückgelassen und erfriert – Unmittelbarkeitszusammenhang liegt vor.

43 Nach h.M. kann § 251 entsprechend § 250 I Nr. 1c sowie II Nr. 3a und b (vgl. Rn. 27 f. und 31 f.) auch im **Stadium zwischen Vollendung und Beendigung** verwirklicht werden (BGHSt 38, 295 ff. – „RAF-Einkaufspassagenfall"; *BGH* NStZ 1998, 511, 512; NJW 2001, 2187; *Geilen,* Jura 1997, 464, 475; a.A. LK/*Vogel*, § 251 Rn. 7; O. *Hohmann*, JuS 1994, 860, 863; *Kühl,* JuS 2002, 729, 735), sofern sich nur die dem Raub eigentümliche besondere Gefährlichkeit verwirklicht hat (*BGH* NJW 1999, 1039). Freilich sprechen auch hier die besseren Argumente für die wortlautgetreue Auslegung (vgl. Rn. 28).

44 b) Obgleich es sich beim § 251 um ein erfolgsqualifiziertes Delikt handelt, ist abweichend vom § 18 wenigstens Leichtfertigkeit i.S. einer gesteigerten (groben) Fahrlässigkeit erforderlich. Aus der Raubbegehung als solcher kann die **Leichtfertigkeit** nicht gefolgert werden, vielmehr muss der Täter gerade im Hinblick auf den konkreten Todeserfolg wenigstens grob fahrlässig handeln (MünchKomm/*Sander*, § 251 Rn. 12). Der Schweregrad der Fahrlässigkeit hängt indes nicht nur vom Umfang der Tatsachenkenntnis, sondern vor allem vom Grad der Vermeidbarkeit ab, also inwieweit sich die Gefahr des Erfolgseintritts dem Täter aufdrängen musste, so dass auch bei unbewusster Fahrlässigkeit Leichtfertigkeit vorliegen kann (*BGH* NStZ-RR 2000, 366: Fesselung einer 83 Jahre alten Frau). Aus der Formulierung „wenigstens

§ 6. Schwerer Raub und Raub mit Todesfall

leichtfertig" folgt im Übrigen, dass der Tatbestand auch vorsätzliche Todesverursachungen erfasst.

2. Täterschaft und Teilnahme, Versuch sowie Konkurrenzen

Bezüglich **Täterschaft und Teilnahme** finden die §§ 25 ff. uneingeschränkt Anwendung. Ein Tatbeteiligter haftet aus § 251 auch dann, wenn ein anderer am Raub Beteiligter die Todesursache setzt, ihm jedoch hinsichtlich der Todesfolge selbst zumindest Leichtfertigkeit zur Last fällt und er die betreffende Handlung des anderen Beteiligten als solche jedenfalls billigend in Kauf genommen hat (*BGH* NStZ 1998, 511; 2008, 280; 2010, 33 und 81). Dabei begründet nicht jede Abweichung des tatsächlichen Geschehens vom Tatplan die Annahme eines Exzesses (*BGH* NStZ-RR 2000, 366; NStZ 2008, 280). Tritt jemand in eine bereits begonnene Ausführungshandlung vor der Beendigung sukzessiv als Mittäter ein, wird ihm das gesamte Verbrechen strafrechtlich zugerechnet (*BGH* NStZ 2008, 280).

Beispiel: A, B und C vereinbaren die mittäterschaftliche Begehung eines Raubs. Für den Fall, dass das Opfer Widerstand leistet, verabreden sie den Einsatz von Schusswaffen. Ein Warnschuss des A geht fehl und verletzt das Opfer tödlich. – Auch B und C sind nach § 251 strafbar. Sie haben mit der Verabredung des Schusswaffeneinsatzes grob fahrlässig selbst eine Ursache für den Tod des Opfers gesetzt.

> **Vertiefungshinweis:** Beim erfolgsqualifizierten Delikt sind folgende Grundsätze zu beachten: Die Beteiligungsform richtet sich nach der Mitwirkung am Grunddelikt (z.B. §§ 249 I, 25 II), die Haftung des einzelnen Beteiligten für den qualifizierenden Erfolg dagegen unabhängig vom Verschulden der anderen Beteiligten nach der jeweils eigenen Leichtfertigkeit (*Lackner/Kühl*, § 18 Rn. 5 ff.), so dass nach den einzelnen Beteiligten zu differenzieren sein kann.

Ein **Versuch** des § 251 kommt in zwei Konstellationen in Betracht (*BGH* NJW 2001, 2187; NStZ 2001, 534). Denkbar ist zum einen, dass bereits der Versuch des § 249 I (vgl. § 5 Rn. 22) den tödlichen Erfolg verursacht (sog. erfolgsqualifizierter Versuch; vgl. *BGH* NStZ 1998, 511, 512), zum anderen, dass beim Raub die ebenfalls vom Tatentschluss des Täters umfasste qualifizierende Tatfolge ausbleibt (sog. Versuch der Erfolgsqualifikation; vgl. zum Ganzen die entsprechenden Ausführungen bei *Hohmann/Sander*, BT 2, § 8 Rn. 42 ff.).

Umstritten ist es, ob ein strafbefreiender **Rücktritt** vom Versuch des Raubs mit Todesfolge möglich ist, wenn der Täter den Todeserfolg bereits vor Vollendung der Tathandlung des Raubs vorwerfbar herbeigeführt hat. Obgleich ein Teil der Literatur davon ausgeht, dass in entsprechenden Situationen ein Rücktritt ausgeschlossen ist (*Fischer*, § 18 Rn. 7; *Wolters*, GA 2007, 65, 68), ist dem Wortlaut des § 24 keine solche Einschränkung zu entnehmen. Vielmehr ist ein Rücktritt vom Versuch des Raubs unter den Voraussetzungen des § 24 möglich. Dies hat zur Folge, dass der Anknüpfungspunkt für § 251 entfällt (BGHSt 42, 158, 160 f.; *Joecks*, § 251 Rn. 14; LK/ *Vogel*, § 251 Rn. 18; *Otto*, § 46 Rn. 46; *Krack/Gasa*, JuS 2008, 1005). Eine Strafbarkeit wegen fahrlässiger Tötung (§ 222) bleibt hiervon unberührt, regelmäßig wird aber Körperverletzungsvorsatz vorliegen, so dass die tateinheitlich verwirklichte Körperverletzung mit Todesfolge (§ 227) zu prüfen ist (BGHSt 46, 24).

48 Raub (§ 249), schwerer Raub (§ 250), fahrlässige Tötung (§ 222) sowie Körperverletzung mit Todesfolge (§ 227) sind gegenüber dem Raub mit Todesfolge subsidiär (MünchKomm/ *Sander,* § 251 Rn. 16). Versuchter Raub mit Todesfolge und vollendete Körperverletzung mit Todesfolge wie auch die vollendete vorsätzliche Körperverletzung stehen aber aus Klarstellungsgründen in Tateinheit, nicht in Gesetzeskonkurrenz (BGHSt 46, 24). Tateinheit (§ 52) kommt auch mit den vorsätzlichen Tötungsdelikten (§§ 211 und 212; BGHSt 39, 100, 108) und dem räuberischen Angriff auf Kraftfahrer (§ 316a; vgl. BGHSt 25, 222, 229) in Betracht.

C. Kontrollfragen

1. Wie ist der Begriff des „gefährlichen Werkzeugs" i.S. des § 250 I Nr. 1a zu definieren? → Rn. 4 ff.
2. Kann eine Schreckschusspistole eine Waffe im Sinne des § 250 I Nr. 1a sein? → Rn. 3
3. Ist der Tatbestand des § 250 I Nr. 1b verwirklicht, wenn das verwendete Werkzeug oder Mittel objektiv ungeeignet ist, mit ihm verletzend auf den Körper eines anderen einzuwirken? → Rn. 19 ff.
4. Wird § 249 I durch § 250 I Nr. 1c qualifiziert, wenn die Gefahr einer schweren Gesundheitsschädigung auf einer Handlung im Stadium zwischen Vollendung und Beendigung des Raubs beruht? → Rn. 27 f.
5. Was erfordert der subjektive Tatbestand des § 250 I Nr. 1b? → Rn. 37
6. Was versteht man unter dem „deliktsspezifischen Gefahrzusammenhang?" → Rn. 42
7. Unter welchen Voraussetzungen kommt ein Versuch des § 251 in Betracht? → Rn. 46

§ 6. Schwerer Raub und Raub mit Todesfall

Aufbauschema (§ 250 I und II)

1. Tatbestand
   a) Objektiver Tatbestand
      - bei § 250 I Nr. 1a: Beisichführen einer Waffe oder eines anderen gefährlichen Werkzeugs
      - bei § 250 I Nr. 1b: Beisichführen sonst eines Werkzeugs oder Mittels
      - bei § 250 I Nr. 1c: Andere Person in die Gefahr einer schweren Gesundheitsschädigung bringen
      - bei § 250 I Nr. 2: Tatbegehung als Mitglied einer Bande, die sich zur fortgesetzten Begehung von Raub oder Diebstahl verbunden hat, unter Mitwirkung eines anderen Bandenmitglieds
      - bei § 250 II Nr. 1: Verwenden einer Waffe oder eines anderen gefährlichen Werkzeugs
      - bei § 250 II Nr. 2: Beisichführen einer Waffe in den Fällen des Absatzes 1 Nummer 2
      - bei § 250 II Nr. 3a: Schwere Misshandlung einer anderen Person
      - bei § 250 II Nr. 3 b: Andere Person in die Gefahr des Todes bringen
   b) Subjektiver Tatbestand
      - Vorsatz
      - für § 250 I Nr. 1b zudem Gebrauchsabsicht
2. Rechtswidrigkeit
3. Schuld

Aufbauschema (§ 251)

1. Raub
   a) Tatbestand
   b) Rechtswidrigkeit
   c) Schuld
2. Todesfolge
   a) Eintritt und Verursachung der Todesfolge
   b) Tatbestandsspezifischer Gefahrzusammenhang zwischen Grunddelikt und Erfolgsqualifikation
3. Wenigstens Leichtfertigkeit hinsichtlich der Herbeiführung der Todesfolge

Empfehlungen zur vertiefenden Lektüre:
Leitentscheidungen: BGHSt 20, 194 – „Bauernkellerfall"; BGHSt 31, 105 – „Gasrevolverfall"; BGHSt 38, 295 – „RAF-Einkaufspassagenfall"; BGHSt 44, 103 – „Tankwartfall"; BGHSt – GS – 48, 197 – „Schreckschusswaffenfall"; BGHSt 52, 257 – „Taschenmesserfall"; BGHSt 53, 234 – „Spätkauffall"; *BGH* NStZ 1997, 184 – „Labellofall"; *BGH* NStZ 2007, 332 – „Metallgegenstandfall".

Aufsätze: *Baumanns*, Hinweis auf eine bei sich geführte Waffe als Verwenden im Sinne des § 250 II Nr. 1 StGB?, JuS 2005, 405; *Boetticher/Sander*, Das erste Jahr des § 250 n.F. in der Rechtsprechung des BGH, NStZ 1999, 292; *Erb*, Schwerer Raub nach § 250 II Nr. 1 StGB durch Drohen mit einer geladenen Schreckschusspistole, JuS 2004, 653; *Fischer*, Waffen, gefährliche und sonstige Werkzeuge nach dem Beschluss des Großen Senats, NStZ 2003, 569; *Geppert*, Zum „Waffen"-Begriff, zum Begriff des „gefährlichen Werkzeugs", zur „Scheinwaffe" und zu anderen Problemen im Rahmen der neuen §§ 250 und 244 StGB, Jura 1999, 599; *Herzberg*, Zum Merkmal durch den Raub in § 251 und zum Rücktritt vom tödlichen Raubversuch, JZ 2007, 615; *Kraatz*, Zur sukzessiven Verwirklichung eines Qualifikationstatbestands, Jura 2009, 852; *Krüger*, Neues vom gefährlichen Werkzeug in § 244 StGB, JA 2009, 190; *Lanzrath/Fieberg*, Waffen und (gefährliche) Werkzeuge im Strafrecht, Jura 2009, 348; *Lesch*, Waffen, (gefährliche) Werkzeuge und Mittel beim schweren Raub nach dem 6. StrRG, JA 1999, 30; *Maier/Percic*, Aus der Rechtsprechung des BGH zu den Raubdelikten – 2. Teil, NStZ-RR 2010, 166.

Übungsfälle: *Hellmann*, Der praktische Fall – Strafrecht: Überfall am Bankautomaten, JuS 1996, 522; *Hörnle*, Übungsklausur Strafrecht: Die verflixten Rubine – Raubüberfall mit tödlichem Ausgang, Jura 2001, 44; *O. Hohmann*, Der praktische Fall – Strafrecht: Ein Banküberfall mit Hindernissen, JuS 1994, 860; *Käßner/Seibert*, Referendarexamensklausur – Strafrecht: Stoff und Zoff, JuS 2006, 810; *Krack/Gasa*, Referendarexamensklausur – Strafrecht: Vermögensdelikte – Gescheiterte Existenz, JuS 2008, 1005; *Kühl/Schramm*, Der praktische Fall – Strafrecht: Raubüberfall auf einen Tübinger Juwelier, JuS 2003, 681; *Otto*, Examensklausur Strafrecht: Dirty Harry's Fernwirkung, Jura 1999, 480; *Schapiro*, Klausur Strafrecht: Auch guten Freunden traut man nicht, JA 2005, 615; *Seher*, Übungsklausur – Strafrecht: Tickets für die Fussball-WM oder: Wie die Konkurrenzlehre den Klausuraufbau diktiert, JuS 2007, 132; *Zieschang*, Der praktische Fall – Strafrecht: Ein rachsüchtiger Hundeliebhaber, JuS 1999, 49.

§ 7. Räuberischer Diebstahl (§ 252)

A. Grundlagen

1   Der räuberische Diebstahl (§ 252) umschreibt einen selbständigen, raubähnlichen Tatbestand (*Fischer*, § 252 Rn. 1; *Lackner/Kühl*, § 252 Rn. 1). Vom Raub unterscheidet sich der räuberische Diebstahl dadurch, dass Gewalt oder Drohung (vgl. § 5 Rn. 4 ff.) hier nicht als Mittel zur Wegnahme, sondern unmittelbar nach deren Vollendung zur Sicherung der Beute eingesetzt werden (BGHSt 3, 76, 77 f.; *Geppert*, Jura 1990, 554, 555). Der Täter des § 252 „ist gleich einem Räuber zu bestrafen". Diese Formulierung verweist nicht nur

auf den Strafrahmen des § 249, sondern auch auf dessen Qualifikationen (§§ 250 und 251; vgl. BGHSt 17, 179, 180 f.; *Fischer*, § 252 Rn. 13). Bei den Qualifikationen des § 250 I und II liegt ein schwerer räuberischer Diebstahl (BGH, NStZ-RR 2002, 237), bei der des § 251 ein räuberischer Diebstahl mit Todesfolge vor.

B. Tatbestand

Für den objektiven Tatbestand des räuberischen Diebstahls (§ 252) ist es erforderlich, dass ein Täter, der beim Diebstahl auf frischer Tat betroffen wird, gegen eine Person Gewalt verübt oder mit einer gegenwärtigen Gefahr für Leib oder Leben droht. Der subjektive Tatbestand setzt Vorsatz und ferner die Absicht voraus, die Beuteentziehung zu verhindern. **2**

Grundstruktur des Tatbestands des räuberischen Diebstahls			
Objektiver Tatbestand		Subjektiver Tatbestand	
Tatsituation: auf frischer Vortat betroffen (Rn. 3 ff.)	Tathandlung: Gewalt oder Drohung (Rn. 15)	Vorsatz (Rn. 16)	Besitzerhaltungsabsicht (Rn. 17)

I. Objektiver Tatbestand

1. Diebstahl als Vortat

Der objektive Tatbestand des § 252 setzt als Vortat einen Diebstahl i.S. der §§ 242 ff. voraus. Diebstahl erfasst nach h.M. hier jede Form der **Wegnahme** in Zueignungsabsicht, also insbesondere auch den Raub (BGHSt 21, 377 ff. – „Schwiegermutterfall"; *BGH* NJW 2002, 2043, 2049; *Krey/Hellmann*, Rn. 215; zweifelnd BGHSt 38, 295, 299 – „RAF-Einkaufspassagenfall"; a.A. *RG* GA 48, 355), da dieser den Tatbestand des § 242 I mitenthält (vgl. § 5 Rn. 1). Unerheblich ist es, ob der Diebstahl qualifiziert ist oder ein Strafantragserfordernis besteht (§§ 247 und 248a; vgl. *Lackner/Kühl*, § 252 Rn. 2). **3**

> **Aufbauhinweis:** Weist der Sachverhalt beutesichernde Gewalt aus, sollte zunächst geklärt werden, ob eine Wegnahme vorliegt. Ist dies nicht der Fall, scheidet § 252 schon deshalb aus.

Die Vortat muss **vollendet** sein (BGHSt 16, 271, 277 – „Selbstbedienungsladenfall"; BGHSt 41, 198, 203 – „Einkaufswagenfall"). Der Zeitpunkt der **4**

Vollendung des Diebstahls (vgl. § 1 Rn. 43) bestimmt zugleich die Abgrenzung zwischen Raub (§ 249 I) und räuberischem Diebstahl (§ 252). Der Einsatz der Nötigungsmittel nach der Vollendung der Vortat ist nach § 252 zu beurteilen, ein Einsatz der Nötigungsmittel zum Zwecke der Wegnahme dagegen nach § 249 I (BGHSt 28, 224, 226 – „Taxifahrerfall"; *BGH* NStZ-RR 2001, 41; *Fischer*, § 252 Rn. 4; MünchKomm/*Sander*, § 252 Rn. 6).

Beispiel: A entwendet aus der offen stehenden Kasse eines Selbstbedienungsladens Geldscheine, die er in seine Hosentasche steckt. Als B hinzukommt, bedroht A diesen mit einem Teppichmesser. – Die Wegnahme ist vollendet, daher sind §§ 252, 250 II Nr. 1 zu prüfen (*BGH* NStZ-RR 2001, 41).

5   Die Rechtsprechung, die beim Raub auch die im Stadium zwischen Vollendung und Beendigung verwirklichten qualifizierenden Tatbestandsmerkmale noch als mit der Raubhandlung zusammenhängend versteht (BGHSt 20, 194, 197 – „Bauernkellerfall"; BGHSt 22, 227, 228 f.; BGHSt 38, 295, 297 ff. – „RAF-Einkaufspassagenfall"; vgl. § 6 Rn. 14, 27, 30, 34 f.), hat hierauf keine Auswirkungen (MünchKomm/*Sander*, § 252 Rn. 6). Die insoweit einschlägigen Entscheidungen betreffen allein die Frage, bis zu welchem Zeitpunkt die Tathandlung des Raubs andauert.

6   Letztmöglicher Zeitpunkt für die Verwirklichung des § 252 ist nach h.M. die Beendigung der Vortat (BGHSt 28, 224, 229 – „Taxifahrerfall"; *BGH* StV 1987, 196; *Fischer*, § 252 Rn. 4; a.A. *Lackner/Kühl*, § 252 Rn. 4: bei engem zeitlich-räumlichen Zusammenhang auch darüber hinaus).

2. Betroffensein auf frischer Tat

7   Die Merkmale beim Diebstahl „auf frischer Tat betroffen" enthalten zwei zu unterscheidende umstrittene Problembereiche: zum einen, wann die Vortat sich noch als frisch erweist (Rn. 11 ff.), und zum anderen, wie das Tatbestandsmerkmal des „Betroffenseins" zu bestimmen ist (Rn. 8 ff.).

8   **a)** Das Merkmal des Betroffenseins verlangt unstreitig, dass der Täter der Wegnahme mit einem anderen Menschen **zusammentrifft**. Dabei bedarf es nicht zwingend einer räumlichen Nähe; es reicht aus, wenn der Dieb durch Überwachungsanlagen von einem Dritten beobachtet wird. Es ist ebenfalls nicht erforderlich, dass der Dritte die Absicht hatte, den Täter zu stören, indem er in das Geschehen eingreift (MünchKomm/*Sander*, § 252, Rn. 9; a.A. *Küper*, JZ 2001, 730, 734).

> **Merke: Betroffen** ist der Täter, wenn er mit dem Opfer oder einem beliebigen tatunbeteiligten Dritten (*Wessels/Hillenkamp*, Rn. 368) „raum-zeitlich zusammentrifft". Gleichgültig ist es hierbei, ob der andere den Vorgang als Diebstahl erkennt oder ahnungslos ist (BGHSt 9, 255, 257).

§ 7. Räuberischer Diebstahl

Die Rechtsprechung und ein Teil der Literatur halten es nicht einmal für **9** erforderlich, dass der Täter von einem anderen bemerkt, d.h. überhaupt sinnlich **wahrgenommen**, z.B. gesehen oder gehört wird (BGHSt 26, 95, 96 f. – „Knüppelfall"; *OLG Köln* NStZ 2005, 448, 449; *Lackner/Kühl*, § 252 Rn. 4; *Otto*, § 46 Rn. 55; vgl. aber schon deutlich kritischer BGHSt 28, 224, 227 f. – „Taxifahrerfall"). Damit sind auch die Fälle erfasst, in denen der Täter von einem anderen überrascht wird und z.B. durch schnelles Zuschlagen dem möglicherweise unmittelbar bevorstehenden Bemerktwerden zuvorkommt (BGHSt 26, 95, 96 – „Knüppelfall"; *Lackner/Kühl*, § 252 Rn. 4; *Rengier*, § 10 Rn. 8). Diese Auslegung des Merkmals „Betroffensein" i.S. von „sich für betroffen halten" kann sich zwar auf die ratio legis des § 252 stützen, der die Verteidigung der Diebesbeute mit einem Raubmittel unter Strafe stellt. Mit dem möglichen Wortsinn des Merkmals „betroffen", das als Entdecktsein zu definieren ist, ist der Verzicht auf das Kriterium der tatsächlich erfolgten Wahrnehmung jedoch nicht zu vereinbaren. Vielmehr würde dies zur Bedeutungslosigkeit des Tatbestandsmerkmals führen. Denn der Täter verhindert gerade das Bemerktwerden. Die Auslegung der h.M. ist daher eine unzulässige Analogie (Art. 103 II GG; LK/*Vogel*, § 252 Rn. 28; *Wessels/Hillenkamp*, Rn. 368).

Nach der Rechtsprechung scheidet der mögliche Wortsinn von Betroffensein **10** i.S. eines „raum-zeitlichen Zusammentreffens" immerhin solche Taten aus dem Anwendungsbereich des § 252 aus, bei denen Täter und Opfer von vornherein „zusammen sind", ohne aufeinander zu „treffen" (BGHSt 28, 224, 227 f. – „Taxifahrerfall").

b) Das Merkmal der „**frischen Tat**" hat in § 252 eine zweifache Bedeu- **11** tung. Zum einen bezieht es sich auf den Zeitpunkt des Betroffenseins, zum anderen auf den Zeitpunkt der Tathandlung.

§ 252 fordert zunächst ein Betroffensein des Täters, solange seine Vortat **12** noch frisch ist, darüber hinaus aber auch, dass der Täter die Tathandlung, d.h. die Anwendung der qualifizierten Nötigungsmittel, in dieser Phase vornimmt. Der Einsatz der Nötigungsmittel muss zwingend nach der Vollendung der Vortat erfolgen, da § 252 eine vollendete Vortat voraussetzt (vgl. Rn. 4).

Wann die Vortat nicht mehr frisch ist, ist umstritten. Nach h.M. liegt eine **13** frische Vortat i.S. des § 252 jedenfalls dann nicht mehr vor, sobald diese **beendet** ist.

Beispiel: A und B treten mit der aus einem Laden entwendeten und im Kofferraum ihres Pkw verstauten Beute die Heimfahrt an. Als Polizeibeamte das Fahrzeug weit vom Ort des Diebstahls entfernt wegen eines Verkehrsverstoßes stoppen wollen, schießen A und B auf die Polizeibeamten (*BGH* JZ 1988, 471 f.) – keine frische Tat mehr.

Die Beendigung markiert zwar den Zeitpunkt, ab dem die Vortat zwin- **14** gend aufhört, frisch zu sein, jedoch kann diese bereits zuvor aus Gründen des

Zeitablaufs oder wegen der räumlichen Entfernung vom Tatort ihre Frische verloren haben (BGHSt 28, 224, 229 – „Taxifahrerfall"; *BGH* NStZ 1987, 453, 454; *Fischer*, § 252 Rn. 5; *Wessels/Hillenkamp*, Rn. 366 f.).

Beispiel: Taxifahrer A entwendet seinem Fahrgast B während der Fahrt von Stuttgart nach Hamm unbemerkt die Brieftasche mit 15.500,– DM und steckt sie ein. B wird erst nach einer Fahrstrecke von über 50 km und dem Verlassen der Autobahn argwöhnisch. A stößt daraufhin B aus dem Fahrzeug (BGHSt 28, 224 ff. – „Taxifahrerfall") – keine frische Tat mehr; zudem fehlt es an einem Betroffensein (vgl. Rn. 10).

3. Nötigungsmittel

15   Der Täter muss, bei einem Diebstahl auf frischer Tat betroffen, Gewalt gegen eine Person verüben (vgl. § 5 Rn. 4 ff.) oder mit gegenwärtiger Gefahr für Leib oder Leben (vgl. § 5 Rn. 10 f.) drohen, um erwarteten oder geleisteten Widerstand gegen die Gewahrsamssicherung zu überwinden. Dies muss nicht am Ort des Diebstahls geschehen; es genügt, wenn die Nötigungsmittel während der Verfolgung zur Anwendung kommen (BGHSt 9, 255, 257). Wie beim Raub müssen sich die Nötigungsmittel nicht notwendig gegen den ursprünglichen Gewahrsamsinhaber richten (LK/*Vogel*, § 252 Rn. 45 ff.; a.A. *Küper*, JZ 2001, 730, 734: Dritter muss tatsächlich willens sein, die Beutesicherung zu erschweren).

II. Subjektiver Tatbestand

16   Der subjektive Tatbestand des räuberischen Diebstahls erfordert zunächst zumindest bedingten Vorsatz, der sich auf alle Merkmale des objektiven Tatbestands erstrecken muss (*Fischer*, § 252 Rn. 9; *Otto*, § 46 Rn. 60). Darüber hinaus muss der Täter in der Absicht handeln, eine Beuteentziehung zu verhindern, die tatsächlich oder nach seiner Vorstellung gegenwärtig ist oder unmittelbar bevorsteht (sog. **Besitzerhaltungsabsicht**; BGHSt 13, 64, 65 – „Kaffeestubenfall"; BGHSt 28, 224, 231 – „Taxifahrerfall"; *Fischer*, § 252 Rn. 9; *Geppert*, Jura 1990, 554, 557). Es muss ihm also darauf ankommen, den noch gefährdeten Gewahrsam mit dem Ziel der Zueignung zu sichern (Münch-Komm/*Sander*, § 252 Rn. 15). Daran fehlt es, wenn der Täter bei der qualifizierten Nötigung nur das Ziel hat, unmittelbar nach dem Entkommen sich der Beute als Beweismittel zu entledigen (BGHR StGB § 252 Besitzerhaltungsabsicht 2; *Thoss*, Jura 2002, 351, 352). Eine Drittzueignungsabsicht reicht nicht aus (vgl. hierzu *Dehne-Niemann*, JuS 2008, 589; *Weigend*, GA 2007, 274).

Beispiel: A entwendet B in seiner Wohnung die Geldbörse. Als B den Verlust bemerkt, stellt er A zur Rede, jedoch gibt A die Geldbörse nicht heraus. Als B daraufhin die Wohnung verlassen will, um seinen Sohn C herbeizuholen, der die Angelegenheit klären soll, stürzt A den B die Treppe hinab, um zu verhindern, dass C ihm die Geldbörse wieder abnimmt. – A handelt nicht in der Absicht, eine *unmittelbar* bevorstehende Besitzentziehung zu vereiteln (nach *BGH* StV 1987, 196 f.).

Die Besitzerhaltung braucht jedoch **nicht alleiniges Ziel** des Handelns 17 zu sein. Es reicht aus, wenn der Täter z.B. daneben bezweckt, sich der Ergreifung zu entziehen (BGHSt 13, 64 f. – „Kaffeestubenfall"; *BGH* NStZ 2000, 530; NStZ-RR 2005, 340). Setzt hingegen der Täter die Nötigungsmittel ein, um lediglich die Aufklärung der Tat oder die Feststellung seiner Person zu verhindern, liegt die von § 252 geforderte Absicht nicht vor (BGHSt 9, 162, 63 f. – „Bohlenfall"; *Wessels/Hillenkamp*, Rn. 371).

C. Täterschaft und Teilnahme, Versuch, Konkurrenzen sowie Verfolgbarkeit

Mittäter der Vortat (vgl. Rn. 3 f.) können nach h.M. auch dann Täter des 18 § 252 sein, wenn sie zwar selbst nicht unmittelbar im Besitz der Beute sind, aber handeln, um den mittäterschaftlich zugerechneten Besitz an der Beute zu erhalten (*OLG Stuttgart* NJW 1966, 1931; MünchKomm/*Sander*, § 252 Rn. 17; *Wessels/Hillenkamp*, Rn. 373).

Beispiel: A und B überfallen gemeinschaftlich eine Tankstelle und rauben die Tageseinnahmen. Der Tankstellenpächter C verfolgt die beiden. B schlägt C nieder, damit A die Flucht mit der Beute erfolgreich fortsetzen kann. – B ist wegen § 252 strafbar, A nur dann, wenn B im Rahmen des gemeinsamen Tatplans tätig wurde.

Ist die Beute bereits geteilt, kann jeder Mittäter nur noch die eigene Sach- 19 herrschaft verteidigen (*Otto*, § 46 Rn. 63).

Beispiel: A und B teilen im obigen Beispiel (vgl. Rn. 18) noch am Tatort die Beute. Schlägt B den sie verfolgenden C nieder, um sich den Besitz an seinem Anteil zu erhalten, begeht er einen räuberischen Diebstahl (§ 252); schlägt er C hingegen nieder, um ausschließlich A den Besitz an dessen Beuteteil zu erhalten, scheidet räuberischer Diebstahl (§ 252) aus.

Umstritten ist, ob auch **Teilnehmer** an der Vortat Täter des räuberischen 20 Diebstahls sein können. Die Rechtsprechung und Teile des Schrifttums bejahen dies, wenn sich der Teilnehmer beim Einsatz eines Nötigungsmittels (vgl. Rn. 15) im Besitz oder zumindest im Mitbesitz der Beute befindet (BGHSt 6, 248, 250; MünchKomm/*Sander*, § 252 Rn. 17; *Maurach/Schroeder/Maiwald*, BT 1, § 35 Rn. 40; *Otto*, § 46 Rn. 64).

Beispiel: A überfällt eine Tankstelle und raubt die Tageseinnahmen, während B „Schmiere steht". Noch am Tatort erhält B seinen Beuteanteil. Als Tankstellenpächter C die beiden verfolgt, schlägt B ihn nieder, um sich seinen Anteil zu erhalten.

Hingegen scheidet nach einem anderen Teil des Schrifttums der Teilneh- 21 mer an der Vortat zutreffend als Täter des räuberischen Diebstahls aus (*Lackner/Kühl*, § 252 Rn. 6; LK/*Vogel*, § 252 Rn. 71; *Wessels/Hillenkamp*, Rn. 373;

Weigend, GA 2007, 274, 277). Das vom Teilnehmer mit der Nötigung zur Besitzerhaltung verwirklichte Unrecht bleibt hinter § 252 zurück und steht mit seiner Unrechtsbegründung kaum in Zusammenhang (*Fischer*, § 252 Rn. 11).

22 Freilich kann der Teilnehmer an der Vortat – wie jeder an der Vortat Unbeteiligte – durch den Einsatz eines tatbestandlichen Nötigungsmittels (vgl. Rn. 15) Beihilfe zum räuberischen Diebstahl unter der Voraussetzung leisten, dass der Täter oder ein Mittäter des vorausgegangenen Diebstahls selbst die für § 252 erforderliche besondere Absicht aufweist (zur Begehung in mittelbarer Täterschaft durch den Gehilfen vgl. *Dehne-Niemann*, JuS 2008, 589, 591 f.) Anderenfalls fehlt es an einer für die Beteiligung vorausgesetzten Haupttat (BGHSt 6, 248, 251; *BGH* StV 1991, 349 f.).

Beispiel: Nach einem Diebstahl ist A auf der Flucht. Den verfolgenden C schlägt B nieder, um A den Besitz an der Beute zu erhalten. A vertraut von Anfang an darauf und will, dass B zur Erhaltung seines Besitzes an der Beute mit Gewalt gegen C eingreift (*BGH* StV 1991, 349 f.).

23 Der räuberische Diebstahl ist bereits mit dem auf Gewahrsamssicherung gerichteten Einsatz des Nötigungsmittels vollendet (*BGH* NJW 1968, 2386, 2387). **Versuch** kommt daher nur in Betracht, wenn dieser Einsatz scheitert (BGHSt 14, 114, 115) oder die Vortat entweder trotz abgeschlossenen Gewahrsamsbruchs nicht vollendet ist, z.B. weil der Täter eine ihm selbst gehörende Sache „entwendet" oder ein tatbestandsausschließendes Einverständnis vorliegt (*Wessels/Hillenkamp*, Rn. 372).

24 **Tateinheit** (§ 52) kann insbesondere mit den Körperverletzungsdelikten (§§ 223 ff.) und mit Widerstand gegen Vollstreckungsbeamte (§ 113) vorliegen. Wenn das Nötigungsmittel zugleich der Erlangung und der Sicherung verschiedener Sachen dient, stehen Raub (§ 249 I) und räuberischer Diebstahl (§ 252) in Tateinheit (*BGH* StV 1985, 13, 14; *Schönke/Schröder/Eser/Bosch*, § 252 Rn. 13). Wird vom Täter Gewalt nicht nur zur Erlangung des Gewahrsams, sondern auch noch zu dessen Sicherung eingesetzt, **verdrängt** § 249 den § 252 im Wege der Gesetzeseinheit, da dem erneuten Angriff auf das Vermögen keine selbständige Bedeutung mehr zukommt (*BGH* NJW 2002 2043, 2047). Allerdings kann § 252 den § 249 dann verdrängen, wenn die § 252 zugrunde liegende Tathandlung schwerer wiegt (*BGH* GA 1969, 347, 348; *Wessels/Hillenkamp*, Rn. 377), z.B. wenn allein die Gewalt zur Beutesicherung zum Tod des Opfers führt.

25 **Konkurrenzprobleme** zwischen Raub (§ 249) und räuberischem Diebstahl (§ 252) ergeben sich insbesondere dann, wenn die qualifizierenden Umstände des schweren Raubs (§ 250) erst nach Vollendung der Wegnahme, aber vor Beendigung der Tat verwirklicht werden. Hier ist zu differenzieren:

26 Ist die Vortat ein Diebstahl (§ 242 I) und setzt der Täter die Nötigungsmittel erst nach Vollendung der Wegnahme ein, kommt allein ein räuberischer Diebstahl (§ 252) in Betracht, da es an der für den Raub (§ 249 I) vorausge-

setzten Finalität der Nötigung für die Wegnahme fehlt (BGHSt 28, 224, 226 – „Taxifahrerfall"; *BGH* StV 1985, 13).

Ist die Vortat ein Raub (§ 249 I) und verwirklicht der Täter die Qualifikationsmerkmale des schweren Raubs (§ 250) oder des Raubs mit Todesfolge (§ 251) erst nach Vollendung der Wegnahme, können nach h.M. die §§ 250 und 251 sowohl den Tatbestand des Raubs (§ 249 I) *als auch* den des räuberischen Diebstahls (§ 252) qualifizieren (vgl. § 6 Rn. 27). Unstreitig ist es, dass der Täter wegen derselben Tat nicht zugleich wegen schweren Raubs (§§ 249 I, 250 I und II) und wegen schweren räuberischen Diebstahls (§§ 252, 250 I und II) bestraft werden kann. Vielmehr wird der Täter wegen schweren Raubs (§§ 249 I, 250 I und II) bzw. Raubs mit Todesfolge (§ 251) bestraft. Der zugleich verwirklichte schwere räuberische Diebstahl (§§ 252, 250 I und II) bzw. räuberische Diebstahl mit Todesfolge (§§ 252, 251) tritt demgegenüber zurück, da das Diebstahlselement bereits vom schweren Raub (§§ 249 I, 250 I und II) bzw. Raub mit Todesfolge (§ 251) erfasst ist (*BGH* GA 1969, 347, 348). 27

Geht man richtigerweise davon aus, dass § 249 in der Phase zwischen Vollendung und Beendigung nicht mehr qualifiziert werden kann (vgl. § 6 Rn. 28), kommen insoweit die §§ 250 und 251 nur über § 252 zur Anwendung. Ist lediglich der räuberische Diebstahl (§ 252), nicht aber der Raub (§ 249 I) qualifiziert, so tritt § 249 als sudsidiär zurück. Ist weder der Raub (§ 249) noch der räuberische Diebstahl (§ 252) oder aber sind beide gleich qualifiziert, tritt der (qualifizierte) räuberische Diebstahl (§ 252) als mitbestrafte Nachtat zurück (Rn. 24). 28

Der räuberische Diebstahl (§ 252) geht wegen **Spezialität** der Nötigung (§ 240) vor. Etwas anderes kann gelten, wenn sich die Nötigung in der Beendigungsphase gegen einen weiteren, bisher nicht Geschädigten richtet (hierzu neigt *BGH* NStZ 2002, 542, 544; bejahend *Hellmann*, JA 2003, 107). § 252 geht auch dem Diebstahl (§ 242) vor. Das gilt selbst dann, wenn der räuberische Diebstahl nur versucht ist (Schönke/Schröder/*Eser*/*Bosch*, § 252 Rn. 13; a.A. *Fischer*, § 252 Rn. 12; MünchKomm/*Sander*, § 252 Rn. 19), da §§ 252, 22 eine vollendete Wegnahme voraussetzen, dies daher nicht mehr durch die tateinheitliche Verurteilung wegen Diebstahls zum Ausdruck gebracht werden muss. 29

Die Strafantragserfordernisse der §§ 247 und 248a finden keine Anwendung, da im Verhältnis zum Diebstahl (§ 242 I) der räuberische Diebstahl (§ 252) ein selbständiges Delikt ist (BGHSt 3, 76, 77). 30

D. Kontrollfragen

1. Welche Delikte kommen als Vortat des § 252 in Betracht? → Rn. 3f.
2. Liegt ein Betroffensein i.S. des § 252 auch dann vor, wenn der Täter

z.B. durch schnelles Zuschlagen dem Bemerktwerden zuvorkommt? → Rn. 8 f.
3. Unter welchen Voraussetzungen erweist sich eine Vortat als frisch i.S. des § 252? → Rn. 11 ff.
4. Können Teilnehmer an der Vortat Täter des § 252 sein? → Rn. 20 ff.

Aufbauschema (§ 252)

1. Tatbestand
   a) Objektiver Tatbestand
      (1) bei einem Diebstahl
      (2) auf frischer Tat
      (3) betroffen
      (4) Gewalt gegen eine Person oder Drohung mit einer gegenwärtigen Gefahr für Leib oder Leben anwenden
   b) Subjektiver Tatbestand
      (1) Vorsatz
      (2) Absicht, sich im Besitz des gestohlenen Guts zu erhalten
2. Rechtswidrigkeit
3. Schuld

Empfehlungen zur vertiefenden Lektüre:
Leitentscheidungen: BGHSt 9, 162 – „Bohlenfall"; BGHSt 13, 64 – „Kaffeestubenfall"; BGHSt 21, 377 – „Schwiegermutterfall"; BGHSt 26, 95 – „Knüppelfall"; BGHSt 28, 224 – „Taxifahrerfall"; BGHSt 38, 295 – „RAF-Einkaufspassagenfall".

Aufsätze: *Dehne-Niemann*, Tatbestandslosigkeit der Drittbesitzerhaltungsabsicht und Beteiligungsdogmatik, JuS 2008, 589; *Geppert*, Zu einigen immer wiederkehrenden Streitfragen im Rahmen des räuberischen Diebstahls (§ 252), Jura 1990, 554; *Küper*, Besitzerhaltung, Opfertauglichkeit und Ratio legis beim räuberischen Diebstahl, JZ 2001, 730; *Küper*, Vollendung und Versuch beim räuberischen Diebstahl, Jura 2001, 21; *Seier*, Probleme der Abgrenzung und der Reichweite von Raub und räuberischem Diebstahl – BGH NJW 1979, 726, JuS 1979, 336; *Seier*, Die Abgrenzung des räuberischen Diebstahls von der räuberischen Erpressung, NJW 1981, 2152; *Weigend*, Der altruistische räuberische Dieb, GA 2007, 274.

Übungsfälle: *Bott/A. Pfister*, Examensklausur Strafrecht: Der Bankräuber und sein Umfeld, Jura 2010, 226; *Dehne-Niemann/Weber*, Examensklausur Strafrecht: Der Gang nach dem Eisenhammer, JA 2009, 868; *Geisler/Meyer*, Übungsklausur Strafrecht: Goldkette und Amulett, Jura 2010, 388; *Geppert*, Abschlussklausur im Strafrecht, Jura 2002, 278; *Hillenkamp*, Der praktische Fall – Strafrecht: Tricksereien und zarte Bande, JuS 2003, 157; *O. Hohmann*, Der praktische Fall – Strafrecht: Ein Banküberfall mit Hindernissen, JuS 1994, 860; *Meyer-Goßner*, Assessorklausur Strafrecht: Ein gewalttätiger Einbrecher, Jura 1992, 214; *Thoss*, Examensklausur Strafrecht: Ladendiebstahl und Folgen, Jura 2002, 351.

Kapitel 3. Strafbarer Eigennutz (Kerntatbestände)

Im 25. Abschnitt des StGB hat der Gesetzgeber eine Reihe von Tatbeständen zusammengefasst, deren einziges gemeinsames Merkmal darin besteht, „dass sie in andere Abschnitte nicht hineinpassen" (LK/*Krehl*, vor § 284 vor Rn. 1). Als wesentlichste Vorschriften innerhalb dieses „Sammelsuriums" sind das Vereiteln der Zwangsvollstreckung (§ 288), die Pfandkehr (§ 289) sowie die Jagd- und Fischwilderei (§§ 292 und 293) anzusehen.

§ 8. Vereiteln der Zwangsvollstreckung und Pfandkehr (§§ 288 und 289)

A. Grundlagen

Während § 288 die Befriedigung des Gläubigers im Wege der Einzelzwangsvollstreckung in das Vermögen des Schuldners sichern soll (BGHSt 16, 330, 333f. – „Staubsaugerfall"), schützt § 289 die Möglichkeit der Ausübung bestimmter Besitz-, Pfand- und ähnlicher Rechte gegen eigenmächtige Vereitelung (*Lackner/Kühl*, § 289 Rn. 1). **1**

B. Tatbestände

I. Vereiteln der Zwangsvollstreckung (§ 288 I)

1. Objektiver Tatbestand

Der Täter muss bei einer ihm drohenden Zwangsvollstreckung Bestandteile seines Vermögens veräußern oder beiseiteschaffen. **2**

a) Unter **Zwangsvollstreckung** i.S. der Vorschrift ist die hoheitliche Durchsetzung eines vermögensrechtlichen Anspruchs zu verstehen (vgl. SK/*Hoyer*, § 288 Rn. 4). Dieser muss materiell-rechtlich wirklich bestehen und grundsätzlich vollstreckungsfähig, nicht aber bereits vollstreckbar oder fällig sein (*Fischer*, § 288 Rn. 4). Geldstrafen und sonstige Vermögenssanktionen zählen nicht dazu, da der Staat insofern nicht als Gläubiger eines materiellen Befriedigungsrechts, sondern in Ausübung der Strafrechtspflege handelt (LK/*Schünemann*, § 288 Rn. 13; MünchKomm/*Maier*, § 288 Rn. 9). **3**

4 Die Zwangsvollstreckung **droht** nach zutreffender h.M. schon dann, wenn nach den Umständen des Falls aufgrund konkreter Anhaltspunkte objektiv anzunehmen ist, dass der Gläubiger seinen Anspruch auf diese Weise demnächst, d.h. sobald wie möglich durchsetzen wird (*Geppert*, Jura 1987, 427 f.). Diese Annahme kann bereits zu einem Zeitpunkt berechtigt sein, in dem noch nicht einmal eine Klage zur Erlangung eines Vollstreckungstitels erhoben ist (*BGH* MDR/H 1977, 638; differenzierend SK/*Hoyer*, § 288 Rn. 10). Auch eine begonnene Zwangsvollstreckung droht noch solange, wie nicht alle Vollstreckungsmaßnahmen abgeschlossen sind, beispielsweise nach Pfändung einer Sache bis zu deren Versteigerung (LK/*Schünemann*, § 288 Rn. 18; Schönke/Schröder/*Heine*, § 288 Rn. 12).

5 **b)** Der Begriff des Vermögens ist vollstreckungsrechtlich zu verstehen und umfasst daher alles, was der Vollstreckung unterliegt (BGHSt 16, 330, 332 f. – „Staubsaugerfall"). Bei einer Geldforderung sind folglich gemäß den §§ 803 ff. ZPO unpfändbare Gegenstände und Rechte nicht Bestandteil des Vermögens (*Fischer*, § 288 Rn. 6; *Wessels/Hillenkamp*, Rn. 449). Gleiches gilt für Sachen, gegen deren Pfändung ein Dritter Widerspruchsklage nach § 771 ZPO erheben könnte (LK/*Schünemann*, § 288 Rn. 24; MünchKomm/*Maier*, § 288 Rn. 19).

6 **c)** Eine Veräußerung i.S. des § 288 I liegt in jeder Verfügung, durch die ein Teil des Vermögens rechtlich aus diesem ausgeschieden wird. Dies kann etwa durch Übereignung einer Sache, Belastung eines Grundstücks mit einer Hypothek oder durch Abtretung von Gehaltsforderungen (vgl. *BGH* wistra 2000, 311, 314) geschehen. Lediglich verpflichtende Geschäfte – z.B. Verkauf und Vermietung – sind dafür nicht ausreichend. Auch eine Verfügung genügt nur dann, wenn sie ohne vollen Gegenwert bleibt, so dass sich die Befriedigungschancen des Gläubigers verringern (Schönke/Schröder/*Heine*, § 288 Rn. 15; *Geppert*, Jura 1987, 427, 429).

> **Merke:** Keine Veräußerung stellt die Erfüllung einer Forderung dar, die bereits *vor* der drohenden Zwangsvollstreckung bestand (vgl. *BGH* wistra 2000, 311, 314; *Otto*, § 50 Rn. 18). Wer dagegen über eine nach § 883 ZPO herauszugebende oder eine schon wirksam gepfändete Sache verfügt, veräußert diese i.S.d. § 288 I (BGHSt 16, 330, 333 – „Staubsaugerfall"; *Lackner/Kühl*, § 288 Rn. 4; *Haas*, GA 1996, 117, 119).

7 Im Unterschied zum Veräußern erfordert das Beiseiteschaffen, dass eine Sache der Zwangsvollstreckung tatsächlich entzogen wird. Eines rechtlichen Ausscheidens bedarf es nicht (*Geppert*, Jura 1987, 427, 430).

Beispiele: Ein Täter schafft eine Sache beiseite, wenn er sie fortbringt, versteckt, heimlich vermietet oder zerstört (a.A. bzgl. des Zerstörens Schönke/Schröder/*Heine*, § 288 Rn. 17). Eine bloße Beschädigung reicht jedoch im Hinblick auf den Wortlaut nicht aus, soweit dadurch ihr Wert als Vollstreckungsgegenstand nicht völlig entfällt (LK/*Schünemann*, § 288 Rn. 32; *Fischer*, § 288 Rn. 10).

2. Subjektiver Tatbestand

In Bezug auf den objektiven Tatbestand muss der Täter zumindest bedingten Vorsatz haben. Bei der Tathandlung muss zudem die Absicht bestehen, die Befriedigung des Gläubigers zu vereiteln. Nach h.M. ist dafür schon direkter Vorsatz hinreichend. Es genügt also, dass der Täter die Benachteiligung des Gläubigers als sichere Folge voraussieht (dolus directus 2. Grades; *Fischer*, § 288 Rn. 12; MünchKomm/*Maier*, § 288 Rn. 36; a.A. SK/*Hoyer*, § 288 Rn. 17: dolus directus 1. Grades), wobei diese nur zeitweilig zu sein braucht (*BGH* MDR/H 1977, 638). Die Absicht ist jedoch bei einer Geldforderung zu verneinen, wenn zwar einzelne Gegenstände weggeschafft werden, ein erfolgreicher Zugriff des Gläubigers auf sonstiges Vermögen des Täters aber gewährleistet ist (*Krey/Hellmann*, Rn. 290; *Otto*, § 50 Rn. 20).

II. Pfandkehr (§ 289 I)

1. Objektiver Tatbestand

Der objektive Tatbestand verlangt im Wesentlichen, dass der Täter eine bewegliche Sache dem Inhaber eines daran bestehenden Pfand- oder ähnlichen Rechts wegnimmt.

> **Beispielsfall 4 – Überstürzter Auszug („Rücken"):** A ist Mieter einer hellen und geräumigen Dachgeschosswohnung. Mittlerweile bestehen erhebliche Mietrückstände. Kurz vor dem Ende der Mietzeit teilt der Vermieter daher schriftlich mit, dass er von dem ihm zustehenden Pfandrecht Gebrauch mache. A reagiert auf das Schreiben sofort und zieht unter Mitnahme aller seiner Sachen vorfristig aus der Wohnung aus. Strafbarkeit des A?

Lösung:

Die aus der Wohnung entfernten Sachen waren offensichtlich beweglich (vgl. § 1 Rn. 11) und standen im Eigentum des A.

Im Übrigen kann neben dem Eigentümer auch ein in dessen Interesse handelnder Dritter § 289 verwirklichen (*Wessels/Hillenkamp*, Rn. 442). Es kommt somit für eine Strafbarkeit nach § 289 darauf an, ob an den Gegenständen ein Recht i.S. der Norm bestand, und bejahendenfalls, ob A dem Inhaber dieses Rechts die Sachen weggenommen hat.

a) § 289 schützt zunächst Nutznießungsrechte wie den Nießbrauch nach § 1030 I BGB und Gebrauchsrechte im weitesten Sinn, z.B. des Sicherungsgebers bei der Sicherungsübereignung, des Mieters nach den §§ 535 ff. BGB und des Entleihers gemäß den §§ 598, 603 BGB, aber auch das Anwartschaftsrecht beim Kauf unter Eigentumsvorbehalt (LK/*Schünemann*, § 289 Rn. 7;

Schönke/Schröder/*Heine*, § 289 Rn. 7). Darüber hinaus werden Zurückbehaltungsrechte, insbesondere nach den §§ 273, 1000 BGB, sowie Pfandrechte erfasst. Nicht nur bei diesen ist es unerheblich, ob sie auf Gesetz oder vertraglicher Vereinbarung beruhen (*Geppert,* Jura 1987, 427, 432).

Beispiele: Pfandrechte sind etwa die gemäß § 1205 BGB bestellten, ferner die des Unternehmers (§ 647 BGB; *OLG Düsseldorf* NJW 1989, 115, 116) und des Gastwirts (§ 704 BGB). Dazu zählen nach h.M. auch das Pfändungspfandrecht (SK/*Hoyer*, § 289 Rn. 4; *Krey/Hellmann,* Rn. 287; a.A. *Lackner/Kühl*, § 289 Rn. 1) sowie das – im Beispielsfall bestehende – Vermieterpfandrecht nach § 562 BGB (*BayObLG* NJW 1981, 1745 – „Vermieterpfandrechtsfall"; *Fischer*, § 289 Rn. 1; MünchKomm/*Maier*, § 289 Rn. 8).

14 b) Entscheidend ist es demnach, ob A die Sachen dem Vermieter als Inhaber eines geschützten Pfandrechts weggenommen hat. Wenn der Wegnahmebegriff des § 289 mit dem des Diebstahls identisch wäre, müsste dies verneint werden, weil es an einem Gewahrsamsverlust des Vermieters fehlt (vgl. § 1 Rn. 40).

15 Eine derartige Gleichstellung der Tathandlungen ist jedoch mit der h.M. abzulehnen (*BayObLG* NJW 1981, 1745 – „Vermieterpfandrechtsfall"; *Lackner/Kühl*, § 289 Rn. 3; a.A. Schönke/Schröder/*Heine*, § 289 Rn. 8; *Bohnert*, JuS 1982, 256, 260). Sie ist weder begrifflich notwendig – andernfalls müsste § 168 nicht ausdrücklich eine Wegnahme „aus dem Gewahrsam" fordern – noch aufgrund der Verwendung desselben Worts zwingend, weil dessen Bedeutung in verschiedenen Tatbeständen nach deren Zweck im Einzelfall variieren kann (LK/*Schünemann*, § 289 Rn. 10 und 14; methodisch instruktiv *Bohnert*, JuS 1982, 256, 257f.; teilweise kritisch *Laubenthal*, JA 1990, 38, 41 und 43, der zudem auf § 274 I Nr. 3 hinweist). Der Zweck des § 289 spricht aber für eine Einbeziehung auch besitzloser Pfandrechte, sofern deren Inhaber wenigstens eine Zugriffsmöglichkeit hat. Dies ist beim Vermieterpfandrecht im Hinblick auf das Selbsthilferecht des § 562b I BGB zu bejahen (*BayObLG* NJW 1981, 1745 – „Vermieterpfandrechtsfall"; *Wessels/Hillenkamp*, Rn. 441).

2. Subjektiver Tatbestand

16 Der objektive Tatbestand muss vorsätzlich verwirklicht werden. Dafür bedarf es der – bei A vorliegenden – Kenntnis vom Bestehen des geschützten Rechts (*OLG Düsseldorf* NJW 1989, 115, 116). Zudem fordert das Gesetz ein Handeln in rechtswidriger Absicht, d.h. mit dem sicheren Wissen, das fremde Recht zu vereiteln (dolus directus 2. Grades; *Lackner/Kühl*, § 289 Rn. 4; MünchKomm/*Maier*, § 289 Rn. 21; differenzierend LK/*Schünemann*, § 289 Rn. 24 f.; a.A. SK/*Hoyer*, § 289 Rn. 13: dolus directus 1. Grades). Auch dies ist für A zu bejahen.

17 Ergebnis: A hat sich einer Pfandkehr nach § 289 I schuldig gemacht.

§ 8. Vereiteln der Zwangsvollstreckung und Pfandkehr   115

C. Täterschaft und Teilnahme, Versuch, Konkurrenzen sowie Verfolgbarkeit

Für beide Vorschriften gelten in bezug auf Täterschaft und Teilnahme **18** grundsätzlich die allgemeinen Regeln (§§ 25 ff.). Zu beachten ist es aber, dass Täter des § 288 nur sein kann, wem selbst die Zwangsvollstreckung droht. Es handelt sich um ein **Sonderdelikt**. § 28 I ist nicht anwendbar, da die Schuldnereigenschaft tat- und nicht täterbezogenes Merkmal ist (a.A. *Fischer*, § 288 Rn. 14; LK/*Schünemann*, § 288 Rn. 39). Auch wenn Schuldner eine juristische Person ist, bedarf es in Anbetracht der tatbestandlichen Ausgestaltung des § 289 keines Rückgriffs auf § 14 (MünchKomm/*Maier*, § 289 Rn. 24).

> **Vertiefungshinweis:** Zur Problematik des sog. qualifikationslos dolosen Werkzeugs – der Vollstreckungsschuldner bedient sich eines Tatmittlers zum Veräußern bzw. Beiseiteschaffen – vgl. LK/*Schünemann*, § 288 Rn. 41; *Krey/Hellmann*, Rn. 291 ff.; *Geppert*, Jura 1987, 427, 430 f.).

Als Täter des § 289 kommt dagegen jeder in Frage, also auch der Nichteigentümer, sofern er zugunsten des Eigentümers wegnimmt (SK/*Hoyer*, § 289 Rn. 11). **19**

Während § 289 II den Versuch unter Strafe stellt, ist das versuchte Vereiteln **20** der Zwangsvollstreckung nicht sanktioniert. § 288 ist allerdings bereits mit Abschluss der Tathandlung vollendet, ohne dass die beabsichtigte Vereitelung glücken muss (*Wessels/Hillenkamp*, Rn. 446).

§ 288 und § 289 können jeweils vor allem mit Verstrickungsbruch (§ 136 I) **21** und Unterschlagung (§ 246) in Tateinheit stehen (*Fischer*, § 288 Rn. 16 und § 289 Rn. 7).

Beide Delikte werden ausschließlich auf Antrag verfolgt (§§ 288 II und **22** 289 III; vgl. § 21 Rn. 7).

D. Kontrollfragen

1. Wann droht eine Zwangsvollstreckung i.S. des § 288? → Rn. 4
2. Wie unterscheiden sich beide Tathandlungen des § 288? → Rn. 6 f.
3. Welche Rechte schützt § 289? → Rn. 13
4. Was versteht man bei § 289 unter Wegnahme? → Rn. 14 f.

Aufbauschema (§ 288 I)

1. Tatbestand
   a) Objektiver Tatbestand
      – bei einer ihm drohenden Zwangsvollstreckung
      – Bestandteile seines Vermögens
      – Veräußern oder beiseiteschaffen
   b) Subjektiver Tatbestand
      – Vorsatz
      – Absicht, die Befriedigung des Gläubigers zu vereiteln
2. Rechtswidrigkeit
3. Schuld
4. Besondere Strafverfolgungsvoraussetzungen (§ 288 II; vgl. § 21 Rn. 1 ff.)

Aufbauschema (§ 289 I)

1. Tatbestand
   a) Objektiver Tatbestand
      – seine eigene bewegliche Sache oder
      – eine fremde bewegliche Sache zugunsten des Eigentümers derselben
      – dem Nutznießer, Pfandgläubiger oder demjenigen, welchem an der Sache ein Gebrauchs- oder Zurückbehaltungsrecht zusteht
      – Wegnehmen
   b) Subjektiver Tatbestand
      – Vorsatz
      – rechtswidrige Absicht
2. Rechtswidrigkeit
3. Schuld
4. Besondere Strafverfolgungsvoraussetzungen (§ 289 III; vgl. § 21 Rn. 1 ff.)

Empfehlungen zur vertiefenden Lektüre:
Leitentscheidungen: BGHSt 16, 330 – „Staubsaugerfall"; *BayObLG* NJW 1981, 1745 – „Vermieterpfandrechtsfall".

Aufsätze: *Bohnert*, Die Auslegung des Wegnahmebegriffs bei der Pfandkehr (§ 289 StGB) – BayObLG NJW 1981, 1745, JuS 1982, 256; *Geppert*, Vollstreckungsvereitelung (§ 288 StGB) und Pfandkehr (§ 289 StGB), Jura 1987, 427; *Haas*, Vereiteln der Zwangsvollstreckung durch Betrug und Unterschlagung, GA 1996, 117.

§ 9. Jagd- und Fischwilderei (§§ 292 und 293)

A. Grundlagen

Weitere im Examen – häufig im Zusammenhang mit Irrtumsfragen (vgl. **1**
Rn. 8 ff.) – zu erörternde Delikte aus dem 25. Abschnitt des StGB sind die
Jagd- und die Fischwilderei. Beide enthalten Elemente eines Vermögensdelikts, denn sie schützen die Befugnis des Jagd- bzw. Fischereiberechtigten, sich in einem bestimmten Revier vor allem wilde Tiere bzw. in einem Gewässer speziell Fische anzueignen. Jagdrechte sind dingliche Rechte, die dem Grundeigentümer zustehen. Auch dieser kann jedoch fremdes Jagdrecht i.S. des § 292 verletzen, sofern das Jagdausübungsrecht einem anderen übertragen ist (§§ 1 und 3 BJagdG; *Krey/Hellmann*, Rn. 264). Entsprechendes gilt nach den einschlägigen Landesgesetzen für die Fischereirechte (vgl. Art. 69 EGBGB).

Nach h.M. dienen die §§ 292 und 293 darüber hinaus dem Schutz des **2**
Wild- und Fischbestands (*Wessels*, JA 1984, 221; differenzierend *Fischer*, § 292 Rn. 2; a.A. Schönke/Schröder/*Heine*, § 292 Rn. 1a). Dafür spricht z.B. die Kategorisierung einer Tat als besonders schwerer Fall, wenn diese in der Schonzeit oder in nicht weidmännischer Weise (§ 292 II 2 Nr. 2) begangen wird. Zudem legt § 1 I 2 BJagdG fest, dass mit dem Jagdrecht die Pflicht zur Hege verbunden ist (LK/*Schünemann*, § 292 Rn. 2).

B. Tatbestände

Beide Delikte müssen unter Verletzung fremden Jagd- bzw. Fischereirechts **3**
oder Jagd- bzw. Fischereiausübungsrechts verwirklicht werden (vgl. Rn. 1).
Tatobjekt können ausschließlich jagdbare wildlebende, also herrenlose Tiere
sein (*Wessels*, JA 1984, 221). Anderenfalls kommen vor allem die §§ 242 ff.
und 303 in Betracht (*Otto*, § 50 Rn. 23).

> **Beachte:** Das ist insbesondere der Fall, wenn der Jagdausübungsberechtigte durch Begründung von Eigenbesitz gemäß § 958 I BGB Eigentum erlangt hat. Dagegen bleibt Wild herrenlos, wenn ein Dritter es in Eigenbesitz genommen hat, weil dieser wegen § 958 II BGB selbst nicht Eigentümer werden und nach h.M. auf diesem Weg auch dem Berechtigten kein Eigentum verschaffen kann (*Lackner/Kühl*, § 292 Rn. 1; *Wessels/Hillenkamp*, Rn. 426).

I. Jagdwilderei (§ 292)

1. Objektiver Tatbestand (§ 292 I)

4   Das fremde Jagd- oder Jagdausübungsrecht kann durch zwei Handlungsgruppen verletzt werden. Die erste Gruppe (§ 292 I Nr. 1) erfasst ausschließlich lebende, dem Jagdrecht unterliegende Tiere (§ 2 BJagdG), die zweite (§ 292 I Nr. 2) dagegen ebensolche Sachen, nämlich neben verendetem und sog. Fallwild nach § 1 V BJagdG auch sog. Abwurfstangen und Eier von Federwild (*Geppert*, Jura 2008, 599 f.; *Wessels*, JA 1984, 221, 222).

5   **a)** § 292 I Nr. 1 sieht vier Handlungsvarianten vor. Der Täter muss Wild entweder fangen, d.h. es lebend in seine Gewalt bringen, erlegen, d.h. es auf irgendeine Weise töten, ihm nachstellen oder es sich oder einem Dritten (vgl. § 1 Rn. 104 ff.) zueignen. Letzteres verlangt eine Gewahrsamsbegründung mit Zueignungswillen, wobei es des dauernden Ausschlusses des Aneignungsberechtigten bedarf (SK/*Hoyer*, § 292 Rn. 17).

6   Unter Nachstellen werden alle Handlungen verstanden, die die Durchführung der drei anderen Begehungsvarianten bezwecken (MünchKomm/*Zeng*, § 292 Rn. 26; Schönke/Schröder/*Heine*, § 292 Rn. 5). Diesen kommt daher in der Praxis nur dann Bedeutung zu, wenn der Täter dem Wild zuvor ausnahmsweise nicht nachgestellt hat. Der Sache nach handelt es sich bei § 292 I Nr. 1 in der Form des Nachstellens um ein sog. unechtes Unternehmensdelikt, das den Versuch des Fangens, Erlegens und Sich- oder Drittzueignens erfasst (LK/*Schünemann*, § 292 Rn. 43 f.).

Beispiele: Ein Täter stellt i.S. des § 292 I Nr. 1 nach, wenn er sich an das Wild anpirscht, diesem auflauert, Köder oder Schlingen legt oder mit einer einsatzbereiten Waffe das Revier durchstreift (*Geppert*, Jura 2008, 599, 601; *Wessels*, JA 1984, 221, 222).

7   **b)** Die dem Jagdrecht unterliegenden Sachen (vgl. Rn. 4) muss der Täter beschädigen, zerstören oder sie sich oder einem Dritten zueignen. Für das Zueignen gilt das eben Ausgeführte (vgl. Rn. 5). Beschädigen und Zerstören bedeuten dasselbe wie bei der Sachbeschädigung gemäß § 303 (vgl. § 10 Rn. 3 ff.; SK/*Hoyer*, § 292 Rn. 20).

2. Subjektiver Tatbestand

8   Subjektiv bedarf es lediglich eines bedingt vorsätzlichen Handelns (*Fischer*, § 292 Rn. 15). Zwei **Irrtumskonstellationen** sind in diesem Zusammenhang besonders verbreitet (allgemein vertiefend LK/*Schünemann*, § 292 Rn. 68 ff.; *Wessels/Hillenkamp*, Rn. 427 ff.):

9   ▪ Der Täter hält das Wild für fremdes Eigentum, während es in Wahrheit herrenlos ist. Die h.M. nimmt im Ergebnis einen versuchten Diebstahl (§§ 242 II, 22) an, dessen – objektiv nicht vorliegende – Voraussetzungen sich der Tä-

ter vorgestellt hatte. Eine Bestrafung nach § 292 scheitert dagegen am fehlenden Vorsatz (*Krey/Hellmann*, Rn. 275 ff.; *Wessels*, JA 1984, 221, 225; a.A. *Lackner/Kühl*, § 292 Rn. 5; s. auch die Übersicht über die vertretenen Meinungen bei *Geppert*, Jura 2008, 599, 603 f.).

■ Liegt der Fall genau umgekehrt, hält der Täter also Wild zu Unrecht für 10 herrenlos, so fehlt es am subjektiven Diebstahlstatbestand, so dass § 242 ausscheidet. Es handelt sich dogmatisch um eine versuchte Jagdwilderei. Da diese nicht mit Strafe bedroht ist (vgl. Rn. 15), bleibt der Täter nach überwiegender Ansicht straffrei (*Fischer*, § 292 Rn. 16; *Wessels*, JA 1984, 221, 224 f.).

3. Besonders schwere Fälle (§ 292 II)

§ 292 II stellt für besonders schwere Fälle einen höheren Strafrahmen zur 11 Verfügung. Die Vorschrift nennt in Satz 2 Nummern 1 bis 3 Regelbeispiele (vgl. zur dogmatischen Einordnung § 1 Rn. 126 f.).

Gewohnheitsmäßig (§ 292 II 2 Nr. 1) handelt, wem aufgrund der Gewöh- 12 nung an Taten dieser Art Bedenken gegen deren Begehung nicht mehr kommen. Zur Gewerbsmäßigkeit wird auf das zum § 243 I 2 Nr. 3 Ausgeführte verwiesen (vgl. § 1 Rn. 154). Nach § 292 II 2 Nr. 3 genügt es, dass mehrere, d.h. wenigstens zwei Beteiligte (§ 28 II) – also nicht unbedingt Täter – mit einsatzbereiten Schusswaffen ausgerüstet sind (MünchKomm/*Zeng*, § 292 Rn. 60).

II. Fischwilderei (§ 293)

§ 293 ist mit wenigen Modifikationen dem § 292 I nachgebildet, so dass 13 weite Teile der dortigen Ausführungen auch hier gelten (*Lackner/Kühl*, § 293 Rn. 1). Unter der Tathandlung des Fischens ist jede auf Erlegung oder Fang eines Wassertiers gerichtete Tätigkeit zu verstehen, d.h. Fischwilderei stellt in dieser Begehungsform ebenfalls ein unechtes Unternehmensdelikt dar (*OLG Frankfurt a. M.* NJW 1984, 812; *Maurach/Schroeder/Maiwald*, BT 1, § 38 Rn. 24; vgl. Rn. 6). Besonders schwere Fälle der Fischwilderei sieht das Gesetz nicht vor.

C. Täterschaft und Teilnahme, Versuch, Konkurrenzen sowie Verfolgbarkeit

Für Täterschaft und Teilnahme gelten bei beiden Delikten die allgemeinen 14 Vorschriften (§§ 25 ff.). In aller Regel kann der Jagdausübungsberechtigte in seinem Revier kein fremdes Jagdrecht verletzen. Das kann jedoch ausnahmsweise anders sein, wenn er in einem befriedeten Bezirk i.S. des § 6 S. 1 BJagdG jagt (*BayObLG* NStZ 1992, 187).

15 Im Hinblick auf die – partielle – Ausgestaltung der §§ 292 und 293 als unechte Unternehmensdelikte hat der Gesetzgeber auf eine Strafbarkeit des Versuchs verzichtet.

16 Verwirklicht ein Täter mehrere Handlungsvarianten der Wildereitatbestände, so liegt gleichwohl nur eine einheitliche Tat vor (*Wessels*, JA 1984, 221, 222). Erwirbt jemand in Kenntnis der Umstände von einem Wilderer ein Stück Wild, so tritt § 292 nach h.M. hinter der speziellen Hehlerei (§ 259) zurück (LK/*Schünemann*, § 292 Rn. 37; Schönke/Schröder/*Heine*, § 292 Rn. 17).

17 Liegt ein besonders schwerer Fall der Jagdwilderei (§ 292 II) nicht vor, so wird diese ebenso wie die Fischwilderei gemäß § 294 nur auf Antrag des Verletzten verfolgt, wenn die Tat von einem Angehörigen oder einem beschränkt Ausübungsberechtigten, z.B. einem Jagdgast, begangen wurde (vgl. § 21 Rn. 10). Eine analoge Anwendung des § 248a kommt nicht in Betracht, weil die Wildereitatbestände nicht nur das Vermögen schützen und eine planwidrige Regelungslücke nicht besteht (vgl. *Rn. 2*; *Krey/Hellmann*, Rn. 266; *Otto*, § 50 Rn. 37; zur Methodologie Schönke/Schröder/*Eser/Hecker*, § 1 Rn. 25).

D. Kontrollfragen

1. Welche Rechtsgüter schützen die §§ 292 und 293? → Rn. 1 f.
2. Wie werden die Varianten des Nachstellens und des Fischens dogmatisch eingeordnet? → Rn. 6 und 13
3. Zwischen welchen Tatobjekten unterscheidet § 292? → Rn. 4

Aufbauschema (§ 292)

1. Tatbestand
   a) Objektiver Tatbestand
      - unter Verletzung fremden Jagd- oder Jagdausübungsrechts
      - dem Wild nachstellen, es fangen, erlegen oder sich oder einem Dritten zueignen (§ 292 I Nr. 1) oder
        eine Sache, die dem Jagdrecht unterliegt, sich oder einem Dritten zueignen, beschädigen oder zerstören (§ 292 I Nr. 2)
   b) Subjektiver Tatbestand
      - Vorsatz
2. Rechtswidrigkeit
3. Schuld
4. Besonders schwerer Fall
   a) Regelbeispiele des § 292 II 2 Nr. 1 bis 3

b) ggf. unbenannter besonders schwerer Fall (§ 292 II 1)
c) Vorsatz
5. Besondere Strafverfolgungsvoraussetzungen (§ 294; vgl. § 21 Rn. 1 ff.)

Aufbauschema (§ 293)

1. Tatbestand
   a) Objektiver Tatbestand
      – unter Verletzung fremden Fischerei- oder Fischereiausübungsrechts
      – Fischen (§ 293 Nr. 1) oder
      eine Sache, die dem Fischereirecht unterliegt, sich oder einer dritten Person zueignen, beschädigen oder zerstören (§ 293 Nr. 2)
   b) Subjektiver Tatbestand: Vorsatz
2. Rechtswidrigkeit
3. Schuld
4. Besondere Strafverfolgungsvoraussetzungen (§ 294; vgl. § 21 Rn. 1 ff.)

Empfehlungen zur vertiefenden Lektüre:
Aufsätze: *Geppert*, Straf- und zivilrechtliche Fragen zur Jagdwilderei (§ 292 StGB), Jura 2008, 599; *Wessels*, Probleme der Jagdwilderei und ihrer Abgrenzung zu den Eigentumsdelikten, JA 1984, 221.

Kapitel 4. Sachbeschädigung

§ 10. Sachbeschädigung (§§ 303 und 304)

A. Grundlagen

1 Die Sachbeschädigungsdelikte sind im StGB wegen der unterschiedlichen Funktionen, die Sachen haben können, an zahlreichen Stellen geregelt. Die im 27. Abschnitt des StGB zusammengefassten Tatbestände schützen zum einen das Rechtsgut Eigentum (§§ 303 und 305; *Lackner/Kühl*, § 303 Rn. 1), zum anderen das Allgemeininteresse am unversehrten Bestand kultureller und gemeinnütziger Sachen (§ 304; *Lackner/Kühl*, § 304 Rn. 1).

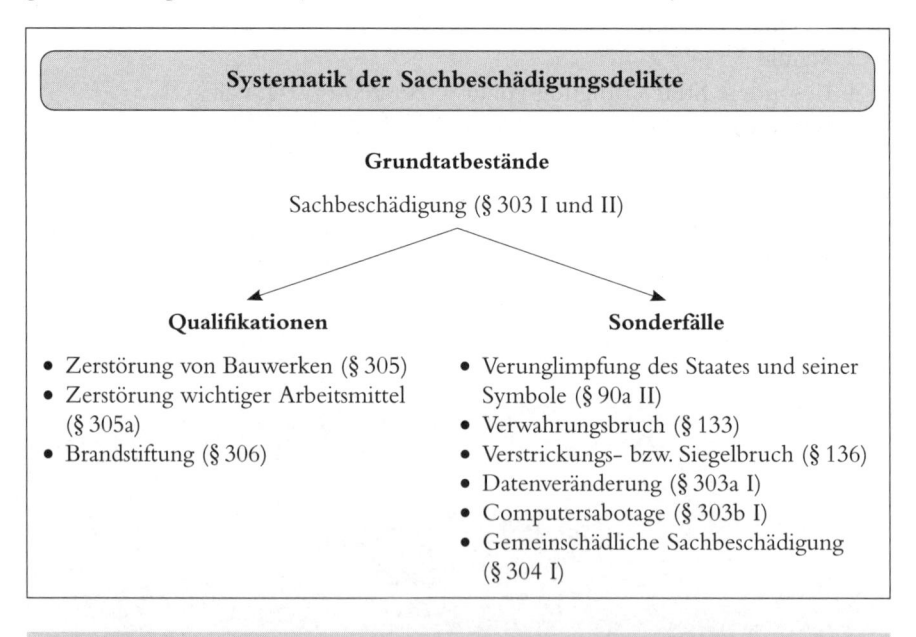

Systematik der Sachbeschädigungsdelikte

Grundtatbestände
Sachbeschädigung (§ 303 I und II)

Qualifikationen
- Zerstörung von Bauwerken (§ 305)
- Zerstörung wichtiger Arbeitsmittel (§ 305a)
- Brandstiftung (§ 306)

Sonderfälle
- Verunglimpfung des Staates und seiner Symbole (§ 90a II)
- Verwahrungsbruch (§ 133)
- Verstrickungs- bzw. Siegelbruch (§ 136)
- Datenveränderung (§ 303a I)
- Computersabotage (§ 303b I)
- Gemeinschädliche Sachbeschädigung (§ 304 I)

Aufbauhinweis: Die Tatbestände des § 303 werden häufig von anderen Delikten konsumiert (vgl. Rn. 25). Im Gutachten ist es deshalb regelmäßig fehlerhaft, mit diesen zu beginnen, vielmehr sind sie im Anschluss an das konsumierende Delikt kurz zu erörtern.

B. Tatbestände

I. Sachbeschädigung (§ 303)

1. Objektiver Tatbestand des § 303 I

a) Tatobjekt ist eine fremde (vgl. § 1 Rn. 12 ff.) Sache (vgl. § 1 Rn. 4 ff.). Im 2
Gegensatz zum Diebstahl (§ 242 I) können auch unbewegliche Sachen Gegenstand der Tat sein (*LG Karlsruhe* NStZ 1992, 543, 544; *Otto*, § 47 Rn. 3). Einen Vermögenswert braucht die Sache nicht zu haben (*Fischer*, § 303 Rn. 3). Elektronisch gespeicherte Daten sind – anders als die Datenträger – keine Sachen. Einwirkungen auf die Daten sind in den §§ 303a und 303b mit Strafe bedroht.

b) Die Tathandlung besteht im Beschädigen oder Zerstören einer Sache. 3
Dies kann auch durch das Unterlassen einer durch eine Garantenpflicht (§ 13 I) gebotenen Handlung erfolgen.

Beispiel: A übernimmt es gegen Entgelt, den Hund des B während dessen Urlaub zu füttern. Noch vor Ablauf des vereinbarten Zeitraums fährt A selbst in Urlaub, ohne sich um die weitere Versorgung des Hunds zu kümmern. Dieser verendet.

(1) Ein **Beschädigen** liegt zunächst bei einer **Substanzverletzung** vor, d.h. 4
bei einer Aufhebung der stofflichen Unversehrtheit einer Sache, ihrer stofflichen Verringerung oder Verschlechterung (RGSt 39, 328, 329; *OLG Celle* NJW 1988, 1101; *Otto*, § 47 Rn. 5). Ein wirtschaftlicher Schaden ist nicht erforderlich.

Beispiel: A schneidet die Kennziffer aus statistischen Erhebungsbögen heraus, bevor er diese an die zuständige Behörde zurücksendet (*OLG Celle* NJW 1988, 1101 f.).

Die Substanzverletzung muss nicht notwendig unmittelbare Folge der Tat- 5
handlung sein. Ausreichend ist es, dass die Beseitigung einer durch sie verursachten stofflichen Veränderung notwendig zu einer Substanzverletzung führt (*OLG Frankfurt a. M.* NStZ 1988, 410, 411; *BayObLG* StV 1997, 80, 81; *KG* NJW 1999, 1200; *Schuhr*, JA 2009, 169, 170).

Beispiel: A sprüht mit roter Farbe die Parole: „Haut die Bullen platt wie Stullen" auf die wenige Zeit zuvor mit einem neuen Anstrich versehene, aus Rauhputz bestehende Front eines Hauses. Die Parole lässt sich nur unter Anwendung chemischer oder mechanischer Mittel entfernen, die in die Substanz der Fassade eingreifen (*OLG Düsseldorf* NJW 1982, 1167).

Hat die Beseitigung keinen Eingriff in die stoffliche Integrität zur Folge, 6
liegt auch trotz eines ggf. hohen Kostenaufwands keine Sachbeschädigung vor (*OLG Düsseldorf* StV 1995, 592; *BayObLG* StV 1997, 80, 81; *OLG Hamburg* NStZ-RR 1999, 209 f.).

Kapitel 4. Sachbeschädigung

Beispiel: A sprüht mit Farbdosen Graffiti auf einen Personenzugwagen der Deutschen Bahn AG. Die Seitenwände des Waggons sind mit einer Folie beklebt, von der sich die Farbe ohne Beschädigung derselben oder des Lacks des Waggons entfernen lässt (*OLG Hamburg* NStZ-RR 1999, 209).

7 Eine Sache ist auch dann beschädigt, wenn derart verändernd auf sie eingewirkt wird, dass ihre **bestimmungsgemäße Brauchbarkeit** vermindert ist (BGHSt 13, 207, 208 – „Autoreifenfall"; BGHSt – GS – 29, 129, 132 – „Plakatkleberfall"; BGHSt 44, 34, 38; *Lackner/Kühl*, § 303 Rn. 4).

Beispiele: A lässt nachts aus allen vier Reifen eines fremden Pkw durch Öffnen der Ventile die Luft entweichen (BGHSt 13, 207 ff. – „Autoreifenfall").

B lässt aus einem Reifen des nicht mit einer funktionstüchtigen Luftpumpe ausgerüsteten Fahrrads der C die Luft ab, das C häufig benötigt (*BayObLG* NJW 1987, 3271 f. – „Fahrradreifenfall"; vgl. aber *Lackner/Kühl*, § 303 Rn. 5; *Behm*, NStZ 1988, 275 f.: keine erhebliche Funktionsbeeinträchtigung, wenn Aufpumpen ohne weiteres möglich ist).

D schüttet dem Polizeibeamten E eine Dose Bier über dessen Diensthemd. Dieses muss gewaschen werden (*OLG Frankfurt a. M.* NJW 1987, 390).

F beschmiert das Objektiv der Blitzanlage einer stationären, ständig aktivierten Geschwindigkeitsmessanlage mit Senf (*OLG Stuttgart* NStZ 1997, 342). – Bis zur Reinigung des Objektivs ist die Anlage unbrauchbar. Hingegen macht G, der mit Hilfe von an Sonnenblenden und Rückspiegeln seines Pkw angebrachten Reflexionsfolien bewirkt, dass die Blitzanlage einer auf einer Bundesautobahnbrücke installierten stationären Abstandsmessanlage ein überbelichtetes Lichtbild herstellt, die Anlage nicht unbrauchbar, da das Gerät ordnungsgemäß ausgelöst wird und ein Lichtbild herstellt (*Mann*, NStZ 2007, 271; a.A. *OLG München* NJW 2006, 2132, 2133: Unbrauchbarmachen).

8 Bei zusammengesetzten Sachen liegt eine Minderung der bestimmungsgemäßen Brauchbarkeit schon dann vor, wenn der Zusammenhang einzelner Teile beseitigt wird (*Fischer*, § 303 Rn. 10).

Beispiel: A zerlegt die Uhr des B in ihre Einzelteile.

Merke: Bei allen Formen der Beschädigung kommt es auf eine gewisse Erheblichkeit der hervorgerufenen Beeinträchtigung an.

9 ▪ Lediglich geringfügige Substanzverletzungen oder Funktionsbeeinträchtigungen, die sich ohne nennenswerten Aufwand an Zeit, Mühe oder Kosten beseitigen lassen, unterfallen nicht dem Tatbestand des § 303 I (BGHSt 13, 207, 208 – „Autoreifenfall"; BGHSt – GS – 29, 129, 133 – „Plakatkleberfall"; *BGH* NStZ 1982, 508, 509). Zudem muss der Eingriff des Täters die Sache im Vergleich zu ihrer bisherigen Beschaffenheit nachteilig verändern. Wird der Zustand der Sache hingegen verbessert, liegt selbst dann kein Beschädigen vor, wenn – etwa zu Beweiszwecken – der Eigentümer ein Interesse am Fortbestand des mangelhaften Zustands hatte (*Schönke/Schröder/Stree/Hecker*, § 303 Rn. 13).

§ 10. Sachbeschädigung

> **Beachte:** Zwar ist eine Substanzverletzung stets ein Beschädigen i.S.d. § 303 I, eine notwendige Voraussetzung ist eine solche aber nicht.

■ Ein Teil des Schrifttums begreift auch die ohne Substanzverletzung be- **10** wirkte **Veränderung der äußeren Erscheinungsform** einer Sache als ein Beschädigen i.S.d. Abs. I (NK/*Zaczyk*, § 303 Rn. 12; Schönke/Schröder/ Stree/*Hecker*, § 303 Rn. 11; *Krey/Hellmann*, Rn. 242 ff.; *Otto*, JZ 1985, 21, 28), da der Eigentumsschutz auch das Interesse an der Erhaltung des bisherigen Sachzustands umfasse.

Beispiel: A klebt auf einen Verteilerkasten der Deutschen Telekom AG ein 40×60 cm großes Plakat, das ein das Geschehen beobachtender Polizeibeamter ohne Substanzbeeinträchtigung wieder abzieht (BGHSt – GS – 29, 129 ff. – „Plakatkleberfall").

Hingegen ist nach der – zutreffenden – Rechtsprechung die bloße Verän- **11** derung der äußeren Erscheinungsform einer Sache grundsätzlich kein Beschädigen i.S.d. Absatzes 1, und zwar auch dann nicht, wenn die Veränderung auffällig ist (BGHSt – GS – 29, 129, 132 – „Plakatkleberfall"; *OLG Düsseldorf* NJW 1993, 869; *BayObLG* StV 1997, 80; vgl. auch *Fischer*, § 303 Rn. 8). Der Tatbestand des § 303 I gewährt im Gegensatz zum § 1004 BGB keinen umfassenden Schutz der Belange des Eigentümers. Geschützt ist nur dessen Interesse an der Unversehrtheit seiner Sache (BGHSt – GS – 29, 129, 133 – „Plakatkleberfall"; *Wessels/Hillenkamp*, Rn. 29). Die Auslegung des Merkmals „beschädigt" durch die Gegenauffassung übersieht, dass das Gesetz selbst zwischen Verunstaltung (§ 134) und Beschädigung (§ 303 I) einer Sache unterscheidet (BGHSt – GS – 29, 129, 133 – „Plakatkleberfall"; *Behm*, NStZ 1988, 275).

> **Beachte:** Veränderungen des Erscheinungsbildes einer Sache ohne Substanzverletzung können jedoch nach § 303 II strafbar sein.

Bereits vor der Einfügung von Absatz 2 hatte die Rechtsprechung aus- **12** nahmsweise auch die bloße Veränderung des äußeren Erscheinungsbilds als Sachbeschädigung i.S.d. Absatz 1 beurteilt, wenn die Sache ästhetischen Zwecken dient und gerade durch ihre bisherige Gestaltung auf den Betrachter wirken soll (BGHSt – GS – 29, 129, 134 – „Plakatkleberfall"; *OLG Celle* NStZ 1981, 223, 224; *BayObLG* StV 1997, 80, 81). Nach der Einfügung von Absatz 2 ist diese Rechtsprechung überholt.

Beispiele: Statuen, Gemälde und Baudenkmäler

> **Merke:** Beschädigen ist nach h.M. jede nicht ganz unerhebliche körperliche Einwirkung auf die Sache selbst, durch die ihre stoffliche Zusammensetzung verändert oder ihre bestimmungsgemäße Brauchbarkeit nicht nur geringfügig beeinträchtigt wird (BGHSt 13, 207, 208 – „Autoreifenfall"; BGHSt – GS – 29, 129, 132 – „Plakatkleberfall").

13   **(2) Zerstört** ist eine Sache zum einen, wenn der Täter ihre Substanz vernichtet (*Wessels/Hillenkamp*, Rn. 31), zum anderen, wenn die Einwirkung des Täters ihre Brauchbarkeit vollständig aufhebt (*Lackner/Kühl*, § 303 Rn. 7; *Otto*, § 47 Rn. 10).

Beispiele: A verbrennt ein Buch des B.
C bespritzt die Seiten des dem D gehörenden Buchs mit schwarzer Tinte. Der Text ist nicht mehr vollständig lesbar.

14   **(3)** Keine Sachbeschädigung i.S.d. Absatz 1 ist die bloße Sachentziehung. Die Entziehungshandlung wirkt nämlich nicht auf die Sache selbst, sondern allein auf das Herrschaftsverhältnis des Eigentümers zur Sache ein (Schönke/Schröder/*Stree/Hecker*, § 303 Rn. 13; *Wessels/Hillenkamp*, Rn. 32).

Beispiel: Tierschützer A lässt vom Jagdberechtigten B gefangenes Wild laufen.

2. Objektiver Tatbestand des § 303 II

15   Eine Sachbeschädigung ist darüber hinaus gemäß Absatz 2 das unbefugte, nicht nur unerhebliche und nicht nur vorübergehende Verändern des Erscheinungsbildes einer fremden Sache. Gegenüber Absatz 1 hat der Tatbestand einen Auffangcharakter und ist daher weit auszulegen. Allerdings ist der Anwendungsbereich des Absatzes 2 auf optische Veränderungen der Sache beschränkt (*OLG Jena* NJW 2008, 776; *Schuhr*, JA 2009, 169, 170). Nach der Vorstellung des Gesetzgebers sollen auch die Behinderung und die Verhinderung der optischen Wahrnehmung der Sache dem Merkmal des Veränderns des Erscheinungsbildes zu subsumieren sein (*BT-Drs.* 15/5313, S. 3).

Beispiel: A hängt Wäsche auf dem Balkon der von ihm gemieteten Wohnung auf. Hierdurch wird das Erscheinungsbild des Gebäudes verändert (*BT-Drs.* 15/5313, S. 3) – Die Veränderung ist jedoch eine nur unerhebliche und nicht dauerhafte.

16   **a)** Tatobjekt ist eine fremde Sache (vgl. Rn. 2).

17   **b)** Tathandlung ist das Verändern des Erscheinungsbilds der Sache. Eingeschränkt wird der weite Tatbestand in dreierlei Weise: Die Veränderung des Erscheinungsbildes darf (erstens) nicht nur unerheblich sowie (zweitens) nicht nur vorübergehend sein und muss (drittens) unbefugt geschehen. Vorausgesetzt ist stets eine Veränderung des optischen Eindrucks von der Sache (*Fischer*, § 303 Rn. 18; *Schuhr*, JA 2009, 169, 170). Ist die Veränderung durch eine

nicht nur unerhebliche Einwirkung auf die Substanz verursacht, liegt bereits ein Beschädigen oder Zerstören i.S.d. Absatz 1 vor, der Absatz 2 verdrängt (vgl. Rn. 24).

(1) Die vom Täter bewirkte Veränderung des Erscheinungsbildes muss zunächst erheblich sein (MünchKomm/*Wieck-Noodt*, § 303 Rn. 56; *Schuhr*, JA 2009, 169, 170 f.). Eine nur unerhebliche Veränderung ist nicht tatbestandsmäßig (*Fischer*, § 303 Rn. 19), etwa das Aufhängen von Wäsche auf dem Balkon eines Wohnhauses und das Anbringen eines Spruchbandes an der Außenfassade (*BT-Drs.* 15/5313, S. 3). Benötigt der Eigentümer seine Sache während der Dauer der Veränderung nicht, ist die Erheblichkeitsschwelle ebenfalls nicht überschritten (MünchKomm/*Wieck-Noodt*, § 303 Rn. 56).

Kann der vorherige Zustand hingegen nicht wieder hergestellt werden oder erfordert die Wiederherstellung einen nicht nur minimalen Arbeits- oder Kostenaufwand, ist die Veränderung nicht nur unerheblich.

Beispiel: A besprüht einen Starkstromkasten mit Farbe (*OLG Jena* NJW 2008, 776).

(2) Die Veränderung des Erscheinungsbildes muss weiter dauerhaft sein (MünchKomm/*Wieck-Noodt*, § 303 Rn. 56; *Schuhr*, JA 2009, 169, 171). Hierdurch werden Veränderungen als tatbestandsmäßig ausgeschlossen, die sich binnen kurzer Zeit zurückbilden oder ohne zeitlichen Aufwand zu entfernen sind (*OLG Jena* NJW 2008, 776; *Fischer*, § 303 Rn. 19; *Schuhr*, JA 2009, 169, 171).

Beispiele: A überklebt den Namen eines Partners auf dem Kanzleischild einer Rechtsanwaltssozietät mit einem leicht und rückstandsfrei ablösbaren Klebestreifen (nach *BT-Drs.* 15/5313, S. 3).

B malt neben den Namen eines anderen Partners mit Wasserfarbe ein Piktogramm auf das Kanzleischild (nach *BT-Drs.* 15/5313, S. 3).

> **Merke:** Der Tatbestand des § 303 II erfasst nur Veränderungen des Erscheinungsbildes, die einerseits keine Substanzverletzung der Sache verursachen, andererseits aber eine physikalisch dauerhafte Veränderung der Oberfläche bewirken (*Fischer*, § 303 Rn. 19).

(3) Die „Unbefugtheit" ist bei Absatz 2 – im Gegensatz zu Absatz 1 – Tatbestandsmerkmal und nicht bloß ein Hinweis auf die allgemeine Rechtswidrigkeitsvoraussetzung (*Fischer*, § 303 Rn. 20; MünchKomm/*Wieck-Noodt*, § 303 Rn. 59; *Schuhr*, JA 2009, 169, 171). Ein Einverständnis des Eigentümers schließt dementsprechend ebenso wie gesetzliche Befugnisse und behördliche Genehmigungen den objektiven Tatbestand aus. Allein aus einem fehlenden vorherigen Widerspruch des Eigentümers kann jedoch nicht auf eine Befugnis geschlossen werden (*Schuhr*, JA 2009, 169, 171).

3. Subjektiver Tatbestand

22 Der Täter muss hinsichtlich aller Merkmale des objektiven Tatbestands sowohl von Absatz 1 als auch von Absatz 2 jeweils vorsätzlich handeln; ausreichend ist bedingter Vorsatz (*Otto*, § 47 Rn. 32). Weil zum Tatbestand des Absatzes 1 entgegen seinem Wortlaut nicht die Rechtswidrigkeit der Tat gehört und es sich insoweit lediglich um einen (überflüssigen) Hinweis auf das allgemeine Verbrechensmerkmal handelt (*Wessels/Hillenkamp*, Rn. 33), braucht sich der Vorsatz des Täters hierauf nicht zu erstrecken. Hingegen muss bei Absatz 2 der Vorsatz des Täters auch die Unbefugtheit der Veränderung des Erscheinungsbildes umfassen. Die irrtümliche Annahme einer solchen Befugnis lässt gemäß § 16 den Vorsatz entfallen (*Fischer*, § 303 Rn. 20).

4. Täterschaft und Teilnahme, Versuch, Konkurrenzen sowie Verfolgbarkeit

23 In Bezug auf Täterschaft und Teilnahme bestehen keine Besonderheiten, so dass die §§ 25 ff. ohne jede Einschränkung anwendbar sind.

24 Der Versuch der Sachbeschädigung (§§ 303 III, 22) ist strafbar.

25 Absatz 2 wird von Absatz 1 verdrängt, wenn eine Substanzbeeinträchtigung zugleich eine Veränderung des Erscheinungsbildes bewirkt (*KG* NStZ 2007, 223, 224; *Schuhr*, JA 2009, 169, 172). Tateinheit (§ 52) von Sachbeschädigung ist z.B. möglich mit Widerstand gegen Vollstreckungsbeamte (§ 113), Gefangenenbefreiung (§ 120), Landfriedensbruch (§ 125), Verletzung des Briefgeheimnisses (§ 202) und mit den Körperverletzungsdelikten (§§ 223 ff.). Die Verletzung amtlicher Bekanntmachungen (§ 134) verdrängt als spezielleres Delikt die Sachbeschädigung (§ 303). Konsumiert wird diese in der Regel von dem Diebstahl im besonders schweren Fall (§§ 242, 243 I 2 Nr. 2 und 1 in den Varianten des Einbrechens, Einsteigens und Eindringens mit einem nicht zur ordnungsmäßigen Öffnung bestimmten Werkzeug; vgl. *Lackner/Kühl*, § 243 Rn. 24; beachte aber *BGH* NStZ 2001, 642) und der Urkundenunterdrückung (§ 274 I Nr. 1; vgl. LK/*Wolff*, § 303 Rn. 37). Beschädigt oder zerstört der Dieb jedoch später die gestohlene Sache selbst, so stellt die verwirklichte Sachbeschädigung (§ 303) gegenüber dem vorausgegangenen Diebstahl (§ 242) lediglich eine mitbestrafte Nachtat dar (*BGH* NStZ-RR 1998, 294). Hinter der speziellen Brandstiftung (§ 306) tritt die Sachbeschädigung (§ 303) zurück (vgl. *Hohmann/Sander*, BT 2, § 32 Rn. 18).

26 § 303c macht die **Strafverfolgung** von einem Strafantrag bzw. von der Annahme des besonderen öffentlichen Interesses an der Strafverfolgung durch die Staatsanwaltschaft abhängig (vgl. § 21 Rn. 14 f.).

II. Gemeinschädliche Sachbeschädigung (§ 304)

1. Objektiver Tatbestand des § 304 I

a) Tatobjekt können nur die im Tatbestand abschließend aufgezählten kulturellen oder gemeinnützigen Sachen sein. Der strafrechtliche Schutz besteht unabhängig vom Eigentum, so dass auch herrenlose und sogar dem Täter gehörende Sachen geschützt sind (*Fischer*, § 304 Rn. 3). 27

(1) Der Tatbestand nennt u.a. Gegenstände der Kunst, der Wissenschaft oder des Gewerbes, die in öffentlichen Sammlungen aufbewahrt werden. Öffentlich i.S. des § 304 I ist eine Sammlung, wenn sie allgemein zugänglich ist (vgl. § 1 Rn. 156). 28

(2) Geschützt sind ferner Gegenstände, die zum öffentlichen Nutzen dienen, d.h. die nach ihrer momentanen Zweckbestimmung der Allgemeinheit unmittelbar zugutekommen. Das ist der Fall, wenn jedermann ohne Vermittlung Dritter aus dem Gegenstand selbst oder aus dessen Erzeugnissen oder Wirkungen Nutzen ziehen kann (BGHSt 31, 185, 186 – „Streifenwagenfall"; *BGH* NStZ 1990, 540; *Stree*, JuS 1983, 836, 837f.). 29

Beispiele: Feuerlöscher, die in einem U-Bahnhof allgemein zugänglich angebracht sind (*BayObLG* NJW 1988, 837f.); Rettungswagen (*OLG Düsseldorf* NJW 1986, 2123ff.); Verkehrszeichen (*BayObLG* JZ 1985, 855, 856)

Hingegen reicht ein lediglich mittelbarer Nutzen für die Allgemeinheit nicht aus. Dieser fehlt etwa Einrichtungs- und Gebrauchsgegenständen, die lediglich Behörden zur Durchführung ihrer Aufgaben dienen (*Wessels/Hillenkamp*, Rn. 45; z.B. ein Polizeistreifenwagen: BGHSt 31, 185, 186 – „Streifenwagenfall", jedoch kommt insoweit § 305a I Nr. 2 in Betracht). 30

b) Die Tathandlung besteht wie bei § 303 im Beschädigen (vgl. Rn. 4ff.), Zerstören (vgl. Rn. 13) oder dem Verändern des Erscheinungsbildes (vgl. Rn. 17ff.) des Gegenstands. Die Einwirkung auf die Sache muss immer auch und gerade deren besondere Zweckbestimmung i.S. des § 304 I beeinträchtigen (*OLG Düsseldorf* NuR 1996, 431f.; *BayObLG* StV 1999, 543, 544). 31

2. Objektiver Tatbestand des § 304 II

Tatobjekt ist wie bei Abs. I eine kulturelle oder gemeinnützige Sache (vgl. Rn. 27ff.). Tathandlung ist das Verändern des Erscheinungsbildes (vgl. Rn. 17ff.) einer solchen Sache. 32

3. Subjektiver Tatbestand

Der Täter muss hinsichtlich aller Merkmale des objektiven Tatbestands mit zumindest bedingtem Vorsatz handeln. Dieser muss sich auch auf die besondere Sacheigenschaft des Tatobjekts erstrecken (*Fischer*, § 304 Rn. 14). Beim 33

Absatz 2 muss der Vorsatz des Täters zudem die Unbefugtheit der Veränderung des Erscheinungsbildes umfassen. Die irrtümliche Annahme einer solchen Befugnis lässt gemäß § 16 den Vorsatz entfallen.

4. Täterschaft und Teilnahme, Versuch, Konkurrenzen sowie Verfolgbarkeit

34 Bezüglich Täterschaft und Teilnahme bestehen keine Besonderheiten, so dass die §§ 25 ff. Anwendung finden.

35 Der Versuch der gemeinschädlichen Sachbeschädigung (§§ 304 III, 22) ist strafbar.

36 Absatz 2 wird von Absatz 1 verdrängt, wenn eine Substanzbeeinträchtigung zugleich eine Veränderung des Erscheinungsbildes bewirkt. Tateinheit (§ 52) kommt u.a. mit Verstrickungs- bzw. Siegelbruch (§ 136; RGSt 65, 132, 135), Brandstiftung (§ 306 I) und Diebstahl (§ 242; BGHSt 20, 286) in Betracht. Als spezielleres Delikt verdrängt die gemeinschädliche Sachbeschädigung (§ 304) z.B. die Sachbeschädigung (§ 303; *Lackner/Kühl*, § 304 Rn. 7; a.A. Schönke/Schröder/*Stree/Hecker*, § 304 Rn. 14: Tateinheit) und die Störung der Totenruhe (§ 168; *Fischer*, § 304 Rn. 17).

37 Im Gegensatz zur einfachen Sachbeschädigung (vgl. Rn. 25) setzt die Strafverfolgung wegen gemeinschädlicher Sachbeschädigung (§ 304 I) keinen Strafantrag voraus.

C. Kontrollfragen

1. Sind unbewegliche Sachen taugliches Tatobjekt des § 303 I? → Rn. 2
2. Unterfällt das Ablassen von Luft aus Reifen eines Kraftfahrzeugs dem Tatbestand des § 303 I? → Rn. 7
3. Unterfällt eine Einwirkung auf eine Sache, die ohne Substanzverletzung deren äußeres Erscheinungsbild verändert, § 303 I oder II? → Rn. 10 ff. und 16 ff.
4. Wann dient ein Gegenstand zum öffentlichen Nutzen? → Rn. 29 f.

Aufbauschema (§§ 303, 304)

1. Tatbestand
   a) Objektiver Tatbestand
      (1) Tatobjekt
         – bei § 303 I und II: Fremde Sache
         – bei § 304 I: Sakraler, kultureller, in öffentlicher Sammlung aufbewahrter, zum öffentlichen Nutzen oder der Verschönerung öffentlicher Flächen dienender Gegenstand

§ 10. Sachbeschädigung

(2) Tathandlung
- bei § 303 I und § 304 I: Beschädigen oder Zerstören
- bei § 303 II und § 304 II: Unbefugtes Verändern des Erscheinungsbildes

b) Subjektiver Tatbestand: Vorsatz

2. Rechtswidrigkeit
3. Schuld
4. Beim § 303 zudem besondere Strafverfolgungsvoraussetzungen (§ 303c; vgl. § 21 Rn. 1 ff.)

Empfehlungen zur vertiefenden Lektüre:
Leitentscheidungen: BGHSt 13, 207 – „Autoreifenfall"; BGHSt – GS – 29, 129 – „Plakatkleberfall"; BGHSt 31, 85 – „Streifenwagenfall"; *BayObLG* NJW 1987, 3271 – „Fahrradreifenfall".

Aufsätze: *Otto*, Die neuere Rechtsprechung zu den Vermögensdelikten – Teil 1, JZ 1985, 21; *Schuhr*, Verändern des Erscheinungsbildes einer Sache als Straftat, JA 2009, 169; *Seelmann*, Grundfälle zu den Eigentumsdelikten, JuS 1985, 199; *Stree*, Beschädigung eines Polizeistreifenwagens – BGHSt 31, 85; JuS 1983, 836; *Stree*, Probleme der Sachbeschädigung – OLG Frankfurt a. M. NJW 1987, 389; JuS 1988, 187.

Übungsfälle: *Mürbe*, Der praktische Fall – Strafrechtsklausur: Der Autonarr, JuS 1991, 63; *Wilhelm*, Der praktische Fall – Strafrecht: Das überklebte Wahlplakat, JuS 1996, 424.

Kapitel 5. Betrug und Erschleichen von Leistungen

Die Betrugsdelikte sind überwiegend im 22. Abschnitt des StGB geregelt. Neben § 263 I finden sich acht in eigenen Tatbeständen geregelte Sonderfälle des Betrugs: Computerbetrug (§ 263a), Subventionsbetrug (§ 264), Kapitalanlagebetrug (§ 264a), Versicherungsmissbrauch (§ 265), Erschleichen von Leistungen (§ 265a; vgl. *§ 12*), Kreditbetrug (§ 265b), Gebührenüberhebung (§ 352) und Abgabenüberhebung (§ 353).

> **Beachte:** Die Sonderfälle des Betrugs sind unabhängig, d.h. ohne Rückgriff auf die Tatbestandsmerkmale des § 263 I zu prüfen. Eines zusätzlichen Eingehens auf § 263 I bedarf es in der Regel nicht.

> **Vertiefungshinweis:** Zum § 265b vgl. *Otto*, Jura 1983, 16 ff.; zu den §§ 264 und 264a vgl. *Otto*, Jura 1989, 24 (28 ff.); zum § 265 vgl. *Geppert*, Jura 1998, 383.

§ 11. Betrug (§ 263)

A. Grundlagen

1   Der Tatbestand des Betrugs ist von herausragender Prüfungsrelevanz, da bei fast allen Tatbestandsmerkmalen Einzelheiten heftig umstritten sind. Geschützt ist allein das Rechtsgut **Vermögen** (MünchKomm/*Hefendehl*, § 263 Rn. 1; *Kindhäuser/Nikolaus*, JuS 2006, 193), jedoch ist schon die inhaltliche Bestimmung des Vermögensbegriffs problematisch (vgl. Rn. 62 ff.).

B. Tatbestand

2   Die umständliche Formulierung des Gesetzgebers präzisierend erfordert § 263 I, dass der Täter in der Absicht, sich oder einen anderen rechtswidrig zu bereichern, durch Täuschung über Tatsachen einen Irrtum bei einer natürlichen Person (*BGH* NStZ 2005, 213) erweckt oder unterhält, aufgrund dessen diese Person eine vermögensschädigende Verfügung zugunsten des Täuschenden oder des vom Täter Begünstigten vornimmt. § 263 I enthält demnach sechs im Folgenden dargestellte Tatbestandsmerkmale.

Grundstruktur des Betrugstatbestands

Objektiver Tatbestand				Subjektiver Tatbestand	
Täuschung über Tatsachen (Rn. 3 ff.)	Irrtum (Rn. 42 ff.)	Vermögens-verfügung (Rn. 51 ff.)	Vermögens-schaden (Rn. 118 ff.)	Vorsatz (Rn. 153)	Bereicherungsabsicht (Rn. 154 ff.) – Rechtswidrigkeit der erstrebten Bereicherung – Stoffgleichheit zwischen Schaden und erstrebter Bereicherung
Zwischen den Merkmalen muss ein durchlaufender Ursachenzusammenhang bestehen.					

I. Objektiver Tatbestand

1. Täuschung über Tatsachen (Täuschungshandlung)

Die Tathandlung des Betrugs besteht nach dem Wortlaut des § 263 I in der 3 „Vorspiegelung falscher Tatsachen", der „Entstellung wahrer Tatsachen" oder der „Unterdrückung wahrer Tatsachen":

- „Vorspiegelung falscher Tatsachen" bedeutet, eine nicht bestehende Tat- 4 sache einem anderen gegenüber als bestehend hinzustellen (*Fischer*, § 263 Rn. 18; *Wessels/Hillenkamp*, Rn. 497).
- „Entstellung wahrer Tatsachen" ist die Verfälschung ihres Gesamtbilds 5 durch das Hinzufügen, Weglassen oder Verzerren wesentlicher Einzelheiten (*Fischer*, § 263 Rn. 19; *Wessels/Hillenkamp*, Rn. 501).
- „Unterdrückung wahrer Tatsachen" meint ein Handeln, das den betreffen- 6 den Umstand der Kenntnis anderer Personen entzieht (*Fischer*, § 263 Rn. 20; *Wessels/Hillenkamp*, Rn. 501).

Diese gesetzliche Beschreibung der Tathandlung ist unbefriedigend, weil 7 die drei Konkretisierungen sich überschneiden und jeweils keine scharf abgrenzbare inhaltliche Bestimmung erfahren (vgl. LK/*Tiedemann*, § 263 Rn. 7; Schönke/Schröder/*Cramer/Perron*, § 263 Rn. 7). Eine im Vordringen befindliche Auffassung bildet daher aus den drei genannten Täuschungsformen den gemeinsamen Oberbegriff der „Täuschungshandlung" i.S. einer „Täuschung über Tatsachen" und verwendet diesen Begriff im Rahmen der Subsumtion (vgl. etwa *Krey/Hellmann*, Rn. 337; *Otto*, § 51 Rn. 7 f.; *Kindhäuser/Nikolaus*, JuS 2006, 193, 194; *Ranft*, Jura 1992, 66; ähnlich *Maurach/Schroeder/Maiwald*, BT 1, § 41 Rn. 38: „wahrheitswidrige Bekundung von Tatsachen"). Hierin liegt kein Verstoß gegen das Analogieverbot (Art. 103 II GG), da der gebildete Begriff inhaltlich nicht weiter reicht als die dreigegliederte gesetzliche Formulierung, sondern diese nur praktikabel zusammenfasst (SK/*Hoyer*, § 263 Rn. 10; vgl. auch *Krey/Hellmann*, Rn. 337).

> **Merke:** Bei der Subsumtion ist abweichend von der gesetzlichen Formulierung der Begriff der Täuschungshandlung i.S. einer **Täuschung über Tatsachen** zu verwenden.

8   Eine Täuschung über Tatsachen besteht entweder in einer bewusst wahrheitswidrigen Tatsachenbehauptung oder in einem sonstigen auf Irreführung gerichteten Verhalten, durch das auf die Vorstellung eines anderen eingewirkt werden kann (*Fischer*, § 263 Rn. 14; *Otto*, § 51 Rn. 12).

a) Gegenstand der Täuschung

9   (1) Die Täuschung muss sich auf **Tatsachen** beziehen. Dies sind konkrete, dem Beweis zugängliche Vorgänge oder Zustände der Vergangenheit oder Gegenwart. Etwas Zukünftiges ist dagegen grundsätzlich noch keine Tatsache, weil es an der Beweisfähigkeit fehlt (*Fischer*, § 263 Rn. 6; MünchKomm/*Hefendehl*, § 263 Rn. 53). Hingegen sind z.B. wissenschaftliche Erkenntnisse, die auf künftige Ereignisse sichere Schlüsse zulassen (etwa Sonnenfinsternis oder Termin des Osterfests, nicht aber Schneehöhe im bevorstehenden Winter), selbst als gegenwärtige Tatsachen anzusehen. Entscheidend ist insoweit also die verlässliche Vorausberechenbarkeit des künftigen Ereignisses (LK/*Tiedemann*, § 263 Rn. 16; MünchKomm/*Hefendehl*, § 263 Rn. 64; *Kindhäuser/Nikolaus*, JuS 2006, 193, 194).

10 Tatsachen können sowohl äußere als auch innere sein (*BGH* MDR/D 1973, 18; *Fischer*, § 263 Rn. 6 ff.; MünchKomm/*Hefendehl*, § 263 Rn. 54 ff. und 63). Zu den äußeren Tatsachen zählen etwa Beschaffenheit, Vertragsgemäßheit, Verkehrsfähigkeit und Herkunft einer Sache (BGHSt 8, 46, 48; *OLG Koblenz* NJW 1972, 1907) oder die Zahlungsfähigkeit eines Menschen (BGHSt 6, 198). Innere Tatsachen sind z.B. das Vorhandensein einer Überzeugung, einer bestimmten Kenntnis oder Absicht (MünchKomm/*Hefendehl*, § 263 Rn. 63; *Wessels/Hillenkamp*, Rn. 494).

Beispiele: A gibt gegenüber dem Notar B wahrheitswidrig an, über die für den beabsichtigten Hauskauf erforderlichen finanziellen Mittel zu verfügen – äußere Tatsache.
  C erklärt dem D wahrheitswidrig die Bereitschaft, die ihm übergebenen Wertgegenstände und Geldbeträge an einem heiligen Ort zu opfern, um eine „Heilung des D zu ermöglichen" (*BGH* wistra 1987, 255, 256) – innere Tatsache.

11 (2) Keine Täuschung über Tatsachen ist die Abgabe von unrichtigen **Meinungsäußerungen und Werturteilen**, die jedes Tatsachenkerns entbehren oder nach allgemeiner Verkehrsauffassung nicht als Tatsachenbehauptung angesehen werden. Beruhen entsprechende Äußerungen freilich auf einer Tatsachengrundlage, kann über diese Grundlage getäuscht werden (*Fischer*, § 263 Rn. 9; MünchKomm/*Hefendehl*, § 263 Rn. 65 ff.; *Otto*, § 51 Rn. 10). Maßgebliches Abgrenzungskriterium ist auch insoweit die Frage, ob die Äuße-

rung nach ihrem objektiven Sinngehalt einen dem Beweis zugänglichen Tatsachenkern enthält.

Problematisch ist im Einzelfall die Abgrenzung zwischen dem lediglich 12 persönlichen Werturteil und der einer Nachprüfung zugänglichen Tatsache. Das ist insbesondere bei marktschreierischer Reklame und ähnlichen Anpreisungen der Fall. Erschöpfen sich die Erklärungen in Meinungsäußerungen mit reklamehaftem Charakter oder in der Prognose einer künftigen geschäftlichen Entwicklung, sind sie nach der allgemeinen Verkehrsauffassung keine Tatsachenbehauptungen.

Beispiel: A wirbt für den Abschluss eines Franchisevertrags damit, eine Produktreihe anzubieten, die „sich von selbst verkauft" und auf die die Bundesbürger förmlich warten, sowie damit, eine Marktlücke gefunden zu haben (*BGH* wistra 1992, 255, 256).

Hingegen handelt es sich trotz marktschreierischer Reklame um eine Tat- 13 sachenbehauptung, die über eine bloße persönliche Meinungsäußerung hinausgeht, wenn der Äußerung ein greifbarer Tatsachenkern den Charakter einer ernsthaft aufgestellten, nachprüfbaren Behauptung gibt (*BGH* NStZ 2008, 96, 98).

Beispiele: A wirbt für den Abschluss eines Franchisevertrags damit, dass er die zu vertreibende Ware wegen besonderer Eigenschaften als „konkurrenzlos" bezeichnet (*BGH* wistra 1992, 255, 256), oder damit, dass er für den Fall des Vertragsschlusses die Möglichkeit einer dauerhaften und lukrativen Existenzgründung verspricht (*OLG Frankfurt a. M.* wistra 1986, 31).

Vermögensberater B behauptet gegenüber seinem Kunden C, bei den angebotenen Spekulationsgeschäften überwiege die Gewinnaussicht das Verlustrisiko. Er, B, verfolge seit Jahren entsprechende Anlagestrategien und habe aufgrund seiner speziellen Kenntnisse bei jedem einzelnen der von ihm vermittelten Börsenspekulationsgeschäfte Gewinne erzielen können. – Die Behauptungen des B gegenüber C sind insbesondere wegen der Berufung auf die Erfolge in seiner bisherigen Geschäftstätigkeit, die Erläuterung der angeblichen Ursachen für diesen Erfolg und die darauf gestützte Behauptung, die Gewinnchance sei höher als das Verlustrisiko, auf Tatsachen bezogen (*BGH* NStZ 2008, 96, 98).

(3) In gleicher Weise ist die Frage zu entscheiden, ob **Sachverständigen-** 14 **gutachten und Rechtsauskünfte** Tatsachen i.S.d. § 263 I sind. Zwar handelt es sich hierbei um (Wert-)Urteile, nämlich um die Mitteilung einer subjektiven Wertung über die Beziehung von Tatsachen und Normen. Mit diesem Werturteil kann aber die Behauptung der inneren Tatsache verbunden sein, der Urteilende sei von der Richtigkeit seiner Behauptung überzeugt. Dies ist insbesondere dort der Fall, wo das Werturteil im Hinblick auf Überparteilichkeit und Autorität mit dem Anspruch auf Richtigkeit und Verbindlichkeit erfolgt und der Adressat grundsätzlich keine Möglichkeit eigener Überprüfung hat (*OLG Stuttgart* NJW 1979, 2573, 2574; *Krey/Hellmann*, Rn. 342; *Rengier*, § 13 Rn. 2; a.A. *Meurer*, JuS 1976, 300, 302 f.). Hingegen sind bloße

Rechtsausführungen keine Tatsachen (*OLG Frankfurt a. M.* NStZ 1996, 545; *OLG Koblenz* NJW 2001, 1364; *Mitsch*, § 7 Rn. 19).

Beispiel: Rechtsanwalt A behauptet wahrheitswidrig, es gebe mehrere gerichtliche Entscheidungen, die seine Rechtsansicht stützen (*OLG Koblenz* NJW 2001, 1364).

> **Merke:** Tatsachen sind konkrete, dem Beweis zugängliche Vorgänge oder Zustände der Vergangenheit oder Gegenwart. Den Gegensatz bilden Meinungsäußerungen und Werturteile, die jedes Tatsachenkerns entbehren oder nach allgemeiner Verkehrsauffassung keine Tatsachenbehauptungen sind.

b) Täuschung

15 Täuschung ist ein auf Irreführung gerichtetes Verhalten, das auf die Herbeiführung oder Erhaltung eines Widerspruchs zwischen Vorstellung bei einem anderen und Wirklichkeit zielt (*Otto*, § 51 Rn. 12; *Rengier*, § 13 Rn. 5). Die Täuschung enthält damit auch ein subjektives Element: Wer eine von ihm aufgestellte Behauptung für wahr hält, täuscht nicht (BGHSt 18, 235, 237; a.A. *Fischer*, § 263 Rn. 14; *Mitsch*, § 7 Rn. 25: keine subjektive Komponente).

16 Voraussetzung ist ein Verhalten, das auf die Vorstellung eines anderen einwirken oder die Veränderung der Vorstellung eines anderen verhindern will (*BGH* Beschluss vom 18. 5. 2010, Az.: 1 StR 111/10). Daraus folgt, dass die bloße Veränderung von Tatsachen keine Täuschung darstellt, und zwar auch dann nicht, wenn dadurch die Vorstellung eines anderen unrichtig wird (*Fischer*, § 263 Rn. 15; LK/*Tiedemann*, § 263 Rn. 23). Dementsprechend ist das Auslösen und das Einwirken auf einen technischen Vorgang keine Täuschungshandlung (*BGH* NStZ 2005, 213).

17 Eine Täuschung kommt hingegen in Betracht, wenn eine Manipulation an oder mit einem Gegenstand auf die Vorstellung eines anderen einwirkt. Das ist der Fall, wenn das Opfer durch den veränderten Zustand einer Sache zu falschen Schlüssen veranlasst werden soll, dem Verhalten also ein Erklärungswert zukommt (*BayObLG* NJW 2009, 1288; LK/*Tiedemann*, § 263 Rn. 23; SK/*Hoyer*, § 263 Rn. 24). Denn eine Täuschung erfordert nicht notwendig die Abgabe von Erklärungen, da der Betrug zwar regelmäßig, aber nicht notwendig ein Kommunikationsdelikt ist (SK/*Hoyer*, § 263 Rn. 25).

Beispiel: A dreht den Kilometerzähler seines Kraftfahrzeugs zurück, damit der Käufer eine geringere als die tatsächliche Laufleistung des Fahrzeugs annimmt (*OLG Hamm* NStZ 1992, 593; *OLG Düsseldorf* StV 1995, 591).

18 Die Täuschung manifestiert sich allerdings primär in ausdrücklichen Äußerungen. Möglich sind aber auch schlüssige (konkludente) Handlungen, u.U. sogar ein Unterlassen. Die einzelnen Begehungsformen der Täuschung lassen sich nicht trennscharf abgrenzen, sondern gehen ineinander über (LK/

§ 11. Betrug   137

Tiedemann, § 263 Rn. 26). In Prüfungen ist zunächst nach einer ausdrücklichen Täuschung zu fragen, weil an diese die geringsten Anforderungen gestellt werden. Erst wenn eine solche fehlt, ist zur Täuschung durch schlüssiges Verhalten überzugehen, und nur wenn auch diese zu verneinen ist, sind das Bestehen einer Aufklärungspflicht und deren Verletzung zu prüfen.

> **Prüfungsabfolge der Formen der Täuschungshandlung**
>
> **(1)** Täuschung in Form des aktiven Tuns durch ausdrückliche Äußerung?
> *wenn nein, dann:*
> **(2)** Täuschung in Form des aktiven Tuns durch konkludentes Verhalten?
> *wenn nein, dann:*
> **(3)** Täuschung durch garantenpflichtwidriges Unterlassen einer gebotenen Aufklärung?

(1) Eine **ausdrückliche Täuschung** liegt vor, wenn der Täter einem anderen gegenüber eine bewusst unwahre Behauptung über eine Tatsache (vgl. Rn. 9 ff.) aufstellt, die darauf gerichtet ist, einen Irrtum zu erregen oder zu unterhalten (*Otto*, § 51 Rn. 13; *Rengier*, § 13 Rn. 5). Dies kann mündlich oder schriftlich, aber auch durch Zeichen oder Gesten erfolgen. Dass eine Erklärung unklar oder auslegungsbedürftig ist, steht einer ausdrücklichen Täuschung nicht entgegen. In diesen Fällen muss der Sinngehalt der Erklärung ermittelt und danach beurteilt werden, ob die Äußerung bereits als solche der Wirklichkeit widerspricht und die Irreführung eines anderen bezweckt (LK/ *Tiedemann*, § 263 Rn. 24).

Bei einer Manipulation an oder mit Sachen liegt eine ausdrückliche Täuschung vor, wenn dem Opfer vom Täter eine äußere Sachlage vorgeführt wird, die für das Opfer „wegen der Benutzung von Gegenständen und Formen, die nach allgemeinen Regeln eine bestimmte Bedeutung haben, eindeutige, im konkreten Fall jedoch unrichtige Eindrücke oder Schlussfolgerungen nahelegen" (*BayObLG* NJW 2009, 1288; LK/*Tiedemann*, § 263 Rn. 23; vgl. auch *Maurach/Schroeder/Maiwald*, BT 1, § 41 Rn. 38; a.A. Schönke/ Schröder/*Cramer/Perron*, § 263 Rn. 13: schlüssiges Verhalten).

Beispiel: A wechselt in einem Kaufhaus heimlich das auf der Ware befindliche Preisschild aus, um billiger einzukaufen, und legt es an der Kasse vor (*OLG Hamm* NJW 1968, 1894 f.).

> **Merke:** Eine ausdrückliche Täuschung ist eine verbale oder durch Schrift, Zeichen und Gesten vermittelte Erklärung; diese kommt auch bei Manipulationen an oder mit Sachen in Betracht.

19

20

Kapitel 5. Betrug und Erschleichen von Leistungen

21 (2) Eine **konkludente Täuschung** liegt nach h.M. vor, wenn der Täter die unwahre Tatsache zwar nicht expressis verbis, aber durch die Umstände seines Verhaltens erklärt. Das Gesamtverhalten des Täters muss zunächst also überhaupt einen Erklärungswert haben (*BGH* NStZ 1982, 70; Beschluss vom 18. 5. 2010, Az.: 1 StR 111/10; *OLG Hamm* NJW 1982, 1405, 1406). Dieser bestimmt sich nach der allgemeinen Verkehrsanschauung (*BGH* NJW 1995, 539), wobei ein objektiver Empfängerhorizont maßgeblich ist (Schönke/Schröder/*Cramer/Perron*, § 263 Rn. 14), m.a.W. die Frage, wie der Adressat die Erklärung verstehen darf.

22 Trotz einer objektiv wahrheitsgemäßen ausdrücklichen Aussage kommt eine Täuschung durch schlüssiges Verhalten in Betracht, wenn der Sinnzusammenhang der Aussage, der Kontext und die Tatumstände geeignet und bestimmt sind, Dritte zu einer irrigen Interpretation der an sich wahrheitsgemäßen Aussage zu veranlassen.

Beispiel: A vertreibt über Mitarbeiter im Wege des Haustürgeschäfts Waren, die in staatlich anerkannten Behindertenwerkstätten gefertigt wurden. Er stattet zu diesem Zwecke seine Mitarbeiter mit „Lichtbildausweisen" aus, in denen (auch) zutreffend auf die Herkunft der Waren hingewiesen wird. Der Verkaufspreis der Waren beträgt das Vier- bis Fünffache des Verkaufspreises entsprechender Waren in Kaufhäusern. Die Behindertenwerkstätten werden von A nicht an dem erheblichen Gewinn beteiligt. Aufgrund der Umstände (Ausweis, Missverhältnis zwischen Wert und Preis) müssen die Kunden den Eindruck gewinnen, dass ein erheblicher Teil des Erlöses den Behinderten bereits zugutegekommen ist oder noch zugutekommen wird (*LG Osnabrück* MDR 1991, 468, 469).

23 Zur Täuschung durch schlüssiges Verhalten hat sich eine im Einzelnen kaum überschaubare Kasuistik herausgebildet. Die prüfungsrelevanten Fallgruppen sind die folgenden:

24 ▪ Wer eine **vertragliche Verpflichtung eingeht**, erklärt schlüssig seinen Erfüllungswillen (BGHSt 15, 24, 26; *BGH* NStZ 1982, 70; 1998, 568, 569), der auf den vereinbarten Zeitpunkt der Erfüllung der vertraglichen Verpflichtung bezogen ist. Es kommt daher nicht darauf an, ob der Täter beim Vertragsschluss zahlungsfähig ist (*Ranft*, JR 1994, 523). Bei Geschäften, die auf den sofortigen Leistungsaustausch gerichtet sind (Bargeschäfte des täglichen Lebens), wird die Erfüllungsfähigkeit mit erklärt (*BGH* GA 1972, 209; *Kindhäuser/Nikolaus*, JuS 2006, 193, 195). Mit der Abgabe einer rechtsgeschäftlichen Erklärung wird zudem die Verfügungsbefugnis schlüssig behauptet. Der Verkäufer einer Ware gibt konkludent zu verstehen, zur Übertragung des Eigentums befugt zu sein (RGSt 39, 80, 82; RGSt 41, 27, 31; LK/*Tiedemann*, § 263 Rn. 39).

25 ▪ Mit der **Geltendmachung einer Forderung** wird konkludent deren materielle Berechtigung behauptet (MünchKomm/*Hefendehl*, § 263 Rn. 70). Wer einen Rückzahlungsanspruch aus Darlehen geltend macht, behauptet damit u.a. seine Fälligkeit. Derjenige, der „Rechnungen" versendet, bei denen es sich tatsächlich aber um Angebote handelt, behauptet selbst dann konkludent die materielle Berechtigung der Forderung, wenn der Angebots-Charakter bei sorgfältigem Lesen erkennbar ist (BGHSt 47, 1, 3f.; *BGH* NStZ-RR 2004, 110; *Baier*, JA 2002, 364, 366f.). Die Forderung eines bestimmten Preises beinhaltet dagegen grundsätzlich nicht die schlüssige Erklärung seiner Angemessenheit (BGH, JZ 1989, 759f.; *BayObLG* NJW 1994, 1078, 1079; *Kindhäuser/Nikolaus*, JuS 2006, 193, 195). Eine Ausnahme gilt, wenn für die Leistung Tax- oder Listenpreise vorhanden sind (RGSt 42, 147, 150; *OLG Stuttgart* NStZ 1985, 503 m. Anm. *Lackner/Werle*), nicht aber bereits deshalb, weil eine nach § 5 Buchpreisbindungsgesetz zulässige Preisbindung für Bücher besteht (*BGH* JZ 1989, 795, 796).

▪ Beim **Abschluss eines Spiel- oder Wettvertrags** wird konkludent erklärt, den Zufall nicht ausgeschaltet und den Ausgang nicht beeinflusst zu haben (BGHSt 51, 165, 172 – „Schiedsrichterfall"; a.A. *Hohmann*, NJ 2007, 132, 133). Eine schlüssige Täuschung über Tatsachen liegt daher etwa vor, wenn der Täter vor Vertragsschluss das Wettrisiko einer Pferdewette durch Bestechung der Reiter (BGHSt 29, 165, 167 – „Pferdewettenfall") oder das Wettrisiko einer Fußballwette mittels Geldzahlungen an Schiedsrichter und Spieler vermindert (BGHSt 51, 165, 172f. – „Schiedsrichterfall"; a.A. *Hohmann*, NJ 2007, 132, 133). Hingegen soll derjenige, der eine sog. Spätwette über ein auswärtiges Rennen eingeht, nicht konkludent erklären, den Ausgang des bereits durchgeführten Rennens nicht zu kennen (BGHSt 16, 120ff. – „Spätwettenfall"; a.A. etwa Schönke/Schröder/*Cramer/Perron*, § 263 Rn. 16e; *Rengier*, § 13 Rn. 5c). **26**

▪ Mit der bloßen **Entgegennahme einer Leistung** bringt der Empfänger nicht schlüssig zum Ausdruck, dass ihm die Leistung geschuldet ist (*BGH* JZ 1989, 550) oder dass seine Zahlungsfähigkeit fortbesteht (*BGH* GA 1974, 284; *OLG Hamburg* NJW 1969, 335f.). Die Zahlungsfähigkeit wird jedoch dann schlüssig erklärt, wenn ein bestehender Vertrag ausdrücklich oder stillschweigend verlängert wird (*BGH* GA 1972, 209; *BGH* NStZ 1993, 440f.), etwa dann, wenn ein Hotelgast am Ende des gebuchten Aufenthalts den Beherbergungsvertrag um eine weitere Woche verlängert. Fordert der Täter hingegen eine nichtgeschuldete Leistung ein, liegt hierin die stillschweigende Erklärung, es bestehe ein entsprechender Anspruch (*BGH* NStZ 1994, 188, 189). **27**

▪ Die Rechtsprechung hat früher eine konkludente Täuschung angenommen, wenn ein Bankkunde von seiner Bank eine Auszahlung aus seinem Guthaben verlangt, das dem eigenen Konto durch eine irrtümliche Fehlbuchung *innerhalb* der Bank (ohne Vorliegen eines Überweisungsauftrags) gutgeschrieben worden ist. Der Bankkunde bringe mit der Verfügung konkludent zum Ausdruck, dass ein entsprechender Anspruch besteht (*OLG Celle* StV 1994, 188, 189). Liegt der irrtümlichen Gutschrift hingegen die fehlerhafte Ausführung eines Überweisungsauftrags eines Dritten *zwischen verschiedenen* Banken zugrunde (sog. Fehlüberweisung), verneinte die Rechtspre- **28** chung eine konkludente Täuschung. Der Bankkunde täusche nicht, weil er – wenngleich aufgrund eines Irrtums – Inhaber der betreffenden Forderung geworden ist und demzufolge nichts Unwahres erklärt (BGHSt 39, 392, 396 – „Fehlbuchungsfall"; *OLG Düsseldorf* JZ 1987, 104). Diese Differenzierung haben inzwischen die Gerichte zu Recht aufgegeben: Die Vorlage eines Überweisungsauftrags enthält ebenso wenig wie ein Auszahlungsverlangen eine konkludente Erklärung über die materielle Berechtigung und die materiell rechtmäßige Deckung des Kontos (BGHSt 46, 194, 198 f.; *OLG Düsseldorf* NJW 2008, 219). Eine konkludente Täuschung ist nach jüngerer Rechtsprechung in keiner der beiden Konstellationen gegeben.

> **Hinweis:** In diesen Konstellationen scheidet ebenfalls eine Pflicht zur Offenbarung und damit eine Täuschung durch Unterlassen aus (BGHSt 46, 194, 203 f.).

> **Merke:** Eine Täuschung durch schlüssiges Verhalten liegt vor, wenn die Erklärung nicht durch Worte oder Zeichen, sondern durch die Umstände des Verhaltens vermittelt wird. Der Erklärungswert bestimmt sich nach dem Gesamtverhalten des Täters unter Berücksichtigung der Verkehrsauffassung.

29 (3) Als letzte Begehungsform der Täuschung kommt nach h.M. (RGSt 70, 151, 155; BGHSt 6, 198 f.; *OLG Saarbrücken* NJW 2007, 2868, 2869; *Fischer*, § 263 Rn. 38; MünchKomm/*Hefendehl*, § 263 Rn. 135; *Krey/Hellmann*, Rn. 346 jeweils m.N.) das **Unterlassen** einer durch eine Garantenpflicht (§ 13) gebotenen Aufklärung in Betracht.

> **Beachte:** Soweit der Prüfung abweichend vom hiesigen Vorschlag (vgl. Rn. 7) die im Gesetz beschriebenen drei Täuschungsmodalitäten zugrunde gelegt werden, kann jeweils eine Täuschung durch aktives (ausdrückliches oder schlüssiges) Tun wie auch durch Unterlassen erfolgen.

30 Teilweise wird zu Unrecht angezweifelt, ob das Unterlassen einer gebotenen Aufklärung überhaupt in den Anwendungsbereich des Betrugstatbestands fällt (*Grünwald*, FS H. Mayer, 1966, S. 281 ff.; *Naucke*, S. 106 und 214 unter Hinweis auf die Gesetzesmaterialien).

> **Beachte:** Der Prüfung einer Täuschung durch Unterlassen muss stets die Überlegung vorausgehen, ob das Verhalten nicht bereits eine Täuschung durch schlüssiges Verhalten enthält (vgl. Rn. 18).

31 Denn liegt schon eine konkludente Täuschung vor, erübrigt sich die Feststellung einer zum Tätigwerden verpflichtenden Garantenstellung (Schönke/Schröder/*Cramer/Perron*, § 263 Rn. 19). Da die Grenze zwischen konkluden-

§ 11. Betrug   141

tem Tun und Täuschung durch Unterlassen fließend ist, kann die Abgrenzung problematisch sein (LK/*Tiedemann*, § 263 Rn. 52).

Beispiel: A tauscht Ende 1966 bei einer ländlichen Sparkassenfiliale, bei der er kein Konto unterhält, jugoslawische Dinar-Scheine um, die zwar noch gültiges Zahlungsmittel, am 1. 1. 1966 aber im Verhältnis 1:100 abgewertet worden sind. A, der die Scheine kommentarlos vorlegt, nimmt zutreffend an, dass die Abwertung dem Sparkassenangestellten unbekannt geblieben ist. A erhält folglich gegenüber dem gültigen Kurs das Hundertfache des tatsächlichen Werts ausgezahlt (*OLG Hamm* MDR 1968, 778).

Eine Täuschungshandlung durch konkludentes Tun liegt vor, sofern nach **32** allgemeiner Verkehrsauffassung in der Vorlage eines Geldscheins zugleich die Erklärung liegt, dass es sich um ein gültiges Zahlungsmittel handelt und dieses den aus der Beschriftung ersichtlichen Wert hat (*OLG Hamm* MDR 1968, 778; Schönke/Schröder/*Cramer/Perron*, § 263 Rn. 16 f.). Sieht man hingegen – zu Recht – in dem Verhalten des A lediglich die schlüssige Erklärung, den aktuellen Gegenwert in DM zu beanspruchen (*Krey/Hellmann*, Rn. 359), hat A es im obigen Beispiel (vgl. Rn. 31) lediglich unterlassen, einen Irrtum des Sparkassenangestellten aufzuklären. Dann allerdings scheidet ein Betrug wegen fehlender Garantenstellung des A aus (vgl. *OLG Frankfurt a. M.* NJW 1971, 527).

Es wird also deutlich, dass die Einordnung der Begehungsweise nicht sel- **33** ten über die Strafbarkeit des Täters entscheiden wird, nämlich dann, wenn ihn keine Garantenpflicht trifft.

Vertiefungshinweis: Eine kritische Analyse der einschlägigen Rechtsprechung und Literatur findet sich bei *Maaß*, GA 1984, 264 ff.

Merke: Eine Täuschung durch Unterlassen setzt dreierlei voraus, nämlich dass der Täter die ihm mögliche und zumutbare Aufklärung eines anderen über eine Tatsache unterlässt, eine Garantenpflicht zur Aufklärung besteht und das Unterlassen der Verwirklichung des Betrugstatbestands durch ein Tun entspricht (§ 13).

Die Aufklärung eines anderen über eine Tatsache unterlässt derjenige, der **34** der Entstehung oder Verstärkung einer Fehlvorstellung eines Dritten nicht entgegenwirkt. Da die Täuschung auch die Unterhaltung eines Irrtums bezwecken kann, genügt es, dass der Täter eine bereits vorhandene, von der Wirklichkeit abweichende Vorstellung eines anderen nicht beseitigt (BGHSt 6, 198 f.; SK/*Hoyer*, § 263 Rn. 53).

Hinzutreten muss eine Garantenpflicht zur Aufklärung, die sich grundsätz- **35** lich nach den allgemeinen, bei unechten Unterlassungsdelikten geltenden Regeln bestimmt (LK/*Tiedemann*, § 263 Rn. 53). Beim Betrug relevant sind insbesondere Garantenpflichten aus Gesetz, Vertrag, Treu und Glauben (§ 242

Kapitel 5. Betrug und Erschleichen von Leistungen

BGB), außervertraglichen besonderen Vertrauensverhältnissen und pflichtwidrigem vorausgegangenem Tun (Ingerenz).

36 Als gesetzliche Aufklärungspflichten kommen etwa die Auskunftspflicht des Beauftragten oder Gesellschafters (§§ 666 und 713 BGB) sowie die Anzeigepflichten eines Versicherungsnehmers (§§ 16 I und 27 II VVG) oder eines Empfängers von Sozialleistungen (§ 60 I Nr. 2 SGB I; § 28a SGB IV; § 143 AFG) in Betracht (*BGH* Beschluss vom 18. 5. 2010, Az.: 1 StR 111/10; *OLG Köln* NStZ-RR 2003, 212, 213; NStZ 2003, 374). Ob auch die Wahrheitspflicht des Zeugen (§§ 392 ZPO, 57 StPO) und der Partei im Zivilprozess (§ 138 I ZPO) eine Pflicht zur Offenbarung begründet, ist umstritten (bejahend *OLG Zweibrücken* NJW 1983, 694; ablehnend Schönke/Schröder/ *Cramer/Perron*, § 263 Rn. 21). Für jeden Einzelfall sind das Bestehen, die Reichweite und der Inhalt einer gesetzlichen Anzeige-, Mitteilungs- und Offenbarungspflicht gesondert zu entscheiden.

37 Eine Aufklärungspflicht kann aber auch vertraglich vereinbart sein, freilich muss dann ein besonderes Vertrauensverhältnis hinzukommen (LK/ *Tiedemann*, § 263 Rn. 66). Dieses besteht etwa beim Zusammenwirken zum Erreichen eines gemeinsamen Ziels oder wenn jene zum Vertragsinhalt gemachte Pflicht gerade den Schutz des Vermögens des Partners bezweckt (BGHSt 39, 392, 399 – „Fehlbuchungsfall"). Ein Verzicht auf dieses Erfordernis führt zu einer Kriminalisierung bloßer Vertragsverstöße und ist daher abzulehnen (Schönke/Schröder/*Cramer/Perron*, § 263 Rn. 22). Kaufverträge begründen grundsätzlich keine Aufklärungspflichten. Eine Ausnahme gilt jedoch dann, wenn der eine Vertragsteil sich besonders beraten lässt, sich also dem Sachverstand des anderen anvertraut. Daher hat beim Kauf eines Gebrauchtwagens der Händler z.B. ungefragt zu offenbaren, dass es sich um ein Unfallfahrzeug handelt (*BayObLG* NJW 1994, 1078 f.).

38 Jedenfalls nach h. M. kann auch außerhalb von Vertragsverhältnissen eine Aufklärungspflicht ihren Entstehungsgrund ganz ausnahmsweise im Grundsatz von Treu und Glauben finden (*Lackner/Kühl*, § 263 Rn. 14; *Hauf*, MDR 1995, 21, 22; gänzlich ablehnend *Otto*, § 51 Rn. 18; *Rengier*, JuS 1989, 802, 807), nämlich nur, wenn ein besonderes Vertrauensverhältnis oder eine auf gegenseitigem Vertrauen beruhende Verbindung besteht (BGHSt 39, 392, 400 ff. – „Fehlbuchungsfall" m. Anm. *Naucke*, NJW 1994, 2809 ff.; *BGH* StV 1988, 386 f.; SK/*Hoyer*, § 263 Rn. 61; weiter noch BGHSt 6, 198 f.).

> **Merke:** Eine Aufklärungspflicht aus Treu und Glauben kommt ausnahmsweise dann in Betracht, wenn ein besonderes Vertrauensverhältnis oder eine auf gegenseitigem Vertrauen beruhende Verbindung besteht.

39 Im Einklang mit der allgemeinen Unterlassensdogmatik kann eine Garantenstellung auch aus pflichtwidrigem vorausgegangenem Tun entstehen (*OLG Köln* NJW 1980, 2366 f.; Schönke/Schröder/*Cramer/Perron*, § 263 Rn. 20).

Ferner muss die Täuschung durch Unterlassen der Verwirklichung des Tatbestands durch ein Tun entsprechen (§ 13 I; sog. Entsprechensklausel). Daraus folgt, dass dem Unterlassen die Qualität einer aktiven Täuschung zukommen muss. Die im Tatbestand beschriebenen Modalitäten der Unrechtsverwirklichung müssen demzufolge im Unterlassen ihre Entsprechung finden (LK/ *Tiedemann*, § 263 Rn. 73; MünchKomm/*Hefendehl*, § 263 Rn. 193). **40**

Schließlich muss – wie bei jedem unechten Unterlassungsdelikt – die Zumutbarkeit der Erfolgsabwendung zu bejahen sein. Diese ist dann nicht gegeben, wenn im Einzelfall wegen einer erheblichen Gefährdung eigener billigenswerter Interessen des Täters die Erfüllung der Garantenpflicht nicht verlangt werden kann. In der Regel genügt es dafür nicht, wenn die Aufklärung den Täter zur Offenbarung einer Straftat oder eines Disziplinarvergehens zwingt (so aber *Wessels*, JZ 1965, 631, 635 Fn. 42). Unzumutbar ist die Aufklärung aber dann, wenn der durch das Unterlassen verursachte Vermögensschaden lediglich eine Vertiefung des bereits durch die Vortat angerichteten Schadens ist (*Krey/Hellmann*, Rn. 349 Fn. 39). **41**

Detailstruktur der Täuschung über Tatsachen		
Gegenstand der Täuschung	**Verhaltensform**	
Tatsachen (Rn. 9 ff.)	Aktives Tun:	Unterlassen (Rn. 29 ff.)
	Ausdrücklich (Rn. 19 ff.)	Konkludent (Rn. 21 f.)

2. Irrtum

Durch die Täuschung über Tatsachen muss bei dem Adressaten der Täuschung ein Irrtum erregt oder unterhalten werden. Einem Irrtum können immer nur Menschen unterliegen. Juristische Personen (Unternehmen, Körperschaften) können weder getäuscht werden noch sich irren (*OLG Düsseldorf* NJW 2008, 219), wohl aber ihr menschlichen Vertreter. Zwischen der Täuschung und dem Irrtum ist Kausalität erforderlich. Ein Irrtum ist nach h.M. jeder Widerspruch zwischen Vorstellung und Wirklichkeit (*Fischer*, § 263 Rn. 54; SK/*Hoyer*, § 263 Rn. 62). Daraus folgt zunächst, dass der Irrtum sich auf eine Tatsache beziehen muss. **42**

a) Inhalt des Irrtums

Die h.M. fordert zu Recht die Vorstellung einer der Wirklichkeit widersprechenden Tatsache (**positive Fehlvorstellung**). Das bloße Fehlen der Vorstellung einer wahren Tatsache (ignorantia facti) ist danach kein Irrtum **43**

(MünchKomm/*Hefendehl*, § 263 Rn. 199; SK/*Hoyer*, § 263 Rn. 64; *Krey/Hellmann*, Rn. 379; *Rengier*, § 13 Rn. 20). Die Gegenmeinung will jedoch auch die Unkenntnis von Tatsachen in den Irrtumsbegriff einbeziehen (Schönke/Schröder/*Cramer/Perron*, § 263 Rn. 36).

44 Ein Irrtum liegt auch dann vor, wenn der Getäuschte vom Fehlen eines Umstands nur eine vage Vorstellung hat. Denn es ist nicht erforderlich, dass der Getäuschte sich die einzelnen Umstände (etwa Verkehrssicherheit, Zahlungsfähigkeit) konkret vorstellt (Schönke/Schröder/*Cramer/Perron*, § 263 Rn. 39). Zum Vorstellungsbild gehört nämlich auch das „ständige Begleitwissen", das dem Getäuschten ein Vorstellungsbild vermittelt (LK/*Tiedemann*, § 263 Rn. 78 f.; MünchKomm/*Hefendehl*, § 263 Rn. 201).

45 Problematisch ist es, ob hierfür auch die allgemeine Vorstellung ausreicht, „alles sei in Ordnung". Die h.M. nimmt einen Irrtum nur dann an, wenn sich diese allgemeine Vorstellung auf eine bestimmte Tatsache, z.B. auf eine Kontrolle stützt (*Krey/Hellmann*, Rn. 383; *Wessels/Hillenkamp*, Rn. 509).

Beispiel: A reist mit der Bahn von Karlsruhe nach Berlin. Er löst jedoch keinen Fahrschein, da ihm das Beförderungsentgelt unangemessen hoch erscheint. Um nicht aufzufallen, nimmt er im Speisewagen Platz und eine Mahlzeit ein. Der Zugbegleiter geht mehrmals durch den Speisewagen, kontrolliert jedoch die Fahrscheine nicht, da er meint, es sei „alles in Ordnung". – Mangels Kontrolle irrt der Zugbegleiter nicht i.S.d. § 263 I.

Merke: Ein Irrtum ist jeder Widerspruch zwischen Vorstellung und Wirklichkeit. Erforderlich ist die Vorstellung einer der Wirklichkeit widersprechenden Tatsache. Das Fehlen der Vorstellung einer wahren Tatsache (ignorantia facti) ist kein Irrtum.

b) Intensität der Fehlvorstellung

46 Ein Irrtum i.S.d. § 263 I liegt jedenfalls dann vor, wenn der Getäuschte von der Wahrheit der behaupteten Tatsache überzeugt ist. Nach h.M. liegt ein Irrtum aber auch bei Zweifeln des Getäuschten an der Wahrheit der behaupteten Tatsache vor (*BGH* JR 1987, 427; *LG Mannheim* NJW 1993, 1488; MünchKomm/*Hefendehl*, § 263 Rn. 219; Schönke/Schröder/*Cramer/Perron*, § 263 Rn. 40; *Maurach/Schroeder/Maiwald*, BT 1, § 41 Rn. 61). Entscheidend ist es allein, ob er sich trotz bestehenden Zweifels zu einer Vermögensverfügung motivieren lässt.

47 Eine relevante Fehlvorstellung fehlt hingegen, wenn dem Getäuschten die Wahrheit der behaupteten Tatsache gleichgültig ist (*BGH* NStZ 1990, 388 f.; *AG Tiergarten* NJW 1989, 846). Determinieren bestimmte Gegebenheiten das Ergebnis seiner Entscheidung, können auch nur diese irrtumsrelevant sein.

Beispiele: A, dem der Finanzberater B ein Finanzinstrument wahrheitswidrig als nach seiner mehrjährigen Erfahrung risikolos und hoch rentabel verkauft hat, denkt sich: „Entweder ist die Behauptung wahr, dann habe ich ein gutes Geschäft gemacht. Oder aber die Behauptung stimmt nicht, dann zahlt sich mein Investment nicht aus."

C liefert der Mülldeponie der Gemeinde Abfall an und täuscht hierbei über seine Zahlungswilligkeit oder -fähigkeit. Aufgrund der konkreten Ausgestaltung des öffentlich-rechtlichen Benutzungsverhältnisses ist die Gemeinde zur Abnahme des angelieferten Abfalls verpflichtet, so dass der die Lieferung annehmende Mitarbeiter D der Mülldeponie sich über die Zahlungswilligkeit und -fähigkeit keine Gedanken macht (*BGH* NStZ 1990, 388 f.).

> **Merke:** Ein Irrtum liegt nicht nur dann vor, wenn der Getäuschte von der Wahrheit der behaupteten Tatsache überzeugt ist, sondern auch dann, wenn er an deren Wahrheit zweifelt. Entscheidend ist es allein, dass der Getäuschte sich trotz bestehenden Zweifels zu einer Vermögensverfügung motivieren lässt (*BGH* NStZ 2003, 313, 314; *OLG Karlsruhe* wistra 2004, 276, 277).

c) Kausalität zwischen Täuschung und Irrtum

Zwischen der Täuschung und dem Irrtum muss ein Kausalzusammenhang **48** i.S.d. Äquivalenztheorie bestehen (*Fischer*, § 263 Rn. 63; MünchKomm/ *Hefendehl*, § 263 Rn. 226; *Mitsch* BT-2/1, § 7 Rn. 60). Die Täuschung braucht nicht die alleinige Ursache des Irrtums zu sein; ausreichend ist vielmehr Mitursächlichkeit (LK/*Tiedemann*, § 263 Rn. 93; MünchKomm/*Hefendehl*, § 263 Rn. 226). Mithin schließen besondere Leichtgläubigkeit, an sich bestehende Erkennbarkeit der Täuschung oder eine sonst mitwirkende Fahrlässigkeit des Getäuschten die Ursächlichkeit des Irrtums nicht aus (*OLG Hamburg* NJW 1956, 392). Solche Umstände können sich allerdings strafmildernd auswirken (*OLG Köln* JZ 1968, 340; *Mitsch*, § 7 Rn. 61).

Irrtumserregende Kausalität liegt vor, wenn die Täuschungshandlung eine **49** noch nicht vorhandene Fehlvorstellung beim Getäuschten hervorruft, d.h. neu begründet (*Fischer*, § 263 Rn. 64; *Joecks*, § 263 Rn. 42). Demgegenüber erfordert irrtumsunterhaltende Kausalität, dass der Täuschende dafür sorgt, dass eine bereits vorhandene Fehlvorstellung des Opfers nicht beseitigt, d.h. diese vergrößert oder wenigstens aufrechterhalten wird. Dies kann durch positive Maßnahmen erfolgen, ohne die der Getäuschte seine Fehlvorstellung erkannt hätte. Es genügt jedoch auch ein Unterlassen, wenn der Täter pflichtwidrig einen bereits bestehenden Irrtum nicht beseitigt (Schönke/Schröder/ *Cramer/Perron*, § 263 Rn. 45; *Mitsch*, § 7 Rn. 60).

Hinsichtlich des „Verstärkens" eines Irrtums durch Täuschung ist zu diffe- **50** renzieren. Werden letzte Zweifel des Opfers beseitigt oder dessen unzutreffendem Vorstellungsbild weitere unrichtige Einzelheiten hinzugefügt, ist irrtumserregende Kausalität gegeben. Hingegen kann ein bereits endgültig bestehender Irrtum nicht nochmals verstärkt werden. Wird dieser lediglich bestätigt, scheidet der Tatbestand aus (BGHR StGB § 263 Abs. 1 Irrtum 6; Schönke/Schröder/*Cramer/Perron*, § 263 Rn. 46; SK/*Hoyer*, § 263 Rn. 84). Dies gilt auch, wenn eine bereits vorhandene Fehlvorstellung lediglich ausgenutzt wird (*OLG Köln* JZ 1988, 101, 102; *Joecks*, § 263 Rn. 52; *Lackner/Kühl*, § 263 Rn. 20).

146　Kapitel 5. Betrug und Erschleichen von Leistungen

Detailstruktur des Irrtums	
Inhalt der Fehlvorstellung	Positive Vorstellung einer der Wirklichkeit widersprechenden Tatsache; nicht ausreichend ist Fehlen der Vorstellung einer wahren Tatsache (ignorantia facti; Rn. 43 ff.)
Intensität der Fehlvorstellung	Getäuschter braucht von der Wahrheit der behaupteten Tatsache nicht überzeugt zu sein; bloße Zweifel an der Wahrheit genügen nicht, solange der Getäuschte die behauptete Tatsache für möglicherweise wahr hält (Rn. 46 f.)
Kausalität zwischen Täuschungshandlung und Irrtum	Hervorrufen der Fehlvorstellung beim Getäuschten oder Vergrößern oder Verlängern einer vom Täuschenden nicht herbeigeführten Fehlvorstellung (Rn. 49 f.)

3. Vermögensverfügung

51　Aufgrund des vom Täter erregten oder unterhaltenen Irrtums muss der Getäuschte zu einer Vermögensverfügung veranlasst werden (*BGH* NStZ 2006, 687). Dieses im Wortlaut des Gesetzes nicht enthaltene Tatbestandsmerkmal ist nach allgemeiner Meinung erforderlich, um die Verbindung zwischen einem Irrtum als innerem Geschehen und einem Schaden als Ereignis in der Außenwelt herzustellen (vgl. schon RGSt 47, 151, 152 f.). Da dieses zusätzliche Merkmal den Tatbestand einschränkt, liegt kein Verstoß gegen Art. 103 II GG vor (*Haft/Hilgendorf*, BT 1, S. 89).

> **Merke:** Unter einer Vermögensverfügung versteht die h.M. jedes Handeln, Dulden oder Unterlassen des Getäuschten, das unmittelbar – ohne zusätzliches eigenmächtiges Täterverhalten – vermögensmindernd wirkt (BGHSt 31, 178 [179] – „Maklerfall"; *Fischer*, § 263 Rn. 70).

a) Überblick

52　Trotz dieser von der h.M. grundsätzlich getragenen Definition des Verfügungsbegriffs besteht hinsichtlich seiner Einzelmerkmale keine Einigkeit. Jedenfalls aber die zu einer Vermögensmehrung führenden Verhaltensweisen sind für § 263 I nicht von Belang. Es ist zudem nicht erforderlich, dass das Verfügungsverhalten den Anforderungen an eine Verfügung oder Willenserklärung i.S.d. Zivilrechts genügt (*Kindhäuser/Nikolaus*, JuS 2006, 193, 197). Vielmehr reicht jede tatsächliche Einwirkung auf das Vermögen aus (*Fischer*, § 263 Rn. 71), auch die eines Geschäftsunfähigen (RGSt 64, 226, 228).

§ 11. Betrug

Beachte: Die besondere Bedeutung des Tatbestandsmerkmals der Vermögensverfügung liegt in seiner Funktion, den Betrug (Selbstschädigungsdelikt) vom Diebstahl (Fremdschädigungsdelikt) abzugrenzen, da die §§ 263 I und 242 I im Verhältnis tatbestandlicher Exklusivität stehen (vgl. § 1 Rn. 60 f.).

Vertiefungshinweis: Die Abgrenzung von Diebstahl und Betrug ist nicht nur ein „dogmatisches Glasperlenspiel". Vielmehr ist die Frage, ob der Täter eine Sache durch Wegnahme (§ 242 I) oder durch Vermögensverfügung (§ 263 I) erlangt, für eine Reihe von Fragen von entscheidender Bedeutung:
- Nur im Fall der Wegnahme ist die bloße Gebrauchsanmaßung (furtum usus) grundsätzlich straflos (vgl. § 1 Rn. 78).
- Nur im Fall der Wegnahme kommt ggf. § 252 zur Anwendung (vgl. § 7 Rn. 3).
- Nur bei einem Diebstahl besteht auf Seiten des Verletzten regelmäßig Versicherungsschutz (vgl. zum ganzen *Hillenkamp*, JuS 1997, 217, 218).

b) Verfügungsverhalten

Das Verhalten des Verfügenden besteht nach der Definition der h.M. in einem Handeln, Dulden oder Unterlassen (vgl. Rn. 51). Da jedoch zwischen dem Dulden und Unterlassen keine grundlegenden Unterschiede bestehen, ist richtigerweise nur zwischen Handeln und Unterlassen zu differenzieren (vgl. Rn. 56; SK/*Hoyer*, § 263 Rn. 154; a.A. Schönke/Schröder/*Cramer/Perron*, § 263 Rn. 57 f.). 53

Als positives Tun kommt neben rechtlich erheblichem Verhalten (Abschluss von Verträgen) auch rein tatsächliches Verhalten (*AG Kenzingen* NStZ 1992, 440 f.) in Betracht, z.B. die Aufgabe des Besitzes an einer Mietwohnung. 54

Eine Verfügung durch Unterlassen liegt hingegen vor, wenn der aufgrund einer Täuschung Irrende in der Lage wäre, eine das Vermögen mehrende oder jedenfalls bewahrende Handlung vorzunehmen, dies aber nicht tut (*BGH* NStZ-RR 2005, 311, 312; SK/*Hoyer*, § 263 Rn. 156). Das ist z.B. der Fall, wenn der Getäuschte ein bestehendes Recht nicht ausübt oder einen bestehenden Anspruch nicht durchsetzt (*BGH* NStZ 1994, 189; wistra 1994, 24; NStZ-RR 2005, 311, 312). 55

Beispiele: A betankt sein Fahrzeug an einer Selbstbedienungstankstelle. Im Verkaufsraum ergreift er zwei Büchsen Bier, die er wortlos an der Kasse vorlegt. Auf die Frage des Kassierers B „Ist das alles?" nickt A zustimmend mit dem Kopf.
Der Jurastudent C entlohnt seinen Repetitor D mit Falschgeld, was dieser nicht bemerkt.

Soweit das Dulden von der h.M. als selbständiges Verfügungsverhalten qualifiziert wird, werden ihm Fälle zugeordnet, in denen der Irrende eine Vermögensminderung nicht verhindert, obwohl ihm dies möglich war. Auch in diesen Konstellationen unterlässt der Irrende also im Grunde ein Verhalten, nämlich ein Einschreiten gegen die Wegnahme der Sache. 56

Beispiel: A veranlasst den Wärter einer Sammelgarage durch Täuschung über seine Berechtigung dazu, ihn mit einem eingestellten Fahrzeug wegfahren zu lassen (BGHSt 18, 221 ff. – „Sammelgaragenfall").

57 Freilich genügt nicht jedes vermögensmindernde Verhalten dem Begriff der Verfügung. Da es sich beim Betrug um ein Vermögensverschiebungsdelikt handelt, muss das Verfügungsverhalten überhaupt geeignet sein, einen Vermögenswert zu übertragen (Schönke/Schröder/*Cramer/Perron*, § 263 Rn. 59).

Beispiel: A täuscht B über die Echtheit eines B gehörenden Gemäldes. B, der sein Gemälde nun für wertlos hält, ist so enttäuscht, dass er es umgehend vernichtet. – Eine Vermögensverfügung scheidet aus.

c) Verfügungserfolg

58 Aufgrund des Verfügungsverhaltens muss ein bestimmter Erfolg eintreten, nämlich eine Minderung des Vermögens (SK/*Hoyer*, § 263 Rn. 152). Diesbezüglich wird häufig formuliert, die Verfügung müsse unmittelbar einen Vermögens*schaden* bewirken (so etwa *Krey/Hellmann*, Rn. 385). Dies verleitet zur unzutreffenden Annahme, dass der Verfügungserfolg mit dem Vermögensschaden identisch ist. Der Eintritt eines Vermögensschadens ist jedoch ein gegenüber der Vermögensverfügung selbständiges Tatbestandsmerkmal.

Beachte: Für den Verfügungserfolg kommt es allein darauf an, dass das Verfügungsverhalten selbst eine Vermögensminderung bewirkt. Hingegen meint das Tatbestandsmerkmal des Vermögens*schadens* den rechnerischen Unterschied zwischen dem betroffenen Vermögen in seiner Gesamtheit vor und nach der Verfügung (vgl. Rn. 119 und *BGH* NJW 2006, 1679, 1681).

59 Entgegen der bisher üblichen Zuordnung ist der Streit um den zutreffenden strafrechtlichen Vermögensbegriff daher richtigerweise schon beim Merkmal der Vermögensverfügung relevant. Denn der Verfügungserfolg besteht in einer Minderung des Vermögens. Damit ist es für den Verfügungserfolg entscheidend, welcher Vermögensbegriff dem Tatbestand des § 263 I zugrunde zu legen ist (SK/*Hoyer*, § 263 Rn. 86 f.).

Beachte: Der Streit um den zutreffenden strafrechtlichen Vermögensbegriff ist schon für das Merkmal der Vermögensverfügung relevant.

60 **Beispielsfall 5 – Die gekaufte Dissertation:** Strafverteidiger A hofft, höhere Honorare vereinbaren zu können, wenn er Fachkenntnisse mit einem akademischen Grad nach außen dokumentieren kann. Wegen seiner hohen Arbeitsbelastung will er sich nicht den Mühen eines Promotionsverfahrens unterziehen. Er beauftragt daher den „Promotionsberater" B, ihm eine rechtswissenschaftliche Disser-

§ 11. Betrug   149

tation anzufertigen. Als B das fertige Werk vorlegt, entlohnt A ihn – wie von Anfang an geplant – mit Falschgeld.
Strafbarkeit des A wegen Betrugs (§ 263 I)?

Lösung:
A täuscht B durch schlüssiges Verhalten über die Tatsache, B mit einem **61** gültigen Zahlungsmittel zu entlohnen. Aufgrund dieser Täuschung erleidet B einen Irrtum. Dieser Irrtum müsste B zu einer Vermögensverfügung veranlasst haben. Vermögensverfügung ist jedes Handeln oder Unterlassen des Getäuschten, das unmittelbar vermögensmindernd wirkt.

Hierfür kommt zum einen in Betracht, dass B seine Dienstleistung er- **62** bracht hat, zum anderen es unterlassen hat, die Bezahlung mit echtem Geld einzufordern. Hierin könnte jeweils eine Vermögensverfügung liegen. Fraglich ist es, ob es sich hierbei um Positionen handelt, die zum strafrechtlich geschützten Vermögen gehören. Denn der Vermögensbegriff des Betrugstatbestands ist umstritten:

(1) Der sog. juristische Vermögensbegriff zeichnet sich durch eine enge **63** Anbindung an das Zivilrecht aus. Auch wenn dieser Vermögensbegriff nicht mehr vertreten wird, erleichtert dessen Kenntnis das Verständnis der heute aktuellen Vermögensbegriffe.

Der juristische Vermögensbegriff rechnet alle subjektiven Rechte einer **64** Person zum strafrechtlich relevanten Vermögen. Dieses ist danach die Summe der Vermögensrechte und -pflichten, und zwar ohne Rücksicht auf ihren wirtschaftlichen Wert. Eine Vermögensminderung ist der Verlust von entsprechenden Rechten bzw. die Belastung mit entsprechenden Pflichten. Die bedeutsamsten Konsequenzen dieses Vermögensbegriffs sind einerseits, dass es auf den wirtschaftlichen Wert eines Vermögensrechts oder einer Vermögenspflicht nicht ankommt. Andererseits bedingt der Schutz von ausschließlich subjektiven Rechten aber den Ausschluss solcher wirtschaftlich wertvollen Positionen, die kein solches Recht darstellen.

(2) Dem juristischen Vermögensbegriff steht der **wirtschaftliche Vermö- 65 gensbegriff** gegenüber. Dieser wird von der ständigen Rechtsprechung (BGHSt 2, 364, 365; 8, 254, 256; vgl. aber Rn. 85 ff.) und von Teilen des Schrifttums (*Fischer*, § 263 Rn. 91; *Krey/Hellmann*, Rn. 433; *Satzger*, Jura 2009, 518, 519) vertreten. Danach umfasst das strafrechtlich relevante Vermögen die Gesamtheit der einer Person zustehenden Güter, unabhängig davon, ob sie ihr rechtens zustehen oder rechtlich anerkannt sind. Vom Betrugstatbestand sind danach alle wirtschaftlich wertvollen Positionen geschützt (vgl. BGHSt 8, 254, 256; 16, 220, 221 – „Zellwollhosenfall"; *Fischer*, § 263 Rn. 91). Zu diesen zählen auch tatsächliche Erwerbs- und Gewinnaussichten, wenn sie nach den Umständen des Einzelfalls das Stadium einer flüchtigen, wirtschaftlich noch nicht fassbaren Hoffnung überschritten haben und ihnen der

Geschäftsverkehr bereits einen wirtschaftlichen Wert beimisst, weil es sich um eine gesicherte Erwerbsposition handelt (BGHSt 17, 147, 148). Nach der Verkehrsauffassung kommt beispielsweise kein entsprechend messbarer Vermögenswert den Erwerbsaussichten aufgrund einer testamentarischen Erbeinsetzung zu, da der Erblasser bis zu seinem Tod sowohl über sein Vermögen als auch über seine letztwillige Verfügung disponieren kann (*OLG Stuttgart* NStZ 1999, 246, 247 f.).

66 Wichtigste Konsequenz dieses Vermögensbegriffs ist es, dass auch vermögenswerte Positionen, die jemand aufgrund von unsittlichen, gesetzwidrigen oder gar strafbaren Handlungen erlangt hat, grundsätzlich zum schutzwürdigen Vermögen gehören. Nichtige Forderungen sind dann Vermögensbestandteil, wenn sie infolge „geschäftlicher, verwandtschaftlicher, freundschaftlicher, sonstiger gesellschaftlicher oder anderer Beziehungen" des Schuldners praktisch durchsetzbar erscheinen (BGHSt 2, 364, 369; *OLG Köln* NJW 1972, 1823, 1824). Entscheidend ist also nicht der rechtliche Bestand der Forderung, sondern allein ihre faktische Realisierbarkeit. Hingegen sind subjektive Rechte ohne wirtschaftlichen Wert nicht erfasst. Die Vertreter dieser Ansicht stützen sich auf folgende **Argumente:**

67 • Der materielle Kern des Rechtsguts Vermögen wurzelt im wirtschaftlichen Bereich: Vermögen ist die wirtschaftliche Macht, die Summe aller geldwerten Güter einer Person. Dem wird nur eine wirtschaftliche Betrachtung gerecht (*Satzger,* Jura 2009, 518, 519).

68 • Nur der wirtschaftliche Vermögensbegriff kann gewährleisten, dass es kein strafrechtlich ungeschütztes Vermögen gibt. Anderenfalls würde man z.B. die im Verhältnis von Rechtsbrechern untereinander durch Täuschung, Drohung oder gar Gewalt veranlasste Vermögensschädigung sanktionslos lassen (*Krey/Hellmann,* Rn. 434). Sofern andere Tatbestände eingreifen, z.B. §§ 223 ff. oder 241, wird das Unrecht der Vermögensschädigung nicht erfasst.

69 • Der juristische Vermögensbegriff ist einerseits zu eng, weil er die schutzwürdigen Positionen auf Rechte oder Pflichten reduziert, andererseits zu weit, weil er auch die wirtschaftlich wertlosen Rechte und Pflichten dem strafrechtlichen Vermögensschutz unterstellt (*Krey/Hellmann,* Rn. 427).

70 Da eine Arbeitsleistung im Geschäftsleben üblicherweise nur gegen Entgelt erbracht wird, liegt im Beispielsfall nach dem wirtschaftlichen Vermögensbegriff eine vermögensmindernde Handlung vor. Ob sie verbotenen oder unsittlichen Zwecken dient, ist unerheblich.

71 Auch das Unterlassen der Geltendmachung der Honorarforderung, also einer vermögensmehrenden Handlung, kann unbeschadet der Nichtigkeit der Forderung grundsätzlich eine Vermögensverfügung darstellen. Es ist allein ihre faktische Realisierbarkeit entscheidend. Auch wenn der Sachverhalt dazu nichts enthält, liegt es nahe, dass B mit der Drohung, den Vorgang öffentlich zu machen, den A zur Begleichung seiner Forderung veranlassen könnte.

§ 11. Betrug

(3) Der sog. **juristisch-ökonomische Vermögensbegriff**, der vielfach im Schrifttum vertreten wird (etwa von SK/*Hoyer*, § 263 Rn. 115 ff.; *Rengier*, § 13 Rn. 58; *Wessels/Hillenkamp*, Rn. 535 f.; *Kindhäuser/Nikolaus*, JuS 2006, 193, 198), nimmt eine die beiden gegensätzlichen Vermögensbegriffe vereinigende, den Schutzbereich des § 263 diesen gegenüber jeweils einengende Position ein. Danach bezeichnet der Begriff Vermögen die Summe der wirtschaftlich wertvollen Güter einer Person, soweit sie ihr unter dem Schutz der Rechtsordnung (*Welzel*, S. 373) oder wenigstens ohne deren Missbilligung (LK/*Lackner*, 10. Aufl., § 263 Rn. 132; *Gallas*, FS Eb. Schmidt, 1961, S. 401, 409) zustehen. Die letztgenannte Auffassung differenziert innerhalb nichtiger Forderungen nach dem Nichtigkeitsgrund: Beruht die Nichtigkeit etwa auf einem Verstoß gegen die §§ 134 und 138 BGB, soll der Strafrechtsschutz versagt werden, nicht jedoch, wenn die Forderung nur wegen Verstoßes gegen eine Formvorschrift (z.B. § 313 S. 1 BGB) nichtig ist (LK/*Lackner*, 10. Aufl., § 263 Rn. 132). 72

Im Unterschied zum rein juristischen Vermögensbegriff werden aber nur die wirtschaftlich wertvollen Vermögenspositionen erfasst; subjektive Rechte also nur dann, wenn ihnen ein wirtschaftlicher Wert zukommt. Vom rein wirtschaftlichen unterscheidet sich der juristisch-ökonomische Vermögensbegriff dadurch, dass nicht jede wirtschaftlich wertvolle Position ohne Berücksichtigung ihrer rechtlichen Wertung zum geschützten Vermögen zählt (*Waszcynski*, JA 2010, 251, 252). Für diese Ansicht werden folgende **Argumente** vorgebracht: 73

Das Strafrecht kann seinen Vermögensbegriff nicht völlig unabhängig von den (außerstraf-)rechtlichen Normen bilden, die über die Zuordnung der Güter zu einer Person entscheiden. Es darf daher keine Güter in den Vermögensschutz einbeziehen, zu der die Person zwar eine faktisch realisierbare, nicht aber eine rechtlich anerkannte oder jedenfalls nicht missbilligte Beziehung hat (Schönke/Schröder/*Cramer/Perron*, § 263 Rn. 80 und 83; SK/*Hoyer*, § 263 Rn. 118; *Waszcynski*, JA 2010, 251, 252). 74

Im Beispielsfall liegt nach dieser Auffassung keine vermögenswerte Ausnutzung der Arbeitskraft vor, weil diese zu sittenwidrigen Zwecken eingesetzt werde (vgl. *OLG Koblenz* NJW 1996, 665; *OLG Stuttgart* NJW 1996, 665 f.). Folglich handelt es sich nicht um eine Verfügung über Vermögen. Ebenfalls scheidet das Unterlassen der Geltendmachung der Honorarforderung wegen der Nichtigkeit gemäß § 138 I BGB aus. 75

(4) **Stellungnahme:** Auch wenn für den juristisch-ökonomischen Vermögensbegriff die Übereinstimmung mit dem Zivilrecht zu sprechen scheint, führt er innerhalb des Strafrechts zu unerträglichen Widersprüchen. Denn unstreitig begeht einen Diebstahl (§ 242 I), wer einem Dieb die gestohlene Sache oder einem „Auftragskiller" den Lohn entwendet. Setzt der Täter dabei Raubmittel ein, begeht er einen Raub (§ 249 I). Warum die Übereinstim- 76

mung mit dem Zivilrecht den Wertungswiderspruch im Strafrecht gebieten soll, insoweit keinen Schutz gegen Angriffe in Form des Betrugs zu gewähren, ist nicht einsichtig. Ebenso ist unklar, warum die Strafrechtsordnung im Verhältnis von Rechtsbrechern untereinander nicht gelten soll (*Krey/Hellmann*, Rn. 433 ff.).

77 **Ergebnis:** B hat durch seine Arbeitsleistung eine sein Vermögen mindernde Handlung vorgenommen. Ferner liegt ein Vermögensschaden des B vor, da die Minderung seines Vermögens nicht durch ein gleichwertiges Äquivalent (vgl. Rn. 123) ausgeglichen wird. Zudem handelte A vorsätzlich und erstrebte eine rechtswidrige Bereicherung, die dem Schaden des B stoffgleich ist. Der Betrugstatbestand ist damit erfüllt. Somit hat sich A wegen Betrugs (§ 263 I) strafbar gemacht.

78 **Abwandlung zu Beispielsfall 5 (Rn. 60):** B fordert und erhält einen Teil der vereinbarten Summe (echtes Geld) von A im Voraus, obwohl er nicht bereit ist, eine Dissertation für A anzufertigen.
Strafbarkeit des B wegen Betrugs (§ 263 I)?

Lösung:
79 B täuscht A über die innere Tatsache, erfüllungsbereit zu sein. Aufgrund dieser Täuschung erliegt A einem Irrtum. Dieser Irrtum müsste A zu einer Vermögensverfügung veranlasst haben. Vermögensverfügung ist jedes Handeln oder Unterlassen des Getäuschten, das unmittelbar vermögensmindernd wirkt.

80 Eine entsprechende Verfügung könnte hier in der Zahlung eines Teils des vereinbarten Honorars liegen. Fraglich ist es aber, ob der Verlust des Geldes als Vermögensminderung zu bewerten ist. Das ist dann der Fall, wenn die von der Verfügung betroffene Position strafrechtlich geschützt ist.

81 Dies wird von einem Teil der Vertreter des juristisch-ökonomischen Vermögensbegriffs – inkonsequent – mit der Erwägung bejaht, dass es anderenfalls einem Schädiger ermöglicht wird, sich straffrei durch Täuschung rechtswidrig zu bereichern, falls der Getäuschte von der Rechtsordnung missbilligte Zwecke verfolgt (*Rengier*, § 13 Rn. 60; *Wessels/Hillenkamp*, Rn. 564). Andere verneinen entschieden und i.S.d. vertretenen Auffassung konsequent einen strafrechtlichen Schutz solcher Vermögenspositionen, die im konkreten Einzelfall zu rechts- oder sittenwidrigen Zwecken verwendet werden, da die Wertungen der §§ 134, 138 BGB und §§ 74 ff. zu beachten sind (SK/*Hoyer*, § 263 Rn. 131; *Mitsch*, § 7 Rn. 41; vgl. auch Schönke/Schröder/*Cramer/Perron*, § 263 Rn. 150: § 263 entfällt wegen bewusster Selbstschädigung). Im Beispielsfall verfügt A über sein Vermögen, um einen von der Rechtsordnung missbilligten Zwecke zu verfolgen. Eine Vermögensverfügung scheidet damit nur nach der letztgenannten Auffassung aus.

§ 11. Betrug 153

Hingegen liegt nach dem – vorzugswürdigen (vgl. Rn. 76) – wirtschaftlichen Vermögensbegriff eine Vermögensverfügung vor, da es kein strafrechtlich ungeschütztes Vermögen gibt. Die Vertreter der eingeschränkten juristisch-ökonomischen Lehre gelangen in dieser Fallkonstellation (ausnahmsweise) zum selben Ergebnis. 82

Aufgrund dieser Vermögensverfügung erleidet A auch einen Vermögensschaden, da er für den Verlust des gezahlten Betrags keinen Ausgleich erhält. Dass A gemäß § 138 I BGB keinen Anspruch auf die Gegenleistung hat, ist irrelevant. Zudem handelte B vorsätzlich und erstrebte eine rechtswidrige Bereicherung, die dem Schaden des A entspricht. Der Betrugstatbestand ist damit erfüllt. 83

Ergebnis: B hat sich wegen Betrugs (§ 263 I) strafbar gemacht. 84

---

(5) Obgleich die Rechtsprechung sich mehrfach ausdrücklich dem wirtschaftlichen Vermögensbegriff angeschlossen hat (RGSt 44, 230 ff.; BGHSt 2, 364, 365 ff.), finden sich in einigen Entscheidungen Abweichungen. Dabei lässt sich eine Hinwendung zum juristisch-ökonomischen Vermögensbegriff erkennen: 85

▪ Die Rechtsprechung versagt zunächst der „Arbeitskraft" und dem Lohnanspruch die Vermögensqualität, wenn der Leistende rechtlich oder sittlich missbilligte Zwecke verfolgt (BGHSt 4, 373): „Zwar kann auch die Möglichkeit, die eigene Arbeitskraft zur Erbringung von Dienstleistungen einzusetzen, zum Vermögen i.S.d. § 263 StGB gehören, wenn solche Leistungen üblicherweise nur gegen Entgelt erbracht werden. Das gilt aber nicht für Leistungen, die verbotenen oder unsittlichen Zwecken dienen. Das Strafrecht würde sich in Widerspruch zu der übrigen Rechtsordnung setzen, wenn es im Rahmen des Betrugstatbestands nichtigen Ansprüchen Schutz gewährt, die aus verbotenen oder unsittlichen Rechtsgeschäften hergeleitet werden" (*BGH* NStZ 1987, 407; vgl. auch *BGH* JR 1988, 125 f. m. Anm. *Tenckhoff*). Hauptanwendungsfall waren in der Vergangenheit als sittenwidrig angesehene sexuelle Dienstleistungen. Nach früher h.M. konnte eine Prostituierte nicht um ihre sittenwidrige Leistung und damit ihr Entgelt betrogen werden (BGHSt 4, 373), der „Freier" hingegen um sein Geld. Dessen Rückforderungsanspruch aus § 812 I BGB wurde trotz des § 817 S. 2 BGB strafrechtlicher Vermögensschutz nach § 263 gewährt (*OLG Hamburg* NJW 1966, 1525; vgl. auch *OLG Saarbrücken* NJW 1976, 65 ff.). Diese Rechtsprechung ist durch das am 1. Januar 2002 in Kraft getretene ProstG überholt, da nach dessen § 1 I die Vereinbarung einer entgeltlichen sexuellen Leistung eine rechtswirksame Forderung begründet, wenn die Leistung erbracht wird. Der vermögensrechtliche Wert des Entgeltanspruchs folgt damit aus dem Gesetz (*Fischer*, § 263 Rn. 107). Wegen der Regelungen des ProstG ist auch die Rechtsprechung zum sog. Telefonsex (*OLG Hamm* NStZ 1990, 342 f.) über- 86 holt, nach der die Entgeltforderung des Anbieters keinen strafrechtlichen Schutz erfährt.

87 ■ Kein anerkennenswerter Marktwert kommt hingegen nach dieser Rechtsprechung (weiterhin) einer dienstpflichtwidrigen Handlung eines Amtsträgers, der Mitwirkung an einer Straftat und einer Auftragsstraftat (sog. Killerlohnfälle) zu (*Fischer*, § 263 Rn. 106; *Waszcynski*, JA 2010, 251, 252 f.).

88 ■ Schließlich hat der BGH auch der Arbeitsleistung eines Maklers den strafrechtlichen Schutz versagt. Erbringt der Makler seine Arbeitsleistung einem zahlungsunfähigen Kunden, liegt keine Vermögensminderung vor, weil der Kunde in seiner Entscheidung über den Abschluss des vom Makler nachgewiesenen Immobiliengeschäfts völlig frei und der Anspruch des Maklers von diesem Abschluss abhängig ist (§ 652 I 1 BGB; BGHSt 31, 178 ff. – „Maklerfall" – m. Anm. *Bloy*, JR 1984, 123).

89 ■ Eine weitere Durchbrechung betrifft aus Beweisgründen schwer durchsetzbare Forderungen: Verschafft der Täter sich durch Täuschung vom Vertragspartner Quittungen für tatsächlich erbrachte Leistungen, um seine Gegenforderung gerichtlich durchsetzen zu können, tritt keine Vermögensminderung ein. Der Gesamtwert eines Vermögens wird nicht dadurch vermindert, dass sein Inhaber zur Erfüllung einer fälligen Verbindlichkeit veranlasst wird (BGHSt 20, 136, 137).

90 ■ Zahlt der Eigentümer dem Täter für die Rückgabe seiner Sache – ohne sein Eigentum daran zu erkennen – einen unter deren Wert liegenden Betrag, ist für die Berechnung des Werts der Vermögensminderung nicht nur der gezahlte Betrag maßgeblich. Auch die Ansprüche des Eigentümers aus den §§ 861 und 985 BGB müssen Berücksichtigung finden (BGHSt 26, 346 ff.; a.A. *OLG Hamburg* MDR 1974, 330).

Strafrechtliche Vermögensbegriffe		
	Wirtschaftlicher Vermögensbegriff	Juristisch-ökonomischer Vermögensbegriff
Aussage	Vermögen ist die Gesamtheit der einer Person zustehenden Güter, unabhängig davon, ob sie ihr rechtens zustehen oder rechtlich anerkannt sind (Rn. 65 ff.)	Vermögen ist die Summe aller wirtschaftlichen Güter einer Person, soweit sie ihr unter dem Schutz der Rechtsordnung oder wenigstens ohne deren Missbilligung zustehen (Rn. 72 ff.)
Konsequenzen	Geschützt sind alle wirtschaftlich wertvollen Positionen (Rn. 65)	Geschützt sind nur solche wirtschaftlich wertvollen Positionen, die unter normativen Gesichtspunkten schutzwürdig sind (Rn. 73)

§ 11. Betrug

(6) Die Verfügung über eine Vermögensposition muss die **Minderung** des 91
geschützten Vermögens zur Folge haben (sog. Verfügungserfolg). Diesbezüglich ist es umstritten, ob bereits das Eingehen einer Verbindlichkeit eine Vermögensminderung darstellt (sog. Eingehungsbetrug).

Nach h.M. folgt aus der gebotenen wirtschaftlichen Betrachtung, dass eine 92
Vermögensminderung nicht erst im tatsächlichen Verlust eines Vermögenswerts („reale" Minderung), sondern bereits in der Gefahr des Verlusts einer Vermögensposition liegen kann (BGHSt 21, 112, 113 – „Autovermietungsfall"; *BGH* JZ 1988, 419f.; NStZ 2009, 330, 331 – „Vermögensberaterfall"; LK/*Tiedemann*, § 263 Rn. 228; *Otto*, § 51 Rn. 70ff.; a.A. *Schröder*, JZ 1965, 513, 516: versuchter Betrug). Das Verpflichtungsgeschäft selbst begründet schon Anwartschaften und Verbindlichkeiten, die unmittelbar und schon vor der Vornahme des Verfügungsgeschäfts das Vermögen mehren oder mindern. Zwischen Schaden („Verlust") und Gefährdung (Beeinträchtigung) besteht bei wirtschaftlicher Betrachtung kein qualitativer, sondern nur ein quantitativer Unterschied (*BGH* NStZ 2009, 330, 331 – „Vermögensberaterfall").

> **Merke:** Verursacht die irrtumsbedingte Vermögensverfügung eine konkrete Vermögensgefährdung, liegt eine Vermögensminderung vor (*BGH* NStZ 2009, 330, 331 – „Vermögensberaterfall"; *Waszcynski*, JA 2010, 251, 256). Sowohl der Verlust als auch die konkrete Gefährdung einer Vermögensposition stellen sich bei der gebotenen wirtschaftlichen Betrachtung als eine Minderung des betroffenen Vermögens dar und unterscheiden sich nur graduell (*BGH* NStZ 2009, 330, 331 – „Vermögensberaterfall").

Freilich soll nicht jede derartige Vermögensgefährdung eine Vermögens- 93
minderung darstellen. Um die Betrugsstrafbarkeit nicht uferlos auszuweiten, wird eine **konkrete Vermögensgefährdung** gefordert (*BGH* wistra 1995, 223; NStZ 2009, 330, 331 – „Vermögensberaterfall"; *Fischer*, § 263 Rn. 156). Auch das Eingehen von Risikogeschäften – mit einer täuschungs- und irrtumsbedingten Verlustgefahr, die über der vertraglich vorausgesetzten liegt – begründet eine konkrete Vermögensbeeinträchtigung (*BGH* NStZ 2009, 330, 331 – „Vermögensberaterfall").

(7) Das Verfügungsverhalten muss nicht nur ursächlich i.S.d. Äquivalenz- 94
theorie für die Vermögensminderung sein, sondern nach h.M. muss die **Verursachung** darüber hinaus **unmittelbar** sein (BGHSt 14, 170, 171; *Krey/Hellmann*, Rn. 385f.; *Kindhäuser/Nikolaus*, JuS 2006, 193, 198). Daran fehlt es, wenn zwischen dem Verfügungsverhalten des Getäuschten und der Vermögensminderung noch weitere Handlungen, insbesondere des Täters erforderlich sind (*Krey/Hellmann*, Rn. 386). Es reicht also nicht aus, wenn der Getäuschte dem Täter bloß die Möglichkeit gibt, durch eine weitere eigene (deliktische) Handlung den Schaden herbeizuführen (*Wessels/Hillenkamp*, Rn. 515).

Kapitel 5. Betrug und Erschleichen von Leistungen

95 Dementsprechend unterfällt die „listige Sachentziehung" nur dann § 263 I, wenn der Getäuschte eine Vermögensverfügung vornimmt. Seine Handlung muss also unmittelbar, d.h. ohne weitere Zwischenhandlung des Täters den Gewahrsamsverlust bewirken (*BGH* MDR 1968, 772; *OLG Köln* MDR 1973, 866f.).

Beispiel: A täuscht dem Fahrradhändler B Kaufinteresse vor. B überlässt A daraufhin ein Fahrrad für eine mehrstündige Probefahrt. A kehrt mit dem Fahrrad – wie beabsichtigt – nicht zurück, um es künftig gebrauchen zu können. – B hat täuschungsbedingt durch die Aushändigung des Fahrrads – mithin unmittelbar – an B den Gewahrsam übertragen, also eine Vermögensverfügung vorgenommen.

96 Die bloße **Gewahrsamslockerung** reicht dagegen zur Vermögensminderung nicht aus (*OLG Köln* MDR 1973, 866f.; *Wessels/Hillenkamp*, Rn. 624).

Beispiel: A spricht im Hauseingang die Rentnerin B an und schlägt ihr vor, deren Einkaufstaschen die Treppe hinaufzutragen. Als B – wie erwartet – seinen Vorschlag annimmt, eilt er die Treppe hinauf, stellt die Tasche vor der Wohnungstür ab und nimmt die Geldbörse heraus. Danach verlässt er das Gebäude.

97 Auch die Konstellation der sog. Wechselgeldfalle (vgl. § 1 Rn. 44; *Hauf*, JA 1995, 458, 460; s. auch *Fahl*, JA 1996, 40, 49 f.) ist nach dem Kriterium der Unmittelbarkeit zu entscheiden. Nach h.M. liegt hinsichtlich des Wechselgeldes nicht nur eine Gewahrsamslockerung, sondern eine Gewahrsamsübertragung auf den Täter vor. Denn durch das Zuschieben des Wechselgeldes gelangt dieses in den Zugriffsbereich des Täters, während der Getäuschte dadurch seinen Gewahrsam aufgibt. Darin liegt eine Vermögensminderung. Hinsichtlich des tätereigenen Geldscheins scheidet regelmäßig ein Diebstahl (§ 242 I) aus, da es an einer Übereignung (§ 929 S. 1 BGB) fehlt, der Geldschein also für den Täter keine fremde Sache ist (*OLG Celle* NJW 1959, 1981; vgl. auch *BayObLG* JR 1992, 519 m. Anm. *Graul*; *Krey/Hellmann*, Rn. 401).

98 Eine durch Täuschung erschlichene Blanko-Unterschrift ist nur dann eine Vermögensverfügung, wenn die Unterschriftsleistung selbst unmittelbar mindernd wirkt. Hat der Getäuschte hingegen mit dieser – was regelmäßig der Fall ist – lediglich die Möglichkeit zu einer Vermögensminderung durch eine weitere deliktische Handlung des Täters geschaffen (etwa § 267 I 1.Var.; vgl. *Hohmann/Sander*, BT 2, § 17 Rn. 43), scheidet eine Vermögensverfügung aus (*OLG Celle* NJW 1975, 2218 f.; *OLG Hamm* wistra 1982, 152, 153; *Otto*, § 51 Rn. 42; a.A. *Schönke/Schröder/Cramer/Perron*, § 263 Rn. 61: stets konkrete Gefahr des Verlusts einer Vermögensposition [vgl. Rn. 92 f.] durch Unterschrift unmittelbar herbeigeführt).

Beispiel: A ist als Provisionsvertreter für Haushaltsgeräte tätig. Als seine Geschäfte schlecht gehen, bittet er B, auf einem Formular zu bestätigen, dass er ihn aufgesucht habe. Durch geschickte Anordnung mehrerer Formulare kann B nicht erkennen, dass er in Wahrheit ein Bestellformular blanko unterschreibt, das A später ausfüllt.

d) Subjektive Beziehung des Verfügenden zu seinem Verhalten

Nicht einheitlich wird die Frage beantwortet, welche innere Einstellung **99** der Irrende zu seinem Verhalten aufweisen muss, damit dieses dem Begriff der Vermögensverfügung i.S.d. § 263 I unterfällt.

(1) Nach h.M. erfordert eine Vermögensverfügung grundsätzlich kein **100** **Verfügungsbewusstsein**. Nicht notwendig ist also die Vorstellung des Getäuschten, dass sein Verhalten eine vermögensmindernde Wirkung hat (BGHSt 14, 170, 172; *Fischer*, § 263 Rn. 74; a.A. *Otto*, § 51 Rn. 31 ff.; *Kindhäuser/Nikolaus*, JuS 2006, 293, 294; *Ranft*, Jura 1992, 66, 68 ff.). Mithin stellt beispielsweise die unwissentliche Unterlassung der Geltendmachung eines Anspruchs eine Vermögensverfügung dar (Schönke/Schröder/*Cramer/Perron*, § 263 Rn. 60).

Beispiel: A pachtet von B eine Kiesgrube. Der Pachtzins wird nach der monatlichen Kiesausbeute berechnet. A gibt jedoch jeweils die Menge zu niedrig an (*RG HRR* 1939, Nr. 1383). – Nach h.M. liegt in dem Nichteinfordern des vereinbarten Pachtzinses eine Vermögensverfügung.

Ausnahmsweise kommt es nach der h.M. für die Abgrenzung von Betrug **101** („Sachbetrug") und Diebstahl („Trickdiebstahl") doch auf das Kriterium des Verfügungsbewusstseins an: Nur die bewusste Übertragung von Gewahrsam oder die bewusste Mitwirkung an der Gewahrsamsverschiebung ist eine „Verfügung" i.S.d. § 263 I (*Krey/Hellmann*, Rn. 386a; *Otto*, JZ 1993, 652, 655). Fehlt das Verfügungsbewusstsein, liegt eine Wegnahme i.S.d. § 242 I vor. Dieses hat damit die Funktion, die Exklusivität der Tatbestände (vgl. Rn. 52) sicherzustellen.

Die Rechtsprechung ist mit dieser Frage etwa in Fällen befasst, in denen **102** die Waren an der Kasse eines Selbstbedienungsgeschäfts vorbeigeschmuggelt wurden oder werden sollten (BGHSt 41, 198 ff. – „Einkaufswagenfall" m. Bespr. *Hillenkamp*, JuS 1997, 217 ff.; *OLG Düsseldorf* NJW 1993, 1407 f.; *OLG Zweibrücken* NStZ 1995, 448 f.) Der BGH verlangt in Bezug auf § 263 einen auf bestimmte Waren konkretisierten Verfügungswillen des Kassierers. An diesem fehlt es, wenn der Täter die Waren in seinem Einkaufswagen verbirgt und die Kasse nach Vorlage anderer Waren ohne Bezahlung der versteckten Waren passiert. Es kommt daher nur versuchter oder vollendeter Diebstahl in Betracht (vgl. § 1 Rn. 48 f.; BGHSt 41, 198 ff. – „Einkaufswagenfall").

Beispiel: A kauft in einem Selbstbedienungsmarkt Lebensmittel ein. Eine Packung Räucherlachs versteckt A unter einem Kasten Mineralwasser. An der Kasse legt er weitere Waren auf das Band. Das Mineralwasser und den darunter verborgenen Räucherlachs lässt er im Wagen. Wie erwartet, bemerkt und berechnet der Kassierer B den Räucherlachs nicht.

103 Hingegen liegt eine bewusste Vermögensverfügung des Kassierers vor, wenn der Täter die Ware in falscher Verpackung oder mit manipulierter Preisauszeichnung vorlegt und der Kassierer im Irrtum über den Inhalt dem Täter die Ware nach Zahlung des zu niedrigen Kaufpreises aushändigt. In diesen Fällen überträgt der Irrende selbst unmittelbar Gewahrsam und nimmt eine Vermögensverfügung vor (*OLG Düsseldorf* NJW 1988, 922 ff.).

104 **(2)** Streng von dem Erfordernis eines Verfügungsbewusstseins ist die Frage zu trennen, ob für die Fälle des Sachbetrugs eine, wenn auch irrtumsbedingte, **freiwillige** (zwangsfreie) **Disposition** vorausgesetzt ist. Nach h.M., die eine solche für notwendig hält, scheidet eine Verfügung dann aus, wenn der Getäuschte den Gewahrsamswechsel lediglich unter Zwang bewusst geschehen lässt oder daran mitwirkt (BGHSt 18, 221, 223 – „Sammelgaragenfall"; BGH, NJW 1952, 796; *Krey/Hellmann*, Rn. 403 ff.; *Wessels/Hillenkamp*, Rn. 627 ff.). Denn wird der Getäuschte von der Vorstellung bestimmt, er müsse die Wegnahme dulden, weil ein Widerspruch oder ein Widerstand zwecklos ist, fehlt es an einem freien, nur durch die Täuschung beeinflussten Willensentschluss (*BGH* NJW 1952, 796).

Beispiel: A erfährt, dass B einen Computer erworben hat. Er sucht B auf, weist sich mit einer gefälschten Dienstmarke als Kriminalbeamter aus und erklärt, den Computer beschlagnahmen zu müssen, da er gestohlen sei. B glaubt irrig, sich der Beschlagnahme (§ 94 StPO) beugen zu müssen. – B gibt unter einem vorgetäuschten Zwang den Computer heraus, trifft folglich keine Vermögensverfügung.

105 Aus dem Erfordernis der Freiwilligkeit der Vermögensverfügung folgt, dass maßgeblich für die Abgrenzung zwischen Diebstahl (Wegnahme) und Betrug (Vermögensverfügung) nicht das äußere Erscheinungsbild der Tat, sondern die innere Willensrichtung des Getäuschten ist (BGHSt 18, 221, 223 – „Sammelgaragenfall"; *Krey/Hellmann*, Rn. 403 f.; a.A. *Rengier*, § 13 Rn. 32 ff.: maßgeblich ist es, ob das Opfer überhaupt Raum für eine Willensbetätigung hat). Entscheidend ist es also, ob der Irrende duldet, dass der Täuschende die Sache entwendet, oder – wenn auch irrtumsbedingt – mit dem Gewahrsamswechsel einverstanden ist (vgl. § 1 Rn. 68).

106 **(3)** Ebenfalls von eigenständiger Bedeutung ist die Frage, ob vom § 263 I auch die Fälle der **bewussten Selbstschädigung** erfasst sind. Nach zutreffender Auffassung unterfallen dem Tatbestand nur unbewusste Selbstschädigungen, also solche, bei denen dem Verfügenden die vermögensmindernde Wirkung seines Verhaltens verborgen bleibt, nicht hingegen Fälle der zwar irrtumsbedingten, aber bewussten Selbstschädigung (*OLG Düsseldorf* NJW 1988, 922, 923; *Krey/Hellmann*, Rn. 468f.; a.A. BGHSt 19, 37, 45; *Wessels/Hillenkamp*, Rn. 527).

Eine betrugsrelevante Vermögensminderung liegt nicht vor, wenn lediglich die bloße Dispositionsfreiheit oder ein persönliches (Affektions-)Interesse betroffen sind (a.A. *BayObLG* NJW 1952, 798). **107**

Beispiel: A sammelt Spenden für die AIDS-Hilfe. Um von B eine hohe Spende zu erhalten, täuscht er diesem vor, sein Nachbar C habe 10,– € gespendet. B, der hinter C nicht zurückstehen will, gibt ebenfalls 10,– €.

Anders als hier wird diese Einschränkung des Betrugstatbestands zum Teil als Schadensproblem begriffen und dort erörtert, und zwar in der Rechtsprechung unter dem Begriff der Zweckverfehlung (vgl. etwa *BGH* NJW 1995, 539; vgl. unten Rn. 122 und *Krey/Hellmann*, Rn. 470ff.; *Satzger*, Jura 2009, 518, 523f.). **108**

e) Person des Verfügenden – „Dreiecksbetrug"

Neben den Anforderungen an das Verfügungsverhalten einer Person ist beim Tatbestandsmerkmal der Vermögensverfügung weiterhin problematisch, welche Person eine entsprechende Verfügung vornehmen kann. Da § 263 I zwar notwendig die Identität von Irrendem und Verfügendem, nicht aber die Identität von Verfügendem und Inhaber des beeinträchtigten Vermögens (Geschädigtem) voraussetzt (RGSt 73, 382, 384; *Lackner/Kühl*, § 263 Rn. 28; *Krey/Hellmann*, Rn. 410; *Ebel*, Jura 2008, 256), kann ein Betrug grundsätzlich in der Weise begangen werden, dass der vom Täter Getäuschte über das Vermögen eines Dritten verfügt. **109**

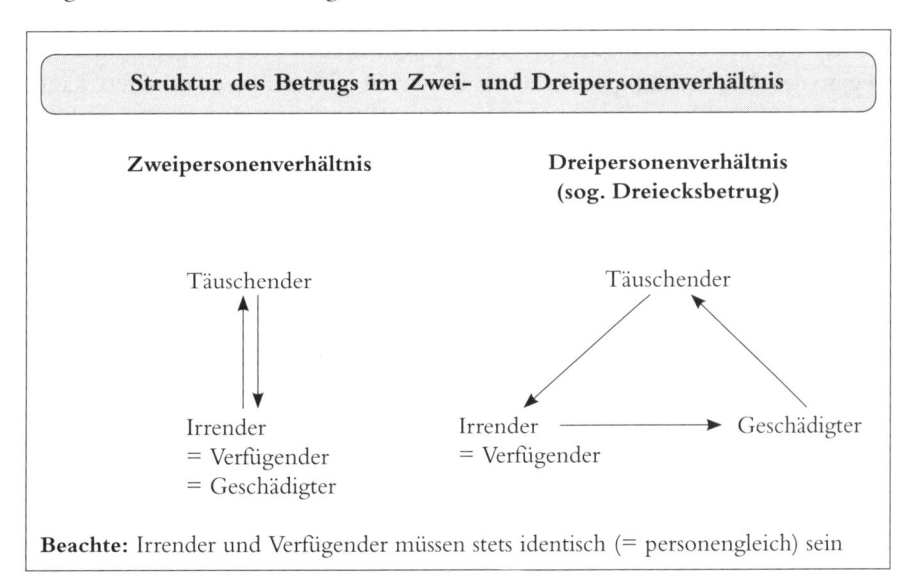

Struktur des Betrugs im Zwei- und Dreipersonenverhältnis

Zweipersonenverhältnis | Dreipersonenverhältnis (sog. Dreiecksbetrug)

Täuschender ↕ Irrender = Verfügender = Geschädigter

Täuschender; Irrender = Verfügender → Geschädigter

Beachte: Irrender und Verfügender müssen stets identisch (= personengleich) sein

Kapitel 5. Betrug und Erschleichen von Leistungen

110 **(1)** Die Konstellation des Dreiecksbetrugs wird überwiegend für einen **auf Sachen bezogenen Betrug** (sog. Sachbetrug) diskutiert. Auch hierbei geht es um die Abgrenzung zwischen den sich gegenseitig ausschließenden Tatbeständen des Diebstahls (§ 242 I) und des Betrugs (§ 263 I): Ein gegenüber dem Vermögensinhaber vollzogener Gewahrsams*bruch* (vgl. § 1 Rn. 56 ff.) wird strafrechtlich ausgeschlossen, wenn das Verhalten des Verfügenden dem Vermögensinhaber wegen einer besonderen Beziehung des Verfügenden zum betroffenen Vermögen zuzurechnen ist, der Gewahrsamswechsel also nicht gegen den Willen des Gewahrsamsinhabers vollzogen wird.

111 Das ist insbesondere nach der Rechtsprechung bereits dann der Fall, wenn der Getäuschte die tatsächliche Verfügungsgewalt über die Sache hat (sog. Nähetheorie). Tendenziell wird insoweit Gewahrsam, zumindest untergeordneter Mitgewahrsam des Verfügenden gefordert (BGHSt 18, 221, 223 f. - „Sammelgaragenfall"; *BayObLG* GA 1964, 82, 83 f.; *OLG Celle* NJW 1994, 142, 143).

112 Demgegenüber verlangt die h.L. zusätzlich, dass der getäuschte Dritte schon vor der Verfügung im Lager des Geschädigten stand und deshalb zur Verfügung imstande war (sog. Lagertheorie; *Lackner/Kühl*, § 263 Rn. 28 und 30; Schönke/Schröder/*Cramer/Perron*, § 263 Rn. 66). Dies wird bejaht, wenn der Verfügende zum Vermögen des Geschädigten eine engere Beziehung aufweist als ein beliebiger Dritter (*Maurach/Schroeder/Maiwald*, BT 1, § 41 Rn. 80; *Wessels/Hillenkamp*, Rn. 641).

113 Im Unterschied dazu stellt eine dritte Ansicht nicht auf die faktische Möglichkeit, sondern allein auf die ausdrückliche, stillschweigende oder zumindest dem Anschein nach bestehende rechtliche Befugnis zur Verfügung über die fremde Sache ab (sog. Befugnistheorie; MünchKomm/*Hefendehl*, § 263 Rn. 286; SK/*Hoyer*, § 263 Rn. 144 ff.; *Krey/Hellmann*, Rn. 413 und 417; ähnlich *Ebel*, Jura 2008, 256, 260 f.). Der Befugnistheorie ist zuzugeben, dass sie wegen der Verwendung rechtlicher Kriterien überzeugend erklären kann, warum die Verfügung eines Dritten dem Vermögensinhaber zugerechnet wird (so *Mitsch*, § 7 Rn. 74). Sie ist aber mit dem – vorzugswürdigen (vgl. Rn. 76) – wirtschaftlichen Vermögensbegriff unvereinbar.

Beispiele: A ist mit B befreundet, die einen Pkw besitzt, der in einer Sammelgarage untergestellt ist. In dieser Garage ist für jeden dort abgestellten Wagen ein zweiter Schlüssel beim Pförtner C hinterlegt. Mit dem ausdrücklichen Einverständnis der B hat A den Pkw mehrmals aus der Garage geholt. Nachdem die Beziehung von A und B gescheitert ist, begibt A sich ohne Wissen der B in die Garage, um sich den Pkw zuzueignen. A bittet C unter Täuschung über das vorliegende Einverständnis der B um den Zweitschlüssel. Er bekommt den Schlüssel ausgehändigt und verlässt mit dem Pkw die Garage (BGHSt 18, 221 ff. – „Sammelgaragenfall"). – Die Vermögensverfügung des C ist nach allen Auffassungen der B zuzurechnen, und zwar auch nach der Befugnistheorie, weil die Grundsätze der Anscheinsvollmacht Anwendung finden und C davon ausgehen durfte, zur Aushändigung des Pkw-Schlüssels befugt zu sein.

Bei der Untervermieterin F des Studenten E erscheint D, der sich – wahrheitswidrig –

als Bote des E ausgibt und F bittet, ihm den Laptop des E auszuhändigen. E benötige diesen dringend in der Universität. Die arglose F gibt D den Laptop. – Jedenfalls nach der Befugnistheorie liegt keine dem E zurechenbare Vermögensverfügung vor. Soweit neben der rein faktischen Verfügungsmöglichkeit von einem Teil der h.M. gefordert wird, dass der Getäuschte vor seiner Verfügung eine besondere Beziehung zum betroffenen Vermögen aufweisen muss, scheidet eine zurechenbare Verfügung ebenfalls aus.

Vertiefungshinweis: Erst in jüngster Zeit wird in Rechtsprechung und Schrifttum intensiver erörtert, ob und unter welchen Voraussetzungen ein Dreiecksbetrug in Bezug auf Forderungen und Rechte möglich ist, wenn ein Nichtinhaber auf diese für ihn fremde Rechtsposition einwirkt (vgl. hierzu *OLG Celle* NJW 1994, 142 m. Bespr. *Linnemann*, wistra 1994, 167).

(2) Da der Verfügende und der Geschädigte nicht personengleich sein **114** müssen, ergibt sich bei vermögensrechtlichen Streitigkeiten auch die Möglichkeit des **Prozessbetrugs** (Schönke/Schröder/*Cramer/Perron*, § 263 Rn. 69). Ein solcher liegt vor, wenn ein Richter (oder ein Rechtspfleger; *OLG Düsseldorf* NJW 1994, 3366f.) durch Täuschung über Tatsachen zu einer das Vermögen der gegnerischen Partei schädigenden Entscheidung veranlasst wird (*OLG Zweibrücken* NJW 1983, 694).

Vertiefungshinweis: Zum Irrtum des Richters im Falle des non liquet vgl. *Krey/Hellmann*, Rn. 421 und 421a; *Fahl*, Jura 1996, 74, 75.

Das Urteil in einer vermögensrechtlichen Streitigkeit wirkt nicht erst mit **115** Eintritt der Rechtskraft vermögensmindernd, sondern schon aufgrund der Erklärung seiner vorläufigen Vollstreckbarkeit (§§ 708 ff. ZPO). Dabei ist es unschädlich, dass die Vermögensminderung kraft eines Hoheitsakts erfolgt (BGHSt 14, 170, 172). Die für die Zurechnung der Vermögensverfügung erforderliche Beziehung zum geschädigten Vermögen beruht auf der hoheitlichen Funktion des Richters, kraft seines Amts zur Streitentscheidung berufen zu sein (Schönke/Schröder/*Cramer/Perron*, § 263 Rn. 68; *Krey/Hellmann*, Rn. 419; krit. *Fahl*, Jura 1996, 74, 77f.). Das Phänomen, dass die Verfügung des Richters unabhängig davon, ob der Kläger oder der Beklagte den Prozess verliert, stets dem täuschungs- und irrtumsbedingt Unterliegenden zugerechnet wird, lässt sich mit der bildhaften Vorstellung erklären, dass der Richter stets im Lager der Partei steht, die im Recht ist.

Beispiel: A klagt gegen B auf Rückzahlung eines Darlehens. Die Fälligkeit des Rückzahlungsanspruchs substantiiert A wahrheitswidrig damit, dass er die Kündigung des Darlehens behauptet. Auf das Bestreiten des B hin, tritt A Beweis durch Vorlage eines Empfangsbekenntnisses des B an. A hat diese Urkunde gefälscht. Richter C, dem dies verborgen bleibt, verurteilt B zur Rückzahlung der Darlehenssumme und erklärt das Urteil für vorläufig vollstreckbar.

> **Vertiefungshinweis:** Kontrovers wird die Frage diskutiert, ob auch bei einer Entscheidung im Versäumnis- oder Mahnverfahren ein Prozessbetrug erfolgen kann. Mit der h.L. ist dies abzulehnen. In beiden Fällen beruht die Entscheidung nicht auf einem irgendwie gearteten Vorstellungsbild über Tatsachen, d.h. einem Irrtum des Richters oder des Rechtspflegers (Schönke/Schröder/*Cramer/Perron*, § 263 Rn. 52; *Fahl*, Jura 1996, 74, 75). Im Versäumnisverfahren gilt kraft gesetzlicher Anordnung (§ 331 I 1 ZPO) das tatsächliche Vorbringen des Klägers als zugestanden (a.A. *Krey/Hellmann*, Rn. 422 f.: wegen der Wahrheitspflicht des § 138 I ZPO hält es der Richter zumindest für unwahrscheinlich, belogen zu werden; entsprechende Argumentation bei BGHSt 24, 257, 260 f. zu den §§ 688 ff. ZPO a.F.). Der Erlass eines Mahnbescheids setzt allein die Wahrung der in § 688 I ZPO genannten Formerfordernisse voraus. Soweit das Mahnverfahren automatisiert ist (§§ 689 I 2, 703b und 703c ZPO), scheidet ein Betrug von vornherein aus.

Das gilt auch, wenn der Angeklagte durch Täuschung die Verurteilung zu einer Geldstrafe abwendet (oder abwenden will). Die Geldstrafe gehört nicht zum strafrechtlich geschützten Vermögen des Staats, zudem greift das Selbstbegünstigungsprivileg des Täters ein (*OLG Karlsruhe* NStZ 1990, 282 f.; *OLG Stuttgart* MDR 1981, 422; *Geppert*, Jura 1980, 204, 208 f.).

f) Kausalität von Irrtum und Vermögensverfügung

116 Weiter muss auch ein Kausalzusammenhang zwischen Irrtum und Vermögensverfügung bestehen (*BGH* NStZ 2003, 313, 314; 2006, 687; Münch-Komm/*Hefendehl*, § 263 Rn. 233; Schönke/Schröder/*Cramer/Perron*, § 263 Rn. 77). An diesem fehlt es, wenn der Irrende die Vermögensverfügung auch ohne seinen Irrtum vorgenommen hätte.

Beispiele: Bettler A täuscht ein Gebrechen vor. B, der die Täuschung nicht erkennt, gibt dem lästigen Bettler, nur um ihn loszuwerden, ein Almosen.
 C täuscht anlässlich der Notfallaufnahme in ein Krankenhaus über das Bestehen einer Krankenversicherung. Das Krankenhaus ist jedoch ohnehin verpflichtet, Notfallpatienten aufzunehmen (*OLG Düsseldorf* NJW 1987, 3145 f.).

117 Problematisch ist der Kausalzusammenhang zwischen Irrtum und Vermögensverfügung beim Zusammentreffen mehrerer Motive („Motivbündel"), wenn nur eines der Motive durch die Täuschung geschaffen ist, die anderen aber für die Verfügung bereits ausreichen würden. Da nicht gefordert ist, dass der Getäuschte allein aufgrund des erregten Irrtums zur Verfügung veranlasst wird, ist es nach h.M. entscheidend, dass das durch die Täuschung geschaffene Motiv **mitbestimmend** gewesen ist (BGHSt 13, 13, 14; *BGH* NStZ 1999, 558, 559; *Krey/Hellmann*, Rn. 424).

Beispiel: Rechtsreferendar A, der zum Beamten auf Zeit berufen ist, nimmt bei B ein Darlehen auf und täuscht diesen darüber, dass er aufgrund des Eingangs einer größeren

Summe das Darlehen demnächst zurückzahlen kann. B hätte auch ohne diese Erklärung einem Beamten ein Darlehen gewährt (BGHSt 13, 13 ff.).

Detailstruktur der Vermögensverfügung	
Verfügungsverhalten	Handeln oder Unterlassen (Rn. 53 ff.)
Verfügungserfolg	Unmittelbare (Rn. 94 ff.) Minderung (Rn. 91 ff.) strafrechtlich geschützten Vermögens (Rn. 63 ff.)
Subjektive Einstellung des Verfügenden	Grundsätzlich kein Verfügungsbewusstsein (Rn. 100 ff.), hingegen Freiwilligkeit (Rn. 104 f.) und unbewusste Selbstschädigung (Rn. 106 ff.) vorausgesetzt
Person des Verfügenden	Vermögensinhaber oder diesem zurechenbarer Dritter (Rn. 109 ff.)

4. Vermögensschaden

Die Vermögensverfügung muss unmittelbar zu einem Vermögensschaden **118** führen (LK/*Tiedemann*, § 263 Rn. 26). Erst mit dem Eintritt dieses Erfolgs ist der Betrug vollendet.

Der Vermögensschaden wird durch einen Vergleich der Vermögensstände **119** unmittelbar vor und unmittelbar nach der maßgeblichen Vermögensverfügung ermittelt (sog. „Saldierung"; BGHSt 30, 388, 389; *BGH* NStZ 1999, 353, 354; 2009, 330 – „Vermögensberaterfall"; *OLG Düsseldorf* NJW 1994, 3366, 3367; *Fischer*, § 263 Rn. 111; *Kindhäuser/Nikolaus*, JuS 2006, 293, 296; *Satzger*, Jura 2009, 518, 520).

a) Einseitige, unentgeltliche Hingabe von Vermögenswerten

Besteht die Vermögensverfügung (Vermögensminderung; vgl. Rn. 91 ff.) in **120** einer einseitigen, unentgeltlichen Hingabe von Vermögenswerten, liegt der Schaden regelmäßig schon im Verlust des entsprechenden Vermögenswerts selbst.

Merke: Ein Vermögensschaden ist zu bejahen, wenn die aufgrund der Vermögensverfügung eingetretene Minderung des Vermögens nicht durch einen unmittelbar mit ihr verbundenen Vermögenszuwachs vollständig ausgeglichen wird (**Kompensation**; BGHSt 3, 99, 102; 34, 199, 203 – „Schlankheitspillenfall").

Erschleicht beispielsweise der Täter durch Täuschung eine öffentliche Leis- **121** tung (etwa Sozialhilfe oder Subventionen [soweit nicht § 264 einschlägig ist, der als lex specialis § 263 vorgeht]), ohne dass die Anspruchsvoraussetzungen vorliegen, tritt ein Vermögensschaden ein (Schönke/Schröder/*Cramer/Perron*,

§ 263 Rn. 104 f.). Entsprechendes gilt, wenn von einem Unternehmen Werbegeschenke für neue Kunden gewährt werden und sich eine zum festen Kundenstamm gehörende Person als Erstkunde ausgibt (*BayObLG* NJW 1994, 208 m. Bespr. *Hilgendorf*, JuS 1994, 466). Allerdings kann in diesen Fällen ein Schaden unter dem Gesichtspunkt der bewussten Selbstschädigung (vgl. Rn. 106 ff.) ausscheiden, wenn das Unternehmen eine nur höchst ungewisse Chance wahrnimmt, den Erstbesteller mittels einer Zugabe zu weiteren Käufen zu veranlassen (vgl. *BayObLG* NJW 1994, 208).

122 Hingegen stellt sich beim sog. Spendenbetrug grundsätzlich nicht die Frage eines Vermögensschadens, da das Opfer insoweit bewusst, wenn auch irrtumsbedingt, ein Vermögensopfer erbringt, also bereits keine Vermögensverfügung trifft (vgl. Rn. 106; im Ergebnis ebenso *BGH* NJW 1995, 539).

> **Vertiefungshinweis:** Ausnahmsweise kann in diesen Fällen dann ein Schaden vorliegen, wenn eine unbewusste Selbstschädigung darin liegt, dass die Vermögensverschiebung mit der Verfehlung ihres Zwecks in ihrem sozialen Sinn entwertet wird (*BGH* NJW 1995, 539 f.; Schönke/Schröder/*Cramer*/*Perron*, § 263 Rn. 102) oder dazu führt, dass die Vermögensminderung bei individueller Betrachtung für den Getäuschten eine untragbare Belastung darstellt (vgl. Rn. 137 ff.).

b) Leistung und Gegenleistung

123 Stehen sich dagegen Leistung und Gegenleistung gegenüber, ist zur Ermittlung des Schadens festzustellen, ob die in der Vermögensverfügung begründete Vermögensminderung durch eine Gegenleistung unmittelbar ausgeglichen ist. Wenn Leistung und Gegenleistung sich entsprechen (sog. Kompensation), also der erlangte Gegenwert die durch die Verfügung eingetretene Vermögensminderung zumindest vollständig ausgleicht, liegt kein Schaden vor (BGHSt 34, 199, 202 f. – „Schlankheitspillenfall"; *Fischer*, § 263 Rn. 111; *Wessels/Hillenkamp*, Rn. 540).

> **Merke:** Maßgeblich für die Schadensfeststellung ist nach ganz h.M. ein objektiv-individueller Schadensbegriff (Schönke/Schröder/*Cramer/Perron*, § 263 Rn. 108; *Maurach/Schroeder/Maiwald*, BT 1, § 41 Rn. 113).

124 In Übereinstimmung mit dem hier vertretenen wirtschaftlichen Vermögensbegriff (vgl. Rn. 65 ff.) geht der objektiv-individuelle Schadensbegriff von einer rein wirtschaftlichen Betrachtungsweise aus (objektive Komponente) und ergänzt diese für bestimmte Konstellationen durch die Berücksichtigung der wirtschaftlichen Bedürfnisse des Einzelnen (individuelle Komponente).

125 **(1)** Leistung und Gegenleistung sind danach zunächst nach ihrem **objektiven Verkehrswert** zu vergleichen. Maßgeblich ist insoweit nicht die persön-

liche Einschätzung des Getäuschten, sondern die eines sachkundigen, objektiven Beobachters (BGHSt 16, 321, 326 – „Melkmaschinenfall"; *BayObLG* NJW 1987, 2452), die sich an den Marktverhältnissen auszurichten hat (*OLG Hamm* NStZ 1992, 593). Ergibt sich eine Wertdifferenz zum Nachteil des von der irrtumsbedingten Vermögensverfügung betroffenen Vermögens, liegt ein Vermögensschaden vor. Das ist jedenfalls dann der Fall, wenn gegen die Zahlung des vereinbarten Kaufpreises eine nur minderwertige Ware geliefert wird. Dabei kann sich die Minderwertigkeit auch aus der mangelnden rechtlichen Qualität der erlangten Sache ergeben (*BGH* StV 1996, 73 ff. m. Anm. *Samson*, StV 1996, 93 f.; Schönke/Schröder/*Cramer/Perron*, § 263 Rn. 110).

Beispiel: Gebrauchtwagenhändler A täuscht seinen Kunden B darüber, dass es sich bei dem verkauften Fahrzeug um einen Unfallwagen handelt, der verkehrsunsicher ist. B zahlt aufgrund der Täuschung einen Kaufpreis, der dem Verkehrswert eines unfallfreien Gebrauchtfahrzeugs entspricht.

Umstritten ist die Behandlung der Fälle, in denen der Verkäufer bestimmte **126** werterhöhende Eigenschaften einer Kaufsache wahrheitswidrig behauptet, die den Käufer zum vermeintlich günstigen Kauf veranlassen, wenn zugleich feststeht, dass die gekaufte Sache unabhängig davon ihren Preis wert ist.

Beispiele: Im obigen Beispiel (vgl. Rn. 124) zahlt B lediglich einen Kaufpreis, der dem Marktwert eines verkehrsunsicheren Unfallwagens entspricht.
Textilhändler C preist rein wollene Gabardinehosen zum Verkauf an. In Wirklichkeit übergibt er seinen Kunden Hosen, die aus reiner Zellwolle bestehen, aber den vereinbarten Preis wert sind (BGHSt 16, 220 – „Zellwollhosenfall").

Wegen der Gleichwertigkeit von Leistung und Gegenleistung wird das **127** Vorliegen eines Vermögensschadens abgelehnt, da nur die vom § 263 nicht geschützte Dispositionsfreiheit des Getäuschten beeinträchtigt ist. Dieser erfahre insoweit ausreichenden Schutz aufgrund zivilrechtlicher Bestimmungen (etwa §§ 123 und 459 II BGB; BGHSt 16, 220, 222 f. – „Zellwollhosenfall"; *Lackner/Kühl*, § 263 Rn. 38 f.; SK/*Hoyer*, § 263 Rn. 198; *Rengier*, § 13 Rn. 74).

Dies widerspricht freilich der von einer wirtschaftlichen Betrachtungs- **128** weise gebotenen schadensermittelnden *Gesamt*saldierung. Der Getäuschte erbringt mit der vollen Gegenleistung mehr, als er dem zivilrechtlichen Leistungsstörungsrecht entsprechend hätte leisten müssen. Besitzt die tatsächliche Leistung nicht die vereinbarten Solleigenschaften, steht dem Käufer selbst dann ein einredeweise geltend zu machender Minderungsanspruch (§§ 459, 462, 465 und 472 BGB) zu, wenn der Wert der gekauften Sache trotz ihrer Mangelhaftigkeit der Gegenleistung entspricht (Schönke/Schröder/*Cramer/Perron*, § 263 Rn. 108; *Maurach/Schroeder/Maiwald*, BT 1, § 41 Rn. 117; *Otto*, JZ 1993, 652, 657; *Schneider*, JZ 1996, 914, 917).

129 Ein Schaden kann auch bei der Lieferung einer von der vertraglich vorausgesetzten Beschaffenheit zwar abweichenden, aber objektiv gleichwertigen Ware vorliegen, wenn der Wirtschaftsverkehr einer Ware bestimmter Herkunft oder bestimmter Beschaffenheit einen höheren Wert zuerkennt (BGHSt 8, 46 [49]; 12, 347, 352 f.; *BGH* NJW 1980, 1970 f.). Zu weitgehend nimmt die Rechtsprechung sogar dann einen Schaden an, wenn die tatsächlich gelieferte Ware besser und teurer ist als die vertraglich vereinbarte (BGHSt 12, 347, 352 f.).

130 In Rechtsprechung und Schrifttum ist es umstritten, ob der **gutgläubige Erwerb** einer Sache vom Nichtberechtigten einen Vermögensschaden begründet. Während von der Rechtsprechung ein Vermögensschaden bejaht wird (BGHSt 3, 370, 372; 15, 83, 86 f. – „Mopedfall"; *OLG Köln* MDR 1966, 253 f.), soll nach der h.L. ein Vermögensschaden allenfalls dann vorliegen, wenn die Sache gerade wegen des gutgläubigen Erwerbs einen merkantilen Minderwert aufweist (*Krey/Hellmann*, Rn. 479).

Beispiel: A leiht sich von B ein Fahrrad. Als er sich entschließt, dieses zu behalten, verändert er die Rahmennummer und streicht es in einer anderen Farbe an. Nach einigen Wochen verkauft er es an den gutgläubigen C.

131 Das RG begründet in einem solchen Fall den Eintritt eines Vermögensschadens damit, dass der gutgläubig erworbenen Sache ein „sittlicher Makel" anhaftet (RGSt 73, 61, 63 f.). Der BGH lässt dahinstehen, ob die These des RG zutrifft (BGHSt 15, 83, 87 – „Mopedfall"), und stellt demgegenüber auf die dem gutgläubigen Erwerber drohenden Gefahren ab: Für diesen besteht ein erhöhtes Prozessrisiko, wenn der frühere Eigentümer gegen den gutgläubigen Erwerber gerichtlich vorgeht. Zudem ist der Erwerber der Gefahr ausgesetzt, als Hehler bezichtigt zu werden oder Schwierigkeiten mit den Aufsichtsbehörden oder Organen seines Handelsstands zu bekommen bzw. sonst an Ansehen zu verlieren (BGHSt 15, 83, 86 f. – „Mopedfall"). Schließlich weist die Sache einen merkantilen Minderwert auf, wenn der gutgläubige Erwerb einer gewinnbringenden Weiterveräußerung durch den Erwerber entgegensteht, weil sich die Sache wegen ihrer Herkunft als faktisch unverkäuflich erweist. Für den Eintritt eines Vermögensschadens sind die Umstände des Einzelfalls maßgeblich (BGHSt 15, 83, 86 f. – „Mopedfall").

132 Diese Rechtsprechung stößt im Schrifttum zu Recht auf Kritik. Das Argument des Prozessrisikos ist schwach, da nicht der Erwerber die Beweislast für seine Gutgläubigkeit, sondern der frühere Eigentümer die Beweislast für die Bösgläubigkeit des Erwerbers trägt (LK/*Tiedemann*, § 263 Rn. 209). Bei der gebotenen wirtschaftlichen Betrachtung sind die Kriterien des sittlichen Makels, der Gefahr der Bezichtigung der Hehlerei oder behördlicher Maßnahmen nicht geeignet, einen Vermögensschaden zu begründen (LK/*Tiedemann*, § 263 Rn. 209; Schönke/Schröder/*Cramer/Perron*, § 263 Rn. 111). Allerdings liegt in Übereinstimmung mit der Rechtsprechung ein Vermögensschaden dann vor, wenn sich die Sache wegen ihrer Herkunft als faktisch unverkäuflich erweist (*Krey/Hellmann*, Rn. 479).

Erschleicht der Gläubiger einer Forderung unter Täuschung über seine **133** Rückzahlungsabsicht ein Darlehen vom Schuldner, um durch Aufrechnung (§ 387 BGB) seine Forderung zu tilgen, scheidet ein Vermögensschaden aus. Denn der getäuschte Schuldner muss als Gläubiger der Darlehensforderung nach den §§ 387 ff. BGB hinnehmen, dass die Forderung durch Zahlung oder Aufrechnung erfüllt wird. Das Gesetz bewertet damit Zahlung und Aufrechnung gleich, es sei denn, die Aufrechnung ist aus rechtlichen Gründen unzulässig (*BGH* NJW 1953, 1479 f.).

Auch hinsichtlich der **Höhe des Entgelts** ist nach objektiv-wirtschaftlichen **134** Gesichtspunkten zu prüfen, ob das Entgelt einen vollwertigen Ausgleich darstellt. So wird z.B. im Falle einer Fahrzeuganmietung der übliche Mietzins lediglich die regelmäßig mit einem entsprechenden Geschäft einhergehenden Risiken abdecken. Täuscht der Mieter des Fahrzeugs darüber, dass er im Besitz einer Fahrerlaubnis ist, oder weist er nicht darauf hin, dass er das Fahrzeug zu einem Autorennen einsetzen will, ist der übliche Mietzins kein vollständiger Ausgleich des zusätzlichen Risikos (BGHSt 21, 108, 112 – „Autovermietungsfall").

In die Schadensberechnung dürfen nur solche Vermögensvorteile und **135** -nachteile einbezogen werden, die durch die Vermögensverfügung selbst hervorgebracht sind (*BGH* NStZ 1999, 353, 354; 2000, 260, 261). Keine Berücksichtigung finden daher Aufwendungen, die das Opfer erst aus Anlass des Betrugs tätigt (z.B. Kosten für die Begutachtung des erworbenen Gegenstands, Prozesskostenvorschüsse; *BayObLG* wistra 1999, 69, 70). Ebenfalls außer Betracht bleiben spätere Wertminderungen oder -erhöhungen (Schönke/Schröder/*Cramer/Perron*, § 263 Rn. 141), denn die Vermögensverfügung muss unmittelbar kausal für den Vermögensschaden sein (vgl. Rn. 118; SK/*Hoyer*, § 263 Rn. 196).

Auch dürfen bei der Saldierung solche Positionen nicht berücksichtigt **136** werden, die den Schadensausgleich erst ermöglichen (Schönke/Schröder/*Cramer/Perron*, § 263 Rn. 120; *Wessels/Hillenkamp*, Rn. 545 f.). Dies ist evident bei Schadensersatzansprüchen aus den §§ 823 II BGB i.V.m. 263 I und § 826 BGB sowie bei Bereicherungsansprüchen aus den §§ 812 ff. BGB, die jeweils einen Schaden voraussetzen und daher für seine Berechnung ohne Belang sind (*BGH* MDR/D 1970, 13). Dasselbe gilt für Gewährleistungs- und Anfechtungsrechte, etwa aus den §§ 119 und 123 BGB (BGHSt 21, 384, 386 – „Provisionsvertreterfall"; BGHSt 23, 300, 302 – „Abonnementfall"; *BGH* NJW 1985, 1563, 1564), denn die Ausübung entsprechender Rechte führt lediglich zu einer nachträglichen und damit strafrechtlich irrelevanten Beseitigung eines bereits eingetretenen Schadens (*Krey/Hellmann*, Rn. 449a).

> **Vertiefungshinweis:** Zur Frage, ob ein Unternehmerpfandrecht (§ 647 BGB) für die Schadensfeststellung relevant ist, vgl. *BayObLG* JZ 1974, 189f. m. Anm. *Lenckner*, JR 1974, 337; *Krey/Hellmann*, Rn. 466f.

137 (2) Nach dem ganz herrschenden objektiv-individuellen Schadensbegriff (vgl. Rn. 124) kommt es bei der Ermittlung der Gleichwertigkeit der Leistungen zwar primär auf deren objektiven Vermögenswert an, es ist aber ergänzend eine individualisierende Betrachtung erforderlich. Eine Sache, die den vom Getäuschten entrichteten Preis wert ist, kann gleichwohl gerade für diesen eine nicht gleichwertige Leistung darstellen (**persönlicher Schadenseinschlag**).

> **Beachte:** Nur dann, wenn sich keine Differenz zwischen den objektiven wirtschaftlichen Werten von Leistung und Gegenleistung feststellen lässt, wird die individuelle Komponente des Schadensbegriffs relevant (*Satzger*, Jura 2009, 518, 522).

138 Für den Eintritt eines persönlichen Schadenseinschlags hat die h.M. verschiedene Fallgruppen herausgebildet:

139 ▪ Eine Wertminderung der Gegenleistung ist jedenfalls dann anzunehmen, wenn sie nach den besonderen individuellen Bedürfnissen des Getäuschten oder nach dem vertraglich vorausgesetzten Zwecke aus der Sicht eines objektiven Beobachters für den Erwerber unbrauchbar oder jedenfalls weniger brauchbar ist (BGHSt 16, 321, 326 – „Melkmaschinenfall"; BGHSt 22, 88, 89; *OLG Köln* NJW 1976, 1222; *Wessels/Hillenkamp*, Rn. 548).

Beispiele: A veranlasst durch Täuschung den Arbeiter B zum Kauf wissenschaftlicher Zeitschriften und Bücher. – Diese sind zwar als solche ihren Preis wert, übersteigen aber das Verständnis des B (*BGH* MDR/D 1972, 571).

C verkauft dem im gesamten Bundesgebiet tätigen Vertreter D einen Pkw unter Täuschung über dessen Laufleistung und Unfallfreiheit zu einem dem Wert des Fahrzeugs angemessenen Preis. – Wegen der bei diesem Fahrzeug erhöhten Pannenanfälligkeit ist der Pkw für D weniger brauchbar (*OLG Düsseldorf* JZ 1996, 913, 914 m. Anm. *Schneider*).

140 ▪ Unter dem Gesichtspunkt des persönlichen Schadenseinschlags liegt ein Vermögensschaden auch bei einer für den Verletzten gleichwertigen Gegenleistung vor, wenn durch das Geschäft eine übermäßige Einschränkung seiner wirtschaftlichen Bewegungsfreiheit eintritt. Das ist zum einen der Fall, wenn der Getäuschte zur Erfüllung seiner vertraglichen Verpflichtung gezwungen ist, „vermögensschädigende" Maßnahmen zu ergreifen, z.B. die Aufnahme eines hochverzinslichen Darlehens (BGHSt 16, 321, 328 – „Melkmaschinenfall"), zum anderen, wenn er infolge der eingegangenen Verpflichtung nicht mehr über die Mittel verfügt, „die zur ordnungsgemäßen Erfüllung seiner Verbindlichkeiten oder sonst für eine, seinen persönlichen Verhältnissen angemessene Wirtschafts- oder Lebensführung unerlässlich sind" (BGHSt 16,

321, 328 – „Melkmaschinenfall"; *Fischer*, § 263 Rn. 146 ff.). Zum Teil wird weitergehend vertreten, dass jede Beeinträchtigung der wirtschaftlichen Bewegungsfreiheit als solche einen Vermögensschaden begründet, sofern sich „die Vermögensverfügung nach den ökonomischen Verhältnissen des Verletzten als eine wirtschaftlich sinn- und zweckwidrige Maßnahme darstellt" (*Krey/Hellmann*, Rn. 464).

Beispiel: A verkauft dem Landwirt B eine Melkmaschine zum normalen Listenpreis. A täuscht B vor, die Maschine sei anlässlich einer Werbeaktion im Preis erheblich herabgesetzt. Bei Kenntnis der wahren Sachlage hätte B die Melkmaschine nicht erworben, da sein Betrieb derzeit keinen Gewinn abwirft. B muss daher ein kurzfristiges und hochverzinsliches Darlehen aufnehmen bzw. ist anderenfalls zu einer ordnungsgemäßen Erfüllung bestehender Verbindlichkeiten nicht mehr in der Lage.

(3) Im Rahmen von Vertragsverhältnissen, bei denen sich Leistung und Gegenleistung gegenüberstehen, ist zwischen **Eingehungsbetrug** und **Erfüllungsbetrug** zu differenzieren. Diese Unterscheidung folgt daraus, dass der vertraglich vereinbarte Austausch von Vermögenswerten auf rechtlich verschiedenen und häufig auch zeitlich getrennten Ereignissen beruht. Da bereits bei der Belastung des Vermögens mit einer Verbindlichkeit eine Vermögensminderung i.S. eines Verfügungserfolgs in Betracht kommt, kann ein Schaden gemäß § 263 schon im Zeitpunkt des Vertragsschlusses eintreten (vgl. Rn. 92 f.). 141

Ein sog. echter Erfüllungsbetrug liegt vor, wenn der Täter sein Opfer erst nach dem Vertragsschluss täuscht und dadurch den Getäuschten veranlasst, eine vermögensmindernde Handlung vorzunehmen (BGHSt 32, 211, 213 f. – „Fassadenbaufall"). Maßgeblicher Zeitpunkt für die Schadensberechnung ist dann der des Leistungsaustauschs. Ein Vermögensschaden liegt vor, wenn der Verletzte infolge der Täuschung eine im Verhältnis zu seinem Anspruch minderwertige Leistung annimmt (*OLG Stuttgart* MDR 1982, 71; *Fischer*, § 263 Rn. 177) oder selbst mehr leistet, als er rechtlich zu leisten verpflichtet ist (Schönke/Schröder/Cramer/Perron, § 263 Rn. 138). Für die Berechnung des Schadens gelten die oben dargestellten Grundsätze (vgl. Rn. 125 ff.). 142

Beispiel: A und B schließen einen Kaufvertrag über einen als fabrikneu angepriesenen Pkw. Vor Auslieferung des Fahrzeugs entschließt sich A, B ein Fahrzeug zu übergeben, das schon mehr als ein Jahr auf seinem Betriebsgelände steht. B, der dies nicht bemerkt, zahlt den vereinbarten Kaufpreis.

Die Fälle, in denen die Täuschung bereits im Rahmen des Verpflichtungsgeschäfts erfolgt und bis zur Erfüllung fortwirkt (vgl. Rn. 126 ff.), werden verschiedentlich auch unter dem Stichwort „unechter Erfüllungsbetrug" diskutiert. Unter diesem Terminus wird dann erörtert, ob insoweit das Verpflichtungs- und das Verfügungsgeschäft als Einheit zu behandeln sind und für die Schadensermittlung ausschließlich die erbrachten Leistungen zu saldieren 143 sind (vgl. Rn. 127; insoweit unklar *BayObLG* wistra 1999, 69 f.) oder ob – nach zutreffender Auffassung – zudem die schadensbegründende Verpflichtungslage zu berücksichtigen ist (vgl. Rn. 128).

144   Erfolgt die Täuschung bereits im Rahmen des Verpflichtungsgeschäfts, liegt ein vollendeter Betrug (sog. Eingehungsbetrug) schon dann vor, wenn ein Wertvergleich der eingegangenen Verpflichtungen eine Differenz zu Lasten des von der Verfügung betroffenen Vermögens ergibt (BGHSt 16, 220, 221 – „Zellwollhosenfall"; *Fischer*, § 263 Rn. 176). Der Betrug ist in diesem Fall bereits mit dem Abschluss des Vertrags, also unabhängig von dessen Abwicklung vollendet (*Ranft*, JR 1994, 523 f.), da bei der gebotenen wirtschaftlichen Betrachtungsweise die Belastung des Vermögens mit einer Verbindlichkeit eine vermögensmindernde konkrete Vermögensgefährdung darstellt (vgl. Rn. 92 f.).

Beispiel: A und B schließen einen Kaufvertrag über einen fabrikneuen Pkw. A täuscht B darüber, dass der Pkw, der Gegenstand des Vertrags ist, bereits mehr als ein Jahr auf seinem Betriebsgelände steht.

> **Beachte:** Kommt es im Anschluss an einen Eingehungsbetrug zum tatsächlichen Leistungsaustausch oder zumindest zu einer Leistung des Getäuschten, ist die Schadensberechnung auf dieser späteren Grundlage vorzunehmen.

145   Eines Rückgriffs auf den „Eingehungsschaden" bedarf es dann nicht. Der Eingehungsschaden ist gegenüber dem Erfüllungsschaden subsidiär (*OLG Hamm* GA 1957, 121 ff.; *Müller-Christmann*, JuS 1988, 108, 112 m.N.). Dessen ungeachtet bleibt die Charakterisierung des Betrugs als Eingehungsbetrug unverändert und dieser vor allem bereits mit Eintritt des „Eingehungsschadens" vollendet.

146   Regelmäßig gelten auch beim Eingehungsbetrug für die Schadensberechnung die oben beschriebenen Grundsätze (vgl. Rn. 125 ff.). Insbesondere schließen nach h.M. Anfechtungs-, Wandlungs-, Minderungs- und Rücktrittsrechte den Eintritt eines Schadens nicht aus (BGHSt 23, 300, 302 – „Abonnementfall"; *Krey/Hellmann*, Rn. 449a). Entgegen dieser Ansicht kann jedoch trotz der begründeten Verbindlichkeit von einer realen Vermögensminderung (vgl. Rn. 92 ff.) keine Rede sein, wenn entsprechende Rechte ohne weiteres, d.h. ohne Beweisschwierigkeiten und relevantes Prozessrisiko, durchsetzbar sind (SK/*Hoyer*, § 263 Rn. 237).

147   Diesem Gedanken wird zunehmend im Schrifttum und von der Rechtsprechung Rechnung getragen und ein Vermögensschaden jedenfalls dann verneint, wenn zugunsten des Getäuschten ein vertragliches Rücktrittsrecht vereinbart wurde, das vor der Leistungserbringung eine angemessene Prüfungs- und Bedenkzeit einräumt (BGHSt 34, 199, 202 – „Schlankheitspillenfall"; *Rengier*, § 13 Rn. 86), oder wenn der Getäuschte auf einer Leistung Zug

um Zug bestehen kann (*BGH* StV 1992, 117; *Fischer*, § 263 Rn. 176; SK/ *Hoyer*, § 263 Rn. 237).

Täuscht ein Arbeitnehmer anlässlich des Abschlusses seines Arbeitsvertrags **148** über seine Qualifikation, kommt ein Eingehungsbetrug in Betracht (sog. **Anstellungsbetrug**; BGHSt 45, 1, 4f.; *Krey/Hellmann*, Rn. 480), so dass grundsätzlich zur Schadensermittlung ein Wertvergleich der vertraglich begründeten gegenseitigen Ansprüche maßgeblich ist. Wird der Arbeitsvertrag bereits abgewickelt, ist den allgemeinen Grundsätzen entsprechend (vgl. Rn. 145) eine Saldierung der tatsächlich erbrachten Leistungen entscheidend. Ein Vermögensschaden scheidet dann aus, wenn der Arbeiter oder Angestellte trotz fehlender fachlicher Fähigkeiten oder Kenntnisse die Leistungen erbringen kann bzw. erbringt, die von ihm erwartet werden (BGHSt 17, 254ff.; *BGH* NJW 1978, 2042f.; *AG Tiergarten* NStZ 1994, 243f.; *Krey/Hellmann*, Rn. 483).

Ausnahmsweise tritt trotz einwandfreier Arbeitsleistungen ein Nachteil zu **149** Lasten des Vermögens des Arbeitgebers ein, wenn der Täuschende mit Rücksicht auf eine besondere Vertrauensposition entsprechend hoch entlohnt wird, er aber die für diese Position erforderliche Zuverlässigkeit tatsächlich nicht besitzt (RGSt 73, 268ff.; *BGH* NJW 1978, 2042, 2043; Schönke/Schröder/ *Cramer/Perron*, § 263 Rn. 154). Dasselbe gilt, wenn die Arbeitsleistung nach der Verkehrsanschauung nicht nur nach ihrem Effekt, sondern auch im Hinblick auf eine besondere Ausbildung bemessen wird (BGHSt 17, 254ff.).

Nach der Rechtsprechung ergibt sich ein Missverhältnis von Leistung und **150** Gegenleistung auch bereits aus der Gefährdung, die dadurch entsteht, dass ein wegen eines Eigentums- oder Vermögensdelikts vorbestrafter einfacher Arbeiter oder Arbeitnehmer durch Täuschung eine Position erlangt, die ihm den Zugriff auf das Vermögen des Arbeitgebers ermöglicht (BGHSt 17, 254, 258f.; *BGH* NJW 1978, 2042f.). Dem kann nicht gefolgt werden, denn es liegt schon keine Vermögensverfügung vor, da das Verfügungsverhalten nicht unmittelbar (vgl. Rn. 94) vermögensmindernd wirkt (Schönke/Schröder/ *Cramer/Perron*, § 263 Rn. 154). Insoweit wird nur die Möglichkeit eröffnet, einen Schaden durch weiteres deliktisches Verhalten herbeizuführen.

Hinweis: Eine Garantenpflicht zur Aufklärung besteht nicht, soweit zugunsten des Täuschenden die §§ 51 I und 53 I BZRG eingreifen oder es an einem besonderen Vertrauensverhältnis fehlt (vgl. Rn. 38f.; so auch *Krey/Hellmann*, Rn. 484ff.).

Beachte: Die h.M. differenziert für die Ermittlung eines Schadens zwischen der Begründung eines privatrechtlichen Arbeitsverhältnisses und der Ernennung als Beamter. Die für Beamten aufgestellten Grundsätze gelten nicht für Arbeiter und Angestellte im öffentlichen Dienst (BGHSt 17, 254, 257).

151 Erlangt der Täter durch eine Täuschung eine Beamtenstellung, ist danach nicht nur der Wert der erbrachten Arbeitsleistung mit der gewährten Besoldung zu saldieren. Zu berücksichtigen ist auch, ob der Täter für den entsprechenden Dienstposten charakterlich geeignet und persönlich würdig erscheint (*BGH* GA 1956, 121, 122; BGHSt 45, 1, 5 ff.) sowie ob er die laufbahnrechtlichen Voraussetzungen erfüllt, insbesondere die erforderliche Vorbildung besitzt (BGHSt 5, 358 ff.). Diese Maßstäbe gelten nach der höchstrichterlichen Rechtsprechung, weil beamtenrechtlich die Besoldung dem Beamten gerade nicht als Entgelt für seine Leistung gewährt wird, sondern unabhängig von dieser aufgrund der Fürsorgepflicht als Unterhaltsleistung (BGHSt 5, 358, 360 f.; Schönke/Schröder/*Cramer/Perron*, § 263 Rn. 156; *Rengier*, § 13 Rn. 99).

152 Dies steht nicht nur im Widerspruch zu dem – im Übrigen auch vom BGH vertretenen (vgl. Rn. 65) – wirtschaftlichen Vermögensbegriff. Eine besondere Behandlung des Anstellungsbetrugs hinsichtlich des Erschleichens einer Beamtenstellung ist zudem nicht mehr zeitgemäß, wie insbesondere die Nichtanwendung dieser Grundsätze für Angestellte des öffentlichen Diensts zeigt (so auch *KG* NJ 1998, 488, 490; *LG Berlin* NJ 1998, 95, 96).

	**Detailstruktur des Vermögensschadens** (Objektiv-individueller Schadensbegriff; h.M.)
Objektive Komponente	Maßgeblich ist der aus Sicht eines sachkundigen, objektiven Betrachters zu bestimmende Verkehrswert (Rn. 125) **Problemfälle:** • Gutgläubiger Erwerb vom Nichtberechtigten (Rn. 130 ff.) • Erschleichen einer Aufrechnungslage (Rn. 133) • Angemessenheit des Entgelts (Rn. 134)
Subjektive Komponente	Trotz objektiver Gleichwertigkeit von Leistung und Gegenleistung liegt ein Vermögensschaden vor, wenn die Leistung für den konkret Getäuschten aufgrund seiner besonderen individuellen Bedürfnisse oder nach dem vertraglich vorausgesetzten Zwecke geringer wertig ist (Rn. 137 ff.). **Problemfall:** Schaden bei übermäßiger Einschränkung der wirtschaftlichen Bewegungsfreiheit des Verletzten (Rn. 140)

II. Subjektiver Tatbestand

1. Vorsatz

Der Täter muss hinsichtlich aller Merkmale des objektiven Tatbestands vorsätzlich handeln; ausreichend ist insoweit bedingter Vorsatz (*Fischer*, § 263 Rn. 180; MünchKomm/*Hefendehl*, § 263 Rn. 688). Der Täter muss es also zumindest für möglich halten, dass er täuscht, sein Opfer deshalb irrt und aufgrund dessen eine Vermögensverfügung trifft, die einen Vermögensschaden zur Folge hat (*BGH* NStZ 2000, 320 f.; *OLG Stuttgart* MDR 1978, 336; *OLG Frankfurt a. M.* NStZ-RR 1998, 333, 334).

153

2. Absicht der rechtswidrigen Bereicherung

Der Täter muss darüber hinaus in der Absicht handeln, sich oder einem Dritten einen Vermögensvorteil zu verschaffen. Absicht bedeutet den auf Erlangung eines Vorteils gerichteten Willen (dolus directus 1. Grades; Schönke/ Schröder/*Cramer/Perron*, § 263 Rn. 176). Nicht erforderlich ist es, dass der erstrebte Vorteil auch tatsächlich eintritt. Der Betrug ist deshalb auch vollendet, wenn ein Vermögensschaden vorliegt, aber die erstrebte Bereicherung fehlschlägt (LK/*Tiedemann*, § 263 Rn. 249; MünchKomm/*Hefendehl*, § 263 Rn. 694).

154

a) Absicht

Freilich braucht der erstrebte Vermögensvorteil weder der einzige noch der in erster Linie verfolgte Zweck zu sein (BGHSt 16, 1, 6 f. – „Ausbildungsfall"; *Fischer*, § 263 Rn. 190). Es genügt, wenn der Täter den Vermögensvorteil als einen von mehreren Zwecken verfolgt. Dabei ist es unerheblich, ob jener Vorteil das Endziel oder bloß ein notwendiges Zwischenziel des Täters ist (MünchKomm/*Hefendehl*, § 263 Rn. 721; Schönke/Schröder/*Cramer/Perron*, § 263 Rn. 176; vgl. auch *OLG Jena* NStZ 2006, 450 f. zu § 255).

155

Nicht ausreichend ist es hingegen, wenn der Eintritt des Vermögensvorteils für den Täter nur eine Nebenfolge darstellt, auf die es ihm nicht ankommt, auch wenn er deren Eintritt für sicher hält (*BGH* NStZ 1989, 22). Das gilt selbst dann, wenn die Nebenfolge dem Täter nicht unerwünscht ist (*Krey/Hellmann*, Rn. 494; a.A. *OLG Köln* NJW 1987, 2095 f.; eingehend *Rengier*, JZ 1990, 321 ff.; *v. Selle*, JR 1999, 309).

156

Beispiel: A will seiner Freundin B, die ihn verlassen hat, Unannehmlichkeiten bereiten. Er bestellt in der Druckerei des C unter dem Namen der B Verlobungskarten und lässt diese an die Adresse der B liefern (*Fischer*, § 263 Rn. 190; a.A. *BayObLG* JZ 1972, 25 f. m. Anm. *Schröder; Krey/Hellmann*, Rn. 497; vgl. auch *KG* NJW 1957, 882 f.).

b) Vermögensvorteil

157 Ein Vermögensvorteil ist jede günstigere Gestaltung der Vermögenslage des Täters oder eines Dritten im Vergleich zur Vermögenslage vor der Tat (RGSt 50, 277, 279). Dieser kann daher nicht nur in der Mehrung des Vermögens, sondern auch in der Abwehr von Vermögensnachteilen liegen (Schönke/Schröder/*Cramer/Perron*, § 263 Rn. 167).

c) Stoffgleichheit

158 Nach h.M. muss zwischen dem Vermögensschaden und dem erstrebten Vermögensvorteil Stoffgleichheit bestehen. Der Täter muss den Vermögensvorteil unmittelbar aus dem Vermögen des Geschädigten in der Weise anstreben, dass der Vorteil die Kehrseite des Schadens ist (BGHSt 6, 115 ff.; *BGH NJW* 1961, 684, 685; *Fischer*, § 263 Rn. 187). Ausreichend hierfür ist es, dass Vermögensschaden und erstrebter Vermögensvorteil auf der gleichen Verfügung beruhen (BGHSt 34, 379, 391; *Fischer*, § 263 Rn. 187).

> **Vertiefungshinweis:** Die Stoffgleichheit kann erst geprüft werden, wenn feststeht, welchen Vorteil der Täter erstrebt. Ungeachtet dessen, dass dies erst im Rahmen des subjektiven Tatbestands möglich ist, bilden ausschließlich objektive Kriterien den Maßstab der Prüfung.

159 **Beispielsfall 6 – Detektivfall:** A ist als Detektiv bei der Kaufhaus-GmbH (K-GmbH) angestellt. Er erhält neben einem monatlichen Grundgehalt einen Anteil in Höhe der Hälfte der „Bearbeitungsgebühr", die die von ihm ertappten Ladendiebe zu entrichten haben (sog. Fangprämie). Um sein Einkommen aufzubessern, steckt A der Kundin B – von dieser unbemerkt – einen kleinen Parfumflacon in die Handtasche. Als B das Kaufhaus verlassen will, hält A sie auf und ruft die Polizei. Den Polizeibeamten wie auch später C, dem zuständigen Mitarbeiter der K-GmbH, erklärt A, er habe B beim Diebstahl beobachtet. Als die Beamten in der Handtasche der B tatsächlich den Parfumflacon finden, hält B es für möglich, diesen versehentlich eingesteckt zu haben und überweist schuldbewusst der K-GmbH die geforderte Bearbeitungsgebühr. A erhält daraufhin seinen Anteil von C ausgezahlt.
Strafbarkeit des A wegen Betrugs (§ 263 I)?

Lösung:

160 (1) A könnte einen eigennützigen Betrug (§ 263 I) zum Nachteil der K-GmbH begangen haben. A spiegelt dem C vor, er habe eine echte Ladendiebin ertappt. C irrt und verfügt mit der Auszahlung des Erfolgshonorars in Höhe der „Fangprämie" über das Vermögen der K-GmbH, die sich das Verhalten des C nach allen Theorien (vgl. Rn. 110 ff.) zurechnen lassen muss.

161 Fraglich ist jedoch, ob ein Vermögensschaden eingetreten ist. Das ist der Fall, wenn die Leistung der K-GmbH nicht durch eine gleichwertige Gegenleistung des A ausgeglichen wird. Zwar hat A seinem Arbeitgeber lediglich einen scheinbaren Anspruch gegen B auf Zahlung der Bearbeitungsgebühr verschafft. Dieser ist jedoch aufgrund der geschickten Vorgehensweise des A tatsächlich durchsetzbar und bereits durchgesetzt. Bei der gebotenen wirtschaftlichen Betrachtung (vgl. Rn. 76) tritt der Leistung der K-GmbH eine gleichwertige Leistung gegenüber. Ein Vermögensschaden ist nicht eingetreten (vgl. zur parallelen Fallgestaltung bei den sog. Provisionsvertreterfällen *OLG Köln* NJW 1960, 209, 210).

Zwischenergebnis: A hat sich mithin nicht eines eigennützigen Betrugs zum Nachteil der K-GmbH strafbar gemacht. **162**

> **Vertiefungshinweis:** Ein Schädigungsvorsatz kommt jedoch dann in Betracht, wenn der Täter damit rechnet, dass ein entsprechendes Rechtsgeschäft vom Getäuschten angefochten wird (BGHSt 21, 384 ff. – „Provisionsvertreterfall").

(2) A könnte sich jedoch eines eigennützigen Betrugs (§ 263 I) zum Nachteil der B strafbar gemacht haben. Durch seine Manipulation täuscht A auch B, die schließlich selbst glaubt, dass der Parfumflacon infolge eigener Unachtsamkeit in ihre Tasche geraten ist. B erliegt damit einem Irrtum und erkennt nicht, dass sie Opfer einer Irreführung des A ist. Die Vermögensverfügung der B (Zahlung der Bearbeitungsgebühr) beruht darauf und hat auch einen Vermögensschaden zur Folge, da B die Bearbeitungsgebühr zahlt, obwohl sie sie nicht schuldet. **163**

A handelt hinsichtlich der Merkmale des objektiven Tatbestands vorsätzlich. Er erstrebt auch einen rechtswidrigen Vermögensvorteil, der die Zahlung der Bearbeitungsgebühr durch B an die K-GmbH zur Voraussetzung hat. Allerdings erhält er das Erfolgshonorar aus dem Vermögen der K-GmbH. Es ist zwar davon abhängig, dass B die Bearbeitungsgebühr zahlt, jedoch ist das erstrebte Honorar nicht unmittelbar ein Teil dieser Gebühr. Vermögensschaden und Vermögensvorteil beruhen also nicht auf der selben Vermögensverfügung; Stoffgleichheit liegt folglich nicht vor (vgl. zu entsprechenden Konstellationen im Ergebnis wie hier BGHSt 34, 379, 391; *BGH* NJW 1961, 684; a.A. *OLG Köln* NJW 1960, 209). **164**

Zwischenergebnis: A hat sich damit nicht des Betrugs (§ 263 I) zum Nachteil der B schuldig gemacht. **165**

(3) A könnte sich jedoch eines fremdnützigen Betrugs zum Vorteil der K-GmbH und zum Nachteil der B strafbar gemacht haben. A hat den objektiven Tatbestand verwirklicht (vgl. Rn. 163). **166**

Auch handelte er insoweit vorsätzlich. A beabsichtigte, der K-GmbH einen rechtswidrigen Gewinn zu Lasten der B zu verschaffen. Fraglich ist es, ob der von A zugunsten der K-GmbH erstrebte Vorteil stoffgleich mit dem Vermögensschaden der B ist. Obwohl es A letztendlich um das Honorar ging, das er **167** von der K-GmbH erhielt, ist es beachtlich, dass dieses Honorar davon abhängig ist, dass die K-GmbH die Bearbeitungsgebühr erhält. Mithin zielte die Absicht des A darauf, diese der K-GmbH zu verschaffen. Dieser Vermögensvorteil ist durch dieselbe Vermögensverfügung herbeigeführt wie der Vermögensschaden der B, Stoffgleichheit ist also gegeben.

> **Aufbauhinweis:** Der Beispielsfall zeigt, dass im Rahmen der Prüfung des Betrugstatbestands für eine Tathandlung mehrere Personen relevant werden können. Es ist daher notwendig, bereits im Obersatz zu bezeichnen, zu wessen Nachteil und zu wessen Vorteil ein Betrug erwogen wird.

d) Rechtswidrigkeit

168 Der erstrebte Vermögensvorteil muss schließlich rechtswidrig sein. Die Rechtswidrigkeit des erstrebten Vermögensvorteils ist ein Tatbestandsmerkmal und von der Widerrechtlichkeit der Tat zu unterscheiden (MünchKomm/*Hefendehl*, § 263 Rn. 727; *Krey/Hellmann*, Rn. 498).

169 Der (subjektive) Tatbestand des § 263 I ist daher nur dann erfüllt, wenn der Täter oder der von ihm begünstigte Dritte zum Zeitpunkt der Vermögensverfügung keinen fälligen und einredefreien Anspruch auf den Vermögensvorteil hat (BGHSt 19, 206, 215; BGH NStZ 1990, 388 f.; NStZ-RR 2009, 17, 18; BayObLG StV 1995, 303 f.; *Fischer*, § 263 Rn. 192; MünchKomm/*Hefendehl*, § 263 Rn. 729). Dass der Täter einen ihm zustehenden Vermögensvorteil durch Täuschung erstrebt, macht diesen nicht rechtswidrig (MünchKomm/*Hefendehl*, § 263 Rn. 736; Schönke/Schröder/*Cramer/Perron*, § 263 Rn. 173).

170 Da sich die Rechtswidrigkeit des erstrebten Vermögensvorteils nach der objektiven Rechtslage bestimmt, ist diesbezüglich Vorsatz erforderlich (SK/*Hoyer*, § 263 Rn. 274). Ein Irrtum über das Bestehen eines Anspruchs auf den erstrebten Vermögensvorteil stellt daher einen vorsatzausschließenden Tatbestandsirrtum dar (§ 16 I; BayObLG StV 1990, 165; MünchKomm/*Hefendehl*, § 263 Rn. 740).

171 Ergebnis: Die K-GmbH hat auf den von A zu ihren Gunsten erstrebten Vermögensvorteil keinen Anspruch, was dieser auch erkennt und dennoch handelt. Ein fremdnütziger Betrug zum Vorteil der K-GmbH und zum Nachteil der B ist mithin zu bejahen.

III. Besonders schwerer Fall (§ 263 III)

172 § 263 III sieht für besonders schwere Fälle (zur dogmatischen Einordnung von sog. Regelbeispielen vgl. § 1 Rn. 125 ff.) einen höheren Strafrahmen vor. Im Satz 2 sind dabei Regelbeispiele aufgezählt.

§ 11. Betrug

1. Gewerbsmäßiger und bandenmäßiger Betrug (§ 263 III 2 Nr. 1)

Ein besonders schwerer Fall liegt regelmäßig vor, wenn der Täter gewerbsmäßig (vgl. § 1 Rn. 154) *oder* als Mitglied einer Bande (vgl. § 2 Rn. 17ff.) handelt, die sich zusammengeschlossen hat, um eine noch ungewisse Anzahl von Betrugsdelikten oder Urkundenfälschungen zu begehen (§ 263 III 2 Nr. 1). Im Unterschied zum § 244 I Nr. 2 (vgl. § 2 Rn. 22ff.) ist die bandenmäßige Begehung hier nicht von der Mitwirkung eines anderen Bandenmitglieds abhängig (*Fischer*, § 263 Rn. 211).

173

2. Vermögensverlust großen Ausmaßes und Absicht, eine große Zahl von Menschen in die Gefahr des Verlusts von Vermögenswerten zu bringen (§ 263 III 2 Nr. 2)

Ein Vermögensverlust großen Ausmaßes i.S.d. § 263 III 2 Nr. 2 1. Alt. liegt vor, wenn vom Tatbestand geschütztes Vermögen (vgl. Rn. 63ff.) tatsächlich außergewöhnlich stark gemindert wird (*Fischer*, § 263 Rn. 215; *Joecks*, § 263 Rn. 126 und 126a). Nach der Rechtsprechung des BGH erfüllt ein Schaden von zumindest 50.000,- € das Regelbeispiel (BGHSt 48, 360; *BGH* wistra 2009, 235, 237; krit. *Fischer*, § 263 Rn. 215 f.). Erleiden aufgrund einer Handlung im rechtlichen Sinne mehrere Personen einen Vermögensschaden, kommt es auf die Gesamtschadenssumme an. Die Minderung des Vermögens (vgl. Rn. 92) muss tatsächlich eingetreten sein. Entgegen der Rechtsprechung kommt es nicht darauf an, ob die Minderung in Gestalt eines tatsächlichen Verlusts oder einer konkreten Vermögensgefährdung eingetreten ist (so aber BGHSt 48, 354, 356 ff.; *BGH* NStZ 2002, 547). Bei einer konkreten Vermögensgefährdung nur aufgrund einer Gesamtwürdigung ggf. einen unbenannten besonders schweren Fall anzunehmen (vgl. *BGH* NStZ-RR 2003, 297, 298), wird der Gleichstellung von Gefährdungs- und Endschaden durch die jüngere Rechtsprechung des BGH (vgl. Rn. 92) nicht gerecht. Hingegen begründet ein Versuch die Regelwirkung nicht (*BGH* wistra 2007, 183, 184; NStZ-RR 2009, 206 f.).

174

Die zweite Alternative ist erfüllt, wenn der Täter in der Absicht handelt, durch die fortgesetzte Begehung von Betrugstaten eine große Zahl von Menschen in die Gefahr des Verlusts von Vermögenswerten zu bringen. Diese muss sich auf die Begehung mehrerer, d.h. wenigstens zweier rechtlich selbständiger Betrugstaten beziehen (*Joecks*, § 263 Rn. 109). § 263 III Nr. 2 2. Alt. kann bereits bei der ersten Tatbegehung bzw. deren Versuch erfüllt sein, da die Absicht, weitere Taten zu begehen, ausreichend ist. Im Unterschied zur ersten Alternative ist weder der tatsächliche Eintritt noch eine besondere Höhe einer Vermögenseinbuße vorausgesetzt.

175

Wieviele Menschen eine „große Zahl" bilden, ist ebenfalls unklar. Zur entsprechenden Formulierung beim § 306b I hat der BGH entschieden, dass jedenfalls 14 Personen ausreichen, aber zugleich betont, dass es sich hierbei

176

um eine tatbestandsspezifische Auslegung handelt (BGHSt 44, 175, 177 f.; vgl. auch *Hohmann/Sander*, BT 2, § 33 Rn. 16). Da typischerweise Kapitalanlagebetrug und sog. Schneeballsysteme eine Vielzahl von Personen gefährden (oder schädigen), liegt es auf den ersten Blick nahe, eine große Zahl erst dann anzunehmen, wenn der Täter wenigstens 50 Opfer gefährden will (so *Joecks*, § 263 Rn. 127; gegen pauschale Bezifferung *Mitsch*, § 7 Rn. 130). Dies verkennt freilich, dass das Regelbeispiel des § 263 III 2 Nr. 2 2. Alt. der Sache nach insoweit dem des § 263 III 2 Nr. 1 1. Alt. entspricht, als der Täter eine wiederholte Tatbegehung beabsichtigen muss. Im Unterschied zu diesem ist lediglich die Gefährdung des Vermögens mehrerer Personen vorausgesetzt. Eine große Zahl von Menschen ist daher bereits dann gegeben, wenn der Täter zumindest zehn Personen in die Gefahr des Verlusts von Vermögenswerten bringen will (so im Ergebnis auch *Rengier*, § 13 Rn. 119).

3. Eine andere Person in wirtschaftliche Not bringen (§ 263 III 2 Nr. 3)

177 Ein Betrug bringt nicht schon dann eine andere Person i.S.d. § 263 III 2 Nr. 3 in wirtschaftliche Not, wenn die Vermögenssituation des Opfers sich als Folge der Tat verschlechtert oder verschärft. Vielmehr ist vorausgesetzt, dass ein anderer in eine Lage gerät, in der er seine elementarsten Bedürfnisse nicht ohne die finanzielle Hilfe Dritter befriedigen kann (vgl. Schönke/Schröder/*Heine*, § 291 Rn. 44). Die andere Person braucht nicht mit dem Inhaber des geschädigten Vermögens identisch zu sein, so dass insoweit etwa auch Personen in Betracht kommen, denen der Geschädigte unterhaltspflichtig ist (*Mitsch*, § 7 Rn. 131). Ebenfalls ist nicht erforderlich, dass der vom Täter verursachte Schaden stoffgleich mit der erstrebten Bereicherung ist (*Fischer*, § 263 Rn. 220; LK/*Tiedemann*, § 263 Rn. 300).

4. Befugnis- oder Stellungsmissbrauch durch Amtsträger (§ 263 III 2 Nr. 4)

178 Täter eines besonders schweren Falls des Betrugs nach § 263 III 2 Nr. 4 kann nur ein Amtsträger i.S. des § 11 I Nr. 2 sein. Notwendig ist zudem stets, dass die Täuschung in einem sachlichen oder wenigstens in einem inneren Zusammenhang mit der Dienstausübung erfolgt.

> **Beachte:** Täuscht der Täter allein über das Bestehen der Amtsträgereigenschaft selbst, kommt zwar ein Betrug in Betracht. Das Regelbeispiel des § 263 III 2 Nr. 4 ist aber nicht erfüllt.

179 Ein Missbrauch der Befugnisse liegt vor, wenn der Amtsträger im Rahmen seiner grundsätzlich gegebenen Zuständigkeit täuscht. Allerdings genügt es auch, wenn er zwar außerhalb der ihm bestehenden Befugnisse und Kompe-

§ 11. Betrug 179

tenzen, aber unter Ausnutzung der aufgrund seines Status gegebenen faktischen Handlungsmöglichkeiten oder seines dienstlichen Wissens seine Stellung missbraucht (vgl. *Fischer*, § 263 Rn. 221; *Wessels/Hillenkamp*, Rn. 593).

5. Versicherungsbetrug (§ 263 III 2 Nr. 5)

Schließlich liegt nach § 263 III 2 Nr. 5 ein besonders schwerer Fall des Betrugs vor, wenn der Täter einen Versicherungsfall vortäuscht, nach dem er oder ein anderer zu diesem Zwecke eine Sache von bedeutendem Wert in Brand gesetzt oder durch Brandlegung ganz oder teilweise zerstört (vgl. *Hohmann/Sander*, BT 2, § 32 Rn. 9 ff.) oder ein Schiff zum Sinken oder Stranden gebracht hat. Allein die Herbeiführung des Versicherungsfalls ist für das Regelbeispiel nicht ausreichend. **180**

> **Vertiefungshinweis:** Im Unterschied hierzu kommt beim § 265 als Tatobjekt jede gegen die dort genannten Risiken versicherte Sache in Betracht und muss die Tathandlung ein jeweils versichertes Risiko realisieren. Einer Schadensmeldung an den Versicherer bedarf es zur Erfüllung des Tatbestands nicht.

> **Merke:** Einen Versicherungsfall täuscht vor, wer wahrheitswidrig behauptet, ein Sachverhalt sei gegeben, der nach einem bestehenden Versicherungsvertrag zu der Verpflichtung des Versicherers führt, Ersatz zu leisten (*Joecks*, § 263 Rn. 131).

Daher ist einerseits das Regelbeispiel auch dann verwirklicht, wenn zwar der versicherte Gegenstand tatsächlich betroffen, der Versicherer aber von seiner Leistungspflicht frei ist, weil etwa der Versicherungsnehmer selbst den Versicherungsfall vorsätzlich oder grob fahrlässig herbeigeführt hat (vgl. § 61 VVG; *BGH* NJW 2000, 226, 227). Andererseits scheidet jedoch § 263 III 2 Nr. 5 dann aus, wenn ein Dritter den Versicherungsfall herbeiführt, um dem Versicherten einen wirtschaftlichen Vorteil zu verschaffen, mit diesem aber nicht zusammenwirkt. Für die Bestimmung des bedeutenden Werts sind die auch für die §§ 315 ff. geltenden Regeln heranzuziehen (vgl. zu diesen *Hohmann/Sander*, BT 2, § 36 Rn. 24). **181**

> **Vertiefungshinweis:** Hingegen ist es für § 265 ausreichend, dass der Täter in der Absicht handelt, sich oder einem Dritten eine Leistung aus der Versicherung zu verschaffen. Nicht erforderlich ist es, dass es sich um eine rechtswidrige, d.h. dem Versicherungsnehmer nicht zustehende Leistung handelt.

6. Subjektive Komponente, „Versuch" und Ausschlussklausel

Für Vorsatz und „Versuch" gelten die beim § 243 dargelegten Besonderheiten analog (vgl. § 1 Rn. 163 ff.). § 263 IV ordnet die entsprechende Geltung der Ausschlussklausel des § 243 II (vgl. § 1 Rn. 181 ff.) an. **182**

IV. Gewerbsmäßiger Bandenbetrug (§ 263 V)

183 Der Betrug ist – vergleichbar dem § 244a – nach § 263 V zum Verbrechen qualifiziert, wenn der Täter die Tat gewerbsmäßig *und* als Mitglied einer Bande begeht, die sich zur fortgesetzten Begehung von Straftaten nach den §§ 263 bis 264 oder §§ 267 bis 269 verbunden hat, d.h. die Alternativen des § 263 III 2 Nr. 1 (vgl. Rn. 173) kumulativ vorliegen.

C. Täterschaft und Teilnahme, Versuch, Konkurrenzen sowie Verfolgbarkeit

184 Bezüglich Täterschaft und Teilnahme bestehen keine Besonderheiten, so dass die §§ 25 ff. uneingeschränkt Anwendung finden. Mittäterschaft setzt keine Mitwirkung im Ausführungsstadium voraus; Mittäter kann vielmehr auch sein, wer bei der Vorbereitung eine bestimmende oder entscheidende Rolle spielt (*BGH* wistra 1992, 181 ff.; *OLG Celle* NJW 1994, 142, 143).

185 Ein strafbarer Versuch (§§ 263 II, 22) liegt vor, sobald mit einer auf die Täuschung abzielenden Handlung begonnen wird (*BGH* NStZ 1997, 31 f.; *Fischer*, § 263 Rn. 196). Erforderlich ist es freilich, dass die Handlung auf die Herbeiführung einer irrtumsbedingten Vermögensverfügung gerichtet ist (BGHSt 37, 294 ff.; *OLG Frankfurt a. M.* NStZ-RR 1998, 333; Münch-Komm/*Hefendehl*, § 263 Rn. 746). Soll durch die Täuschung über Tatsachen lediglich erst das Vertrauen des Opfers erschlichen werden, beginnt die Täuschungshandlung i.S.v. § 263 I noch nicht (*OLG Karlsruhe* NJW 1982, 59 f.; vgl. auch BGHSt 31, 178, 181 ff. m. Bespr. *Maaß*, JuS 1984, 25, 28).

> **Vertiefungshinweis:** Zur Strafbarkeit des Versuchs bei nur vermeintlicher Mittäterschaft vgl. BGHSt 40, 299 ff. – „Münzhändlerfall" – m. Bespr. *Roßmüller/Rohrer*, MDR 1996, 986 ff.

186 Ein Rücktritt vom Versuch des Betrugs lässt die Strafbarkeit wegen des bereits vollendeten Versicherungsmissbrauchs (§ 265) unberührt. Einer entsprechenden Bestrafung des Täters steht die Subsidiaritätsklausel des § 265 (vgl. Rn. 188) – entgegen ihrem Wortlaut („mit Strafe bedroht") – nicht entgegen (*Wessels/Hillenkamp*, Rn. 657).

> **Vertiefungshinweis:** In entsprechenden Konstellationen scheidet im Hinblick auf § 265 eine analoge Anwendung der Vorschriften über tätige Reue (etwa §§ 264 V, 264a III und 306e) aus, weil insoweit keine planwidrige Gesetzeslücke besteht. Dem Gesetzgeber des 6. StrRG waren entsprechende Überlegungen zum § 265 a.F. be-

§ 11. Betrug   181

> kannt, dennoch hat er von einer Regelung abgesehen (*Rengier*, § 15 Rn. 4; *Rönnau*, JR 1998, 441, 446; a.A. *Geppert*, Jura 1998, 382, 384 f.).

Tateinheit (§ 52) ist möglich mit Vortäuschen einer Straftat (§ 145d) und falscher Verdächtigung (§ 164; Schönke/Schröder/*Cramer/Perron*, § 263 Rn. 181). Ein sog. Sicherungsbetrug liegt vor, wenn die Täuschung zur Verdeckung einer Vortat (z.B. §§ 242 I und 246 I) erfolgt, und ist dann mitbestrafte Nachtat unter der Voraussetzung, dass keine neue selbständige Vermögensschädigung dadurch eintritt (*BGH* NStZ 1993, 591; wistra 1999, 109; *Fischer*, § 263 Rn. 233; *Otto*, JZ 1993, 652, 662).   **187**

§ 264 ist gegenüber § 263 eine abschließende Sonderregelung, die als lex specialis den Betrug verdrängt (BGHSt, 44, 233, 243). Hingegen tritt § 265 aufgrund seiner Subsidiaritätsklausel selbst dann gegenüber dem (versuchten oder vollendeten) Betrug zurück, wenn der Betrug – wie regelmäßig – gegenüber dem Versicherungsmissbrauch eine selbständige Tat darstellt (*BGH* NStZ 2000, 93; *Fischer*, § 265 Rn. 17; *Lackner/Kühl*, § 265 Rn. 6). Dies gilt für das Verhältnis zwischen Anstiftung zum Versicherungsmissbrauch (§§ 265, 26) und Betrug entsprechend (*BGH* NStZ 2000, 136). § 266a I tritt hinter § 263 I zurück, wenn der Täter (Arbeitgeber) gegenüber der sozialversicherungsrechtlichen Einzugsstelle falsche Angaben über die Verhältnisse seiner Arbeitnehmer macht (*BGH*, NStZ 2003, 552, 553).   **188**

§ 263 IV macht aufgrund des Verweises auf die §§ 247 und 248a für den Fall des Haus- oder Familienbetrugs bzw. des Bagatellbetrugs die Strafverfolgung von den dort genannten Voraussetzungen abhängig (vgl. § 21 Rn. 11 und 16).   **189**

D. Kontrollfragen

1. Wie definiert man den Gegenstand der Täuschungshandlung? → Rn. 9 f.
2. Welche Formen der Täuschungshandlung gibt es und was ist insoweit für den Prüfungsaufbau zu beachten? → Rn. 18
3. Kommt überhaupt und ggf. unter welchen Voraussetzungen ein Betrug durch Unterlassen in Betracht? → Rn. 29 ff.
4. Welchen *Inhalt* und Intensitätsgrad muss die Fehlvorstellung des Getäuschten aufweisen? → Rn. 46 f.
5. Wie definiert man das Merkmal „Vermögensverfügung" und welche herausragende Funktion kommt diesem Merkmal zu? → Rn. 51 f.
6. Welche Vermögensbegriffe werden vertreten, wie lautet deren jeweilige Aussage und welche Konsequenzen ergeben sich daraus jeweils? → Rn. 64 ff.

7. Wie ist das systematische Verhältnis von Diebstahl (§ 242) und Betrug (§ 263)? → Rn. 52
8. Unter welchen Voraussetzungen kann in den Fällen des „Dreiecksbetrugs" dem Inhaber des betroffenen Vermögens die Verfügung des Getäuschten zu Lasten seines Vermögens zugerechnet werden? → Rn. 111 ff.
9. Nach welchem Prinzip wird der Vermögensschaden i.S.d. § 263 I ermittelt? → Rn. 119
10. Unter welchen Voraussetzungen kann trotz objektiver Gleichwertigkeit von Leistung und Gegenleistung ein Vermögensschaden vorliegen? → Rn. 137 ff.
11. Aus welchem Grund ist eine Unterscheidung von Eingehungs- und Erfüllungsbetrug möglich und erforderlich? → Rn. 141
12. Wann liegt bei § 263 I ein unmittelbares Ansetzen zur Tatbestandsverwirklichung vor und wann ist die Tat vollendet? → Rn. 118 und 185
13. Erstrebt der Täter auch dann einen Vermögensvorteil, wenn er weiß, dass der Vorteil sicher eintritt, ihm dies aber unerwünscht ist? → Rn. 156
14. Unter welchen Voraussetzungen erweist sich die erstrebte Bereicherung als rechtswidrig und wie ist ein diesbezüglicher Irrtum des Täters zu behandeln? → Rn. 168 ff.
15. Was bedeutet Stoffgleichheit? → Rn. 158

Aufbauschema (§ 263)

1. Tatbestand
   a) Objektiver Tatbestand
      (1) Täuschung über Tatsachen
      (2) Irrtum
      (3) Vermögensverfügung
      (4) Vermögensschaden
      (5) Durchlaufender Ursachenzusammenhang
   b) Subjektiver Tatbestand
      (1) Vorsatz
      (2) Absicht, sich oder einen Dritten zu bereichern
         – Stoffgleichheit zwischen Vermögensvorteil und Schaden
         – Rechtswidrigkeit des erstrebten Vermögensvorteils und diesbezüglicher Vorsatz
2. Rechtswidrigkeit
3. Schuld
4. Besonders schwerer Fall
   a) Regelbeispiele des § 263 III 2 Nr. 1 bis 5
   b) ggf. unbenannter besonders schwerer Fall (§ 263 III 1)

c) Vorsatz
d) ggf. § 263 IV i.V.m. § 243 II
5. Besondere Strafverfolgungsvoraussetzungen (§ 263 IV; vgl. § 21 Rn. 1 ff.)

Empfehlungen zur vertiefenden Lektüre:
Leitentscheidungen: BGHSt 15, 83 – „Mopedfall"; BGHSt 16, 1 – „Ausbildungsfall"; BGHSt 16, 120 – „Spätwettenfall"; BGHSt 16, 220 – „Zellwollhosenfall"; BGHSt 16, 321 – „Melkmaschinenfall"; BGHSt 18, 221 – „Sammelgaragenfall"; BGHSt 21, 108 – „Autovermietungsfall"; BGHSt 21, 384 – „Provisionsvertreterfall"; BGHSt 23, 300 – „Abonnementfall"; BGHSt 29, 165 – „Pferdewettenfall"; BGHSt 31, 178 – „Maklerfall"; BGHSt 32, 211 – „Fassadenbaufall"; BGHSt 34, 199 – „Schlankheitspillenfall"; BGHSt 39, 392 – „Fehlbuchungsfall"; BGHSt 40, 299 – „Münzhändlerfall"; BGHSt 41, 198 – „Einkaufswagenfall"; BGHSt 51, 165 – „Schiedsrichterfall"; *BGH* NStZ 2009, 330 – „Vermögensberaterfall".

Aufsätze: *Ebel*, Das Näheverhältnis beim Dreiecksbetrug und bei der Dreieckserpressung, Jura 2008, 256; *Fahl*, Vermögensschaden beim Betrug, JA 1995, 198; *Fahl*, Prozeßbetrug und „Lagertheorie", Jura 1996, 74; *Hauf*, Dreiecksbetrug, JA 1995, 458; *Kindhäuser/Nikolaus*, Der Tatbestand des Betrugs, JuS 2006, 193 und 293; *Maaß*, Die Abgrenzung von Tun und Unterlassen beim Betrug, GA 1984, 264; *Otto*, Probleme des Kreditbetrugs, des Scheck- und Wechselmißbrauchs, Jura 1983, 16; *Otto*, Die Tatbestände gegen Wirtschaftskriminalität im Strafgesetzbuch, Jura 1989, 24; *Otto*, Vermögensgefährdung, Vermögensschaden und Vermögensminderung, Jura 1991, 494; *Otto*, Die neuere Rechtsprechung zu den Vermögensdelikten – Teil 2, JZ 1993, 652; *Ranft*, Grundprobleme des Betrugstatbestands, Jura 1992, 66; *Satzger*, Probleme des Schadens beim Betrug, Jura 2009, 518; *Waszcynski*, Klausurrelevante Problemfelder des Vermögensschadens bei § 263 StGB, JA 2010, 251.

Übungsfälle: *Bernsmann*, Examensklausur Strafrecht: Der mehrfach mißglückte Kunsttransfer, Jura 1992, 491; *Bottke*, Übungsklausur Strafrecht: Die Vernehmung, Jura 1991, 266; *Fahl*, Klausur Strafrecht: Krumme Tour mit Tante Emma, JA 1996, 40; *Füllkrug*, Examensklausur Strafrecht: Marx am Ende, Jura 1992, 154; *Gieß*, Examensklausur Strafrecht: Geschäfte unter Gaunern, Jura 2003, 469; *Kraatz*, Versuchter Prozessbetrug in mittelbarer Täterschaft, Jura 2007, 531; *Kunz*, Der praktische Fall – Strafrecht: Polengeschäfte, JuS 1997, 242; *Mitsch*, Klausur Strafrecht: Der überfahrene Dackel, JA 1995, 32; *Popp/Schnabl*, Fortgeschrittenenklausur Strafrecht: Die erschwindelten Opernkarten, JuS 2006, 326; *Sengbusch*, Doppelt hält besser, Jura 2009, 307; *Tag*, Der praktische Fall – Strafrecht: Die Sorgen des Studenten S, JuS 1996, 904; *Thoss*, Der praktische Fall – Strafrecht: Der Sachwert zwischen Eigentum und Vermögen, JuS 1996, 816; *Vogel*, Examensklausur Strafrecht: Die erfolgreiche „Rückholaktion", Jura 1996, 265; *Weber*, Assessorklausur Strafrecht: Zwischenfall beim Dämmerschoppen, Jura 1994, 261.

§ 12. Erschleichen von Leistungen (§ 265a)

A. Grundlagen

1   Beim § 265a handelt es sich nach einhelliger Ansicht um ein Vermögensdelikt. Daraus folgt, dass die Inanspruchnahme unentgeltlicher Leistungen die Vorschrift mangels eines Angriffs auf das geschützte Rechtsgut nicht erfüllen kann (*Maurach/Schroeder/Maiwald*, BT-1, § 41 Rn. 207; *Otto*, § 52 Rn. 16). Das Erschleichen von Leistungen ist betrugsähnlich konzipiert und soll als Auffangtatbestand bestimmte Fallgestaltungen erfassen, die z.B. wegen Fehlens eines zu täuschenden Gegenübers nach § 263 nicht bestraft werden können (*Lackner/Kühl*, § 265a Rn. 1; MünchKomm/*Wohlers*, § 265a Rn. 2; SK/*Hoyer*, § 265a Rn. 2).

B. Tatbestand

I. Objektiver Tatbestand

2   Der Täter muss eine von vier im Tatbestand des § 265a I genannten Leistungen erschleichen.

1. Leistung

3   Gegenstand des Erschleichens kann stets nur eine entgeltliche Leistung sein, und zwar die eines Automaten oder eines öffentlichen Zwecken dienenden Telekommunikationsnetzes. Sie kann aber auch im Zutritt zu einer Veranstaltung bzw. Einrichtung sowie in der Beförderung durch ein Verkehrsmittel bestehen.

4   a) § 265a findet nach h.M. lediglich auf Leistungsautomaten Anwendung, nicht dagegen auf Warenautomaten, deren einzige „Leistung" in der Abgabe von Sachen – etwa Zigaretten oder Getränken – besteht (*OLG Düsseldorf* NStZ 1999, 248 f.; Schönke/Schröder/*Perron*, § 265a Rn. 4; a.A. *Otto*, § 52 Rn. 15; *Mitsch*, JuS 1998, 307, 312 f.).

Beispiele: Musikboxen, Spielautomaten, Waagen, Fernrohre und Filmautomaten (LK/ *Tiedemann*, § 265a Rn. 20), auch Münzgeräte in Sonnenstudios sowie Münzfotokopiergeräte (*Fischer*, § 265a Rn. 13), nicht aber eine Parkuhr, weil diese die Benutzung einer Parkfläche nicht ermöglicht, sondern durch deren Bedienung das Parken nur gestattet wird (*BayObLG* JR 1991, 433, 434).

Der Streit ist jedoch nicht sehr relevant. Denn werden Warenautomaten 5
entleert, kommt regelmäßig § 242 in Betracht, so dass ohnehin die Subsidiaritätsklausel einer Bestrafung nach § 265a entgegenstehen würde (*BGH MDR* 1952, 563; vgl. Rn. 27 und § 4 Rn. 16).

b) Die Leistung eines öffentlichen Zwecken dienenden Telekommunikationsnetzes besteht in der Ermöglichung der Nachrichtenübermittlung durch 6
technische Kommunikationssysteme. Der Begriff des Telekommunikationsnetzes ist entsprechend § 3 Nr. 27 TKG und daher weit auszulegen, da der Gesetzgeber damit alle modernen – auch zukünftige – Datenübertragungssysteme erfassen wollte. Daher ist § 265a neben Telefon- und Datennetzen insbesondere auch auf das technisch erheblich weiter entwickelte Breitbandkabelnetz und drahtlose Verbindungen anwendbar (*Lackner/Kühl*, § 265a Rn. 3; MünchKomm/*Wohlers*, § 265a Rn. 18; Schönke/Schröder/*Perron*, § 265a Rn. 5; *Krause/Wuermeling*, NStZ 1990, 526, 527 f.). Die Nutzung des Telefonnetzes zur Erzeugung störender, aber kostenloser Klingelzeichen genügt allerdings nicht (*Fischer*, § 265a Rn. 17).

c) Unter Veranstaltungen sind z.B. Sport-, Theater-, Kino- und Konzert- 7
darbietungen zu verstehen (SK/*Hoyer*, § 265a Rn. 23). Einrichtungen sind der Allgemeinheit zugängliche Gebäude bzw. Stätten, etwa Museen, Zoos, Bibliotheken und Schwimmbäder (BGHSt 31, 1). Nach dem Zweck der Vorschrift muss das an sich zu zahlende Entgelt gerade die wirtschaftliche Gegenleistung für den Besuch der Veranstaltung oder Einrichtung sein und nicht nur zur Begrenzung des Zutritts dienen (*Lackner/Kühl*, § 265a Rn. 5). Eine derartige Kommerzialisierung ist zwar bei einer mit einer Parkuhr versehenen öffentlichen Parkfläche zu bejahen. Diese ist aber deshalb keine Einrichtung, weil es – im Unterschied zu einem Parkhaus – an der für ein Eintreten erforderlichen Abgegrenztheit fehlt (*BayObLG* JR 1991, 433, 434; *Rinio*, DAR 1998, 297; *Tag*, JuS 1996, 904, 908).

d) Die Beförderung durch ein Verkehrsmittel kann in jeder Transportleis- 8
tung bestehen. Insoweit ist es unerheblich, ob Personen oder Sachen befördert werden und ob dies durch ein öffentliches oder privates Verkehrsmittel geschieht (a.A. bezüglich privater Verkehrsmittel LK/*Tiedemann*, § 265a Rn. 30).

2. Tathandlung

Die Tathandlung bezeichnet das Gesetz als Erschleichen. Sie ist bereits mit 9
dem Beginn der Leistung vollendet, beendet jedoch erst mit deren Abschluss. § 265a ist infolgedessen ein Dauerdelikt (Schönke/Schröder/*Perron*, § 265a Rn. 13).

Unstreitig ist es, dass dafür die unbefugte Inanspruchnahme einer der Leis- 10
tungen für sich allein nicht ausreicht, insbesondere dann nicht, wenn der Täter demonstrativ offen vorgeht (*BayObLG* NJW 1969, 1042). Ebenso besteht

Einigkeit darüber, dass es der Täuschung eines anderen nicht bedarf, da dann bereits der Anwendungsbereich des § 263 eröffnet ist (LK/*Tiedemann*, § 265a Rn. 57; vgl. § 11 Rn. 2 ff.). Über die Frage, was über die Nutzung der Leistung hinaus als zweite – gewissermaßen unrechtsbegründende – Komponente des Erschleichens zu verlangen ist, wird vor allem im Zusammenhang mit der sog. Beförderungserschleichung diskutiert.

11   **Beispielsfall 7 – Fahrt zum Nulltarif:** A ist knapp bei Kasse. Er entschließt sich daher, in Zukunft die öffentlichen Verkehrsmittel „zum Nulltarif" zu benutzen. Schon am nächsten Tag betritt er den U-Bahnhof, ohne an dem am Eingang aufgestellten Automaten einen Fahrschein zu lösen. Zugangs- oder sonstige Kontrollen irgendwelcher Art erfolgen nicht. A fährt im Anschluss mit der U-Bahn an sein mehrere Stationen entferntes Ziel.
Strafbarkeit des A?

Lösung:
12   A hat die Beförderung durch ein Verkehrsmittel ohne Bezahlung (vgl. *OLG Koblenz* NJW 2000, 86 f.) in Anspruch genommen. Entscheidend ist somit, ob er diese Leistung i.S. des § 265a erschlichen hat.

Merke: Nach h.M. erschleicht, wer zur Erlangung der Leistung entweder Kontrollmaßnahmen umgeht bzw. ausschaltet oder sich mit dem Anschein der Ordnungsmäßigkeit umgibt (*Krey/Hellmann*, Rn. 512 f.; *Wessels/Hillenkamp*, Rn. 672).

13   Kontrollmaßnahmen können beispielsweise dadurch umgangen werden, dass der Täter sich durch Überklettern eines Zauns oder durch einen unbewachten Nebeneingang Zugang zu einer Veranstaltung verschafft oder sich während der Kontrollen des Zugschaffners auf der Toilette einschließt (Schönke/Schröder/*Perron*, § 265a Rn. 11; *Schall*, JR 1992, 1, 2).

14   Derartige Kontrollen wurden im Beispielsfall nicht durchgeführt, so dass es darauf ankommt, ob A sich mit dem Anschein der Ordnungsmäßigkeit umgeben hat.

15   **a)** Die wohl h.M. bejaht dies für ein „Schwarzfahren" wie das des A, weil ein derartiges Verhalten in geradezu typischer Weise den Anschein der Ordnungsmäßigkeit hervorruft. Die Vertreter dieser Ansicht führen dazu als **Argumente** an:

16   • Den in Rede stehenden Anschein erweckt nämlich ein Täter, der das Verkehrsmittel völlig unauffällig und damit wie Fahrgäste mit Tickets nutzt (*OLG Hamburg* NStZ 1988, 221, 222; 1991, 587, 588; *OLG Düsseldorf* NStZ 1992, 84).

17   • Diese Interpretation steht im Einklang mit dem Wortsinn des Merkmals Erschleichen (*OLG Hamburg* NStZ 1991, 587, 588; *OLG Düsseldorf* NStZ

§ 12. Erschleichen von Leistungen   187

1992, 84; *Otto*, § 52 Rn. 21). Dieser liegt in der Herbeiführung eines Erfolgs auf unrechtmäßigem, unlauterem oder unmoralischem Weg (BGHSt 53, 122, 125 – „Straßenbahnfall" unter Bezugnahme auf *Grimm*) und ist daher von Verfassungs wegen nicht zu beanstanden (*BVerfG* – Kammerentscheidung – NJW 1998, 1135).
- Sie führt zudem – in Übereinstimmung mit der Entstehungsgeschichte 18 des § 265a (hierzu BGHSt 53, 122, 125f. – „Straßenbahnfall" m. Anm. *Zschieschack/Rau*, JR 2009, 244) – zu dem kriminalpolitisch vernünftigen Ergebnis, ein in seiner Gesamtheit erhebliche Schäden verursachendes Verhalten strafrechtlich zu erfassen (*OLG Hamburg* NStZ 1988, 221, 222; 1991, 587, 588; *OLG Düsseldorf* NStZ 1992, 84; noch weitergehend *Hauf*, DRiZ 1995, 15, 18f.).

b) Dieser Auffassung widersprechen Teile der Rechtsprechung und der Li- 19 teratur (s. nur SK/*Hoyer*, § 265a Rn. 8f. und 21); sie stützen sich dabei auf folgende **Argumente**:
- Die von der h.M. befürwortete Einbeziehung des ohne Weiteres erfolgen- 20 den „Schwarzfahrens" überschreitet die Wortlautgrenze und verstößt somit gegen das Bestimmtheitsgebot des Art. 103 II GG (*AG Hamburg* NStZ 1988, 221; *Alwart*, NStZ 1991, 588, 589; *Ellbogen*, JuS 2005, 20; *Schall*, JR 1992, 1, 2f.).
- Aus der systematischen Stellung des § 265a und seiner Ergänzungsfunktion 21 zu § 263 folgt, dass nur derjenige erschleicht, der sich die angestrebte Leistung auf betrugsähnliche Weise verschafft. Erst durch diese zusätzliche Komponente erreicht die Nutzung der Leistung den für eine Strafbarkeit erforderlichen Unwertgehalt (*AG Hamburg* NStZ 1988, 221 m. zust. Anm. *Albrecht*; *Fischer*, § 265a Rn. 21; Schönke/Schröder/*Perron*, § 265a Rn. 11; *Alwart*, JZ 1986, 563, 566 und 569; *Schall*, JR 1992, 1, 3f.).

c) Stellungnahme: Die Mindermeinung hat die besseren Argumente für 22 sich. Es bereitet zu großes sprachliches Unbehagen, ein äußerlich völlig unauffälliges und offenes Verhalten als Erschleichen zu bezeichnen (ähnlich *Fischer*, § 265a Rn. 4). Der systematische Gesichtspunkt erlangt im Übrigen durch einen Vergleich mit der in bezug auf Automaten bzw. Telekommunikationsnetze vertretenen Ansicht zusätzliches Gewicht. Denn dort verlangt die h.M. selbst täuschungsähnliche Manipulationen bzw. ein Umgehen von Abrechnungs- oder Sicherungseinrichtungen i.S. einer Einflussnahme auf den technischen Ablauf (*BGH* NStZ 2005, 213; MDR/H 1985, 795; Lackner/Kühl, § 265a Rn. 6a; Schönke/Schröder/*Perron*, § 265a Rn. 9f.; *Ellbogen*, JuS 2005, 20, 21; weiterführend *Schall*, JR 1992, 1, 4f.).

Ergebnis: Entgegen der h.M. hat A die Beförderung durch ein Verkehrsmit- 23 tel nicht i.S. des § 265a I erschlichen. Auch ein Hausfriedensbruch (§ 123) ist abzulehnen, da A sich äußerlich im Rahmen der generellen Eintrittserlaubnis des U-Bahn-Betreibers gehalten hat und somit nicht eingedrungen ist (*AG Hamburg* NStZ 1988, 221 m. zust. Anm. *Albrecht*; vgl. auch *Hohmann/Sander*, BT 2, § 13 Rn. 12).

II. Subjektiver Tatbestand

24 Insoweit bedarf es zumindest des bedingten Vorsatzes. Darüber hinaus muss der Täter in der Absicht handeln, das Entgelt nicht zu entrichten, d.h. ihm muss es – wie bei der Bereicherungsabsicht des § 263 (vgl. § 11 Rn. 154) – gerade darauf ankommen (BGHSt 16, 1, 6 f.; SK/*Hoyer*, § 265a Rn. 33). Diese Voraussetzung ist nicht erfüllt, wenn ein Fahrgast zwar eine gültige Tages-, Monats- oder Umweltkarte erworben hat, diese aber nicht bei sich führt (*BayObLG* NJW 1986, 1504; *OLG Koblenz* NJW 2000, 86 f.; *Lackner/Kühl*, § 265a Rn. 7).

C. Täterschaft und Teilnahme, Versuch, Konkurrenzen sowie Verfolgbarkeit

25 Bezüglich Täterschaft und Teilnahme bestehen keine Besonderheiten, so dass die §§ 25 ff. ohne Einschränkung anzuwenden sind. Teilnahme ist bis zur Beendigung des Dauerdelikts möglich (vgl. Rn. 9).

26 Dessen Versuch ist nach § 265a II strafbar. Er kommt insbesondere in Betracht, wenn der Täter eine unentgeltliche Leistung unzutreffend für entgeltlich hält (LK/*Tiedemann*, § 265a Rn. 54).

27 Gemäß § 265a I tritt ein Erschleichen von Leistungen auf der Konkurrenzebene hinter mit schwererer Strafe bedrohten Vorschriften als subsidiär zurück. Wie bei § 248b handelt es sich nach – allerdings abzulehnender (vgl. § 4 Rn. 16) – h.M. jedoch um eine relative Subsidiarität, d.h. nur Delikte mit gleicher oder wenigstens ähnlicher Schutzrichtung sollen Vorrang haben, namentlich § 263 (MünchKomm/*Wohlers*, § 265a Rn. 69; wie hier *Lackner/ Kühl*, § 265a Rn. 8; *Otto*, § 52 Rn. 27). Dies gilt selbst bei bloßer Teilnahme am Betrug oder wenn dieser nur versucht wurde (LK/*Tiedemann*, § 265a Rn. 57; *Solbach*, JA 1995, 139, 142). Tateinheit ist dagegen z.B. mit Hausfriedensbruch und Urkundenfälschung möglich (§§ 123, 267; Schönke/Schröder/*Perron*, § 265a Rn. 14).

28 § 265a III erklärt die §§ 247 und 248a für entsprechend anwendbar (vgl. § 1 Rn. 192 und § 21 Rn. 11 und 16).

D. Kontrollfragen

1. Welche Automaten werden von § 265a erfasst? → Rn. 4
2. Was ist für ein Erschleichen erforderlich? → Rn. 10 ff.
3. Wie ist die Subsidiaritätsklausel des § 265a I zu verstehen? → Rn. 27

Aufbauschema (§ 265a)

1. Tatbestand
   a) Objektiver Tatbestand
      (1) Leistung eines Automaten oder eines öffentlichen Zwecken dienenden Telekommunikationsnetzes *oder*
      die Beförderung durch ein Verkehrsmittel *oder*
      den Zutritt zu einer Veranstaltung oder einer Einrichtung
      (2) Erschleichen
   b) Subjektiver Tatbestand
      (1) Vorsatz
      (2) Absicht, das Entgelt nicht zu entrichten
2. Rechtswidrigkeit
3. Schuld
4. Besondere Strafverfolgungsvoraussetzungen (§ 265a III; vgl. § 21 Rn. 1 ff.)
5. Subsidiaritätsklausel (§ 265a I letzter Hs.)

Empfehlungen zur vertiefenden Lektüre:
Leitentscheidung: BGHSt 53, 122 – „Straßenbahnfall".

Aufsätze: *Ellbogen*, Strafbarkeit des einfachen „Schwarzfahrens", JuS 2005, 20; *Hauf*, Schwarzfahren im modernen Massenverkehr – strafbar nach § 265a StGB?, DRiZ 1995, 15; *Schall*, Der Schwarzfahrer auf dem Prüfstand des § 265a StGB, JR 1992, 1.

Übungsfälle: *Solbach*, Klausur Strafrecht: Eine Schwarzfahrt mit Folgen, JA 1995, 139; *Tag*, Der praktische Fall – Strafrecht: Die Sorgen des Studenten S, JuS 1996, 904.

Kapitel 6. Erpressung, erpresserischer Menschenraub, Geiselnahme und räuberischer Angriff auf Kraftfahrer

1 Die Erpressungstatbestände sind zusammen mit dem Raub im 20. Abschnitt des StGB geregelt. Die Erpressung (§ 253 I) ist der Grundtatbestand, die räuberische Erpressung (§ 255) ein demgegenüber durch die gesteigerte Intensität der Nötigungsmittel qualifiziertes Delikt, welches eine Bestrafung gleich einem Räuber und daher die Qualifizierungen gemäß § 250 I und II (schwere räuberische Erpressung) und § 251 (räuberische Erpressung mit Todesfolge) ermöglicht.

2 Eine Sonderstellung nehmen die Tatbestände des erpresserischen Menschenraubs (§ 239a I) und der Geiselnahme (§ 239b I) ein, die neben der Erpressung bzw. der Beeinträchtigung der Entscheidungsfreiheit zudem das Element des Sichbemächtigens bzw. Entführens von Menschen enthalten. Der räuberische Angriff auf Kraftfahrer (§ 316a I) stellt einen eigenständigen Sonderfall der räuberischen Erpressung (§ 255), des Raubs (§ 249 I) und zugleich des räuberischen Diebstahls (§ 252) dar.

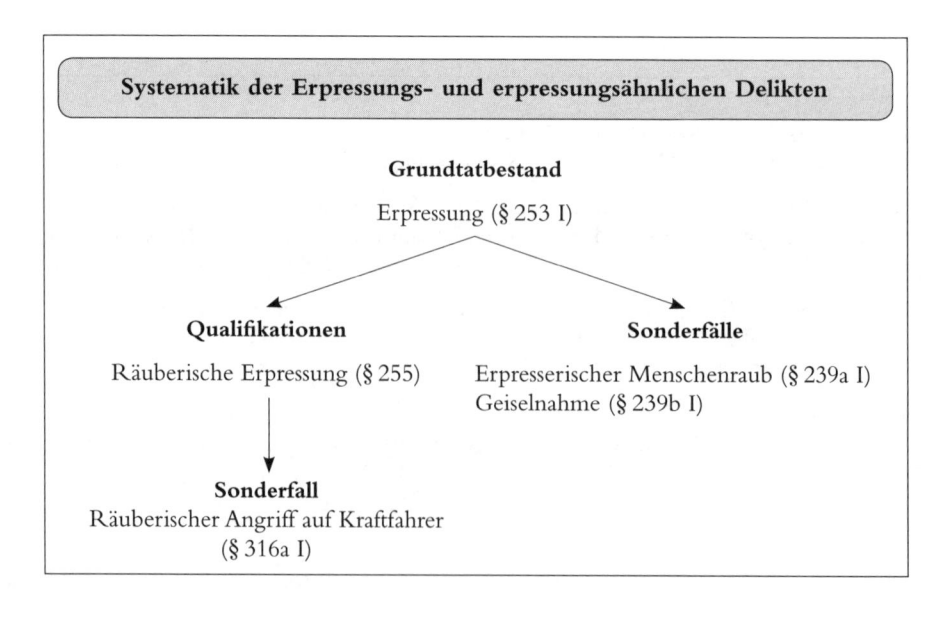

Systematik der Erpressungs- und erpressungsähnlichen Delikten

Grundtatbestand
Erpressung (§ 253 I)

Qualifikationen
Räuberische Erpressung (§ 255)

Sonderfälle
Erpresserischer Menschenraub (§ 239a I)
Geiselnahme (§ 239b I)

Sonderfall
Räuberischer Angriff auf Kraftfahrer
(§ 316a I)

§ 13. Erpressung und räuberische Erpressung (§§ 253 und 255)

A. Grundlagen

Der Tatbestand der Erpressung (§ 253 I) setzt sich aus Elementen von Nötigung (§ 240 I) und Betrug (§ 263 I) zusammen. Im Unterschied zum § 263 I (vgl. § 11 Rn. 51) muss der Täter hier die Vermögensverschiebung durch Nötigung statt durch Täuschung bewirken (*Otto*, § 53 Rn. 1). Die Erpressung ist als räuberische Erpressung (§ 255) qualifiziert, wenn der Täter die Nötigungsmittel des Raubs (§ 249 I) einsetzt. Geschützte Rechtsgüter sind in erster Linie das Vermögen, daneben die Freiheit zur Willensbetätigung und -entschließung (MünchKomm/*Sander*, § 253 Rn. 1).

B. Tatbestände

Erpressung bzw. räuberische Erpressung liegen vor, wenn der Täter einen anderen mit Gewalt oder durch Drohung zu einer Handlung, Duldung oder Unterlassung nötigt und dadurch in der Absicht rechtswidriger Bereicherung dem Genötigten oder einem anderen einen Nachteil zufügt. Zwischen dem Schaden und der beabsichtigten Bereicherung muss Stoffgleichheit bestehen. Das Delikt ist bereits vollendet, auch wenn die Bereicherung tatsächlich (noch) nicht eingetreten ist. Umstritten ist es, ob das dem Opfer abgenötigte Verhalten eine **Vermögensverfügung** (vgl. § 11 Rn. 51 ff.) sein muss. Bedeutung hat dieser Streit vor allem bei der Wegnahme von Sachen zum Zwecke des nur vorübergehenden Gebrauchs und bei der Pfandkehr (§ 289; vgl. § 8), aber auch bei Fallgestaltungen, bei denen der Täter sein Opfer durch **vis absoluta** dazu bringt, eine gegen den Täter bestehende Forderung nicht geltend zu machen (*Brand*, JuS 2009, 899).

Beispielsfall 8 – Die Radtour: A ist vom neuen Fahrrad des B so begeistert, dass er dieses am Wochenende für eine Radtour nutzen möchte. Als B die entsprechende Bitte des A ablehnt, ergreift A den B an seiner Kleidung, zieht ihn vom Rad und fährt mit diesem davon. Am Ende seiner Radtour gibt A das Fahrrad – wie von vornherein geplant – an B zurück. Strafbarkeit des A?

Lösung:

A könnte sich wegen Raubs (§ 249 I) strafbar gemacht haben. Er hat eine fremde bewegliche Sache mittels willensbrechender Gewalt gegen eine Person (vis absoluta) weggenommen. Auch handelte A vorsätzlich, jedoch fehlt es an der darüber hinaus erforderlichen Zueignungsabsicht. Er wollte sich das Rad nur zur vorübergehenden Nutzung verschaffen; das Element der dauernden Enteignung lag nicht vor (vgl. § 1 Rn. 78). A hat sich mithin nicht wegen Raubs (§ 249 I) strafbar gemacht.

5 A könnte sich jedoch einer räuberischen Erpressung (§ 255) schuldig gemacht haben. Er hat gegenüber B Gewalt angewendet. Hierdurch hat A auf den ersten Blick die Duldung der Wegnahme durch B erzwungen.

6 Ausgehend von einer parallelen Struktur von (räuberischer) Erpressung (§§ 253 I, 255) und Betrug (§ 263 I) fordert die h.L. (*Fischer*, § 255 Rn. 3; MünchKomm/*Sander*, § 253 Rn. 13; Schönke/Schröder/*Eser/Bosch*, § 253 Rn. 8; *Maurach/Schroeder/Maiwald*, BT 1, § 42 Rn. 6, 37; *Wessels/Hillenkamp*, Rn. 704; *Rengier*, JuS 1981, 654, 659), dass das dem Opfer abgenötigte **Verhalten eine Vermögensverfügung** sein muss, also ein willentliches, nicht notwendig freiwilliges Verhalten, durch das der Genötigte unmittelbar auf sein Vermögen einwirkt (vgl. Rn. 26 ff. und § 11 Rn. 51 ff.). Daher scheiden nach dieser Meinung die §§ 253 und 255 aus, wenn ein Verhalten des Opfers – wie im Beispielsfall – mit willensbrechender Gewalt (vis absoluta) erzwungen wird, da dann von einer willentlichen Verfügung gerade keine Rede sein kann (*Rengier*, § 11 Rn. 13). Für diese Meinung werden folgende **Argumente** angeführt:

7 • Ein Verzicht auf das Erfordernis der Vermögensverfügung macht die Erpressung gegenüber den anderen Vermögensdelikten zum umfassenden qualifizierten Vermögensentziehungsdelikt. Unbefugter Gebrauch eines Fahrzeugs (§ 248b), Pfandkehr (§ 289), selbst die grundsätzlich straflose Gebrauchsanmaßung (vgl. § 1 Rn. 78) werden beim Einsatz von Gewalt oder Drohung zur Erpressung und beim Einsatz der qualifizierten Nötigungsmittel zum Verbrechen (§ 12 I) der räuberischen Erpressung. Damit wird die vom Gesetzgeber beabsichtigte Privilegierung des Täters, der Sachen ohne Zueignungsabsicht wegnimmt, unterlaufen (MünchKomm/*Sander*, § 253 Rn. 18; Schönke/Schröder/*Eser/Bosch*, § 253 Rn. 8a; *Otto*, § 53 Rn. 4; krit. hierzu *Hecker*, JA 1998, 300, 303).

8 • Eine weitere systematische Ungereimtheit ergibt sich daraus, dass ohne das Verfügungserfordernis der Diebstahl mit einfachen Nötigungsmitteln als Erpressung erfasst wird (§ 253 I; so etwa *Schünemann*, JA 1980, 486, 490), für die nach § 253 IV im besonders schweren Fall Freiheitsstrafe von nicht unter einem Jahr (bis zu 15 Jahren; § 38 II) angedroht ist. Besonders schwere Fälle des Diebstahls sind hingegen nur mit Freiheitsstrafe von drei Monaten bis zu zehn Jahren bedroht und – mit Ausnahme des § 243 I 2 Nr. 7 (Diebstahl einer Waffe) – sogar ausgeschlossen, wenn sich die Tat auf eine geringwertige Sache bezieht (§ 243 II). Das Gesetz sieht für die Kombination von Diebstahl und Nötigung ein gegenüber § 242 erhöhtes Strafmaß erst beim Einsatz der intensiveren Nötigungsmittel des Raubs vor. Mit

§ 13. Erpressung und räuberische Erpressung   193

dem Verzicht auf das Erfordernis einer Vermögensverfügung wird diese Wertung umgangen und ein dem System des Eigentumsschutzes fremder „kleiner Raub" geschaffen (*Lackner/Kühl*, § 253 Rn. 3).

- Zwar verlangt der Wortlaut der Vorschrift nicht ausdrücklich eine Vermögensverfügung, dies ist aber beim Betrug auch nicht der Fall, für dessen Tatbestandserfüllung einhellig ein solches Erfordernis anerkannt ist (§ 11 Rn. 51). Nur wenn die §§ 253, 255 das ungeschriebene Tatbestandsmerkmal einer Vermögensverfügung enthalten, erweist sich die (räuberische) Erpressung als ein **eigenständiger Deliktstyp**, der sich klar von den Eigentumsdelikten Diebstahl und Raub unterscheiden lässt. Bei Betrug und Erpressung erfolgt die Schädigung unmittelbar durch ein vermögensminderndes willentliches Verhalten (Vermögensverfügung) des Getäuschten bzw. Genötigten, während bei Diebstahl und Raub der Täter selbst den Schaden durch die Wegnahme herbeiführt (vgl. Rn. 27 ff.; *Lackner/Kühl*, § 253 Rn. 3; *Wessels/Hillenkamp*, Rn. 711). 9

Hingegen ist nach der **Rechtsprechung** und einem Teil des Schrifttums eine Vermögensverfügung nicht erforderlich. Vielmehr ist **jedes vermögensmindernde Verhalten** des Genötigten tatbestandsmäßig (BGHSt 32, 88, 90 – „Hotelgastfall"; BGHSt 41, 123, 125 – „Sylviafall"; LK/*Vogel*, § 253 Rn. 13; SK/*Sinn*, vor § 249 Rn. 14; *Krey/Hellmann*, Rn. 305; *Böse/Keiser*, JuS 2005, 440, 444; *Kretschmer*, Jura 2006, 219; *Schünemann*, JA 1980, 486, 487 f.). Die Abschichtung zwischen Wegnahme und Herausgabe hat danach nur Bedeutung für das Konkurrenzverhältnis von Raub und Erpressung (Rn. 44). Stellt sich die Tat nach dem äußeren Erscheinungsbild als Wegnahme dar, liegt Raub vor; wird der Vermögensschaden durch eine Handlung des Genötigten, namentlich eine Übergabe der Sache bewirkt, liegt räuberische Erpressung vor. Danach erfasst § 255 auch ein – wie im Beispielsfall – mit willensbrechender Gewalt erzwungenes Dulden der Wegnahme (BGH NStZ-RR 1999, 103). Gestützt wird diese Auffassung dabei auf folgende **Argumente**: 10

- Soweit es um die Nötigungshandlung geht, stimmt der Wortlaut des § 253 wörtlich mit § 240 überein. § 253 erfasst daher wie § 240 neben vis compulsiva auch vis absoluta als Erpressungsmittel, so dass es auf ein willentliches Verhalten des Opfers nicht ankommt (LK/*Vogel,* Vor §§ 249 Rn. 57; SK/*Sinn*, vor § 249 Rn. 14). 11
- Nur die Einbeziehung von vis absoluta in den Gewaltbegriff der §§ 253 und 255 gewährleistet eine lückenlose Erfassung aller in Bereicherungsabsicht herbeigeführten Vermögensschädigungen (*Geilen*, Jura 1980, 43, 51). Die abweichende Auffassung privilegiert den brutalen, mit vis absoluta agierenden Täter (LK/*Vogel*, Vor §§ 249 Rn. 63; *Böse/Keiser*, JuS 2005, 440, 444; *Schünemann*, JA 1980, 486 [488]). 12
- Der erpressungsspezifische Verfügungsbegriff der h.L. (vgl. Rn. 27 ff.) ist zu vage, um als Tatbestandsmerkmal die Abgrenzung von Raub (§ 249) und 13

räuberischer Erpressung (§ 255) leisten zu können (LK/ *Vogel*, Vor §§ 249 Rn. 64; SK/ *Sinn*, vor § 249 Rn. 14; *Geilen*, Jura 1980, 43, 52).

14 **Stellungnahme:** Die Ansicht der h.L. lässt sich besser mit der Gesetzessystematik des 20. Abschnitts des StGB in Einklang bringen. Anderenfalls hätte § 249 kaum einen eigenständigen Anwendungsbereich. Denn nach Auffassung der Rechtsprechung umfasst der Tatbestand des § 255 den des § 249 I, da eine Wegnahme zugleich die Nötigung zu ihrer Duldung enthält. § 249 I kommt danach nur ganz ausnahmsweise eine eigenständige Bedeutung zu, wenn der Täter beispielsweise zu den Nötigungsmitteln des Raubs greift, um vom Opfer die Herausgabe von völlig wertlosen Sachen oder Liebhaberstücken unter voller Werterstattung zu erzwingen (*Schünemann*, JA 1980, 486, 488).

15 Die Unterscheidung von Wegnahme und Herausgabe hat nach der Rechtsprechung nur Bedeutung für das Konkurrenzverhältnis der Vorschriften (vgl. Rn. 44). Eine eigenständige Bedeutung soll danach § 255 nur in den Fällen zukommen, in denen der Täter ohne Zueignungsabsicht handelt (*Wessels/Hillenkamp*, Rn. 710).

16 Die Auffassung der h.L. ermöglicht demgegenüber eine überzeugende Abgrenzung von Eigentums- und Vermögensdelikten, auch wenn die namentlich von der Rechtsprechung vertretene Meinung die besseren kriminalpolitischen Gründe für sich hat. Aufgrund des Überwiegens der für das Erfordernis einer Vermögensverfügung streitenden systematischen Gründe gebührt der h.L. der Vorzug. Wie bei Diebstahl und Betrug (vgl. § 11 Rn. 101 ff.) ist danach zwischen Wegnahme und Vermögensverfügung nach der inneren Willensrichtung des Opfers zu differenzieren (vgl. Rn. 28). Dies gilt unabhängig von der Frage, ob es um eine Sach- oder Forderungserpressung geht (in diesem Sinne differenzierend *Brand*, JuS 2009, 899), da der Tatbestand nur einheitlich ausgelegt werden sollte (LK/ *Vogel*, Vor §§ 249 Rn. 63; vgl. auch *Rengier*, JuS 1981, 654, 651).

17 **Ergebnis:** A ist keiner räuberischen Erpressung (§ 255) schuldig. Jedoch hat er tateinheitlich eine Nötigung zur Duldung der Wegnahme des Fahrrads begangen und ein Fahrzeug unbefugt gebraucht (§§ 240, 248b, 52).

> **Beachte:** Nur wenn die beiden dargestellten Meinungen zur Abgrenzung von Raub und Erpressung zu voneinander abweichenden Ergebnissen kommen, ist eine Diskussion der unterschiedlichen Ansichten geboten, ansonsten genügt ein Hinweis auf die divergierenden, jedoch zum selben Ergebnis führenden Begründungen (vgl. Falllösung bei *Kaspar*, JuS 2009, 830, 832).

§ 13. Erpressung und räuberische Erpressung

Grundstruktur der Erpressungstatbestände (§ 253 bzw. § 255)				
Objektiver Tatbestand			Subjektiver Tatbestand	
Gewalt oder Drohung (Rn. 18 ff. und 40)	Vermögensverfügung (Rn. 26 ff.)	Vermögensnachteil (Rn. 33)	Vorsatz (Rn. 34)	Bereicherungsabsicht (Rn. 35 ff.) – Rechtswidrigkeit der erstrebten Bereicherung – Stoffgleichheit zwischen Schaden und erstrebter Bereicherung
Zwischen den Merkmalen muss ein durchlaufender Ursachenzusammenhang bestehen.				

I. Erpressung (§ 253 I)

1. Objektiver Tatbestand

a) Die Tathandlung des § 253 I ist das Nötigen mit Gewalt oder durch Drohung mit einem empfindlichen Übel. Sie entspricht weitgehend der Tathandlung des § 240 I (vgl. dazu *BGH* NStZ 2000, 140, 141; *Hohmann/Sander*, BT 2, § 12 Rn. 3 ff.; *Sinn*, JuS 2009, 577). Dieses Nötigungsmittel muss der Täter final zur Erlangung des erstrebten Vorteils einsetzen (*BGH* NStZ 2002, 254; *Fischer*, § 253 Rn. 18; LK/*Vogel*, § 253, Rn. 27). 18

(1) Der Begriff der **Gewalt** ist im § 253 I notwendig enger als im § 240 I. Denn nach zutreffender Ansicht erfordert der Erpressungstatbestand eine Vermögensverfügung, so dass nur Gewalt in Form von **vis compulsiva** in Betracht kommt (*Fischer* § 253 Rn. 5; vgl. Rn. 14 ff.). 19

> **Merke: Gewalt** i.S.d. § 253 I setzt dreierlei voraus, nämlich
> *erstens* die Entfaltung von – nicht notwendig erheblicher – Körperkraft durch den Täter,
> die *zweitens* einen unmittelbar oder mittelbar auf den Körper eines anderen wirkenden Zwang ausübt und
> der *drittens* nach der Vorstellung des Täters geeignet ist, einen geleisteten oder erwarteten Widerstand zu überwinden oder auszuschließen (BGHSt 41, 182, 185 f.; *BGH* NJW 1995, 2862).

Eine **Einwirkung auf Sachen**, die eine nur psychische Zwangswirkung verursacht, z.B. die bloße Entziehung oder Unbrauchbarmachung eines Fahrzeugs, genügt diesem Gewaltbegriff nicht. Hat diese jedoch eine körperliche Zwangswirkung zur Folge, liegt Gewalt vor (vgl. BVerfGE 92, 1, 16 ff.; *Lackner/Kühl*, § 240 Rn. 11; *Hohmann/Sander*, BT 2, § 12 Rn. 5 f.). Damit setzt der Tatbestand der Erpressung (§ 253 I) letztlich wie der der räuberischen Er- 20 pressung (§ 255) Gewalt gegen eine Person (vgl. § 5 Rn. 4 ff.) voraus. Wendet der Erpresser Gewalt als Nötigungsmittel an, ist daher neben § 253 I stets auch § 255 erfüllt, der als speziellere Vorschrift die einfache Erpressung verdrängt (vgl. Rn. 43). § 253 I hat danach in der Gewaltalternative keinen eigenständigen Anwendungsbereich (a.A. *Fischer*, § 253 Rn. 5: Gewalt i.S. des § 253 auch bei Einwirkungen auf Sachen; *Joecks*, § 253 Rn. 7). In einer Einwirkung auf eine Sache kann aber eine konkludente Drohung liegen (MünchKomm/ *Sander*, § 253 Rn. 9).

21 (2) Wie § 240 I stellt auch § 253 I der Gewalt als Nötigungsmittel die **Drohung mit einem empfindlichen Übel** gleich. Drohen bedeutet seelisches Einwirken auf den Bedrohten in Gestalt einer auf Angst und Furcht abzielenden Ankündigung eines Übels (BGHSt 7, 252, 253 – „Geldbörsenfall"). Hierzu muss die Drohung nicht offen ausgesprochen werden, sie kann auch versteckt erfolgen, etwa durch schlüssige Handlungen.

> **Merke: Drohung** ist das Inaussichtstellen eines Übels, dessen Eintritt der Drohende als von seinem Willen abhängig darstellt (BGHSt 16, 386, 387; *Fischer*, § 240 Rn. 15). Es kommt nicht darauf an, ob der Täter die Drohung wahr machen will oder kann (BGHSt 23, 294, 295 – „Trittbrettfahrerfall").

22 Eine Drohung liegt auch dann vor, wenn der Täter ankündigt, ein Dritter werde das in Aussicht gestellte Übel verwirklichen, und beim Opfer die Vorstellung hervorruft, er könne den Dritten in diese Richtung beeinflussen und wolle dies auch (BGHSt 7, 197, 198; *BGH* NStZ-RR 2007, 16). Erweckt der Täter jedoch beim Bedrohten den Eindruck, er wolle – im Interesse des Bedrohten – die Herbeiführung des Übels verhindern, liegt keine Drohung vor (*BGH* NStZ 1996, 435; NStZ-RR 2007, 16; *Hoffmann-Holland*, JuS 2008, 430, 435).

> **Beispiel:** A täuscht der Prostituierten B vor, sie werde von Zuhältern bedroht, bleibe aber unbehelligt, wenn er die von ihr geforderten Geldbeträge an die Zuhälter weiterleite – keine Drohung (*BGH* NStZ 1996, 435).

23 Mit einem **empfindlichen Übel** wird gedroht, wenn die in Aussicht gestellte negative Folge geeignet ist, einen besonnenen Menschen in der konkreten Situation zu dem vom Täter erstrebten Verhalten zu bestimmen (BGHSt 32, 165, 174; *Lackner/Kühl*, § 240 Rn. 13; *Hohmann/Sander*, BT 2, § 12 Rn. 9 ff.). Dies kann im Einzelfall auch die Drohung mit einem rechtmäßigen Verhalten, etwa einer Strafanzeige oder einer wahrheitsgemäßen Veröffentlichung sein (*BGH* NStZ 1993, 282; zur Verwerflichkeitsprüfung vgl. Rn. 38). Insbesondere bei der sog. Chantage, der Erpressung von Schweigegeld unter Drohung mit öffentlicher Bloßstellung, wird die Empfindlichkeit des Übels eingehend zu prüfen sein (hierzu LK/ *Vogel*, § 253 Rn. 9).

Vertiefungshinweis: Wehrt der Erpresste sich oder tötet gar den Erpresser als Trutzwehr gegen einen gegenwärtigen rechtswidrigen erpresserischen Angriff, so kann, anders als beim Fortwirken einer erpressungstypischen Dauergefahr (*BGH NStZ* 1995, 231), eine Notwehrlage vorliegen (BGHSt 48, 207, 209). Nach der überwiegenden Auffassung wird bei der Gegenwehr gegen eine Chantage das Gebotensein der Notwehr verneint oder von einer Einschränkung des Notwehrrechts ausgegangen (*K. Amelung*, NStZ 1998, 70, 71; offengelassen in *BGH NJW* 2003, 1955).

(3) Die Gewalt und das angedrohte Übel können sich auch **gegen Dritte** 24 richten, wenn der zur Vermögensverfügung Genötigte die Bedrohung eines Dritten selbst als eigenes Übel empfindet (BGHSt 16, 316, 318 – „Kindesmordfall"; *BGH NJW* 1994, 1166; *D. Sternberg-Lieben/I. Sternberg-Lieben*, JuS 2005, 47, 49).

Beispiel: A betritt den Schalterraum einer Sparkassenfiliale und bedroht die Kundin B mit einer Schusswaffe. Er kündigt dem in seinem schusssicheren Kassenraum ungefährdeten Kassierer C an, B zu töten, falls C ihm nicht das verlangte Geld herausgibt. – Die C für den Fall seiner Weigerung in Aussicht gestellte Folge erscheint für ihn selbst als ein eigenes Übel, weil die Verantwortung für das Leben einer anderen regelmäßig geeignet ist, den (nur) mittelbar Bedrohten i.S. des Täterverlangens zu bestimmen.

(4) Beide Handlungsmodalitäten können auch durch **Unterlassen** ver- 25 wirklicht werden, wenn der Täter eine Garantenstellung innehat (§ 13; BGHSt 27, 10, 12 f.; *Maurach/Schroeder/Maiwald*, BT 1, § 42 Rn. 21).

Beispiel: A sieht tatenlos zu, wie der in seiner Wohnung anwesende Besucher B den ebenfalls anwesenden Gast C mit Gewalt zwingt, das Kennwort seines Sparbuchs preiszugeben (BGHSt 27, 10 ff.).

Vertiefungshinweis: Streng hiervon sind die Fälle der Drohung mit einem Unterlassen zu unterscheiden. Nach zutreffender Auffassung kommt es hierbei nicht darauf an, ob eine Rechtspflicht zum Handeln besteht. Entscheidend ist es vielmehr, dass der Täter den Eintritt eines Übels als von seinem Willen abhängig darstellt (BGHSt 31, 195 ff.; 44, 251, 252; *Hohmann/Sander*, BT 2, § 12 Rn. 14 ff., 24; a.A. *Wessels/Hettinger*, Rn. 414; *Zopfs*, JA 1998, 813, 20). Dem geringeren Unwertgehalt ist aber bei der Verwerflichkeitsprüfung (Rn. 37 f.) Rechnung zu tragen. Dies gilt insbesondere für die Fälle, in denen dem Opfer nur eine weitere Handlungsmöglichkeit aufgezeigt wird, etwa durch den Personalchef, der dem Bewerber mitteilt, er werde seine Bewerbung nicht befürworten, es sei denn, ihm werde ein „Schmiergeld" gezahlt (BGHSt 31, 195, 201; MünchKomm/*Sander*, § 253, Rn. 12; a.A. BGHSt 44, 68, 74; *Roxin*, JR 1983, 333, 335 f.: schon keine Drohung; instruktiv hierzu *Fischer*, § 253 Rn. 7 ff.).

b) Durch Gewalt oder Drohung muss der Genötigte zu einer Handlung, 26 Duldung oder Unterlassung gebracht werden, die die Voraussetzungen einer **Vermögensverfügung** (vgl. Rn. 14 ff.) erfüllt.

27 (1) Wegen der gegenüber § 263 I andersartigen Willensbeeinflussung sind die dort geltenden Grundsätze (vgl. § 11 Rn. 51 ff.) hier zu modifizieren:

28 ▪ Das Kriterium der Freiwilligkeit ist bei einer Verfügung unter Zwang nicht geeignet, diese von der Wegnahme abzugrenzen (MünchKomm/*Sander*, § 253 Rn. 21; *Biletzki*, Jura 1995, 635, 636; *Rengier*, JuS 1981, 654, 655). Vielmehr kommt es auf die subjektive Einstellung des Genötigten zur Vermögensverschiebung an. Keine Vermögensverfügung, sondern eine Wegnahme liegt daher vor, wenn es in der konkreten Zwangslage nach der **Vorstellung des Genötigten** für ihn gleichgültig ist, wie er sich verhält, der Tatgegenstand also unabhängig von seiner Mitwirkung dem Täter preisgegeben ist. Glaubt der Genötigte hingegen, dass der Gewahrsamswechsel auch von seiner Mitwirkung abhängig ist, stellt diese eine Vermögensverfügung dar (*Lackner/Kühl*, § 255 Rn. 2; *Maurach/Schroeder/Maiwald*, BT 1, § 42 Rn. 39). Hierfür kann das äußere Erscheinungsbild als Indiz für willentliches Geben i.S.d. §§ 253 und 255 bzw. unwillentliches Nehmenlassen i.S.d. § 249 unterstützend herangezogen werden (MünchKomm/*Sander*, § 253 Rn. 21; *Rengier*, § 11 Rn. 37). Auch in dem erzwungenen Verzicht auf eine werthaltige Forderung kann eine Vermögensverfügung liegen (vgl. *BGH NStZ* 2007, 95; 2008, 627).

Beispiele: A fordert von B mit vorgehaltener Waffe „Geld oder Leben". – Aus der Sicht des B ist der Verlust des Geldes von seinem Willen unabhängig: Entweder verliert er nur sein Geld oder aber Geld und Leben. Im obigen Beispiel (vgl. Rn. 24) ist dagegen der Verlust des Geldes trotz der vergleichbaren Bedrohung der B von einer Mitwirkung des C abhängig.

Vertiefungshinweis: Hingegen ist nach der Rechtsprechung, die eine Vermögensverfügung nicht für erforderlich hält, das äußere Erscheinungsbild der Tat für das Vorliegen einer Wegnahme oder Herausgabe in den Fällen maßgeblich, in denen sich der Täter mit Raubmitteln in Zueignungsabsicht den Gewahrsam an fremden beweglichen Sachen verschafft (BGHSt 7, 252, 254 – „Geldbörsenfall"; BGHSt 37, 256, 257; *BGH* NStZ 1999, 350, 351).

29 ▪ Aus der Sicht des Bedrohten muss die Vermögensminderung von seiner eigenen Mitwirkung abhängig sein. Dafür genügen auch Verhaltensweisen, die für die Vermögensminderung zwar notwendige Voraussetzungen sind, diese aber nur mittelbar herbeiführen (*Lackner/Kühl*, § 253 Rn. 2; *Otto*, § 53 Rn. 5; a.A. *Wessels/Hillenkamp*, Rn. 713).

Beispiel: A bringt B unter Todesdrohungen dazu, ihm die Geheimzahl zu seiner EC-Karte zu nennen. A ist bereits im Besitz der EC-Karte. – B verfügt i.S. des § 253 I wegen der jederzeitigen Zugriffsmöglichkeit des A jedenfalls dann über sein Vermögen, wenn der Einsatz der Karte in absehbarer Zeit geplant ist und nicht mehr zu verhindern ist (*BGH NStZ-RR* 2004, 333, 334; MünchKomm/*Sander*, § 253 Rn. 25; *Graul*, Jura 2000, 204, 207; a.A. *BGH* NStZ 2006, 38: für Zahlenkombination eines Tresorschlosses; *Rengier*, § 11 Rn. 50 f.; *Hecker*, JA 1998, 300, 310).

§ 13. Erpressung und räuberische Erpressung   199

(2) Genötigter und Verfügender müssen identisch sein, nicht aber Verfü- **30** gender und Vermögensinhaber. Damit ist eine **Dreieckserpressung** möglich (*Ingelfinger*, JuS 1998, 531; *Krack*, JuS 1996, 493). Wie beim Dreiecksbetrug (vgl. § 11 Rn. 109 ff.) stellt sich auch hier die Frage, unter welchen Voraussetzungen das Verhalten des Verfügenden dem Vermögensinhaber zuzurechnen ist.

Weder die Rechtsprechung, nach der keine Vermögensverfügung erforder- **31** lich ist, noch die h.L., die eine solche verlangt, machen die Dreieckserpressung von einer – freilich stets genügenden – rechtlichen Verfügungsmacht oder einer tatsächlichen Herrschaftsgewalt des Genötigten über fremde Vermögensbestände i.S. einer Gewahrsamsdienerschaft abhängig (BGHSt 41, 123, 125 f. – „Sylviafall"; *Krack*, JuS 1996, 493, 495 f.; *Otto*, JZ 1995, 1020, 1022 f.; *Rengier*, JZ 1985, 565, 566). Vielmehr genügt ein sog. **Näheverhältnis**, d.h. eine objektive Sonderbeziehung des Genötigten zum betroffenen Vermögen. Ausreichend hierfür ist es, dass eine tatsächlich engere Beziehung des Genötigten zum geminderten Vermögen besteht als die eines beliebigen Dritten (MünchKomm/*Sander*, § 253 Rn. 23). Hierfür reichen persönliche oder geschäftliche Beziehungen aus.

(3) Zwischen der Nötigungshandlung und der Vermögensverfügung ist **32** **Kausalität** erforderlich. Das Opfer muss durch die Zwangswirkung der Nötigung zu der vom Täter erstrebten Handlung bewegt werden. Hieran fehlt es, wenn das Tatopfer auch ohne Nötigung durch den Täter von vornherein bereit ist, entsprechend über sein Vermögen zu verfügen (BGHR StGB § 255 Kausalität 1). Kausalität liegt noch vor, wenn die Vermögensverfügung *auch* deshalb erfolgt, um den Täter zu überführen (BGHSt 41, 368, 371 – „Dagobertfall"; *BGH* NJW 1997, 265, 266 f.). Etwas anderes gilt aber, wenn der Genötigte *nur* deshalb zahlt, weil ihm dies die Polizei aus ermittlungstaktischen Gründen zur Überführung des Täters rät (*BGH* NStZ 2010, 215: Opfer konnten sich zuvor von der Drohung unbeeinflusst entscheiden, ob sie die geforderte Summe zahlen).

c) Durch die Vermögensverfügung muss ein **Nachteil** für das Vermögen **33** des Genötigten oder eines Dritten (vgl. Rn. 30 f.) verursacht werden. Das ist der Fall, wenn die Vermögenslage des Betroffenen nach der Verfügung bei einer Gesamtsaldierung ungünstiger ist als vorher. Insoweit gilt das zum Vermögensschaden beim § 263 I Ausgeführte entsprechend (vgl. § 11 Rn. 118 ff.). Namentlich bei der erzwungenen Hingabe einer Beweisurkunde kann die Gefahr des Verlusts von Vermögenswerten einen Schaden begründen, wenn bereits eine entsprechende Gefährdung unter wirtschaftlichen Aspekten eine reale Minderung des Vermögens ist (vgl. § 11 Rn. 92 f.). Dies ist dann der Fall, wenn schon im Zeitpunkt der Tatbegehung aus der Sicht des Genötigten konkret mit der Inanspruchnahme durch den nach Aushändigung der Erklärung beweisbegünstigten Täter zu rechnen ist (*BGH* NStZ 1998, 233; 1999,

618, 619). Die erzwungene bloße Ausstellung eines Schuldscheins muss daher noch keinen wirtschaftlichen Nachteil darstellen (*BGH* NStZ-RR 2000, 234; *BGH* Beschluss vom 25. 11. 2009, Az.: 2 StR 495/09; vgl. auch *BGH* NStZ-RR 2006, 105). Sowohl die Nötigung zur Herausgabe von Betäubungsmitteln als auch diejenige von Dritten zulasten des unrechtmäßigen Besitzes eines Diebes kann den Tatbestand der Erpressung erfüllen (*BGH* NStZ 2007, 112), da die Vermögensdelikte ein schlechthin schutzunwürdiges Vermögen nicht kennen (*BGH* NStZ 2002, 33; vgl. auch NStZ 2009, 37; krit. hierzu *Dehne-Niemann*, NStZ 2009, 37). Ebenso fehlt es an einer schadensbegründenden Gefahr eines Vermögensverlusts, wenn die Übergabe des vom Erpresser geforderten Geldes von der Polizei so observiert und überwacht wird, dass dieses zu keinem Zeitpunkt des Tatgeschehens gefährdet ist (*BGH* StV 1998, 661).

Beispiel: A droht B mit einer Waffe, wie von A verlangt, stellt B ihm daher einen Schuldschein über eine tatsächlich nicht bestehende Forderung des A gegen ihn in Höhe von 1.000 Euro aus. In der Folgezeit bedroht A den B bei zufälligen Zusammentreffen mehrmals und fordert die Zahlung der 1.000 Euro aufgrund des Schuldscheins. B zahlt nicht – nur versuchte schwere räuberische Erpressung, da A den vermeintlichen Anspruch aus dem Schuldschein nicht gerichtlich durchsetzen, sondern ihn nur zu „Beweiszwecken" gegen B verwenden möchte und daher kein Vermögensnachteil eingetreten ist (*BGH* NStZ 2000, 234).

2. Subjektiver Tatbestand

34   a) Der subjektive Tatbestand erfordert Vorsatz. Der **zumindest bedingte Vorsatz** muss sich darauf erstrecken, einen anderen mit Gewalt oder Drohung zu einer Vermögensverfügung zu nötigen, die sich vermögensschädigend auswirkt (*Lackner/Kühl*, § 253 Rn. 7).

35   b) Hinzu kommen muss die **Absicht, sich oder einen Dritten zu Unrecht zu bereichern**. Sie ist identisch mit der beim Betrug vorausgesetzten Absicht, sich oder einem Dritten einen rechtswidrigen Vermögensvorteil zu verschaffen (vgl. § 11 Rn. 154 ff.; *BGH* NJW 1988, 2623; StV 1996, 33; *Otto*, § 53 Rn. 9). Daher muss auch hier die erstrebte Bereicherung rechtswidrig (vgl. § 11 Rn. 168 ff.; BGHSt 17, 87 ff.; 20, 136 ff.; *BGH* StV 1994, 128; BGHR StGB § 253 Abs. 1 Bereicherungsabsicht 5) und mit dem eingetretenen Vermögensnachteil **stoffgleich** sein, d.h. die erstrebte Bereicherung muss sich spiegelbildlich im Vermögen des Genötigten niederschlagen (vgl. § 11 Rn. 158 ff.; BGHR StGB § 253 I Vermögensschaden 11; *BGH* StV 1999, 315, 316). Will der Täter einen tatsächlich bestehenden Anspruch geltend machen, handelt er nicht in der Absicht, sich zu Unrecht zu bereichern (*BGH* JA 2000, 541; NStZ-RR 2004, 45; NStZ 2010, 391). Maßgeblich ist allein die materielle Rechtslage (*BGH* NStZ-RR 2009, 17; StV 2009, 357). Wie schnell die Forderung durchzusetzen ist, ist nicht entscheidend.

§ 13. Erpressung und räuberische Erpressung   201

Beispiel: A fährt mit seinem Fahrzeug zu schnell und wird „geblitzt". Dies erregt ihn sehr. Er fährt zurück zur Kontrollstelle und verlangt von dem Kontrollbeamten unter Drohungen die Herausgabe des belichteten Films – keine versuchte Erpressung, weil das Vereiteln einer Geldbuße keinen strafrechtlich relevanten Vermögensvorteil darstellt; auch dem Besitz an dem belichteten Film kommt kein eigenständiger wirtschaftlicher Wert zu, zudem fehlt es insoweit an der Stoffgleichheit zum erstrebten Vermögensvorteil (vgl. BGHR StGB § 253 I Vermögenswert 2).

Merke: Irrt der Täter über das normative Tatbestandsmerkmal der Rechtswidrigkeit des erstrebten Vermögensvorteils, unterliegt er einem Tatbestandsirrtum gemäß § 16 I 1. Eine Strafbarkeit nach § 253 scheidet dann aus (*BGH* NStZ 2002, 481 und 598; NStZ-RR 2004, 45; NStZ 2009, 386). Entscheidend ist aber, dass der Täter sich vorstellt, Gläubiger einer von der Rechtsordnung anerkannten und deswegen gerichtlich durchsetzbaren Forderung zu sein (BGHSt 48, 322, 329 f. – „Betäubungsmittelfall"; *BGH* NStZ 2008, 626; vgl. § 5 Rn. 20).

Vertiefungshinweis: Zu Konkretisierungen der einzelnen Merkmale der Bereicherungsabsicht i.S. des § 253, nämlich zur Beschränkung des Absichtsbegriffs auf zielgerichtetes Wollen vgl. *BGH* NStZ 1989, 22; NJW 1993, 1484 f.; NStZ 1996, 39.

3. Rechtswidrigkeit (§ 253 II)

Neben der Unrechtmäßigkeit der erstrebten Bereicherung bedarf es beim **36** § 253 einer besonderen Prüfung des allgemeinen Verbrechensmerkmals der Rechtswidrigkeit.

Beachte: Rechtswidrig ist die Tat, wenn allgemeine Rechtfertigungsgründe fehlen *und* die Voraussetzungen des § 253 II vorliegen. Absatz 2 ist eine spezielle Rechtswidrigkeitsregel, die nach h.M. nur dann zu prüfen ist, wenn kein allgemeiner Rechtfertigungsgrund eingreift (*Fischer,* § 253 Rn. 7).

Verwerflichkeit meint hier wie bei der Nötigung (§ 240 II; vgl. *Hoh-* **37** *mann/Sander,* BT 2 § 12 Rn. 30 ff.) einen erhöhten Grad der sozialethischen Missbilligung der für den erstrebten Zweck angewendeten Mittel (BGHSt 17, 328, 331 f.; *OLG Köln* NJW 1986, 2443 f.). Aufgrund der insoweit geforderten umfassenden Abwägung unter Berücksichtigung sämtlicher Umstände des Einzelfalls (*BVerfG* NJW 1992, 2689, 2690) müssen auch der verfolgte Zweck und der Zusammenhang von Zweck und Mittel in die Würdigung einfließen (BVerfGE 73, 206, 245 ff.).

Daraus folgt, dass die Unrechtmäßigkeit der Bereicherung regelmäßig für **38** die Gesamtbewertung der Tat als verwerflich erheblich ist (*Schünemann,* JA 1980, 486, 489). Deshalb bedingen häufig auch angedrohte Nachteile, deren Zufügung für sich betrachtet rechtmäßig wäre, wegen des mit der Androhung verfolgten Zwecks die sozialethische Missbilligung der Tat. Diese ist insbesondere dann anzunehmen, wenn die erstrebte Bereicherung mit den eingesetzten Nötigungsmitteln in keinem Zusammenhang steht, also ein inkonnexer Vorteil erlangt werden soll (BGHSt 31, 195, 200 f.: Nötigung einer Ladendiebin mit einer Strafanzeige zu sexuellen Handlungen; MünchKomm/ *Sander*, § 253 Rn. 36 f.).

Beispiel: A droht dem bekannten Politiker B mit einer entehrenden, an sich nicht verbotenen Veröffentlichung (sog. Chantage), um Schweigegeld zu erpressen. – Auch wenn der Inhalt der Veröffentlichung wahr ist, ist die Tat verwerflich (RGSt 64, 379, 381f.; *Kaspar*, JuS 2009, 830, 833; *H. E. Müller*, NStZ 1993, 366 ff.; instruktiv hierzu *K. Amelung*, NStZ 1998, 70).

4. Besonders schwerer Fall (§ 253 IV)

39 § 253 IV stellt für besonders schwere Fälle einen höheren Strafrahmen zur Verfügung und nennt für diese in Satz 2 sog. Regelbeispiele (zur deren Einordnung vgl. § 1 Rn. 125 ff.). Die obigen Ausführungen zur Gewerbsmäßigkeit sowie zur bandenmäßigen Begehung gelten entsprechend (vgl. § 1 Rn. 154 und § 2 Rn. 17 ff.).

II. Räuberische Erpressung (§ 255)

40   Der Tatbestand des § 255 setzt neben dem Vorliegen der Tatbestandsmerkmale des § 253 I (vgl. Rn. 18 ff.) voraus, dass der Täter als Nötigungsmittel Gewalt gegen eine Person (vgl. § 5 Rn. 4 ff.) oder eine Drohung mit **gegenwärtiger** Gefahr für Leib oder Leben (vgl. § 5 Rn. 10 f.) einsetzt (zur Abgrenzung von Raub und räuberischer Erpressung vgl. Rn. 6 ff.). Eine Gefahr für Leib oder Leben i.S. des § 255 ist dann als gegenwärtig anzusehen, wenn der Täter vorbehaltlos zum Ausdruck gebracht hat, er werde die in Aussicht gestellte Schädigung an Leib oder Leben realisieren, falls nicht alsbald Abwehrmaßnahmen ergriffen werden (*BGH* NStZ 1996, 494; *Hoffmann-Holland*, JuS 2008, 430, 432; *Otto*, Jura 1999, 552, 553). Dabei ist es nicht erforderlich, dass das schädigende Ereignis mit Sicherheit unmittelbar bevorsteht. Es genügt vielmehr eine Gefahr, die als Dauergefahr über einen Zeitraum dergestalt gegenwärtig ist, dass sie jederzeit – und daher auch im gegebenen Moment – in einen Schaden umschlagen kann (*BGH* JR 1999, 117, 118; StV 1999, 377, 378; *Otto*, Jura 1999, 552; *D. Sternberg-Lieben/I. Sternberg-Lieben*, JuS 2005, 47, 49).

Beispiele: A droht der Deutschen Bahn AG damit, ab sofort in jeder Woche einen Zug entgleisen zu lassen, falls seine Geldforderung nicht erfüllt werde – Gefahr ist gegenwärtig (*BGH* StV 1999, 377).
   C fordert von D die Summe von 30.000 Euro, da D aus dem Bordell einer seiner Bekannten eine Prostituierte abgeworben haben soll. C, der mehrere Begleiter um sich geschart hatte, erklärt dem D, er werde mit ihm einen Zweikampf auf Leben und Tod austragen müssen, falls er nicht zahle. Er gewährt D einige Tage Bedenkzeit. D ist sehr

verängstigt, vor dem Hintergrund der Usancen im Rotlichtmilieu fürchtet er, zu dem Zweikampf gegen seinen Willen gezwungen zu werden. Dies hat C so beabsichtigt – die Gefahr für D ist gegenwärtig, da die Gefahr jederzeit – alsbald, aber auch später – in einen Schaden umschlagen kann (BGHR StGB § 255 Drohung 11).

Der Täter ist als räuberischer Erpresser **gleich einem Räuber zu bestrafen** (§ 255). Diese Formulierung verweist nicht nur auf die Strafrahmen des § 249, sondern auch auf dessen Qualifikationen (§§ 250 I, 250 II und 251; vgl. BGHSt 27, 10, 11; 53, 234; *BGH* NJW 1994, 1166, 1167; NStZ 2004, 556). Damit stellt sich das Problem, bis zu welchem Stadium der Deliktsverwirklichung ein Qualifikationstatbestand erfüllt werden kann, auch hier. Es wird auf die Ausführungen zu § 250 verwiesen (§ 6 Rn. 14, 27 f., 30, 34 f.; *Kraatz*, Jura 2009, 852; *Nestler*, JR 2010, 100). 41

C. Täterschaft und Teilnahme, Versuch sowie Konkurrenzen

In Bezug auf **Täterschaft und Teilnahme** bestehen keine Besonderheiten, so dass die §§ 25 ff. ohne jede Einschränkung anwendbar sind. Handelt ein Tatbeteiligter ohne die Absicht rechtswidriger Bereicherung, scheidet zwar Mittäterschaft zur Erpressung (§§ 253, 255, 25 II), nicht aber zur Nötigung aus (§§ 240, 25 II; RGSt 54, 152, 153). Fehlt dem Tatbeteiligten der Vorsatz für den Einsatz eines die Erpressung qualifizierenden Merkmals, so wird ihm dies nicht zugerechnet (*BGH* NStZ-RR 2006, 12). 42

Versucht ist die (räuberische) Erpressung (§§ 253 III, 22 bzw. §§ 255, 22), wenn der Täter zur Nötigungshandlung, also zur Anwendung von Gewalt oder Drohung unmittelbar ansetzt (*Lackner/Kühl*, § 253 Rn. 11). Die Tat ist auch dann nur versucht, wenn die Überwachung der Übergabe der geforderten Sachen durch Polizeibeamte der Entstehung eines Vermögensschadens von vornherein im Wege steht (*BGH* StV 1998, 661). Vollendung tritt hingegen ein, wenn der Täter auch nur einen Teil der geforderten Summe erhält (BGHSt 41, 368, 371 f. – „Dagobertfall"). 43

Aufgrund von **Spezialität** verdrängt die Erpressung (§ 253) die Nötigung (§ 240) und die Bedrohung (§ 241). Die räuberische Erpressung (§ 255) verdrängt als lex specialis die „einfache" Erpressung (§ 253). Unternimmt der Täter mehrere vergebliche, in einem engen räumlichen und zeitlichen Zusammenhang stehende Nötigungshandlungen, um einen bestimmten Erfolg herbeizuführen, liegt auch dann nur eine Tat im Rechtssinne vor, wenn der Täter die Nötigungsmittel wechselt. Die tatbestandliche Einheit der Erpressung endet dort, wo der Täter entsprechend den Regelungen über den Rücktritt vom Versuch nicht mehr strafbefreiend zurücktreten könnte, also entweder bei der vollständigen Zielerreichung oder beim fehlgeschlagenen Versuch 44

(BGHSt 41, 368, 369 – „Dagobertfall"; *BGH* NStZ 1999, 406, 407; NStZ-RR 2008, 239).

Beispiel: A droht B, dem Betreiber eines Imbissstandes, durch drei Besuche, bei denen er jeweils die Zahlung einer „Jahresspende" von 3.000 Euro fordert, anderenfalls der B „kein Geschäft mehr haben werde". B zahlt schließlich die „Jahresspende"– die drei Besuche von A stellen eine tatbestandliche Handlungseinheit und somit eine materiellrechtliche Tat in Form der sukzessiven Tatbestandserfüllung dar, da lediglich die ursprüngliche Drohung durchgehalten und intensiviert worden ist (*BGH* NStZ 2000, 532 m. w. N.).

45 Zwischen Raub (§ 249) und räuberischer Erpressung (§§ 253, 255) besteht **Exklusivität**, da die bei letzterer vorausgesetzte Vermögensverfügung eine Wegnahme ausschließt (vgl. Rn. 16; *Lackner/Kühl*, § 255 Rn. 2; a.A. BGHSt 7, 252, 254 – „Geldbörsenfall"; *BGH* NStZ 1981, 301: Spezialität des § 249). Gleiches gilt im Verhältnis zum Diebstahl (§ 242) und räuberischen Diebstahl (§ 252; vgl. *Lackner/Kühl*, § 255 Rn. 3).

46 **Tateinheit** (§ 52) zwischen Erpressung (§ 253) und Betrug (§ 263) kommt bei einem Zusammentreffen von Nötigung und Täuschung nur ganz ausnahmsweise in Betracht, nämlich dann, wenn die eingesetzten Mittel der Willensbeeinflussung jeweils unabhängig voneinander mitursächlich für die Vermögensverfügung sind (BGHSt 9, 245, 247; *Krey/Hellmann*, Rn. 317).

Beispiel: A gewährt B aus Furcht vor einer Strafanzeige und infolge des von B hervorgerufenen Irrtums über dessen Rückzahlungsbereitschaft ein Darlehen – der Wille von B ist durch zwei voneinander unabhängige Mittel beeinflusst worden, nämlich durch die Drohung mit einer Anzeige und die Täuschung, A werde das Geld zurückzahlen; dies rechtfertigt die Annahme von Tateinheit zwischen Betrug und Erpressung (BGHSt 9, 245, 247).

47 Dient die Bedrohung ausschließlich der Sicherung des zuvor durch Betrug erlangten Vermögensvorteils, ist nur § 240 gegeben (*BGH* NStZ 2008, 627). Nötigt der Täter nach Vollendung einer Erpressung Dritte, um die Sicherung der Beute zu erreichen, steht die Nötigung zur Erpressung in Tateinheit (*BGH* NStZ-RR 2002, 333; StraFo 2005, 255). Umstritten ist hingegen die Behandlung der Konstellationen, in denen Drohung und Täuschung in der Weise zusammentreffen, dass die Täuschung des Opfers entweder nur Mittel der Drohung ist oder diese bloß als gefährlicher erscheinen lassen soll.

Beispiele: A hat aus der Zeitung erfahren, dass die Tochter des B entführt wurde. Er ruft bei B an, gibt sich als Entführer der Tochter aus und fordert ein Lösegeld.
  C bedroht eine Kundin einer Sparkassenfiliale mit einer Spielzeugpistole, um vom Kassierer D, der sich im schusssicheren Kassenraum aufhält, die Herausgabe von Geld zu erzwingen.

48 Während von der Rechtsprechung und einem Teil des Schrifttums bereits der Tatbestand des Betrugs (§ 263 I) verneint wird (sog. Tatbestandslösung; BGHSt 23, 294, 296 – „Trittbrettfahrerfall"; *BGH* NStZ 1985, 408; *Wessels/*

§ 13. Erpressung und räuberische Erpressung   205

Hillenkamp, Rn. 723), konsumiert nach zutreffender Auffassung die Erpressung (§ 253) den Betrug (§ 263; sog. Konkurrenzlösung; MünchKomm/*Sander*, § 253 Rn. 43; Schönke/Schröder/*Eser/Bosch*, § 253 Rn. 37; *Krey/Hellmann*, Rn. 313ff.). Die Annahme von Gesetzeseinheit wird der Tatsache gerecht, dass alle Merkmale des § 263 vorliegen. Ein Verstärken der Drohung durch die Täuschung ändert nichts daran, dass die Vermögensverfügung durch den Irrtum mitbedingt ist.

D. Kontrollfragen

1. Enthalten die Tatbestände der Erpressung (§ 253 I) und der räuberischen Erpressung (§ 255) das ungeschriebene Tatbestandsmerkmal einer Vermögensverfügung? → Rn. 2 ff.
2. Wie unterscheidet sich der Begriff der Vermögensverfügung i.S. der §§ 253 I und 255 von dem i.S. des § 263 I? → Rn. 27 ff.
3. Nach welchem Kriterium grenzt die h.L. zwischen § 249 I und § 255 ab? → Rn. 28
4. Ist die Dreieckserpressung nach den Grundsätzen des Dreiecksbetrugs zu behandeln? → Rn. 30 f.
5. Kann auch die Drohung mit rechtmäßigem Verhalten verwerflich im Sinne des § 253 II sein? → Rn. 25, 38
6. Wann ist eine Gefahr gegenwärtig? → Rn. 40
7. Was versteht man unter einer „sukzessiven" Tatbestandserfüllung? → Rn. 44
8. In welchem systematischen Verhältnis stehen Raub (§ 249) und räuberische Erpressung (§ 255)? → Rn. 45

Aufbauschema (§§ 253, 255)

1. Tatbestand
   a) Objektiver Tatbestand
      (1) Gewalt oder Drohung mit empfindlichem Übel (§ 253 I) *oder* Gewalt gegen eine Person oder Drohung mit gegenwärtiger Gefahr für Leib oder Leben (§ 255)
      (2) Vermögensverfügung
      (3) Dadurch dem Vermögen des Genötigten oder eines anderen Nachteil zufügen
   b) Subjektiver Tatbestand
      (1) Vorsatz
      (2) Absicht, sich oder einen Dritten zu Unrecht zu bereichern
2. Rechtswidrigkeit einschließlich § 253 II

3. Schuld
4. Besonders schwerer Fall
   a) Regelbeispiel des § 253 IV 2
   b) ggf. unbenannter schwerer Fall (§ 253 IV 1)
   c) Vorsatz

Empfehlungen zur vertiefenden Lektüre:
Leitentscheidungen: BGHSt 7, 252 – „Geldbörsenfall"; BGHSt 16, 316 – „Kindesmordfall"; BGHSt 23, 294 – „Trittbrettfahrerfall"; BGHSt 32, 88 – „Hotelgastfall"; BGHSt 41, 123 – „Sylviafall"; BGHSt 41, 368 – „Dagobertfall"; BGHSt 48, 322 – „Betäubungsmittelfall".

Aufsätze: *K. Amelung,* Noch einmal: Notwehr gegen sog. Chantage, NStZ 1998, 70; *Biletzki,* Die Abgrenzung von Raub und Erpressung, Jura 1995, 635; *Brand,* Die Abgrenzung von Raub und räuberischer Erpressung am Beispiel der Forderungserpressung, JuS 2009, 899; *Geilen,* Raub und Erpressung, Jura 1980, 43; *Geppert/Kupitza,* Zur Abgrenzung von Raub (§ 249) und räuberischer Erpressung (§§ 253 und 255 StGB), Jura 1985, 276; *Hecker,* Die Strafbarkeit des Ablistens oder Abnötigens der persönlichen Geheimnummer, JA 1998, 300; *Kraatz,* Zur sukzessiven Verwirklichung eines Qualifikationstatbestandes, Jura 2009, 852; *Krack,* Die Voraussetzungen der Dreieckserpressung – BGH NJW 1995, 2799, JuS 1996, 493; *Mitsch,* Erpresser versus Bürger – BGH NJW 2002, 2117, JuS 2003, 122; *Nestler,* Überlegungen zur „nachträglichen" schweren Erpressung gemäß §§ 253, 250 Abs. 2 Nr. 3 lit. a StGB, JR 2010, 100; *Rengier,* Die „harmonische" Abgrenzung des Raubes von der Erpressung, JuS 1981, 654; *Rönnau,* „Der Lösegeldbote" – Täter- oder Opfergehilfe bei der Erpressung?, JuS 2005, 481; *Schünemann,* Raub und Erpressung – Teil 3, JA 1980, 486; *Swoboda,* Betrug und Erpressung im Drogenmilieu: Abschied von einem einheitlichen Vermögensbegriff, NStZ 2005, 476; *Zopfs,* Drohen mit einem Unterlassen?, JA 1998, 813.

Übungsfälle: *Berkl,* Hausarbeit Strafrecht: Streit unter Brüdern, JA 2006, 276; *Böse/Keiser,* Referendarexamensklausur Strafrecht: Ein Handtaschenraub und seine Folgen, JuS 2005, 440; *Bott/A. Pfister,* Examensklausur Strafrecht: Der Bankräuber und sein Umfeld, Jura 2010, 226; *Graul,* Die kriminelle Auswertung eines wertvollen Gemäldes – Lösungshinweise und Punkteverteilung, JuS 1999, 565; *Hellmann,* Der praktische Fall – Strafrecht: Überfall am Geldautomaten, JuS 1996, 522; *Helmrich,* Klausur Strafrecht: Der Zweck heiligt nicht die Mittel, JA 2006, 351; *Hoffmann-Holland,* Referendarexamensklausur – Strafrecht: Lebensmittelerpressung, JuS 2008, 430; *O. Hohmann,* Der praktische Fall – Strafrecht: Ein Banküberfall mit Hindernissen, JuS 1994, 860; *Ingelfinger,* Der praktische Fall – Strafrecht: Die untreuen Helfer, JuS 1998, 531; *Kaspar,* Fortgeschrittenenklausur – Strafrecht: Die Erpressung der Millionärsgattin, JuS 2009, 830; *Kretschmer,* Hausarbeit Strafrecht: Der erfolglose Literat, Jura 2006, 219; *Namavicius,* Klausur Strafrecht: Hafenlichter, JA 2007, 190; *Solbach,* Aktenvortrag Strafrecht: „Ein heimtückischer Überfall", JA 1999, 234; *D. Sternberg-Lieben/I. Sternberg-Lieben,* Referendarexamensklausur – Strafrecht: Probleme aus dem Allgemeinen und Besonderen Teil des StGB, JuS 2005, 47.

§ 14. Erpresserischer Menschenraub und Geiselnahme (§§ 239a und 239b)

A. Grundlagen

Die Vorschriften der §§ 239a und 239b sind gleich strukturiert. Beide setzen jeweils das Sichbemächtigen oder Entführen eines Menschen in der Absicht voraus, auf das Entführungsopfer selbst oder auf andere Zwang durch Drohung auszuüben. Die Vorschriften unterscheiden sich darin, dass in § 239a der Angriff auf die Freiheit der Geisel mit dem Ziel einer Erpressung (§ 253) ausgeführt wird, während § 239b weitergehend jede Nötigung durch eine qualifizierte Drohung erfasst (*Renzikowski*, JZ 1994, 492, 494). Geschützte Rechtsgüter sind die Freiheit des zu Erpressenden sowie die Freiheit und psycho-physische Unversehrtheit der Geisel, beim § 239a daneben das Vermögen (*BGH* GA 1975, 53; *Fischer*, § 239a Rn. 2; vgl. auch MünchKomm/*Renzikowski*, § 239a Rn. 1 ff.,). 1

B. Tatbestände

Die §§ 239a und 239b enthalten jeweils zwei Tatbestände. Die Entführungstatbestände (erste Alternative) setzen ein Entführen oder Sichbemächtigen in der Absicht der Erpressung bzw. Nötigung voraus. Es ist nicht erforderlich, dass zu der beabsichtigten Erpressung angesetzt wurde. Die Ausnutzungstatbestände (zweite Alternative) greifen hilfsweise ein, wenn das Entführen oder Sichbemächtigen zunächst ohne entsprechende Absicht erfolgt ist, der Täter die von ihm geschaffene Lage aber später tatsächlich durch eine versuchte oder vollendete Erpressung bzw. Nötigung ausnutzt (vgl. Rn. 15). 2

Aufbauhinweis: Bei der Fallbearbeitung sollten die beiden Alternativen klar unterschieden und bereits im Obersatz deutlich gemacht werden, welche von ihnen geprüft wird.

I. Erpresserischer Menschenraub (§ 239a I)

1. Entführungstatbestand (§ 239a I 1. Alt.)

a) Objektiver Tatbestand

(1) Tathandlung des § 239a I 1. Alt. ist das Sichbemächtigen oder das Entführen eines anderen. 3

> **Sichbemächtigen** bedeutet entweder die Begründung physischer Herrschaft über das Opfer, mithin Verfügungsgewalt über den Körper eines anderen gegen dessen Willen oder die Intensivierung einer schon bestehenden Verfügungsgewalt derart, dass die bisherige Geborgenheit des Opfers zugunsten der Herrschaftsmacht des Täters erheblich vermindert wird (BGHSt 26, 70, 72 – „Geiselnahmefall"; *BGH* NStZ 1999, 509 – „Stadtsparkassenfall"; *Krey/Hellmann*, Rn. 334).

Beispiele: A hält B mit einer Schusswaffe derart in Schach, dass B an einer freien Bestimmung über sich selbst gehindert ist (*BGH* NStZ 1986, 166).

C hält D in seiner Wohnung fest, indem er ihn einschließt oder die Bewegungsmöglichkeiten des D dadurch einschränkt, dass er ihn an sich zieht und ein Messer gegen ihn richtet (BGHSt 26, 70, 72 – *„Geiselnahmefall"*; vgl. auch *BGH* NStZ-RR 2004, 333, 334).

4 Für ein Sichbemächtigen ist weder eine Ortsveränderung erforderlich noch muss der Tatbestand der Freiheitsberaubung erfüllt sein (*BGH* NStZ 1999, 509 – „Stadtsparkassenfall"; NStZ-RR 2010, 46, 47). Auch muss die Bemächtigung nicht so umfassend gesichert sein, dass jede Schutz- oder Fluchtmöglichkeit ausgeschlossen ist (*BGH* NStZ-RR 2007, 77: Begleitung eines Opfers durch einen physisch überlegenen Bewacher). Für die körperliche Unversehrtheit der Geisel braucht keine konkrete Gefahr zu bestehen (BGHSt 26, 309; *BGH* NStZ 1985, 455; *Fischer*, § 239a Rn. 4c; MünchKomm/*Renzikowski*, § 239a Rn. 36). Es ist jedoch streitig, ob es einer nach objektiven Kriterien abstrakt gefährlichen Bemächtigungslage bedarf (so *Fischer*, § 239a Rn. 4c; MünchKomm/*Renzikowski*, § 239a Rn. 37) oder ob deren Vortäuschung ausreicht (BGHSt 25, 386; *BGH* NStZ-RR 2002, 31 und 213; *Immel*, NStZ 2001, 67, 68; *Kühl/Schramm*, JuS 2003, 681, 683; *Rengier*, GA 1985, 313, 318f.). Da aber auch bei einer nur vorgetäuschten Bedrohungslage, z.B. durch Vorhalt einer ungeladenen Schusswaffe, das Opfer überzeugt sein kann, an der freien Selbstbestimmung gehindert zu sein, und der Täter es dadurch beherrschen kann, verdient die weitergehende Auffassung Vorrang. Danach reicht es aus, dass das Opfer subjektiv davon ausgeht, sich in der Gewalt des Täters zu befinden. In Dreipersonenverhältnissen ist es zudem unerheblich, wenn das Opfer selbst seine Lage nicht erkennt (*BGH* NStZ 1985, 455; BGHR StGB § 239a Abs. 1 Sichbemächtigen 6), so dass beispielsweise auch Säuglinge Opfer sein können (BGHSt 26, 70, 72 – „Geiselnahmefall").

5 **Entführen** ist die Herbeiführung einer Ortsveränderung mit der Absicht, ein Sichbemächtigen zu erreichen (Schönke/Schröder/*Eser/Eisele*, § 239a Rn. 6). Der Täter muss also durch den Wechsel des Aufenthaltsorts Macht über das Opfer erlangen wollen (MünchKomm/*Renzikowski*, § 239a Rn. 31).

6 **(2)** Die Tat kann sich gegen jeden Menschen richten. Daher kommt § 239a auch bei Entführung des eigenen Kinds in Betracht (BGHSt 26, 70, 72 – „Geiselnahmefall"; *BGH* GA 1975, 53), z.B. aus Anlass von Unterhalts- oder

§ 14. Erpresserischer Menschenraub und Geiselnahme   209

Sorgerechtsstreitigkeiten. Hingegen liegt der Tatbestand bei einer Kollusion zwischen Täter und „Geisel" nicht vor, nämlich wenn diese mit dem Täterverhalten einschließlich der geplanten Erpressung einverstanden ist (*Lackner/ Kühl*, § 239a Rn. 3; MünchKomm/*Renzikowski*, § 239a Rn. 43). Freilich scheidet § 239a I nicht allein deshalb aus, weil sich das Opfer als sog. Ersatzgeisel „freiwillig" in die Gewalt des Täters begibt, da das Unrecht der zuvor verwirklichten Entführung dadurch nicht beseitigt, sondern „fortgeschrieben" wird (BGHSt 26, 70, 72 – „Geiselnahmefall"; *Fischer*, § 239a Rn. 3).

b) Subjektiver Tatbestand

(1) Der subjektive Tatbestand setzt zunächst zumindest **bedingten Vor-** 7 **satz** bezüglich aller Merkmale des objektiven Tatbestands voraus (MünchKomm/*Renzikowski*, § 239a Rn. 46). Darüber hinaus muss der Täter schon beim Entführen oder Sichbemächtigen die Absicht haben, entweder die Sorge des Opfers um sein Wohl oder die Sorge eines Dritten um das Wohl des Opfers zu einer Erpressung auszunutzen (*BGH* StV 1987, 483; NStZ 1993, 39).

(2) Als problematisch erweist sich die im Jahre 1989 erfolgte Erweiterung 8 des Tatbestands auf Konstellationen, in denen die Geisel zugleich die erpresste Person ist (sog. **Zweipersonenverhältnisse**; zur Normgenese vgl. *Müller-Dietz*, JuS 1996, 110, 111 f.). Denn zumindest nach dem Wortlaut der Norm hat diese Ausdehnung zur Konsequenz, dass ein großer Teil typischer räuberischer Erpressungen (§ 255) zugleich § 239a I verwirklicht, weil sich der Täter des Opfers in der Regel bemächtigt, indem er es durch körperliche Kraft oder durch Bedrohung mit einer Waffe in seine physische Gewalt bringt (vgl. Rn. 3).

Damit aber würde die gegenüber den §§ 253, 255 deutlich höhere Min- 9 deststrafe des § 239a maßgeblich (§ 52 II), d.h. die Tatbestände des Kernstrafrechts würden gleichsam in die zweite Reihe gedrängt (BGHSt 39, 36, 41). Der BGH fordert daher inzwischen (anders noch *BGH* NStZ 1993, 39) eine einschränkende Auslegung der Strafvorschrift für Zweipersonenverhältnisse (zur Entwicklung der Rechtsprechung vgl. *Fahl*, Jura 1996, 456, 457 f.; *Heinrich*, NStZ 1997, 365, 366 f.). Der Große Senat des BGH hat die insoweit zunächst hierfür verwendeten unterschiedlichen Kriterien einer über das Gewaltverhältnis hinausgehenden „Außenwirkung" (BGHSt 39, 36, 40; *BGH* StV 1993, 522, 523) und einer besonderen Zwangslage, die aus der Sicht des Opfers in dem unmittelbar bevorstehenden Eintritt des angedrohten Übels begründet ist (BGHSt 40, 90, 93; *BGH* NStZ 1994, 128, 130), verworfen.

Merke: Der BGH fordert statt dessen, dass der Täter durch das Sichbemächtigen oder die Entführung für das Opfer eine Zwangslage geschaffen hat, die eine **gewisse Stabilität** aufweist und somit aus Sicht des Täters geeignet erscheint, zu einer weitergehenden Erpressung (§ 239a) bzw. zu einer weitergehenden Nötigung (§ 239b) ausgenutzt zu werden (BGHSt – GS – 40, 350, 359 – „Getreidefeldfall"; *BGH* NStZ-RR 2004, 333, 334; 2010, 46, 47; zur Kritik vgl. *Fischer,* § 239a Rn. 8 ff.).

10 Eine derartige Lage ist bei einer Entführung des Opfers regelmäßig gegeben, da es in seinen Schutz- und Verteidigungsmöglichkeiten eingeschränkt und deshalb dem ungehemmten Einfluss des Täters ausgesetzt ist (vgl. *BGH* NStZ-RR 2003, 45). Diese Lage kann der Täter als Basis für eine darüber hinausgehende Nötigung ausnutzen. Auch beim Sichbemächtigen im Dreipersonenverhältnis soll regelmäßig eine stabile Bemächtigungssituation vorliegen (vgl. *BGH* NStZ-RR 2002, 213; krit. *Fischer,* § 239 Rn. 8a; vgl. auch *Immel,* NStZ 2001, 67). Hingegen fehlt es beim **Sichbemächtigen im Zweipersonenverhältnis** vielfach an einer entsprechenden Lage (BGHSt – GS – 40, 350, 359 – „Getreidefeldfall"; *BGH* NStZ 2006, 448, 449), weil die Drohung wie etwa das Vorhalten einer Schusswaffe zugleich dazu dient, sich des Opfers zu bemächtigen und es in unmittelbaren Zusammenhang zu einer weitergehenden Handlung oder Duldung zu nötigen (*BGH* NStZ 1996, 277, 278; StV 1996, 266). Die abgenötigte Handlung wird dann in der Regel ausschließlich durch die Bedrohung mit der Waffe durchgesetzt, ohne dass der Bemächtigungssituation eine **eigenständige Bedeutung** – i.S. einer über die in jeder mit Gewalt verbundenen Nötigung liegenden Beherrschungssituation hinausreichenden Druckwirkung auf das Opfer – zukommt (*BGH* NStZ 1999, 509 – „Stadtsparkassenfall"; NStZ-RR 2004, 333, 334; NStZ 2006, 448, 449). Damit fehlt es aber an dem erforderlichen **funktionalen Zusammenhang** zwischen dem ersten Teilakt des Entführens oder Sichbemächtigens und dem zweiten, in die Vorstellung des Täters verlagerten Teilakt der angestrebten weitergehenden Nötigung (BGHSt – GS – 40, 350, 359 – „Getreidefeldfall"; *BGH* NStZ 2002, 31, 32; NStZ-RR 2003, 328; NStZ 2007, 32; vgl. auch *Kühl/Schramm,* JuS 2003, 681, 683).

Beispiel: A bedroht B mit einer Schusswaffe, um ihn im unmittelbaren Zusammenhang zu zwingen, telefonisch eine Banküberweisung zu seinen Gunsten zu veranlassen. – Die erforderliche stabile Lage als Basis weiterer Nötigungen fehlt.

11 Zwischen der Entführungs- bzw. Bemächtigungslage und der beabsichtigten Erpressung muss ein **zeitlicher Zusammenhang** bestehen. So ist es erforderlich, dass die mit Nötigungsmitteln des § 253 erzwungene Leistung zu einem Zeitpunkt erfolgen soll, in dem die Bemächtigungslage noch besteht (*BGH* NStZ 2005, 508; MünchKomm/*Renzikowski,* § 239a Rn. 49) und das Opfer dem ungehemmten Einfluss des in Erpressungsabsicht agierenden Täters ausgesetzt ist. Soweit die Rechtsprechung dies damit begründet, dass der Täter das angedrohte Übel jederzeit realisieren kann (*BGH* StraFo 2007, 429;

§ 14. Erpresserischer Menschenraub und Geiselnahme   211

NStZ-RR 2009, 16, 17), erscheint dies vor dem Hintergrund, dass keine abstrakt gefährliche Bemächtigungslage vorausgesetzt wird (Rn. 4), fragwürdig. Nicht ausreichend ist es, dass entsprechend der Absicht des Täters die Leistung erst erfolgen soll, wenn die Bemächtigungslage bereits ihr Ende gefunden hat. Denn dann fehlt es an der erforderlichen Absicht des „Ausnutzens" i.S.d. § 239a I (*BGH* NStZ 1996, 277, 278; NStZ-RR 2008, 109, 110).

Beispiele: A fordert von B 12.500,– €. Als B nicht bereit ist, diese zu zahlen, erscheint A in der Wohnung des B, bedroht ihn mit vorgehaltener Waffe und führt eine Scheinexekution durch. Dabei fordert A den B auf, seine „Schulden" in drei Tagen zu begleichen. – Da die Zahlung erst nach Abschluss der Bemächtigungslage erfolgen soll, nutzt A diese nicht mehr i.S.d. § 239a aus.

C fordert von D, den er in seine Wohnung verschleppt hat, unter Schlägen die Zahlung von 1.000,– €. C geht dabei davon aus, dass D zwar nicht die gesamte Summe, aber jedenfalls einen Teilbetrag bei sich hat und ihm während der Dauer der Bemächtigungslage übergeben kann. – Der zeitliche Zusammenhang liegt vor, da C die Bemächtigungslage zur Erlangung des Teilbetrages ausnutzen will (vgl. *BGH* NStZ-RR 2007, 77).

Jedoch genügt es, dass die vom Täter hauptsächlich erstrebte Leistung des **12** Opfers erst nach Beendigung der Bemächtigungslage erfolgen soll, wenn bereits während der Zwangslage eine Handlung abgenötigt wird, die aus Sicht des Täters gegenüber dem Endzweck selbständige Bedeutung hat (*BGH* StV 1997, 304 f.).

Beispiel: A fordert im obigen Beispiel (Rn. 11) die sofortige Übergabe des Geldes. Weil B hierzu nicht augenblicklich imstande ist, lässt sich A versprechen, dass B innerhalb der nächsten Tage zahlen werde. A hat die Vorstellung, dass B sich in seiner Eigenschaft als Angehöriger einer alten Adelsfamilie an sein Ehrenwort gebunden fühlt, und verlangt daher von seinem Opfer während der Bemächtigungslage keine weiteren Handlungen. – Ein Ausnutzen der Bemächtigungslage liegt vor.

Die Sorge um das Wohl erfordert die Befürchtung, das Opfer könne beim **13** Fortbestehen der vom Täter geschaffenen Lage **körperliche oder seelische Unbill** erleiden; die Besorgnis einer unmittelbaren Gefahr für Leib oder Leben ist nicht erforderlich (BGHSt 25, 35, 36; *Lackner/Kühl*, § 239a Rn. 5).

Die Verweisung auf § 253 erfasst auch – erst recht – die **räuberische Er- 14 pressung** (§ 255; *Joecks*, § 239a Rn. 12; *Krey/Hellmann*, Rn. 327), deren Tatbestandsmerkmale der Täter nach seiner Vorstellung verwirklichen wollen muss. Auf die Verwerflichkeitsklausel des § 253 II kommt es dagegen nicht an, da die in § 239a beschriebene Zweck-Mittel-Relation **stets verwerflich** ist (Schönke/Schröder/*Eser/Eisele*, § 239a Rn. 11).

Vertiefungshinweis: Nach dem Tatbestand des § 239a ist nur das Ausnutzen zu einer Erpressung, sei es auch in der qualifizierten Form der räuberischen Erpressung, erfasst. Gleichwohl kann nach der Rechtsprechung auch ein beabsichtigter Raub ausreichen (*BGH* NStZ 2002, 31, 32; 2003, 604, 605; NStZ-RR 2004, 333,

334), da nach ihrem Verständnis in jedem Raub zugleich eine räuberische Erpressung enthalten ist (§ 13 Rn. 14; vgl. auch *Kühl/Schramm*, JuS 2003, 681, 682). Dies gilt es bei der Falllösung zu beachten, wenn man der Ansicht der Rechtsprechung zum Verhältnis von Raub und Erpressung folgt.

2. Ausnutzungstatbestand (§ 239a I 2. Alt.)

15 Der Ausnutzungstatbestand setzt voraus, dass der Täter eine der Tathandlungen der ersten Alternative ohne die dort erforderliche Absicht selbst begangen hat und die so geschaffene Lage dann durch eine vollendete oder wenigstens versuchte Erpressung ausnutzt (BGHSt 26, 309, 310; *Lackner/Kühl*, § 239a Rn. 7; *Wessels/Hillenkamp*, Rn. 744; a.A. MünchKomm/*Renzikowski*, § 239a, Rn. 68; *Wessels/Hettinger*, Rn. 453; *Elsner*, JuS 2006, 784, 789: für die Vollendung bedarf es einer vollendeten Erpressung). Der subjektive Tatbestand erfordert daher keine Absicht. Nutzt der Täter nur die von einem anderen geschaffene Lage aus, ist der Tatbestand nicht erfüllt. In Betracht kommen dann lediglich die §§ 253 und 255 (BGHSt 23, 294, 295).

3. Minder schwerer Fall und Erfolgsqualifikation (§ 239a II und III)

16 In minder schweren Fällen des erpresserischen Menschenraubs ist die Mindeststrafe auf ein Jahr Freiheitsstrafe herabgesetzt (§ 239a II; vgl. § 6 Rn. 38).

17 § 239a III enthält eine Erfolgsqualifikation, die in ihrer Struktur dem Raub mit Todesfolge (§ 251; vgl. § 6 Rn. 42 ff.) entspricht. Erforderlich ist es, dass der Tod des Opfers durch die der Tathandlung des § 239a I 1. Alt. oder dem Aufrechterhalten der absichtslos geschaffenen Lage (§ 239a I 2. Alt.) innewohnenden spezifischen Gefahr wenigstens leichtfertig verursacht wird (Schönke/Schröder/*Eser/Eisele*, § 239a Rn. 30).

II. Geiselnahme (§ 239b I 1. und 2. Alt.)

18 Die Tatbestände der Geiselnahme (§ 239b I) entsprechen in ihrem Aufbau weitgehend denen des erpresserischen Menschenraubs (§ 239a I; vgl. Rn. 3 ff.). Auch hier ist die Zweipersonenkonstellation problematisch (vgl. Rn. 8 ff.). Der Unterschied zu § 239a I liegt darin, dass die Absicht des Täters nicht auf die Begehung einer Erpressung gerichtet sein muss, sondern **jegliches Nötigungsziel** ausreicht, z.B. die Duldung sexueller Handlungen. Dafür muss aber als Nötigungsmittel eine **qualifizierte Drohung** beabsichtigt sein, nämlich eine solche mit dem Tod oder einer schweren Körperverletzung (§ 226) des Opfers oder mit dessen Freiheitsberaubung von über einer Woche Dauer (*BGH*, Beschluss vom 11. 8. 2010, Az.: 2 StR 128/10).

19 Hinsichtlich des minder schweren Falls und der Erfolgsqualifikation erklärt § 239b II den § 239a II und III für entsprechend anwendbar (vgl. Rn. 16 f.).

C. Täterschaft und Teilnahme, Versuch, tätige Reue sowie Konkurrenzen

In Bezug auf **Täterschaft und Teilnahme** bestehen keine Besonderheiten, so dass die §§ 25 ff. Anwendung finden. 20

Der **Versuch** der §§ 239a und 239b ist stets strafbar (§ 23 I). Das unmittelbare Ansetzen zur Tatbestandsverwirklichung beginnt bei den Entführungstatbeständen (§§ 239a I 1. Alt. und 239b I 1. Alt.) mit dem Anfang des Entführens bzw. des Sichbemächtigens, bei den Ausnutzungstatbeständen (§§ 239a I 2. Alt. und 239b I 2. Alt.) mit dem unmittelbaren Ansetzen zur Erpressung bzw. zur sonstigen Nötigung (*BGH* NStZ 1997, 83). 21

Der Täter kann nach vollendetem erpresserischen Menschenraub und nach vollendeter Geiselnahme **tätige Reue** üben. Nach dem insoweit eindeutigen Wortlaut des § 239a IV i.V.m. 239b II erfordert dies im Gegensatz zu anderen Vorschriften (z. B. §§ 98 II, 264 V und 306e) keine Freiwilligkeit (*BGH* NJW 2001, 2895, 2896; NStZ-RR 2002, 233). Wegen der fakultativen Strafmilderung wird aber nicht auf den Maßstab des § 49 II, sondern den insoweit strengeren des § 49 I verwiesen. Der Täter kann in den Genuss der Strafmilderung gelangen, wenn er das Opfer in seinen Lebenskreis zurückgelangen lässt *und* außerdem auf die erstrebte Leistung verzichtet, d.h. seine Bemühungen um ihre Erlangung aufgibt oder bereits Erlangtes oder ein Äquivalent zurückgibt (*BGH*, Beschluss vom 8. 12. 1999, Az.: 3 StR 516/99; *Fischer*, § 239a Rn. 20). Hinsichtlich des Zurückgelangens ist es ausreichend, dass das Opfer nach der Entlassung aus der Gewalt des Täters die Möglichkeit hat, seinen Aufenthaltsort frei zu bestimmen und zu erreichen, da sich das Merkmal Lebenskreis nicht hinreichend bestimmt örtlich konkretisieren lässt (*BGH* NStZ 2001, 532; 2003, 605; *Lackner/Kühl*, § 239a Rn. 10; Schönke/Schröder/*Eser/Eisele*, § 239a Rn. 36 f.). 22

Beispiel: A setzt den von ihm in Berlin entführten B in einer einsamen Gegend im Osten Mecklenburg-Vorpommerns aus und erscheint nicht zur bereits vereinbarten Geldübergabe. – Tätige Reue liegt vor, da die Unannehmlichkeiten, die B erleidet, dieser nicht entgegenstehen (MünchKomm/*Renzikowski*, § 239a Rn. 94),

Handelt der Täter in Erpressungsabsicht, ist die Geiselnahme (§ 239b) gegenüber dem erpresserischen Menschenraub (§ 239a) subsidiär (BGHSt 25, 386, 387; 26, 24, 28 f.; *BGH* NStZ 2002, 31, 32). Tateinheit (§ 52) kann aber vorliegen, wenn die Geiselnahme nicht allein dem Zweck diente, durch Bedrohung des Tatopfers eine unrechtmäßige Bereicherung zu erlangen (*BGH* NStZ-RR 2002, 108; *Fischer*, § 239a Rn. 21). Zwischen erpresserischem Menschenraub (§ 239a) und Erpressung bzw. räuberischer Erpressung (§§ 253, 255) kommt ebenfalls Tateinheit in Betracht (*BGH* NStZ 1986, 166; 1987, 222, 223; *BGH*, Beschluss vom 14. 7. 1999, Az.: 2 StR 20/99; *BGH* Beschluss 24 vom 22. 1. 2009, Az.: 4 StR 573/08). Gegenüber Freiheitsberaubung (§ 239) und Nötigung (§ 240) sind erpresserischer Menschenraub (§ 239a) und Geiselnahme (§ 239b) spezieller (*BGH* NStZ 2009, 632; Schönke/Schröder/ *Eser/Eisele*, § 239a Rn. 45). Tateinheit kann aber gegeben sein, wenn die Freiheitsentziehung zeitlich über die in § 239a vorausgesetzte Einschränkung der Fortbewegungsfreiheit des Opfers erheblich hinaus geht (*BGH* NStZ-RR 2003, 45, 46). Auch mit den Körperverletzungsdelikten (§§ 223 ff.) kommt wiederum Tateinheit in Betracht (*Fischer*, § 239b Rn. 10).

D. Kontrollfragen

1. Welche Tatbestandsalternativen enthält § 239a I und welche Voraussetzungen haben diese? → Rn. 3 ff.
2. Warum bedürfen die §§ 239a I und 239b I bei den sog. Zweipersonenkonstellationen einer einschränkenden Auslegung? → Rn. 8 f.
3. Nach welchen Kriterien ist bei den sog. Zweipersonenkonstellationen der Tatbestand einschränkend auszulegen? → Rn. 9 ff.
4. Ist der Tatbestand des § 239a I 1. Alt. erfüllt, wenn die abgepresste Leistung erst nach der Beendigung der Bemächtigungssituation erfolgen soll? → Rn. 11 f.

Aufbauschema (§ 239a I 1. Alt. bzw. § 239b I 1. Alt.)

1. Tatbestand
   a) Objektiver Tatbestand
      Sich eines anderen bemächtigen oder
      Entführen eines anderen
   b) Subjektiver Tatbestand
      – Vorsatz
      – Absicht, die Sorge um das Wohl des Opfers …
        • bei § 239a I 1. Alt.: … zu einer Erpressung auszunutzen
        • bei § 239b I 1. Alt.: … zu einer Nötigung durch Drohung mit dem Tod, mit einer schweren Körperverletzung (§ 226) des Opfers oder mit dessen Freiheitsentziehung von über einer Woche Dauer auszunutzen
2. Rechtswidrigkeit
3. Schuld
4. Tätige Reue (§ 239a IV [i.V.m. § 239b II])

§ 14. Erpresserischer Menschenraub und Geiselnahme   215

> **Aufbauschema (§ 239a I 2. Alt. bzw. § 239b I 2. Alt.)**
>
> 1. Tatbestand
>   a) Objektiver Tatbestand
>   – vom Täter selbst ohne Absicht i.S.d. 1. Alternative geschaffene Entführungs- oder Bemächtigungslage
>   – Ausnutzen der Lage
>   • bei § 239a I 2. Alt.: zur Erpressung
>   • bei § 239b I 2. Alt.: zur Nötigung durch Drohung mit dem Tod, einer schweren Körperverletzung (§ 226) des Opfers oder mit dessen Freiheitsentziehung von über einer Woche Dauer
>   b) Subjektiver Tatbestand: Vorsatz
> 2. Rechtswidrigkeit
> 3. Schuld
> 4. Tätige Reue (§ 239a IV [i. V. mit § 239b II])

Empfehlungen zur vertiefenden Lektüre:
Leitentscheidungen: BGHSt 26, 70 – „Geiselnahmefall"; BGHSt 39, 36 – „Tiefgaragenfall"; BGHSt 40, 90 – „Elbbrückenfall"; BGHSt – GS – 40, 350 – „Getreidefeldfall"; BGH NStZ 1999, 509 – „Stadtsparkassenfall".

Aufsätze: *Elsner*, §§ 239a, 239b in der Fallbearbeitung – Deliktsaufbau und (bekannte und weniger bekannte) Einzelprobleme, JuS 2006, 784; *Fahl*, Zur Problematik der §§ 239a, b StGB bei der Anwendung auf „Zwei-Personen-Verhältnisse", Jura 1996, 456; *Heinrich*, Zur Notwendigkeit der Einschränkung des Tatbestands der Geiselnahme, NStZ 1997, 365; *Immel*, Zur Einschränkung der §§ 239a I, 239b I StGB in Fällen „typischer" Erpressung/Nötigung im Drei-Personen-Verhältnis, NStZ 2001, 67; *Müller-Dietz*, Der Tatbestand der Geiselnahme in der Diskussion – BGH NJW 1995, 471, JuS 1996, 110; *Rengier*, Genügt die „bloße" Bedrohung mit (Schuss-)waffen zum „Sichbemächtigen" i.S.d. §§ 239a, 239b StGB?, GA 1985, 314; *Renzikowski*, Erpresserischer Menschenraub und Geiselnahme im System des Besonderen Teils des Strafgesetzbuches, JZ 1994, 492; *Satzger*, Erpresserischer Menschenraub (§ 239a StGB) und Geiselnahme (§ 239b StGB) im Zweipersonenverhältnis, Jura 2007, 114.

Übungsfälle: *Bott/A. Pfister*, Examensklausur – Strafrecht: Der Bankräuber und sein Umfeld, Jura 2010, 226; *Diener/Hoffmann-Holland*, Examensklausur Strafrecht: Sportliche Leistung, Jura 2009, 946; *Hellmann*, Der praktische Fall – Strafrecht: Überfall am Geldautomaten, JuS 1996, 522; *Ingelfinger*, Der praktische Fall – Strafrecht: Die untreuen Helfer, JuS 1998, 531; *Kretschmer*, Hausarbeit – Strafrecht: Der erfolglose Literat, Jura 2006, 219; *Zieschang*, Der praktische Fall – Strafrecht: Der rachsüchtige Hundeliebhaber, JuS 1999, 49.

§ 15. Räuberischer Angriff auf Kraftfahrer (§ 316a)

A. Grundlagen

1 Der räuberische Angriff auf Kraftfahrer (§ 316a) stellt einen Sonderfall des Raubs (§ 249), der räuberischen Erpressung (§ 255) und zugleich des räuberischen Diebstahls (§ 252) dar (*Maurach/Schroeder/Maiwald*, BT 1, § 35 Rn. 46). § 316a verlagert den durch diese Vorschriften gewährleisteten Strafrechtsschutz vor, sofern der Täter zu ihrer Begehung die besonderen Verhältnisse des Straßenverkehrs ausnutzt (MünchKomm/*Sander*, § 316a Rn. 1). Der Gesetzgeber wollte Führer und Mitfahrer von Kraftfahrzeugen davor bewahren, gerade wegen ihrer Teilnahme am Straßenverkehr leichter Opfer von räuberischen Angriffen zu werden (vgl. BGHSt 49, 8, 14 – „Baggerseefall"). Die von der Vorschrift geschützten Rechtsgüter sind daher Eigentum und Vermögen, zumindest gleichrangig aber auch die Funktionsfähigkeit des Straßenverkehrs und das Vertrauen der Bevölkerung in dessen Sicherheit (BGHSt 49, 8, 11 – „Baggerseefall"; *Hentschel/König/Dauer*, § 316a Rn. 1; *Lackner/ Kühl*, § 316a Rn. 1; *Rengier*, § 12 Rn. 1; a.A. noch BGHSt 39, 249, 250 – „Mofafahrerfall"; *Geppert*, Jura 1995, 310, 311 f.: ausschließlich Funktionsfähigkeit des Straßenverkehrs).

> **Vertiefungshinweis:** Der – nach dem Geschäftsverteilungsplan für dieses Delikt allein zuständige (vgl. www.bundesgerichtshof.de – Geschäftsverteilung –Strafsenate) 4. Strafsenat des Bundesgerichtshofs legt die Vorschrift seit seinem Urteil vom 20. November 2003 (BGHSt 49, 8 – „Baggerseefall") deutlich restriktiver als zuvor aus. Er hat vor allem die Tatbestandsmerkmale des Führens eines Kraftfahrzeugs und des Ausnutzens der besonderen Verhältnisse des Straßenverkehrs wesentlich enger ausgelegt. Bei der Lektüre älterer Entscheidungen ist daher Vorsicht geboten.

B. Tatbestand

I. Objektiver Tatbestand

2 Der objektive Tatbestand setzt das **Verüben eines Angriffs** auf Leib, Leben oder Entschlussfreiheit des Führers eines Kraftfahrzeugs oder eines Mitfahrers unter Ausnutzung der besonderen Verhältnisse des Straßenverkehrs voraus.

Beachte: Bei der Fallbearbeitung ist immer § 316a zu erwägen, wenn die §§ 249, 252, 255 im Zusammenhang mit dem Führen oder Mitfahren in einem Kraftfahrzeug in Betracht kommen.

1. Angriff verüben

Angriff ist jede unmittelbar auf eine Verletzung eines der genannten Güter (vgl. Rn. 2) gerichtete Handlung (MünchKomm/*Sander*, § 316a Rn. 8; *Rengier*, § 12 Rn. 2). 3

Merke: Einen Angriff **verübt**, wer ihn tatsächlich ausführt. Darauf, ob er bezüglich des mit ihm erstrebten Ziels erfolgreich ist, kommt es nicht an (*Fischer*, § 316a Rn. 6; LK/*Sowada*, § 316a Rn. 9). Es muss auch noch keines der Schutzgüter beeinträchtigt sein (MünchKomm/*Sander*, § 316a Rn. 25 ff.; *C. Fischer*, Jura 2000, 433, 439; *Ingelfinger*, JR 2000, 225, 231; a.A. Schönke/Schröder/*Sternberg-Lieben/Hecker*, § 316a Rn. 3; *Rengier*, § 12 Rn. 8: Einwirkung auf das Schutzgut; vgl. auch BGHSt 49, 8, 12 – „Baggerseefall"; *BGH* NStZ-RR 2003, 171: Opfer muss Nötigungscharakter wahrgenommen haben).

Der **Angreifer** muss keine bestimmte Rolle im Verkehrsgeschehen einnehmen. Es können sich daher sowohl Personen, die sich außerhalb des Kraftfahrzeugs befinden, als auch Mitfahrer an der Tat beteiligen (BGHSt 25, 315, 317; *Fischer*, § 316a Rn. 2). Dabei kann es sich auch um einen heimlichen Passagier handeln (*BGH* NStZ 2004, 269). Nach h.M. kann auch der Fahrer selbst Täter eines Angriffs gegen Mitfahrer sein (BGHSt 15, 322; *BGH* NJW 1971, 765 f.; *Hentschel/König/Dauer*, § 316 Rn. 10; *Wessels/Hillenkamp*, Rn. 383). 4

2. Objekt des Angriffs

Der Angriff muss sich gegen Leib, Leben oder die Entschlussfreiheit des Führers eines Kraftfahrzeugs oder eines Mitfahrers richten. 5

Merke: Erforderlich ist, dass das Opfer bei Verüben des Angriffs Führer oder Mitfahrer ist. Ist es dies nur zum Zeitpunkt des Tatentschlusses, liegt der Tatbestand mangels zeitlicher Verknüpfung der beiden Erfordernisse nicht vor (BGHSt 49, 8, 12 – „Baggerseefall"; BGHSt 50, 169, 170 – „Taxifahrerfall"; vgl. hierzu *Dehne-Niemann*, NStZ 2008, 319, 322).

a) Ein Angriff auf **Leib oder Leben** setzt eine auf den Körper zielende Einwirkung voraus, bei der die Gefahr einer nicht ganz unerheblichen Verletzung besteht (BGHR StGB § 316a Abs. 1 Angriff 1; MünchKomm/*Sander*, § 316a Rn. 10). Dies ist regelmäßig bei einer unmittelbar auf eine Körperverletzung gerichteten Handlung gegeben. Ein Angriff auf die **Entschlussfreiheit** liegt bei sämtlichen Formen der Nötigung vor, soweit diese nicht mittels 6

Gewalt gegen Leib oder Leben begangen werden (BGHR StGB § 316a Abs. 1 Angriff 1). Schlichtes täuschendes oder listiges Verhalten kann grundsätzlich noch nicht als Angriff auf die Entschlussfreiheit angesehen werden (BGHSt 49, 8, 12 – „Baggerseefall" – unter Aufgabe der vorherigen Rechtsprechung; *BGH* NStZ-RR 2003, 171; *Fischer*, § 316a Rn. 3; a.A. *Geppert*, Jura 1995, 310, 312; *Roßmüller/Rohrer*, NZV 1995, 253, 263 f.). Denn eine Täuschung hindert nicht den Entschluss und beeinträchtigt auch nicht die Entschlussfreiheit; dem Opfer der Täuschung verbleiben andere Handlungsmöglichkeiten. Täuschung und List kommen aber dann als Angriffsmittel in Betracht, wenn das Vorgehen einen nötigenden Charakter hat. Denn dadurch kann das Opfer zu einem seinem Willen entgegenstehenden bestimmten Verhalten gebracht werden (*Rengier*, § 12 Rn. 29; *Sander*, NStZ 2004, 501, 502; *Wolters*, GA 2002, 316: psychische Autofalle; abl. *Duttge/Nolden*, JuS 2005, 197, 198; Nötigungsmittel i.S.d. § 240 müssen eingesetzt werden).

Beispiele: A täuscht eine Polizeikontrolle vor, um B zum Anhalten zu bewegen. – Es liegt ein Angriff auf die Entschlussfreiheit vor, denn B muss nach seiner Vorstellung anhalten, wenn er sich verkehrsordnungsgemäß verhalten will.

C täuscht den Taxifahrer D über den Zweck der Fahrt. Tatsächlich geht es ihm nicht darum, zu dem angegebenen Fahrtziel zu kommen, sondern darum, D an eine abgelegene Stelle zu lotsen und ihn dort überfallen zu können. – Schlicht täuschendes Verhalten, welches lediglich zu einem falschen Motiv für die vom Opfer weiterhin als frei empfundene Willensbildung führt (BGHSt 49, 8, 13 – „Baggerseefall").

7   Der Angriff braucht nur mittelbar gegen einen anderen gerichtet zu sein. Ausreichend ist es, wenn er beispielsweise unmittelbar gegen das Kraftfahrzeug zielt (*Fischer*, § 316a Rn. 7).

Beispiel: A spannt ein starkes Drahtseil über die Fahrbahn, um Kraftfahrzeuge zu stoppen.

8   **b)** Der Angriff muss sich gegen den **Führer** eines Kraftfahrzeugs oder gegen einen **Mitfahrer** richten. Der Begriff des Kraftfahrzeugs entspricht der Definition des § 1 II StVG (Hentschel/König/Dauer, § 1 Rn. 2 und 3). Damit genügt auch der Angriff auf den Führer eines Mofas dem Tatbestand (BGHSt 39, 249, 250 f. – „Mofafahrerfall"; *Geppert*, Jura 1995, 310, 312; a.A. *Große*, NStZ 1993, 525, 526). Ein Fahrrad hingegen – solange es nicht mit Elektromotor betrieben wird – ist kein Kraftfahrzeug, auch wenn dessen Höchstgeschwindigkeit nicht hinter der des Mofas zurückbleibt (BGHSt 39, 249, 251 – „Mofafahrerfall").

9   **Merke: Führer** eines Kraftfahrzeugs ist derjenige, der es in Bewegung zu setzen beginnt, es in Bewegung hält oder allgemein mit dem Betrieb des Fahrzeugs oder mit der Bewältigung von Verkehrsvorgängen beschäftigt ist (BGHSt 49, 8, 14 – „Baggerseefall"; BGHSt 50, 169, 171 – „Taxifahrerfall"; LK/*Sowada*, § 316a Rn. 17).

> **Mitfahrer** ist jeder Insasse bzw. Sozius eines geführten Kraftfahrzeugs (BGHSt 13, 27, 31), unabhängig davon, ob er freiwillig mitfährt oder dazu gezwungen wird (MünchKomm/*Sander*, § 316a Rn. 24).

Ein Fahrzeug führt danach auch, wer aus **verkehrsbedingten Gründen** seine Fahrt unterbricht, z.B. um an einer roten Ampel oder an einem Stauende anzuhalten. Dies folgt bereits aus der gesetzgeberischen Intention (Rn. 1), da derjenige am Steuer des Kraftfahrzeugs durch die trotz des Halts erforderliche Beschäftigung mit Verkehrsvorgängen leichter zum Angriffsobjekt eines Überfalls werden kann (BGHSt 49, 8, 14 – „Baggerseefall"; *Lackner/Kühl*, § 316a Rn. 3). Ob bei dem Halt der Motor ausgestellt wird, ist grundsätzlich ohne Belang (BGHSt 50, 169, 171 – „Taxifahrerfall"; *Rengier*, § 12 Rn. 13; *Sander*, NStZ 2004, 501, 504). Ein Kraftfahrzeug führt hingegen nicht, wer sich außerhalb des Fahrzeugs befindet, sei es, dass er das Fahrzeug noch nicht bestiegen, es – wenn auch nach seiner Meinung nur vorübergehend – verlassen oder seine Fahrt beendet hat (BGHSt 49, 8, 14 – „Baggerseefall"; *Lackner/Kühl*, § 316a Rn. 16; *Sander*, NStZ 2004, 501, 502). Handelt es sich allerdings nicht um einen verkehrsbedingten Halt, etwa auf einem Parkplatz oder einer Einfahrt, und wird der **Motor abgestellt**, ist die Aufmerksamkeit in der Regel nicht mehr auf Verkehrsvorgänge gerichtet, so dass das Fahrzeug nicht mehr geführt wird (BGHSt 50, 169, 171 – „Taxifahrerfall"; *Kett-Straub/Stief*, JuS 2008, 236, 238; *Steinberg*, NZV 2007, 545).

Beispiele: A lotst den Taxifahrer B an einen einsamen Baggersee. Dort angekommen, stellt B den Motor des Fahrzeugs aus, um die Fahrt abzurechnen. Dies nutzt A, um seinem Plan entsprechend B mit Gewalt zu überwältigen und seine Geldbörse wegzunehmen. – B ist nicht mehr Führer i.S.d. § 316a, da er nicht mehr mit der Bewältigung von Betriebs- oder Verkehrsvorgängen befasst ist (vgl. BGHSt 49, 8 – „Baggerseefall").

C hält mit ihrem Fahrzeug am Straßenrand, um einen am Fahrzeug vermuteten Defekt zu überprüfen. D, der sich bei einem Halt der C an einer Tankstelle heimlich in ihr Auto geschlichen und dort verborgen hatte, nutzt diesen Moment, um sie zu überwältigen und ihre Wertsachen wegzunehmen. – C war bei dem Angriff auf den Betrieb ihres Kraftfahrzeugs konzentriert, so dass sie gerade deshalb leichter Opfer eines räuberischen Angriffs werden konnte (*BGH* NStZ 2004, 269).

Während F auf dem Fahrersitz seines Fahrzeugs Platz nimmt, gelangt E in das Fahrzeug und bedroht F, bevor dieser das Fahrzeug in Gang setzen kann, mit einer Pistole. E nötigt F, an einen einsamen Ort zu fahren. Während der Fahrt bringt E den F dazu, ihm sein Mobiltelefon und sein Geld zu übergeben. – F war zu Beginn des Angriffs noch nicht Führer des Kraftfahrzeugs und damit kein taugliches Ziel i.S.d. § 316a, die erforderliche zeitliche Verknüpfung wird aber während der Fahrt durch die weitere Bedrohung hergestellt (BGHSt 52, 44, 45 f. – „Noch-nicht-Fahrer-Fall"; *Krüger*, NZV 2008, 234).

3. Ausnutzung der besonderen Verhältnisse des Straßenverkehrs

Zudem muss der Täter unter Ausnutzung der besonderen Verhältnisse des Straßenverkehrs handeln, d.h. er muss sich die Befassung des Opfers mit

10

dem ggf. noch in Betrieb befindlichen Kraftfahrzeug und eine gerade damit verbundene **erhöhte Schutzlosigkeit** zunutze machen wollen (BGHR StGB § 316a I Straßenverkehr 18). Entgegen früherer Rechtsprechung (BGHSt 13, 27, 30; 15, 322, 324) ist die Abgelegenheit des Überfallorts keine spezifische Eigenschaft des Kraftfahrzeugverkehrs (BGHSt 49, 8, 16 – „Baggerseefall").

11   a) Verübt der Täter den Angriff im **fließenden Verkehr** oder bei einem **verkehrsbedingten Halt**, stellt dies ein gewichtiges Indiz dafür dar, dass er dabei auch die besonderen Verhältnisse des Straßenverkehrs ausnutzt (*BGH* NStZ-RR 2006, 185, 186; *Kett-Straub/Stief*, JuS 2008, 236, 238). An der Ausnutzung kann es aber ausnahmsweise fehlen, wenn der überfallene Fahrer an einem Bahnübergang hält, wegen der zu erwartenden langen Wartezeit den Motor abstellt und Zeitung liest (*Rengier*, § 12 Rn. 21).

12   b) Aber auch bei einem nicht verkehrsbedingten Halt kann im Einzelfall eine Gegenwehr des angegriffenen Fahrzeugführers infolge spezifischer Bedingungen des Straßenverkehrs erschwert sein. Hierfür darf jedoch nicht allein der laufende Motor ausschlaggebend sein. Vielmehr müssen weitere verkehrsspezifische Umstände vorliegen, die die Abwehrmöglichkeiten des angegriffenen Fahrzeugführers beeinträchtigen (BGHR StGB § 316a I Straßenverkehr 18).

Beispiele: A überfällt Taxifahrer B, als dieser sein Fahrzeug mit laufendem Motor anhält, um den Fahrpreis von A zu kassieren. Dabei lässt B das Automatikgetriebe seines Fahrzeugs auf Dauerbetrieb und bleibt mit dem Fuß auf der Bremse, um ein Weiterrollen zu verhindern. – B war noch mit der Beherrschung des mit laufendem Motor stehenden Fahrzeugs beschäftigt, so dass er gerade deshalb leichter Opfer eines räuberischen Angriffs werden konnte (BGHR StGB § 316a I Straßenverkehr 17; vgl. auch *BGH*, Beschluss vom 4. 12. 2003, Az.: 4 StR 498/03).

C überfällt Taxifahrer D, als dieser mit laufendem Motor und Einstellung des Automatikhebels in Parkstellung an einem Ort ohne Verkehrsaufkommen anhält, um den Fahrpreis von C zu kassieren. – D hatte sich gegen ein Wegrollen oder ungewolltes Beschleunigen hinreichend gesichert und war auch im Übrigen nicht mit Betriebs- oder Verkehrsvorgängen beschäftigt, so dass C nicht die besonderen Verhältnisse des Straßenverkehrs ausgenutzt hat (*BGH* NStZ-RR 2006, 185).

13   Einer besonders kritischen Prüfung des Merkmals der Ausnutzung der besonderen Verhältnisse des Straßenverkehrs wird es bedürfen, wenn es sich bei dem Angegriffenen nur um den Mitfahrer handelt (*Sander*, NStZ 2004, 501, 502), oder in Fällen, in denen ein vollendeter Angriff auf das Tatopfer bereits außerhalb des Fahrzeugs oder jedenfalls vor Fahrtantritt stattgefunden hat (zu restriktiv BGHSt 52, 44, 47 – „Noch-nicht-Fahrer-Fall"). Die bloße Ausnutzung der Beengtheit des Fahrzeugs genügt nicht (BGHSt 49, 8, 16 – „Baggerseefall" – unter Aufgabe anders lautender Ansicht). Nach der Rechtsprechung soll die bloße Aufrechterhaltung einer außerhalb des Fahrzeugs geschaffenen Bedrohungslage ebenfalls nicht ausreichen (BGHSt 52, 44, 47 – „Noch-nicht-Fahrer-Fall"; zu

Recht kritisch *Dehne-Niemann*, NStZ 2008, 319, 323; *Krüger*, NZV 2008, 234, 238).

An einem Ausnutzen einer entsprechenden Gefahrenlage fehlt es zudem **14** immer, wenn die Fahrt bereits beendet ist. § 316a scheidet daher aus, wenn das Opfer in einer Garage oder Gaststätte (BGHSt 5, 280, 282; *BGH* VRS 37, 203) oder auf einem Parkplatz (*BGH* NStZ 1994, 340, 341; 2000, 144; NStZ-RR 2002, 108) überfallen wird.

II. Subjektiver Tatbestand

1. Vorsatz

Der subjektive Tatbestand erfordert zunächst zumindest **bedingten Vor-** **15** **satz** hinsichtlich der objektiven Tatbestandsmerkmale (vgl. Rn. 2 ff.). Ausreichend ist es, wenn der Vorsatz erst während der Fahrt gefasst wird (BGHSt 15, 322, 324). Für das Ausnutzen der besonderen Verhältnisse des Straßenverkehrs ist nicht zu verlangen, dass der Täter die hierdurch eintretende Erleichterung seines Angriffs zur Bedingung seines Handelns macht (BGHSt 50, 169, 172 – „Taxifahrerfall"; BGHSt 52, 44, 45 f. – „Noch-nicht-Fahrer-Fall").

2. Räuberische Absicht

Hinzukommen muss die Absicht des Täters, einen Raub (§§ 249 oder 250), **16** eine räuberische Erpressung (§ 255) oder einen räuberischen Diebstahl (§ 252) als Täter zu begehen. Dies erfordert den festen Tatentschluss zu einer in ihren wesentlichen Zügen bestimmten räuberischen Tat (*BGH* NStZ 1997, 236, 237). Der Täter muss die entsprechende Absicht bereits im Zeitpunkt des Angriffs verfolgen. Diese Voraussetzung ist auch dann erfüllt, wenn die Absicht zwar erst nach Beginn, aber noch vor Abschluss der Angriffshandlung gefasst wird, selbst wenn der Angriff zunächst anderen Zwecken diente (BGHSt 25, 315, 316; 37, 256, 258; *Fischer*, § 316a Rn. 12). Hingegen genügt es nicht, wenn der Täter die räuberische Absicht erst nach Beendigung des Angriffs fasst (*BGH* NStZ 1989, 119; StV 1997, 357; MünchKomm/*Sander*, § 316a Rn. 43).

Beispiel: A holt B mit dem Pkw von ihrer Arbeitsstelle ab. Während der Fahrt berichtet er ihr, er beabsichtige, ein neues Auto zu kaufen, verfüge aber nicht über genügend Geld und bekomme als Arbeitsloser auch keinen Kredit, deshalb solle sie für ihn ein Darlehen aufnehmen. B lehnt das Ansinnen des A ab, der ihr daraufhin aus Wut mehrere heftige Schläge ins Gesicht versetzt. Erst danach entschließt sich A, B zur Aushändigung ihrer Scheckkarte aufzufordern (nach *BGH* StV 1997, 357). – Die räuberische Absicht liegt im Moment des Angriffs nicht vor.

Beachte: Die Absicht, ein räuberisches Delikt zu begehen, muss sich auf die Verwirklichung aller Merkmale dieses Delikts, also auch auf die dort geforderte Absicht erstrecken (*BGH* NStZ 2003, 35; *Geppert*, Jura 1995, 310, 315).

III. Minder schwerer Fall und Erfolgsqualifikation (§ 316a II und III)

17 **Minder schwere Fälle** sind mit Freiheitsstrafe von einem Jahr bis zu zehn Jahren bedroht (§ 316a II). Ein solcher liegt nach allgemein anerkannten Grundsätzen vor, wenn das gesamte Tatbild und die Täterpersönlichkeit vom Durchschnitt der gewöhnlich vorkommenden Fälle derart abweichen, dass die Anwendung des Normalstrafrahmens nicht geboten ist (vgl. Rn. 22).

18 Absatz 3 enthält einen erfolgsqualifizierten Tatbestand, der in seiner Struktur dem Tatbestand des Raubs mit Todesfolge (§ 251) entspricht. Die Ausführungen zum § 251 gelten deshalb entsprechend (vgl. § 6 Rn. 42 ff.).

C. Täterschaft und Teilnahme, Versuch sowie Konkurrenzen

19 In Bezug auf **Täterschaft und Teilnahme** bestehen keine Besonderheiten, so dass die §§ 25 ff. anwendbar sind. Wer die Tat dadurch fördert, dass er die Fahrt fortsetzt, obwohl er den in dem von ihm geführten Fahrzeug stattfindenden Angriff eines Mitfahrers auf einen anderen Mitfahrer bemerkt, macht sich der Beihilfe schuldig (*Hentschel/König/Dauer*, § 316a Rn. 14).

> **Merke:** Freilich ist zu beachten, dass Täter nur derjenige sein kann, der selbst die geforderte doppelte Absicht (vgl. Rn. 16), nämlich die Absicht zur Begehung eines Raubs (§§ 249 oder 250), einer räuberischen Erpressung (§ 255) oder eines räuberischen Diebstahls (§ 252) sowie die von diesen Delikten selbst geforderte Zueignungs-, Bereicherungs- oder Besitzerhaltungsabsicht aufweist.

20 Ein Versuch des § 316a liegt bereits dann vor, wenn der Täter unmittelbar zu einem Angriff i.S. der Vorschrift ansetzt (§§ 316a, 22; vgl. MünchKomm/*Sander*, § 316a Rn. 51 f.; *Mitsch*, JA 1999, 662, 664). Hierfür ist es jedoch erforderlich, dass der verbrecherische Wille durch weitere Handlungen nach außen erkennbar hervortritt (*Joecks*, § 316a Rn. 17). Anderenfalls würde in unzulässiger Weise allein die Absicht des Täters bestraft (*Geppert*, Jura 1995, 310, 313).

Beispiel: A holt zu einem Faustschlag gegen den Kopf des Fahrzeugführers B aus. – Nach der Vorstellung des A soll sein Vorgehen ohne weitere wesentliche Zwischenschritte auf B einwirken.

21 Die Vollendung des Delikts tritt schon zugleich mit der des Angriffs ein. Dies kann bereits der Fall sein, bevor der Täter mit der Ausführung der räuberischen Tat beginnt (*Krey/Hellmann*, Rn. 235). Ein Rücktritt gemäß § 24 ist

§ 15. Räuberischer Angriff auf Kraftfahrer

dann nicht mehr möglich (*Fischer*, § 316a Rn. 17; a.A. *Ingelfinger*, JR 2000, 231). Tritt der Täter vom Versuch des Raubs, des räuberischen Diebstahls oder der räuberischen Erpressung zurück, bleibt die Strafbarkeit nach § 316a hiervon unberührt. Insoweit kann das Täterverhalten aber im Rahmen des § 316a II (vgl. Rn. 17) honoriert werden (*Mitsch*, JA 1999, 662, 665).

Zwischen räuberischem Angriff auf Kraftfahrer (§ 316a) einerseits und **22** Mord (§ 211), Totschlag (§ 212) sowie gefährlichem Eingriff in den Straßenverkehr (§ 315b) andererseits kommt Tateinheit in Betracht (§ 52; *Fischer*, § 316a Rn. 7), ebenfalls mit vollendetem Raub (§ 249), schwerem Raub (§ 250), räuberischem Diebstahl (§ 252) und vollendeter räuberischer Erpressung (§ 255; BGHSt 14, 387, 391; 25, 224, 229; *BGH* NStZ 1999, 350). Denn deren Versuch oder Vollendung gehört nicht zum Tatbestand des § 316a. Kommt es lediglich zum Versuch der §§ 249, 252 oder 255, bedarf es zur Klarstellung des begangenen Unrechts ebenfalls des Schuldspruchs nach § 316a (in diese Richtung auch *Fischer*, § 316a Rn. 20; vgl. *BGH* MDR/H 1977, 808 zu nach §§ 250 und 251 qualifizierten Versuchen; a.A. BGHSt 25, 373f. zu § 316a a.F.).

D. Kontrollfragen

1. Wodurch ist das Führen eines Kraftfahrzeugs gekennzeichnet? → Rn. 8
2. Wann liegt ein Ausnutzen der besonderen Verhältnisse des Straßenverkehrs vor? → Rn. 11 ff.
3. Welche Kriterien charakterisieren eine dem Straßenverkehr typische Gefahrenlage? → Rn. 11 ff.
4. Welchen zeitlichen Bezug müssen Angriff und räuberische Absicht des Täters zueinander aufweisen? → Rn. 13
5. Nach welchen Regeln beurteilt sich ein unmittelbares Ansetzen zur Tat, wenn der Täter mit Angriffsvorsatz und in räuberischer Absicht ein Kraftfahrzeug besteigt, sich hierbei aber als harmloser Fahrgast geriert? → Rn. 20

Aufbauschema (§ 316a)

---

1. Tatbestand
   a) Objektiver Tatbestand
      (1) Verüben eines Angriffs
      (2) auf Leib, Leben oder Entschlussfreiheit des Führers eines Kraftfahrzeugs oder eines Mitfahrers
      (3) Unter Ausnutzung der besonderen Verhältnisse des Straßenverkehrs

> b) Subjektiver Tatbestand
> (1) Vorsatz
> (2) Absicht zur Begehung eines Raubs (§§ 249 oder 250), eines räuberischen Diebstahls (§ 252) oder einer räuberischen Erpressung (§ 255)
> 2. Rechtswidrigkeit
> 3. Schuld

Empfehlungen zur vertiefenden Lektüre:
Leitentscheidungen: BGHSt 39, 249 – „Mofafahrerfall"; BGHSt 49, 8 – „Baggerseefall"; BGHSt 50, 169 – „Taxifahrerfall"; BGHSt 52, 44 – „Noch-Nicht-Fahrer-Fall".

Aufsätze: *Dehne-Niemann*, Zur Neustrukturierung des § 316a StGB: Der räuberische Angriff auf „Noch-nicht-Kraftfahrer" – Besprechung von *BGH*, Beschluss vom 25. 9. 2007 – 4 StR 338/07, NJW 2008, 451 = NStZ 2008, 153 –, NStZ 2008, 319; *Duttge/Nolden*, Die rechtsgutorientierte Interpretation des § 316a StGB, JuS 2005, 193; *C. Fischer*, Der räuberische Angriff auf Kraftfahrer nach dem 6. Strafrechtsreformgesetz, Jura 2000, 433; *Ingelfinger*, Zur tatbestandlichen Reichweite der Neuregelung des räuberischen Angriffs auf Kraftfahrer und zur Möglichkeit strafbefreienden Rücktritts vom Versuch, JR 2000, 225; *Krüger*, Zum „Ausnutzen der besonderen Verhältnisse des Straßenverkehrs" im Sinne von § 316a StGB, NZV 2008, 234; *Mitsch*, Der neue § 316a, JA 1999, 662; *Roßmüller/Rohrer*, Der räuberische Angriff auf Kraftfahrer, NZV 1995, 253; *Steinberg*, § 316a StGB – Perspektiven einer begrüßenswerten auslegungsmethodischen Trendwende, NZV 2007, 545; *Wolters*, „Neues" vom räuberischen Angriff auf Kraftfahrer, GA 2002, 303.

Übungsfälle: *Hanft*, Referendarexamensklausur – Strafrecht: Die vorgetäuschte Autopanne, JuS 2005, 1010; *Hölck/Hohn*, Referendarexamensklausur – Strafrecht: Untreue und Betrug, JuS 2005, 245; *Kett-Straub/Stief*, Fortgeschrittenenklausur – Strafrecht: All inclusive – Räuberischer Angriff auf Kraftfahrer und Schlägerei, JuS 2008, 236.

Kapitel 7. Untreue und Missbrauch von Scheck- und Kreditkarten

Neben dem Betrug (vgl. § 11) stellt die Untreue (§ 266) innerhalb des 22. Abschnitts des StGB die wichtigste Strafnorm dar. Die Reichweite dieses Tatbestandes ist im Vergleich zu den meisten anderen Strafvorschriften mitunter recht undeutlich. Dennoch verstößt etwa die Verwendung des Tatbestandsmerkmals des Vermögensnachteils „jedenfalls nicht ohne weiteres gegen das Bestimmtheitsgebot aus Art. 103 II GG" (*BVerfG* NStZ 2009, 560; s. auch NJW 2010, 3209). Vor diesem Hintergrund bemühen sich Rechtsprechung und Literatur seit einigen Jahren intensiv um eine möglichst präzise Grenzziehung. Darüber hinaus ist im genannten Abschnitt der Tatbestand des Missbrauchs von Scheck- und Kreditkarten (§ 266b I) von Bedeutung.

§ 16. Untreue (§ 266)

A. Grundlagen

Zum Verständnis der Untreue ist es wichtig zu erkennen, dass § 266 I zwischen dem Missbrauchs- (1. Alt.) und dem Treubruchstatbestand (2. Alt.) unterscheidet. Beide haben zwar einiges gemein (vgl. Rn. 2 ff.), differieren aber besonders bei der Tathandlung. Diese ist beim Missbrauchstatbestand präziser ausgestaltet als beim umfassenderen Treubruchstatbestand (BGHSt 50, 331, 342 – „Mannesmannfall"). Deshalb sollte die Prüfung des § 266 I mit dessen 1. Alternative begonnen werden (*Maurach/Schroeder/Maiwald*, BT 1, § 45 Rn. 11 und 27; *Seier/Martin*, JuS 2001, 874, 875), und zwar unabhängig davon, dass der Missbrauchstatbestand nach überwiegender Ansicht gegenüber dem Treubruchstatbestand ohnehin spezieller ist (*Krey/Hellmann*, Rn. 542; *Sonnen*, JA 1995, 627; a.A. Schönke/Schröder/*Perron*, § 266 Rn. 2). Diesem kommt ggf. im Anschluss eine Auffangfunktion zu (*BGH* NJW 1983, 461), um so das Rechtsgut der Untreue, das **Vermögen in seiner Gesamtheit**, möglichst effektiv zu schützen (BGHSt 43, 293, 297 – „Haushaltsuntreuefall"; *BGH* wistra 1994, 95, 96; *Lackner/Kühl*, § 266 Rn. 1).

1

B. Tatbestände

Grundstruktur der zwei Untreuetatbestände			
Objektiver Tatbestand			Subjektiver Tatbestand
Pflichtenstellung (Rn. 3 ff., 13 ff. und 24 ff.)	Tathandlung (Rn. 18 ff. und 31 ff.)	Taterfolg (Rn. 10 f.)	Vorsatz (Rn. 34)

I. Gemeinsame Voraussetzungen beider Untreuetatbestände

2 Der objektive Tatbestand des § 266 I verlangt in seinem Schlussteil sowohl für den Missbrauchs- als auch für den Treubruchstatbestand das Bestehen einer sog. Vermögensbetreuungspflicht, die mit dem Handeln des Täters in einem inneren Zusammenhang stehen muss (*BGH* NJW 1992, 250, 251; NStZ 1994, 35, 36), sowie das Zufügen eines Nachteils.

1. Vermögensbetreuungspflicht

3 a) Dass die Vermögensbetreuungspflicht nicht nur beim Treubruchs-, sondern auch beim Missbrauchstatbestand vorliegen muss, ist mittlerweile weitgehend anerkannt (*BGH* Urteil vom 13. 4. 2010, Az.: 5 StR 428/09; ablehnend *Otto*, § 54 Rn. 8 ff.). Denn zwar ist § 266 I 1. Alt. enger als der Treubruchstatbestand, aber immer noch so weit gefasst, dass es einer effektiven Begrenzung seines Anwendungsbereichs ebenfalls bedarf (BGHSt 24, 386, 387; *OLG Köln* NJW 1988, 3219, 3220). Die an Umfang und Qualität der Pflicht zu stellenden Anforderungen sind nach überwiegender Auffassung bei beiden Tatbeständen gleich (*Lackner/Kühl*, § 266 Rn. 4; *Krey/Hellmann*, Rn. 543; *Wessels/Hillenkamp*, Rn. 750; kritisch *Schönke/Schröder/Perron*, § 266 Rn. 2).

4 b) Die Voraussetzungen, an die die Annahme einer Vermögensbetreuungspflicht geknüpft wird, sind hoch. Auf diese Weise wird eine wirksame Beschränkung des § 266 I erreicht.

> **Merke:** Bei der Pflicht, fremde Vermögensinteressen wahrzunehmen bzw. zu betreuen, muss es sich gerade um eine Hauptpflicht des Täters handeln, die zudem von einiger Bedeutung sein muss.

5 (1) Die auf die Wahrnehmung fremder Vermögensinteressen gerichtete Fürsorgepflicht muss wesentlich und nicht nur beiläufig, sie muss m.a.W.

– meist vertragliche – **Hauptpflicht** des Täters sein (*BGH* NStZ 1991, 489; *OLG Köln* NJW 1988, 3219, 3220; *Fischer*, § 266 Rn. 18).

Beispiele: A verwaltet einen Fahrkartenschalter in einem Reisezentrum der Deutschen Bahn AG alleinverantwortlich. Er hat das durch den Verkauf der Fahrkarten eingenommene Geld zu verwahren und erst nach dem Ende der Arbeitszeit an der Sammelkasse abzuliefern (vgl. BGHSt 13, 315, 317 – „Eisenbahnerfall").
B ist Leiter einer Verkaufsfiliale eines mit Mobiltelefonen handelnden Unternehmens und dabei insbesondere befugt, den für ein Gerät zu zahlenden Preis zu verhandeln (*BGH* wistra 2004, 105, 107).

Dagegen hat ein Partner eines Giro- oder Scheck- und Kreditkartenvertrags nicht die Vermögensinteressen der Bank wahrzunehmen, sondern es verhält sich umgekehrt (vgl. BGHSt 24, 386, 387 f.; 33, 244, 250 f.). Es genügt auch nicht, dass jemand lediglich der Verpflichtung, einen Vertrag zu erfüllen, nicht nachkommt, sofern dieser nicht fremdnützig, sondern dadurch charakterisiert ist, dass gegenläufige Interessen aufeinandertreffen und beide Teile die Beziehung zum anderen primär um des eigenen Vorteils willen eingehen (*BGH* GA 1977, 18, 19; NStZ 1989, 72, 73; *OLG Düsseldorf* NJW 2000, 529, 530). Die bloße Nichterfüllung einfacher schuldrechtlicher Verpflichtungen stellt einen zivilrechtlichen Vertragsbruch dar, liegt aber in der Regel unterhalb des Unrechtsminimums der Untreue. 6

Beispiele: A zahlt ein Darlehen trotz Fälligkeit nicht zurück (*BGH* GA 1977, 18, 19; NStZ 1986, 361, 362).
B kommt seiner Verpflichtung zur Abführung von Provisionen an seinen Geschäftsherrn nicht nach (*BGH* NStZ 1995, 233, 234; 2001, 545).
C zahlt trotz vereinbarten verlängerten Eigentumsvorbehalts den Kaufpreis nicht (BGHSt 22, 190, 191; *Wittig/Reinhart*, NStZ 1996, 467, 471).

Derartige nicht hinreichende und daher durch § 266 nicht geschützte Verpflichtungen können ausnahmsweise auch im Rahmen einer umfassenden rechtlichen Beziehung, die sich erst insgesamt als Treueverhältnis i.S. der Vorschrift darstellt, bestehen (*BGH* NStZ 1988, 217, 218; 1995, 233, 234). 7

Beispiel: Vertritt ein Rechtsanwalt einen Mandanten bei einer Erbauseinandersetzung und legt er auftragsgemäß das daraus erlangte Geld gewinnbringend an, so liegt insoweit zwar ein Treueverhältnis i.S. des § 266 vor. Ob die Verpflichtung zur Auskehrung des Geldes an den Mandanten nach Vertragsende aber ebenfalls erfasst wird, hängt von den konkret getroffenen Vereinbarungen ab (*BGH* NStZ 1986, 361, 362). – Vergleichbares gilt etwa für Wirtschaftsprüfer und Steuerberater (*BGH* NStZ 2006, 38, 39).

(2) Die Vermögensbetreuungspflicht darf nicht nur untergeordnet sein, sondern muss eine gewisse **Relevanz** haben. Diese ist regelmäßig anzunehmen, wenn der Täter innerhalb eines nicht unbedeutenden Aufgabenbereichs selbständig handelt und einen Ermessens- bzw. Bewegungsspielraum eingeräumt bekommen hat (*BGH* NStZ 1983, 455; NJW 1992, 250, 251). Aus- 8 schlaggebend ist es, ob der Verpflichtete genau so vorgehen muss, wie es ihm aufgetragen ist, oder ob er auch anders handeln darf (*BGH* NStZ 1982, 201).

9   Die erforderliche Erheblichkeit fehlt demnach etwa bei rein mechanischen Tätigkeiten und bloßen „Diensten der Handreichung", wie sie üblicherweise von Boten, Kellnern und Lieferanten, denen das Abholen und Ausliefern von Ware im Einzelnen vorgegeben ist, erbracht werden (BGHSt 41, 224, 229 – „1. Mietkautionsfall"; *BGH* NStZ 1982, 201; *Krey/Hellmann*, Rn. 554 und 566). Sie ist ebenso abzulehnen bei einem von einer Versicherungsgesellschaft Beauftragten, der aus einer Lebensversicherung Berechtigten lediglich Schecks aushändigen soll (*BGH* NStZ-RR 2002, 107). Sie ist dagegen zu bejahen für einen an besondere Weisungen oder Beschränkungen nicht gebundenen Rechtsanwalt, der von einem Mandanten mit der Durchsetzung einer Forderung betraut worden ist (*BGH* NJW 1983, 461).

> **Beachte:** Der Grad von Selbständigkeit, Bewegungsfreiheit und Verantwortlichkeit des Verpflichteten sowie Dauer, Umfang und Art seiner Tätigkeit sind wesentliche, aber nicht ausschließliche Kriterien für die Beantwortung der Frage, ob eine hinreichend erhebliche Vermögensbetreuungspflicht gegeben ist (BGHSt 13, 315, 317 – „Eisenbahnerfall").

2. Nachteilszufügung

10   Durch die Untreuehandlung (vgl. Rn. 18 ff. und 31 ff.) muss der Täter nach dem Gesetzeswortlaut gerade dem, dessen Vermögensinteressen er zu betreuen hat, einen Nachteil zufügen, und zwar unmittelbar (*Haft*, NJW 1996, 238). Der Begriff des Nachteils deckt sich nach h.M. im Wesentlichen mit dem des Vermögensschadens aus § 263 (*OLG Bremen* NStZ 1989, 228; *OLG Karlsruhe* NStZ 1990, 82, 84; *Lackner/Kühl*, § 266 Rn. 17; Schönke/Schröder/ *Perron*, § 266 Rn. 39; ebenso BGHSt 43, 293, 297 – „Haushaltsuntreuefall"), so dass auf die dortigen Ausführungen – insbesondere zur Schadensberechnung – verwiesen wird (vgl. § 11 Rn. 118 ff. und 123 ff.; zu verfassungsrechtlichen Grenzen s. *BVerfG* NStZ 2009, 560; namentlich zum Gefährdungsschaden *BVerfG* NJW 2010, 3209).

> **Vertiefungshinweise:** Eine sog. **Haushaltsuntreue** kann strafbar sein, wenn trotz zweckentsprechender Mittelverwendung der Haushalt überschritten wird und hierdurch eine gewichtige Kreditaufnahme erforderlich oder der Haushaltsgesetzgeber in seiner Dispositionsfähigkeit in anderer Weise schwerwiegend beeinträchtigt und insbesondere in seiner politischen Gestaltungsbefugnis beschnitten wird (*BGH* NStZ 2003, 541, 542). Weiter kommt eine strafrechtlich relevante Schädigung zu betreuender Haushaltsmittel in Betracht, wenn das Verhalten mit den Grundsätzen vernünftigen Wirtschaftens schlechthin unvereinbar ist, etwa Zahlungen ohne entsprechende Gegenleistung vorgenommen werden (*BGH* NStZ-RR 2005, 83, 84; NStZ 2008, 87, 88: sog. Wirtschaftlichkeitsgebot).

Lässt sich ein Treupflichtiger durch **Schmiergeldzahlungen** davon abhalten, seine Pflichten zur Wahrung der wirtschaftlichen Interessen des Treugebers wahrzunehmen, liegt die Annahme eines Vermögensnachteils in Höhe sachfremder Rechnungsposten nahe. Denn ein solches Verhalten ist wirtschaftlich regelmäßig nur sinnvoll, wenn damit nicht nur die Schmiergelder, sondern auch darüber hinausgehende Vorteile zu Lasten des Treugebers erzielt werden können (*BGH* NStZ 2006, 703, 704 f.; s. ferner BGHSt 47, 83, 88 zu Submissionsabsprachen; *BGH*, Urteil vom 2. 12. 2005, Az.: 5 StR 268/05; zu einer differierenden Konstellation BGHSt 49, 317, 332 ff.; *BGH*, Beschluss vom 2. 2. 2010, Az.: 4 StR 345/09).

Wer Vermögensteile seines Treugebers ohne dessen Einwilligung in eine sog. **schwarze Kasse** überführt, um sie nach Maßgabe eigener Zwecksetzung zu verwenden, verursacht dadurch einen endgültigen Vermögensnachteil selbst dann, wenn er letztlich im Interesse des Treugebers handeln will, denn dieser kann auf die ihm verborgenen Vermögenswerte keinen Zugriff nehmen (BGHSt 52, 323, 333, 336 f. – „Siemensfall"; s. auch BGHSt 51, 100 für eine „schwarze Parteikasse"; *Fischer*, § 266 Rn. 70 ff.).

Allerdings kann darüber hinaus ein Nachteil i.S. des § 266 unter Umständen auch dann bejaht werden, wenn der Täter pflichtwidrig eine nicht nur vage, sondern aussichtsreiche Chance zur Mehrung des betreuten Vermögens ungenutzt hat verstreichen lassen (BGHSt 20, 143, 145 f.; SK/*Samson/Günther*, § 266 Rn. 44; *Otto*, § 54 Rn. 33; *Arnold*, Jura 2005, 844, 848: sog. Exspektanz; differenzierend Schönke/Schröder/*Perron*, § 266 Rn. 46) oder er einen für das von ihm betreute Vermögen vorteilhaften Vertragsabschluss vereitelt bzw. unberücksichtigt lässt (*BGH* NStZ 2003, 540, 541; NJW 2009, 3248, 3251). In einer falschen bzw. unordentlichen Buchführung kann ein Nachteil gesehen werden, wenn hierdurch die Durchsetzung berechtigter Ansprüche zumindest erheblich erschwert oder umgekehrt das Risiko einer ungerechtfertigten Doppelinanspruchnahme verursacht worden ist (BGHSt 47, 8, 11). **11**

II. Missbrauchstatbestand (§ 266 I 1. Alt.)

Die 1. Alternative des § 266 I sieht als Tathandlung vor, dass der Täter eine ihm eingeräumte Befugnis, über fremdes Vermögen zu verfügen oder einen anderen zu verpflichten, missbraucht. **12**

1. Verfügungs- oder Verpflichtungsbefugnis

a) Eine Verfügungs- oder Verpflichtungsbefugnis erhält der Täter, wenn er in den Stand gesetzt wird, Vermögensrechte eines anderen wirksam zu ändern, zu übertragen oder aufzuheben oder diesen mit Verbindlichkeiten zu belasten (Schönke/Schröder/*Perron*, § 266 Rn. 4). **13**

b) Diese Befugnis muss gemäß § 266 I durch Gesetz, behördlichen Auftrag oder Rechtsgeschäft eingeräumt worden sein. Die genannten Rechtsgrundla- **14**

gen können im Einzelfall auch gleichzeitig vorliegen (*Seier/Martin*, JuS 2001, 874, 876).

15 (1) Eine derartige gesetzliche bzw. behördlich veranlasste Befugnis besteht beispielsweise für Eltern (§ 1626 I 2 BGB), Testamentsvollstrecker (§ 2205 BGB), Insolvenzverwalter (§ 80 I InsO; *Schramm*, NStZ 2000, 398), Betreuer (§ 1902 BGB; früher: Gebrechlichkeitspfleger, dazu *OLG Bremen* NStZ 1989, 228) sowie Richter bzw. Rechtspfleger in Nachlasssachen (§ 1960 BGB; BGHSt 35, 224, 226 ff.; zum Geschäftsführer einer GmbH vgl. *BGH* NJW 2000, 154; *LG Bonn* NJW 1981, 469; weitere Beispiele bei *Fischer*, § 266 Rn. 11a und 13). Ebenso verhält es sich bei Kassenärzten gegenüber den Krankenkassen bei der Verordnung von Medikamenten (BGHSt 49, 17, 24; *BGH* NStZ 2004, 568, 569), Mitgliedern des Vorstands einer Aktiengesellschaft (§§ 76 I, 93 I AktG; *BGH* NStZ 2006, 221, 222; 2009, 694 [zur Veröffentlichung in BGHSt 54, 148 vorgesehen]; nicht aber bei Aufsichtsräten, BGHSt 47, 187, 200) sowie – entsprechend der jeweiligen Kommunalverfassung – bei Landräten (*BGH* NStZ-RR 2006, 307) und hauptamtlichen Bürgermeistern (*BGH* NStZ-RR 2005, 83, 84; NStZ 2007, 579, 580 m. Anm. *Dierlamm*; ferner *BGH* wistra 2006, 306 und zu Oberbürgermeistern *BGH* NStZ 2006, 628, 630; eine ausführliche Auflistung in Betracht kommender Fallgruppen in alphabetischer Reihenfolge befindet sich bei MünchKomm/*Dierlamm*, § 266 Rn. 56 ff.).

16 (2) Rechtsgeschäftlich kann der Täter die Befugnis vor allem durch Erteilung einer Vollmacht (§ 167 BGB; vgl. zum Begriff § 166 II BGB) erhalten. Die Möglichkeiten der Ausgestaltung der insoweit zugrundeliegenden Innenbeziehung sind vielfältig.

Beispiele: Entgeltlicher Geschäftsbesorgungsvertrag (§ 675 BGB; *BGH* wistra 1991, 218) und Angestelltenverhältnis (*BGH* NStZ 1984, 549; zum Verhältnis zwischen Rechtsanwalt und Mandanten *BGH* NStZ-RR 2007, 142).

17 c) Die Verfügungs- bzw. Verpflichtungsmacht muss dem Täter rechtswirksam – regelmäßig durch den Inhaber des zu betreuenden Vermögens – übertragen worden sein (*BGH* wistra 1988, 191; *Fischer*, § 266 Rn. 16; *Otto*, § 54 Rn. 5 und 12). Sie muss zum Zeitpunkt der Handlung auch noch bestehen, so dass namentlich die Ausnutzung des guten Glaubens Dritter, der aus einer einmal vorhandenen, aber inzwischen erloschenen Befugnis erwächst, nicht genügt (*Krey/Hellmann*, Rn. 547 f.). An dieser Einschätzung ändert sich nach h.M. auch dann nichts, wenn der Täter eine Vollmachtsurkunde verwendet, die er an sich bereits hätte zurückgeben müssen (LK/*Hübner*, 10. Aufl., § 266 Rn. 47; a.A. *OLG Stuttgart* NStZ 1985, 365, 366; s. auch LK/*Schünemann*, § 266 Rn. 40 f.). Besteht die Befugnis nicht oder nicht mehr, kommt daher nur ein tatsächliches Treueverhältnis i.S. der 2. Alternative des § 266 in Betracht (*BGH* NStZ 1997, 124, 125; *Maurach/Schroeder/Maiwald*, BT 1, § 45 Rn. 15).

2. Befugnismissbrauch

a) Ein Missbrauch der Verfügungs- bzw. Verpflichtungsbefugnis kann – der **18** Struktur des § 266 I 1. Alt. entsprechend – ausschließlich durch ein rechtsgeschäftliches oder hoheitliches Verhalten begangen werden (*Wessels/Hillenkamp*, Rn. 753). Ein rein tatsächliches Einwirken auf das betreute Vermögen ist daher nicht ausreichend, sondern kann allenfalls den Treubruchstatbestand erfüllen (BGHSt 13, 315, 316 f. – „*Eisenbahnerfall*"; *Lackner/Kühl*, § 266 Rn. 6).

Beispiel: Ein Gerichtsvollzieher hat zwar grundsätzlich gegenüber dem Vollstreckungsschuldner, dem Gläubiger und dem Staat als seinem Dienstherrn Vermögensbetreuungspflichten, handelt aber außerhalb jeder Befugnis i.S. des Missbrauchstatbestands, wenn er der Amtskasse eigenmächtig Geld für private Zwecke entnimmt (*OLG Celle* MDR 1990, 846).

b) Der Täter muss also ein im Außenverhältnis wirksames (*BGH* NStZ **19** 2007, 579, 580; 2009, 694 [zur Veröffentlichung in BGHSt 54, 148 vorgesehen]) und für den Inhaber des betreuten Vermögens nachteiliges (vgl. Rn. 10 f.) Geschäft tätigen. Missbräuchlich verhält er sich dadurch aber nur dann, wenn ihm der Befugnisgeber insoweit durch Vorgaben im Innenverhältnis besondere Schranken gezogen hat und er diese mit dem abgeschlossenen Geschäft überschreitet (*OLG Köln* NJW 1988, 3219, 3220; Schönke/Schröder/*Perron*, § 266 Rn. 17; *Otto*, § 54 Rn. 12). Fehlen derartige Beschränkungen, kann der Missbrauchstatbestand nicht vorliegen, weil das rechtliche Können nach außen nicht weiter reicht als das interne Dürfen (*BGH* wistra 1988, 191). Dass diese beiden Kategorien nicht deckungsgleich sein dürfen, ist das – ausgesprochen examensrelevante – Charakteristikum der ersten Tatbestandsalternative des § 266 I.

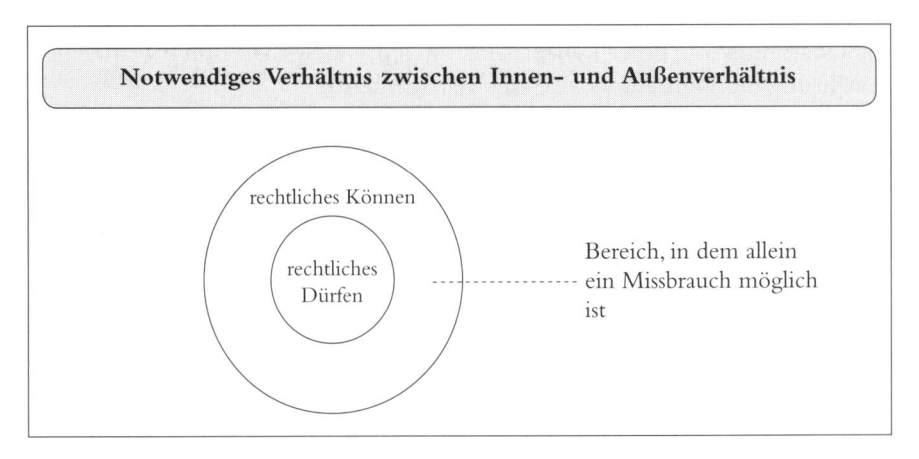

Notwendiges Verhältnis zwischen Innen- und Außenverhältnis

rechtliches Können

rechtliches Dürfen

Bereich, in dem allein ein Missbrauch möglich ist

> **Merke:** Missbrauch ist jede im Außenverhältnis zwar wirksame, gegenüber dem Befugnisgeber aber bestimmungswidrige Ausübung der eingeräumten Verfügungs- oder Verpflichtungsmacht (*OLG Celle* NJW 1994, 142, 143). Der Täter muss m.a.W. im Rahmen seines rechtlichen Könnens das rechtliche Dürfen überschreiten (*Lackner/Kühl*, § 266 Rn. 6).

20 Das anschaulichste Beispiel gibt die Prokura. Deren ausgesprochen weiter Umfang lässt sich gemäß § 50 I HGB im Verhältnis zu Dritten nicht wirksam beschränken. Schließt der Prokurist ein ihm vom Unternehmer untersagtes Geschäft ab, so ist dies demzufolge rechtlich wirksam. Die ihm eingeräumte Befugnis, den Unternehmer rechtlich zu binden, hat der Prokurist wegen des internen Verbots aber gerade missbraucht (*Maurach/Schroeder/Maiwald*, BT 1, § 45 Rn. 20; weitere Konstellationen bei Schönke/Schröder/*Perron*, § 266 Rn. 18).

21 c) Aus dem Dargelegten folgt, dass bereits der Missbrauchstatbestand nicht erfüllt ist, wenn der Befugnisgeber mit einem Geschäft des Täters einverstanden ist, da dieser dann das rechtliche Dürfen nicht überschreitet (*BGH* NJW 2000, 154; Schönke/Schröder/*Perron*, § 266 Rn. 21: tatbestandsausschließendes Einverständnis; *Wessels/Hillenkamp*, Rn. 758). Anders kann es nur sein, wenn das Einverständnis selbst gesetzwidrig ist (BGHSt 34, 379, 384 f.). Dies ist etwa der Fall, wenn der Alleingesellschafter einer GmbH oder alle Gesellschafter einvernehmlich Vermögen der Gesellschaft für eigene Zwecke verwenden, sofern dadurch eine konkrete Existenzgefährdung für die Gesellschaft entsteht, was jedenfalls bei einem Angriff auf das durch § 30 GmbHG geschützte Stammkapital der Fall ist (vgl. *BGH* NJW 2000, 154 m. Bespr. *Gehrlein*, NJW 2000, 1089; *BGH* NJW 2003, 2924, 2926; NStZ 2004, 41, 42; 2009, 437, 438; Urteil vom 4. 2. 2010, Az.: 1 StR 95/09), aber auch bei einer Entziehung notwendiger Produktionsanlagen in Betracht kommt (BGHSt 49, 147, 158; *BGH* wistra 2003, 457, 460; NStZ 2010, 89 [zur Veröffentlichung in BGHSt 54, 52 vorgesehen] zur Konstellation vermögensschädigender Überschuldung einer konzernabhängigen Gesellschaft durch Darlehensgewährung bei sog. zentralem Cash-Management).

22 Dementsprechend handelt es sich in der Regel nicht um einen Missbrauch, wenn der Täter wirtschaftlich riskante Geschäfte (dazu *Hillenkamp*, NStZ 1981, 161, 162 f.: z.B. Spekulationsgeschäfte) tätigt, solange und soweit dem Befugnisgeber das Risiko bewusst ist und er es in rechtlich zulässiger Weise billigt (*Fischer*, § 266 Rn. 43 a.E. und 50; *Lackner/Kühl*, § 266 Rn. 7; SK/*Samson/Günther*, § 266 Rn. 21). Dies gilt namentlich für sog. **Risikogeschäfte** im Rahmen kaufmännischen Unternehmergeistes, solange die Grenzen des verkehrsüblichen Risikos nicht überschritten werden (*BGH* StV 2004, 424). Ist dies jedoch der Fall, braucht die Pflichtverletzung auch in diesem Bereich nicht „gravierend" zu sein (BGHSt 50, 331, 343 ff. – „Mannesmannfall" in

Abgrenzung zu BGHSt 47, 148 und zu der das sog. Sponsoring betreffenden Entscheidung BGHSt 47, 187).

> **Vertiefungshinweis:** Geht es um die Vergabe eines – grundsätzlich stets mit einem gewissen Risiko behafteten – Kredits, ist maßgebend, ob die Entscheidungsträger ihre banküblichen Informations- und Prüfungspflichten bezüglich der wirtschaftlichen Verhältnisse des Kreditnehmers einschließlich der beabsichtigten Verwendung des Geldes verletzt haben. Auf eine unsorgfältige Bonitätsprüfung kann ein Verstoß gegen die in § 18 Satz 1 KWG normierte Pflicht, sich die wirtschaftlichen Verhältnisse des möglichen Kreditnehmers offen legen zu lassen, indiziell hindeuten (BGHSt 46, 30; 47, 148, 150 ff.; *BGH* StV 2010, 78, 79; weiterführend Arnold, Jura 2005, 844, 846 f.).

III. Treubruchstatbestand (§ 266 I 2. Alt.)

Die 2. Alternative des § 266 verlangt lediglich die Verletzung der Vermögensbetreuungspflicht (vgl. Rn. 3 ff.). Die Tathandlung ist damit gegenüber dem Missbrauchstatbestand deutlich weiter gefasst. Denn während es dort eines rechtswirksamen Vorgehens des Täters bedarf (vgl. Rn. 18), genügt hier auch eine rein tatsächlich verursachte Nachteilszufügung.

1. Zugrundeliegendes Treueverhältnis

Die Vermögensbetreuungspflicht muss sich aus einem Treueverhältnis qualifizierter Art ergeben, einem fremdnützig typisierten Schuldverhältnis (BGHSt 49, 147, 155).

a) Anders als beim § 266 I 1. Alt, bei dem – schon wegen der Ausgestaltung der Tathandlung – stets rechtliche Beziehungen zwischen Täter und Befugnisgeber erforderlich sind, kann bei der 2. Alternative des § 266 I auch ein nur **faktisches Treueverhältnis** zugrunde liegen (*BGH* NStZ 1999, 558; *Lackner/Kühl*, § 266 Rn. 10; *Wessels/Hillenkamp*, Rn. 769), d.h. es wird an eine tatsächliche Verfügungsmacht über ein bestimmtes Vermögen angeknüpft (*BGH* NJW 2004, 2761, 2765).

Ob ein solches Verhältnis gegeben ist, ist aufgrund einer Gesamtwürdigung aller Umstände zu prüfen (*BGH* NStZ 1997, 124, 125). Es kann insbesondere bejaht werden, wenn ein ursprünglich bestehendes Rechtsverhältnis zwar beendet ist, aber gewisse Treuepflichten noch nachwirken (*Krey/Hellmann*, Rn. 549; vgl. Rn. 17). Ebenso kann es sein bei einem – etwa infolge von Geschäftsunfähigkeit oder Formunwirksamkeit – zivilrechtlich nichtigen Geschäft (*Fischer*, § 266 Rn. 32; *Otto*, § 54 Rn. 28; *Seier/Martin*, JuS 2001, 874, 878). Gleiches gilt nach h.M. auch dann, wenn sich die Nichtigkeit des Geschäfts aus dessen Sittenwidrigkeit ergibt (BGHSt 8, 254, 256 ff.; s. auch *BGH*, Urteil vom 2. 12. 2005, Az.: 5 StR 268/05; Beschluss vom 27. 1. 2010, Az.: 5 StR 488/09; ausführlich LK/*Hübner*, 10. Aufl., § 266 Rn. 79; LK/*Schünemann*,

§ 266 Rn. 65; differenzierend *Lackner/Kühl*, § 266 Rn. 10; a.A. Schönke/Schröder/*Perron*, § 266 Rn. 31).

Beispiele: A verwendet Geld für sich, das er von B erhalten hat, um für diesen damit Falschgeld zu kaufen.
C veräußert Diebesgut absprachewidrig nicht für den Vortäter D, sondern zum eigenen Vorteil (*Fischer*, § 266 Rn. 34).

27 Nicht ausreichend sind dagegen beispielsweise persönlich-moralische „Verpflichtungen", die sich üblicherweise aus Verwandtschaft, Freundschaft oder ähnlichen Beziehungen ergeben (Schönke/Schröder/*Perron*, § 266 Rn. 30).

28 **b)** Das Treueverhältnis kann allerdings auch beim Treubruchstatbestand auf Gesetz bzw. behördlichem Auftrag oder auf einem Rechtsgeschäft beruhen.

29 **(1)** In die erste Gruppe fallen etwa Notare als unabhängige Träger eines öffentlichen Amts bei der Beurkundung von Grundstückskaufverträgen (*BGH* NStZ 1990, 437, 438) sowie als Verwahrungstreuhänder (§§ 54b I 3, 54d Nr. 1 BeurkG; *BGH*, Beschluss vom 7. 4. 2010, Az.: 2 StR 153/09), Konkursverwalter – jetzt Insolvenzverwalter – hinsichtlich der Konkursmasse (*BGH* wistra 1988, 191, 192), Schuldirektoren als Verwaltungsleiter (*BGH* NStZ 1986, 455) sowie Mitglieder von Fraktionen (*Schwarz*, NdsVBl. 1996, 155, 158 f.). Das Treueverhältnis von Verwaltern in bezug auf gemeinschaftliche Gelder von Wohnungseigentümern ergibt sich aus § 27 I Nr. 6 und V 1 WEG, das von Vermietern von Wohnungen – nicht aber von Gewerberäumen – für Mieterkautionen aus § 551 III BGB (BGHSt 41, 224, 226 ff. – „1. Mietkautionsfall"; BGHSt 52, 182, 185 ff. – „2. Mietkautionsfall" m. krit. Anm. *Rönnau*, NStZ 2009, 633).

30 **(2)** Hat ein Verwalter die Pflichten des Vermieters aus § 551 III BGB vertraglich übernommen, so folgt seine Treuepflicht hinsichtlich der Kautionen nicht direkt aus der genannten Vorschrift, sondern aus dem mit dem Vermieter abgeschlossenen Rechtsgeschäft (BGHSt 41, 224, 229 f. – „1. Mietkautionsfall"; weitere Beispiele bei *Fischer*, § 266 Rn. 30). Im Unterschied dazu reicht allein das Vorhandensein eines Kontokorrentkontos zur Annahme eines Treueverhältnisses des Kunden gegenüber der Bank nicht aus (*BGH* NStZ 1984, 118, 119).

2. Verletzung der Vermögensbetreuungspflicht

31 **a)** Eine Verletzung der aus dem Treueverhältnis erwachsenen Vermögensbetreuungspflicht kann speziell in der Nutzung finanzieller Mittel des Treugebers durch den Täter liegen.

Beispiele: Verwendung der Konkursmasse durch den Konkursverwalter als Sicherheit für eigene Kredite (*BGH* wistra 1988, 191, 192), Abheben von auf einem Anderkonto eingezahltem Fremdgeld durch den Notar zur Erfüllung eigener Verbindlichkeiten (*BGH* wistra 1996, 105) sowie zweckwidriger Gebrauch von Fraktionszuschüssen in der Form verdeckter Parteiwerbung (*Schwarz*, NdsVBl. 1996, 155, 159; zur Liquidation von Unternehmen in den neuen Bundesländern *Reck/Hey*, NStZ 1996, 523, 526 ff.).

In Betracht kommt aber auch uneigennütziges Verhalten, das sich etwa auf **32** die nicht ordnungsgemäße Ausführung einer übertragenen Aufgabe beschränkt (Schönke/Schröder/*Perron*, § 266 Rn. 35a).

Beispiele: Ein Notar kommt seinen Belehrungspflichten bei einem Grundstücksgeschäft nicht nach (*BGH* NStZ 1990, 437, 438).
Wer Geldanlagegeschäfte tätigt, verletzt seine Vermögensbetreuungspflicht, wenn er durch unordentliche Buchführung die bestehenden Ansprüche der Anleger zumindest in erheblicher Weise erschwert (*BGH* wistra 1996, 184).

b) Auch der Tatbestand des § 266 I 2. Alt. liegt bereits nicht vor, wenn der **33** Inhaber des zu betreuenden Vermögens mit dem Vorgehen des Täters einverstanden ist, weil es dann an einer Pflichtverletzung fehlt (*Lackner/Kühl*, § 266 Rn. 20; Schönke/Schröder/*Perron*, § 266 Rn. 38; vgl. Rn. 21).

Hauptprobleme der objektiven Tatbestände	
Missbrauchstatbestand (§ 266 I 1. Alt.)	*Treubruchstatbestand* (§ 266 I 2. Alt.)
Befugnismissbrauch	**Pflichtverletzung**
• Verfügungs- oder Verpflichtungsbefugnis rechtlichen Ursprungs (Rn. 18) • Missbrauch nur durch rechtswirksames Handeln (Rn. 18) • Missbrauch nur bei Überschreiten der Innenkompetenz (Rn. 19)	• Rechtliches oder faktisches Treueverhältnis qualifizierter Art (Rn. 24) • Verletzung auch durch rein tatsächliches Handeln (Rn. 23)
Vermögensbetreuungspflicht	
• Nichtpflichtiger kann nicht Täter sein (Rn. 36) • Muss Hauptpflicht und von nicht untergeordneter Bedeutung sein (Rn. 4)	
Nachteilszufügung	
• Deckt sich weitgehend mit dem Vermögensschaden bei § 263 (Rn. 10)	

IV. Subjektiver Tatbestand

Beide Tatbestände müssen mit zumindest bedingtem Vorsatz verwirklicht **34** werden. Dieser muss sich insbesondere auf die Pflichtwidrigkeit und den Vermögensnachteil erstrecken (*BGH* NStZ 1990, 437). Insoweit sind strenge Anforderungen besonders dann zu stellen, wenn der Täter nicht eigensüchtig (*BGH* NStZ 1997, 543), sondern beispielsweise zur Erlangung sog. Drittmittel für universitäre Forschungsvorhaben handelt (BGHSt 47, 295, 302). Direkter Vorsatz liegt nahe, wenn der Täter bei einem ihm unbekannten Investment-Unternehmen eine Hochrisikoanlage tätigt und dabei binnen fünf Tagen eine Rendite von 20 bis 40 % erhofft (*BGH* wistra 2007, 306, 307). Bereicherungsvorsatz oder gar -absicht sind dagegen nicht erforderlich (Schönke/Schröder/*Perron*, § 266 Rn. 49).

V. Besonders schwerer Fall (§ 266 II i.V.m. § 263 III)

35   Für besonders schwere Fälle verweist § 266 II auf den deutlich erhöhten Strafrahmen des § 263 III und die im dortigen Satz 2 Nummern 1 bis 5 vorgesehenen Regelbeispiele (vgl. § 11 Rn. 173 ff.). Danach liegt ein besonders schwerer Fall regelmäßig z.B. bei Verursachung eines außerordentlich hohen Vermögensnachteils vor (*BGH* NStZ 1983, 455). Ein besonders schwerer Fall scheidet dagegen aus, wenn der verursachte Schaden geringwertig ist (§ 266 II i.V.m. § 243 II; vgl. § 1 Rn. 182 ff.).

C. Täterschaft und Teilnahme, Begehung durch Unterlassen, Versuch, Konkurrenzen sowie Verfolgbarkeit

36   Für Täterschaft und Teilnahme finden grundsätzlich die §§ 25 ff. Anwendung. Wer sich beispielsweise an einer Schmiergeldabrede beteiligt, kann hierdurch Gehilfe einer Untreue sein (*BGH*, Urteil vom 2. 12. 2005, Az.: 5 StR 268/05). Auch mittelbare Täterschaft kraft sog. Organisationsherrschaft ist im Einzelfall möglich (BGHSt 49, 147, 163; zur sich bei Kollegialentscheidungen stellenden Problematik s. *Hohmann*, NJ 2007, 5, 8 f.). Es besteht jedoch eine examensrelevante Besonderheit.

> **Merke:** Täter der Untreue kann nur sein, wen die Pflicht zur Betreuung fremden Vermögens selbst trifft. Ein Außenstehender, der sich nach den allgemeinen Vorschriften an sich täterschaftlich verhält, kann dagegen nur als Teilnehmer bestraft werden (*Fischer*, § 266 Rn. 79).

37   Demnach handelt es sich bei der Pflichtenstellung des § 266 I um ein – strafbegründendes – besonderes persönliches Merkmal. Für einen nichtpflichtigen Tatbeteiligten ist somit die Strafe gemäß § 28 I zu mildern (*BGH* StV 2002, 137, 142; Urteil vom 4. 2. 2010, Az.: 1 StR 95/09; Lackner/Kühl, § 266 Rn. 2; *Otto*, § 54 Rn. 3; a.A. Schönke/Schröder/*Perron*, § 266 Rn. 52; vertiefend *Maurach/Schroeder/Maiwald*, BT 1, § 45 Rn. 21; *Roxin*, S. 352 ff.). Eine zusätzliche Milderung nach § 27 II ist möglich (*BGH* wistra 2004, 227;

2007, 306, 307), kommt allerdings nicht in Betracht, wenn ein Beteiligter allein deshalb nur Gehilfe ist, weil ihm die Pflichtstellung fehlt (BGHSt 26, 53; *BGH* NStZ-RR 2006, 109; *Schäfer/Sander/van Gemmeren*, Rn. 555).

Es ist nach h.M. möglich, sich durch ein Unterlassen missbräuchlich bzw. **38** pflichtwidrig zu verhalten (BGHSt 36, 227, 228; 52, 323, 334 – „Siemensfall"; *Fischer*, § 266 Rn. 27). Die vom Gesetzgeber zur Beschreibung der Tathandlungen gewählten Begriffe lassen dies – ohne Rückgriff auf § 13 I – zu. Gleichwohl ist die Milderungsmöglichkeit des § 13 II analog anzuwenden (BGHSt 36, 227, 228 f.; praxisnah *Maurach/Schroeder/Maiwald*, BT 1, § 45 Rn. 22; a.A. *Güntge*, wistra 1996, 84, 89).

Beispiel: A lässt eine Forderung des Treugebers bewusst verjähren (*Lackner/Kühl*, § 266 Rn. 6).

Der Versuch der Untreue ist nicht strafbar, auch nicht bei Vorliegen eines **39** besonders schweren Falls (§§ 12 III, 23 I).

Untreue kann vor allem mit den Eigentums- und (sonstigen) Vermögens- **40** delikten in Tateinheit stehen, z.B. mit Diebstahl (§ 242; *BGH* StraFo 2007, 518; LK/*Hübner*, 10. Aufl., § 266 Rn. 107; LK/*Schünemann*, § 266 Rn. 167 a.E.) und mit Betrug (§ 263), sofern der Unrechtsgehalt der Täuschung durch die Verletzung der bestehenden Treuepflicht erhöht wird (*BGH* wistra 1991, 218, 219; näher LK/*Hübner*, 10. Aufl., § 266 Rn. 107; LK/*Schünemann*, § 266 Rn. 167). Tateinheit kommt zudem mit Urkundenfälschung (§ 267; *Fischer*, § 266 Rn. 87; *Lackner/Kühl*, § 266 Rn. 23), Bestechlichkeit im geschäftlichen Verkehr (§ 299 I; *BGH* NJW 2006, 3290, 3298) und Bestechlichkeit (§ 332; *BGH* wistra 2004, 29, 30) in Frage.

§ 266 II erklärt die §§ 247 und 248a für entsprechend anwendbar (*BGH* **41** NJW 1992, 250, 251; vgl. § 1 Rn. 192 sowie § 21 Rn. 11 und 16).

D. Kontrollfragen

1. Welche Tatbestände enthält § 266 I und wie unterscheiden sich diese? → Rn. 1
2. Welche Kriterien werden bei der Prüfung der Vermögensbetreuungspflicht vor allem verwandt? → Rn. 4 ff.
3. Was ist für die Missbrauchshandlung charakteristisch? → Rn. 19
4. Woraus kann sich das qualifizierte Treueverhältnis bei § 266 I 2. Alt. ergeben? → Rn. 25 ff.
5. Ist Untreue ein sog. Jedermannsdelikt? → Rn. 36 f.

Kapitel 7. Untreue und Missbrauch von Scheck- u. Kreditkarten

Aufbauschema (§ 266)

1. Tatbestände
   a) Objektiver Tatbestand
      (1) Pflicht, fremde Vermögensinteressen zu betreuen
      (2) durch Gesetz, behördlichen Auftrag oder Rechtsgeschäft eingeräumte Befugnis, über fremdes Vermögen zu verfügen oder einen anderen zu verpflichten, missbrauchen (§ 266 I 1. Alt.)
      oder
      kraft Gesetzes, behördlichen Auftrags, Rechtsgeschäfts oder eines Treueverhältnisses obliegende Pflicht, fremde Vermögensinteressen wahrzunehmen, verletzen (§ 266 I 2. Alt.)
      (3) dadurch dem, dessen Vermögensinteressen zu betreuen sind, Nachteil zufügen
   b) Subjektiver Tatbestand: Vorsatz
2. Rechtswidrigkeit
3. Schuld
4. Besonders schwerer Fall
   a) Regelbeispiele des § 263 III 2 Nr. 1 bis 5 (§ 266 II)
   b) ggf. unbenannter besonders schwerer Fall (§ 266 II i.V.m. § 263 III 1)
   c) Vorsatz
   d) ggf. § 266 II i.V.m. § 243 II
5. Besondere Strafverfolgungsvoraussetzungen (§ 266 II; vgl. § 21 Rn. 1 ff.)

Empfehlungen zur vertiefenden Lektüre:
Leitentscheidungen: BGHSt 13, 315 – „Eisenbahnerfall"; BGHSt 41, 224 – „1. Mietkautionsfall"; BGHSt 43, 293 – „Haushaltsuntreuefall"; BGHSt 50, 331 – „Mannesmannfall"; BGHSt 52, 182 – „2. Mietkautionsfall"; BGHSt 52, 323 – „Siemensfall".

Aufsätze: *Arnold*, Untreue durch Schädigung des Unternehmens durch den Vorstand bzw. die Geschäftsführung, Jura 2005, 844; *Güntge*, Untreueverhalten durch Unterlassen, wistra 1996, 84; *Schramm*, Untreue durch Insolvenzverwalter, NStZ 2000, 398; *Seier/Martin*, Die Untreue (§ 266 StGB), JuS 2001, 874; *Wittig/Reinhart*, Untreue beim verlängerten Eigentumsvorbehalt, NStZ 1996, 467.

§ 17. Missbrauch von Scheck- und Kreditkarten (§ 266b)

A. Grundlagen

Die 1986 in das StGB eingefügte Vorschrift hat den Streit über die strafrechtliche Beurteilung der missbräuchlichen Verwendung von Scheckkarten beendet (dazu BGHSt 24, 386) und die in bezug auf Kreditkarten nach Ansicht vieler bestehende Strafbarkeitslücke geschlossen (BGHSt 33, 244; *BGH* NStZ 1987, 120; *Weber*, NStZ 1986, 481, 483 f.). § 266b schützt nach h.L. allein das Rechtsgut Vermögen und gewährleistet die Sicherheit und Funktionsfähigkeit des bargeldlosen Zahlungsverkehrs nur mittelbar (*Fischer*, § 266b Rn. 2; SK/*Hoyer*, § 266b Rn. 3; *Krey/Hellmann*, Rn. 550a; *Maurach/Schroeder/Maiwald*, BT 1, § 45 Rn. 72; a.A. BGHSt 47, 160, 168 – „Geldautomatenfall"; *BGH* NStZ 1993, 283). 1

B. Tatbestand

I. Objektiver Tatbestand

§ 266b I ist im Aufbau an den Missbrauchstatbestand der Untreue (§ 266 I 1. Alt.) angelehnt. 2

1. Scheck- oder Kreditkartenüberlassung

Der objektive Tatbestand setzt zunächst voraus, dass dem Täter durch die Überlassung einer Scheck- oder Kreditkarte die Möglichkeit eingeräumt wurde, den Aussteller zu einer Zahlung zu veranlassen. 3

a) Im Unterschied zum Missbrauchstatbestand (vgl. § 16 Rn. 17) ist es dabei jedoch irrelevant, ob das Rechtsverhältnis zwischen Kartenaussteller und -empfänger zivilrechtlich wirksam ist. Es kommt lediglich auf die einverständliche Überlassung einer der genannten Karten an (Schönke/Schröder/*Perron*, § 266b Rn. 3 und 8; *Geppert*, Jura 1987, 162, 164; *Weber*, NStZ 1986, 481, 484). 4

(1) Beim **Kreditkartensystem** – etwa American Express, Diners Club, Eurocard, Visa – sind drei Beteiligte zu unterscheiden. Der Kartenaussteller verpflichtet sich gegenüber seinen Vertragsunternehmen (Hotels, Autovermieter etc.), deren Forderungen, die aus Warenlieferungen, erbrachten Dienstleistungen o.ä. gegenüber einem Karteninhaber resultieren, zu erfüllen bzw. zu 5

Kapitel 7. Untreue und Missbrauch von Scheck- u. Kreditkarten

kaufen (*BGH* NJW 1990, 2880, 2881; *Bröcker*, WM 1995, 468, 475), sofern die Verbindlichkeit unter Verwendung der Kreditkarte eingegangen wurde. Diese verauslagten Beträge rechnet er dann üblicherweise monatlich mit dem Karteninhaber ab („**Drei-Partner-System**", vgl. Rn. 9; *Fischer*, § 266b Rn. 10; Palandt/*Sprau*, § 676 h Rn. 5 f.; Schönke/Schröder/*Perron*, § 266b Rn. 5).

6 (2) Mit der zum 1. 1. 2002 erfolgten Abschaffung des Euroscheck-Verfahrens hat die **Scheckkarte** ihren Anwendungsbereich verloren. Denn insbesondere mit der sog. eurocheque-Karte garantierte das ausgebende Kreditinstitut, vom Kunden unter Einhaltung der diesbezüglichen Bedingungen auf in Verbindung mit der Karte ausgegebenen Formularen ausgestellte Schecks bis zu einer bestimmten Summe auf jeden Fall einzulösen. Stattdessen hat sich in der Praxis des bargeldlosen Zahlungsverkehrs die sog. Maestro-Karte etabliert. Da diese jedoch ohne jeglichen Bezug zur Verwendung eines Schecks eingesetzt wird, würde es bereits gegen Art. 103 II GG verstoßen, sie als Scheckkarte anzusehen (vgl. Müller-Gugenberger/Bieneck/*Nack*, § 49 Rn. 55, auch 35; vgl. ferner Rn. 11 f.).

7 b) Durch die einverständliche Überlassung der Karte muss dem Täter die Möglichkeit eingeräumt worden sein, den Aussteller zu einer Zahlung zu veranlassen. Dass es dafür einer wirksamen Rechtsbeziehung zwischen Karteninhaber und -aussteller nicht bedarf (vgl. Rn. 4), liegt an der Garantiewirkung der Karten. Bei deren Verwendung durch den Inhaber wird der Aussteller im Verhältnis zu Dritten bzw. Vertragsunternehmen zur Begleichung oder zum Kauf der Forderungen verpflichtet (*Fischer*, § 266b Rn. 13; *Krey/Hellmann*, Rn. 550d).

8 (1) Zur Zahlung veranlasst wird der Kartenaussteller unter Berücksichtigung der geschäftlichen Gepflogenheiten nicht nur dann, wenn er tatsächlich Bargeld auszuzahlen hat, sondern auch bei sonstigen – etwa im Verrechnungswege – von ihm zu erbringenden Geldleistungen (*Fischer*, § 266b Rn. 13; *Geppert*, Jura 1987, 162, 164).

9 (2) An einer derartigen Leistung fehlt es jedoch, wenn Kreditkarten im sog. **Zwei-Partner-System** verwendet werden. Da die ausgegebene Karte dabei lediglich als Ausweis über die Eröffnung eines mit einem bestimmten Kreditrahmen ausgestatteten Kontos des Kunden beim Aussteller dient, der es dem Kunden ohne erneute Prüfung seiner Kreditwürdigkeit ermöglicht, in allen Filialen des Ausstellers Leistungen ohne Barzahlung zu erhalten, ist insoweit besser von **Kundenkarten** zu sprechen. Deren Missbrauch erfüllt den § 266b I nach ganz h.M. schon deshalb nicht, weil der Aussteller dadurch zwar zu irgendeiner Leistung an den Karteninhaber, nicht aber zu einer Zahlung an Dritte veranlasst wird (BGHSt 38, 281, 282 ff. – „Kundenkartenfall"; *Wessels/Hillenkamp*, Rn. 795).

Merke: § 266b I erfasst nur „echte" Kreditkarten im „Drei-Partner-System", nicht Kundenkarten im „Zwei-Partner-System".

(3) Ähnlich liegt die Problematik bei solchen Karten, die der Inhaber jedenfalls auch als **Codekarte**, d.h. zum Abheben von Bargeld aus einem Geldautomaten des Instituts, das die Karte ausgegeben hat, verwenden kann. Zwar kommt es bei einem entsprechenden Gebrauch der Karte mittels des Automaten zu einer Zahlung, aber ebenfalls nur im Zwei-Personen-Verhältnis. Die besondere Garantiefunktion der Karte ist m.a.W. bei einer solchen Vorgehensweise irrelevant, d.h. es fehlt am spezifischen Unrecht, das § 266b erfassen soll (BGHSt 47, 160, 165 – „Geldautomatenfall"; *BayOLG* NJW 1997, 3039; *Löhnig*, JR 1999, 362). Ebenso verhält es sich, wenn die Karte im Automaten eines anderen Geldinstituts eingesetzt wird. Denn auch hierbei folgt eine eventuelle Zahlungsverpflichtung der ausgebenden Bank nicht aus einer der Karte innewohnenden Zahlungsgarantie, sondern aus zwischen den Geldinstituten ggf. getroffenen Vereinbarungen (ebenso wegen der inzwischen zumeist bestehenden Online-Verbindungen zwischen den Banken und den daraus folgenden Prüfungsmöglichkeiten *Müller-Gugenberger/Bieneck/Nack*, § 49 Rn. 62; *Eisele/Fad*, Jura 2002, 305, 307; a.A. BGHSt 47, 160, 164 f. – „Geldautomatenfall").

Vertiefungshinweis: Soweit bezüglich der missbräuchlichen Verwendung als Codekarte eine Strafbarkeit nach § 263a erwogen wird (vgl. *Otto*, § 54 Rn. 48), ist dies abzulehnen (*Fischer*, § 266b Rn. 7; *Schönke/Schröder/Perron*, § 266b Rn. 8). Denn die allein in Betracht kommende dritte tatbestandliche Handlungsvariante liegt nicht vor, da der berechtigte Karteninhaber die Daten nicht unbefugt verwendet (BGHSt 47, 160, 161 ff. – „Geldautomatenfall"; *Weber*, NStZ 1986, 481, 484).

(4) Die sog. **Maestro-Karten** werden in zweierlei Weise zur bargeldlosen Zahlung verwendet. Insofern gilt – ungeachtet der verfassungsrechtlichen Bedenken gegen ihre Subsumtion als Scheckkarten (vgl. Rn. 6) – Folgendes: Setzt der Inhaber eine derartige Karte im sog. POZ-System (Point of Sale ohne Zahlungsgarantie) ein, so erteilt er durch die dabei von ihm geleistete Unterschrift lediglich eine Einzugsermächtigung. Da diese widerrufen werden kann, fehlt es gerade an der für die Anwendung des § 266b notwendigen Garantiefunktion einer dergestalt verwendeten Karte mit der Folge, dass der Geschäftspartner das Zahlungsrisiko trägt (BGHSt 46, 146, 148; 47, 160, 171 – „Geldautomatenfall"; *MünchKomm/Radtke*, § 266b Rn. 11; *Müller-Gugenberger/Bieneck/Nack*, § 49 Rn. 41, 58).

Aber auch, wenn die Maestro-Karte im sog. POS-System (Point of Sale) eingesetzt wird, fehlt ihr die Kraft, allein hierdurch den Kartenausgeber zu einer Zahlung zu veranlassen. Denn dieser gibt eine Zahlungsgarantie erst dann ab, wenn er zuvor online verschiedene Kriterien geprüft hat, nämlich die vom Karteninhaber angegebene persönliche Identifizierungsnummer (PIN) sowie Echtheit, eventuelle Sperre und Verfügungsrahmen der Karte. Durch diese mit dem Karteninhaber vereinbarte Prüfung (Online-Autorisierung) hat sich der Kartenausgeber die Entscheidung, ob er zahlt, zunächst lediglich vorbehalten (Müller-Gugenberger/Bieneck/*Nack*, § 49 Rn. 39, 56; *Eisele/Fad*, Jura 2002, 305, 312), so dass es an der von § 266b vorausgesetzten Untreueäquivalenz fehlt (MünchKomm/*Radtke*, § 266b Rn. 15).

2. Missbrauch der eingeräumten Möglichkeit

13 Die Tathandlung besteht im Missbrauch der genannten Möglichkeit (vgl. Rn. 7). Nach einhelliger Auffassung ist darunter wie bei der Untreue zu verstehen, dass der Täter nach außen im Rahmen seines rechtlichen Könnens handelt, im Innenverhältnis aber die – durch die Vertragsbedingungen zwischen Kartenaussteller und -inhaber gezogenen – Grenzen seines rechtlichen Dürfens überschreitet (vgl. § 16 Rn. 19; *BGH* NStZ 1992, 278, 279; *Fischer*, § 266b Rn. 15).

> **Beispiel:** A ist Inhaber einer Kreditkarte. Er kauft unter deren Vorlage Waren und nimmt Dienstleistungen in Anspruch, obwohl er sein vom Kartenaussteller im Anschluss mit den entsprechenden Forderungen belastetes Konto nicht ausgleichen kann (*Otto*, § 54 Rn. 47).

14 Da es im Außenverhältnis auf das rechtliche Können ankommt, ist ein Missbrauch i.S. des § 266b zu verneinen, wenn der Inhaber einer Karte diese unberechtigt an einen Dritten weitergibt (*BGH* NStZ 1992, 278; *Maurach/Schroeder/Maiwald*, BT 1, § 45 Rn. 79 a.E.).

3. Vermögensschaden

15 Der Missbrauch von Scheck- und Kreditkarten ist erst vollendet, wenn durch die Tathandlung der Kartenaussteller geschädigt, d.h. ein Vermögensschaden herbeigeführt worden ist. Unter einem Vermögensschaden ist hier dasselbe zu verstehen wie beim Betrug (vgl. § 11 Rn. 118 ff.; *Lackner/Kühl*, § 266b Rn. 6; *Geppert*, Jura 1987, 162, 164).

> **Vertiefungshinweis:** Ist die ausgegebene Karte mit einem elektronischen Speicher (Chip) versehen, kann sie auch als sog. **Geldkarte** verwendet werden. Der Chip ermöglicht es, auf der Karte einen Geldbetrag zu speichern („elektronische Geldbörse"). Unter Einsatz einer „aufgeladenen" Karte können bei Vertragsunternehmen, die an das Geldkartensystem angeschlossen sind, Waren oder Dienstleistungen bezahlt werden. Zu diesem Zweck wird die Karte in ein offline arbeitendes sog. Geldkarten-Terminal eingeführt und der zu bezahlende von dem gespeicherten Betrag abgezogen. Mit Abschluss des ordnungsgemäßen Bezahlvorgangs erwirbt das Unternehmen gegen das kartenausgebende Bankinstitut einen unbedingten Zahlungsanspruch in Höhe des getätigten Umsatzes (vgl. zum technischen Ablauf *Pfeiffer*, NJW 1997, 1036 ff.).

> § 266b ist auf Geldkarten nicht anwendbar. Überschreitet ein Karteninhaber
> – sofern dies technisch möglich ist – beim Aufladen seiner Karte an einem sog. Ladeterminal den ihm eingeräumten Verfügungsrahmen, so handelt er nur im „Zwei-Partner-System". Zudem fehlt es an der Ausnutzung der normspezifischen Garantiefunktion der Karte (vgl. Rn. 10). Deren Ausnutzen ist auch beim späteren Bezahlvorgang zweifelhaft. Jedenfalls fehlt es insoweit an einem eigenständigen Schaden. Denn der Anspruch des Vertragsunternehmens gegen die kartenausstellende Bank kann den auf der Geldkarte gespeicherten Betrag nicht überschreiten. In dessen Höhe hat der Karteninhaber aber bereits durch das vertragswidrige „Aufladen" eine Guthabenforderung gegen das Bankinstitut begründet (vgl. *Pfeiffer*, NJW 1997, 1036, 1037f.).

II. Subjektiver Tatbestand

Subjektiv ist ein bedingt vorsätzliches Handeln ausreichend. Der Vorsatz **16** muss sich namentlich auf die Zufügung des Schadens erstrecken und ist diesbezüglich zu verneinen, wenn der Täter nicht nur vage hofft, sondern aufgrund der konkreten Umstände begründet annimmt, auf seinem Konto werde in Kürze die erforderliche Deckung vorhanden sein (*Fischer*, § 266b Rn. 19; *Otto*, § 54 Rn. 51). Eine Bereicherungsabsicht ist nicht erforderlich.

C. Täterschaft und Teilnahme, Versuch, Konkurrenzen sowie Verfolgbarkeit

Für Täterschaft und Teilnahme gelten die §§ 25 ff. Bei deren Anwendung **17** ist – ähnlich der Untreue (vgl. § 16 Rn. 36) – zu beachten, dass Täter stets nur der berechtigte Inhaber einer Karte sein kann, also derjenige, dem der Aussteller diese übertragen hat (MünchKomm/*Radtke*, § 266b Rn. 4; *Wessels/Hillenkamp*, Rn. 792; *Eisele/Fad*, Jura 2002, 305, 307: Sonderdelikt).

> **Merke:** Bei der durch die Übertragung erlangten Vertrauensstellung handelt es sich um ein – strafbegründendes – besonderes persönliches Merkmal i.S.d. § 28 I (*Fischer*, § 266b Rn. 21; MünchKomm/*Radtke*, § 266b Rn. 48; *Weber*, NStZ 1986, 481 [484]; vgl. § 16 Rn. 37).

Gebraucht dagegen ein Nichtberechtigter z.B. eine gestohlene Karte, so **18** macht er sich dadurch regelmäßig des Betrugs schuldig (*Otto*, § 54 Rn. 43; *Wessels/Hillenkamp*, Rn. 792).

Der nur versuchte Missbrauch von Scheck- und Kreditkarten ist nicht **19** strafbar (§§ 12 I, 23 I).

244 Kapitel 7. Untreue und Missbrauch von Scheck- u. Kreditkarten

20 Konkurrenzen sind im Wesentlichen nur im Verhältnis zu den §§ 263 und 266 denkbar. Sofern diese als zugleich gegeben angesehen werden, geht ihnen der Missbrauch von Scheck- und Kreditkarten im Hinblick auf den Grund seiner Einfügung in das Gesetz (vgl. Rn. 1) und wegen seines niedrigeren Strafrahmens unter dem Gesichtspunkt der **Sperrwirkung des milderen Gesetzes** jedenfalls als speziellere Norm vor (BGHSt 47, 160, 163 – „Geldautomatenfall"; *BGH* NStZ 1987, 120; *Maurach/Schroeder/Maiwald*, BT 1, § 45 Rn. 81; *Geppert*, Jura 1987, 162, 165). Gegenüber einer betrügerischen Erlangung einer Scheck- bzw. Kreditkarte ist deren folgender Missbrauch regelmäßig mitbestrafte Nachtat (Schönke/Schröder/*Perron*, § 266b Rn. 14; *Otto*, § 54 Rn. 55; a.A. BGHSt 47, 160, 167f. – „Geldautomatenfall"; *BGH* NStZ 1993, 283).

21 § 266b II erklärt den § 248a für entsprechend anwendbar (vgl. § 1 Rn. 192 und § 21 Rn. 16).

D. Kontrollfragen

1. Warum wurde der § 266b in das Gesetz eingefügt? → Rn. 1
2. Wieso unterfällt das bei sog. Kundenkarten bestehende „Zwei-Partner-System" nicht dem § 266b? → Rn. 9
3. In welchem Konkurrenzverhältnis steht § 266b zu den §§ 263 und 266? → Rn. 20

Aufbauschema (§ 266b)

1. Tatbestand
   a) Objektiver Tatbestand
      (1) durch die Überlassung einer Scheck- oder Kreditkarte eingeräumte Möglichkeit, den Aussteller zu einer Zahlung zu veranlassen
      (2) Missbrauchen
      (3) dadurch den Aussteller schädigen
   b) Subjektiver Tatbestand: Vorsatz
2. Rechtswidrigkeit
3. Schuld
4. Besondere Strafverfolgungsvoraussetzungen (§ 266b II; vgl. § 21 Rn. 1 ff.)

Empfehlungen zur vertiefenden Lektüre:
Leitentscheidungen: BGHSt 38, 281 – „Kundenkartenfall"; BGHSt 47, 160 – „Geldautomatenfall".

§ 17. Missbrauch von Scheck- und Kreditkarten

Aufsätze: *Eisele/Fad*, Strafrechtliche Verantwortlichkeit beim Missbrauch kartengestützter Zahlungssysteme, Jura 2002, 305; *Geppert*, Ein heikles Problem zum neuen § 266b StGB, Jura 1987, 162; *Löhnig*, Unberechtigte Bargeldabhebung mit eurocheque-Karte und Geheimnummer an defektem Geldautomaten, JR 1999, 362; *Weber*, Das Zweite Gesetz zur Bekämpfung der Wirtschaftskriminalität (2. WiKG), NStZ 1986, 481.

Kapitel 8. Begünstigung und Hehlerei

Begünstigung (§ 257) und Hehlerei (§ 259) ist gemeinsam, dass sie die nachträgliche Unterstützung einer rechtswidrigen Tat i.S. von § 11 I Nr. 5 (sog. Vortat) eines anderen (sog. Vortäter) unter Strafe stellen. Sie unterscheiden sich insofern, als Begünstigung vorliegt, wenn der Täter auf die Sicherung der Position des Vortäters gegen die Wiederherstellung des rechtmäßigen Zustands *in dessen Interesse* hinwirkt, während Hehlerei verlangt, dass der Täter sich oder einem Dritten den aus der Vortat erzielten Vermögensvorteil vom Vortäter verschafft oder diesen beim Absatz unterstützt, um *sich* oder einen *Dritten* zu bereichern (*Jahn/Reichart*, JuS 2009, 309, 310).

Systematik von Begünstigung und Hehlerei

Nachträgliche Unterstützung einer Tat

Ohne Bereicherungsabsicht → Begünstigung (§ 257)

Mit Bereicherungsabsicht →
Grundtatbestand
Hehlerei (§ 259)
↓
Qualifikationen
Gewerbsmäßige Hehlerei, Bandenhehlerei (§ 259)
Gewerbsmäßige Bandenhehlerei (§ 260a)

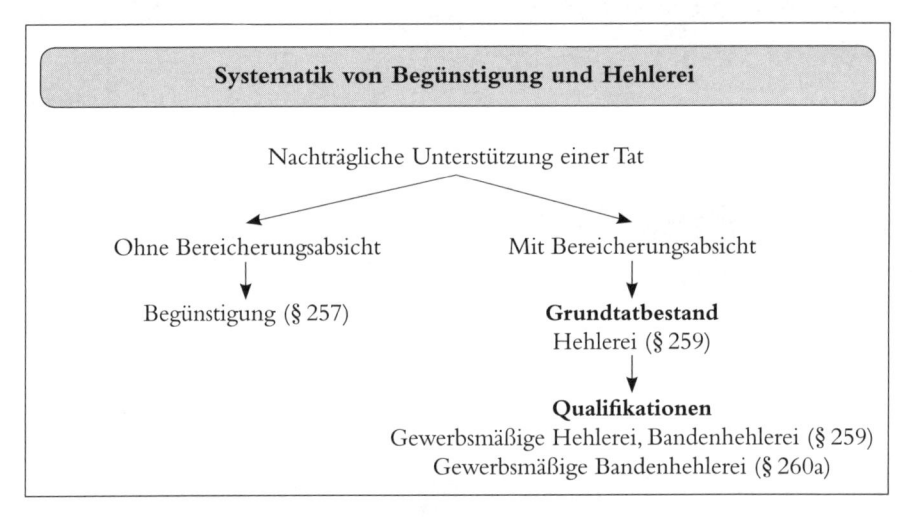

§ 18. Begünstigung (§ 257)

A. Grundlagen

1   Der Tatbestand der Begünstigung (§ 257 I) verfolgt einen doppelten Zweck. Er schützt zum einen das durch die Vortat verletzte Rechtsgut vor einer Aufrechterhaltung oder Vertiefung der eingetretenen Beeinträchtigung, zum anderen die Rechtspflege bei ihrer Aufgabe, die Wirkungen der Vortat zu beseitigen oder zu mildern (BGHSt 24, 166, 167 – „Spielerfall"; BGHSt 36, 277, 280 f. – „Professorenfall"; *Wessels/Hillenkamp*, Rn. 802; *Geppert*, Jura

§ 18. Begünstigung   247

1980, 269, 270; *Geppert*, Jura 2007, 589, 592). Rechtsgut ist damit das Interesse an der Wiederherstellung des gesetzmäßigen Zustands (*Lackner/Kühl*, § 257 Rn. 1; MünchKomm/*Cramer*, § 257 Rn. 3; a.A. *Otto*, § 57 Rn. 1: Vermögen).

B. Tatbestand

§ 257 I ist ein abstraktes Gefährdungsdelikt und setzt daher keine erfolgreiche Hilfeleistung, sondern lediglich ein zur Vorteilssicherung objektiv geeignetes Verhalten voraus (vgl. Rn. 11 f.; *BGH* GA 1985, 321, 322; MünchKomm/*Cramer*, § 257 Rn. 4; *Otto*, § 57 Rn. 2).

2

Grundstruktur des Begünstigungstatbestands				
Objektiver Tatbestand		**Subjektiver Tatbestand**	
Tatobjekt: Vorteil aus einer rechtswidrigen Tat (Rn. 3 ff.)	Tathandlung: Hilfeleistung zur Vorteilssicherung (Rn. 11 ff.)	Vorsatz (Rn. 16)	Vorteilssicherungsabsicht (Rn. 17 f.)

I. Objektiver Tatbestand

1. Tatobjekt

Der objektive Tatbestand der Begünstigung erfordert zunächst, dass ein anderer („Vortäter") eine Tat begangen und daraus Vorteile gezogen hat, die ihm zu entziehen die Rechtsordnung gebietet.

3

a) Die Vortat muss eine rechtswidrige Tat i.S.v. § 11 I Nr. 5 sein. Sie muss also den objektiven und subjektiven Tatbestand eines Strafgesetzes verwirklicht haben und rechtswidrig begangen worden sein. Die Art der Vortat ist ohne Bedeutung (*Krey/Heinrich*, Rn. 629; *Geppert*, Jura 1980, 269, 270; a.A. *Otto*, § 57 Rn. 3: nur Vermögensdelikte). Unerheblich ist es auch, ob die Vortat schuldhaft begangen worden oder verfolgbar ist. Begünstigung ist demnach auch dann noch möglich, wenn die Vortat z.B. verjährt oder bei absoluten Antragsdelikten die Antragsfrist verstrichen ist (Schönke/Schröder/*Stree/Hecker*, § 257 Rn. 8; *Wessels/Hillenkamp*, Rn. 805). Entfällt allerdings der Bezugstatbestand nachträglich, weil die Norm aufgehoben wird, scheidet wegen des notwendigen inneren Zusammenhangs mit der Vortat eine Bestrafung wegen § 257 aus (*BGH* StV 2003, 166, 167). Eine bloße Ordnungswidrigkeit genügt als Vortat nicht (MünchKomm/*Cramer*, § 257 Rn. 7).

4

Kapitel 8. Begünstigung und Hehlerei

5   Nach dem Wortlaut des § 257 I („der eine rechtswidrige Tat begangen *hat*") muss die Vortat der Begünstigung zeitlich vorangehen. Das ist allerdings nicht erst dann der Fall, wenn die Vortat beendet ist, sondern bereits bei deren Vollendung (BGHSt 4, 132, 133; OLG Köln NJW 1990, 587, 588; *Jahn/Reichart*, JuS 2009, 309, 311; a.A. *Geppert*, Jura 1994, 441, 443; *Laubenthal*, Jura 1985, 630, 633). Jedoch kommt nach h.M. im Stadium zwischen Vollendung und Beendigung auch noch Beihilfe zur Vortat in Betracht (vgl. Rn. 26).

Beispiel: A entwendet 6 t Schrott von einem Schrottlager des B und schafft ihn mittels einer Handkarre in ein Versteck außerhalb des Lagergeländes. C transportiert – wie zuvor vereinbart – am folgenden Tag mit seinem Lkw den Schrott an einen sicheren Ort.

6   **b)** Dem Vortäter muss aus der Vortat ein Vorteil zugeflossen sein, der nicht vermögensrechtlicher Art zu sein braucht und keine Bereicherung begründen muss. Es genügen Vorteile jeglicher Art (*Fischer*, § 257 Rn. 6; Münch-Komm/*Cramer*, § 257 Rn. 10; *Krey/Heinrich*, Rn. 629; a.A. *Otto*, § 57 Rn. 9: nur Vermögensvorteile).

Beispiel: A erschleicht durch Bestechung eines Beamten der Baubehörde eine Baugenehmigung.

7   Freilich muss der Vorteil unmittelbar aus der Vortat erwachsen sein (BGHSt 24, 166, 168 – „Spielerfall"; BGH NJW 1986, 1183, 1185). Ob diese Voraussetzung gegeben ist, ist keine Frage von Sach- bzw. Substanzidentität (*BGH* NStZ 1987, 22; *Joecks*, § 257 Rn. 13; a.A. *Rengier*, § 20 Rn. 8: Sachidentität erforderlich). Die rechtliche Beurteilung, ob es sich um einen unmittelbaren Vorteil handelt, muss sich vielmehr stets auf den jeweils im konkreten Einzelfall aus der Straftat erlangten Vorteil beziehen (BGHSt 36, 277, 282 – „Professorenfall"; *Otto*, § 57 Rn. 10).

8   Ist die Vortat z.B. ein Vermögensdelikt, etwa ein Betrug, ist eine wirtschaftliche Betrachtungsweise (vgl. § 11 Rn. 64 ff.) geboten. Es kommt daher nur darauf an, dass ein geldwerter Vorteil im Vermögen des Vortäters erhalten geblieben ist, unabhängig davon, in welcher Weise sich dieser darstellt (BGHSt 36, 277, 281 f. – „Professorenfall"; *BGH* NStZ-RR 1999, 184, 185). Bei einer Unterstützung des Vortäters durch Übernahme der Diebesbeute und entgeltliche Weiterveräußerung an den Eigentümer oder einen Dritten (vgl. Rn. 14) ist nicht nur auf die Sache selbst und deren Besitz abzustellen. Vorteil ist auch und vor allem die Möglichkeit, wie ein Eigentümer nach Belieben über diese Sache zu verfügen (BGHSt 2, 362, 363 f. – „Fahrradfall"; OLG Düsseldorf NJW 1979, 2320 f. – „Goldschmiedfall"; *Stoffers*, Jura 1995, 113, 123). Unmittelbare Vorteile sind nach h.M. auch solche Banknoten, die der Vortäter eingewechselt hat (MünchKomm/*Cramer*, § 257 Rn. 14) oder die er anlässlich der Abhebung von einem Bankkonto erhält, auf das er zuvor den Erlös aus der Vortat eingezahlt hat (*OLG Frankfurt* NJW 2005, 1727, 1734).

Beispiel: A leitet betrügerisch von Kapitalanlegern erlangte Verrechnungsschecks zunächst seinem Bankkonto in Frankfurt a. M. zur Einziehung zu und überweist sodann die gutgeschriebenen Beträge auf sein Konto bei einer Bank in Luxemburg, wo er sie in Industrie- und Bankaktien und ausländischen Staatsanleihen anlegen lässt. Nach einiger Zeit beauftragt er B, die bei der Bank in Luxemburg lagernden Gelder bar bei dieser Bank abzuheben und ihm persönlich zu überbringen. – Die mittels der Verrechnungsschecks erlangten Vermögensvorteile sind unabhängig von der Art und Weise ihrer Verkörperung solange unmittelbar i.S.d. § 257 I, wie sie im Vermögen des A verbleiben und dessen alleinigem Zugriff unterliegen (BGHSt 36, 277 ff. – „Professorenfall").

Keine unmittelbaren Vorteile der Tat sind hingegen Surrogate der ursprünglich erlangten Beute, die durch weitergehende Manipulationen oder Transaktionen mit mehreren Kettenzwischengliedern gewonnen werden (*BGH* NStZ 1987, 22; 2008, 516). **9**

Beispiel: A überfällt einen Juwelier und schickt das neben Schmuckstücken erbeutete Bargeld an B, der es verwahren soll. Als B erfährt, dass A verhaftet ist, zahlt er das Geld auf sein eigenes Postscheckkonto ein. Dann überweist B den Betrag auf sein Sparkassenkonto und von dort auf sein Bausparkonto. Ein Jahr später lässt er den Betrag auf sein Sparkassenkonto zurücküberweisen und kauft davon Bundesschatzbriefe.

Im Beispiel ist jedenfalls das durch die Überweisung erlangte Bausparguthaben nicht mehr unmittelbarer Tatvorteil i.S.d. § 257 I, da die Verkehrsanschauung solche Guthaben wegen ihrer Zweckbindung nicht bargeldgleich oder -ähnlich bewertet (*BGH* NStZ 1987, 22).

An einem zu sichernden Vorteil fehlt es auch, wenn der Täter nicht mehr **10** in dessen Besitz ist (BGHSt 36, 277, 281 – „Professorenfall"; *BGH* NStZ 1994, 187, 188) bzw. ihn gar endgültig eingebüßt hat (BGHSt 24, 166, 167 f. – „Spielerfall"; *BGH* NJW 1985, 814).

2. Tathandlung

a) Die tatbestandsmäßige Handlung besteht darin, dem Vortäter vorteils- **11** sichernde Hilfe durch Rat oder Tat zu leisten.

Merke: Hilfe leistet, wer eine Handlung vornimmt, die objektiv geeignet ist, die durch die Vortat erlangten oder entstandenen Vorteile gegen Entziehung zugunsten des Verletzten zu sichern, und subjektiv in dieser Tendenz vorgenommen wird (BGHSt 4, 221, 224 – „Betriebsleiterfall"; BGHSt 47, 48, 62; BGHR StGB § 260 gewerbsmäßig Nr. 2; *OLG Frankfurt* NJW 2005, 1727, 1735; *Joecks*, § 257 Rn. 5; *Wessels/Hillenkamp*, Rn. 806; *Geppert*, Jura 2007, 589, 592).

Vertiefungshinweis: Nach h.M. ist diese subjektive Tendenz bereits im objektiven Tatbestand zu prüfen, was im Grunde systemwidrig ist.

12 Da allein die tatsächliche Eignung der Handlung zur Besserstellung des Vortäters erforderlich ist, kommt es einerseits nicht darauf an, ob der Erfolg der Vorteilssicherung eintritt (*BGH* wistra 1993, 17; *Jahn/Reichart*, JuS 2009, 309, 311 f.), und genügt andererseits eine nur in der subjektiven Vorstellung des Täters zur Vorteilssicherung geeignete Handlung nicht (a.A. nur *Seelmann*, JuS 1983, 32, 34).

Beispiel: Strafverteidiger A hinterlegt zum Zwecke der Kautionszahlung (vgl. § 116 I 2 Nr. 4 StPO) im eigenen Namen Bargeld, von dem er weiß, dass es aus der Tatbeute stammt (*OLG Frankfurt* NJW 2005, 1727 ff.).

13 **b)** Da es das Ziel der Hilfeleistung sein muss, dem Vortäter die aus der Vortat erlangten Vorteile gegen Entziehung zugunsten des Verletzten zu sichern, sind Handlungen nicht tatbestandsmäßig, die lediglich der Sacherhaltung dienen (Schönke/Schröder/*Stree/Hecker*, § 257 Rn. 11; *Wessels/Hillenkamp*, Rn. 808; *Geppert*, Jura 2007, 589, 592).

Beispiele: A birgt die Diebesbeute des B aus einem brennenden Schuppen.
C schlägt D, der von E gefälschte Personaldokumente zu entwenden versucht, in die Flucht.

14 Die entgeltliche Rückveräußerung einer gestohlenen Sache an deren Eigentümer schließt den Tatbestand des § 257 I hingegen nicht aus (anders bei der Hehlerei; vgl. § 19 Rn. 44). Es wird zwar ein der Rechtsordnung entsprechender Zustand insoweit wiederhergestellt, als der Eigentümer seinen Besitz zurückerhält, jedoch muss er einen Geldbetrag an den Täter zahlen, obgleich ihm gegen diesen ein zivilrechtlicher Herausgabeanspruch ohne Weiteres zusteht (BGHSt 2, 262, 263 f. – „Fahrradfall"; *OLG Düsseldorf* NJW 1979, 2320 f. – „Goldschmiedfall"; *Stoffers*, Jura 1995, 113, 123 f.; a.A. Schönke/Schröder/*Stree/Hecker*, § 257 Rn. 19).

Beispiel: A übernimmt von B ein gestohlenes Gemälde, weil diesem eine Hausdurchsuchung (§ 102 StPO) droht. A bietet dem Eigentümer des Gemäldes dieses zum (Rück-)Kauf an, um es für B „zu Geld zu machen". Nachdem das Geschäft abgewickelt ist, übergibt A den Erlös an B. – Zwar scheint B die angemaßte eigentümerähnliche Verfügungsgewalt über das Gemälde zu verlieren, jedoch sichert A gerade dadurch den dieser innewohnenden wirtschaftlichen Wert gegen Entziehung.

15 **c)** Hilfe kann durch aktives Tun, aber auch durch Unterlassen geleistet werden, wenn eine Rechtspflicht zum Handeln i.S.d. § 13 besteht (*BGH* NStZ 1992, 541; Schönke/Schröder/*Stree/Hecker*, § 257 Rn. 13; *Wessels/Hillenkamp*, Rn. 809).

Beispiel: A und B sind Mitarbeiter der Firma C-GmbH und als Fahrer und Beifahrer eines gepanzerten Spezialfahrzeugs für den Transport von Geld und Wertsachen eingesetzt. Laut ihrem Arbeitsvertrag sind sie verpflichtet, im Rahmen des Zumutbaren bei Überfällen den Verlust des transportierten Guts zu verhindern. Als B einen Teil des Transportguts entwendet und flieht, unternimmt A nichts, obwohl er im Unterschied zu B bewaffnet ist (*BGH* NStZ 1992, 540 f.).

II. Subjektiver Tatbestand

1. Vorsatz

Der subjektive Tatbestand erfordert zunächst zumindest bedingten Vorsatz **16** hinsichtlich Vortat und Hilfeleistung (*Fischer*, § 257 Rn. 10; *Lackner/Kühl*, § 257 Rn. 4). Es reicht daher aus, wenn der Täter es für möglich hält, dass der Vortäter irgendeine rechtswidrige Tat begangen hat, und er auch für diesen Fall Beistand leisten will (BGHSt 4, 221, 223 – „Betriebsleiterfall"). Im Einzelnen braucht der Täter weder tatsächlich noch rechtlich eine zutreffende Vorstellung von der Vortat zu haben (*Fischer*, § 257 Rn. 10).

> **Vertiefungshinweis:** Nach der – zutreffenden – Rechtsprechung sind auf das Handeln von Strafverteidigern die für § 261 II Nr. 1 vom BVerfG entwickelten Grundsätze anzuwenden (*OLG Frankfurt* NJW 2005, 1727, 1735): Erforderlich ist danach zumindest direkter Vorsatz des Strafverteidigers hinsichtlich der Vortat und der Hilfeleistung (vgl. BVerfGE 110, 226 ff.). Denn dieser erlangt regelmäßig von dem Beschuldigten Informationen, die das Risiko des Strafverteidigers, selbst in den Anfangsverdacht einer Geldwäsche zu geraten, signifikant erhöhen können. Dieses Risiko besteht in ähnlicher Weise auch im Bereich des Straftatbestands der Begünstigung. Die gesteigerten Anforderungen an den subjektiven Tatbestand sollen die Entscheidungsfreiheit des Strafverteidigers für oder gegen die Übernahme eines Mandats gewährleisten.

2. Vorteilssicherungsabsicht

Hinzukommen muss die Absicht, durch die Hilfeleistung dem Vortäter die **17** Vorteile der Tat zu sichern, d.h. die Wiederherstellung des gesetzmäßigen Zustands zu verhindern oder wenigstens zu erschweren (*OLG Düsseldorf* NJW 1979, 2320, 2321 – „*Goldschmiedfall*"). Nach h.M. ist hier unter Absicht der zielgerichtete Wille zu verstehen (dolus directus 1. Grades; BGHSt 4, 107, 108 f.; *Fischer*, § 257 Rn. 10; Schönke/Schröder/*Stree/Hecker*, § 257 Rn. 17; *Krey/Heinrich*, Rn. 633; a.A. *Otto*, § 57 Rn. 9: sicheres Wissen). Der vom Begünstigenden erstrebte Erfolg muss nicht notwendig Endziel seines Handelns sein, ausreichend ist es, wenn er nur notwendiges Zwischenziel ist (*BGH* GA 1985, 321, 322; NStZ 1992, 540, 541; *Jahn/Reichart*, JuS 2009, 309, 312).

Beispiel: A hat mit Rauschgiftgeschäften 300.000 € erwirtschaftet. Er beauftragt B, das Geld in die Türkei zu transportieren. Dafür soll dieser 10.000 € erhalten. B führt den Transport durch, wobei sein „einziges" Motiv die hohe Entlohnung ist. – Die Vorteilssicherung (Transport des Geldes) ist notwendiges Zwischenziel, um die Entlohnung zu erhalten (*BGH* GA 1985, 321 f.).

18　Hingegen genügt allein das Bewusstsein (auch) der Beutesicherung als notwendige Konsequenz eines in anderer Absicht erfolgten Handelns nicht (*BGH* NStZ 2000, 31; Schönke/Schröder/*Stree/Hecker*, § 257 Rn. 17). Kontrovers wird die Frage behandelt, ob in den Fällen eine Strafbarkeit nach § 257 StGB ausgeschlossen ist, in denen der Täter neben der Vorteilssicherung die Absicht verfolgt, sich selbst oder einen Angehörigen (§ 11 I Nr. 1) der Strafe zu entziehen (offengelassen von *BGH* NStZ 2000, 259). Eine Bestrafung wegen Begünstigung des Täters scheidet in dieser Konstellation nur dann aus, wenn die Vorteilssicherung notwendige Voraussetzung dafür ist, dass der Täter oder ein Angehöriger nicht bestraft wird. Ausschließlich dann besteht die notstandsähnliche Lage, der § 258 V und VI Rechnung trägt.

C. Täterschaft und Teilnahme, Versuch, Konkurrenzen sowie Verfolgbarkeit

19　Für Täterschaft und Teilnahme gelten grundsätzlich die allgemeinen Regeln der §§ 25 ff., jedoch sind einige Besonderheiten zu beachten.

> **Merke:** Die bloße **Selbstbegünstigung** wird bereits vom Tatbestand des § 257 I nicht erfasst, da der Selbstbegünstigende keinem anderen Hilfe leistet, sondern sich selbst die Vorteile der Tat zu sichern versucht (BGHSt 14, 172, 174; *Wessels/Hillenkamp*, Rn. 818).

20　Die Selbstbegünstigung schließt jedoch nur den Tatbestand des § 257 I aus. Erfüllt die Begünstigungshandlung dagegen den Tatbestand eines anderen Strafgesetzes, z.B. des Meineids (§ 154), der falschen Verdächtigung (§ 164) oder der Urkundenfälschung (§ 267), so ist der Täter insoweit strafbar (BGHSt 15, 53, 54; *Wessels/Hillenkamp*, BT 2, Rn. 818).

21　Davon ist § 257 III 1 zu unterscheiden. Danach ist derjenige straflos, der einem anderen bei dessen Vorteilssicherung Hilfe leistet, wenn er an dessen Vortat beteiligt war. § 257 III 1 ist ein Strafausschließungsgrund, d.h. insbesondere Tatbestandsmäßigkeit und Rechtswidrigkeit der Hilfeleistung bleiben unberührt, so dass strafbare Teilnahme eines Dritten an der Begünstigungshandlung des Vortatteilnehmers möglich ist (Schönke/Schröder/*Stree/Hecker*, § 257 Rn. 25). Die Regelung beruht auf dem Gedanken der mitbestraften Nachtat (*Lackner/Kühl*, § 257 Rn. 8) und kommt daher nur zur Anwendung, wenn eine tatsächlich strafbare Beteiligung an der Vortat gegeben ist.

22　Jedoch kommt der Strafausschließungsgrund des § 257 III 1 nicht zur Anwendung, wenn ein an der Vortat Unbeteiligter zur Begünstigung angestiftet wird (§ 257 III 2). Diese Ausnahme von § 257 III 1 ist mit den allgemeinen Teilnahmegrundsätzen nicht vereinbar und daher restriktiv auszulegen (Schönke/Schröder/*Stree/Hecker*, § 257 Rn. 27; *Geppert*, Jura 1980, 327, 331).

§ 18. Begünstigung

Eine Teilnahme an der Selbstbegünstigung des Vortäters ist straflos, weil es 23 an der von den §§ 26 und 27 vorausgesetzten Haupttat fehlt (vgl. Rn. 19 f.). Derartige Unterstützungshandlungen können jedoch als täterschaftliche Begünstigung strafbar sein, wenn sie die Qualität eines eigenständigen Beitrags zur Vorteilssicherung erreichen (Schönke/Schröder/*Stree/Hecker*, § 257 Rn. 15).

Beispiel: Gegen A ist ein Zivilprozess auf Herausgabe einer von ihm gestohlenen Sache anhängig. B schlägt A eine Darstellung vor, nach der der Besitz A zusteht, und bestätigt diese durch eine Zeugenaussage.

Versuchte Begünstigung ist nicht strafbar. Tatvollendung tritt jedoch bereits 24 mit dem Beginn der Unterstützungshandlung ein, die objektiv geeignet ist (vgl. Rn. 11 f.), dem Vortäter den Vorteil seiner Tat gegen eine Entziehung zugunsten des Verletzten zu sichern, auch wenn dies im Einzelfall misslingt (*BGH* StV 1994, 185; *Fischer*, § 257 Rn. 11; MünchKomm/*Cramer*, § 257 Rn. 28).

Tateinheit (§ 52) kommt insbesondere in Betracht zwischen der Begünsti- 25 gung (§ 257) und den Aussagedelikten (§§ 153 ff.), der Strafvereitelung (§§ 258 und 258a), der Hehlerei (§ 259; *Fischer*, § 257 Rn. 15) und dem Betrug (§ 263), wenn der Täter sowohl in Vorteilssicherungs- als auch in Bereicherungsabsicht handelt (Schönke/Schröder/*Stree/Hecker*, § 257 Rn. 32).

Nach h.M. ist auch noch im Stadium zwischen Vollendung und Beendi- 26 gung einer Tat Beihilfe möglich (BGHSt 6, 248, 251; *Fischer*, § 257 Rn. 4; *Wessels/Beulke*, Rn. 583). Da danach Begünstigung (§ 257 I) ebenfalls in diesem Zeitraum in Betracht kommt (vgl. Rn. 5), kann ein und derselbe Gehilfenbeitrag entweder Beihilfe zur Haupttat darstellen oder aber auch, da der Vortäter bereits eine rechtswidrige Tat begangen *hat*, den Tatbestand des § 257 I erfüllen. Zur Abgrenzung ist vor allem nach der Rechtsprechung auf die Vorstellung und Willensrichtung des Täters abzustellen: Will der Helfer noch die Haupttat fördern, ist Beihilfe (§ 27) gegeben. Kommt es ihm hingegen auf die Vorteilssicherung zugunsten des Vortäters an, liegt Begünstigung vor (BGHSt 4, 132, 133; *OLG Köln* NJW 1990, 587, 588). Beihilfe und Begünstigung schließen sich demzufolge tatbestandlich gegenseitig aus.

Vertiefungshinweis: Nach a.A. soll demgegenüber *immer* wegen Beihilfe zu bestrafen sein. Dieses Ergebnis wird entweder in analoger Anwendung des § 257 III 1 (*Seelmann*, JuS 1983, 32, 33) oder durch teleologische Reduktion des § 257 in der Weise erreicht, dass die Begünstigung stets nur Unterstützungshandlungen nach Beendigung der Vortat erfasst (*Laubenthal*, Jura 1995, 630, 632).

Eine Abgrenzung von Beihilfe zur Vortat und Begünstigung ist freilich 27 nicht erforderlich, wenn man mit einer im Schrifttum zu Recht vertretenen

Auffassung eine Förderung der Tat im Stadium zwischen formeller Vollendung und materieller Beendigung ablehnt (*Joecks*, § 27 Rn. 9; LK/*Schünemann*, § 27 Rn. 42 bis 45; *Kühl*, AT, § 20 Rn. 233; *Wessels/Hillenkamp*, Rn. 804).

28 Die Strafverfolgung wegen Begünstigung ist gemäß § 257 IV 1 nur auf Antrag, mit Ermächtigung oder auf Strafverlangen möglich, wenn der Begünstigende als Täter oder Teilnehmer der Vortat nur unter diesen Voraussetzungen verfolgt werden könnte.

29 Zudem ordnet § 257 IV 2 die entsprechende Geltung des § 248a (vgl. § 21 Rn. 12 und 16) an. Damit wird das Antragserfordernis über die Fälle des § 257 IV 1 hinaus auf alle Begünstigungen erweitert, die der Sicherung geringwertiger Vorteile jeglicher Art dienen (*Fischer*, § 257 Rn. 15; *Lackner/Kühl*, § 257 Rn. 10; *Wessels/Hillenkamp*, Rn. 821).

D. Kontrollfragen

1. Welchen Anforderungen muss die von § 257 I vorausgesetzte Tat eines anderen genügen? → Rn. 4 f.
2. Kann ein Vorteil auch dann unmittelbar aus der Vortat erlangt sein, wenn keine Sach- bzw. Substanzidentität mit der Vortatbeute besteht? → Rn. 7 ff.
3. Zu welchem Zeitpunkt ist die Begünstigung vollendet? → Rn. 24
4. In welchem Verhältnis stehen Teilnahme an der Vortat und Begünstigung des Vortäters zueinander? → Rn. 21 ff.

Aufbauschema (§ 257)

1. Tatbestand
   a) Objektiver Tatbestand
      (1) Vorteil aus einer rechtswidrigen Tat
      (2) Hilfeleisten
   b) Subjektiver Tatbestand
      (1) Vorsatz
      (2) Absicht, einem anderen die Vorteile der Tat zu sichern
2. Rechtswidrigkeit
3. Schuld
4. Besondere Strafverfolgungsvoraussetzungen (§ 257 IV; vgl. § 21 Rn. 1 ff.)

Empfehlungen zur vertiefenden Lektüre:
Leitentscheidungen: BGHSt 2, 362 – „Fahrradfall"; BGHSt 4, 122 – „Tabakwarenfall"; BGHSt 4, 221 – „Betriebsleiterfall"; BGHSt 24, 166 – „Spielerfall"; BGHSt 36, 277 – „Professorenfall"; *OLG Düsseldorf* NJW 1979, 2320 – „Goldschmiedfall".

Aufsätze: *Geppert*, Begünstigung (§ 257 StGB), Jura 1980, 269 und 327; *Geppert*, Zum Verhältnis von Täterschaft/Teilnahme an der Vortat und anschließender sachlicher Begünstigung, Jura 1994, 441; *Geppert*, Zum Begriff der „Hilfeleistung" im Rahmen von Beihilfe (§ 27 StGB) und sachlicher Begünstigung (§ 257 StGB), Jura 2007, 589; *Jahn/Reichart*, Die Anschlussdelikte – Begünstigung (§ 257 StGB), JuS 2009, 309; *Laubenthal*, Zur Abgrenzung zwischen Begünstigung und Beihilfe zur Vortat, Jura 1985, 630; *Seelmann*, Grundfälle zu den Straftaten gegen das Vermögen als Ganzes, JuS 1983, 32; *Stoffers*, Die entgeltliche Rückveräußerung einer gestohlenen Sache an deren Eigentümer durch einen Dritten, Jura 1995, 113.

Übungsfälle: *I. Sternberg-Lieben*, Examensklausur Strafrecht: Der gefälschte Caspar David Friedrich, Jura 1996, 544.

§ 19. Hehlerei (§§ 259, 260 und 260a)

A. Grundlagen

Der Tatbestand der Hehlerei schützt allein das Rechtsgut **Vermögen**. Die Hehlerei ist damit im Gegensatz zu den übrigen Delikten des 21. Abschnitts des StGB (§§ 257, 258, 258a und 261) ein Vermögens- und kein Rechtspflegedelikt. Der Zweck des § 259 ist es, die Aufrechterhaltung der durch die Vortat geschaffenen rechtswidrigen Vermögenslage durch einverständliches Zusammenwirken mit dem Vortäter zu verhindern (BGHSt 7, 134, 137; *Lackner/Kühl*, § 259 Rn. 1; *Rose*, JR 2006, 109, 110; *Zöller/Frohn*, Jura 1999, 378, 379). 1

B. Tatbestand

Der objektive Tatbestand des § 259 erfordert das Ankaufen oder das Sich- oder das Einem-Dritten-Verschaffen, alternativ das Absetzen oder das Absetzenhelfen einer Sache, die ein anderer gestohlen oder sonst durch eine gegen fremdes Vermögen gerichtete Tat erlangt hat. Für den subjektiven Tatbestand ist über den Vorsatz hinsichtlich aller Merkmale des objektiven Tatbestands hinaus die Absicht notwendig, sich oder einen Dritten zu bereichern. 2

Grundstruktur des Hehlereitatbestands				
Objektiver Tatbestand		Subjektiver Tatbestand	
Tatobjekt (Rn. 3 ff.)	Tathandlung (Rn. 31 ff.)	Vorsatz (Rn. 66 ff.)	Bereicherungsabsicht (Rn. 70 ff.)

I. Objektiver Tatbestand

1. Tatobjekt

3 a) Tatobjekt der Hehlerei kann nur eine Sache, also ein körperlicher Gegenstand sein. Forderungen, Rechte und wirtschaftliche Werte als solche (vgl. dazu *Heinrich*, JZ 1994, 938, 941) sind daher keine hehlereitauglichen Gegenstände. Sind Forderungen und Rechte in einem Papier – etwa einem Sparkassenbuch, Schuld- oder Pfandschein – verkörpert, kann dieses als körperlicher Gegenstand Tatobjekt sein (*OLG Düsseldorf* NJW 1990, 1493).

Beispiel: A hat betrügerisch (§ 263 I) ein Darlehen bei seiner Bank erschlichen. Er tritt den Anspruch auf Auszahlung der Darlehenssumme an den bösgläubigen B ab, um eine alte Schuld zu begleichen. – Die abgetretene Forderung ist keine „Sache" i.S. des § 259 I. Erschleicht A hingegen betrügerisch einen Schuldschein von C und übergibt diesen B, so ist der Schuldschein als körperlicher Gegenstand taugliches Tatobjekt der Hehlerei.

4 Im Unterschied zu den Eigentumsdelikten der §§ 242 ff. ist es für das Tatbestandsmerkmal „Sache" i.S. des § 259 I unerheblich, ob es sich um eine bewegliche oder eine unbewegliche (RGSt 56, 335, 336; LK/*Ruß*, § 259 Rn. 2), um eine fremde, eine herrenlose (RGSt 63, 35, 38) oder eine dem Hehler (RGSt 18, 303, 304; *BGH* wistra 1988, 25) oder dem Vortäter (*Roth*, JA 1988, 193, 197) gehörende Sache handelt.

Beispiele: Gegenstand einer Hehlerei kann ein Grundstück sein, das A betrügerisch in seinen Besitz gebracht hat, ebenso ein von A gewilderter herrenloser Hirsch (§ 292) oder ein im Eigentum des A stehender, z.B. einem Werkunternehmerpfandrecht unterliegender Pkw, den B zu dessen Gunsten im Wege der Pfandkehr (§ 289) in seinen Besitz gebracht hat.

Beachte: Die Prüfung des § 259 I muss stets mit der Benennung des Tatobjekts beginnen. Die Vortat an erster Stelle zu prüfen, begründet die Gefahr, Probleme der Ersatzhehlerei zu verkennen.

5 b) Die Sache muss „ein anderer *gestohlen* oder sonst durch eine gegen fremdes Vermögen gerichtete rechtswidrige Tat erlangt" haben. Der im Ge-

setz hervorgehobene Diebstahl ist zwar die häufigste, nicht aber die einzig mögliche Vortat der Hehlerei.

(1) Als Vortaten kommen die Eigentums- und Vermögensdelikte i.e.S. (z.B. die §§ 242 ff., 249, 253, 263, 265 und 266) in Betracht, daneben als Vermögensdelikte i.w.S. alle Taten, die im Einzelfall unter Verletzung fremder Vermögensinteressen unmittelbar ebenfalls zu einem deliktischen Sacherwerb führen, beispielsweise § 240 (*BGH* MDR/D 1972, 571), § 257 (RGSt 6, 218, 221), § 267 (*BGH* NJW 1969, 1260, 1261; a.A. *Sippel*, NStZ 1985, 348, 349), § 283 (BGHR StGB § 259 Abs. 1 Vortat 9; differenzierend MünchKomm/ *Lauer*, § 259 Rn. 26) oder § 292 (*Geppert*, Jura 2008, 599, 603). Vortat kann auch eine Hehlerei sein (sog. **Kettenhehlerei**; BGHSt 33, 44, 48; *Roth*, JA 1988, 193, 197). Keine geeignete Vortat stellen dagegen ein durch den Eigentümer begangener Versicherungsbetrug (§ 263) und Versicherungsmissbrauch (§ 265) hinsichtlich der versicherten Sache dar, weil insofern keine rechtswidrige Besitzlage geschaffen wird (*BGH* NStZ 2005, 447, 448; vertiefend *Rose*, JR 2006, 109, 112 f.).

6

(2) Die Vortat muss eine „rechtswidrige" Tat i.S. des § 11 I Nr. 5 sein (*Zöller/Frohn*, Jura 1999, 378, 379). Sie muss also den objektiven und subjektiven Tatbestand eines Strafgesetzes verwirklicht haben und rechtswidrig begangen worden sein. Es kommt dagegen nicht darauf an, ob dem Täter ein persönlicher Schuldvorwurf gemacht werden kann (BGHSt 1, 47, 8 f.), ein persönlicher Strafausschließungsgrund vorliegt oder ein Verfolgungshindernis (z.B. Verjährung; *Lackner/Kühl*, § 259 Rn. 4) besteht.

7

(3) Die Sache, die Gegenstand der Hehlerei ist, kann nach dem Wortlaut des § 259 I nur eine solche sein, die der Vortäter durch die Vortat bereits erlangt *hat*, d.h. die der Vortäter in seine tatsächliche Sachherrschaft gebracht hat (BGHSt 13, 403, 405 – „Aluhandelfall"; *BGH* MDR/H 1995, 881). Das wird regelmäßig im Zeitpunkt der Vollendung der Vortat der Fall sein. Im Einzelfall kann der Täter auch bereits im Versuchsstadium die tatsächliche Sachherrschaft begründen (*BGH* StV 1996, 81 f.). Erlangt i.S. des § 259 I ist eine Sache ebenfalls, wenn sie sich im Zeitpunkt der Begehung der Vortat bereits im Alleingewahrsam des Vortäters befunden und dieser durch die Vortat, etwa Unterschlagung (§ 246 I), seinen bisherigen Fremdbesitz in Eigenbesitz umgewandelt hat (Schönke/Schröder/*Stree/Hecker*, § 259 Rn. 13).

8

Das Tempus der Gesetzesformulierung (Perfekt) bringt klar zum Ausdruck, dass die Sacherlangung durch den Vortäter der Hehlerei – und zwar bei sämtlichen Handlungsvarianten (*BGH* NStZ 2009, 387) – vorausgegangen sein muss (MünchKomm/*Lauer*, § 259 Rn. 42). Dies ist nach h.M. jedenfalls im Zeitpunkt der Vollendung der Vortat gegeben (*BGH* StV 1989, 435; *Fischer*, § 259 Rn. 8).

9

Hingegen ist es umstritten, ob zwischen der Vortat und der nachfolgenden Hehlereihandlung eine zeitliche Zäsur erforderlich ist. Dieser Streit kann na-

10

mentlich dann lösungsrelevant werden, wenn es sich bei der Vortat um eine Unterschlagung (§ 246 I) oder Untreue (§ 266 I) handelt.

11 **Beispielsfall 9 – Schmuckfall:** A übergibt B anlässlich eines mehrmonatigen Auslandsaufenthalts verschiedene wertvolle Schmuckstücke zur Verwahrung. Als B sich in C verliebt, möchte er ihr eine Freude bereiten. Er schenkt und übergibt zugleich der bösgläubigen C einen der ihm anvertrauten Ringe.
Strafbarkeit von B und C?

Lösung:

12 Der Ring ist für B eine fremde bewegliche Sache, die ihm zudem anvertraut war. Durch sein Schenkungsangebot und die gleichzeitige Übergabe des Rings hat B sich diesen – zudem in objektiv erkennbarer Weise – zugeeignet (vgl. § 3 Rn. 5 ff.). B hat sich daher einer veruntreuenden Unterschlagung (§ 246 II) strafbar gemacht.

13 Hingegen könnte C der Hehlerei (§ 259 I) schuldig sein. Insoweit ist es bereits zweifelhaft, ob der Ring für C taugliches Tatobjekt ist. Hierfür ist die Auslegung des Merkmals „durch die Tat erlangt *hat*" entscheidend. Denn die Tathandlung des B war genau in dem Zeitpunkt abgeschlossen, in dem C Besitz am Ring erlangt, mithin sich diesen i.S. des § 259 I verschafft hat.

14 Nach einer Mindermeinung im Schrifttum handelt es sich auch dann um eine Sache, die der Vortäter aus einer gegen fremdes Vermögen gerichteten rechtswidrigen Tat erlangt hat, wenn der tatsächliche und rechtliche Abschluss der Vortat und die Hehlereihandlung zusammenfallen (*Blei* II, S. 288; *Otto*, § 58 Rn. 8). Danach handelt es sich bei dem Ring für C um eine Sache, die ein anderer (A) im Zeitpunkt der Hehlereihandlung bereits durch eine rechtswidrige Tat erlangt hat. Für diese Ansicht führen ihre Vertreter folgende **Argumente** an:

15 • Auch bei einem zeitlichen Zusammenfallen von Vollendung der Vortat und Hehlereihandlung stehen sich Vortäter und Hehler als Angehörige „zweier Lager" gegenüber, die normalerweise durch einen Interessengegensatz gekennzeichnet sind (Schönke/Schröder/*Stree*, 27. Aufl., 2006 § 259 Rn. 15; ausdrücklich anders jetzt Schönke/Schröder/*Stree*/*Hecker*, § 259 Rn. 14).

16 • Es genügt, dass sich die Hehlerei bei wertender Betrachtungsweise als Anschlusstat an die Vortat des Täters darstellt, weil sie gleichsam die Kehrseite der Tat ist, an deren Existenz angeknüpft wird. Insoweit unterscheidet sich die Situation nicht von der einer Übereignung, bei der Übergabe und Annahme einen einheitlichen Vorgang bilden, obgleich sie rechtlich gesehen zeitlich aufeinander folgen (*Otto*, § 58 Rn. 8).

17 • Die Worte „erlangt hat" beziehen sich nicht auf die Chronologie, sondern auf den sachlichen Vorgang der Vortat, der auch dann gegeben ist, wenn – wie im Beispielsfall – Vortat und Hehlerei zeitlich zusammenfallen (*Haft*/*Hilgendorf*, S. 66).

Nach h.M. folgt aus der Formulierung „erlangt hat" dagegen notwendig   **18**
die Auslegung, die das Erfordernis eines zeitlichen Zwischenraums zwischen
Vollendung der Vortat und der nachfolgenden Hehlereihandlung zum Ergebnis hat (BGHSt 13, 403, 405 – „Aluhandelfall"; *BGH* NStZ 1994, 486; StV 2002, 542). Danach scheidet eine Strafbarkeit der C wegen Hehlerei aus, da im Zeitpunkt der Hehlereihandlung A den Ring noch nicht i.S. des § 259 I erlangt hat. Die Vertreter dieser Ansicht stützen diese auf folgende **Argumente**:

- Der eindeutige Wortlaut des § 259 I („*gestohlen*") setzt jedenfalls einen voll-   **19**
  endeten Diebstahl voraus. Wenn dieser als Vortat vollendet sein muss, kann
  bei den anderen Vortaten auch nicht auf das Erfordernis der Vollendung
  verzichtet werden (*Krey/Hellmann*, Rn. 583).
- Die Gegenmeinung deutet die Perfekt-Formulierung des Gesetzes in eine   **20**
  Präsens-Formulierung um. Bei dieser berichtigenden Auslegung handelt es
  sich um eine nach Art. 103 II GG unzulässige Analogie (LK/*Ruß*, § 259
  Rn. 12; *Geppert*, Jura 1994, 100, 101).
- Normzweck des § 259 I ist es, einer Aufrechterhaltung der rechtswidrigen   **21**
  Besitzlage entgegenzuwirken (vgl. Rn. 1). Diese Besitzlage muss notwendigerweise erst entstanden sein, bevor sie aufrechterhalten werden kann (LK/
  Ruß, § 259 Rn. 12; *Zöller/Frohn*, Jura 1999, 378, 380).
- Die Gegenmeinung verwischt die Grenzen zwischen Hehlerei und Bei-   **22**
  hilfe zur Vortat und führt auf der Konkurrenzebene zur Tateinheit zwischen beiden Delikten (*Fischer*, § 259 Rn. 8).

Stellungnahme und Ergebnis: Nach vorzugswürdiger, weil allein   **23**
Art. 103 II GG Rechnung tragender Auslegung macht sich C im Beispielsfall
nicht nach § 259 I strafbar. Denn zwischen der Vollendung der Vortat und
dem Sichverschaffen gibt es keine zeitliche Zäsur, so dass der Ring für C kein
taugliches Objekt einer Hehlerei war. Die Auffassung der h.M. hat keine
„unerträglichen Strafbarkeitslücken" zur Folge, die zu schließen im übrigen
allein Aufgabe des Gesetzgebers wäre, da regelmäßig – wie im Beispielsfall –
eine Strafbarkeit wegen Unterschlagung (§ 246 I), zumindest aber wegen Teilnahme an der Vortat (etwa §§ 246, 26 oder 246, 27; vgl. *BGH* StV 2002, 542)
gegeben ist.

---

c) Der objektive Tatbestand der Hehlerei erfordert nach h.M. zudem, dass
die Sache unmittelbar aus der Vortat erlangt ist und die durch die Vortat begründete rechtswidrige Vermögenslage im Zeitpunkt der Hehlereihandlung
noch fortbesteht (BGHSt 9, 134, 139; *Lackner/Kühl*, § 259 Rn. 7).

Das hat zur Konsequenz, dass das Objekt der Hehlerei mit der aus der Vor-   **24**
tat erlangten Sache körperlich identisch sein muss. Dieses Erfordernis folgt
zum einen aus dem Wortsinn der Norm, zum anderen aus der Schutzrichtung der Hehlerei, nämlich der Vermeidung der Aufrechterhaltung der durch
die Vortat geschaffenen rechtswidrigen Vermögenslage. *Gestohlen* sind nur die

unmittelbar aus der Vortat erlangten, nicht aber die mittels der Diebesbeute erworbenen Sachen (*BGH* Beschluss vom 8. 3. 2001, Az.: 1 StR 43/01; *Lackner/Kühl*, § 259 Rn. 8). Dies muss ebenso für die aus sonstigen Vermögensdelikten erlangten Sachen gelten (*Krey/Hellmann*, Rn. 571).

25 (1) Nur mittelbar aus der Vortat erlangte Sachen (Ersatzsachen) scheiden daher als Tatobjekt der Hehlerei aus. Man spricht insoweit von strafloser **Ersatzhehlerei** (*BGH* NJW 1969, 1260, 1261; Schönke/Schröder/*Stree/Hecker*, § 259 Rn. 13; *Kudlich*, JA 2002, 672, 673).

> **Beispiel:** A unterschlägt ein von B geliehenes Fachbuch. Dieses tauscht er im Antiquariat des gutgläubigen C gegen einen Kriminalroman ein, den er seiner bösgläubigen Freundin D schenkt. – Der Roman ist für D kein taugliches Objekt einer Hehlerei, da er nur mittelbar aus der Unterschlagung herrührt.

26 Die Mitwirkung beim Erlangen von Ersatzsachen kann sich häufig zugleich als Absatz oder Absatzhilfe in bezug auf die Beute der Vortat darstellen. Es darf daher nicht vorschnell eine straflose Ersatzhehlerei angenommen werden.

27 (2) Von der Straflosigkeit der Ersatzhehlerei will eine im Schrifttum vertretene Mindermeinung bei Geld auf der Grundlage des beim Diebstahl entwickelten **Wertsummengedankens** (vgl. § 1 Rn. 122) eine Ausnahme machen. Danach ist bei Geld von der Sachqualität abzusehen und statt dessen auf die Wertsumme abzustellen. Immer dann, wenn der Täter gestohlenes Geld wechselt, sei eine „materielle Identität" zwischen dem gestohlenen und dem gewechselten Geld anzunehmen und daher an letzterem Hehlerei möglich (*Blei* II, S. 283f.; *Rudolphi*, JA 1981, 1, 4).

> **Beispiel:** A stiehlt einen 500-€-Schein. Von diesem Geld kauft er eine Halskette im Wert von 300,- €. Diese und einen 100-€-Schein des Wechselgeldes schenkt er seiner zuvor über die Umstände eingeweihten Freundin B. – Da die Halskette weder gestohlen noch sonst durch eine gegen fremdes Vermögen gerichtete rechtswidrige Tat unmittelbar erlangt ist, scheidet eine Strafbarkeit der B wegen Hehlerei diesbezüglich aus. Nur nach Auffassung derjenigen, die den Wertsummengedanken auf § 259 übertragen, macht sich C einer Hehlerei an dem 100-€-Schein strafbar.

28 Dieser Versuch, die nach dem Gesetzeswortlaut straflose Ersatzhehlerei bei Geld mit Hilfe des Wertsummengedankens zu umgehen, verstößt gegen das strafrechtliche Analogieverbot (Art. 103 II GG). Das Gesetz verlangt als Tatobjekt unzweifelhaft eine durch die Vortat spezifizierte Sache (*Krey/Hellmann*, Rn. 575).

29 (3) Ersatzsachen können aber dann taugliches Objekt einer Hehlerei sein, wenn deren Erwerb selbst eine gegen fremdes Vermögen gerichtete rechtswidrige Tat darstellt und deshalb auch bezüglich der Ersatzsache eine rechtswidrige Vermögenslage besteht (*Lackner/Kühl*, § 259 Rn. 8).

§ 19. Hehlerei

Beispiel: Hat A – anders als im obigen Beispiel (vgl. Rn. 25) – das Fachbuch gestohlen, erfüllt der Tausch den Tatbestand des Betrugs (§ 263 I), da C wegen § 935 I BGB kein Eigentum erwerben kann. Der Roman ist damit aus einer gegen fremdes Vermögen gerichteten rechtswidrigen Tat erlangt. Die Tatsache, dass C dem A den Kriminalroman übereignet hat, berührt die Anwendbarkeit des § 259 I nicht (vgl. *Lackner/Kühl*, § 259 Rn. 7). Denn es handelt sich nicht um einen Eigentumserwerb von Bestand, sondern bloß um einen anfechtbaren Erwerb (§§ 123 I und 142 I BGB). Übergibt A der eingeweihten D den Roman zu deren eigener Verfügungsgewalt, macht sich D wegen Hehlerei strafbar.

(4) Schließlich ist eine aus der Vortat erlangte Sache nur solange taugliches **30** Tatobjekt einer Hehlerei, bis die Widerrechtlichkeit der Vermögenslage durch einen Eigentumserwerb von Bestand wegfällt (*Wessels/Hillenkamp*, Rn. 842).

Beispiele: Eine unterschlagene oder gewilderte Sache wird von einem Dritten gutgläubig erworben (§ 932 BGB). – Ein bösgläubiger Dritter kann im Anschluss daran keine Hehlerei mehr begehen.
Das gleiche gilt, wenn der Dieb (oder ein Dritter) eine gestohlene Sache verarbeitet und aufgrund dessen an der neuen Sache gemäß § 950 BGB Eigentum von Bestand erwirbt. – Ein Dritter, der dieses Produkt ankauft, macht sich nicht wegen Hehlerei strafbar.

Detailstruktur und Hauptprobleme des Tatobjekts			
Sache, …	… die **ein anderer** …	… **gestohlen** oder sonst durch eine **gegen fremdes Vermögen gerichtete rechtswidrige Tat** …	… **erlangt hat**
• körperlicher Gegenstand (Rn. 3) • auch tätereigene, herrenlose und unbe- wegliche Sachen (Rn. 4)	• Teilnehmer der Vortat, nicht aber deren Täter und Mittäter können Täter der Hehlerei sein (Rn. 90 f.)	• Eigentums- und Vermögensdelikte i.w.S. (Rn. 6) • rechtswidrige Tat i.S. des § 11 I Nr. 5 (Rn. 7)	• Vortat muss vollendet sein (Rn. 8 ff.) • Sache muss unmittelbar aus der Vortat erlangt sein (Rn. 23 ff.)

2. Tathandlungen

Der Zugang zum § 259 I wird erleichtert, wenn man sich vor Augen hält, **31** dass die unter Strafe gestellten vier Handlungsvarianten grundsätzlich in zwei Gruppen unterteilt werden können. Während das Ankaufen und sonstige Sichverschaffen (Gruppe 1) regelmäßig im Interesse des die Hehlerei begehenden Täters erfolgt, liegen das Absetzen und das Absetzenhelfen (Gruppe 2) stets primär im Interesse des Vortäters (vgl. *Maurach/Schroeder/Maiwald*, BT 1, § 39 Rn. 25; *Kudlich*, JA 2002, 672, 673). Alle vier Varianten können bei Bestehen einer entsprechenden Garantenstellung auch durch Unterlassen verwirklicht werden (vgl. LK/*Ruß*, § 259 Rn. 30; zum Sichverschaffen ebenso Schönke/Schröder/*Stree/Hecker*, § 259 Rn. 25).

a) Gruppe 1

32 **(1)** Unter **Sichverschaffen** wird allgemein die im Einverständnis mit dem Vorbesitzer erfolgte Begründung tatsächlicher Verfügungsgewalt über die hehlereitaugliche Sache verstanden (*Fischer*, § 259 Rn. 11).

> **Merke:** Der Täter muss danach mit dem Willen Besitz an der Sache begründen, über diese als eigene bzw. zu eigenen Zwecken zu verfügen, d.h. sie ihrem wirtschaftlichen Wert nach zu übernehmen.

33 Diese Voraussetzung ist beispielsweise nicht erfüllt, wenn der Täter die Sache lediglich deshalb an sich bringt, um sie anschließend zu vernichten oder aber für den Vortäter aufzubewahren. Dies gilt selbst dann, wenn er dafür ein Entgelt bekommt (BGHSt 15, 53, 56; *BGH* NStZ 1995, 544). Es genügen auch nicht das bloße Entleihen der Sache zum vorübergehenden Gebrauch und die Entgegennahme nur zur Ansicht (*Fischer*, § 259 Rn. 12; *Maurach/Schroeder/Maiwald*, BT 1, § 39 Rn. 28 f.).

34 Die erforderliche Verfügungsgewalt entsteht regelmäßig durch Begründung unmittelbaren Gewahrsams am Hehlereigegenstand. In Einzelfällen sieht die h.M. es als ausreichend an, wenn der Täter mittelbaren Besitz dadurch eingeräumt bekommt, dass er ein Legitimationspapier (z.B. Gepäck- oder Pfandschein) erhält, das ihn berechtigt, von einem Dritten die Herausgabe der bei diesem hinterlegten Sache zu verlangen (BGHSt 27, 160, 163 ff.; *Zöller/Frohn*, Jura 1999, 378, 382). Dagegen fehlt es an einer selbstständigen Verfügungsgewalt des Täters, wenn er vom Vortäter nur die Möglichkeit ggf. gemeinsamer Verfügung über den Gegenstand zugestanden bekommen hat (BGHSt 35, 172, 175 f.; *BGH* StV 2005, 87).

35 Ein Streit besteht darüber, ob das Mitkonsumieren von aus einer Vortat stammenden Nahrungs- bzw. Genussmitteln als Sichverschaffen eingestuft werden kann. Das ist zu verneinen, wenn der Vortäter sich wie ein Gastgeber verhält, weil dieser üblicherweise die eigene Verfügungsgewalt an dem Angebotenen nicht aufgibt (BGHSt 9, 137; *BGH* StV 1999, 604; *Krey/Hellmann*, Rn. 586; a.A. *Maurach/Schroeder/Maiwald*, BT 1, § 39 Rn. 31: „keine krassere Perpetuierung [Aufrechterhaltung] denkbar"). Dies hat auch der Gesetzgeber so gesehen (BT-Drs. 7/550, S. 252). Jedoch kann der Mitverzehrende ausnahmsweise eine eigenständige Herrschaftsgewalt über das Konsumierte erlangen (*BGH* NStZ 1992, 36; *Wessels/Hillenkamp*, Rn. 856).

§ 19. Hehlerei

Beim Vorbesitzer handelt es sich in der Regel um den Vortäter. Dies muss **36** aber nicht so sein (*Geppert*, Jura 1994, 100). Denn der Annahme dieser Handlungsvariante steht es nicht entgegen, dass die Sache im Anschluss an die Vortat noch „durch mehrere Hände gegangen ist", ehe sie in den Besitz des Täters gelangt (BGHSt 15, 53, 57). Es ist nach überwiegender Ansicht nicht einmal erforderlich, dass ein Vorbesitzer deren Herkunft aus einer Straftat kennt, vielmehr soll dieser auch gutgläubig sein können. Dies gilt jedoch nur dann, wenn – unter Berücksichtigung der §§ 932 und 935 BGB – trotz Beteiligung eines unwissenden Mittlers die unrechtmäßige Vermögenslage noch besteht (vgl. Rn. 30; BGHSt 15, 53, 57; *OLG Düsseldorf* JR 1978, 465 f. m. abl. Anm. *Paeffgen*).

Beispiel: Schenkt A einen von ihm gestohlenen Ring seiner ahnungslosen Freundin B und verschenkt diese den Ring an C weiter, der (aus anderer Quelle) von der Herkunft des Schmuckstücks weiß, so erfüllt dieser beim Vorliegen der übrigen Voraussetzungen die Tatmodalität des Sichverschaffens.

> **Beachte:** Umstritten ist das Problem, ob es an einem einverständlich abgeleiteten Erwerb mangelt, wenn der Täter die Übertragung der Verfügungsgewalt über die aus einem Vermögensdelikt herrührende Sache durch Täuschung oder Bedrohung des Vortäters herbeigeführt hat.

Beispiel: A droht dem Vortäter B Schläge an und veranlasst diesen so, ihm das aus einem Betrug stammende Geld zu übergeben.

Die im Vordringen befindliche Auffassung verneint die Frage mit über- **37** zeugender Argumentation (BGHSt 42, 196, 197 ff. m. zust. Anm. *Hruschka*, JZ 1996, 1135; *Krey/Hellmann*, Rn. 587a; ebenso unter Aufgabe der noch in der Vorauflage vertretenen gegenteiligen Ansicht nun Schönke/Schröder/*Stree/ Hecker*, § 259 Rn. 37). Dabei kommt dem Zweck des § 259 zentrale Bedeutung zu. Dieser besteht darin, die Aufrechterhaltung (Perpetuierung) bzw. Vertiefung des durch die Vortat geschaffenen rechtswidrigen Vermögenszustands unter Strafe zu stellen. Der Zusammenhang mit der Vortat wird nach h.M. durch das Zusammenwirken von Vortäter und Hehler begründet (*Wessels/Hillenkamp*, Rn. 858).

> **Merke:** Der Zweck des § 259, die Perpetuierung der rechtswidrigen Vermögenslage zu verhindern, ist für alle vier Handlungsmodalitäten relevant und bei deren Prüfung ggf. zu berücksichtigen.

An einem solchen einverständlichen Zusammenwirken fehlt es, wenn der **38** Täter dem Vortäter die Sache wegnimmt oder sonst gegen dessen Willen über sie verfügt. Dann kommt nur ein Diebstahl (§ 242 I) bzw. eine Unterschlagung (§ 246 I) in Betracht. Ist die Wegnahme mit Gewalt oder unter Anwendung qualifizierter Drohungen erfolgt, liegt ein Raub (§ 249 I) vor. In allen genannten Fällen scheidet eine zugleich begangene Hehlerei aus.

39 Es ist kaum nachvollziehbar, dann anders zu entscheiden, wenn der Täter die hehlereitaugliche Sache nicht eigenmächtig an sich bringt, sondern sie sich – durch Drohungen erzwungen – aushändigen lässt. Durch dieses Verhalten kann er – wie auch A im obigen Beispiel (vgl. Rn. 36) – sich der (räuberischen) Erpressung (§§ 253, 255) oder Nötigung (§ 240) schuldig machen, nicht aber der Hehlerei.

40 Deren Pönalisierung bezweckt nicht den Schutz des Vortäters, sondern hat ihren Grund darin, dass gerade das Zusammenwirken von Vortäter und Hehler allgemeine Sicherheitsinteressen in Gefahr bringt. Letzterer ist schon durch seine Vermögensdelikte generell fördernde Bereitschaft, bei der Abnahme der Beute mitzuhelfen, gefährlich („Der Hehler ist so schlimm wie der Stehler"). Denn er enthebt den Vortäter der Sorge um die gefahrlose Verwertung der Beute und schafft so einen (zusätzlichen) Anreiz für die Begehung von Vermögensstraftaten. Derartig helfend agiert aber ein Täter nicht, der dem Vortäter dessen Beute durch Drohungen abnötigt. Pointiert formuliert: Die Aussicht, die Beute durch Erpressung oder Nötigung zu verlieren, schafft keinen Anreiz zu Vermögensdelikten (vgl. *BGH* JZ 1996, 1133).

41 Gleiches gilt für die Konstellation, bei der die Beute dem Vortäter durch Täuschung abgenommen wird (MünchKomm/*Lauer*, § 259 Rn. 61; *Kudlich*, JA 2002, 672, 674 f.; a.A. *Krey/Hellmann*, Rn. 587a; *Maurach/Schroeder/Maiwald*, BT 1, § 39 Rn. 24). Da die Überlegungen zum Sinn und Zweck des § 259 insofern ebenfalls passen, kann ein sich auf diese Weise in den Besitz der Sache bringender Täter nur einen Betrug (§ 263 I) begehen, so dass zudem keinerlei Notwendigkeit besteht, darüber hinaus eine Hehlerei zu bejahen.

42 § 259 I lässt es ausreichen, dass der Täter die Sache einem Dritten verschafft. Durch diese Formulierung wollte der Gesetzgeber verdeutlichen, dass auch die unmittelbare Weiterleitung des Hehlereigegenstands an einen Dritten den Tatbestand erfüllt (BT-Drs. 7/550, S. 252), sofern der Täter dabei nicht untergeordnet – dann kommt nur Beihilfe in Betracht –, sondern selbständig agiert (Schönke/Schröder/*Stree/Hecker*, § 259 Rn. 23 f.).

Beispiel: Hehler ist danach auch ein „Zwischenhändler", der etwa Fernseher an einen Erwerber, der eigene Verfügungsgewalt erhalten soll, verkauft und die von einem Vortäter gestohlenen Geräte von diesem direkt an den Käufer „liefern" lässt (nach *Küper*, Jura 1996, 205, 211).

43 (2) Das praxisrelevante **Ankaufen** hebt die gesetzliche Formulierung als „ausgestanzten" Unter- bzw. Beispielsfall des Sichverschaffens ausdrücklich hervor (*BGH* NStZ-RR 2005, 236). Tatbestandliche Besonderheiten folgen daraus nach ganz einhelliger Meinung nicht, d.h. die zum Oberbegriff darge-

stellten (vgl. Rn. 32 ff.) Grundvoraussetzungen müssen auch beim Ankauf gegeben sein. Daraus folgt, dass der bloße Abschluss eines Kaufvertrags über eine hehlereitaugliche Sache nur ein Versuch nach § 259 III sein kann, während es zur Tatvollendung der Begründung der Verfügungsgewalt bedarf (Schönke/Schröder/*Stree/Hecker*, § 259 Rn. 26).

Besondere Schwierigkeiten bereiten die unter dem Stichwort „**Rückkauf**" diskutierten Fallgestaltungen. Geht z.B. der durch die Vortat Geschädigte auf das Angebot eines vom Vortäter eingeschalteten Vermittlers ein, die Sache zurückzukaufen, so begeht er selbst durch die Abwicklung dieses Geschäfts keine Hehlerei. Denn durch die Transaktion wird die durch die Vortat herbeigeführte rechtswidrige Vermögens- bzw. Besitzlage nicht – wie es beim Tatbestand des § 259 I stets erforderlich ist (vgl. Rn. 1 und 37) – aufrechterhalten oder gar vertieft, sondern eben gerade beendet (*BGH* NStE, StGB, § 259 Nr. 2; *Lackner/Kühl*, § 259 Rn. 7). Ebenso ist es zu entscheiden, wenn Käufer der Sache eine Versicherung ist, die den durch die Vortat entstandenen Schaden reguliert hat und auf die infolgedessen die zivilrechtlichen Ansprüche des Geschädigten übergegangen sind (§ 86 I 1 VVG).

44

Zweifel könnte man bei dieser Konstellation dagegen bezüglich des Vermittlers haben, wenn dieser sich etwa zur Durchführung des Rückerwerbs vom Vortäter (gegen, aber auch ohne Entgelt) eigene Verfügungsgewalt über die Sache hat einräumen lassen oder aber wenn er in dessen Interesse tätig wird, so dass ein Verhalten der zweiten Gruppe in Betracht kommt (vgl. Rn. 49 ff.). Denn jedenfalls dann, wenn die Rückgabe nicht unter bedingungsloser Anerkennung der Rechtsposition des Geschädigten, sondern erst nach Zahlung einer Gegenleistung erfolgt, lässt sich nicht bestreiten, dass der Vermittler in gewisser Weise die hehlereitaugliche Sache zu seinen oder des Vortäters Gunsten wirtschaftlich verwertet.

45

Im Hinblick darauf wird daher teilweise Hehlerei angenommen (*Zöller/Frohn*, Jura 1999, 378, 384). Die h.M. verneint diese jedoch zutreffend deshalb, weil unmittelbar auf die Sache selbst abzustellen ist. Hinsichtlich dieser wird aber eindeutig die rechtmäßige Besitzlage wiederhergestellt (*BGH* NStE, StGB, § 259 Nr. 2; *Fischer*, § 259 Rn. 16; instruktiv *Stoffers*, Jura 1995, 113 ff.). Methodisch handelt es sich bei dieser Betrachtungsweise um eine am geschützten Rechtsgut ausgerichtete teleologische Reduktion des Tatbestands (*Maurach/Schroeder/Maiwald*, BT 1, § 39 Rn. 32). Diese muss konsequenterweise auch dann vorgenommen werden, wenn der Geschädigte „gutgläubig" ist, d.h. die ihm angebotene Sache nicht wiedererkennt.

46

Beachte: Bei der letztgenannten Fallgestaltung sind allerdings einerseits Betrug (§ 263 I) zum Nachteil des ursprünglich Geschädigten und andererseits versuchte Hehlerei (§§ 259 III, 22) zu erwägen (Schönke/Schröder/*Stree/Hecker*, § 259 Rn. 30).

47 Danach kann im Fall des Ankaufs der hehlereitauglichen Sache durch eine Versicherung in Ergänzung des oben Ausgeführten (vgl. Rn. 44) auch nichts anderes gelten, wenn diese zwar noch keine Leistungen an den durch die Vortat Geschädigten erbracht und dementsprechend keine eigenständige zivilrechtliche Rechtsposition begründet hat, sofern sie nur die Weiterleitung der Sache an den Versicherungsnehmer anstrebt.

48 Eine ähnliche Problematik entsteht, wenn ein Vortäter entgegen seiner ursprünglichen Planung eine bereits an einen Hehler weitergegebene Sache von diesem zurückkauft. Hier soll nach einer Auffassung eine Hehlerei des Vortäters bereits nach dem Wortlaut des § 259 I selbst ausscheiden, weil der Vortäter nicht „ein anderer" i.S. der Vorschrift sei (so wohl *Maurach/Schroeder/Maiwald*, BT 1, § 39 Rn. 45). Diese Argumentation greift jedoch zu kurz. Denn die im Anschluss an die Vortat an der Sache begangene Hehlerei ist ihrerseits vermögensverletzende und damit taugliche Vortat für eine – zusätzliche – Hehlerei nunmehr des Vortäters (vgl. Rn. 6; insofern überzeugend auch *Geppert*, Jura 1994, 100, 103). Jedoch ist es auch bei dieser Rückerwerbskonstellation richtig, eine strafwürdige Perpetuierung der rechtswidrigen Besitzposition zu verneinen, weil letztlich nur die schon durch die erste Vortat herbeigeführte Lage wiederhergestellt wird, so dass in diesen Fällen eine mitbestrafte Nachtat vorliegt (*Krey/Hellmann*, Rn. 578; *Wessels/Hillenkamp*, Rn. 886; a.A. *Geppert*, Jura 1994, 100, 103: Tatmehrheit, § 53).

b) Gruppe 2

49 **(1)** Das Merkmal **„Absetzen"** bedeutet nach allgemeiner Ansicht die im Einverständnis mit dem Vortäter (oder Zwischenhehler) in dessen Interesse, im Übrigen aber selbständig vorgenommene wirtschaftliche Verwertung der Sache durch entgeltliche rechtsgeschäftliche Weitergabe an einen gut- oder bösgläubigen Dritten (*Fischer*, § 259 Rn. 15 f.; *Wessels/Hillenkamp*, Rn. 868). Der Täter handelt also gewissermaßen für fremde Rechnung, aber in eigener Regie.

Beispiel: A sagt dem Vortäter B zu, die entwendeten Sachen als „Verkaufskommissionär" an Dritte zu veräußern, und bekommt zu diesem Zwecke die Schlüssel zum Versteckort ausgehändigt (*BGH* NStZ 1983, 455).

50 **(2) Absatzhilfe** begeht, wer den Vortäter, also denjenigen, der die Sache gestohlen oder sonst durch eine gegen fremdes Vermögen gerichtete rechtswidrige Tat erlangt hat, beim Absetzen – und nicht erst beim Eintreiben der von einem Dritten bereits erzielten Veräußerungserlöse (*BGH* StV 2009, 411) – unmittelbar unterstützt. Es handelt sich um einen Fall der tatbestandlich verselbständigten Beihilfe (SK/*Hoyer*, § 259 Rn. 35). Wird die Unterstützung einer anderen Person als dem Vortäter bei deren tatbestandlicher Absatzhandlung gewährt, kommen allein die §§ 259, 27 in Betracht (*BGH* StV 1984, 285; NStZ 1999, 351 f.).

§ 19. Hehlerei 267

Unter Absatzhilfe ist jede vorbereitende, ausführende oder sonst helfende 51
Tätigkeit zu verstehen, die jedoch – darin besteht der Unterschied zum tatbestandlich gleichgestellten Absetzen – im Verhältnis zum Unterstützten weisungsabhängig und unselbständig erbracht wird (*Wessels/Hillenkamp*, Rn. 870).

Beispiele: Dieses Merkmal sollen etwa die Übernahme der Diebesbeute unter der Zusage, sie zum vorgesehenen Umsatzort zu transportieren (*BGH* NStZ 1990, 539), die Vermittlung von Kaufinteressenten (*Lackner/Kühl*, § 259 Rn. 15; s. auch *BGH*, Urteil vom 13. 1. 2010, Az.: 1 StR 247/09), das Umschlagen von Motor- und Karosserienummern bei gestohlenen Fahrzeugen, das Fälschen von Fahrzeugpapieren sowie das Umschleifen gestohlener Schmuckstücke erfüllen (*BGHSt* 26, 358, 362 f. – „Absatzhilfefall").

Die Frage, ob es genügt, wenn der Täter dem Vortäter lediglich gestattet, 52
ein gestohlenes Auto für die Dauer der polizeilichen Ermittlungen in seiner Garage unterzustellen, ist dagegen zu verneinen (offengelassen von *BGH* JR 1996, 344 m. krit. Anm. *Paeffgen*). Denn bloßes Einlagern für einen späteren Verkauf bereitet den Absatz erst vor (ebenso *BGH* StraFo 2005, 214, 215). Ebenfalls reicht es nicht aus, wenn der Täter die Reparatur eines durch eine Vortat erbeuteten Fernsehers übernimmt, der erst im Anschluss veräußert werden soll (*BGH* NStZ 1994, 395 f.), oder gar erst Erkundigungen einholt, ob ein gestohlener Pfandbrief überhaupt handelbar ist (*BGH* NStZ 2008, 152). Anders soll aber dann zu entscheiden sein, wenn der Verwahrer den Absatz der bei ihm gelagerten Sache bereits versucht hat oder die Lagerung zumindest mit dem Ziel der Durchführung eines bereits feststehenden Absatzplans erfolgt (*BGH* JR 1989, 383 m. krit. Anm. *Stree*).

Merke: Absetzen und Absetzenhelfen stellen jeweils eine Unterstützung von Absatzbemühungen des Vortäters dar. Diese Hilfe des Hehlers wird beim Absetzen selbständig, beim Absatzenhelfen dagegen unselbständig erbracht (*BGH* JR 1989, 383 f.).

(3) Während die dargestellten Grundsätze weitgehend anerkannt sind, 53
kann ihre konkrete Anwendung ausgesprochen problematisch sein. Insbesondere ist es umstritten, ob eine vollendete Tatbegehung durch die Handlungsvarianten der zweiten Gruppe den Erfolg der auf den Absatz der Beute zielenden Bemühungen voraussetzt.

Nach Auffassung vor allem der Rechtsprechung ist der Eintritt eines För- 54
derungserfolgs nicht notwendig, so dass bereits ein Bemühen um Absatz zur Vollendung ausreicht, das im konkreten Fall geeignet ist, die rechtswidrige Vermögenslage aufrechtzuerhalten oder zu vertiefen (*BGHSt* 26, 358, 359 – „Absatzhilfefall"; 43, 110, 111; *Wessels/Hillenkamp*, Rn. 867). Für diese Ansicht werden folgende **Argumente** vorgebracht:
• Vor allem der BGH betont die Entstehungsgeschichte der Vorschrift, in die 55
  die Merkmale „Absetzen" und „Absatzenhelfen" erst durch das EGStGB

vom 2. 3. 1974 eingefügt wurden. Sie traten an die Stelle des „Mitwirkens beim Absatz". Für dessen Vollendung aber war nach damals h.M. eine auf den Absatz zielende Tätigkeit ausreichend, selbst wenn dieser nicht erreicht wurde. An dieser Auslegung wollte der Gesetzgeber nichts ändern. Er wollte lediglich klarstellen, „dass Hehler auch derjenige ist, der die Sache zwar im Einverständnis mit dem Vortäter, aber sonst völlig selbständig auf dessen Rechnung absetzt", und hat deshalb neben der Absatzhilfe das Absetzen gesondert benannt (BT-Drs. 7/550, S. 253).

56 • Der neue Wortlaut steht der historisch geprägten Auslegung jedenfalls nicht entgegen. Dies gilt besonders für das Absetzenhelfen, das zwanglos als Hilfe zu ggf. auch vergeblichen Absatzbemühungen verstanden werden kann.

57 • Zudem sind dem Strafrecht vom Erfolg gelöste Unterstützungstatbestände, wie z.B. bei der Förderung sexueller Handlungen Minderjähriger (§ 180 I Nr. 2) und der Begünstigung (§ 257) nicht fremd (BGHSt 26, 358, 360 ff. - „Absatzhilfefall").

58 • Auch das Absetzen verlangt keinen Absatzerfolg. Anderenfalls wird der unselbständige Absatzhelfer auch dann wegen vollendeter Hehlerei verurteilt, wenn der beabsichtigte Absatz scheitert, der selbständig agierende Absetzer dagegen nur wegen Versuchs (BGHSt 27, 45, 51 - „Ölgemäldefall").

59 • Nur diese Auslegung stellt sicher, dass alle die wirtschaftliche Verwertung einer gestohlenen Sache unterstützenden Tätigkeiten vom Hehlereitatbestand erfasst werden, wie z.B. das Umarbeiten und Zerlegen von gestohlenen Kraftfahrzeugen oder Kunstschätzen (*Wessels/Hillenkamp*, Rn. 867).

60 Dieser Auffassung widerspricht die h.L. Sie setzt mit der Auslegung methodisch sauber beim Wortlaut an; ihre **Argumente** lauten im Einzelnen:

61 • Bezüglich des Merkmals „Absetzen" überschreitet es dessen möglichen Wortsinn – der die Auslegung eines Gesetzes stets zwingend begrenzt –, wenn man insoweit den bloßen Versuch genügen lässt (*Lackner/Kühl*, § 259 Rn. 13; *Krey/Hellmann*, Rn. 591 f. und 597 ff.; so auch *OLG Köln* NJW 1975, 987 f.). Beispielsweise genügt es für die Vollendung des § 212 I auch nicht, das Töten lediglich zu versuchen.

62 • Ein Vergleich mit den Modalitäten der ersten Gruppe stützt diese Ansicht. Dort reicht der bloße Versuch, die eigene Verfügungsgewalt über die Sache zu erlangen, zur Vollendung der Tat ebenfalls nicht. Ein Grund für eine unterschiedliche Interpretation des Absetzens ist nicht ersichtlich (MünchKomm/*Lauer*, § 259 Rn. 82; *Zöller/Frohn*, Jura 1999, 378, 383).

63 • Der Hehlereitatbestand bezweckt insgesamt, die Vertiefung der durch die Vortat geschaffenen rechtswidrigen Vermögenslage durch Weiterschieben der Beute zu verhindern (vgl. Rn. 1 und 37; MünchKomm/*Lauer*, § 259 Rn. 82; SK/*Hoyer*, § 259 Rn. 20 ff.; *Krey/Hellmann*, Rn. 594 f.).

64 Da § 259 III den Versuch der Hehlerei ohnehin unter Strafe stellt, bedarf es der weiten Auslegung nicht (hierzu ausführlich *Fischer*, § 259 Rn. 22 f.).

Beispiel: A erwirbt – wie ihm bekannt ist – einen gestohlenen Pkw. B gestattet A in Kenntnis der Herkunft des Wagens, diesen kostenlos in seiner Garage unterzustellen, damit A seinen Absatzplan verwirklichen kann. – Kommt es nicht zu einem Absatzerfolg, macht sich B nur nach der erstgenannten Auffassung (vgl. Rn. 54 ff.) einer vollendeten Hehlerei (§ 259 I) schuldig.

Stellungnahme: Die vor allem methodisch besseren – auch nach Ansicht 65 des BGH beachtlichen (*BGH*, Beschluss vom 4. 2. 2010, Az.: 3 StR 555/09) – Argumente sprechen für die h.L. Folgt man dem aber, so muss eine Bestrafung wegen vollendeter Absatzhilfe ebenfalls voraussetzen, dass der angestrebte Absatz tatsächlich geglückt ist, um einen auch von der Gegenansicht erkannten Wertungswiderspruch zwischen den beiden Tatvarianten der zweiten Gruppe zu vermeiden (vgl. Rn. 58; *OLG Köln* NJW 1975, 987 f.; *Lackner/Kühl*, § 259 Rn. 13; SK/*Hoyer*, § 259 Rn. 20).

Vertiefungshinweis: Da das Bemühen um Absatz geeignet sein muss, die rechtswidrige Vermögenssituation aufrechtzuerhalten oder zu vertiefen, liegt auch nach der weiten Ansicht nur versuchte Hehlerei vor, wenn der Täter ausschließlich mit einem von ihm als solchen nicht erkannten Polizeibeamten oder mit einer zuverlässigen polizeilichen Vertrauensperson verhandelt und dabei das Diebesgut anbietet (BGHSt 43, 110, 111; *BGH*, NStZ-RR 2000, 266; zu polizeilicher Observation *BGH* Beschluss vom 4. 2. 2010, Az.: 3 StR 555/09).

Hauptprobleme der Tathandlungen			
Gruppe 1		Gruppe 2	
Sichverschaffen	Ankaufen	Absetzen	Absetzenhelfen
Auch bei Drohung oder Täuschung durch den Hehler? (Rn. 36 ff.)	Genügt Rückkauf durch Vortäter, Geschädigten oder Versicherung? (Rn. 44 ff.)	Ist zur Vollendung ein Absatzerfolg erforderlich? (Rn. 53 ff.)	

II. Subjektiver Tatbestand

1. Vorsatz

Subjektiv ist zunächst erforderlich, dass der Täter vorsätzlich handelt. Ein- 66 hellig wird insoweit das Vorliegen bedingten Vorsatzes als ausreichend angesehen (*BGH* NStZ 1983, 264; MünchKomm/*Lauer*, § 259 Rn. 94). Der Täter muss somit gewollt eine der Hehlereihandlungen begehen, obwohl er weiß oder es (zumindest) für möglich hält (*LG Karlsruhe* StV 2008, 362), dass

67 • der Vortäter die Sache durch eine rechtswidrige Tat erlangt hat (*BGH* NStZ-RR 2000, 105; *OLG Hamm* NStZ 2003, 237 f.), wobei die Vorstellung irgendeiner gegen fremde Vermögensinteressen gerichteten Tat in groben Zügen, also nicht in allen Einzelheiten genügt (*BGH* NStZ 1992, 84; StV 2000, 258 f.; MünchKomm/*Lauer*, § 259 Rn. 95; *Zöller/Frohn*, Jura 1999, 378, 384), und

68 • eine rechtswidrige Vermögens- bzw. Besitzlage noch besteht, die durch das bewusst einvernehmliche Zusammenwirken mit dem Vortäter aufrechterhalten wird. Bei den Tatvarianten des Absetzens und des Absetzenhelfens muss der Täter zudem (wenigstens) die Möglichkeit erkennen, dass er durch sein Verhalten die Interessen des Vortäters fördert.

69 Erlangt der Täter erst nach der Gewahrsamserlangung an der Sache Kenntnis über deren deliktische Herkunft oder nimmt er eine solche zu diesem Zeitpunkt zumindest in Kauf, ist dem Vorsatzerfordernis nur genügt, wenn es dann zu einer Tathandlung i.S.d. § 259 I kommt (BGHSt 2, 135, 138; 15, 53, 58).

2. Bereicherungsabsicht

70 Darüber hinaus muss der Täter nach § 259 I handeln, um sich oder einen Dritten zu bereichern. Verlangt wird demnach Absicht (dolus directus 1. Grades), d.h. es muss dem Täter – ggf. neben weiteren Zwecken – gerade auf die Bereicherung i.S. eines erstrebten Ziels ankommen (MünchKomm/*Lauer*, § 259 Rn. 100; SK/*Hoyer*, § 259 Rn. 36). Der Annahme dieser Absicht steht nicht entgegen, dass der Täter bezüglich der Merkmale des objektiven Tatbestands lediglich bedingt vorsätzlich gehandelt hat (vgl. BGHSt 35, 325, 327 f.; *Fischer*, § 15 Rn. 6).

71 a) Bereicherungsabsicht ist nur zu bejahen, wenn ein Vermögenszuwachs erzielt werden soll, so dass Vorteile ohne Geld- bzw. Vermögenswert nicht erfasst werden. Der Besitz einer Sache stellt nur dann eine Bereicherung i.S.d. Vorschrift dar, wenn er die Grundlage für spätere wirtschaftliche Vorteile ist, weil anderenfalls praktisch jedes Sichverschaffen in der diesbezüglichen Absicht erfolgen würde (*Fischer*, § 259 Rn. 26). Ein Vermögenszuwachs scheidet im Übrigen schon begrifflich aus, wenn der Täter zur Erlangung der aus der Vortat herrührenden Sache eine deren Wert entsprechende Gegenleistung erbringen oder einen Preis bezahlen muss, für den er die Sache auch im regulären Geschäftsverkehr hätte kaufen können (*BGH* GA 1969, 62; *OLG Hamm* NStZ-RR 2003, 237, 238; *Otto*, § 58 Rn. 24). Anders liegt es, wenn er durch Weiterverkauf der erlangten Sache den üblichen Geschäftsgewinn erzielen will (*BGH* MDR/H 1981, 267).

Beispiele: Erwirbt A von B Ausweispapiere, die dieser gestohlen hat, weil er (A) meint, diese „immer 'mal gebrauchen zu können", ohne mit der Besitzerlangung irgendeinen auf eine Verbesserung der Vermögenslage hinauslaufenden Zweck zu verfolgen, so han-

§ 19. Hehlerei   271

delt er ohne Bereicherungsabsicht, weil es an einer Sache mit offiziellem Handelswert fehlt (*BGH* MDR/H 1983, 92; GA 1986, 559).

Ein derartiger Zweck kann jedoch bejaht werden, wenn der Täter mit Hilfe der Papiere „seine Identität bei Begehung von Straftaten" verschleiern und dadurch wirtschaftliche Vorteile erzielen will (*BGH* MDR 1996, 118).

Bereicherungsabsicht ist ebenfalls anzunehmen, wenn ein Täter sich illegal **72** einen Gegenstand, etwa eine Schusswaffe, verschafft und dafür keinen oder einen hinter dem Schwarzmarktwert zurückbleibenden Preis bezahlt (*BGH* StV 1982, 256).

b) Der Begriff der Bereicherungsabsicht ist mit dem des § 263 I (vgl. § 11 **73** Rn. 154 ff.) nur insoweit identisch, als der Täter eine günstigere Gestaltung der eigenen oder fremden Vermögensverhältnisse erstreben muss. Im Gegensatz zum Betrugstatbestand muss nach h.M. (*BayObLG* NJW 1979, 2219, 2220; *Lackner/Kühl*, § 259 Rn. 17; *MünchKomm/Lauer*, § 259 Rn. 105; *Maurach/Schroeder/Maiwald*, BT 1, § 39 Rn. 40) die erstrebte Bereicherung weder rechtswidrig (a.A. *Arzt/Weber-Heinrich*, § 28, Rn. 29) noch braucht der erstrebte Vermögensvorteil mit dem Objekt der Hehlerei stoffgleich zu sein (a.A. *Arzt*, NStZ 1981, 10, 13 f.; *Seelmann*, JuS 1988, 39, 41 f.).

Umstritten ist es, ob für die Drittbereicherungsabsicht i.S.d. § 259 I auch **74** die Absicht genügt, den Vortäter zu bereichern.

> **Beispielsfall 10 – Garagenfall:** A erwirbt – wie ihm bekannt ist – einen gestohlenen Pkw. B gestattet A, den Wagen kostenlos in seiner Garage unterzustellen, wo ihn potentielle Käufer besichtigen können. B, der um die Herkunft des Pkw weiß, wird allein in der Absicht tätig, A einen gewinnbringenden Weiterverkauf des Fahrzeugs zu ermöglichen. **75**
> Strafbarkeit des B?

Lösung:

B könnte sich wegen Hehlerei (§ 259 I) strafbar gemacht haben. Bei dem **76** untergestellten Pkw handelt es sich um „eine Sache, die ein anderer durch eine gegen fremdes Vermögen gerichtete Tat" (Vortat), nämlich durch Hehlerei erlangt hat.

Problematisch ist es, ob B Absatzhilfe geleistet hat. Nach zutreffender Ansicht fällt das Verhalten des B nicht unter das Merkmal der Absatzhilfe. Eine **77** vollendete Hehlerei scheidet mithin aus (vgl. Rn. 65).

Der Prüfung bedarf daher, ob B sich einer versuchten Hehlerei (§§ 259 III, **78** 22) strafbar gemacht hat. Der für den subjektiven Versuchstatbestand erforderliche Tatentschluss ist gegeben. Fraglich ist es hingegen, ob die Absicht, den Vortäter zu bereichern, der Drittbereicherungsabsicht des § 259 I genügt.

79 (1) Nach Teilen des Schrifttums genügt die Absicht, den Vortäter zu bereichern (Schönke/Schröder/*Stree/Hecker*, § 259 Rn. 44; so noch *BGH* NJW 1979, 2621, 2622). Die Absicht des B, A einen gewinnbringenden Verkauf des Pkw zu ermöglichen, ist danach ausreichend. Nach dieser Ansicht macht sich B im Beispielsfall der versuchten Hehlerei (§§ 259 III, 22) strafbar. Zur Begründung berufen sich deren Vertreter auf folgende **Argumente**:

80 • Der Vortäter kann nicht Täter der Hehlerei sein; er ist daher Dritter. Dem Gesetz ist aber nicht zu entnehmen, dass Dritter nur eine Person sein kann, die außerhalb des tatbestandsmäßigen Geschehens steht (*BGH* NJW 1979, 2621, 2622).

81 • Der Gesetzeszweck spricht für die Einbeziehung des Vortäters. Der Hehler, der dem Vortäter hilft, die Beute vorteilhaft abzusetzen, trägt ebenso zur Aufrechterhaltung der rechtswidrigen Besitzlage durch Weitergabe der Beute bei wie der Hehler, der eine andere Person bereichern will (Schönke/Schröder/*Stree/Hecker*, § 259 Rn. 44).

82 Die gegenteilige Auffassung verwischt die Grenze zwischen Begünstigung und Hehlerei (Schönke/Schröder/*Stree/Hecker*, § 259 Rn. 44).

83 (2) Nach der im Schrifttum überwiegenden und seit längerem auch vom BGH vertretenen Auffassung reicht die Absicht, allein den Vortäter zu bereichern, als Drittbereicherungsabsicht nicht aus (*BGH* NStZ 1995, 595; *Fischer*, § 259 Rn. 27; *Lackner/Kühl*, § 259 Rn. 17; MünchKomm/*Lauer*, § 259 Rn. 109; *Maurach/Schroeder/Maiwald*, BT 1, § 39 Rn. 38). Damit scheidet nach dieser Ansicht eine Strafbarkeit des B wegen versuchter Hehlerei aus, da ihm die vom subjektiven Tatbestand vorausgesetzte Bereicherungsabsicht fehlt. Für diese Ansicht werden folgende **Argumente** vorgebracht:

84 • Während im objektiven Tatbestand des § 259 I der Vortäter als „anderer" bezeichnet ist, gebraucht das Gesetz für denjenigen, dem die Sache verschafft werden kann, den Begriff „Dritter". Aus dieser unterschiedlichen Begrifflichkeit folgt, dass der „Dritte" i.S.d. subjektiven Tatbestandsmerkmals der Absicht mit dem „anderen" (Vortäter) nicht identisch sein kann (*BGH* NStZ 1995, 595; MünchKomm/*Lauer*, § 259 Rn. 109).

85 • Mit der Ergänzung des subjektiven Tatbestands um die Drittbereicherungsabsicht durch das EGStGB vom 2. 3. 1974 hat der Gesetzgeber nicht das Ziel verfolgt, auch die Absicht, den Vortäter zu bereichern, unter Strafe zu stellen. Vielmehr war es Ziel, die Strafbarkeit von „Gewerbegehilfen", die Hehlereihandlungen zum Vorteil ihrer Geschäftsherrn vornehmen, auf eine sichere rechtliche Grundlage zu stellen (*BGH* NStZ 1995, 595 m.N.; MünchKomm/*Lauer*, § 259 Rn. 109).

86 Stellungnahme: Nur die letztgenannte Auslegung des Merkmals der Drittbereicherungsabsicht gewährleistet klare tatbestandliche Konturen der Hehlerei und erlaubt eine trennscharfe Unterscheidung von Vor- und Nachtatbeteiligung (so auch *Geppert*, Jura 1994, 100, 102). Sie ist daher vorzugswürdig.

Ergebnis: B verfolgt im Beispielsfall nicht die vom Tatbestand der §§ 259 III, 87
22 vorausgesetzte Absicht, sich oder einen Dritten zu bereichern. Er ist mithin nicht wegen versuchter Hehlerei strafbar.

III. Qualifikationen

1. Gewerbsmäßige Hehlerei und Bandenhehlerei (§ 260)

Der Tatbestand des § 260 I enthält Qualifikationstatbestände zur Hehlerei. 88
§ 260 I Nr. 1 normiert die gewerbsmäßige Begehung der Hehlerei (vgl. § 1
Rn. 154; *BGH* NStZ 1995, 85). Der Tatbestand des § 260 I ist auf einen Gehilfen nur anwendbar, wenn dieser selbst gewerbsmäßig handelt, weil es sich
bei der Gewerbsmäßigkeit um ein die Strafe schärfendes persönliches Merkmal i.S.d. § 28 II handelt (*BGH* NStZ 2009, 95). Die Bandenhehlerei nach
§ 260 I Nr. 2 erfordert, dass der Täter als Mitglied einer Bande (vgl. § 2
Rn. 17) handelt, die sich zur fortgesetzten Begehung von Raub, Diebstahl
oder Hehlerei gebildet hat (*BGH* NStZ-RR 1999, 208 f.). Anders als z.B. bei
den §§ 244 I Nr. 2 und 250 I Nr. 2 (vgl. § 2 Rn. 22 ff. und § 6 Rn. 29) setzt
der Tatbestand nicht voraus, dass die Tat „unter Mitwirkung eines anderen
Bandenmitgliedes" erfolgt.

> **Vertiefungshinweis:** Die unterschiedlichen Voraussetzungen der §§ 244 I Nr. 2
> einerseits, § 260 I Nr. 2 andererseits führen bei sog. gemischten Banden zu Wertungswidersprüchen, weil von § 260 I Nr. 2 auch derjenige erfasst wird, der in einer
> „gemischten" Bande als einziger Hehler in Erscheinung tritt (*BGH* NJW 2000,
> 2034, 2035; NStZ 2007, 33, 34), so dass Zufälligkeiten in der Arbeitsteilung zwischen gleichberechtigten Komplizen zu erheblichen, sachlich nicht zu rechtfertigenden Differenzen bei den Strafdrohungen führen können (vgl. *Erb*, NStZ 1998,
> 537, 539 ff.).

2. Gewerbsmäßige Bandenhehlerei (§ 260a)

Eine weitere Qualifikation des § 259 I ist § 260a. Gewerbsmäßige Banden- 89
hehlerei verlangt das kumulative Vorliegen der Qualifikationstatbestände des
§ 260 I Nr. 1 und 2 (*BGH* NStZ-RR 1999, 208 f.; *Lackner/Kühl*, § 260a
Rn. 1). Freilich erhöht die Vorschrift lediglich die Mindestfreiheitsstrafe des
§ 260 auf ein Jahr (Verbrechen, § 12 I). Eine Verurteilung wegen gewerbsmäßiger Bandenhehlerei setzt voraus, dass der Täter als Mitglied einer Bande
hehlt (*BGH* Beschluss vom 30. 1. 2001, Az.: 3 StR 508/00).

C. Täterschaft und Teilnahme, Versuch, Konkurrenzen sowie Verfolgbarkeit

90 Täter und Mittäter der Vortat können an den aus der Vortat erlangten Sachen keine Hehlerei begehen (BGHSt – GS – 7, 134, 137; *BGH*, Beschluss vom 3. 12. 2009, Az.: 4 StR 477/09; *BGH*, Beschluss vom 13. 1. 2010, Az.: 4 StR 378/09; *Geppert*, Jura 1994, 100, 104). Dies folgt für den Alleintäter bereits aus dem eindeutigen Wortlaut des Hehlereitatbestands, aber auch aus dessen Schutzzweck, die Aufrechterhaltung der durch die Vortat geschaffenen rechtswidrigen Vermögenslage durch ein einverständliches Zusammenwirken von Hehler und Vortäter zu verhindern (vgl. Rn. 1). Der Mittäter scheidet als Täter der Hehlerei aus, da auch für ihn die i.S.d. § 25 II gemeinschaftlich begangene Tat nicht die Tat „eines anderen" ist (*BGH* StraFo 2005, 214, 215).

91 Teilnehmer der Vortat, die im Anschluss an deren Begehung eine Sache aus der Beute an sich bringen, die ein anderer Beteiligter an der Vortat durch diese erlangt hat, unterfallen hingegen nach h.M. dem Tatbestand des § 259 I (*Fischer*, § 259 Rn. 31). Das gilt selbst dann, wenn die Teilnahme an der Vortat ausschließlich in der Absicht erfolgte, sich an der Beute oder an Teilen hiervon eine eigentümerähnliche Stellung zu verschaffen (BGHSt 33, 50, 52; *BGH* NStZ 1996, 493; StraFo 2005, 214, 215; *OLG München* wistra 2007, 37; Schönke/Schröder/*Stree/Hecker*, § 259 Rn. 49; *Krey/Hellmann*, Rn. 579).

Beispiel: A und B stehlen gemeinschaftlich mehrere Computer aus dem Lager eines Elektronikgroßhandels. Die Geräte teilen sie unter sich auf. C, der den beiden sein Fahrzeug zum Transport der Beute zur Verfügung gestellt hat, erhält vereinbarungsgemäß als Gegenleistung einen Computer.

A und B sind wegen gemeinschaftlich begangenen Diebstahls (§§ 242 I, 25 II), nicht aber wegen Hehlerei (§ 259 I) strafbar. Hingegen hat sich C wegen Beihilfe zum Diebstahl (§§ 242 I, 27) und wegen Hehlerei (§ 259 I) strafbar gemacht.

92 Gemäß § 259 III ist die versuchte Hehlerei strafbar, und zwar in allen vier Handlungsvarianten (vgl. zu Einzelheiten LK/*Ruß*, § 259 Rn. 40; Schönke/Schröder/*Stree/Hecker*, § 259 Rn. 45 f.). Es genügt auch ein untauglicher Versuch derart, dass die angekaufte Sache nicht aus einer tauglichen Vortat stammt, der Täter dies aber für möglich gehalten und billigend in Kauf genommen hat (*BGH* NStZ 1992, 84).

93 Das Konkurrenzverhältnis zwischen Teilnahme an der Vortat und Hehlerei ist in der Regel Tatmehrheit (§ 53), da zwei verschiedene Handlungen vorliegen. Hiernach ist C im obigen Beispiel (vgl. Rn. 91) wegen Beihilfe zum Diebstahl (§§ 242 I, 27) und Hehlerei (§ 259 I) in Tatmehrheit strafbar. Wird ein durch Hehlerei erlangter Gegenstand vom Täter betrügerisch verkauft, besteht zwischen § 259 einerseits und § 263 andererseits ebenfalls Tatmehrheit (*BGH* NStZ 2009, 38 f.). Tateinheit ist möglich mit § 258 (*BGH* NStZ

1999, 84) und mit § 261 (BGHSt 50, 347, 352). Der objektive Tatbestand des § 259 entfaltet keine irgendwie geartete Sperrwirkung gegenüber demjenigen des § 261 (BGHSt 50, 347, 352).

§ 259 II macht unter den Voraussetzungen der §§ 247 und 248a die Strafverfolgung von einem Strafantrag des Verletzten, bei geringem Wert der gehehlten Sache alternativ von dem Bestehen eines besonderen öffentlichen Interesses an der Strafverfolgung abhängig (vgl. § 21 Rn. 11 und 16). Entscheidend ist die Geringwertigkeit der gehehlten Sache (MünchKomm/*Lauer*, § 259 Rn. 126; *Wessels/Hillenkamp*, Rn. 888; *Stree*, JuS 1976, 137, 144f.). Es kommt nicht darauf an, dass zusätzlich die erstrebte Bereicherung geringwertig ist (so aber *Fischer*, § 259 Rn. 29; *Lackner/Kühl*, § 259 Rn. 22), weil das Bagatellunrecht allein vom Wert der weiterverschobenen Sache geprägt wird.

94

D. Kontrollfragen

1. Ist zwischen Vortat und Hehlerei eine zeitliche Zäsur erforderlich? → Rn. 10ff.
2. Ist Hehlerei auch an Sachen möglich, die unter Einsatz der durch die Vortat erlangten Beute erworben wurden? → Rn. 23ff.
3. Setzt die Vollendung der Tathandlungen „Absetzen" und „Absetzenhelfen" das Gelingen der Weiterverschiebung der Beute voraus? → Rn. 53ff.
4. Genügt es für die Absicht i.S.d. § 259 I, wenn der Täter ausschließlich den Vortäter bereichern will? → Rn. 74ff.
5. Können Mittäter an der Vortat bezüglich der durch diese erlangten Beute Hehler sein? → Rn. 90

Aufbauschema (§ 259)

1. Tatbestand
   a) Objektiver Tatbestand
      (1) Tatobjekt
         – Sache
         – die ein anderer
         – gestohlen oder sonst durch eine gegen fremdes Vermögen gerichtete rechtswidrige Tat erlangt hat
      (2) Tathandlung
         – Ankaufen oder Sich verschaffen
         – Absetzen oder Absetzenhelfen
   b) Subjektiver Tatbestand
      (1) Vorsatz
      (2) Bereicherungsabsicht

Kapitel 8. Begünstigung und Hehlerei

2. Rechtswidrigkeit
3. Schuld
4. Strafverfolgungsvoraussetzungen (§ 259 II; vgl. § 21 Rn. 1 ff.)

Empfehlungen zur vertiefenden Lektüre:
Leitentscheidungen: BGHSt 13, 403 – „Aluhandelfall"; BGHSt 26, 358 – „Absatzhilfefall"; BGHSt 27, 45 – „Ölgemäldefall".

Aufsätze: *Geppert*, Zum Verhältnis von Täterschaft/Teilnahme an der Vortat und sich anschließender Hehlerei, Jura 1994, 100; *Kudlich*, Neuere Probleme bei der Hehlerei (§ 259 StGB), JA 2002, 672; *Rose*, Die Anforderungen an die Vortat der Hehlerei – Auswirkungen der Eigentums- und Besitzlage des Vortäters, JR 2006, 109; *Roth*, Grundfragen der Hehlereitatbestände, JA 1988, 193; *Rudolphi*, Grundprobleme der Hehlerei, JA 1981, 1; *Seelmann*, Grundfälle zur Hehlerei, JuS 1988, 39; *Stoffers*, Die entgeltliche Rückveräußerung einer gestohlenen Sache an deren Eigentümer, Jura 1995, 113; *Zöller/Frohn*, Zehn Grundprobleme des Hehlereitatbestandes (§ 259 StGB), Jura 1999, 378.

Übungsfälle: *Freund*, Übungsblätter Klausur Strafrecht: Der Sohn des Weingutsbesitzers, JA 1995, 660; *Mitsch*, Der praktische Fall – Strafrecht: Die wertvolle Uhr, JuS 1999, 372; *Park*, Der praktische Fall – Strafrecht: Das Revierderby, JuS 1999, 887.

Kapitel 9. Unerlaubtes Entfernen vom Unfallort

§ 20. Unerlaubtes Entfernen vom Unfallort (§ 142)

A. Grundlagen

Nach einhelliger Ansicht soll § 142 die Feststellungen sichern, die zur Klärung der durch einen Unfall entstandenen zivilrechtlichen Ansprüche erforderlich sind. Er schützt somit allein private Feststellungs- und Beweissicherungsinteressen, nicht dagegen solche öffentlicher Art, etwa an umfassender Strafverfolgung (BGHSt 24, 382, 385 – „Verfolgungsfahrtsfall"). Der Sache nach handelt es sich um eine als abstraktes Vermögensgefährdungsdelikt ausgestaltete Vorschrift, deren Eingruppierung in den Abschnitt „Straftaten gegen die öffentliche Ordnung" demzufolge unzutreffend ist (*Lackner/Kühl*, § 142 Rn. 2; *Geppert*, Jura 1990, 78). Für die Erfüllung des Tatbestands ist es daher irrelevant, ob der Täter die Aufklärung der zivilrechtlichen Verantwortlichkeit tatsächlich zumindest gefährdet hat (MünchKomm/*Zopfs*, § 142 Rn. 8).

1

B. Tatbestand

§ 142 enthält insgesamt vier Begehungsvarianten, die sich – ohne jegliche Überschneidung – ergänzen.

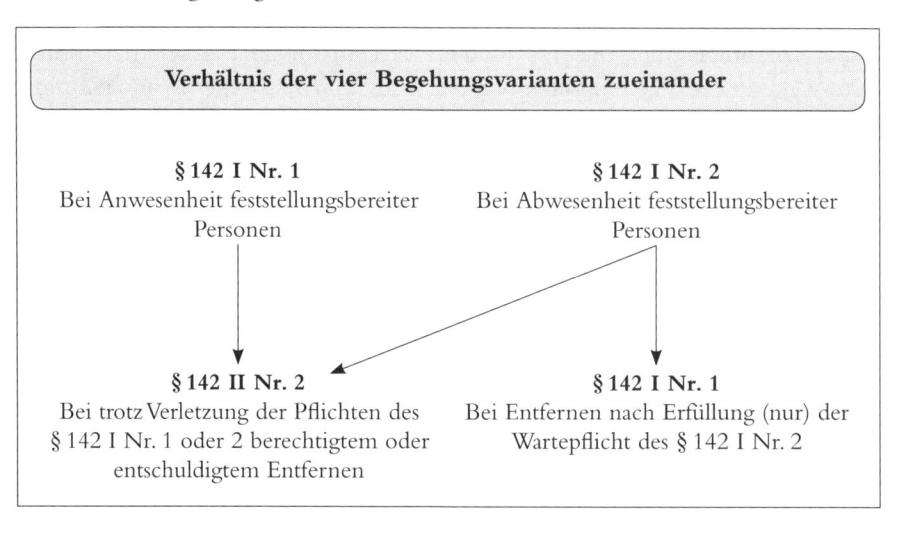

2

Verhältnis der vier Begehungsvarianten zueinander

§ 142 I Nr. 1
Bei Anwesenheit feststellungsbereiter Personen

§ 142 I Nr. 2
Bei Abwesenheit feststellungsbereiter Personen

§ 142 II Nr. 2
Bei trotz Verletzung der Pflichten des § 142 I Nr. 1 oder 2 berechtigtem oder entschuldigtem Entfernen

§ 142 I Nr. 1
Bei Entfernen nach Erfüllung (nur) der Wartepflicht des § 142 I Nr. 2

278 Kapitel 9. Unerlaubtes Entfernen vom Unfallort

3   Die fallbezogene Prüfung hat stets mit einer der beiden Ziffern des Absatzes 1 zu beginnen. Diese unterscheiden sich dadurch, dass § 142 I Nr. 1 die Anwesenheit sog. feststellungsbereiter Personen (vgl. Rn. 19) am Unfallort voraussetzt, während bei deren Fehlen nur die Nummer 2 einschlägig sein kann (*Otto*, § 80 Rn. 53; *Geppert*, Jura 1990, 78, 81).

4   § 142 II knüpft an die tatbestandlichen Erfordernisse des Absatzes 1 an. Seine Anwendbarkeit ist jedoch anerkanntermaßen ausgeschlossen, wenn ein Täter entweder bereits nach § 142 I strafbar ist oder umgekehrt seine Bestrafung deshalb ausscheidet, weil er die ihm im § 142 I Nr. 1 auferlegten Pflichten (vgl. Rn. 20 ff.) erfüllt hat. § 142 II greift nur ein, wenn der Täter diesen Pflichten zwar nicht nachgekommen ist, sich aber berechtigt bzw. entschuldigt (Nummer 1) oder erst nach Ablauf der Wartefrist (Nummer 2) vom Unfallort entfernt hat (*Fischer*, § 142 Rn. 6; Schönke/Schröder/*Sternberg-Lieben*, § 142 Rn. 3; *Geppert*, Jura 1990, 78, 82 und 84).

Merke: § 142 I und § 142 II schließen sich ausnahmslos gegenseitig aus (*BayObLG* NJW 1989, 1685 – „Trunkenheitsfall"; *OLG Köln* DAR 1994, 204). Die jeweils zu prüfende Begehungsvariante ist genau zu bezeichnen, z.B. § 142 I Nr. 1.

I. Objektiver Tatbestand

1. Gemeinsame Voraussetzungen aller Begehungsvarianten

5   a) Für alle vier Varianten des § 142 I und II ist es erforderlich, dass sich ein **Unfall** i.S. der Norm ereignet hat. Das ist ein plötzliches Ereignis im öffentlichen Straßenverkehr, das mit dessen typischen Gefahren in ursächlichem Zusammenhang steht und einen nicht ganz unerheblichen Personen- oder Sachschaden zur Folge hat (BGHSt 24, 382, 383 – „Verfolgungsfahrtsfall"; *Fischer*, § 142 Rn. 7).

6   (1) Öffentlich sind zunächst die dem Verkehr förmlich gewidmeten Straßen, Wege und Plätze einschließlich der Rad- und Fußwege (MünchKomm/*Zopfs*, § 142 Rn. 32). Es kommt insoweit (vgl. aber Rn. 55 f.) nicht darauf an, ob es sich um sog. fließenden oder ruhenden Verkehr handelt. Darüber hinaus sind alle Flächen öffentlich, deren Benutzung durch einen unbestimmten Kreis von Personen vom Berechtigten vorgesehen ist oder zumindest geduldet wird (Schönke/Schröder/*Sternberg-Lieben*, § 142 Rn. 15; *Geppert*, Jura 1990, 78, 79).

Beispiele: Allgemein zugängliche Parkplätze und -häuser, etwa von Supermärkten, Hotels oder Vereinen, u.U. auch trotz Zugangskontrolle (*LG Dresden* NZV 1999, 221), in der Regel aber nur während der üblichen Öffnungs-, Betriebs- bzw. Veranstaltungszeiten (LK/*Geppert*, § 142 Rn. 15; *Krey/Hellmann*, Rn. 617a).

(2) Schäden, die im Zusammenhang mit der Verwendung eines Kraftfahrzeugs verursacht werden, konkretisieren in aller Regel verkehrstypische Gefahren. 7

Es genügt jedoch ebenso, dass ein Schadenseintritt direkte Folge irgendeines anderen Verkehrsvorgangs ist. Ein Unfall gemäß § 142 ist mithin auch dann zu bejahen, wenn das Pferd eines Reiters einem Passanten einen Tritt versetzt (*OLG Celle* Nds.Rpfl. 1996, 209), ein von einem Kunden benutzter Einkaufswagen auf dem Parkplatz eines Supermarkts gegen ein dort abgestelltes Auto rollt und dieses beschädigt (*OLG Koblenz* MDR 1993, 366) sowie wenn zwei Radfahrer, Inline-Skater oder zwei Fußgänger zusammenprallen (*Fischer*, § 142 Rn. 9 a.E.; *Geppert*, Jura 1990, 78, 80; a.A. Schönke/Schröder/*Sternberg-Lieben*, § 142 Rn. 17: zumindest ein Fahrzeug muss beteiligt sein). 8

▪ Zweifelhaft kann es sein, ob ein Unfallereignis auch auf verkehrstypischen Gefahren beruht, wenn es **vorsätzlich** herbeigeführt wird. Das ist zu verneinen, wenn alle daran Beteiligten dessen Verursachung wollen, beispielsweise um im Anschluss die Versicherung betrügerisch (§ 263) zur Regulierung des – vermeintlichen – Unfallschadens zu veranlassen. Denn bei dieser Konstellation liegen dem Ereignis weder verkehrstypische Risiken zugrunde noch ist es für die Beteiligten „plötzlich". 9

Anders entscheidet die h.M. jedoch zu Recht, wenn nur ein Verkehrsteilnehmer bzgl. der Schadensherbeiführung vorsätzlich gehandelt hat. Zwar ist es richtig, dass dem Unfallbegriff etwas „Ungewolltes" immanent ist (*Hartman-Hilter*, NZV 1995, 340). Dafür genügt es aber, dass der schädigende Vorfall für wenigstens einen Beteiligten unvorhergesehen und unerwünscht eintritt (BGHSt 24, 382, 383 – „Verfolgungsfahrtsfall"; *Fischer*, § 142 Rn. 13; Schönke/Schröder/*Sternberg-Lieben*, § 142 Rn. 18/19; differenzierend SK/*Rudolphi/Stein*, § 142 Rn. 13 f.; *Roxin*, NJW 1969, 2038 f.). 10

Beispiel: Polizist P rammt mit dem von ihm geführten Funkwagen das Fahrzeug des damit flüchtenden, einer Straftat verdächtigen B, um diesen zum Anhalten zu bringen (BGHSt 48, 233, 239).

Allerdings ist immer ein gewisser Verkehrsbezug erforderlich. Dies bedeutet, dass sich in dem Schadensereignis ein verkehrstypisches Unfallrisiko realisiert haben muss (BGHSt 47, 158). Daran fehlt es insbesondere, wenn ein Kraftfahrzeug nicht zumindest auch zur Fortbewegung, sondern ausschließlich als Tatwerkzeug eingesetzt wird (BGHSt 24, 382, 384 – „Verfolgungsfahrtsfall"; *BayObLG* NStZ/J 1985, 540, 541; *Wessels/Hettinger*, Rn. 1005; *Buttel/Rotsch*, JuS 1996, 327, 330) oder lediglich aus ihm heraus eine Straftat begangen wird. 11

Beispiele: A benutzt sein Auto nur zu dem Zweck, seinen Konkurrenten zu töten oder das Gartentor des mit ihm verfeindeten Nachbarn zu zerstören (BGHSt 24, 382, 384 – „Verfolgungsfahrtsfall").

B bewirft aus dem von ihm geführten Lkw heraus einen Pkw mit Flaschen und beschädigt diesen dadurch (BGHSt 47, 158, 159: kein „straßenverkehrsspezifischer Gefahrzusammenhang").

12 Nicht ausreichend sind auch Schäden, die nur in einem losen Zusammenhang mit dem Straßenverkehr stehen und letztlich auf einem verkehrsfremden Vorgang beruhen.

Beispiel: A will mit seinem Auto eine Tiefgarage verlassen. Als die an der Ausfahrt befindliche Schranke infolge eines Defekts blockiert, bedient A sie per Hand und beschädigt sie dabei (*BayObLG* NZV 1992, 326).

13 (3) Vom Unfallbegriff werden schließlich Schäden nicht erfasst, die völlig unerheblich sind (*OLG Düsseldorf* NJW 1989, 2763, 2764). Als Maßstab kann die Frage dienen, ob es sich um einen Nachteil handelt, dessen Ausgleich üblicher- und vernünftigerweise nicht geltend gemacht wird (MünchKomm/ *Zopfs*, § 142 Rn. 26). Das trifft bei Körperverletzungen z.B. auf harmlose Schürfwunden und Kratzer sowie – unter Berücksichtigung der beim § 248a geltenden Geringwertigkeitsgrenze (vgl. § 1 Rn. 182) – auf Sachschäden unterhalb von 25,– € zu (ähnlich *Geppert*, Jura 1990, 78, 80; a.A. *Hentschel/König/Dauer*, § 142 Rn. 28: 50,– €; wesentlich großzügiger Schönke/Schröder/ *Sternberg-Lieben*, § 142 Rn. 9: bis 150,– €).

14 b) Nur ein **Unfallbeteiligter** kann sich wegen unerlaubten Entfernens vom Unfallort strafbar machen. Nach der Legaldefinition des § 142 V ist das jeder, dessen Verhalten nach den Umständen zur Verursachung des Unfalls beigetragen haben kann. Daraus folgt, dass es ausreicht, wenn zum Tatzeitpunkt die Möglichkeit bzw. ein nicht ganz unbegründeter Verdacht besteht, jemand habe wenigstens eine Mitursache für den Unfall gesetzt (*Fischer*, § 142 Rn. 15; *Hentschel/König/Dauer*, § 142 Rn. 29; krit. MünchKomm/*Zopfs*, § 142 Rn. 40 ff.). Auf verkehrswidriges Verhalten oder gar Verschulden kommt es insoweit nicht an (*Lackner/Kühl*, § 142 Rn. 3). Auch ein Beifahrer kann Unfallbeteiligter sein, wenn es aufgrund der konkreten Unfallsituation möglich erscheint, dass er beispielsweise ins Lenkrad gegriffen oder den Fahrer erheblich abgelenkt hat (*OLG Karlsruhe* MDR 1980, 160; *Krey/Hellmann*, Rn. 622; *Geppert*, Jura 1990, 78, 81).

Merke: Beteiligter gemäß § 142 V kann nur sein, wer zum Zeitpunkt des Unfalls am Unfallort (vgl. Rn. 16) anwesend ist (MünchKomm/*Zopfs*, § 142 Rn. 37). Diese Voraussetzung erfüllt z.B. nicht, wer in zweiter Spur parkt und dadurch eine Kollision verursacht, aber noch vor dem Zusammenstoß den Geschehensort verlassen hat und erst im Anschluss daran zurückkehrt (*OLG Stuttgart* NStZ 1992, 384).

2. Die zwei Varianten des § 142 I

Beide Varianten haben gemeinsam, dass der Täter sich vom Unfallort entfernen muss. Den Tatbestand erfüllt er dadurch aber nur, wenn er bestimmten ihm durch § 142 I auferlegten Pflichten zuvor nicht nachgekommen ist. 15

a) Unfallort ist die Stelle, an der sich der Unfall ereignet hat und die – ggf. – beteiligten Fahrzeuge zum Stehen gekommen sind, samt der unmittelbaren Umgebung (*OLG Düsseldorf* JZ 1985, 543, 544; *Fischer*, § 142 Rn. 20). Dessen Ausmaß hängt von den Umständen des jeweiligen Einzelfalls ab. Jedenfalls ist der Radius des Unfallorts eher eng als weit zu ziehen (*OLG Karlsruhe* NStZ 1988, 409, 410). 16

b) Als Tathandlung verlangen beide Varianten des § 142 I, dass der Täter sich von dieser Stelle entfernt. Dafür ist es notwendig, dass er den Unfallbereich räumlich verlässt. Auch die insoweit erforderliche Distanz lässt sich angesichts der Vielzahl denkbarer Fallgestaltungen nicht in einer exakten Meterangabe bestimmen. Das **Sichentfernen** ist aber stets vollendet, wenn sich der Täter infolge der Ortsveränderung nicht mehr in einem Bereich aufhält, in dem ein Zusammenhang mit dem Unfall noch ohne weiteres erkennbar ist, d.h. in dem feststellungsbereite Personen ihn vermuten und ggf. durch Befragen ermitteln würden (*Lackner/Kühl*, § 142 Rn. 11; *Schönke/Schröder/Sternberg-Lieben*, § 142 Rn. 43; *Otto*, § 80 Rn. 55; s. auch *OLG Hamburg* StraFo 2009, 211). 17

Um ein Entfernen i.S. der Vorschrift handelt es sich jedoch nur dann, wenn dem Verlassen des Unfallorts ein vom Willen des Täters getragenes Tun zugrunde liegt. Es fehlt deshalb an der Tathandlung, wenn ein am Unfall Beteiligter gegen oder ohne seinen Willen von der Unfallstelle entfernt wird (*BayObLG* NJW 1993, 410; *MünchKomm/Zopfs*, § 142 Rn. 49 f.). 18

Beispiele: A ist infolge unfallbedingter Verletzungen bewusstlos und wird in ein Krankenhaus eingeliefert.
Der unfallbeteiligte B wird von der Polizei vorläufig festgenommen und widerstrebend zum nächsten Revier gebracht (*Geppert*, Jura 1990, 78, 82).

c) Welche Pflichten ein Beteiligter erfüllen muss, um gemäß § 142 I erlaubt den Unfallort verlassen zu können, hängt davon ab, ob dort feststellungsbereite und -fähige (*Aselmann/Krack*, Jura 1999, 254, 256) Personen anwesend sind. Dies können neben anderen Unfallbeteiligten und Geschädigten nicht nur Polizeibeamte sein, sondern auch jeder andere, der an der Unfallstelle gegenwärtig ist, sofern er nur die vorgesehenen Feststellungen zu treffen und an die Berechtigten weiterzugeben willens und in der Lage ist, beispielsweise Passanten oder Nachbarn (*OLG Zweibrücken* DAR 1982, 332, 333; *OLG Koblenz* NZV 1996, 324; *Geppert*, Jura 1990, 78, 83). 19

(1) Bei Anwesenheit feststellungsbereiter Personen kommt nur § 142 I Nr. 1 in Betracht. Dieser sieht für jeden Unfallbeteiligten eine Anwesenheits- 20

Kapitel 9. Unerlaubtes Entfernen vom Unfallort

und eine sog. **Vorstellungspflicht** vor, und zwar mit dem Ziel, die Feststellung seiner Person, seines Fahrzeugs und der Art seiner Beteiligung zu ermöglichen.

21 Der **Anwesenheitspflicht** kommt ein Unfallbeteiligter schon durch schlichtes Verweilen am Unfallort nach. Es genügt also insoweit ein rein passives Verhalten ohne eigene Aufklärungstätigkeit (*OLG Hamm* NJW 1977, 207 – „Feststellungsfall": Feststellungsduldungspflicht; *OLG Zweibrücken* NJW 1989, 2765). Die genannte Pflicht beginnt mit dem Unfall und dauert der gesetzlichen Konzeption entsprechend an, bis die nötigen Feststellungen getroffen sind. Ist das geschehen oder aber haben alle Berechtigten auf weitere Feststellungen verzichtet, so ist die Anwesenheitspflicht beendet (*Otto*, § 80 Rn. 57; vgl. auch *OLG Düsseldorf* NZV 1992, 246).

22 Ebenso verhält es sich mit der **Vorstellungspflicht**. Diese verlangt von dem (bzw. den) Beteiligten als einziges aktives Tun „die Angabe, dass er an dem Unfall beteiligt ist". Eine weitergehende Mitwirkung ist – im Unterschied zum gemäß § 49 I Nr. 29 StVO lediglich bußgeldbewehrten § 34 I Nr. 5 StVO – nicht vorgeschrieben. Ein Unfallbeteiligter braucht daher weder Erklärungen zum konkreten Unfallgeschehen abzugeben noch gar sich selbst eines schuldhaften Verhaltens zu bezichtigen (*BayObLG* NJW 1993, 410).

23 Gegenüber einem privaten Feststellungsinteressenten muss er nach h.M. folglich auch nicht seine Personalien angeben, Führerschein und Fahrzeugschein vorweisen oder seine Versicherung nennen (*Fischer*, § 142 Rn. 28; *Lackner/Kühl*, § 142 Rn. 18; *Küper*, JZ 1990, 510; a.A. *Hentschel/König/Dauer*, § 142 Rn. 34; *Maurach/Schroeder/Maiwald*, BT 1, § 49 Rn. 36). Allerdings hat er dann länger – ggf. bis zum Eintreffen der Polizei – am Unfallort zu bleiben (*Geppert*, Jura 1990, 78, 83 f.).

> **Merke:** Die Vorstellungspflicht des § 142 I Nr. 1 erfordert lediglich die Mitteilung, an einem Unfall beteiligt gewesen zu sein. Nach h.M. entfällt sie unter Berücksichtigung ihres Zwecks, wenn alle ursprünglich anwesenden feststellungsbereiten Personen sich vom Unfallort entfernt haben (*OLG Frankfurt a. M.* NJW 1990, 1189, 1190).

24 Gegen diese Pflicht verstößt demzufolge auch nicht, wer – nach dem eben Ausgeführten im Rahmen des § 142 I freiwillige – Angaben unzutreffend macht, etwa einen falschen Namen nennt, solange er dadurch nicht die Möglichkeit seiner Unfallbeteiligung selbst wieder zweifelhaft erscheinen lässt (*OLG Karlsruhe* MDR 1980, 160). Unter dieser Prämisse handelt nach h.M. ebenfalls nicht pflichtwidrig i.S. der Vorschrift, wer am Unfallort Spuren beseitigt bzw. verwischt (*Wessels/Hettinger*, Rn. 1006; *Geppert*, Jura 1990, 78, 83; a.A. *Maurach/Schroeder/Maiwald*, BT 1, § 49 Rn. 38).

§ 20. Unerlaubtes Entfernen vom Unfallort

> **Beachte:** Hat sich ein Unfallbeteiligter beiden Pflichten entsprechend verhalten oder haben alle Berechtigten auf deren (weitere) Erfüllung durch ihn verzichtet, so darf er sich vom Unfallort entfernen.

Da er dem Normappell in vollem Umfang nachgekommen ist, hat er nach vorzugswürdiger Ansicht bereits tatbestandslos gehandelt (*Fischer*, § 142 Rn. 30; *Hentschel/König/Dauer*, § 142 Rn. 45; *Maurach/Schroeder/Maiwald*, BT 1, § 49 Rn. 40; s. auch SK/*Rudolphi/Stein*, § 142 Rn. 20). **25**

Bestehen die Pflichten dagegen noch, so erfüllt ein Entfernen vom Unfallort den Tatbestand des § 142 I Nr. 1. Dieses kann jedoch durch einen Rechtfertigungsgrund gedeckt sein. In Betracht kommt insoweit vor allem rechtfertigender Notstand gemäß § 34 (*Fischer*, § 142 Rn. 45). Aber auch die Einwilligung der anderen Berechtigten kann rechtfertigend wirken, wenn z.B. zwar nicht auf weitere Feststellungen verzichtet wird, diese aber vereinbarungsgemäß an einem anderen Ort – etwa in der nächsten Autobahnraststätte oder auf dem nächsten Parkplatz – getroffen werden sollen (*OLG Köln* NZV 1989, 197, 198; *Hentschel/König/Dauer*, § 142 Rn. 51; *Maurach/Schroeder/Maiwald*, BT 1, § 49 Rn. 47; instruktiv *Berz*, Jura 1979, 125, 126 Fn. 8). **26**

(2) Sind keine feststellungsbereiten Personen am Unfallort, so ist § 142 I Nr. 2 zu prüfen. Bei dieser Begehungsvariante entfernt sich ein Unfallbeteiligter i.S. der Vorschrift erlaubt – handelt also tatbestandslos –, wenn er zuvor eine nach den Umständen angemessene Zeit gewartet hat (**Wartepflicht**). Welche Wartedauer angemessen ist, lässt sich nicht allgemeingültig sagen. Vielmehr hängt dies unter Beachtung des Maßstabs der Zumutbarkeit für den Unfallbeteiligten von den jeweiligen Umständen des Einzelfalls ab (zur umfangreichen Kasuistik *Fischer*, § 142 Rn. 36; *Hentschel/König/Dauer*, § 142 Rn. 41; *Schönke/Schröder/Sternberg-Lieben*, § 142 Rn. 39; zum Regulativ der Zumutbarkeit *Hartman-Hilter*, NZV 1995, 340, 341). **27**

Als diesbezüglich relevante Kriterien kommen vor allem die Schwere des Unfalls, speziell Art und Höhe des entstandenen Fremdschadens in Betracht, darüber hinaus die äußeren Verhältnisse wie etwa Lage des Unfallorts, Tageszeit, Witterung und Verkehrsdichte sowie schließlich der Grad des Feststellungsbedürfnisses einerseits und die zur Sicherung der Feststellungen ergriffenen Maßnahmen andererseits (*OLG Hamm* NJW 1977, 207 – „Feststellungsfall"; *OLG Köln* DAR 1994, 204; MünchKomm/*Zopfs*, § 142 Rn. 81 ff.; *Lackner/Kühl*, § 142 Rn. 19; *Geppert*, Jura 1990, 78, 84). **28**

> **Beachte:** In der Praxis bringen Beteiligte oft Zettel mit ihren Personalien am Auto des Unfallgegners an und verlassen unmittelbar danach den Unfallort. Sie verwirklichen trotz ihres weitere Feststellungen fördernden Verhaltens § 142 I Nr. 2, weil die Wartezeit nach ganz h.M. dadurch in aller Regel nicht entfällt, sondern sich nur verkürzt (*OLG Stuttgart* NJW 1981, 1107, 1108; *OLG Koblenz* NZV 1996, 324, 325; *Krey/Hellmann*, Rn. 634).

29 Da feststellungsbereite Personen nicht anwesend sind, kommt als Rechtfertigungsgrund für ein vor Ablauf der Wartefrist erfolgtes Entfernen vom Unfallort namentlich die mutmaßliche Einwilligung in Frage (*BayObLG* JZ 1983, 268; *Maurach/Schroeder/Maiwald*, BT 1, § 49 Rn. 52).

3. Die zwei Varianten des § 142 II

30 Beide Begehungsvarianten des § 142 II bauen auf dem ersten Absatz auf. Sie erweitern dessen Anwendungsbereich, indem sie denjenigen Unfallbeteiligten, der sich aus bestimmten Gründen durch sein Entfernen vom Unfallort trotz unterbliebener Feststellungen nicht nach § 142 I strafbar gemacht hat (vgl. Rn. 4), ergänzend verpflichten, die Feststellungen unverzüglich nachträglich zu ermöglichen.

31 Diese Pflicht wird in § 142 III durch Bezeichnung des mindestens erforderlichen Verhaltens beispielhaft konkretisiert (BGHSt 29, 138, 141; *Geppert*, Jura 1990, 78, 85). Danach muss der Beteiligte nicht nur sein Fahrzeug für eine ihm zumutbare Zeit zu unverzüglichen Feststellungen zur Verfügung halten, sondern auch den Berechtigten oder einer nahe gelegenen Polizeidienststelle – im Vergleich zum Absatz 1 weitergehende – Mitteilungen machen.

32 Daraus lässt sich ableiten, dass er grundsätzlich frei entscheiden kann, auf welchem Weg er die nachträglichen Feststellungen ermöglichen will. Aus dem Zusammenspiel mit § 142 II folgt allerdings, dass der gewählte Weg die Feststellungen unverzüglich möglich machen muss, damit keine Verschlechterung der Beweislage eintritt (BGHSt 29, 138, 141). Ist dies gewährleistet, genügen bei einem nächtlichen Unfall in der Regel die erforderlichen Mitteilungen in den folgenden Morgenstunden (*OLG Köln* DAR 1994, 204). Denn unverzüglich heißt nicht sofort, sondern ohne vorwerfbares Zögern (*OLG Hamm* NJW 1977, 207, 208 – „Feststellungsfall"; *Fischer*, § 142 Rn. 54; *Lackner/Kühl*, § 142 Rn. 26).

33 **a)** Nach § 142 II Nr. 1 entsteht die Pflicht zur nachträglichen Ermöglichung der Feststellungen, wenn der Unfallbeteiligte im Falle der Abwesenheit feststellungsbereiter Personen vor dem Verlassen des Unfallorts angemessen lange gewartet und somit den Tatbestand des § 142 I Nr. 2 nicht verwirklicht hat.

34 **b)** Gleiches gilt nach § 142 II Nr. 2 für Konstellationen, bei denen eine Begehungsvariante des Absatzes 1 zwar tatbestandlich vorliegt, sich der Täter aber berechtigt oder entschuldigt vom Unfallort entfernt hat.

35 Berechtigt ist ein Verlassen der Unfallstelle, wenn es durch einen Rechtfertigungsgrund gedeckt ist, z.B. durch ausdrückliche oder mutmaßliche Einwilligung (vgl. Rn. 21 f.; *BayObLG* JZ 1983, 268, 269; *OLG Düsseldorf* JZ 1985, 543, 544; *OLG Köln* NZV 1989, 197, 198).

> **Beachte:** Eine Einwilligung ist aber als unwirksam anzusehen, wenn sie durch Täuschung erschlichen oder abgenötigt worden ist. Sofern auch ein sonstiger Rechtfertigungsgrund fehlt, bleibt es dann bei einer Strafbarkeit gemäß § 142 I Nr. 1 (*OLG Stuttgart* NJW 1982, 2266, 2267; *Fischer*, § 142 Rn. 31 f.; einschränkend *Küper*, JZ 1990, 510, 517 ff.).

Den Begriff des entschuldigten Sichentfernens legt die h.M. zu Recht weit aus. Danach ist es unerheblich, ob bei § 142 I ein Entschuldigungsgrund im technischen Sinn eingreift oder ob der Unfallbeteiligte den Unfallort aufgrund eines Schuldausschließungsgrundes „ohne Schuld" verlassen hat. Es kommen daher vor allem die §§ 17 S. 1, 20 und 35 I in Betracht (*Fischer*, § 142 Rn. 47 f.; *Lackner/Kühl*, § 142 Rn. 24; *Berz*, Jura 1979, 125, 127; vgl. aber auch *Paeffgen*, NStZ 1990, 365, 369). 36

> **Beispielsfall 11 – Zuviel gezecht:** A hat in seiner Stammkneipe soviel Alkohol getrunken, dass er – was er für möglich hält – schuldunfähig ist, als er sich mit seinem Auto auf den Heimweg macht. Infolge eines alkoholbedingten Fahrfehlers beschädigt er unterwegs einen schmiedeeisernen Zaun. A bemerkt dies, stellt sein Fahrzeug am Rand der menschenleeren Straße ab und läuft so schnell wie möglich nach Hause. Am nächsten Tag holt er – wieder nüchtern – das Auto an der Unfallstelle ab, kümmert sich aber in keiner Weise um den von ihm angerichteten Schaden in Höhe von 2.000,– €. Strafbarkeit des A? 37

Lösung:

A hat sein Auto bis zum Unfall vorsätzlich im Zustand absoluter Fahruntüchtigkeit im Straßenverkehr geführt (§ 316 I). Aufgrund der Fahruntüchtigkeit hat er eine fremde Sache von bedeutendem Wert nicht nur gefährdet, sondern sogar beschädigt. Da er diesen Schaden nur fahrlässig verursacht hat, ist insoweit eine Gefährdung des Straßenverkehrs gemäß § 315c I Nr. 1a, III Nr. 1 gegeben. A darf jedoch wegen dieser rechtswidrigen Taten nicht bestraft werden, denn er hat nach § 20 ohne Schuld gehandelt. Es liegen damit aber die Voraussetzungen einer Strafbarkeit wegen Vollrauschs vor (§ 323a I; vgl. zu den drei genannten Straftatbeständen *Hohmann/Sander*, BT 2, §§ 35, 36 und 38). 38

Darüber hinaus hat sich A nach einem Unfall im Straßenverkehr vom Unfallort entfernt. Da feststellungsbereite Personen nicht anwesend waren, hätte er zuvor eine angemessene Zeit warten müssen. Dies hat er nicht getan und somit an sich § 142 I Nr. 2 erfüllt. Nach dem oben Ausgeführten (vgl. Rn. 36) kommt allerdings noch § 142 II Nr. 2 in Betracht. Wäre diese Begehungsvariante gegeben, könnte § 142 I Nr. 2 nicht zugleich einschlägig sein, da beide Absätze sich gegenseitig ausschließen (vgl. Rn. 4). Deshalb würde dann § 142 I Nr. 2 im konkreten Fall als (weitere) objektive Bedingung der Strafbarkeit i.S. des § 323a entfallen. 39

Kapitel 9. Unerlaubtes Entfernen vom Unfallort

40   Jedoch ist es umstritten, ob ein entschuldigtes Entfernen gemäß § 142 II Nr. 2 auch angenommen werden kann, wenn einem – dafür grundsätzlich genügenden – Schuldausschließungsgrund ein Zustand nur vorübergehender Schuldunfähigkeit, also namentlich eine Alkoholisierung, zugrunde liegt.

41   (1) Eine in Rechtsprechung und Teilen der Lehre vertretene Ansicht verneint dies (*Otto*, § 80 Rn. 64; *Wessels/Hettinger*, Rn. 1015) und begründet ihre Auffassung mit folgenden **Argumenten:**

42   • Vor der Neufassung des § 142 im Jahre 1975 konnte dessen Verletzung unstreitig eine Rauschtat i.S. des Vollrauschtatbestands sein. Daran wollte der Gesetzgeber mit der Novelle nichts ändern (*BayObLG* NJW 1989, 1685 – „Trunkenheitsfall"; Schönke/Schröder/*Sternberg-Lieben*, § 142 Rn. 54).

43   • Die Strafbarkeit sollte vielmehr erweitert und nicht umgekehrt gerade für Alkoholtäter eingeschränkt werden. Eine solche Einschränkung wäre aber oft die Folge der Erfassung stark alkoholisierter Unfallbeteiligter durch § 142 II Nr. 2. Ihnen wird zwar zunächst eine neue Pflicht auferlegt, nämlich nachträglich die erforderlichen Feststellungen zu ermöglichen. Kommen sie dieser Pflicht nach, ist aber nicht nur eine Bestrafung wegen unerlaubten Entfernens vom Unfallort rechtlich ausgeschlossen, sondern in der Praxis nicht selten auch die alkoholisierte Teilnahme am Straßenverkehr (§§ 315c und 316, ggf. i.V.m. § 323a) nicht mehr nachweisbar (*BayObLG* NJW 1989, 1685 – „Trunkenheitsfall"; s. auch SK/*Rudolphi/Stein*, § 142 Rn. 39b).

44   • § 142 II Nr. 2 erweitert den Anwendungsbereich des Absatzes 1. Als ergänzende – und zudem nicht unproblematische – Vorschrift ist sie eng auszulegen (*Krey/Hellmann*, Rn. 647).

45   (2) Die gegenteilige Meinung hält § 142 II Nr. 2 auch auf einen nur vorübergehenden, speziell alkoholbedingten Schuldausschluss für anwendbar (*Fischer*, § 142 Rn. 48). Für diese Ansicht werden folgende **Argumente** angeführt:

46   • Grundsätzlich ist es allgemein anerkannt, dass gemäß § 20 zur Schuldunfähigkeit führende Zustände ein entschuldigtes Entfernen vom Unfallort begründen können. Es fehlt aber an jeglichem dogmatischen Anhaltspunkt dafür, einzelne dieser Zustände anders zu behandeln (*Berz*, Jura 1979, 125, 127 Fn. 11).

47   • Durch die zusätzliche Pflicht des § 142 II soll dem durch einen Unfall Geschädigten bestmöglich geholfen werden. Die an eine Verletzung dieser Pflicht geknüpfte Strafdrohung verliert jedoch weitgehend ihren Sinn, wenn ein Täter bereits nach § 323a i.V.m. § 142 I endgültig strafbar ist (*Maurach/Schroeder/Maiwald*, BT 1, § 49 Rn. 53).

48   (3) **Stellungnahme:** Die zweite Auffassung wird dem Zweck des § 142, die zur Klärung der durch einen Unfall entstandenen zivilrechtlichen Ansprü-

che erforderlichen Feststellungen zu sichern, besser gerecht. Um das Erreichen dieses regelmäßig zugunsten Privater bestehenden Ziels zu fördern, ist das Risiko des Entstehens sog. Strafbarkeitslücken bzw. -defizite hinnehmbar.

Ergebnis: A hat sich demnach des unerlaubten Entfernens vom Unfallort in der Begehungsvariante des § 142 II Nr. 2 schuldig gemacht. Dazu steht der Vollrausch (§ 323a I) im Verhältnis der Tatmehrheit (§ 53; vgl. Rn. 54). **49**

II. Subjektiver Tatbestand

§ 142 erfordert in allen Begehungsvarianten wenigstens bedingt vorsätzliches Verhalten (LK/*Geppert*, § 142 Rn. 165 ff.; Schönke/Schröder/*Sternberg-Lieben*, § 142 Rn. 71; zu relevanten Irrtümern *Geppert*, Jura 1990, 78, 86). Daran fehlt es etwa, wenn der Täter den Unfall überhaupt nicht bemerkt oder nicht gewollt hat, dass durch das Entfernen von der Unfallstelle alsbaldige Feststellungen vereitelt werden (*OLG Zweibrücken* DAR 1982, 332, 333; *OLG Düsseldorf* NZV 1992, 246; *OLG Koblenz* NZV 1996, 324, 325; *OLG Hamburg* StraFo 2009, 211). **50**

> **Vertiefungshinweis:** Umstritten ist die Frage, ob ein Beteiligter, der den Unfall z.B. nicht bemerkt und die Unfallstelle demzufolge ohne Vorsatz – also nicht nur berechtigt oder entschuldigt – verlassen hat, nach § 142 II Nr. 2 zur unverzüglichen nachträglichen Ermöglichung der Feststellungen verpflichtet ist, sofern er noch innerhalb eines zeitlichen und räumlichen Zusammenhangs vom Unfall Kenntnis erlangt (bejahend BGHSt 28, 129, 132 ff.; zu Recht verneinend wegen des Analogieverbots *BVerfG* – Kammerentscheidung – NJW 2007, 1666, 1667 f.; *OLG Düsseldorf* NStZ-RR 2008, 88; *OLG Hamburg* StraFo 2009, 211, 212; *Fischer*, § 142 Rn. 52; Schönke/Schröder/*Sternberg-Lieben*, § 142 Rn. 55; *Krey/Hellmann*, Rn. 645 f.; *Wessels/Hettinger*, Rn. 1014; *Geppert*, Jura 1990, 78, 84 f.; differenzierend *Berz*, Jura 1979, 125, 127 f.; *Mitsch*, JA 1995, 32, 37 f.: beruht das Fehlen des Vorsatzes auf einem Erlaubnistatbestandsirrtum, greift § 142 II Nr. 2 „erst recht" ein, um eine Schlechterstellung des wirklich Gerechtfertigten zu vermeiden).

C. Täterschaft und Teilnahme, Versuch, Konkurrenzen sowie Rechtsfolgen

Das unerlaubte Entfernen vom Unfallort ist ein sog. Sonderdelikt, weil Täter – in jeglicher Form – nur ein Unfallbeteiligter i.S. des § 142 V sein kann (*Fischer*, § 142 Rn. 66; *Mitsch*, JA 1995, 32, 39). Andere Personen können nur Teilnehmer sein. Insofern gelten die allgemeinen Grundsätze, so dass bei Bestehen einer Garantenstellung insbesondere auch Beihilfe durch Unterlassen **51** geleistet werden kann (SK/*Rudolphi/Stein*, § 142 Rn. 53; zweifelnd Schönke/ Schröder/*Sternberg-Lieben*, § 142 Rn. 82).

> **Merke:** Die Eigenschaft als Unfallbeteiligter knüpft an die objektive Situation an und ist deshalb nach h.M. kein besonderes persönliches Merkmal gemäß § 28 I (*Fischer*, § 142 Rn. 66; *Lackner/Kühl*, § 142 Rn. 39; *Maurach/Schroeder/Maiwald*, BT 1, § 49 Rn. 65; *Otto*, § 80 Rn. 47; a.A. MünchKomm/*Zopfs*, § 142 Rn. 124).

52   Ein lediglich versuchtes unerlaubtes Entfernen vom Unfallort ist nicht unter Strafe gestellt (§§ 12 I, 23 I). Wer sich dagegen vom Unfallort entfernt und damit die Tat vollendet hat, kann auch durch baldige Ermöglichung der vorgesehenen Feststellungen nicht mehr gemäß § 24 strafbefreiend zurücktreten (vgl. zur tätigen Reue Rn. 55 f.).

53   Als Delikte, die mit dem Sichentfernen tateinheitlich (§ 52) zusammentreffen können, kommen beispielsweise Mord, Totschlag, Aussetzung und unterlassene Hilfeleistung (§§ 211, 212, 221 sowie 323c; *BGH* NJW 1992, 583, 584), aber auch Widerstand gegen Vollstreckungsbeamte (§ 113), Körperverletzungsdelikte (§§ 223 ff.), Gefährdung des Straßenverkehrs sowie Trunkenheit im Verkehr (§§ 315c und 316; *Maurach/Schroeder/Maiwald*, BT 1, § 49 Rn. 69) in Betracht.

54   Im Unterschied dazu besteht in der Regel Tatmehrheit (§ 53) zu Tatbeständen, die vor dem Unfall verwirklicht wurden oder erst zu ihm geführt haben. Das können etwa fahrlässige Tötung bzw. Körperverletzung (§§ 222 und 230) sein, aber auch wiederum Trunkenheitstaten im Straßenverkehr (§§ 315c, 316; *Otto*, § 80 Rn. 71). Für den bis zum Unfallzeitpunkt reichenden Teil einer Trunkenheitsfahrt bleibt es auch dann bei Realkonkurrenz, wenn die Fahrt – an sich eine Dauerstraftat – im Anschluss fortgesetzt wird. Denn nach h.M. muss der durch § 142 I zum Verbleiben am Unfallort verpflichtete Beteiligte erst einen neuen Tatentschluss fassen, entgegen dieser Verpflichtung weiterzufahren. Der Unfall stellt m.a.W. eine **Zäsur** dar, und zwar unabhängig davon, ob der Täter sein Fahrzeug anhält (BGHSt 21, 203; *OLG Düsseldorf* NZV 1999, 388; SK/*Rudolphi/Stein*, § 142 Rn. 60; *Brückner*, NZV 1996, 266, 267). Anders kann es ausnahmsweise liegen, wenn die Taten vor und nach dem Unfall im Rahmen einer ununterbrochenen Fluchtfahrt begangen werden und sich deshalb als natürliche Handlungseinheit bewerten lassen (sog. **Polizeifluchtfälle**; BGHSt 48, 233, 239; BGHR StGB § 142 Konkurrenzen 1).

55   Nach § 142 IV mildert das Gericht die Strafe gemäß § 49 I oder *kann* sogar ganz von dieser absehen, wenn der Täter nachträglich in irgendeiner Form die Feststellungen ermöglicht (§ 142 III). Durch diesen persönlichen Strafaufhebungs- bzw. Strafmilderungsgrund der sog. tätigen Reue soll Beteiligten des § 142 eine „goldene Brücke" gebaut und zugleich dem Anliegen stärkeren Schutzes der Interessen der Geschädigten besser entsprochen werden (BT-Drs. 13/8587, S. 57 und 80; vgl. Rn. 1).

§ 20. Unerlaubtes Entfernen vom Unfallort   289

Die Vorschrift setzt dem Täter für die Ermöglichung der Feststellungen 56
eine Frist von 24 Stunden. Diese beginnt – entgegen dem erklärten Willen
des Gesetzgebers, der an die Deliktsvollendung, also an das Sichentfernen
vom Unfallort, anknüpfen wollte (BT-Drs. 13/8587, S. 57) – nach dem eindeutigen Wortlaut bereits zum Zeitpunkt des Unfalls (MünchKomm/*Zopfs*,
§ 142 Rn. 132). Erfasst werden nur Unfälle ohne bedeutenden Sachschaden
außerhalb des fließenden Verkehrs (sog. Begegnungsverkehr; *Bönke*, NZV
1998, 129, 130), mithin vor allem solche bei Parkvorgängen (*Hentschel*, NJW
1999, 686, 688). Für die Abgrenzung zum bedeutenden Sachschaden kann
auf die zu § 69 II Nr. 3 entwickelten Maßstäbe zurückgegriffen werden (vgl.
Rn. 59).

Das Risiko, bereits vor Ablauf der Frist ermittelt zu werden, geht zu Lasten 57
des Täters. Geschieht dies, kann er durch die Behauptung, er habe sich noch
innerhalb der 24 Stunden melden wollen, die Vergünstigung des § 142 IV
nicht mehr erreichen (*Fischer*, § 142 Rn. 65; *Böse*, StV 1998, 509, 512; *Hentschel*, NJW 1999, 686, 689; a.A. *Schulz*, NJW 1998, 1440, 1441). Die Vorschrift ist im Übrigen nicht anwendbar, wenn die Annahme des Täters, er
habe lediglich einen unbedeutenden Schaden verursacht, sich durch die weiteren Ermittlungen als falsch herausstellt (*Lackner/Kühl*, § 142 Rn. 38; *Böse*,
StV 1998, 509, 512). Dies begründet erhebliche Zweifel an ihrer Geeignetheit, Täter zu nachträglichen Feststellungen zu motivieren.

> **Merke:** Ist im Ergebnis eine Begehungsvariante des § 142 bejaht worden, so ist in
> der strafrechtlichen Referendarstation wie auch im zweiten Staatsexamen zwingend die Frage der Entziehung der Fahrerlaubnis zu erörtern.

Die Entziehung der Fahrerlaubnis, eine Maßregel der Besserung und Si- 58
cherung (§ 61), ist grundsätzlich in § 69 I normiert. Für die danach erforderliche Ungeeignetheit zum Führen von Kraftfahrzeugen hat der Gesetzgeber
Regelfälle benannt, zu denen unter bestimmten Voraussetzungen insbesondere das unerlaubte Entfernen vom Unfallort gehört (§ 69 II Nr. 3). Auf die
Erörterung dieser Voraussetzungen beschränkt sich zumeist die Prüfung im
Examen, weil nähere Angaben zur Persönlichkeit des Täters in Klausur- oder
gar mündlichen Aufgaben üblicherweise nicht gemacht werden.

Insoweit ist häufig dazu Stellung zu nehmen, ob bei dem Unfall ein be- 59
deutender Schaden an fremden Sachen entstanden ist. Dies ist ab einer Schadenshöhe von etwa 1.300,– € zu bejahen (*Fischer*, § 69 Rn. 29). Bei deren
Berechnung sind zwar Reparatur- und Abschleppkosten, nicht aber ggf. angefallene Sachverständigen- und Rechtsanwaltsgebühren sowie Mietwagenkosten zu berücksichtigen (*LG Hamburg* NStZ 1995, 91; *Fischer*, § 69
Rn. 28).

Darüber hinaus ist ggf. im Zusammenhang mit sonstigen prozessualen Pro- 60
blemen – etwa der Begründung des Anklageadressaten oder der Beantragung

eines Haftbefehls – darauf einzugehen, ob die Fahrerlaubnis bereits vorläufig entzogen werden soll. Das ist nach § 111a StPO der Fall, wenn dringende Gründe für die Anwendung des § 69 sprechen.

D. Kontrollfragen

1. Wie verhalten sich die vier Begehungsvarianten des § 142 zueinander? → Rn. 2 ff.
2. Kann ein Unfall i.S. des § 142 auch vorsätzlich herbeigeführt werden? → Rn. 9 ff.
3. Was beinhalten die in § 142 I vorgesehenen Anwesenheits-, Vorstellungs- und Wartepflichten? → Rn. 21 ff. und 27 f.
4. Hat ein Unfallbeteiligter die freie Wahl, auf welchem Weg er die Feststellungen i.S. des § 142 II nachträglich ermöglicht? → Rn. 32
5. Erfasst § 142 II Nr. 2 auch Zustände nur vorübergehender Schuldunfähigkeit? → Rn. 45 ff.

Aufbauschema (§ 142)

1. Tatbestände
   a) Objektiver Tatbestand
      – nach einem Unfall im Straßenverkehr
      – als Unfallbeteiligter (§ 142 V)
      – sich vom Unfallort entfernen
      – bevor er zugunsten der anderen Unfallbeteiligten und der Geschädigten die Feststellung seiner Person, seines Fahrzeugs und der Art seiner Beteiligung durch seine Anwesenheit und durch die Angabe, dass er an dem Unfall beteiligt ist, ermöglicht hat (§ 142 I Nr. 1) *oder*

      Bevor er eine nach den Umständen angemessene Zeit gewartet hat, ohne dass jemand bereit war, die Feststellungen zu treffen (§ 142 I Nr. 2) *oder*

      Sich nach Ablauf der Wartefrist vom Unfallort entfernen und die Feststellungen nicht unverzüglich nachträglich ermöglichen (§ 142 II Nr. 1) *oder*

      Sich berechtigt oder entschuldigt vom Unfallort entfernen und die Feststellungen nicht unverzüglich nachträglich ermöglichen (§ 142 II Nr. 2)

   b) Subjektiver Tatbestand: Vorsatz

2. Rechtswidrigkeit
3. Schuld
4. ggf. tätige Reue (§ 142 IV)

Empfehlungen zur vertiefenden Lektüre:
Leitentscheidungen: BGHSt 24, 382 – „Verfolgungsfahrtsfall"; *BayObLG* NJW 1989, 1685 – „Trunkenheitsfall"; *OLG Hamm* NJW 1977, 207 – „Feststellungsfall".

Aufsätze: *Berz*, „Berechtigtes" und „entschuldigtes" Verlassen der Unfallstelle, Jura 1979, 125; *Böse*, Die Einführung der tätigen Reue nach der Unfallflucht – § 142 Abs. 4 StGB n.F., StV 1998, 509; *Geppert*, Unerlaubtes Entfernen vom Unfallort, Jura 1990, 78; *Küper*, Täuschung über Personalien und erschlichener Verzicht auf Anwesenheit bei der Unfallflucht (§ 142 Abs. 1 Nr. 1 StGB), JZ 1990, 510; *Paeffgen*, § 142 StGB – eine lernäische Hydra?, NStZ 1990, 365.

Übungsfälle: *Aselmann/Krack*, Übungsklausur Strafrecht: Der Notstand im Notstand, Jura 1999, 254; *Buttel/Rotsch*, Der praktische Fall – Strafrecht: Der ungeschickte Maler, JuS 1996, 327; *Mitsch*, Klausur Strafrecht: Der überfahrene Dackel, JA 1995, 32.

Kapitel 10. Besondere Strafverfolgungsvoraussetzungen

§ 21. Strafantrag und besonderes öffentliches Interesse an der Strafverfolgung

A. Grundlagen

1   Die Bedeutung von Strafantrag und besonderem öffentlichen Interesse ist in den beiden Staatsprüfungen unterschiedlich. Im ersten Examen wird insoweit kaum einmal ein Problem bestehen, weil die Klausuraufgaben üblicherweise die Vorgabe enthalten, alle ggf. erforderlichen Strafanträge seien gestellt. Daher genügt es regelmäßig, nach der Bejahung eines entsprechenden Tatbestands in einem abschließenden Satz – falls notwendig: mit kurzer Begründung – diese Erforderlichkeit festzustellen.

> **Merke:** Im zweiten Examen ist zu differenzieren. Handelt es sich um ein absolutes Antragsdelikt (vgl. Rn. 7 ff.), bedarf es also zu dessen strafrechtlicher Verfolgung zwingend der Stellung eines Strafantrags, so ist dessen Vorliegen bereits eingangs zu prüfen.

2   Denn in der zweiten Staatsprüfung soll eine möglichst praxisnahe Leistung erbracht werden. Daraus folgt, dass es auf tatbestandliche Voraussetzungen nicht mehr ankommt, wenn der Beschuldigte wegen eines Delikts aufgrund des Fehlens des Strafantrags ohnehin nicht verfolgt werden darf und das Verfahren insoweit gemäß § 170 II StPO eingestellt werden muss (*Meyer-Goßner*, § 170 Rn. 6).

3   Dagegen hat die entsprechende Prüfung bei einem relativen Antragsdelikt (vgl. Rn. 13 ff.), bei dem der fehlende Strafantrag grundsätzlich durch das seitens der Staatsanwaltschaft bejahte besondere öffentliche Interesse an der Strafverfolgung ersetzt werden kann, erst nach Feststellung der materiellrechtlichen Voraussetzungen der Strafbarkeit zu erfolgen. Denn die Staatsanwaltschaft kann erst dann entscheiden, ob das besondere öffentliche Interesse besteht, wenn das Ausmaß des dem Beschuldigten zuzurechnenden Unrechts bestimmt ist.

B. Besondere Strafverfolgungsvoraussetzungen

Nach § 77 I ist grundsätzlich nur der Verletzte zum Stellen des Strafantrags 4 berechtigt. Verletzter i.d.S. ist der Träger des durch die Tat unmittelbar verletzten bzw. gefährdeten Rechtsguts, also derjenige, in dessen Rechtskreis der Täter durch die verbotene Handlung eingegriffen hat (BGHSt 31, 207, 210) bzw. bei einer nur versuchten Tat eingreifen wollte (Schönke/Schröder/*Eser/Bosch*, § 248a Rn. 17; *Michel*, JuS 1992, 513, 514f.). Dementsprechend ist beispielsweise beim Diebstahl nach h.M. neben dem Eigentümer auch der Gewahrsamsinhaber antragsberechtigt (vgl. § 1 Rn. 1).

Die §§ 77 II und III, 77a sehen weitere Antragsberechtigte vor. Vorsicht ist 5 besonders bei § 77 II 1 geboten, denn das Antragsrecht geht nur in den Fällen über, die das Gesetz bestimmt, z.B. in den §§ 194 I 5 und 230 I 2.

Knüpft das Antragserfordernis an bestimmte Gegebenheiten an – etwa ver- 6 wandtschaftliche Beziehung zwischen Täter und Opfer, Geringwertigkeit des Tatobjekts –, so kommt es allein auf deren tatsächliches Vorliegen an (BGHSt 18, 123, 125 ff.; vgl. auch BGHSt 23, 281; *Fischer*, § 247 Rn. 4 und § 248a Rn. 6; *Mitsch*, JuS 1999, 372, 377 f.).

> **Merke:** Ein diesbezüglicher Irrtum des Täters ist unerheblich, weil für die Annahme von Strafverfolgungsvoraussetzungen stets nur die objektiven Umstände entscheidend sind.

I. Absolute Antragsdelikte

Die Verfolgung des unbefugten Gebrauchs eines Fahrzeugs, des Vereitelns 7 der Zwangsvollstreckung sowie der Pfandkehr setzt ohne weiteres ausnahmslos die Stellung eines Strafantrags voraus (§§ 248b III, 288 II und 289 III).

Unter bestimmten Umständen sind auch Diebstahl, Unterschlagung sowie 8 Jagd- und Fischwilderei absolute Antragsdelikte. Für die Feststellung dieser Voraussetzungen kommt es ausschließlich auf die Tatzeit an (BGHSt 29, 54, 55 f. – „Hausgemeinschaftsfall"; *OLG Celle* JR 1986, 385; *Otto*, § 43 Rn. 6).

§ 247 erfasst alle Diebstahls- und Unterschlagungsformen, d.h. auch beson- 9 ders schwere Fälle und qualifizierte Tatbestände (§§ 242 bis 246; *Fischer*, § 247 Rn. 1a), sofern sich die Tat ausschließlich (vgl. *BGH*, Beschluss vom 6. 7. 1999, Az.: 4 StR 57/99) gegen einen Angehörigen i.S. des § 11 I Nr. 1, den Vormund (§§ 1773 ff. BGB) oder den Betreuer (§§ 1896 ff. BGB) richtet oder der Täter mit dem Verletzten in häuslicher Gemeinschaft lebt. Letzteres ist bei einer freigewählten Wohn- und Lebensgemeinschaft der Fall, die auf eine gewisse Dauer angelegt und ernstlich von dem Willen getragen ist, die aus der persönlichen Bindung folgenden Verpflichtungen zu übernehmen (BGHSt

29, 54, 56 f. – „Hausgemeinschaftsfall"; MünchKomm/*Hohmann*, § 247 Rn. 6; *Wessels/Hillenkamp*, Rn. 309; *Otto*, JZ 1985, 21, 26).

Beispiele: Ein derartiges Verhältnis kann etwa in Internaten, Klöstern, Wohngemeinschaften und Altersheimen bestehen, wegen der fehlenden Freiwilligkeit nicht dagegen in Kasernen und Justizvollzugsanstalten (*Fischer*, § 247 Rn. 2).

Ein Strafantrag ist allerdings nicht erforderlich für die Verfolgung eines Tatbeteiligten, bei dem keine der in § 247 genannten persönlichen Beziehungen vorliegen (*BGH* NJW 2003, 3283, 3285).

10 § 294 verlangt – nur für Fälle der §§ 292 I und 293 – einen Strafantrag bei Tatbegehung durch einen Angehörigen gemäß § 11 I Nr. 1 oder durch einen in beschränktem Maße Jagd- oder Fischereiausübungsberechtigten (vgl. § 9 Rn. 17).

11 **Beachte:** Das eben zum Haus- und Familiendiebstahl Ausgeführte gilt für Entziehung elektrischer Energie, Hehlerei, Betrug, Computerbetrug, Erschleichen von Leistungen und Untreue entsprechend, da bei diesen Delikten auf § 247 verwiesen wird (§§ 248c III, 259 II, 263 IV, 263a II, 265a III, 266 II). Bei Entziehung elektrischer Energie ist zudem § 248c IV 2 zu beachten.

12 Die Begünstigung ist nur auf Antrag verfolgbar, wenn dies bei – gedachter – Begehung der Vortat durch den Begünstigenden insoweit auch der Fall wäre (§ 257 IV 1).

II. Relative Antragsdelikte

13 Gemäß § 248a ist grundsätzlich ein Strafantrag notwendig, wenn sich Diebstahl und Unterschlagung auf geringwertige Sachen beziehen (zur Wertgrenze vgl. § 1 Rn. 182). Gemeint sind hier – wie ein Vergleich mit dem Wortlaut des § 247 ergibt – nur die §§ 242 und 246, bei letzterem auch der Qualifikationstatbestand (*Fischer*, § 248a Rn. 2). Erfasst wird ebenfalls die Konstellation, bei der gerade die Geringwertigkeit der Beute nach § 243 II einen besonders schweren Fall ausschließt (Schönke/Schröder/*Eser/Bosch*, § 248a Rn. 4).

14 Die §§ 303 bis 303b sind – ohne weitere Voraussetzungen – relative Antragsdelikte (§ 303c), nicht dagegen die gemeinschädliche Sachbeschädigung (§ 304).

15 Fehlt ein Strafantrag, so kann die Staatsanwaltschaft nach den §§ 248a und 303c statt dessen das besondere öffentliche Interesse an der Strafverfolgung bejahen, sogar noch in der Revisionsinstanz. Soweit im zweiten Examen ausnahmsweise zu dieser Problematik Stellung genommen werden muss, kommen als Gründe für die Annahme des besonderen öffentlichen Interesses z.B. – vor allem einschlägige – Vorstrafen des Beschuldigten oder auch gene-

ralpräventive Erwägungen in Betracht (SK/*Hoyer*, § 248a Rn. 15; *Maurach/ Schroeder/Maiwald*, BT 1, § 33 Rn. 139).

§ 248a wird ausdrücklich für sinngemäß bzw. entsprechend anwendbar er- **16** klärt für Entziehung elektrischer Energie, Begünstigung, Hehlerei, Betrug, Computerbetrug, Erschleichen von Leistungen, Untreue und Missbrauch von Scheck- und Kreditkarten (§§ 248c III, 257 IV 2, 259 II, 263 IV, 263a II, 265a III, 266 II sowie 266b II).

C. Kontrollfragen

1. Inwiefern unterscheiden sich absolute und relative Antragsdelikte? → (Rn. 1 ff.)
2. Wer ist berechtigt, einen Strafantrag zu stellen? → (Rn. 4 f.)
3. Welche Kriterien können für die Frage des besonderen öffentlichen Interesses bedeutsam sein? → (Rn. 15)

Empfehlungen zur vertiefenden Lektüre:
Leitentscheidung: BGHSt 29, 54 – „Hausgemeinschaftsfall".

Aufsätze: *Otto*, Die neuere Rechtsprechung zu den Vermögensdelikten – Teil 1, JZ 1985, 21; *Otto*, Strafrechtliche Aspekte des Eigentumsschutzes (I), Jura 1989, 137.

Übungsfälle: *Fahl*, Kurzvortrag Strafrecht: Der „erfolglose" Fassadenkletterer, JuS 1998, 258; *Michel*, Aus der Praxis: Der missglückte Diebstahl, JuS 1992, 513; *Mitsch*, Der praktische Fall – Strafrecht: Die wertvolle Uhr, JuS 1999, 372.

Anhang: Musterklausuren mit Lösung

Die Lösungen zu den beiden Klausuren sind den Hinweisen nachgebildet, die Korrekturassistenten an den Universitäten oftmals erhalten. Sie unterscheiden sich teilweise in Art und Aufbau, um hier die mögliche Bandbreite solcher Hinweise aufzuzeigen.

Klausur 1: Die Pistole im Briefkasten

Sachverhalt

A, der nach einem missglückten Überfall von mehreren Polizeibeamten verfolgt wird, will sich der hierbei verwendeten Pistole vorübergehend entledigen. Als er eine Hofeinfahrt passiert, läuft er in den Hausflur und steckt die Waffe in den Briefkasten des B. Dessen Namen prägt A sich ein, um die Pistole nach erfolgreicher Flucht wieder an sich nehmen zu können. Nach einigen hundert Metern gelingt es den Polizisten, A zu ergreifen.

O hat das Geschehen einschließlich der vorläufigen Festnahme des A beobachtet und schätzt dessen Vorhaben zutreffend ein. Er erkennt die Gelegenheit, sich ohne großen Aufwand bewaffnen zu können. Er tritt an den Briefkasten des B heran und reißt mit einem kräftigen Ruck die Tür heraus, wodurch eine 30 € kostende Reparatur erforderlich wird. Dann ergreift er eine Tageszeitung sowie die Waffe. Dabei registriert O mit einem schnellen Blick, dass die Pistole geladen und mithin gebrauchsbereit ist, und verbirgt diese vor dem Verlassen des Hausflures in der Zeitung, die er später – wie von vornherein beabsichtigt – wegwirft. Anschließend begibt sich O zu seinem Freund M, der ihm stets mit Rat und Tat zur Seite steht. Er berichtet diesem sowohl von den Ereignissen des Tages als auch von seiner Absicht, am Freitagabend eine Lotterieannahmestelle zu überfallen, da er zu diesem Zeitpunkt wegen des Annahmeschlusses eine erhebliche Summe Bargeld erwarte. M befürwortet den Plan des O grundsätzlich, rät ihm aber, nicht wie beabsichtigt, den Inhaber E mit bloßen Händen niederzuschlagen, sondern diesen mit der erlangten Waffe zu bedrohen. Um Komplikationen zu vermeiden, solle er jedoch sicherheitshalber alle Patronen aus dem Magazin und dem Lauf der Pistole entfernen.

Wie geplant betritt O das Ladenlokal, zieht die Waffe und fordert den allein anwesenden E auf, sich auf den Boden zu legen. Entsprechend dem Rat des M hatte O zuvor die Waffe entladen, um eine Gefährdung von Menschen auszuschließen. Da E dies nicht erkennt und um sein Leben fürchtet, leistet er der Aufforderung des O Folge. O öffnet die Kassenschublade, in der sich eine große Summe Bargeld befindet. Nachdem er die Geldscheine in seinen Taschen verstaut hat, verlässt er den Laden und tritt zu Fuß den Heimweg an.

Unterwegs sucht O kurz entschlossen einen Blumenladen im Bahnhofsgebäude auf, um seiner Freundin S einen Blumenstrauß zu kaufen. Wider Erwarten hält sich kein Angestellter im Geschäft auf, so dass O spontan die Kasse öffnet, wobei ein kurzes Klingelzeichen ertönt. Dieses Signal kann mit einem versteckt angebrachten Notöffnungshebel umgangen werden, der O jedoch nicht bekannt ist. Dabei beabsichtigt B zu keinem Zeitpunkt, die noch immer ungeladen in seinem Gürtel steckende Waffe zu gebrauchen. Ohne Blumen, aber mit zusätzlicher Beute trifft er endlich zu Hause ein.

Wie haben sich M und O strafbar gemacht? Tatbestände des WaffG sind nicht zu prüfen. Ggf. erforderliche Strafanträge sind gestellt.

Lösung

Die Klausur hat einen gewissen Schwierigkeitsgrad, da „klassische" Probleme der Eigentumsdelikte in untypischen Konstellationen zu erörtern sind. Nicht die Wiedergabe auswendig gelernten Wissens, sondern vielmehr die Fertigkeit, von Bekanntem auf Unbekanntes zu schließen, wird daher eine gute Bearbeitung ermöglichen.

Die Schilderungen des Sachverhaltes legen eine Gliederung des Gutachtens nahe, die der Chronologie der Ereignisse folgt. Es bietet sich an, die Lösung in drei Sachverhaltsabschnitte zu gliedern, nämlich das Erlangen der Schusswaffe, den Überfall auf die Lotterieannahmestelle sowie die Ereignisse im Blumenladen.

Erster Sachverhaltsabschnitt: Das Erlangen der Schusswaffe durch O

I. §§ 242, 243 I S. 2 Nr. 2 und 7

In der Prüfung des objektiven Diebstahlstatbestands müssen die Bearbeiter zunächst erkennen, dass Tatobjekte sowohl die Tageszeitung als auch die Waffe sind. Freilich muss bereits im Rahmen der Tathandlung, dem Gewahrsamsbruch, für beide Tatobjekte differenziert werden. Während die Verkehrsauffassung dem B an der Tageszeitung, die sich in seinem Briefkasten befindet, unzweifelhaft sowohl die tatsächliche Sachherrschaft wie auch einen entsprechenden Willen zuweist, bedarf dieses Ergebnis für die Schusswaffe einer eingehenden Begründung. Insoweit muss Berücksichtigung finden, dass A, auch wenn er die Waffe nur vorübergehend im Briefkasten des B deponieren wollte, seinen Gewahrsam über die Waffe jedenfalls wegen des ungewissen Fortgangs der Dinge verloren hat. Ferner unterscheiden die Anschauungen des täglichen Lebens bei der Bestimmung der tatsächlichen Sachherrschaft bzw. des entsprechenden Willens nicht danach, ob der Inhaber eines generellen Gewahrsams die konkrete Sache tatsächlich beherrschen oder bei Kenntnis von der konkreten Sache gerade nicht die tatsächliche Sachherrschaft ausüben will, sondern weisen unabhängig davon für jeden Gegenstand, der in die generelle Herrschaftssphäre eines Menschen gelangt, diesem die tatsächliche Sachherrschaft und den entsprechenden Willen zu.

Bei der Prüfung des subjektiven Diebstahlstatbestands gilt es für die Bearbeiter zu erkennen, dass dem O hinsichtlich der Tageszeitung die Aneignungsabsicht fehlt, weil er sich ihrer von vornherein entledigen will.

Schließlich müssen sich die Bearbeiter mit der Frage auseinandersetzen, ob ein Diebstahl im besonders schweren Fall vorliegt. Ein schwerer Fehler ist es, wenn aus der Bearbeitung nicht deutlich wird, dass es sich bei der Prüfung des § 243 I S. 2 um die einer Strafzumessungsregel, nicht aber eines Tatbestands handelt. Unzweifelhaft handelt es sich bei dem Briefkasten um ein verschlossenes Behältnis i.S. des § 243 I S. 2 Nr. 2 StGB. Ebenso unproblematisch lassen sich die Voraussetzungen des Regelbeispiels des § 243 I S. 2 Nr. 7 StGB feststellen. An dieser Stelle bedarf es daher keiner breiten Ausführung im Gutachtensstil. Die Voraussetzungen der beiden Regelbeispiele sollten vielmehr kurz im

Urteilsstil bejaht werden. Dies gilt auch hinsichtlich der für § 243 erforderlichen subjektiven Komponente. Denn insoweit ist nach dem Sachverhalt klar, dass O vorsätzlich gehandelt hat.

II. § 244 I Nr. 1a

Von einer zufriedenstellenden Bearbeitung ist es zu erwarten, dass sie sich mit der Frage auseinandersetzt, ob ein Diebstahl von Waffen (§ 244 I Nr. 1a) vorliegt. Umstritten ist es, ob einem Waffenbesitz nur bis zur Vollendung der Tat oder darüber hinaus bis zu ihrer Beendigung qualifizierende Wirkung zukommt. Die wohl h.M. nimmt an, dass ein Beisichführen i.S. des § 244 noch bis zur endgültigen Sicherung der Beute möglich ist, verlangt allerdings einschränkend, dass noch ein unmittelbarer Zusammenhang mit der Wegnahme besteht. Sie beruft sich für diese Ansicht auf die aus der schwierigen Abgrenzung von Vollendung und Beendigung resultierenden Unsicherheiten sowie auf die gerade in diesem Stadium – auf der Flucht – von einem bewaffneten Täter erfahrungsgemäß ausgehende Gefahr (*BGH* StV 1988, 429; *Geppert*, Jura 1992, 496, 497).

Diese Auffassung vermag aus dogmatischen Gründen selbst dann nicht zu überzeugen, wenn die These einer spezifischen Gefährlichkeit eines Täters nach der Tatvollendung empirisch abgesichert wäre. Sie begegnet bereits im Hinblick auf das Bestimmtheitsgebot des Art. 103 II GG Bedenken, weil sie nicht an den von den §§ 242, 244 für die Tatbestandsverwirklichung vorgegebenen Vollendungszeitpunkt, dem Abschluss der Wegnahme, sondern an den diffusen Begriff materielle Beendigung anknüpft. Vor allem aber spricht gegen die h.M. die Existenz des § 252. In dieser Vorschrift hat der Gesetzgeber abschließend die Voraussetzungen geregelt, unter denen Täterverhalten noch nach einem vollendeten Diebstahl zu dessen Qualifizierung führen kann (*Lackner/Kühl*, § 244 Rn. 2; oben § 2 Rn. 12; *Scholderer*, StV 1988, 429).

Nur Bearbeiter, die der h.M. folgen, haben im Übrigen zu entscheiden, ob ein – zuvor unbewaffneter – Täter § 244 erfüllt, der eine Waffe i.S. der Norm stiehlt. Dies ist nach vorzugswürdiger Ansicht zu verneinen. Denn die andernfalls zum Teil erfolgende begriffliche Gleichstellung eines Diebstahls von Waffen und eines Diebstahls mit Waffen befremdet. Entscheidend aber ist es, dass es der Einführung des § 243 I S. 2 Nr. 7 im Jahre 1989 nicht bedurft hätte, wenn der Diebstahl (vor allem) der darin genannten Waffen bereits von § 244 erfasst würde (*Maurach/Schroeder/Maiwald*, BT 1, § 33 Rn. 121; oben § 2 Rn. 13). Freilich entscheidet auch in dieser Frage die h.M. anders (vgl. nur BGHSt 29, 184, 185; *Geppert*, Jura 1992, 496, 498).

Für die Bewertung ist nicht entscheidend, welcher Auffassung sich ein Bearbeiter anschliesst, vielmehr dass die Probleme erkannt und argumentativ gelöst werden.

III. § 303

Darüber hinaus hat sich O durch das Herausreißen der Briefkastentür einer Sachbeschädigung strafbar gemacht. Der zur Verfolgung dieses Delikts erforderliche Strafantrag (§ 303c) ist gestellt.

IV. Konkurrenzen

Soweit § 244 I Nr. 1a bejaht wurde, verdrängt dieser als qualifizierender und daher speziellerer Tatbestand den Diebstahl (im besonders schweren Fall) nach den §§ 242, 243 I Satz 2 Nr. 2 und 7 (vgl. oben § 2 Rn. 33). Die Annahme, die Sachbeschädigung (§ 303) stehe hierzu im Verhältnis der Tateinheit (§ 52), ist vertretbar. Angesichts des relativ geringen Schadens erscheint jedoch die Lösung vorzugswürdig, nach der § 303 von dem – allerdings verdrängten – Diebstahl im besonders schweren Fall (§§ 242, 243 I S. 2 Nr. 2) konsumiert wird (vgl. oben § 1 Rn. 191).

Zweiter Sachverhaltsabschnitt: Der Überfall auf die Lotterieannahmestelle

A. Strafbarkeit des O

I. § 249 I

Die Bearbeiter können zügig feststellen, dass das Verhalten des O den Voraussetzungen des § 249 genügt. Freilich muss das Gutachten dennoch kurz auf die einzelnen Merkmale des § 249 I eingehen.

II. § 250 II Nr. 1

Der Prüfung bedarf es zudem, ob die echte, aber zum Tatzeitpunkt ungeladene Schusswaffe dem § 250 II Nr. 1 unterfällt, da sie als Mittel der Drohung eingesetzt wurde. Aus der Formulierung „oder ein anderes gefährliches Werkzeug" folgt, dass eine verwendete Waffe – ebenso wie ein anderes Werkzeug – gefährlich, d.h. nach ihrer objektiven Beschaffenheit und nach der Art ihrer Verwendung im Einzelfall geeignet sein muss, eine Lebens- oder zumindest nicht unerhebliche Leibesgefahr zu begründen. Nur diese Auslegung steht zudem im Einklang mit der Systematik des § 250 I Nr. 1, der im Buchstaben b) als Ausgleich für die gegenüber den im Buchstaben a) erfassten Tatmittel mindere Gefährlichkeit ein zusätzliches subjektives Merkmal erfordert (vgl. oben § 2 Rn. 6 m.w.N.). Mithin ist die von O verwendete Waffe weder § 250 II Nr. 1 noch § 250 I Nr. 1a zu subsumieren.

III. § 250 I Nr. 1b

Hingegen führt O mit der echten, aber ungeladenen Waffe, die er als Mittel der Drohung einsetzt, ein Werkzeug i.S. des § 250 I Nr. 1b bei sich, um den Widerstand einer anderen Person durch Drohung mit Gewalt zu verhindern oder zu überwinden.

IV. Konkurrenzen

Der schwere Raub (§ 250 I Nr. 1b) verdrängt als spezielleres Delikt den sog. einfachen Raub (§ 249) sowie die in diesem enthaltenen §§ 240, 242. Die zugleich verwirklichten §§ 240, 241 und 242 treten hinter dem spezielleren § 249 subsidiär zurück.

B. Strafbarkeit des M

I. §§ 249, 250 I Nr. 1b, 26

M könnte sich einer Anstiftung des O zum schweren Raub strafbar gemacht haben, indem er diesem anriet, zur Tatausführung die Pistole zu verwenden. Die vom objektiven

Anstiftungstatbestand vorausgesetzte vorsätzliche rechtswidrige Raubtat liegt vor. Problematisch ist es jedoch, ob auch die weiterhin erforderliche Anstifterhandlung vorliegt, d.h. M den O zur Tat bestimmt hat. Dies ist deshalb zweifelhaft, weil A bereits zur Begehung eines einfachen Raubs entschlossen war. Wie entsprechende Konstellationen (sog. Aufstiftung) zu beurteilen sind, ist in Rechtsprechung und Literatur umstritten (einen Überblick gibt *Küpper*, JuS 1996, 23, 24).

Nach einer Auffassung soll die Veranlassung einer Qualifikation stets auch Anstiftung zum Tatganzen sein, selbst wenn der Täter bereits zum Grunddelikt entschlossen war (so etwa *Fischer*, § 26 Rn. 3c). Nach a.A. soll die Anstiftung eines Tatentschlossenen grundsätzlich nur als Anstiftung zu einem echten Aliud möglich sein, d.h. nur dann, wenn es sich bei der schwereren Tat um ein eigenständiges Delikt handelt. Denn der Grunddeliktsvorsatz, der für das qualifizierte Delikt konstitutiver Kern ist, könne bei dem zum Grunddelikt Entschlossenen gerade nicht mehr hervorgerufen werden (so etwa Schönke/Schröder/*Cramer/Heine*, § 26 Rn. 8). Andere stellen darauf ab, ob durch die Beeinflussung der Unwertgehalt der bereits geplanten Tat gesteigert wird, da nur die erhebliche Übersteigerung des Tatentschlusses volle Anstifterhaftung auslösen könne (so etwa LK/*Roxin*, § 26 Rn. 36 und 39). Schließlich wird danach differenziert, ob die Tatabwandlung, die der Bestimmende veranlasst, eine wesentliche (dann Anstiftung) oder eine unwesentliche (dann keine Anstiftung) ist (so etwa *Schulz*, JuS 1986, 938 ff.). Die Bearbeiter sollten das Problem der „Aufstiftung" erkennen, jedoch ist eine präzise Kenntnis der einzelnen in diesem Meinungsstreit vertretenen Auffassungen nicht zu erwarten. Ausreichend ist es daher, wenn erkannt wird, dass O bereits zur Verwirklichung des Grunddeliktes entschlossen war, und die sich daraus ergebende Problematik diskutiert wird.

Bearbeiter, die den objektiven Anstiftungstatbestand bejahen, müssen bei der Fallgestaltung auch den subjektiven Anstiftungstatbestand (doppelter Vorsatz) annehmen. Wer hingegen eine Anstiftung aus den dargelegten dogmatischen Gründen abgelehnt hat, muss jedenfalls eine Beihilfe (§ 27) des M zum schweren Raub des O bejahen.

II. §§ 240, 241, 242, 27

Zudem hat M dem O zur Nötigung (§ 240), zur Bedrohung (§ 241) und zum Diebstahl (§ 242) Hilfe geleistet.

III. Konkurrenzen

Die Beihilfe zu den §§ 240, 241 und 242 tritt jedoch hinter der Anstiftung bzw. der Beihilfe zum schweren Raub als subsidiär zurück.

Dritter Sachverhaltsabschnitt: Die Ereignisse im Blumenladen

I. §§ 242, 243 I S. 2 Nr. 2

Unproblematisch hat O das Geld aus der Kasse des Blumenladens gestohlen. Allenfalls sollte von den Bearbeitern problematisiert werden, dass die Ladenangestellten (oder aber der Geschäftsinhaber; vgl. oben § 1 Rn. 36) den Gewahrsam am Kasseninhalt jedenfalls nicht dadurch verloren haben, dass sie kurzzeitig das Geschäftslokal verlassen haben.

Von einer guten Bearbeitung ist zu erwarten, dass sie sich mit der Frage auseinandersetzt, ob O das Geld aus einem verschlossenen Behältnis entwendet hat und mithin die Strafzumessungsregel des § 243 I S. 2 Nr. 2 zur Anwendung kommt. Bei der Ladenkasse handelt es sich zwar unzweifelhaft um ein Behältnis. Fraglich ist aber, ob dieses auch – wie von dem einschlägigen Regelbeispiel gefordert – verschlossen war. Ob dies mittels einer technischen Vorrichtung (elektronisches oder mechanisches Schloss) oder auf andere Weise erreicht wird, ist allerdings unerheblich (Schönke/Schröder/*Eser*, § 243 Rn. 22 f.). Jedoch muss daraus eine tatsächliche Erschwernis für den Täter erwachsen. Dementsprechend ist auch eine geschlossene, jedoch mit einer Drehkurbel leicht, insbesondere ohne Klingelzeichen zu öffnende Registrierkasse nicht verschlossen. Anders verhält es sich bei einer mit einer derartigen Klingel ausgestatteten Kasse selbst dann, wenn das Signal mit einem versteckt angebrachten Notöffnungshebel umgangen werden kann (*OLG Frankfurt a.M.* NJW 1998, 3028 f.; *Fischer*, § 243 Rn. 14; oben § 1 Rn. 147; a.A. *Lackner/Kühl*, § 243 Rn. 15). Mithin unterfällt das Entwenden des Geldes dem § 243 I S. 2 Nr. 2.

II. § 244 I Nr. 1a

Bearbeiter, die die echte, aber ungeladene Schusswaffe des O dem § 250 I Nr. 1a bzw. II Nr. 1 subsumiert haben, müssen in konsequenter Weise im Blumenladen einen schweren Diebstahl i.S.d. § 244 I Nr. 1a annehmen. Wer dies – vorzugswürdig – verneint hat, muss dies folgerichtig auch im Rahmen des § 244 I Nr. 1a tun. Ein schwerer Fehler ist es, die Waffe in den §§ 244, 250 differenziert zu behandeln.

III. § 244 I Nr. 1b

Dieser Tatbestand ist nicht verwirklicht, da O nach dem Sachverhalt nicht die erforderliche Verwendungsabsicht hatte.

IV. Konkurrenzen

§ 242 – ggf. i.V.m. § 243 I S. 2 Nr. 2 – wird vom spezielleren § 244 verdrängt, soweit dieser Tatbestand bejaht worden ist.

Gesamtkonkurrenzen und Ergebnis

Die in den Sachverhaltsabschnitten bejahten Tatbestände sind durch verschiedene Handlungen begangen worden und stehen daher zueinander im Verhältnis der Tatmehrheit (§ 53). O ist nach den hier favorisierten Ansichten mithin strafbar gemäß den §§ 242, 243 I Nr. 2 und 7, 303, 52; 250 I Nr. 1b; 242, 243 I Satz 2 Nr. 2; 53.

M hat sich gemäß den §§ 250 I Nr. 1b, 26 bzw. 27 strafbar gemacht.

Klausur 2: Gefährlicher Ketchup

Sachverhalt

In einem Schreiben an den Geschäftsführer G des Nahrungsmittelherstellers N-GmbH fordert A unter dem Pseudonym „Sokrates" die Zahlung von 1,5 Millionen €, anderenfalls – so bekräftigt er seine Forderung – würden eine Menge vergifteter Produkte der N-GmbH „im Einzelhandel auftauchen". Um deutlich zu machen, dass er es „ernst meine", habe er bereits fünf mit Pflanzenschutzmittel versetzte Flaschen Ketchup in den Regalen einer hessischen Supermarktkette versteckt. Bei einer umgehend veranlassten Durchsicht der entsprechenden Warenbestände werden tatsächlich fünf mit dem deutlich sichtbaren Warnhinweis „GIFT" versehene und eine letal wirkende Dosis „E 605" enthaltende Ketchupflaschen gefunden. Um Schaden zu vermeiden, informiert G in Absprache mit der Staatsanwaltschaft die Öffentlichkeit über den gesamten Sachverhalt und die drohende Gefahr.

B und C, alte Bekannte, erfahren aus den Nachrichten von dem Vorfall und sehen die Chance gekommen, ihre desolate wirtschaftliche Lage zu verbessern. Entsprechend dem gemeinsamen Entschluss gibt sich B in einem Telefonanruf gegenüber G als „Sokrates" aus, wiederholt dessen Drohungen und teilt G den Ort sowie die Zeit der geforderten Geldübergabe mit.

Unter dem Eindruck der Drohungen und um den Täter zu überführen, entschließt sich G im Einvernehmen mit dem zuständigen Staatsanwalt, jedenfalls einen Teil der geforderten Summe zu übergeben. Gemäß dem mit B entwickelten Tatplan begibt sich C zum Übergabeort, wo ihm G mit den Worten „Ihre 1,5 Millionen, bitte schön!" einen Koffer übergibt, in dem sich allerdings lediglich eine Million € befindet. C ergreift den Koffer, verlässt den Ort, noch bevor der Polizei der Zugriff gelingt, und denkt – wie von Anfang an geplant – nicht daran, die Beute mit B zu teilen.

Der verärgerte B erscheint, ehe C sich mit der Beute ins Ausland absetzen kann, in der Wohnung des C und bedroht diesen mit aus nächster Nähe vorgehaltener, geladener Schusswaffe und den Worten „Geld raus oder ich knall Dich ab!". Daraufhin händigt der verängstigte C, dem Schweißperlen auf die Stirn treten, den vereinbarten Beuteanteil aus.

Wie haben sich B und C nach dem StGB strafbar gemacht? Ggf. erforderliche Strafanträge sind gestellt.

Lösung

Erster Sachverhaltsabschnitt: Die Drohungen von B und C und die Lösegeldübergabe

A. Strafbarkeit von B und C

I. §§ 255, 25 II

Die vom objektiven Tatbestand der räuberischen Erpressung zunächst erforderte Drohung mit gegenwärtiger Gefahr für Leib oder Leben liegt vor. Denn in dem Telefongespräch, in dem B sich als „Sokrates" ausgegeben hat, hat er die von dem wahren Täter ausgesprochene Drohung nicht nur für sich wirken lassen, sondern sie als eigene Drohung wiederholt. Es kommt nicht darauf an, ob die Täter die Ausführung ihrer Drohung beabsichtigen und ob sie für sie überhaupt ausführbar ist, sondern allein darauf, „ob der Bedrohte die Ausführung der Drohung für möglich hält, dadurch in Furcht versetzt und durch diese Furcht in seinem Entschluss beeinflußt wird" (BGHSt 23, 294, 295 f.). Denn Drohung ist das Inaussichtstellen der entsprechenden Gefährdung, deren Eintritt der Täter als von seinem Willen abhängig darstellt (oben § 5 Rn. 10). Gegenwärtig ist die in Aussicht gestellte Gefahr, wenn der Genötigte die Drohung dahin verstehen soll, dass der Eintritt des Schadens ohne das Ergreifen von Abwehrmaßnahmen sicher oder wahrscheinlich ist (oben § 5 Rn. 11). Eine Gefahr für Leib oder Leben liegt vor, wenn als Schaden der Eintritt des Todes oder einer nicht ganz unerheblichen Körperverletzung droht. Alle Voraussetzungen sind knapp festzustellen.

Zu beachten ist freilich, dass vorliegend der Adressat der Drohung und die bedrohten Dritten nicht personengleich sind. Ausreichend für § 255 ist jedoch in dieser Konstellation nach h. M., dass der Drohungsadressat die Bedrohung der Dritten als eigenes Übel empfindet (oben § 13 Rn. 24). Das ist zu bejahen, weil G die Bedrohung der Verbraucher deshalb als eigenes Übel empfindet, weil ihr Wohlergehen von seinem Verhalten abhängig ist.

Da C die Drohung nicht selbst ausgesprochen und im Übrigen weder B noch C alle Tatbestandsmerkmale allein verwirklicht hat, muss Mittäterschaft (§ 25 II) geprüft werden. Dies hat nicht gewissermaßen „vor die Klammer gezogen", sondern an Hand eines konkreten Tatbestandsmerkmals, hier der Tathandlung, zu erfolgen, damit eine wechselseitige Zurechnung der Tatanteile erfolgen kann. Jedoch ist sowohl nach der sog. Tatherrschaftslehre als auch nach der namentlich von der Rechtsprechung favorisierten subjektiven Herangehensweise (Täterwille) Mittäterschaft ohne ausführliche Diskussion zu bejahen.

Hinsichtlich des gemeinsamen Tatentschlusses ist lediglich beachtlich, dass C von Anfang an den geheimen Vorbehalt hatte, die erlangte Beute nicht mit B zu teilen. Der gemeinschaftliche Tatentschluss erfordert das gegenseitige auf gemeinsamem Wollen beruhende Einverständnis, eine bestimmte Tat gemeinsam und arbeitsteilig zu begehen (*Lackner/Kühl*, § 25 Rn. 10). Der gemeinsame Tatentschluss ist m.a.W. das ausdrückliche (oder konkludente) Einverständnis zur Verschachtelung einzelner Beiträge zu einer Tat (*Jakobs*, Strafrecht Allgemeiner Teil, 2. Aufl., 1993, 21. Abschn. Rn. 41). Dabei ist nicht erforderlich, dass der gemeinsame Tatentschluss frei von Zwang und Irrtum zustande kommt (*Jakobs*, Strafrecht Allgemeiner Teil, 2. Aufl., 1993, 21. Abschn. Rn. 44). Daher steht der geheime Vorbehalt des C einer Mittäterschaft nicht entgegen, da B und C sich gegenseitig Tatbeiträge zugesagt haben, die erst in ihrer Gesamtheit die arbeitsteilige Tatbegehung ermöglichen (sollen). Der Vorbehalt des C betrifft zudem außerhalb der vom Gesetz geforderten Tathandlung liegende Tatsachen, die die angestrebte Deliktsvollendung ohnehin nicht in Frage stellen.

Auch hat G – wie dies der Tatbestand weiter voraussetzt – in einer der N-GmbH zurechenbaren Weise mindernd auf deren Vermögen eingewirkt, mithin eine Vermögensverfügung getroffen, so dass es verfehlt wäre, auf den Streit einzugehen, welche Qualität das abgenötigte Verhalten aufweisen muss (vgl. zu diesem Streit oben § 13 Rn. 6 ff.).

Beachtlich ist hingegen, dass G nicht über sein Vermögen, sondern über das der N-GmbH mit vermögensmindernder Wirkung disponiert hat. Da § 255 wie auch § 263 keine Identität von Geschädigtem und Verfügendem voraussetzt, ist eine Dreieckserpressung möglich (vgl. zu den Einzelheiten oben § 13 Rn. 30 f.) und hier anzunehmen, da G sogar rechtlich befugt ist, über das Vermögen der N-GmbH zu verfügen.

Problematisch ist hingegen, ob die Verfügung kausal auf der Drohung des B beruht, da mit der Übergabe des Geldes auch die Absicht verbunden war, den oder die Täter zu überführen. Auf das Motiv des Übergebenden kommt es freilich nicht an, vielmehr nur darauf, dass G jedenfalls auch maßgeblich unter dem Eindruck der Drohung verfügt (BGHSt 41, 368, 371; *BGH* NJW 1997, 265, 266 f.; oben § 13 Rn. 32).

Die Vermögensverfügung hat zudem den vom Tatbestand geforderten Vermögensnachteil verursacht.

Ein vorsätzliches Handeln von B und C wird selbstverständlich nicht dadurch ausgeschlossen, dass die Beute um ein Drittel hinter der geforderten Summe zurückbleibt, da ein geringerer Beuteteil notwendig vom weitergehenden Vorsatz mit umfasst ist. Zudem bestehen keine Zweifel an der Absicht rechtswidriger und stoffgleicher Bereicherung.

Die Tat ist rechtswidrig und schuldhaft.

II. § 255, 250 II Nr. 1 und 3b

Der knappen Prüfung bedarf darüber hinaus, ob es sich bei der Tat zudem um eine schwere räuberische Erpressung handelt, denn B und C haben die Drohung des A wiederholt und sich hierdurch auch auf die vergifteten Ketchupflaschen bezogen.

Diese stellen gefährliche Werkzeuge i.S.d. § 250 II Nr. 1 dar, da es nicht darauf ankommt, ob ein Werkzeug fest, flüssig oder gasförmig ist und ob es mechanisch, physikalisch oder chemisch wirkt (BGHSt 1, 1, 4; 22, 230, 231). Jedoch haben B und C die Flaschen nebst Inhalt weder tatsächlich zu ihrer Drohung verwendet noch auch nur bei sich geführt (§ 250 I Nr. 1a), sondern deren Einsatz nur vorgetäuscht. Das bereits abgeschlossene Vorgehen des A ist ihnen auch nicht sukzessive zuzurechnen. Der lediglich vorgetäuschte Einsatz genügt aber für die Verwirklichung des Qualifikationstatbestandes, der eine objektive Gefährlichkeit erfassen soll, nicht. Jedoch legt die (zusätzliche) Täuschung die Prüfung eines Betruges (§ 263) nahe.

Ungeachtet der Frage, ob die Flaschen mit dem vergifteten Ketchup trotz der gut erkennbaren Warnhinweise überhaupt geeignet wären, den Tatbestand des § 250 II Nr. 3b zu erfüllen, ist dieser schon aus den zu 1. dargelegten Gründen nicht erfüllt.

III. §§ 253, 240, 241, 25 II

Die mittäterschaftliche räuberische Erpressung (Qualifikation) verdrängt als lex specialis die mittäterschaftliche „einfache" Erpressung, die Nötigung sowie die Bedrohung (vgl. oben § 13 Rn. 42).

IV. §§ 263, 25 II

Eine Täuschung über Tatsachen liegt in der C zurechenbaren Behauptung von B, „Sokrates" zu sein, und in der Wiederholung von dessen Drohungen, die B und C nicht verwirklichen wollen und vermutlich auch nicht können.

G unterliegt einem entsprechenden Irrtum, der durch die Täuschung bedingt ist.

Problematisch ist jedoch das Tatbestandsmerkmal der Vermögensverfügung. Hier müssen die Bearbeiter zunächst erkennen, dass wie bei der räuberischen Erpressung eine Dreieckskonstellation gegeben ist. Eine Verfügung des G über das Vermögen der N-GmbH ist grundsätzlich ausreichend, da sich diese dessen Verhalten nach allen Ansichten deshalb zurechnen lassen muss, weil dieser eine entsprechende rechtliche Befugnis innehat (vgl. zum Problem des Dreiecksbetruges oben § 11 Rn. 108 ff.).

Das zentrale Problem liegt freilich in der Frage, ob das Tatbestandsmerkmal der Vermögensverfügung deshalb ausgeschlossen ist, weil das Verhalten – wie festgestellt – zugleich den Tatbestand der (räuberischen) Erpressung erfüllt.

Insoweit ist zunächst zu erwägen, ob G nicht – wie dies für das Merkmal der Vermögensverfügung i.S.d. § 263 fordert – freiwillig gehandelt hat. Dieses – freilich für die Abgrenzung zum Tatbestand des Diebstahls entwickelte – Kriterium scheidet eine Vermögensverfügung aus, wenn der Verfügende unter Zwang handelt, also keinen freien Willensentschluss fassen kann (vgl. oben § 11 Rn. 103 f.). Nach dem Sachverhalt konnte G aber – wenn auch unter dem Eindruck einer Drohung – frei wählen, ob er die geforderte vermögensmindernde Handlung vornimmt. Mithin handelte er (rest-)freiwillig.

Das Vorliegen einer Vermögensverfügung des G ist zudem fraglich, weil in Fällen einer einseitigen Vermögenshingabe teilweise vertreten wird, dass hierfür eine unbewusste Selbstschädigung erforderlich ist (zum Streitstand vgl. oben § 11 Rn. 195 f.). Unbeschadet der Frage, welchen Standpunkt die Bearbeiter einnehmen, liegt hier keine bewusste Selbstschädigung vor, da nicht lediglich die bloße Dispositionsfreiheit oder ein persönliches Interesse betroffen ist, sondern eine unbewusste Selbstschädigung darin zu erblicken ist, dass G, ohne dies zu erkennen, an die „falsche" Person leistet (soweit diese Frage mit der Rechtsprechung als Schadensproblem angesehen wird, haben die vorstehenden Erwägungen dort unter dem Begriff der sog. Zweckverfehlung zu erfolgen; vgl. insoweit oben § 11 Rn. 107).

Problematisch ist schließlich, ob die Vermögensverfügung des G durch seinen Irrtum kausal hervorgerufen ist.

Nach Auffassung der höchstrichterlichen Rechtsprechung soll der Irrtum, den sog. Trittbrettfahrer erregen, nur dazu dienen, das in Aussicht gestellte Übel und die Macht der Drohenden, die Drohung auszuführen, deutlich zu machen. Nicht beabsichtigt ist danach, den Bedrohten unter dem selbständigen Einfluss einer Täuschung zur Zahlung zu bestimmen. Mithin bezieht sich nach dieser Auffassung die Täuschung lediglich auf die Ausführbarkeit der Drohung und soll diese nur wirksamer gestalten (BGHSt 23, 294, 296; *BGH* NStZ 1985, 408), so dass nach dieser Ansicht die Kausalität des Irrtums für die Vermögensverfügung zu verneinen ist.

Hingegen ist nach zutreffender Auffassung eine Mitverursachung der Vermögensverfügung durch den Irrtum gegeben. Ein Verstärken der Drohung durch die Täuschung ändert nichts daran, dass die Vermögensverfügung durch den Irrtum maßgeblich mitbedingt ist. Ausschließliche Kausalität des Irrtums ist bei § 263 ebensowenig vorausgesetzt wie ausschließliche Kausalität der Drohung für die Vermögensverfügung bei den §§ 253 und 255 (oben § 13 Rn. 45).

Auch hier ist nicht die von den Bearbeitern vertretene Auffassung entscheidend, sondern die Argumentation sowie die Tatsache, dass die Diskussion des Problems an der systematisch zutreffenden Stelle im Deliktsaufbau erfolgt.

Bearbeiter, die eine tatbestandliche Vermögensverfügung des G bejahen, müssen die Prüfung fortsetzen und feststellen, dass diese einen Vermögenschaden der N-GmbH verursacht hat.

B und C handelten insofern vorsätzlich und in der Absicht rechtswidriger und stoffgleicher Bereicherung.

Die Tat ist auch rechtswidrig und schuldhaft.

Jedoch wird der Betrug zum Nachteil der N-GmbH von der räuberischen Erpressung konsumiert (oben § 13 Rn. 45).

B. Strafbarkeit des G: § 263 zum Nachteil von B und C

Die Schilderung des Sachverhaltes weist die Bearbeiter deutlich darauf hin, dass G die Täter ebenfalls täuscht. Es ist daher zu erwarten, dass die Bearbeiter der im Ergebnis offensichtlich zu verneinenden Frage nachgehen, ob sich G des Betruges zum Nachteil von B und C strafbar gemacht hat, indem er C über den Inhalt des Koffers täuschte.

Eine Täuschung über Tatsachen durch G sowie ein entsprechender Irrtum des C lassen sich zügig feststellen.

Zweifelhaft ist hingegen eine Vermögensverfügung des C. Da eine solche in der Regel kein Verfügungsbewusstsein erfordert (vgl. oben § 11 Rn. 99), könnte eine solche in dem Unterlassen des Einforderns der „fehlenden" 500.000 € liegen, vorausgesetzt, diesem Unterlassen kommt eine vermögensrelevante Wirkung zu. Für die Frage, ob ein Verfügungserfolg eingetreten ist, wird zunächst die Frage nach dem strafrechtlichen Vermögensbegriffs relevant (vgl. hierzu oben §§ 11 Rn. 57 ff.).

Nach dem juristisch-ökonomischen Vermögensbegriff zählen zum strafrechtlich geschützten Vermögen nur diejenigen wirtschaftlichen Güter einer Person, die ihr unter dem Schutz der Rechtsordnung oder wenigstens ohne deren Missbilligung zu stehen. Danach liegt hier kein vermögensrelevantes Verhalten vor.

Nach dem wirtschaftlichen Vermögensbegriff (vgl. oben § 11 Rn. 64 ff.) umfasst das strafrechtlich relevante Vermögen die Gesamtheit der einer Person zustehenden Güter, unabhängig davon, ob sie ihr rechtens zustehen oder rechtlich anerkannt sind. Wichtigste Konsequenz dieses Vermögensbegriffes ist es, dass auch vermögenswerte Positionen, die jemand zu unsittlichen, gesetzwidrigen oder gar strafbaren Handlungen einsetzt, grundsätzlich zum schutzwürdigen Vermögen gehören. Entscheidend ist danach allein, dass eine objektiv vermögensmindernde Handlung erfolgt bzw. eine das Vermögen mehrende oder zumindest bewahrende Handlung unterblieben ist (zum Verfügungsverhalten vgl. oben § 11 Rn. 54). Daher genügt das Unterlassen der Geltendmachung einer aufgrund geschäftlicher, verwandtschaftlicher, freundschaftlicher, sonstiger gesellschaftlicher oder anderer Beziehungen des Schuldners zumindest praktisch durchsetzbaren Forderung (oben § 11 Rn. 65). Eine solche ist nach der Schilderung des Sachverhaltes freilich nicht zu erkennen.

G hat sich mithin nicht wegen Betruges zum Nachteil von B und C strafbar gemacht.

C. Strafbarkeit des C: § 263 zum Nachteil des B

C könnte sich dadurch, dass er den gemeinsamen Tatentschluss lediglich mit einem geheimen Vorbehalt fasste, wegen Betruges zum Nachteil des B strafbar gemacht haben.

Indem C anlässlich des gemeinsamen Tatentschlusses nicht offen legte, dass er zur Beuteteilung nicht bereit war, könnte er B konkludent getäuscht haben. Dies setzte voraus, dass nach den Anschauungen des täglichen Lebens bei der Vereinbarung der gemeinsamen Begehung von Straftaten die Bereitschaft zur Beuteteilung mit erklärt wird. Da es sich hierbei um eine wesentliche, wenn nicht gar die wesentlichste Geschäftsgrundlage handelt, ist anzunehmen, dass die gemeinsame Tatplanung regelmäßig eine entsprechende konkludente Erklärung beinhaltet.

Insoweit weicht die Vorstellung des B von der Wirklichkeit ab, d.h. er irrt. Dieser Irrtum ist auch kausal durch die Täuschung bedingt.

Aufgrund dieses Irrtums müsste B über sein Vermögen verfügt haben. Vermögensverfügung ist jedes Handeln oder Unterlassen des Getäuschten, das unmittelbar vermögensmindernd wirkt. Hierfür kommt in Betracht, dass B seine „Dienstleistung" (Drohanruf bei G) erbracht hat. Fraglich ist auch insofern, ob es sich hierbei um eine Position handelt, die zum strafrechtlich geschützten Vermögen gehört (auch wenn eine Täuschung des C schon anlässlich des gemeinsamen Tatentschlusses erfolgte und die Situation der des Eingehungsbetruges entspricht, ist nach vorzugswürdiger Auffassung allein ein Erfüllungsbe-

trug zu prüfen, da bereits eine Leistung des Getäuschten erbracht worden ist; vgl. oben
§ 11 Rn. 141 f.).
   Nach dem juristisch-ökonomischen Vermögensbegriff zählen zum strafrechtlich geschützten Vermögen nur diejenigen wirtschaftlichen Güter einer Person, die ihr unter dem Schutz der Rechtsordnung oder wenigstens ohne deren Missbilligung zustehen. Danach liegt hier keine vermögenswerte Ausnutzung der Arbeitskraft vor, weil diese zu sittenwidrigen und strafbaren Zwecken eingesetzt wird. Folglich handelte es sich nicht um eine Vermögensverfügung.
   Nach dem wirtschaftlichen Vermögensbegriff (vgl. dazu oben § 11 Rn. 64 ff.) umfasst das strafrechtlich relevante Vermögen die Gesamtheit der einer Person zustehenden Güter unabhängig davon, ob sie ihr rechtens zustehen oder rechtlich anerkannt sind. Da eine Arbeitsleistung im Geschäftsleben üblicherweise nur gegen Entgelt erbracht wird, liegt hier eine vermögensmindernde Handlung vor. Ob sie verbotenen oder und sittlichen Zwecken dient, ist unerheblich.
   Bearbeiter, die dem wirtschaftlichen Vermögensbegriff folgen, müssen die Prüfung mit der Frage fortsetzen, ob ein Vermögensschaden des B eingetreten ist. Da der Erbringung der Arbeitsleistung keine Leistung gegenübertritt, ist dies zu bejahen.
   C handelte hinsichtlich der Merkmale des objektiven Tatbestandes vorsätzlich und in der Absicht rechtswidriger und stoffgleicher Bereicherung.
   Die Tat ist rechtswidrig und schuldhaft.

Zweiter Sachverhaltsabschnitt: Die Beuteteilung

Strafbarkeit des B

   Die Prüfung der Strafbarkeit des B stellt die Bearbeiter zunächst vor ein Aufbauproblem. Denn in diesem Abschnitt steht neben den §§ 249, 253, 255 auch § 239a oder § 239b zur Prüfung. Entsprechend der Regel, mit dem schwersten Delikt zu beginnen, müsste die Prüfung mit § 239a bzw. § 239b ansetzen. Die Frage, welcher dieser Tatbestände hier einschlägig ist, kann aber nur dann beantwortet werden, wenn die vorgreifliche Frage geklärt ist, ob das Verhalten des B den Tatbestand des Raubes oder den der räuberischen Erpressung erfüllt hat. Um eine inzidente Prüfung der letztgenannten Tatbestände zu vermeiden, sollte die Prüfung daher mit diesen aufgenommen werden.

I. §§ 255, 250 II Nr. 1 und 3b

   Der Prüfung bedarf zunächst, ob B Gewalt gegen eine Person eingesetzt hat. Darunter wird der durch eine unmittelbare oder mittelbare Einwirkung auf einen anderen ausgeübte körperlich wirkende Zwang verstanden, der nach der Vorstellung des Täters dazu geeignet ist, einen tatsächlich geleisteten oder erwarteten Widerstand zu überwinden oder von vornherein unmöglich zu machen (oben § 5 Rn. 4). Ob dies bereits bei der Drohung mit einer durchgeladenen und entsicherten Waffe der Fall ist, ist umstritten (zustimmend BGHSt 23, 126 f.; a.A. *Geilen*, JZ 1970, 521). Nach der Schilderung des Sachverhaltes ist C verängstigt und es treten ihm Schweißperlen auf die Stirn, so dass eine körperliche Zwangswirkung angenommen werden kann. Bearbeiter, die dennoch – was vertretbar ist – Gewalt ablehnen, müssen freilich eine Drohung mit gegenwärtiger Gefahr für Leib oder Leben bejahen.
   B müsste C auf diese Weise zu einer Handlung genötigt haben. Umstritten ist es, ob das dem Opfer abgenötigte Verhalten eine Vermögensverfügung darstellen muss.

Wegen der parallelen Strukturen der räuberischen Erpressung und des Betruges fordert die h.L. (vgl. hierzu oben § 13 Rn. 6 ff.), dass das dem Opfer abgenötigte Verhalten eine Vermögensverfügung sein muss, also ein willentliches, nicht notwendig freiwilliges Verhalten, durch das der Genötigte unmittelbar auf sein Vermögen einwirkt. Entscheidend ist die subjektive Einstellung des Genötigten zur Vermögensverschiebung. Keine Vermögensverfügung, sondern eine Wegnahme liegt daher vor, wenn es in der konkreten Zwangslage nach der Vorstellung des Genötigten für ihn gleichgültig ist, wie er sich verhält, der Tatgegenstand also unabhängig von seiner Mitwirkung dem Täter preisgegeben ist. Glaubt der Genötigte hingegen, dass der Gewahrsamswechsel noch von seiner Mitwirkung abhängig ist, stellt diese eine Vermögensverfügung dar (oben § 13 Rn. 28).

Aus der Sicht des C ist der Verlust des Geldes von seinem Willen unabhängig: Entweder verliert er nur dieses oder aber gar zusätzlich sein Leben. Mithin liegen die Voraussetzungen einer Vermögensverfügung nicht vor, so dass nach h.L. der Tatbestand der räuberischen Erpressung ausscheidet.

Hingegen ist nach der Rechtsprechung und einem Teil des Schrifttums im Rahmen des Erpressungstatbestandes eine Vermögensverfügung nicht erforderlich. Vielmehr ist jedes vermögensmindernde Verhalten des Genötigten tatbestandsmäßig (BGHSt 7, 252, 254; 32, 88, 90; *Schünemann*, JA 1980, 486, 487). Da die Herausgabe des Geldes kausal durch die Gewalt (bzw. die Drohung) des B verursacht war und das Vermögen des C gemindert hat, liegt nach dieser Ansicht ein abgenötigtes Verhalten vor, dass den Anforderungen des Tatbestandes genügt.

Auch an dieser Stelle ist nicht das Ergebnis, sondern die Argumentation der Bearbeiter entscheidendes Kriterium der Bewertung.

Bearbeiter, die der Auffassung namentlich der Rechtsprechung folgen, müssen im nächsten Schritt feststellen, dass dieses Verhalten zu einem Vermögensnachteil des C geführt hat, weil kein adäquater Ausgleich der Vermögenseinbuße erfolgt ist.

B hat zudem – wie von § 250 II Nr. 1 vorausgesetzt – bei seiner Tat einer Waffe verwendet.

Fraglich ist, ob er C hierdurch auch in die Gefahr des Todes gebracht hat (§ 250 II Nr. 3b). Dies sollte verneint werden, da insofern die – zudem vorsätzliche – Herbeiführung einer konkreten Gefahr erforderlich ist, die allein durch das Vorhalten der Waffe nicht entstanden ist (vgl. *BGH* NJW 1999, 3131; NStZ 2005, 156).

B hat hinsichtlich der Merkmale des objektiven Tatbestands vorsätzlich und in der Absicht rechtswidriger und stoffgleicher Bereicherung gehandelt. Diese ist rechtswidrig, obgleich B nur den vereinbarten Beuteanteil erstrebt, da ihm in soweit kein fälliger und einredefreier Anspruch zur Seite steht.

Die Tat ist rechtswidrig und schuldhaft.

II. § 253

Soweit eine räuberische Erpressung angenommen wurde, liegt auch eine „einfache" Erpressung vor. § 255 verdrängt jedoch als lex spezialis den § 253.

III. §§ 249, 250 II Nr. 1

Bei den Geldscheinen handelt es sich, wie vom objektiven Tatbestand zunächst vorausgesetzt, um fremde bewegliche Sachen.

Wie bereits dargelegt, stellte das Verhalten des B entweder Gewalt gegen eine Person oder aber eine Drohung mit gegenwärtiger Gefahr für Leib oder Leben dar.

Diese müsste er final zu Wegnahme eingesetzt haben. Wegnahme ist der Bruch fremden und die Begründung neuen Gewahrsams gegen oder ohne den Willen des Berechtigten.

Bearbeiter, die der Auffassung der Rechtsprechung folgen, müssen an dieser Stelle differenziert prüfen, ob eine Wegnahme vorliegt. Denn nach dieser Auffassung kann ein Verhalten sowohl den Tatbestand des § 255 als auch denjenigen des § 249 StGB erfüllen. Als Abgrenzungskriterium soll das äußere Erscheinungsbild maßgeblich sein (BGHSt 7, 252, 254; 37, 256, 257). Danach liegt hier keine Wegnahme vor.

Bearbeiter, die dagegen der h.L. gefolgt sind und eine Vermögensverfügung abgelehnt haben, weil B das Geld unabhängig vom Willen des C erlangt hat, können zügig die mit Gewalt (bzw. einer Drohung) erzwungene Wegnahme feststellen.

B hat zudem – wie von § 250 II Nr. 1 vorausgesetzt – bei seiner Tat eine schussbreite Waffe verwendet.

Bearbeiter, die eben der h.L. gefolgt sind, müssen weiter feststellen, dass B hinsichtlich der Merkmale des objektiven Tatbestandes vorsätzlich gehandelt hat. Auch die erforderliche Zueignungsabsicht ist gegeben. Die angestrebte Zueignung ist auch rechtswidrig, obgleich B den vereinbarten Beuteanteil haben möchte, da ihm insoweit kein fälliger und einredefreier Anspruch zur Seite steht.

Die Tat ist rechtswidrig und schuldhaft.

IV. §§ 249, 250 I Nr. 1a (und c)

Der ebenfalls erfüllte Tatbestand der §§ 249, 250 I Nr. 1a (ggf. auch der des I Nr. 1c) tritt als subsidiär hinter dem Tatbestand des § 250 II Nr. 1 StGB zurück.

V. § 239a

Als Tathandlung verlangt § 239a I 1. Alt., dass sich der Täter eines anderen bemächtigt. Das Sichbemächtigen bedeutet die Begründung physischer Verfügungsgewalt über den Körper eines anderen und liegt bereits vor, wenn der Täter sein Opfer mit einer Schusswaffe in Schach hält (*BGH* NStZ 1986, 166). Mithin ist vorliegend der objektive Tatbestand erfüllt.

B hat hinsichtlich dieser Merkmale des objektiven Tatbestandes vorsätzlich gehandelt.

Weiterhin ist die Absicht erforderlich, die Sorge des Opfers um sein Wohl zu einer Erpressung auszunutzen. Die Verweisung auf § 253 erfasst auch – erst recht – die räuberische Erpressung. Nach dem Wortlaut der Norm ist diese Voraussetzung im vorliegenden Fall auch gegeben.

Jedoch wird in sog. Zweipersonenverhältnissen nahezu einhellig eine restriktive Auslegung des Tatbestandes vertreten. Denn anderenfalls würde ein großer Teil typischer räuberischer Erpressungen zugleich § 239 I 1. Alt. verwirklichen. Damit aber würde die gegenüber den §§ 253, 255 deutlich höhere Mindeststrafe des § 239a maßgeblich (vgl. § 52 II), d.h. die Tatbestände des sog. Kernstrafrechts werden gleichsam in die zweite Reihe gedrängt.

Die Rechtsprechung fordert daher, dass der Täter gerade die durch das Sichbemächtigen (oder das Entführen) geschaffene Zwangslage des Opfers zur Erpressung ausnutzt, wobei die auszunutzende Opferlage eine gewisse Stabilisierung erreicht haben muss (BGHSt – GS – 40, 350, 359: sog. funktionaler und zeitlicher Zusammenhang). Der Bemächtigunglage kommt insbesondere dann keine derart eigenständige Bedeutung zu, wenn die Drohung zugleich dazu dient, sich des Opfers zu bemächtigen und es im unmittelbaren Zusammenhang zu einer weitergehenden Handlung oder Duldung zu nötigen (*BGH* NStZ 1996, 277, 278; StV 1996, 266; vgl. zum Ganzen oben § 14 Rn. 8 ff.). Nach diesen – im Ergebnis fast einhellig befürworteten – Grundsätzen scheidet hier der Tatbestand des erpresserischen Menschenraubes aus.

Für die Bewertung ist nicht nur entscheidend, dass die Bearbeiter das Problem erkennen, sondern auch, dass es an der systematisch zutreffenden Stelle diskutiert wird.

V. § 239b

Bearbeiter, die das Verhalten des B als schweren Raub gewertet haben, müssen eine Geiselnahme erwägen, diese aber mit der soeben skizzierten Argumentation ausscheiden.

VI. Gesamtergebnis

B und C haben sich im ersten Sachverhaltsabschnitt wegen mittäterschaftlich begangener (§ 25 II) räuberischer Erpressung, C darüber hinaus wegen Betruges (§ 263) strafbar gemacht. Dieser dürfte zu der Erpressungstat in Tatmehrheit (§ 53) stehen, da B und C zu dieser erst zu einem späteren Zeitpunkt angesetzt haben. Unzweifelhaft hat B die schwere räuberische Erpressung bzw. den schweren Raub (zweiter Sachverhaltsabschnitt) tatmehrheitlich zur räuberischen Erpressung verwirklicht.

Sachverzeichnis

Die **fett** gesetzten Zahlen verweisen auf die Paragrafen des Buches,
die mageren auf deren Randnummern

Abgrenzung zwischen
- Begünstigung und Beihilfe zur Vortat **18** 26 f.
- Betrug und Diebstahl **1** 60 f., **11** 52, 95 ff., 101 ff.
- Betrug und Erpressung **13** 46 ff.
- Diebstahl und Raub **5** 9, **14** ff.
- (räuberischer) Erpressung und Raub **13** 14 ff., 28, 45

Absatzhilfe **19** 50 ff.
Absetzen **19** 49
Absicht **1** 86, **8** 16
- die Befriedigung des Gläubigers zu vereiteln **8** 8
- der Bereicherung **11** 155 ff., **13** 35, **19** 70 ff.
- der Besitzerhaltung **7** 16 f.
- das Entgelt nicht zu entrichten **12** 24
- ein räuberisches Delikt zu begehen **15** 16
- rechtswidriger Zueignung **1** 71 ff., **5** 20
- der Vorteilssicherung **18** 17 f.

Absichtslos doloses Werkzeug **1** 188
Absichtslos undoloses Werkzeug **1** 188
Absolute Fahruntüchtigkeit **20** 38
Absolutes Antragsdelikt **21** 1 f., 7 ff.
Äußerer Anschein **6** 23
Affektionsinteresse **1** 183
Aggregatzustand **1** 9
Amtsträger
- Missbrauch der Befugnisse **11** 179
- Missbrauch der Stellung **11** 179

Analogieverbot **1** 174, 178, **4** 11, **12** 20, **20** 50
Aneignung **1** 72, 86 ff., 106 f., **3** 11
Aneignungsrecht **1** 114
Angriff
- auf Kraftfahrer **15** 3 ff.
- Verüben eines Angriffs **15** 3

Ankaufen **19** 43 ff.
Anspruch auf Übereignung **1** 118 ff.
Anstellungsbetrug **11** 148 ff.
Antragsberechtigung **21** 4 ff.
Anvertrautsein **3** 27 f., 30
Anwesenheitspflicht **20** 21
Ausführungsgefahr **2** 20, 25
Ausnutzen der besonderen Verhältnisse des Straßenverkehrs **15** 10 ff.
Ausschlussklausel **1** 132, 181 ff.
Automat **12** 3 f.

Bande **2** 18 ff.
Bandenbetrug **11** 173
- gewerbsmäßiger **11** 183
Bandendiebstahl **2** 1 ff., 17 ff.
Bandenhehlerei **19** 88
Bandeninteresse **2** 21
Bandenraub **6** 29, 33
Bedeutender Unfallschaden **20** 56, 59
Beförderungserschleichung **12** 10 ff.
Beförderungsmittel **4** 7, **12** 8
Befugnismissbrauch **16** 18 ff.
Befugnistheorie **11** 113
Begründung neuen Gewahrsams **1** 42 ff.
Begünstigung **18** 1 ff.
Behältnis **1** 145 ff.
Bei der Tat **6** 34
Beifahrer **20** 14
Beiseiteschaffen **8** 7
Beisichführen **2** 8 ff., **6** 14, 25, 33
Beispielsfall
- zur alkoholbedingten Schuldunfähigkeit bei § 142 II Nr. 2 **20** 37 ff.
- zur Beförderungserschleichung **12** 11 ff.
- zur Drittbereicherung bei der Hehlerei **19** 75 ff.
- zur Scheinwaffe **6** 16 ff.
- zur Stoffgleichheit **11** 159 ff.

– zum Vermögensbegriff **11** 60 ff.
– zur Vermögensverfügung bei der (räuberischen) Erpressung **13** 6 ff.
– zum Versuch eines Regelbeispiels **1** 165 ff.
– zur Vollendung der Vortat bei der Hehlerei **19** 11 ff.
– zur Wegnahme bei der Pfandkehr **8** 10 ff.
– zur Zueignungsabsicht **1** 73 ff.
Bemächtigungssituation **14** 9 f.
Benannte Regelbeispiele **1** 133 ff.
Benzin **4** 16
Beobachtete Wegnahme **1** 52 ff.
Berechtigtes Entfernen vom Unfallort **20** 34 f.
Bereicherungsabsicht
– beim Betrug **11** 154 ff., **12** 24
– bei der Erpressung **13** 35
– bei der Hehlerei **19** 70 ff.
Berichtigende Auslegung **3** 4
Berufswaffenträger **2** 14 f.
Beschädigen **9** 7, **10** 4 ff.
– Funktionsbeeinträchtigung **10** 7
– Substanzverletzung **10** 5
Beseitigen von Unfallspuren **20** 24
Besitz **1** 19, **3** 17 f.
Besitzerhaltungsabsicht **7** 16 f.
Besonderes öffentliches Interesse **1** 192, **3** 36, **12** 28, **16** 41, **17** 19, **21** 1, 3, 15
Besonderes persönliches Merkmal **2** 31, **3** 31, **16** 37, **17** 15
Besonders schwerer Fall
– des Betrugs **11** 172 ff.
– des Diebstahls **1** 125 ff., 188
– der Erpressung **13** 39
– der Jagdwilderei **9** 11 f.
– der Untreue **16** 35
– Versuch **1** 164 ff.
Bestimmtheitsgebot **2** 12, **12** 20, **vor 16**
Bestimmungsgemäßer Verbrauch **1** 90
Betreuer **16** 15
Betroffensein **7** 7 ff.
Betrug **11** 1 ff.
Beutesicherungsabsicht **6** 30, **7** 16 f., 35
Bewegliche Sache **1** 11, **3** 4, **8** 11
Bewusste Selbstschädigung **11** 106 ff.
Bewusstlosigkeit **1** 27, 158

Codekarte **17** 10
Computerprogramme **1** 9

Datenübertragungssysteme **12** 6
Dauerdelikt **4** 7, 17, **12** 9, **20** 54
Dereliktion **1** 14
Diebesfalle **1** 64 ff.
Diebstahl **1** 1 ff.
– Abgrenzung zum furtum usus **1** 78
– Abgrenzung zum Sachbetrug **1** 60 f., 67 f.
– Diebstahl mit Waffen **2** 1 ff.
Dietrich **1** 143
Dreiecksbetrug **11** 109 ff.
Dreieckserpressung **13** 30 f.
Dreierbande **2** 20
Drei-Partner-System **17** 5, 9
Drittmittel **16** 34
Drittzueignung **1** 104 ff., **3** 23 ff., **5** 20, **9** 5, 13
Drittzueignungsabsicht **1** 104 ff., **54** 20
– Abgrenzung zur Selbstzueignungsabsicht **1** 109 ff.
Drohen der Zwangsvollstreckung **8** 4
Drohung **13** 21
– mit einem empfindlichen Übel **13** 21 ff., **7** 15
– mit einer gegenwärtigen Gefahr für Leib oder Leben **5** 10 f., **7** 15, **13** 40
Durch die Tat **6** 27

Echter Erfüllungsbetrug **11** 142
Eigenbesitz **1** 88
Eigentum **1** 1, 15, **3** 1, **4** 2, **9** 3
– Eigentumsdelikte **1** 98, **16** 40
– Eigentumsvorbehalt **1** 13, **3** 4, **8** 13, **16** 6
Einbrechen **1** 138 f.
Eindringen **1** 141
Eingehungsbetrug **11** 144 ff.
Einrichtungen **12** 3, 7
Einsteigen **1** 139 f.
Einverständnis **1** 56 ff., 64 ff., 117, 124, **16** 21 f., 33
Einwilligung **1** 116 f., **20** 26, 35
Einwirken auf Sachen **5** 8 ff.
Elektrische Energie **1** 9
Empfindliches Übel **13** 23
Enteignung **1** 72, 75 ff., 105
Entfernen vom Unfallort **20** 15, 17 f.

Sachverzeichnis

Entführen **14** 5
Entschlussfreiheit **15** 6
Entschuldigtes Entfernen vom Unfallort **20** 36 ff.
Entschuldigungsgrund **20** 36
Entziehung der Fahrerlaubnis **20** 57 ff.
Erfüllungsbetrug **11** 141 ff.
– echter **11** 142
– unechter **11** 143
Erheblichkeit **5** 9
Erlangtsein (unmittelbares) **18** 7 ff., **19** 26 ff.
Erlegen **9** 5, 13
Erpresserischer Menschenraub **14** 1 ff.
– Ausnutzungstatbestand **14** 15
– Entführungstatbestand **14** 3 ff.
– Zweipersonenverhältnisse **14** 8 ff.
Erpressung **13** 1 ff.
– Abgrenzung zum Betrug **13** 46 f.
– Abgrenzung zum Raub **13** 14 ff., 28, 45
– Erfordernis einer Vermögensverfügung **13** 6 ff.
Ersatzhehlerei **19** 24 ff.
Erscheinungsbild einer Sache **10** 15 ff.
– äußeres **10** 15 ff.
– verändern des **10** 17 ff.
Erschleichen **12** 9 ff.
– von Leistungen **12** 1 ff.

Fahrrad **4** 5
Fahrzeug **4** 4 f.
– als Tatwerkzeug **20** 11
Faktisches Treueverhältnis **16** 25 ff.
Falscher Schlüssel **1** 141 f.
Fangen **9** 5, 13
Fehlbuchung **11** 28
Fehlgeschlagener Diebstahl **2** 9
Feststellungsbereite Personen **20** 3, 17, 19 f., 39
Feststellungsduldungspflicht **20** 21
Finale Verknüpfung **5** 7 f., 12 ff., **13** 18
Fischbestand **9** 2
Fischen **9** 13
Fischwilderei **9** 1 ff., 13
Forderungen **1** 4
Fremdbesitz **1** 88
Fremde Sache **1** 12 ff., **3** 4
Frische Tat **7** 11 ff.
Führer eines Kraftfahrzeugs **15** 8

Fundunterschlagung **3** 9
Furtum usus **1** 78, **4** 1

Garantenstellung **20** 51
Garantiefunktion **17** 10
Gattungsschuld **1** 119 f.
Gefährdung des Straßenverkehrs **20** 38, 43
Gefährliches Werkzeug **2** 3 ff., **6** 4 ff.
Geiselnahme **14** 18 f.
Geldautomat **1** 59, 100
Geldkarte **1** 99, **17** 15
Geldschuld **1** 120, 122
Geldstrafe **8** 3
Gemeine Gefahr **1** 161
Gemeinschädliche Sachbeschädigung **10** 27 ff.
Genereller Herrschaftsraum **1** 24, 31
Geringfügigkeit **1** 122, **20** 13
Geringwertigkeit **1** 181 ff., **2** 34, **16** 35, **21** 13
Gesamthandseigentum **1** 13
Gesamtsaldierung **11** 119
Geschäftsräume **1** 137
Gesundheitsschädigung **6** 26 ff.
Gewahrsam **1** 1, 17 ff., **3** 4, 27 f.
– in Arbeits-, Auftrags- und Dienstverhältnissen **1** 33 ff.
– Gewahrsamsbruch **1** 16, 56 ff.
– Gewahrsamslockerung **1** 21, 44
– Gewahrsamslos **1** 30
– Gewahrsamsübertragung **5** 3
– Gewahrsamswechsel **1** 42 ff., 57 ff., **3** 1, 4
– des Kassierers **1** 37 f.
– in Supermärkten etc. **1** 46 ff.
Gewalt **13** 19 ff.
– gegen eine Person **5** 4 ff., **7** 15
– gegen Sachen **5** 8 ff., **13** 20
Gewerbsmäßig **1** 154, **9** 12 ff., **11** 173, 183, **19** 88 f.
Gewohnheitsmäßig **9** 12
Gleichgeordneter Mitgewahrsam **1** 32
Gleichwertigkeit von Leistung und Gegenleistung **11** 123 ff.
Gutgläubiger Erwerb **11** 130 ff.

Häusliche Gemeinschaft **21** 9
Handtaschenraub **5** 9
Hauptpflicht **16** 4 ff.

Haushaltsuntreue **16** 10
Hehlerei **19** 1 ff.
Herrenlos **1** 12 ff., **9** 3, 9 f.
Herrschaftswille **1** 17, 21, 26
Hilfeleisten **18** 11 ff.
Hilflosigkeit **1** 157 ff.
Hilfsgewahrsam **1** 31

Ignorantia facti **11** 43
Implantate **1** 6
Inganghalten **4** 9 ff.
Ingebrauchnehmen **4** 5 ff.
Inpfandnahme **1** 88
Insolvenzverwalter **16** 15, 29
Irrtum **1** 122, **4** 11, 13, **9** 1, 8 ff., **11** 42 ff., **20** 50, **21** 6
– Inhalt der Fehlvorstellung **11** 43 ff.
– Intensität der Fehlvorstellung **11** 46 f.

Jagdausübungsrecht **9** 1
Jagdrecht **9** 1, 3
Jagdwilderei **9** 1 ff.
Jugendbande **2** 29

Kirchendiebstahl **1** 155
Körperlich schwer misshandeln **6** 34
Konkurrenzlösung **3** 22
Konkursverwalter **16** 15, 29, 31
Kraftfahrzeug **4** 4
Kreditkarte **17** 1, 5
Kreditvergabe **16** 22
Kundenkarten **17** 9
Kunstdiebstahl **1** 156

Lagertheorie **11** 112
Leib und Leben **13** 40, **15** 6
Leichen **1** 7, 15
Leichtfertigkeit **6** 44
Leistungsautomat **12** 4 f.
Lucrum cum re **1** 99
Lucrum ex negotio cum re **1** 99

Maestro-Karte **17** 11
Makeltheorie **11** 131
Manifestation des Zueignungswillens **3** 8 ff.
Maßregel der Besserung und Sicherung **20** 58
Mensch **1** 6
Mieter **8** 13

Mietkaution **16** 30
Minder schwerer Fall
– des erpresserischen Menschenraubs **14** 16
– des räuberischen Angriffs auf Kraftfahrer **15** 17
– des schweren Raubs **6** 38
– des unbefugten Gebrauchs eines Fahrzeugs **4** 16 f.
Mischgebäude **2** 26
Missbrauch der Befugnis **16** 18 ff.
– der eingeräumten Möglichkeit **17** 13 f.
– von Scheck- und Kreditkarten **17** 1 ff.
Missbrauchstatbestand **16** 1, 12 ff., **17** 2, 4
Misshandeln **6** 34
Mitbestrafte Nachtat **1** 190, **3** 34, **11** 187, **17** 18
Miteigentum **1** 13
Mitfahrer **15** 8, 13
Mitgewahrsam **1** 32 ff.
Mitkonsumieren **19** 35
Mittel (sonstiges) **6** 15 ff.
Mitwirkung eines Bandenmitglieds **2** 22 ff.
Motivwechsel **5** 14 ff.
Motor **15** 9, 11 f.
Mutmaßliche Einwilligung **20** 28, 35

Nachstellen **9** 5 f.
Nachteilszufügung **16** 2, 10 f.
Nachträgliche Feststellungen **20** 31 ff., 43, 50
Nähetheorie **11** 111
Nießbrauch **8** 13
Nötigungsmittel **5** 13, **7** 15
– fortdauernder Einsatz **5** 15
– qualifiziert **7** 12, **13** 7
Notar **16** 29, 31 f.

Objektive Bedingung der Strafbarkeit **20** 39

Personalienangabe **20** 22 f.
Personalienzettel **20** 28
Persönlicher Schadenseinschlag **11** 137 ff.
Pfandkehr **8** 1, 9 ff.
Pfandrecht **8** 9, 13
Pfändung **8** 4, 6

Sachverzeichnis

Point of sale **17** 11 f.
Polizeipflicht **20** 54
Prokura **16** 20
Prozessbetrug **11** 114 f.

Qualifikationslos doloses Werkzeug **8** 18
Qualifiziertes Treueverhältnis **16** 24 ff.

Raub **5** 1 ff.
– mit Todesfolge **6** 42 ff.
– schwerer Raub **6** 2 ff.
Räuberische Erpressung **13** 40 f.
– Abgrenzung zum Betrug **13** 46 f.
– Abgrenzung zum Raub **13** 14 ff., 28, 45
– Erfordernis einer Vermögensverfügung **13** 6 ff.
Räuberischer Angriff auf Kraftfahrer **15** 1 ff.
Räuberischer Diebstahl **7** 1 ff.
Raumgebilde **1** 134 ff.
Räumlicher Einflussbereich des ursprünglichen Gewahrsamsinhabers **1** 46 ff.
Rechtfertigender Notstand **20** 26
Rechtliches Dürfen und Können **16** 19 ff., **17** 13 f.
Rechtsanwalt **16** 7, 9
Rechtswidrige Absicht **8** 16
Rechtswidrigkeit
– der Vermögenslage **19** 23 ff.
– des Vermögensvorteils **11** 168 ff.
– der Zueignung **1** 114 ff., **3** 6
Regelbeispiele **9** 12, **11** 172 ff., **16** 35
Regelbeispielsmethode **1** 125
Relatives Antragsdelikt **21** 3, 13 ff.
Risikogeschäft **16** 22
Rückführungswille **1** 79 ff., **4** 1
Rücktritt **6** 47
Rückveräußerung **18** 14, **19** 44 ff.
Rückwirkungsfiktion **1** 12

Sachbeschädigung **1** 90, **10** 1 ff.
– gemeinschädliche **10** 27 ff.
Sache **1** 4 ff., **3** 4, **19** 3
– die dem Jagdrecht unterliegt **9** 4
Sachentziehung **10** 14
Sachwerttheorie **1** 94 ff., 111, **3** 6
SB-Tankstelle **1** 15
Scheckkarte **1** 59, 100, **17** 1, 6
Scheinwaffe **6** 15 ff.

Schlaf **1** 27
Schmiergeldzahlungen **16** 10
Schuldausschließungsgrund **20** 36, 40
Schusswaffe **6** 2
Schusswaffendiebstahl **1** 161, **2** 13
Schutzvorrichtung **1** 149 ff.
Schwarze Kasse **16** 10
„Schwarzfahren" **12** 11 ff.
Schwere Gesundheitsschädigung **6** 26 ff.
Schwerer Bandendiebstahl **2** 1, 29 ff.
Selbstbedienungsladen **1** 47 ff.
Selbstbegünstigung **18** 19 ff.
Selbstzueignungsabsicht **1** 72 ff.
Sichbemächtigen **14** 3 f.
Sicherungsetikett **1** 50 f., 152
Sicherungsübereignung **3** 4, **8** 13
Sichverschaffen **19** 32 ff.
Sonderdelikt **8** 18, **20** 51
Sonstiges Werkzeug **6** 15 f.
Sparbuch **1** 4, 93, 99
Speditions- und Frachtvertrag **1** 35
Sperrwirkung des milderen Gesetzes **17** 18
Stabile Bemächtigungssituation **14** 9 f.
Stoffgleichheit **11** 158 ff.
Strafantrag **21** 1 ff.
Strafbarer Eigennutz **vor 8**
Strafzumessungsregel **1** 126 f., 129 f.
Subsidiaritätsklausel **3** 33 f., **4** 16, **12** 5, 27
Substanztheorie **1** 93 ff.
Supermarkt **1** 46 ff.
Systematik
– der Begehungsvarianten des § 142 **20** 2
– der Diebstahlsdelikte **vor 1**
– von Versuch und Vollendung bei den §§ 242, 243 **1** 180

Tabusphäre **1** 21, 46 f.
Tatbestandslösung **3** 20 ff.
Täterschaft und Teilnahme
– beim (schweren) Bandendiebstahl **2** 23 ff., 31
– bei der Begünstigung **18** 19 ff.
– bei der Hehlerei **19** 90 f.
– beim Missbrauch von Scheck- und Kreditkarten **17** 17 f.
– bei der Untreue **16** 36 f.
Tätige Reue
– beim erpresserischen Menschenraub und Geiselnahme **14** 22

- beim unerlaubten Entfernen vom Unfallort **20** 55 ff.
Täuschung **6** 21, **11** 15 ff., **15** 6
- ausdrückliche **11** 19 f.
- konkludente **11** 21 ff.
- durch Unterlassen **11** 29 ff.
Tatsachen **11** 9 ff.
- Meinungsäußerungen und Werturteile **11** 11 ff.
- Sachverständigengutachten und Rechtsauskünfte **11** 14
Telefon **12** 6
Telefonkarte **1** 99
Telekommunikationsnetz **12** 3, 6, 22
Testamentsvollstrecker **16** 15
Tiere **1** 8, 14, **9** 3
Treibstoff **4** 16
Treubruchstatbestand **16** 1, 23 ff.
Trickdiebstahl **1** 44

Überlassung von Scheck- und Kreditkarten **17** 4
Umschlossener Raum **1** 134 f.
Unbefugter Gebrauch eines Fahrzeugs **1** 78, **4** 1 ff.
Unbefugter Weitergebrauch **4** 8 ff.
Unechter Erfüllungsbetrug **11** 143
Unentgeltliche Weitergabe **1** 111 f.
Unerlaubtes Entfernen vom Unfallort **20** 1 ff.
Unfall **20** 5 ff.
- Unfallbeteiligter **20** 14, 51
- Unfallort **20** 15 f.
- Unfallzeitpunkt **20** 14
Unglücksfall **1** 160
Unmittelbarkeitsbeziehung
- bei der Begünstigung **18** 7 ff.
- beim Betrug **11** 94 ff.
- bei der Erpressung **13** 29
- bei der Hehlerei **19** 23 ff.
Unmittelbarkeitszusammenhang **6** 42
Unpfändbare Gegenstände **8** 5
Unterlassen **5** 19, **13** 25, **16** 38, **20** 51
Unternehmensdelikt **9** 6, 13, 15
Unterschlagung **3** 1 ff., **8** 21
Untreue **16** 1 ff.

Veranstaltungen **12** 3, 7
Verändern des äußeren Erscheinungsbilds einer Sache **10** 15 ff.

- Dauerhaftigkeit **10** 20 ff.
- Erheblichkeit **10** 18 f.
Verarbeitung **3** 15
Veräußerung **8** 6
Verborgenhalten **1** 144
Verbrauch **3** 15
Vereinigungslehre **1** 95 ff.
Vereiteln der Zwangsvollstreckung **8** 1 ff.
Verfügungsbefugnis **16** 13 ff.
Verhältnis zwischen § 142 I und II **20** 2 ff., 39
Verjährungsfristen **3** 22
Verkehrsfremder Vorgang **20** 12
Verkehrsmittel **12** 3, 8
Verkehrssicherheit **4** 2
Verkehrswert **1** 182 ff.
Verletzung der Vermögensbetreuungspflicht **16** 31 ff.
Verlust von Vermögenswerten **11** 174
Vermächtnis **1** 118
Vermögen **8** 5, **9** 1, 17, **16** 1, **17** 1
Vermögensbegriff **11** 62
- juristischer **11** 63 f.
- juristisch-ökonomischer **11** 72 ff.
- wirtschaftlicher **11** 65 ff.
Vermögensbetreuungspflicht **16** 2 ff., 36 f.
Vermögensdelikte **1** 98, **9** 1, **12** 1, **16** 1, 40
Vermögensgefährdung **11** 92 f.
Vermögensgefährdungsdelikt **20** 1
Vermögensminderung **11** 91 ff.
Vermögensnachteil **13** 33
Vermögensschaden **11** 58, 118 ff., **16** 10, **17** 15
- gutgläubiger Erwerb **11** 130 ff.
- Kompensation **11** 120
- persönlicher Schadenseinschlag **11** 137 ff.
- Saldierung **11** 119
Vermögensverfügung **1** 60, 62, **11** 51 ff., **13** 6, 26 ff.
- Freiwilligkeit **11** 104 f., **13** 28
- Unmittelbarkeit **11** 94 ff.
- Verfügungsbewusstsein **11** 100 ff.
- Verfügungserfolg **11** 58 f.
- Verfügungsverhalten **11** 53 ff.
Vermögensverlust **11** 174
Vermögensvorteil **11** 157
Verpfändung **3** 16
Verpflichtungsbefugnis **16** 13 ff.
Versicherungsbetrug **11** 180 f.

Versicherungsfall **11** 180
Versicherungsmissbrauch **11** 180 f.
Versuchtes Regelbeispiel **1** 164 ff.
Verüben eines Angriffs **15** 3
Verunstalten **10** 10 f., 15 ff.
Veruntreuende Unterschlagung **3** 27 ff.
Verwalter **16** 29 f.
Verwenden **6** 30 ff.
Verwerflichkeit **13** 36 f., **14** 14
Vis absoluta **13** 2, 11 f.
Vollmacht **16** 16
Vollrausch **20** 38, 42, 47, 49
Vollstreckungsmaßnahmen **8** 4
Vollstreckungstitel **8** 4
Vorläufige Entziehung der Fahrerlaubnis **20** 60
Vorsatz
– bei der Ausschlussklausel **1** 185 f.
– beim Regelbeispiel **1** 163
Vorsätzliche Herbeiführung eines Unfalls **20** 9 ff.
Vorsatzwechsel **1** 186
Vorstellungspflicht **20** 22 ff.
Vortat **7** 3 ff., **18** 4 f., **19** 6 ff.
Vorteil **18** 6 ff.

Waffe **2** 3, **6** 3
Warenautomat **12** 4 f.

Wartefrist **20** 4, 27 f., 39
Wartepflicht **20** 27
Wechselgeldfalle **1** 44, **11** 97
Wegnehmen **1** 16 ff., **4** 6, **8** 14 f.
Werkzeug **1** 188, **2** 7, **4** 6 ff., **8** 18
– gefährliches **6** 4 ff.
– sonstiges **6** 15 ff.
Wertsummentheorie **1** 122, **19** 27
Wertverlust **1** 81 ff.
Wiederholte Zueignung **3** 20 ff.
Wildbestand **9** 2
Wilde Tiere **9** 3
Wirtschaftliche Not **11** 177
Wohnung **1** 136
Wohnungseigentum **16** 29
Wohnungseinbruchdiebstahl **2** 1, 26 f.

Zäsurwirkung des Unfalls **20** 54
Zerstörung einer Sache **1** 89, **8** 7, **9** 7, **10** 13
Zueignung **1** 72, **3** 1, 3, 5 ff., **9** 5, 7
Zueignungsabsicht **1** 71 ff., 187, **5** 20
Zurückbehaltungsrecht **8** 13
Zwangsvollstreckung **8** 3
Zweck-Mittel-Relation **13** 36 f.
Zweckverfehlung **11** 107, 122
Zweierbande **2** 19 f.
Zwei-Partner-System **17** 9